ERWIN FROHMANN

GESTALTQUALITÄTEN IN LANDSCHAFT UND FREIRAUM

Dr. Erwin Frohmann, geboren 1957 in Feldbach in der Steiermark. Nach dem Studium der Biologie in Graz Weiterbildung zum Ökopädagogen und Landschaftsplaner. Seit 14 Jahren intensive Beschäftigung mit dem Thema Landschaft und Freiraum in der planerischen und gestalterischen Praxis. Arbeitsschwerpunkte liegen in der Auseinandersetzung mit der Mehrdimensionalität des Raums, der Raumwahrnehmung und der damit verbundenen Wirkung von Gestaltqualitäten auf den Menschen. Langjährige Vortrags- und Seminartätigkeit zum Thema Sensibilisierung der persönlichen Wahrnehmung sowie zur Landschafts- und Freiraumgestaltung. Derzeit A.o. Univ. Prof. am Institut für Freiraumgestaltung und Landschaftspflege an der Universität für Bodenkultur Wien.

ERWIN FROHMANN

GESTALTQUALITÄTEN IN LANDSCHAFT UND FREIRAUM

abgeleitet von den
körperlich-seelisch-geistigen Wechselwirkungen
zwischen Mensch und Lebensraum

ÖSTERREICHISCHER KUNST- UND KULTURVERLAG

TRADITIONELLES WISSEN
GEGENWÄRTIG ERFORSCHT
KÜNFTIG GENÜTZT

begründet und herausgegeben von Michael Martischnig

Band 1

Erwin **FROHMANN**: Gestaltqualitäten in Landschaft und Freiraum - abgeleitet von den körperlich-seelisch-geistigen Wechselwirkungen zwischen Mensch und Lebensraum

Band 2

Josef **FELLNER**, Alfred **TEISCHINGER**: Alte Holzregeln.
Mythen - Brauchbares - Fehlinterpretationen - neue Erkenntnisse

CIP-Kurztitelaufnahme der Deutschen Bibliothek:

Frohmann, Erwin

Gestaltqualitäten in Landschaft und Freiraum - abgeleitet von den körperlich-seelisch-geistigen Wechselwirkungen zwischen Mensch und Lebensraum. - Traditionelles Wissen gegenwärtig erforscht künftig genützt; begründet und herausgegeben von Michael Martischnig, Bd. 1; 2., überarbeitete Auflage 2000, Österreichischer Kunst- und Kulturverlag, Wien.

ISBN 3-85437-140-3

NE: Michael Martischnig, Hrsg., GT

Lektorat: Anna Noe; Layout: Erwin Frohmann, Sascha Jakab
Belichtung: Reprozentrum Klagenfurt, Schulstraße 1, 9073 Viktring
Druck: Carinthian Bogendruck GmbH & Co. KG, Funderstraße 3, 9020 Klagenfurt

1. Auflage 1997; 2., überarbeitete und erweiterte Auflage 2000

Freundgasse 9-12, A-1040 Wien
Tel. (+43-1-) 587 85 51; Fax (+43-1-) 587 85 52

INHALTSVERZEICHNIS

DANKSAGUNG

Die Wärme, die uns mit der Welt vereint,
fließt aus unserem Herzen.
Alexander Lowen

An dieser Stelle möchte ich mich sehr herzlich bei meiner lieben Frau Renate bedanken, die meine emotionalen Schwankungen während des Schreibens dieses Buches mit viel Geduld und Liebe begleitet und in zahlreichen Gesprächen zur Optimierung des didaktischen Aufbaus der Arbeit beigetragen hat. In liebevoller Verbundenheit widme ich ihr dieses Buch.

Bei Werner Kvarda bedanke ich mich für seine Offenheit gegenüber dem Thema und seine Literaturempfehlungen, bei Marko Pogačnik für die Diskussionsbeiträge in der konzeptiven Phase der Arbeit. In freundschaftlicher Verbundenheit bedanke ich mich bei Robert Pap als Wegbegleiter und intensivem Gesprächspartner, bei Anna Noe für das Lektorat und bei Gerlinde Hinterhölzl für die Korrekturen der zweiten Auflage. Bei Max Walzl für die Mithilfe bei der digitalen Bildverarbeitung und bei Sascha Jakab für die Zusammenarbeit beim Erstellen des Layouts. Herzlich danke ich auch dem Österreichischen Kunst- und Kulturverlag für seine Unterstützung.

Ich möchte mich auch bei allen jenen, hier nicht einzeln angeführten Personen herzlich bedanken, die mir in der Zeit des Schreibens beruflich und privat zur Seite gestanden sind.

Meine tiefe Dankbarkeit gilt auch der Landschaft selbst als meiner unmittelbaren Partnerin bei dieser Arbeit. Eine Vielfalt an Erfahrungen und Erkenntnissen, die ich in vorliegendem Buch verarbeitet habe, entstanden aus der persönlichen körperlich-seelisch-geistigen Beziehung mit der Landschaft und all ihren Lebewesen.

VORWORT ZUR ZWEITEN AUFLAGE

Seit dem Erscheinen der ersten Auflage sind nunmehr zweieinhalb Jahre vergangen, und es freut mich sehr, daß dieses Buch so regen Zuspruch gefunden hat.
Für mich spiegelt sich darin unser Bedürfnis wider, die Landschaft in ihrer Gesamtheit als holistischen Organismus zu verstehen, eingebunden in die Vielfalt der körperlich-seelisch-geistigen Wechselwirkungen mit uns Menschen. Wir erkennen zunehmend, daß unsere Landschaften und Freiräume neben der physischen auch eine psychische Dimension besitzen, wobei die Lebensraumqualität auf beiden Ebenen mit der persönlichen Lebensqualität verwoben ist. In diesem Sinne ist die Entwicklung der Lebensräume von unserer eigenen Entwicklung und unserer Beziehung zum Raum nicht zu trennen. Die Evolution des Raumes steht wechselwirkend für die Evolution des Menschen.

Im Rahmen meiner persönlichen Entwicklung brachten mir die letzten beiden Jahre neue Erfahrungen und Projekte, welche ich in die zweite Auflage einarbeiten konnte.
So stelle ich, an Hand des baukünstlerischen Entwurfsgutachtens „Platzgestaltung – Schloß Kornberg" ein zusätzliches Beispiel aus der freiraumgestalterischen Praxis vor, das die emotional-intuitive Raumwahrnehmung als einen Zugang zum freiraumgestalterischen Entwurf aufzeigt. Weiters wurden die baulichen Ausführungen des Landschaftsgartens Micheldorf abgeschlossen und deren Ergebnisse eingebracht.
Die wesentliche inhaltliche Aktualisierung bezieht sich auf eine begriffliche Änderung im Rahmen der vitalenergetischen, emotionalen und mentalen Dimension von Mensch und Landschaft. Entsprechend meinem weiterentwickelten Verständnis ersetze ich den Begriff der „Feinstofflichkeit" durch jenen der „Bewußtseinsqualität". Dabei verwende ich den Ausdruck Bewußtsein für die dem Leben immanente Intelligenz als jenes Wissen, das die Basis der evolutionären Entwicklung unserer biologischen Realität bestimmt. Das Bewußtsein bezieht sich dabei auf die körperlich-seelisch-geistigen Qualitäten des Lebens und gliedert sich entsprechend in eine vitalenergetische, emotionale und mentale Erfahrungsebene. Die Bewußtseinsqualitäten stellen dabei sich in Zeit und Raum entwickelnde Erfahrungsgrundlagen dar, welche das Leben, ob von einfachen Reaktionen auf das Licht bis zur reflektierenden Erkenntnis des Menschen, organisieren. Von der Zelle bis zum Individuum, vom Lebensraum bis zum gesamten Erdorganismus umfaßt das Bewußtsein eine psychische Äußerung inneren Empfindens und Befindens, welche in der Raumatmosphäre sowie in der Gestaltausprägung von Landschaft und Freiraum wirksam und wahrnehmbar ist.

Graz, im Oktober 1999 — Erwin Frohmann

I EINFÜHRUNG

Der Tropfen wird zum Ozean, und der Ozean erkennt sich selbst als dieser Tropfen.[1]
Kabir

In diesem Zitat stecken zwei Bilder, die den inhaltlichen sowie methodischen Ansatz des vorliegenden Buches widerspiegeln. Zum einen ist es mir wichtig, den Lebensraum im synthetischen Zusammenspiel seiner körperlichen, emotionalen und geistigen Aspekte darzustellen, zum anderen, uns Menschen als interaktiven Teil unserer Lebensräume in physischer und psychischer Hinsicht zu erkennen. Es ist dadurch möglich, die Landschaft und zugleich uns selbst besser zu verstehen und eine bewußte Beziehung zu unseren Lebensräumen aufzubauen.
Auf meiner Suche nach einem möglichst holistischen Landschaftsverständnis begegnete mir das Prinzip der Trinität von Körper, Seele und Geist; dieses wurde bereits zur Zeit der bedeutenden griechischen Philosophen Heraklit, Empedokles, Sokrates, Plato, Aristoteles u. a. als Fundament des Lebens beschrieben. In der mit dieser Thematik einhergehenden Beschäftigung mit westlichen und östlichen Kulturkreisen kristallisierte sich für mich ein Grundgerüst heraus, das all die physisch und psychisch wirksamen Ebenen und Elemente unserer Lebensräume als auch des Menschen integrieren kann. Dadurch war es mir möglich, meiner Vorstellung entsprechend, über die körperliche Dimension unseres Lebens hinauszugehen und die seelisch-geistigen Aspekte in eine systemorientierte Betrachtungsweise von Mensch und Landschaft mit einzubeziehen. Dabei wurde die Wahrung der Einheit von Körper, Seele und Geist zum roten Faden für dieses Buch.
Aufbauend auf der gemeinsamen evolutionären Entwicklung von Natur und Mensch können wir davon ausgehen, daß Lebensräume lebendige Wesen mit Körper, Seele und Geist darstellen, welche für sich selbst innerhalb der Landschaft stehen, aber auch über die Landschaft hinaus auf den Menschen wirken. Bezogen auf die gestalterische Wirkung unserer Lebensräume läßt sich die Landschaft in eine körperliche und ästhetische Dimension sowie in eine

Bewußtseinsdimension gliedern. Diese verschmelzen in der Landschaft, aber auch in ihren Gestaltelementen, stets zu einer untrennbaren Einheit und verkörpern ein holistisches System. Für uns Menschen birgt die Landschaft einen Erfahrungsschatz, der über die bewußte und unbewußte Begegnung mit ihr ein seelisch-geistiges Erlebnis in uns auslöst. Stellen wir uns zum Beispiel unseren Lieblingsbaum vor, so nehmen wir ihn nicht nur in seiner körperlichen Erscheinung wahr, sondern spüren zugleich sein emotionales Wesen. Diese ihm eigene Ausstrahlung berührt unser Gemüt und löst in uns ein entsprechendes Gefühl der Zuneigung aus. Die Begegnung mit der Landschaft ist eine Begegnung mit uns selbst.

Wir Menschen leben ständig, ob bewußt oder unbewußt, in Wechselwirkung mit dem Raum, wodurch die Lebensraumqualität in direktem Zusammenhang mit der persönlichen Lebensqualität steht. Gerade die bewußte Auseinandersetzung mit Gestaltqualitäten und deren unmittelbarer Wirkung auf uns Menschen erfordert es, sich auf unterschiedliche Erfahrungsebenen in der Begegnung mit der Landschaft einzulassen. Dabei ist es von Bedeutung, die unmittelbare persönliche Wahrnehmung einzubringen und mit gestalttheoretischen Ansätzen zu verbinden. In einer ausschließlich rational orientierten Beschäftigung mit der Gestaltwirkung von Landschaft und Freiraum würden wir uns viele persönliche Erlebnisse und die damit verbundenen Erfahrungen, die die bewußte Raumwahrnehmung ermöglichen, vorenthalten.

Für die umfangreiche Behandlung dieses Themas ist es daher notwendig, den Pfad der klassischen Naturwissenschaft zu verlassen und sich in Grenzbereiche der Wissenschaft hineinzubegeben, deren Nachvollziehbarkeit in der persönlichen empirischen Auseinandersetzung mit dem Thema liegt. Dabei spielen Offenheit, Neugierde und die Lust auf Selbsterfahrung eine wichtige Rolle.

In der wechselseitigen Beziehung von Landschaft und Mensch verschmelzen mehrere Ebenen miteinander. Zum einen leben Körper, Seele und Geist sowohl im Menschen als auch in der Landschaft, zum anderen begegnen sie einander in der Wechselwirkung des Menschen mit dem Raum.

Die Erforschung der unmittelbaren Wechselwirkung zwischen Mensch und Raum und der damit verbundenen Wirkung von Gestaltqualitäten auf den Menschen bilden den Schwerpunkt dieser Arbeit. Das Augenmerk liegt auf der Förderung eines persönlichen Verständnisses für die unterschiedlichen Dimensionen der Landschaft, die unmittelbare Wirkung von Raumqualitäten und die damit verbundenen Ebenen der menschlichen Wahrnehmung.

Die Interaktion der Menschen und der soziokulturelle Hintergrund gesellschaftlicher Systeme bilden als Bewußtseinsbild eine ideelle Basis für den gestalterischen Umgang mit unseren Lebensräumen. In der Auseinandersetzung mit der Mehrdimensionalität der Landschaft und den Wechselwirkungen zwischen Mensch und Raum nehmen wir über die Erweiterung des persönlichen Bewußtseins und den damit verbundenen Umgang mit unseren Lebensräumen automatisch Einfluß auf das soziokulturelle Gefüge der Gesellschaft. Insofern schließt sich hier der Kreis zwischen der Wirkung des Raumes auf den Menschen und der des Menschen auf den Raum. Der Beitrag zur soziologisch orientierten Auseinandersetzung mit dem Raum geht in diesem Fall von der Individualität des Menschen selbst aus.

Wollen wir uns der bewußtseinsbezogenen Wechselwirkungen des Menschen mit der Landschaft klarer werden, ist es notwendig, die bloß rationale Wahrnehmung um die emotional-intuitive zu erweitern, sich mit der seelisch-geistigen Qualität eines Ortes auszutauschen und dabei den Lebensraum und zugleich sich selbst zu erleben. Dies geschieht durch emotional-intuitive Erkenntnis, die über die Sensibilisierung der persönlichen Wahrnehmung und über den bewußten Aufbau einer persönlichen Beziehung zur Landschaft möglich wird. Aus dieser Erkenntnis können wir einen Ansatz entwickeln, der die Qualität des Herzens mit in die

Landschaftswahrnehmung integriert und uns hilft, eine erfüllende Begegnung zu erfahren und eine Einheit in uns selbst, mit den Mitmenschen und mit der Erde zu finden.
Es ist wohl an der Zeit, Eingleisigkeiten zu überwinden und analytisches mit synthetischem Denken, rationales mit intuitivem Wissen, außen mit innen, Ausdehnung mit Bewahrung zu verbinden. Dementsprechend liegt in der Synthese die Basis für die Auseinandersetzung mit der Thematik von Gestaltqualitäten. Über die ausschließlich analytische Beschreibung einzelner Teilaspekte hinaus versuche ich, durch das Zusammenführen der einzelnen physisch sowie psychisch wirksamen Aspekte der Landschaft und mit einem entsprechenden Angebot an Übungen ein Verständnis für die Vielfalt unserer Lebensräume zu vermitteln. In diesem Sinne verstehe ich das vorliegende Buch als Arbeitsbuch, in dem Theorie und Praxis miteinander verschmelzen. Mit dem erworbenen Grundverständnis wird es möglich sein, den körperlich-seelisch-geistigen Grundcharakter eines Ortes besser kennenzulernen und daraus ein dem Ort entsprechendes, pflegerisches sowie gestalterisches Handeln abzuleiten. Gestalterisches Handeln, das auf der persönlichen Beziehung zwischen Mensch und Raum aufbaut, ist mir ein großes Anliegen, das ich mit Hilfe dieses Buches fördern möchte.
Mit vorliegendem Buch möchte ich einen Weg aufzeigen, der es ermöglicht, das Prinzip von Körper, Seele und Geist in den Fachbereich der Landschaftsplanung und Freiraumgestaltung einzubeziehen und dort zu etablieren, wobei sich mein persönlicher Werdegang und meine berufliche sowie private Entwicklung widerspiegeln. Dabei möchte ich keinerlei Absolutheitsanspruch erheben, sondern vielmehr meine Sichtweisen, konkrete Beispiele aus der praktischen Umsetzung sowie Erfahrungsmöglichkeiten aufzeigen und anbieten, die den/die LeserIn einladen sollen, sich selbst auf eine bewußte Beziehung mit den Gestaltqualitäten unserer Lebensräume einzulassen.

Mein Anliegen als Autor ist es,

- ein umfassendes Verständnis für die Landschaft und den Freiraum nach den Prinzipien von Körper, Seele und Geist zu etablieren und die synthetische gegenüber der analytischen Betrachtung von unterschiedlichen Dimensionen der Landschaft in den Vordergrund zu stellen. Das Wissen um die Komplexität von Landschaft und Freiraum soll eine Grundlage für einen bewußten gestalterischen Umgang mit unseren Lebensräumen bilden. Die im folgenden definierten Gestaltungsaspekte leiten sich vom Verständnis für die Trinität der Landschaft und der damit verbundenen Wirkung von Raumqualitäten auf den Menschen ab. Dabei gehen naturwissenschaftliche und geisteswissenschaftliche Auseinandersetzungen mit der Landschaft ineinander über. Der rein rationale Zugang zur Landschaft wird um den emotional-intuitiven Zugang erweitert und über entsprechende Übungen durch die praktische Erfahrung ergänzt. Der/die LeserIn hat die Möglichkeit, Gestaltqualitäten praktisch nachzuempfinden und eigene Erfahrungen damit zu machen.

- die unmittelbare Wechselwirkung zwischen Mensch und Landschaft im stofflichen und nichtstofflichen Bereich sowie die unterschiedlichen Ebenen der Raumwahrnehmung darzustellen. Dabei wird die körperliche, seelische und geistige Beziehung zwischen Mensch und Lebensraum herausgearbeitet, um darauf aufbauend Gestaltqualitäten beziehungsweise Aspekte für die Gestaltung und Pflege von Freiräumen abzuleiten.

- die subjektive und objektive wissenschaftliche Herangehensweise über die Intersubjektivität der Wechselwirkung zwischen Mensch und Landschaft zu verbinden.

- Methoden und Übungen vorzustellen, die helfen, die persönliche Wahrnehmung zu sensibilisieren und die emotional-intuitive Wahrnehmung bewußt zu machen. Die Verfeinerung der menschlichen Erkenntnisfähigkeit über die bewußte Wahrnehmung stofflicher sowie bewußtseinsbezogener Qualitäten soll die analytische Bestandserhebung von Lebensräumen bereichern. Über die intuitive und die rationale Bestandserhebung ist es möglich, den Grundcharakter eines Ortes umfassend aufzunehmen.

- die induktive Methode des Lernens, von der persönlichen Betroffenheit zum allgemeinen Verständnis, als didaktisches Konzept einzuführen. Dem empirischen Teil der Arbeit liegen die eigenen Erfahrungen aus der praktischen Auseinandersetzung mit Gestaltqualitäten zugrunde. Die persönliche Raumwahrnehmung bildet zusammen mit der Gestalttheorie die Basis für die Beschreibung von Freiraumqualitäten.

- die Erkenntnis nahezubringen, daß Lebensqualität unmittelbar mit Lebensraumqualität zusammenhängt.

- ein Verständnis zu vermitteln, das uns hilft, auf den Grundcharakter eines Ortes verstärkt Rücksicht nehmen zu können und dadurch mit der Landschaft und nicht gegen sie zu gestalten.

II METHODIK

Nichts ist drinnen, nichts ist draußen,
denn, was innen ist, ist außen.[2]
Johann Wolfgang von Goethe

1 Methodischer Zugang und kultureller Hintergrund

In der westlichen Lebensphilosophie kam es zur Zeit der Aufklärung zu einer prägenden Veränderung des geistigen Weltbildes. Die seit der Zeit um Aristoteles bestehende Vorstellung von einem organischen, lebenden und spirituellen Universum wurde in ein mechanistisches Weltbild verändert, dessen Auswirkungen bis heute wirksam sind.[3]
Das Geistig-Seelische in uns, wobei nicht unser rationales Denken gemeint ist, sondern unser spiritueller Kern, wurde zunehmend von der Körperlichkeit getrennt und analog von der Naturwissenschaft ausgeklammert. Dies hatte zur Folge, daß die geistige Beziehung zur Landschaft vernachlässigt wurde und unsere Natur zunehmend als rein körperliches Phänomen beschrieben wurde und auch nach wie vor wird. Den Höhepunkt dieser Trennung erfuhren wir über das philosophische Postulat von René Descartes (1596–1650), der Geist und Materie in zwei voneinander unabhängige Bereiche teilte und das reine Verstandesdenken als oberste Prämisse der Wissenschaftlichkeit definierte. Isaac Newton (1643–1727) verankerte diese Grundidee in der Physik und wurde so zum Vater einer mechanistisch-objektivistischen Weltanschauung mit all ihren Vor- und Nachteilen.[4]
Die Qualität der subjektiven Erfahrung und Wirklichkeit verlor an Bedeutung und Gültigkeit. Damit einher ging die Trennung von rationalem und intuitivem Bewußtsein, von Denken und Fühlen, Wissenschaft und Religion, maskulin und feminin, linear und nicht linear. Aus einer Ganzheit wurden zwei Teile, wobei zugleich deren dynamisches Zusammenspiel marginalisiert wurde.[5]
Zusätzlich sind damit Werthaltungen verbunden, die der rationalen Weltsicht in der naturwissenschaftlichen Auseinandersetzung mit der Welt eine größere Bedeutung zusprachen und schließlich das gesellschaftliche Wertesystem des Westens prägten und nach wie vor prägen. Ausgehend von diesem soziokulturellen Weltbild konzentriert sich die naturwissenschaftliche Forschung bevorzugt auf die Wahrnehmung der physischen Umwelt. Dabei wird vergessen, daß unsere emotionalen und mentalen Umwelten, die nicht für dieselbe Art von Forschung zugänglich sind, zu berücksichtigen sind.
Der Physiker Fritjof Capra meint in diesem Zusammenhang, daß die Spaltung von Geist und Körper in unserer gesamten westlichen Kultur spürbar ist. „Sie haben uns von unserem Organismus abgeschnitten und auf unseren Verstand reduziert. Auf diese Weise haben wir vergessen, wie wir mit unserem ganzen Körper denken können, wie wir ihn als Vermittler von Wissen nutzen können. Dadurch haben wir uns auch von unserer natürlichen Umwelt abgetrennt und vergessen, wie wir mit der reichen Vielfalt von lebenden Organismen kooperieren und kommunizieren können.“[6]
Nach Joseph Pearce liegt in der Bewältigung dieser Abspaltung und der Überbewertung der Ratio gegenüber der Intuition, des Intellekts (des männlichen Prinzips) gegenüber der Intelligenz (dem weiblichen Prinzip), wie er es bezeichnet, die Herausforderung, unsere persönlichen, sozialen und ökologischen Probleme zu meistern. Dabei geht es um die Verände-

rung unserer Werthaltungen, denn: „Jeder von uns, männlich wie weiblich, verkörpert natürlich sowohl Intellekt als auch Intelligenz, und in der komplementären Natur dieser Polarität von Herz und Geist liegt die kreative Spannung, der zündende Funke des Lebens selbst.“ In der Abspaltung des Intellekts unseres Geistes von der Intelligenz unseres Herzens und dem Versuch des Intellekts, „die Vorherrschaft der Natur und die Weisheit des Herzens für seine eigenen Zwecke zu mißbrauchen“, liegt ein Grundproblem unserer Zeit.[7]
Das Ungleichgewicht von Intellekt und Intelligenz führte zu einer Überbetonung der männlichen Qualität und damit zur „Patriarchalisierung der europäischen Kultur“.[8] Diese reicht nach archäologischen Befunden zurück bis um 4500 vor Christus. Bezogen auf den Umgang mit der Landschaft wird nach Marko Pogačnik „die weibliche Sensibilität, die es dem Menschen ermöglicht, sich gefühlsmäßig in die subtilen Zusammenhänge der irdisch-kosmischen Ganzheit einzuordnen, durch ein Übermaß an männlicher Tatkraft und männlichem Beherrschungswillen unterdrückt“.[9]
Erst in den letzten Jahrzehnten verspüren die westlichen Menschen zunehmend das Bedürfnis nach lebendiger Ganzheit, die Körper, Seele und Geist wieder miteinander vereint. Die in der Zeit der Romantik mit Johann Wolfgang von Goethe (spätes 18. und frühes 19. Jh.) beginnende Rückbesinnung auf die frühe griechische Naturphilosophie, das Aufmerksamwerden auf die christlichen Mystiker Jakob Böhme, Petrarca, auf Paracelsus und später auf das indianische Naturverständnis erneuerte die Sicht für ein holistisches Weltbild. Die Erde wurde in ihrer Ganzheit als ein Lebewesen angesehen. In neuerer Zeit wurde diese Vorstellung, unter Bezugnahme auf die im prähellenischen Griechenland beschriebene Erdgöttin Gaia, über die sogenannte Gaia-Hypothese in die moderne Wissenschaftssprache integriert.[10]
Und wir können mit Überraschung feststellen, daß sich die Trennung von Materie und Geist in unterschiedlichen Wissenschaftsgebieten der letzten Jahrzehnte zusehends aufhebt. Wir sind im Begriff, das zuvor beschriebene naturwissenschaftliche Paradigma zu erneuern und das Prinzip der Analyse über die Erfahrung aus physikalischen Experimenten (Relativitätstheorie, Quanten- und Teilchenphysik) zu einem Prinzip des dynamischen Wechselspiels zu entfalten. Zugleich wird der Mensch integrativ betrachtet und Objektivität und Subjektivität werden nicht mehr als getrennte Phänomene, sondern als einander bedingende Seiten einer Einheit angesehen. Lineares Denken wird durch holistische Denkstrukturen ersetzt. Der Systemanalytiker Erich Jantsch meint: „Es ist nicht mehr nötig, eine eigene Lebenskraft anzunehmen, die von den physikalischen Kräften getrennt wäre. (...) Die Möglichkeit zu echter Kreativität wird dabei in der Überwindung eines Dualismus gesehen, der den Gestalter vom Gestalteten trennt.“[11] Die emotionale Dimension der Landschaft ist ohne die Wahrnehmung der Gegensatzpaare von Denken und Erfahrung, Intellekt und Intuition, Scholastik und Mystik, Wissen und Weisheit, Rationalität und Emotionalität nicht zu erfahren, schreibt Thiele.[12]
Ergänzend dazu sieht Fritjof Capra in Wissenschaft und Mystik die komplementären Manifestationen des menschlichen Geistes, und zwar seine rationale und intuitive Fähigkeit. Der Naturwissenschaftler konzentriert sich auf die Rationalität, während sich der Mystiker auf die Intuition konzentriert.[13] Beide Ansätze sind notwendig, um ein umfassendes Verständnis für die Welt zu erlangen, denn sie ergänzen einander und bewirken ein dynamisches Wechselspiel zwischen mystischer Intuition und naturwissenschaftlicher Analyse. Dabei sehe ich die Mystik nicht als eine vom Leben abgehobene Disziplin, sondern als eine über die Intuition des Menschen wirksame Realität.
Um die Mehrdimensionalität unserer Lebensräume, ihre körperlich, seelisch und geistig wirksamen Gestaltqualitäten zu erfassen, ist es erforderlich, das Newtonsche Wissenschaftsbild zu

erweitern und Erkenntnisse der neuen Naturwissenschaft, Kunst, Philosophie, Psychologie und Mythologie sowie die persönliche Erfahrung in die Auseinandersetzung mit den Gestaltqualitäten von Landschaft und Freiraum gleichberechtigt einzubeziehen. Zudem hat sich gezeigt, daß es für eine umfassende Bearbeitung von Mensch und Landschaft wichtig ist, sowohl zeitliche als auch räumliche Grenzen zu überschreiten. Das heißt einerseits, das Wissen älterer Kulturen in die Diskussion einzubringen, und andererseits, die Lebensphilosophien und zugehörigen Denk- und Wertestrukturen unterschiedlichster Kulturkreise und Völker miteinander zu vergleichen. Speziell zur Wahrnehmung psychisch wirksamer Aspekte bedarf es einer bewußten Erweiterung unserer Wahrnehmungsfähigkeit um emotional-intuitive Erfahrungsebenen.
Wenn wir uns auf eine einfühlsame Begegnung mit der Landschaft einlassen, fließt in der Wechselwirkung mit dem Raum automatisch die persönliche Betroffenheit mit ein. In diesem Zusammenhang läuft die Erweiterung des wissenschaftlichen Paradigmas parallel zur Auseinandersetzung mit der eigenen Persönlichkeitsstruktur und Wahrnehmung.
Um diesem Anspruch gerecht zu werden, verwende ich für die vorliegende Arbeit einen methodisch-didaktischen Ansatz, der von einem synthetischen und holistischen Zugang geprägt ist und die Gleichberechtigung von rationalem und emotional-intuitivem Wissen, von Denken und Fühlen, von Objektivität und Subjektivität, von theoretischem Ansatz und praktischer Erfahrung anstrebt. Von einer solchen Lebensraumerfahrung ausgehend, werden Aspekte für die Gestaltung von Freiräumen abgeleitet.

Die Wissens- und Erfahrungsvermittlung findet über folgende Bereiche statt:

- Theoretischer Hintergrund
  In der theoretischen Auseinandersetzung mit dem Thema wird die Naturwissenschaft mit der Geisteswissenschaft (Kunst, Mythologie, Mystik, Philosophie und Psychologie) über zeitliche und kulturelle Grenzen hinweg zusammengeführt.

- Darstellung der persönlichen empirischen Erfahrung des Autors
  In diese Ausführungen fließen meine persönlichen Erfahrungen, speziell solche mit der Bewußtseinsdimension der Landschaft, ein.

- Vertiefung der persönlichen Erfahrung über das vorliegende Übungsangebot
  Durch die Sensibilisierung der persönlichen Wahrnehmung und die damit verbundene Auseinandersetzung mit dem Lebensraum ist es möglich, die eigene Erfahrung zu vertiefen und in Beziehung zum theoretischen Hintergrund zu bringen.

- Beispiele aus der Praxis
  Die angeführten Beispiele aus der Praxis stellen konkrete Gestaltungsprojekte vor, innerhalb derer speziell auf die Bewußtseinsdimension der Landschaft Rücksicht genommen wird.

2 Arbeiten mit diesem Buch

Die Verfeinerung der persönlichen Wahrnehmung und die praktische Erfahrung bilden eine wesentliche Grundvoraussetzung, um integrativ wirksame Gestaltqualitäten bewußt erfahren und beschreiben zu können. Damit meine ich, daß jegliche Entwicklung des Menschen, die ausschließlich über den analytischen Weg der Bildung führt, nur einen Teil seines Potentials erfaßt und es im Sinne eines vertieften Lernens von entscheidender Bedeutung ist, auch die Selbsterfahrung in den Bildungsprozeß einzubeziehen.
In dieser Hinsicht verstehe ich die vorliegende Publikation als Arbeitsbuch, das dem/der LeserIn die Möglichkeit bietet, die Gestaltwirkung unserer Landschaften und Freiräume über entsprechende Übungen selbst nachzuvollziehen.
Im theoretischen Teil, welcher sich aus der entsprechenden Literaturarbeit und meiner persönlichen Erfahrung in der Raumwahrnehmung zusammensetzt, werden die eigenen Erfahrungen mit dem Gelesenen in Beziehung gesetzt. Theorie und Praxis können so ineinander übergehen. Nachdem die Raumwahrnehmung unmittelbar mit der eigenen Persönlichkeit verbunden ist, verschmelzen auch Raumwahrnehmung und Persönlichkeitswahrnehmung zu einer Einheit, die Trennung zwischen Objekt und Subjekt wird aufgehoben. Auf diese Weise bildet das aktive Lernen über die praktische Auseinandersetzung mit Freiraumqualitäten die logische Ergänzung zum informativen Lernen über die theoretische Wissensaufnahme.
Für manche LeserInnen mag dieser Zugang im Rahmen einer wissenschaftlichen Arbeit etwas ungewohnt sein, was jedoch niemanden abschrecken sollte, selbst in bewußte Kommunikation mit der Landschaft zu treten.
In diesem Zusammenhang möchte ich besonders darauf hinweisen, daß alle Menschen grundsätzlich die Möglichkeit zu einer ganzheitlichen Wahrnehmung mitbringen. Viele von uns haben im Zuge der Rationalisierung unseres Weltbildes der bewußten Wahrnehmung sinnlicher, vor allem aber bewußtseinsbezogener Qualitäten wenig Beachtung geschenkt. Unsere bewußte Wahrnehmungsfähigkeit schlummert in der unbewußten Raumwahrnehmung, die ohnehin ständig stattfindet. Das vorliegende Übungsangebot hilft uns, mit der eigenen Wahrnehmung bewußter umzugehen und mehr Feinfühligkeit in der Begegnung mit unseren Lebensräumen zu entwickeln. Die einzelnen Übungen sind direkt in die jeweiligen Kapitel eingebunden. Dies ermöglicht die Kontinuität des Übens, und die unmittelbare Beziehung der Übungen zur Theorie kann aufrechterhalten werden.

Für die Durchführung der angebotenen Übungen möchte ich einige Tips geben, die die Freude am Üben verstärken und entsprechende Erfahrungen zur Folge haben:

- Ernsthaftigkeit, Offenheit und Freude gehören zu den Grundvoraussetzungen, die eine entsprechend intensive und tiefgehende Erfahrung gewährleisten.

- Bei all den angeführten Übungen ist es erforderlich, sie mehrmals und regelmäßig durchzuführen. Gerade wenn sich der gewünschte Erfolg nicht sofort einstellt, ist es wichtig, nicht aufzugeben, sondern die Übung zu wiederholen. Dies trifft vor allem auf die Übungen zum Umgang mit dem nichtstofflichen Bereich zu.

- Auf Grund didaktischer Überlegungen sollen die Reihenfolge der Übungen sowie die Abfolge der einzelnen Kapitel eingehalten werden.

- Die einzelnen Übungen zur Landschaftswahrnehmung sollen jeweils an unterschiedlichen Orten und zu unterschiedlichen Zeiten durchgeführt werden. Erst dadurch wird es möglich, unterschiedliche Raumqualitäten zu erleben und entsprechend zuzuordnen sowie ein „persönliches Alphabet" für die emotionale und intuitive Raumwahrnehmung zu entwickeln.

- Wenn es möglich ist, sollen mehrere Personen die Übungen gleichzeitig durchführen, um anschließend Erfahrungen untereinander austauschen zu können.

- Das Führen eines Übungsbuches (Gestalttagebuches) hat sich in der Auseinandersetzung mit Gestaltqualitäten sehr bewährt. Die Aufzeichnungen ermöglichen es, die persönliche Entwicklung sowie die einzelnen Erfahrungen in der Raumwahrnehmung festzuhalten und miteinander zu vergleichen.

3 Die persönliche Entwicklung

Der Mensch wächst im Gehen.
Wir erfahren nichts, wenn wir nicht schöpferisch tätig sind,
und wir vergessen, wo wir nicht das Neue finden.[14]
Botho Strauß

Wenn wir an eine Erweiterung des wissenschaftlichen Paradigmas denken, ist es notwendig, uns selbst in diesen Prozeß der Erweiterung mit einzubeziehen und unser persönliches Denken, Fühlen und Handeln als prozeßhafte Entwicklung zu begreifen. Innerhalb dieses Prozesses können wir uns als Teil des Lebensraums erfahren und die These von Paul Valery nachvollziehen, der sagt: „Ich bin in einer Welt, die in mir ist."[15]
Werner Kvarda sieht in der Freiraumplanung und -gestaltung nicht nur die Aufgabe, Freiräume gestalterisch zu prägen, sondern spricht ihr eine ebenso wichtige Funktion in der Auseinandersetzung mit Bildungs- und Organisationsfragen zu, die einen bewußten Umgang mit Freiräumen unterstützen. Gestaltung als Bildungsprozeß im persönlichen und sozialen Bereich, der Einfluß auf die Qualität unserer Lebensräume nimmt, die sich aus einem gemeinsamen, kontinuierlichen Lern- und Gestaltungsprozeß ergibt.[16]
Die persönliche Entwicklung hängt also mit der Entwicklung unserer Lebensräume zusammen, sodaß wir den Menschen nicht vom Lebensraum trennen können. In der Beschäftigung mit der Wahrnehmung sinnlicher sowie nichtstofflicher Qualitäten ist es möglich, sich dieser Wechselwirkung bewußt zu werden, wobei wir in die Subjektivität der eigenen Erfahrung eintreten und persönlich betroffen sind. Die Persönlichkeitsbildung ist von der Vertiefung der persönlichen Wahrnehmung nicht zu trennen. In diesem Sinne meint Schneider: „Für den Gestalter, der heute lebensfördernde Umwelt gestalten will, beginnt das mit der Schulung seiner eigenen Gefühle. Das erst versetzt ihn in die Lage, sich auch in die Milieubedürfnisse seiner Mitmenschen einzufühlen."[17]
Die eigene Identität wird uns in der Begegnung mit der Identität des Raumes bewußt und in der Wahrnehmung unterschiedlicher Raumidentitäten in ihrer Vielschichtigkeit offenbar. Damit ist die Auseinandersetzung mit Gestaltqualitäten Teil des Prozesses des Werdens. Die Förderung prozeßhafter Entwicklung und systemischen Denkens gehören zur didaktischen

Zielsetzung dieser Arbeit, um integratives Denken zu fördern und eine bewußte Persönlichkeitsentwicklung zu ermöglichen. Damit möchte ich dem deterministischen Wissenschaftsansatz des Zerteilens entgegensteuern und das Verständnis für die Komplexität der unmittelbaren Gestaltwirkung von Lebensräumen auf den Menschen fördern.
Indem wir nach innen sehen, verändert sich auch unsere äußere Sichtweise. Über diese Methode ist es möglich, unsere Wirklichkeitsmodelle, die wir von außen her aufbauen, zu erweitern.[18] Es liegt im wesentlichen an uns selbst, wie intensiv und auf welchen Ebenen die Kommunikation mit dem Raum stattfindet. Nach innen sehen bedeutet, im Prozeß der Wahrnehmung die Kontemplation und Konzentration auf das eigene Selbst zu unterstützen, um sowohl die Qualität der Raumwahrnehmung als auch die Qualität der Persönlichkeitswahrnehmung zu vertiefen. Sich vom Getriebe der Äußerlichkeiten wegzubegeben und auf das Sein einzulassen, wie es Dolores La Chapelle formuliert: „Wenn der Mensch für das Sein offen bleibt – das heißt, sich einen Zustand des Gewahrseins für das zu erhalten, was das Sein ist – dann kann das Sein durch die Ereignisse und Dinge des täglichen Lebens zu ihm sprechen. (...) Das Sein ist nicht ein gegebener Weg, der wie eine Straße gebaut ist, sondern er wird durch die Beziehung, die mit jedem neuen Schritt entdeckt wird, mit dem man sich auf dem Pfad bewegt, aufgezeigt."[19]
Diese Art der Wissensfindung erfordert Engagement in bezug auf die persönliche Entwicklung, deren Prämisse im Selbsterfahren liegt. Prozeßorientiertes Denken und Handeln heißt demnach auch, den Mut zu haben, Veränderungen in der eigenen Einstellung zuzulassen. Die regelmäßige Beschäftigung mit der Selbsterkenntnis ist ein uns in der Auseinandersetzung mit der Wahrnehmung ständig begleitender Prozeß. Regelmäßiges Üben ist äußerst förderlich, um die Raum- und Selbstwahrnehmung zu vertiefen, wobei die Selbstbetrachtung, zumindest zu Beginn und nach Abschluß der einzelnen Übungen, zum fixen Bestandteil werden soll. In einem Moment der Stille können wir unseren inneren emotionalen und mentalen Zustand Revue passieren lassen und uns auf die Übungen einstimmen, um das persönliche Empfinden in Beziehung zur Wahrnehmung setzen zu können. Diese Form der Disziplin hilft uns, die persönliche Raumwahrnehmung für uns selbst ganzheitlich bewußt zu machen und zugleich unser kreatives Potential zu entwickeln. Wenn wir uns mit der persönlichen Entwicklung beschäftigen, kommen wir nicht umhin, uns mit dem Verhältnis zwischen unserer rationalen und intuitiven Kraft auseinanderzusetzen. Orientieren wir uns bevorzugt an unseren intellektuellen Denkmustern, oder lassen wir auch die verborgene Kraft der Intuition zu Wort kommen? Gelingt es uns, in Kontakt mit unserer inneren Stimme zu treten und das kreative Potential unserer Intelligenz in die persönliche Entwicklung zu integrieren? Das sind Fragen, die wir uns in diesem Zusammenhang stellen können.
Der Intellekt hat für Pearce mehr mit unserer rationalen Gedankenkraft zu tun, während die Intelligenz verstärkt mit der emotionalen Kraft unseres Herzens zusammenhängt, wobei wir nicht nur für unsere Ratio, sondern ebenso für die Umsetzung unserer emotional-intuitiven Kraft entsprechende physische Organstrukturen in unserem Gehirn wiederfinden. Pearce beschreibt den Intellekt als Teil unseres Bewußtseins, der „analytisch, logisch, linear, mit Vorliebe für Wissenschaft und Technologie, auf der Suche nach äußeren Neuheiten und Erfindungen" ausgerichtet ist, während die Intelligenz als Teil unseres Bewußtseins „offen für die intuitive und geheimnisvolle Innenseite des Lebens, auf der Suche nach Gleichgewicht, Mäßigung, Weisheit, Ganzheit und der Kontinuität und dem Wohlergehen unserer Spezies und der Erde" ist.[20]
In der Auseinandersetzung mit diesen Qualitäten geht es nicht nur um eine gegenseitige Wertschätzung beider Prinzipien, sondern vielmehr um eine Integration. Hier möchte ich unter

Hinweis auf unseren kulturellen Hintergrund betonen, daß bezüglich der Entfaltung unserer Intelligenz ein großes Manko besteht. Daher sehe ich in der Entwicklung der eigenen Herzensqualität eine zentrale Aufgabe, die auch im Rahmen wissenschaftlicher Aufgabenstellungen für unser persönliches und soziales Wohlergehen von entscheidender Bedeutung ist. Dies ist auch der Grund, warum ich in dieser Arbeit die sachliche Form der Darstellung um die direkte persönliche Ansprache erweitere und über die Ich-Form in Dialog mit dem/der LeserIn treten möchte.
Da unsere eigene Persönlichkeit stets in Verbindung mit unserem soziokulturellen Weltbild steht, nehmen wir über unsere persönliche Entwicklung auch unmittelbar Einfluß darauf. Unter diesem Gesichtspunkt können wir Planungs- und Gestaltungsprozesse, welche letztlich die Qualität unserer Lebensräume bestimmen, als individuelle Vorgänge mit soziokultureller Resonanz verstehen. Jantsch sieht darin eine kollektive Entwicklung und meint: „Der schöpferische Prozeß, wo immer er sich entfaltet, in Kunst oder Wissenschaft oder auch einfach in natürlichem und wirksamem Leben, fällt mit der Dynamik der Evolution zusammen.“[21]

4 Begriffsbestimmung

Zum besseren Verständnis der zentralen fachspezifischen Grundbegriffe möchte ich deren inhaltliche Bedeutung entsprechend meiner Vorstellung und der damit verbundenen Verwendung näher beschreiben.

Bewußtsein
Nach Teilhard de Chardin besitzt jegliche materielle Form Bewußtsein, das sich im Laufe des Lebens vom Einzeller bis hin zum Menschen ständig aktualisiert. Der Mensch ist in der Lage, darüber zu reflektieren, er ist sich seiner selbst bewußt, und trotzdem ist Bewußtsein allem Leben immanent. Die verschiedenen Bewußtseinsqualitäten unterscheiden sich dabei nicht vom Prinzip her, sondern nur in ihrer Komplexität und in ihrer Bewußtheit. Das Atom als Grundbaustein des Lebens ist Träger eines Grundbewußtseins, das sich je nach Form, Raum und Lebewesen qualitativ entfaltet. Dabei werden auch Erfahrungen aus dem Unbewußten eingebunden. Wie Helmut Barz meint, wirken daher unbewußte Erkenntnisse und Erfahrungen der Seele ständig auf das bewußte Seelenleben ein.
Dementsprechend besitzt auch die Landschaft ein seelisch-geistiges Bewußtsein, welches wie wir Menschen Erfahrungen sammelt, diese in das bestehende Raumbewußtsein integriert und als atmosphärisch-psychische Qualität all unsere Lebensräume belebt.
In diesem Sinne fasse ich all die nichtstofflichen, psychischen Aspekte von Mensch und Landschaft mit dem Begriff Bewußtsein zusammen. Dazu gehören die vitalenergetischen, seelischen und geistigen Felder des Menschen genauso wie die entsprechenden Intelligenzfelder der Pflanzen und Tiere, der Landschaftselemente sowie der gesamten Landschaft. Das Bewußtsein ist das Organisationsprinzip des Lebens, ihr inneres Wissen, und als solches Teil der körperlich-seelisch-geistigen Evolution des Lebens.

Lebensraum
Der Lebensraum stellt die Lebensgrundlage für alle Lebewesen dieser Erde dar und besitzt eine physische sowie eine psychische gestalterische Wirkkraft. Ich verwende den Begriff Lebensraum umfassend für Landschaft, Freiraum und Innenraum.

Landschaft

„Landschaft" ist ein in der Literatur vieldiskutierter Begriff. In der Geographie ist Landschaft ein konkreter Teil der Erdoberfläche, der sich durch ein bestimmtes Wirkungsgefüge und durch eine einheitliche Struktur auszeichnet.[22] Die Landschaftsökologie geht nach Leser davon aus, daß Landschaft „eine räumliche Synthese einer Vielzahl von Einzelelementen sei, die horizontal und vertikal miteinander verflochten sind. (...) Landschaft ist insofern stets ein offenes stoffliches und/oder energetisches System, das sich in einem dynamischen Gleichgewicht befindet und eine gewisse Amplitude aufweist. In das System kann der Mensch gestaltend oder auch zerstörend eingreifen. Das landschaftliche Ökosystem befindet sich in einem permanenten Wandel, der ursächlich naturgesetzlich abläuft, aber eben auch anthropogen geregelt werden kann."[23]

Die Landschaft besitzt neben den stofflich-physischen Komponenten, wie sie in der Landschaftsökologie beschrieben werden, bewußtseinsbezogene Komponenten, die für den Landschaftshaushalt von großer Bedeutung sind.

Für den Menschen selbst ist die Landschaft ein Wahrnehmungsraum. Die Landschaft und ihre einzelnen Elemente besitzen ein „Ausdruckspotential"[24] und eine psychische Wirkung, die wir über die Komplexität der menschlichen Erkenntnisfähigkeit aufnehmen und in die eigene Lebenserfahrung integrieren. Über die stoffliche, ästhetische und bewußtseinsbezogene Kommunikation mit der Landschaft wird diese für den Menschen real.

Freiraum

Freiräume sind vom Menschen besiedelte Lebensräume, die überwiegend frei von Bebauung sind. Hotzan spricht in diesem Zusammenhang von sozialen Handlungsräumen. „Ein Raum ist ein Freiraum, wenn er es den Nutzern erlaubt, frei zu handeln, wenn er also offen ist für frei gewählte oder spontane Aktivitäten, für Bewegung oder Ruhe, für Entdeckungen oder Besinnung."[25]

Diese Definitionen deuten darauf hin, daß der Freiraum ein stärker vom Menschen genutzter Raum ist und eher urbanen Charakter hat. Daher spricht man in Städten, aber auch in kleinen Ortschaften von Freiraumtypen, die sich auf Grund der Raumordnung und der verschiedenen Ansprüche, die an die Räume gestellt werden, definieren. Als typische Freiräume sind zu nennen: Plätze, Parkanlagen, Gärten, Innenhöfe, Parkplätze, Straßen und Wege, Industrie- und Gewerbebrachen, Flüsse, Bäche, Stadtwälder u. a. m.

Landschaft und Freiraum – Lebensraum

Aufgrund der generellen anthropogenen Beeinflussung unserer Lebensräume können wir zwischen Landschaft und Freiraum keine wirkliche Grenze ziehen. Die Untergliederung des Lebensraumes in Landschaft und Freiraum ist daher ein formaler Akt der Begriffsbildung, um im planerischen Alltag Zuständigkeitsansprüche zu verdeutlichen. Eine inhaltliche Grenzziehung zwischen Landschaft und Freiraum vorzunehmen ist auf Grund der raumübergreifenden Beziehungen von gestalterisch wirksamen Kräften nicht möglich. Raumgrenzen sind wie Membranen einer Zelle und erzeugen unterschiedliche Teilräume, mit mehr oder weniger Durchlässigkeit. Von der Gliederung in Teilräume ist sowohl die Landschaft als auch der Freiraum betroffen.

Nach diesem Verständnis vermischt sich im realen Raum die Landschaft mit dem Freiraum. Wir können einerseits von Stadtlandschaften innerhalb dicht besiedelter Lebensräume sprechen, andererseits von Freiräumen (z. B. Dorfplätzen) im ländlichen Raum. Beide Räume sind mehr oder weniger frei von Bebauung. Die Dichte der menschlichen Besiedelung ist daher

kein geeignetes Kriterium, um Freiraum von Landschaft zu trennen. Bezogen auf die gestaltmäßige Wirkung, gibt es keine Zuordnung zur Landschaft oder zum Freiraum. Beide Räume sind mit all ihren Gestaltelementen im physischen sowie im psychischen Bereich qualitativ und quantitativ wirksam. Über die Wirkungsrichtung der Gestaltelemente entscheidet die jeweilige Lebensraumsituation. Bezogen auf das gestalterische Eingreifen des Menschen, finden wir in den dichter besiedelten Räumen (eher der Typologie der Freiräume zugeordnet) den scheinbar stärkeren gestalterischen Druck des Menschen. Denken wir aber an die Raumqualitäten unserer Kulturlandschaft, so ist das gestalterische Handeln des Menschen selbst in großräumigen Landschaften unübersehbar und von entscheidender Bedeutung.
Die Qualität des gestalterischen Eingriffs auf den Landschaftshaushalt kann in beiden Fällen, ob Freiraum oder Landschaft, förderlich oder schädigend sein. Wir brauchen lediglich an die Vielfalt einer reich strukturierten Kulturlandschaft zu denken und sie mit monokulturell ausgerichteten Landschaften zu vergleichen, und beide Extreme des menschlichen gestalterischen Handelns treten zutage. Bezogen auf die gestaltmäßige Wirkung ziehe ich daher im Rahmen dieser Arbeit keine Trennlinie zwischen Freiraum und Landschaft, sondern verwende beide Begriffe gleichberechtigt in der Auseinandersetzung mit Gestaltqualitäten und nehme den Lebensraum beziehungsweise den Raum als umfassenden Begriff.

Gestalt

Gestalt ist das Ergebnis eines Entwicklungsprozesses, eines gestalterischen Prozesses. Sie ist als äußere Form das Resultat einer dahinterliegenden Idee, welche sich auf natürliche sowie anthropogene Informationen und Zielsetzungen bezieht. So wie die Eichel die Idee der zukünftigen Eiche in sich trägt, so trägt der gestaltende Mensch das Wesen und die Funktion einer zukünftigen Gestalt als Idee in sich, welche sich über sein Handeln manifestiert. Der gedankliche Vorgang ist dabei ebenso ein gestalterischer Prozeß wie entsprechende ausführende Handlungen, deren Ergebnis die konkrete Form eines Gestaltelementes sein kann.
Gestalt ist demnach stets Form und Inhalt zugleich und besitzt daher umfassenden Charakter. Der Begriff Gestalt kommt aus dem Niederhochdeutschen und bezieht sich auf Aussehen und Beschaffenheit entsprechend der äußeren Form sowie auf die Art und Weise entsprechend der inneren Wesensart.

Gestaltung

Während die Gestalt den Ist-Zustand und die Momentaufnahme eines Gestaltelementes oder einer Raumeinheit repräsentiert, beschreibt die Gestaltung den Prozeß der Veränderung. Die Gestaltung ist dabei einerseits ein selbständiger Prozeß, der durch die natürlichen Gegebenheiten und Rhythmen (Klima, Tag-Nacht-Rhythmus, Jahreszeiten, Entwicklungsprozesse von Pflanze, Tier und Mensch usw.) abläuft, andererseits ein anthropogener Prozeß in Form der gestalterischen Handlungen, die wir Menschen setzen. Die Gestaltung bezieht sich dabei nicht nur auf körperlich-stoffliche Bereiche, sondern ebenso auf seelisch-geistige. Wir gestalten unser Leben und zugleich auch unsere Lebensräume.

Gestaltqualität

Die Gestaltqualität beschreibt den Ausdruck und die Beschaffenheit der Gestalt, die Wirkung der Gestalt in Landschaft und Freiraum, die sich aus dem Zusammenspiel von Gestaltqualitäten (Formen, Farben, Rhythmen, Strukturen, Klängen u. a. m.) ergibt, sowie die Wirkung der Gestalt auf Pflanze, Tier und Mensch. Die Gestaltqualität umfaßt die körperlich-stoffliche, die ästhetische und die Bewußtseinsdimension unserer Lebensräume auf unterschiedlichen Ebenen, von der Gestaltqualität einzelner Elemente, einzelner Räume bis zu jener größerer Raumeinheiten und Landschaften. Der Begriff der Qualität wird dabei wertfrei und beschreibend verstanden.

Gestaltungsaspekte
Mit den in dieser Arbeit angesprochenen Gestaltungsaspekten möchte ich konkrete Handlungsvorschläge anbieten, die uns helfen können, auf der körperlich-stofflichen, der ästhetischen sowie auf der Bewußtseinsebene einen sensibleren gestalterischen Umgang mit unseren Lebensräumen zu finden.

Geomantie
Beschreibt die Auseinandersetzung mit den Bewußtseinsqualitäten der Landschaft. Geomantie ist nach Jörg Purner „die alte Kunst und Wissenschaft, natürliche Energieströme und Energiezentren auf der Erdoberfläche auszumachen“,[26] und nach Nigel Pennick die Bemühung, die menschlichen Siedlungen und Aktivitäten mit der sichtbaren und unsichtbaren Welt, die uns umgibt, zu harmonisieren.[27]

Intersubjektivität
In der Darstellung der Beziehungen zwischen Mensch und Lebensraum verschmelzen Objektivität und Subjektivität in der Wahrnehmung von Gestaltqualitäten. Die Intersubjektivität stellt die Verbindung zwischen Objektivität und Subjektivität her: Wahrnehmung wird über das Zusammenfließen subjektiver Erfahrungen von mehreren Personen objektiviert.

Vitalität
Unter Vitalität eines Lebensraums verstehe ich das Zusammenwirken all seiner Erscheinungsformen im Sinne eines harmonischen und stabilen Landschaftshaushaltes. Vitale Lebensräume zeichnen sich durch einen dynamischen Energiefluß zwischen der stofflichen und nichtstofflichen Dimension der Landschaft aus und besitzen eine entsprechende ökologische Stabilität.

III KAUSALITÄT VON MENSCH UND LANDSCHAFT

Kausalität (lat. *causalis*, zur Ursache gehörend) beschreibt den Zusammenhang von Ursache und Wirkung. In der griechischen Philosophie und deren wissenschaftlichen Disziplinen etwa in der Zeit von Thales von Milet, Empedokles und Aristoteles ging man davon aus, daß alles, was geschieht, eine Ursache haben muß, die sich von einem Grund, einem Ersten ableiten läßt. Es wurde von einem Kausalitätsprinzip gesprochen, das die unmittelbare Seinserfahrung beschreibt. Holzamer meint, „daß alles, was wird oder vergeht, kurz, was sich verändert und in Bewegung ist, für seine Veränderung und seine Bewegung irgendeine Ursache haben muß".[28]
Gestaltungsprozesse sind prozeßorientierte Handlungen, die nach dem Prinzip von Ursache und Wirkung funktionieren und stets innerhalb der menschlichen Wahrnehmung stehen. Die unmittelbare Beziehung zwischen Mensch und Landschaft drückt sich im Körper, in der Seele und im Geist von Mensch und Landschaft aus, beziehungsweise wirkt die Gestalt als komplexe Erscheinungsform wiederum auf Körper, Seele und Geist des Menschen zurück. Diese, oft als unterschiedlich verstandenen Aspekte, stellen in ihrer Synthese die Einheit des Lebens dar. In diesem Sinne verwende ich Kausalität als verbindenden Begriff für die inhaltliche Zusammenschau gemeinsamer Grundprinzipien von Mensch und Lebensraum, wie: Körper – Seele – Geist, Polarität – Komplementarität und Die vier Elemente.
Im folgenden Kapitel möchte ich einen Einblick in ihre Bedeutung für Mensch und Landschaft geben, wobei die Trinität von Körper, Seele und Geist die Basis für die Betrachtung von Gestaltqualitäten im Freiraum bildet.

1 Körper – Seele – Geist

Der Augenblick ist gekommen, sich endlich bewußt zu werden, daß jede Interpretation des Universums, sogar die positivistische, um befriedigend zu sein, nicht nur die Außen-, sondern auch die Innenseite aller Dinge berücksichtigen muß. Den Geist in gleichem Maße wie die Materie.[29]
Pierre Teilhard de Chardin

Die Begriffe Körper, Seele und Geist scheinen in jüngster Zeit im Sprachgebrauch und in der Literatur wieder verstärkt als zusammengehörige Aspekte für ein „ganzheitliches Weltverständnis" auf. Da die Begriffe in verschiedenen Kontexten verwendet und mit unterschiedlichen Inhalten belegt werden, möchte ich einen grundsätzlichen Überblick geben und die Bedeutung von Körper, Seele und Geist an Hand geschichtlicher, philosophisch-mythologischer, religiöser, psychologischer und naturwissenschaftlicher Betrachtungen darstellen.
Mit Körper verbinde ich den physischen Teil des Lebendigen, die „substantielle Materie", ein Phänomen verdichteter Energie, welche über unsere klassischen fünf Sinne wahrnehmbar ist. Auf dieser Ebene sind wir Menschen gut eingelebt und haben diesbezüglich wenige Verständnisprobleme. Schwieriger wird es für uns hingegen bei den Begriffen Seele und Geist, die vielschichtigere Aspekte der Bewußtseinsebene bezeichnen.
Die Seele drückt sich als sehr komplexes System im Leben aus. Wir können sie als individualisierten geistigen Aspekt ansehen, der in den Körperzellen verankert ist und uns über diese Ebene mit dem Seelenhaften aller Lebewesen und der gesamten Erde verbindet. Sie zeigt sich

in uns über die innere Welt der Bilder, die aus der evolutionären Reise mitgebracht werden beziehungsweise im Leben selbst entstehen. Die Seele hat Anteil an unserem Emotionalfeld und drückt sich über unsere Gefühle aus.
Unter Geist verstehe ich eine übergeordnete Informationsquelle, die sich wiederum in allen Organismen der Erde sowie in der Erde selbst und über deren Seele manifestiert. Der Geist stellt eine verbindende Einheit dar, die auch als spirituelle Komponente gesehen und mit der göttlichen Kraft in Verbindung gebracht wird. Der Geist besitzt im Menschen individuellen Charakter und verleiht ihm die Fähigkeit zur freien Willensentscheidung. Unter Geist nur die rein rationale, verstandesorientierte Seite im Menschen zu verstehen, ist nach meinem Verständnis eine unzureichende Verkürzung. Ein intuitiver Gedankenimpuls, ein „Gedankenblitz“ steht nach meiner Erfahrung in direkter Verbindung mit einer universellen Informationsquelle.
Körper, Seele und Geist bilden für mich eine synthetische Einheit, die sich in Mensch, Tier und Pflanze, in der Landschaft, im Mineralreich und in den von Menschen geschaffenen Elementen äußert. Der Körper ist die Ausdrucksebene für Seele und Geist, die Seele manifestiert sich über den Körper, und der Geist bildet die Uressenz, die die Lebenskraft trägt, und individualisiert sich über die Seele. Es besteht eine Wechselwirkung zwischen Körper, Seele und Geist untereinander und im Austausch mit dem Lebensraum, also mit allen Lebewesen sowie den gegenständlichen Dingen der Welt. Das synthetische Ineinandergreifen von Körper, Seele und Geist ist bestimmend für die Vitalität von Landschaft und Mensch und drückt sich als Lebensqualität im Erfahren der Gesamtheit aller gegenseitigen Wechselwirkungen aus.

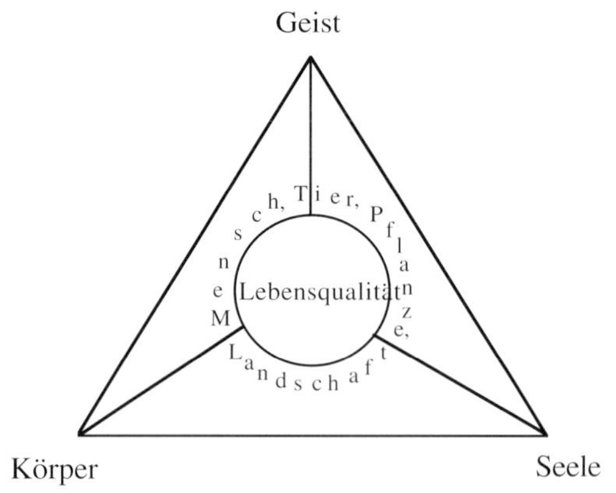

Abb. 1: Synthese von Körper, Seele und Geist

1.1 Überblick am Beispiel unterschiedlicher Kulturen

Vergleichen wir die Bedeutung von Körper, Seele und Geist an Hand verschiedener Kulturkreise, zeigt sich eine gemeinsame Grundvorstellung, die sich in der indianischen, der östlichen und der westlichen Mythologie findet. Diese gleichartigen Ansichten vom Wesen des Lebens und seiner Ausdrucksformen entstanden weltweit, innerhalb der Kulturen des Abendlandes und Morgenlandes, annähernd zur gleichen Zeit zwischen 800 und 200 vor Christus. Damals legten die Vorsokratiker Griechenlands (Thales von Milet, Empedokles, Heraklit, Sokrates, Aristoteles, Plato und zahlreiche andere) das Fundament für unsere westliche abendländische Kultur. In China war dies die Zeit von Konfuzius, Lao Tse und Mo-ti, in der grundlegende Richtungen der chinesischen Philosophie entstanden. In Indien lebte Buddha, im Iran lehrte Zarathustra, in Palästina traten die Propheten auf. Dieser prägende Zeitraum ist in der Geschichtswissenschaft als Achsenzeit bekannt, als Quantensprung in der Entwicklung des Menschen, mit der Schaffung eines gemeinsamen mythologischen, philosophischen und religiösen Hintergrundes, welcher die Basis für die geschichtliche Identität und das damit verbundene Selbstverständnis der Menschen bildet.[30]

Die heutige Naturwissenschaft trifft in ihren Forschungsergebnissen, die belegen, daß persönliche, seelische und geistige Phänomene eine untrennbare Einheit mit dem Körper bilden, wieder Inhalte der Mythologie und Philosophie und schließt somit den Zeitkreis. Zu den wichtigsten Vertretern dieses Gedankengutes zählen die Physiker I. Bentov, D. Bohm, N. Bohr, F. Capra, W. Heisenberg, die Biologen D. La Chapelle, H. R. Maturana, F. J. Varela, R. Sheldrake und die Systemwissenschaftler G. Bateson, E. Jantsch, J. C. Pearce, um nur einige zu nennen.

Das Wissen um die Zusammenhänge von Körper, Seele und Geist war zur Zeit der Vorsokratiker im alten Griechenland einerseits in den Mythen über Götter und Göttinnen enthalten und andererseits unmittelbar in das Alltagsleben integriert. So wurde im Städtebau diese Trinität auf gesellschaftlich wichtige Orte der Stadt übertragen. Das Stadion war/ist der Ort der körperlichen Ertüchtigung, des sportlichen Wettkampfes und wurde dem physischen Körper zugeordnet. Das Theater war/ist der Ort des Schauspiels und wurde der Seele zugeordnet. Der Tempel war/ist der Ort der Kontemplation und der Auseinandersetzung mit dem Göttlichen und wurde dem Geist zugeordnet.

Der menschliche Körper wird als Tempel für die Seele und den Geist angesehen, weshalb die alten Griechen in der körperlichen Ertüchtigung eine indirekte Pflege der Seele und des Geistes erkannten. Daß die seelische und geistige Qualität in der damaligen Philosophie und Wissenschaft gleichberechtigt mit den körperlichen Phänomenen behandelt wurde, hat Demokrit ausgedrückt, indem er in seine Atomtheorie die Existenz der Seele einband. „Die Seele besteht aus feinen einheitlichen Atomen besonderer Art."[31]

Thales von Milet sieht die Natur von göttlicher Kraft durchgeistigt, und Plato schreibt jedem Ding, und so auch der Natur, eine metaphysische, dahinterstehende Idee (Urseele) zu: Der Mensch habe die Erinnerung an diese Urbilder bewahrt und sei über seine Seele mit ihnen verbunden. Aristoteles führt diese These weiter und sieht die Seele als die eigentliche gestaltende und formgebende Kraft im natürlichen Körper. Bei den Pythagoräern war das Dreieck ein Symbol für das formbildende Prinzip des Weltalls und zugleich der Beginn aller Geometrie. Im pythagoräischen Lehrsatz wird die Beziehung der drei Aspekte des Lebens im Dreieck versinnbildlicht und mit der bekannten Formel $a^2 = b^2 + c^2$ zum Ausdruck gebracht.[32]

In der christlich orientierten Mystik finden wir vom 12. bis zum 19. Jh. bedeutende Vertreter, die an der Tradition des alten Griechenland als unserer kulturellen Geburtsstätte anschließen und die Einheit von Körper, Seele und Geist als gemeinsames Prinzip in Mensch, Natur und Gott erkennen. Der Mystiker und Naturwissenschaftler Teilhard de Chardin (1881–1955) tritt für eine Versöhnung zwischen Naturwissenschaft und religiösem Glauben ein, indem er auf die geistige Verbindung zwischen Erde, Mensch und Gott hinweist. Die Materie kann nicht selbständig existieren, sondern bildet stets mit dem Geist eine Einheit. „Es gibt eine Kommunikation mit Gott, und es gibt eine Kommunikation mit der Erde, und es gibt eine Kommunikation mit Gott durch die Erde."[33]

Der Dichter Vergil drückt die Beziehung von Geist und Körper mit folgenden Worten aus: „Der Geist bewegt die ganze Form und mischt selbst sich in den Körper."[34]
Francesco Petrarca (1304–1374) beschreibt die Bedeutung der Seelenqualität der Landschaft und die Naturerfahrung als emotionale Begegnung des Menschen mit der Landschaft, und Meister Eckhart (13. Jh.) unterstützt dies mit der Äußerung, die Naturwahrnehmung sei eine seelenhafte Erfahrung. Er geht vom Seelenhaften als Teil des Göttlichen aus, das zugleich Natur und Mensch beseelt. Agrippa von Nettesheim (1486–1535) spricht allen Wesen eine Seele zu, welche sich in der Materie als Urseele manifestiert, den lebendigen, den Pflanzen, Tieren, Menschen sowie den scheinbar toten, den Steinen und den Sternen. Über diesen seelischen und materiellen Phänomenen steht der Weltgeist als verbindende Brücke über allem Seienden.[35] Franz von Assisi (1182–1226) schließlich beschreibt in seinem bekannten Sonnengesang die seelische Verbindung des Menschen mit den Wesen der Erde und des Himmels als Bruder Sonne, Schwester Mond, Bruder Wind und Schwester Wasser.[36]
In den religiösen Traditionen östlicher Länder (Taoismus, Buddhismus, Hinduismus, Zen) hat sich das Wissen um Geist und Seele in ihrer klaren Ausprägung über Jahrhunderte hinweg bis heute erhalten. Vergleichen wir die verschiedenen Schulen der östlichen Philosophien, so können wir sehr deutlich einen gemeinsamen Kern erkennen. In ihrer Lebenssinnfindung geht es stets darum, die Getrenntheit von Geist und Körper zu überwinden, um des Ganzen, das für sie eine göttliche Qualität symbolisiert, gewahr zu werden. Demnach ist die religiöse Erfahrung für diese Menschen der Kern ihrer Lebensphilosophie. Im Sinne der sprachlichen Bedeutung (lat. *religio*, Rückbesinnung) stellt die religiöse Praxis eine Rückbesinnung auf das Geistige als Ausdruck des Göttlichen dar. Diese Beziehung zwischen Geist und Gott wird umso leichter verständlich, als in östlichen Kulturen keine Trennung zwischen Mensch und Natur und auch nicht zwischen Mensch/Natur und Gott vorgenommen wird. Vielmehr verkörpert die Erde mit all ihren Lebensformen zusammen mit dem Kosmos eine untrennbare Einheit der Realität, in ständiger Bewegung, organisch und im Wandel der Zeit, in der Geist, Seele und Materie allgegenwärtig sind. Das Göttliche wird nicht von der Erde getrennt und in den Himmel abgerückt und ist somit nicht außerhalb der Dinge, sondern stets innewohnender und umfassender Aspekt zugleich. Der Geist wird nicht alleine mit dem Verstand gleichgesetzt, sondern verkörpert eine Grundinformation, die sich in der Landschaft, im Menschen, im Tier, in der Pflanze, im Mineral, in jeder chemischen Substanz ausdrückt.[37]

Der Mensch bildet sich nach der Erde;
Die Erde bildet sich nach dem Himmel;
Der Himmel bildet sich nach dem Tao;
Das Tao bildet sich nach der Natur.[38]
Lao Tse

So zum Beispiel werden in Japan den Wasserfällen besonders starke geistige Kräfte zugeschrieben, welche auf den Menschen heilende Wirkung ausüben. Konkrete Orte besitzen ein ihnen entsprechendes Charisma, ihren speziellen Geist, den sogenannten *Genius loci*. Dieser Begriff meint die geistige Ausstrahlung eines Ortes, die auf einen bestimmten Platz zutrifft. So treten Berge im Laufe der Geschichte immer wieder als Orte religiöser Zeremonien auf. Die direkte göttliche Begegnung wird durch den Berg als einen „Ort der Kraft" unterstützt. Ein sehr imposantes und äußerst lebendiges Beispiel ist der Kailas, das „Dach der Welt", wie der heilige Berg Tibets auch genannt wird. Er ist in der Praxis des tibetischen Buddhismus seit jeher das Ziel der Pilgerschaft und der religiösen Begegnung der Tibeter.

Entsprechend gibt es auch in allen anderen Religionen heilige Berge. Beispiele hierfür sind im Judentum die Berge Ararat, Horeb und Sinai, im Christentum die Hörner von Hittin (Bergpredigt), der Tabor und der Kalvarienberg sowie im chinesischen Buddhismus der Omei, der Wu-t´ai Shan, der Chin-hua Shan und der P´u-T´o Shan, welche den vier Himmelsrichtungen zugeordnet werden.[39]
Im indischen Denken wird das Leben unter einer gemeinsamen Formel betrachtet, einem gemeinsamen, als ursächlich zu bezeichnenden „genetischen Code". Für die Inder ist Materie nichts anderes als das Ergebnis eines vergegenständlichten Gedanken. Im indischen Vedanta werden drei Seinszustände dargelegt: Der informelle Zustand vor der Formgebung (Geist), die psychische Dimension (Seele) und die stoffliche Form (Körper). Der Geist als ein Prinzip des Göttlichen verkörpert sich entsprechend dieser östlichen Tradition auch in der Landschaft, in ihren Bergen, Seen, Flüssen, Wäldern und all ihren Lebewesen wird der göttliche Geist selbst gesehen.[40]
Nicht zuletzt sind es die indianischen Kulturen, welche auf ihre unnachahmlich klare Art vom „Großen Geist" sprechen, als einer göttlichen Urinformation, die allen Individuen der Pflanzen-, Tier- und Menschenwelt innewohnt und sich als seelisches Phänomen äußert. Die Indianer betrachten jedes individuelle Wesen als individualisierten Geist. Die menschliche Seele war ein Ausdruck des individualisierten Geistes und stellte die Verbindung zwischen Geist und Materie her. Die Pflanzen und Tiere sind unsere Brüder und Schwestern. Die besondere seelische Kraft der Natur und des Menschen findet sich bei den indianischen Völkern unter den verschiedensten Namen wieder. Die Dakota nennen sie *Wakanda*, die Irokesen *Obi*, die Algonkin *Manitu*. Sie alle beschreiben das gleiche Phänomen, die sich in allen Lebewesen über den Geist individuell manifestierende seelische Kraft. Diese innige Verbindung drückt sich auch in einem äußerst behutsamen und ressourcensparenden Umgang mit Pflanzen, Tieren und der gesamten Landschaft aus.[41]

Jeder Teil dieser Erde ist meinem Volk heilig.
Jede glänzende Kiefernadel,
jeder lichte Nebel in dunklen Wäldern,
jede Lichtung und jedes summende Insekt ist heilig
in der Erinnerung und der Erfahrung unseres Volkes.[42]
Häuptling Seattle

1.2 Körper, Seele und Geist in Natur- und Geisteswissenschaft

1.2.1 Körper

Die Erde mit all ihren Tieren und Pflanzen sowie der Mensch sind lebendige, atmende Organismen, die sich über einen Körper manifestieren. Wenn wir vom Körper als der materiellen Seite des Lebens sprechen, meinen wir entsprechend der Herkunft des Wortes Materie (lat. *mater*, Mutter) das Nährende. Wir sind über unseren Körper in all die Stoffkreisläufe des Nährens und des körperlichen Wachstums mit seinen Zyklen des Werdens und Vergehens eingebunden. Aufnahme und Abgabe von festen, flüssigen und gasförmigen Stoffen (Nahrung und Atmung) sichern unsere körperliche Erscheinung und sind wesentlicher Teil unseres Eingebundenseins in den Rhythmus der Erde. Zudem fungiert der Körper, wie bereits beschrieben wurde, als Gefäß für Seele und Geist und steht mit beiden in ständiger Wechselwirkung.

Der Körper formt sich, ausgehend von der einzelnen Zelle, nach der seelisch-geistigen Information. Machen wir gedanklich eine Reise durch den menschlichen Körper und fühlen wir uns verwandtschaftlich verbunden mit höheren Lebensformen aus dem Pflanzen- und Tierreich, finden wir verschiedene Bausteine vor, welche von der makroskopischen bis in die mikroskopische Ebene hineinreichen. Körperteile wie Kopf, Hals, Rumpf, Beine, Füße, Arme und Hände binden uns als bewegungsfähigen, sinnenhaften Organismus in den Raum ein.
Unsere Organsysteme, wie Nervensystem mit Steuerzentrum-Gehirn, Atmungs-, Kreislauf-, Verdauungs- und Ausscheidungssystem, bestehen aus Zellkomplexen mit jeweils entsprechenden Aufgaben. Unter hormoneller und nervlicher Steuerung sorgen sie für die notwendigen körperinternen Energie- und Stoffkreisläufe und Austauschprozesse mit unserer Mitwelt.
Die Zelle selbst, mit dem freien Auge nicht mehr sichtbar, bildet die biologische Grundeinheit der Körper von Mensch, Tier und Pflanze. Zu ihren wichtigsten Aufgaben zählen das Umsetzen und der Aufbau chemischer Energie (Zellatmung, zellulärer Stoffkreislauf) sowie die Speicherung und Weitergabe von Erbinformation über den genetischen Code (DNS), wobei sich nahezu alle Zellen im Zyklus von sieben Jahren vollständig erneuern.[43]
Gehen wir weiter in die mikroskopische Dimension, so begegnen wir den Molekülen und chemischen Verbindungen, die sich wiederum aus einzelnen oder mehreren chemischen Elementen beziehungsweise Atomen wie zum Beispiel Wasserstoff, Sauerstoff, Stickstoff und Kohlenstoff zusammensetzen. Chemische Verbindungen in Form von Kohlehydraten, Eiweißen und Fetten gehören zu den wesentlichen Bau-, Transport- und Botenstoffen in unserem Körper.
Das Wasser, welches sich aus Wasserstoff und Sauerstoff (H_2O) zusammensetzt, hat mit rund 70 Prozentanteilen (unterschiedlich nach Alter, Geschlecht und Fettgehalt) im menschlichen Körper zentrale Funktionen.[44] Dazu findet sich in der Gestalt der Erde, deren Oberfläche ebenfalls mit rund 70 % Wasser bedeckt ist, eine interessante körperliche Parallele. Wenn wir uns also die Konsistenz flüssigen Wassers vorstellen, erkennen wir, daß unser Körper nicht so fest ist, wie er uns oft erscheint.
Wir kommen nunmehr zum Atom, dem Grundbaustein jedes physischen Körpers. Ob Sonne, Erde, Fels, Baum, Blume, Biene, Honig oder Mensch: sie alle sind aus Atomen zusammengesetzt. Stellen wir uns ein Atommodell vor, so besteht dieses aus einem Atomkern (Protonen und Neutronen) und Elektronen, die um den Kern mit Geschwindigkeiten von 900 Kilometern pro Sekunde herumschwirren.[45] Zwischen dem Kern und den Elektronen befindet sich leerer Raum. Wenn der Durchmesser eines Wasserstoffatomkerns einen Millimeter betrüge, hätte die Elektronenschale einen Durchmesser von zehn Metern, es liegt ein Verhältnis von 1:10.000 vor. Würden wir den menschlichen Körper eines Erwachsenen materiell (nuklear) verfestigen, so ergäbe dies die Größe eines Stecknadelkopfes.[46] „Wenn wir unseren Körper sehr stark vergrößern, dann stellen wir fest, daß wir vorwiegend aus Leere bestehen, die mit oszillierenden Feldern durchsetzt ist“, wie Bentov meint.[47]
Die Quantentheorie geht nach Capra noch weiter, indem sie sagt, daß wir die Materie nicht in voneinander unabhängige, kleinste feste Teilchen zerlegen können. „Wenn wir in die Materie eindringen, zeigt uns die Natur keine isolierten Grundbausteine, sondern erscheint eher als kompliziertes Gewebe von Zusammenhängen zwischen den verschiedenen Teilen des Ganzen.“[48] Die materielle Struktur eines Atoms weist eine Doppelnatur auf, da sie Welle und Teilchen zugleich ist, wobei sich der Aufenthalt des Teilchens nur in Wahrscheinlichkeiten bestimmen läßt. Die Teilchen nehmen wir als Realität wahr, die Wellenfelder bleiben uns scheinbar verborgen. Dabei wird die Welle über das Teilchen erfahrbar und mit jenem zugleich wahrgenommen. Wir können dieses Phänomen mit einem Musikstück vergleichen, das wir

über den Radioempfänger genießen, obwohl wir die Wellen, über die es übermittelt wird, nicht wahrnehmen. Die Elektronen eines Atoms werden vom Kern zugleich angezogen als auch abgestoßen und dadurch in einer dynamischen Verbindung mit dem Kern gehalten. Teilchen und Welle bilden ein Ganzes und geben dem Atom auf Grund der hohen Geschwindigkeit den Anschein einer starren Kugel.[49]

Abb. 2: Das Schwingungsmuster eines Atoms (nach Bentov)

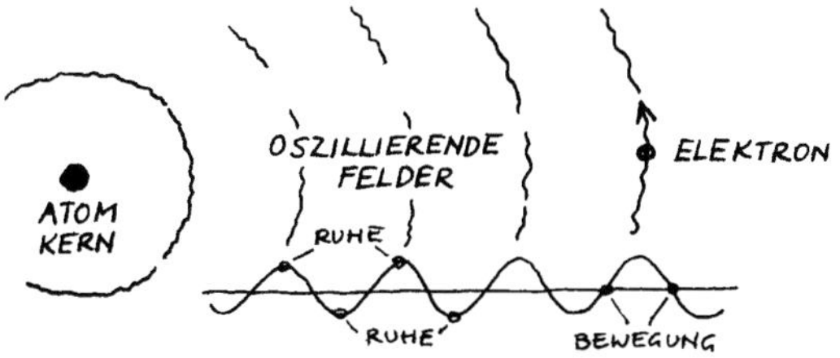

Nach Pierrakos stellt jeder Körper, den wir berühren können, eine Kristallisation eines quantitativ energetischen Wesens dar. „Die materiellen und nichtmateriellen Funktionen unterscheiden sich hinsichtlich ihrer Vibrationsfrequenz, nicht aber hinsichtlich ihrer Substanz. Der Gestalter ist das Bewußtsein der Energie: das integrale Bewußtsein vom Gen bis zum Geist."[50] Geist und Körper sind lediglich unterschiedliche Schwingungsphänomene, die aus ein und demselben Stoff bestehen. Da sich jede Form von Materie, organische wie anorganische, aus Atomen zusammensetzt, breiten sich von ihr schwingende Wellen aus.

Einen schönen Vergleich unterschiedlicher Seinszustände ein und desselben Körpers bietet uns das Element Wasser. Der kristallisierte Zustand des Wassers ist das Eis, seine Schwingungen entsprechen jenen des physischen Körpers. Der flüssige Zustand mit all seinen unterschiedlichen Erscheinungsformen besitzt seelische Qualität, welche sich über den Körper der Landschaft manifestiert. Der gasförmige Zustand (Wasserdampf) entspricht dem geistigen Prinzip. Der feine Wasserdampf, zum Beispiel bei Schönwetter, ist meist nur unter erhöhter Aufmerksamkeit spürbar und trotzdem als ständiger Begleiter der umgebenden Atmosphäre von verbindender Qualität.

Führen wir das Prinzip von Teilchen und Schwingung weiter aus, so erzeugt jeder Körper ein Muster schwingender Wellen, das auch als Feld bezeichnet wird. Die Welle ist eine strukturierte Schwingung, die sich als Feldinformation mit unterschiedlichen Schwingungswerten im Raum ausbreitet. Durch unser Denken oder unseren Herzschlag entstehen rhythmische und unter anderem elektromagnetische Ströme, die sich mit Lichtgeschwindigkeit in den Raum ausbreiten, sich dabei ständig überlagern und nach Itzhak Bentov sogenannte Interferenzmuster (Überlagerungsmuster) bilden. „Unsere Realität ist eine schwingende Realität, angefüllt von Klängen verschiedener Art. Und eine greifbare Realität existiert für uns nur, solange es Bewegung gibt."[51]

Daß unterschiedlich schwingende Körper, Oszillatoren, wie Bentov sie beschreibt, miteinander in Resonanz treten, zeigt uns nachstehendes Beispiel: Hängen wir in einem Raum Pendeluhren mit einheitlich langen Pendeln auf und setzen sie phasenverschoben, das heißt aus unterschiedlichen Stellungen heraus, in Schwingung, so passiert folgendes. Zunächst schwingen die einzelnen Uhren noch unterschiedlich, aber im Laufe von ein bis zwei Tagen schwingen alle Pendel gemeinsam im gleichen Rhythmus (phasengleich), so als wären sie miteinander verbunden. Die winzige Energiemenge, die sich über den Raum und seine Wände ausbreitet, reicht aus, um die einzelnen Pendeluhren im Rhythmus einander anzupassen. Demnach können wir den physischen Körper mit einem Oszillator vergleichen, einem Instrument, das bestens geeignet ist, mit anderen Körpern in Resonanz zu treten.

Ein ebenso interessantes Resonanzphänomen beschreiben die Musikwissenschaftler Cousto und Pauschel. Nach dem Tag- und Nachtrhythmus der Erde ergibt sich für den Erdentag eine Schwingungsfrequenz, die hochgerechnet dem Ton G entspricht. Diese Frequenz, also der Erdentageston, ist mit der Schwingungsfrequenz der DNS, der Trägersubstanz der menschlichen Erbmasse, identisch. Die DNS besitzt ein Resonanzmaximum von 351 Nanometer, welches umgerechnet ebenfalls der Schwingungsfrequenz des Tons G entspricht. Übertragen wir diese Wellenlänge auf die Frequenzen der Spektralfarben, findet sich dieselbe Resonanz (G), wie sie der Tageston und die DNS besitzen, in der Farbe Orange wieder.[52]
Weitere rhythmische Entsprechungen der Lebewesen zum Erdkörper finden sich in den Biorhythmen, die mit den Lichtveränderungen (Tag-Nacht-Rhythmus) oder mit den unterschiedlichen Gravitationseffekten, bedingt durch den Mondeinfluß auf die Erde, zusammenhängen. Hierüber gibt es zahlreiche Untersuchungen, angefangen von den Wanderbewegungen von Tieren, dem Blühverhalten von Pflanzen, Ebbe-Flut-Verhalten der Weltmeere bis hin zur Rhythmisierung des Menstruationszyklusses der Frau, welcher sich nach der chinesischen Medizin im Idealfall dem Neumondzyklus anpaßt.[53]
Die Auswirkungen der Anziehungskraft des Mondes auf die Körperflüssigkeiten von Lebewesen gehen über den körperlichen Bereich hinaus und erreichen über die Beeinflussung der körpereigenen Vibration, zum Beispiel des Gehirns, auch die Psyche des Menschen.[54]
Zusammenfassend können wir sagen, daß der Körper keine starre und feste materielle Erscheinung ist, sondern ein rhythmisch schwingender Organismus. Materie ist niedrig schwingende und am stärksten verdichtete Energie. Sie ist ein Informationsfeld, dessen Informationen sich in Form von Quanten über den gesamten Raum ausbreiten. Seelische und geistige Informationen können demnach auch als Energiequanten verstanden werden, die in ständiger Beziehung zur materiellen Erscheinung stehen und mit anderen Körpern in Resonanz treten. Jede körperliche Gestalt ist zugleich Informationsträger. Welche Informationen eine Landschaft oder einzelne Gestaltelemente weitergeben können, wie sie wirken und wie wir sie wahrnehmen können, sind Fragen, denen ich in den folgenden Kapiteln dieses Buches weiter nachgehen werde.

1.2.2 Seele

Die Seele ist ein in der Theologie, Philosophie und Psychologie viel diskutierter Begriff; immer wieder wird die Frage aufgeworfen, ob die Seele stärker mit dem Geist oder stärker mit dem Körper zusammenhängt. Philosophen wie Plotin, Leibniz und Descartes beschrieben die Seele als geistig-göttliches Phänomen, das vom Körper losgelöst ist, während in der Psychologie die Seele vielfach auf das Körperlich-Triebhafte reduziert wurde.[55]
Ich meine, daß beide Ansichten Gültigkeit besitzen, daß die Seele sowohl einen Aspekt des Geistes als auch einen Aspekt des Körpers darstellt und im Sinne der Trinität eine Brücke zwischen Körper und Geist bildet, entsprechend V. E. Frankl und C. G. Jung, die meinen, daß der Mensch durch die dreifältige Ganzheit von Leib – Seele – Geist konstituiert ist.
In der Psychologie, vor allem in der Archetypenlehre von C. G. Jung, wird die Ansicht vertreten, daß sich die körperlich-seelische Beziehung darin äußert, daß die Seele als nichtstoffliches Phänomen sehr wohl auf den Körper als Organ ihrer Manifestation angewiesen ist. Wie der Psychologe Helmut Barz ausführt, müssen wir davon ausgehen, „daß es keinerlei seelische oder geistige Regungen gibt, mit denen nicht gleichzeitig subtile physikalisch-chemische Vorgänge in den genannten Organsystemen einhergehen“.[56]

Die Seele steht also mit dem Körper in Verbindung. Hierbei spielen Übertragungsmechanismen über die Bewußtseinsfelder, über das Hormon- und Nervensystem des Menschen eine wichtige Rolle.
Die Verbindung der Seele mit dem Geist läuft über das kollektive Unbewußte, das einen gemeinsamen geistigen Ursprung repräsentiert. Betrachten wir diesen Aspekt aus der Sicht der Landschaftsgestaltung, können wir davon ausgehen, daß Pflanzen, Tiere, Formen, Farben, Strukturen und Symbole über die Wahrnehmung seelischer Qualitäten auf den eigenen Körper und Geist des Betrachters Einfluß nehmen.[57] Barz sieht in der Seele eine Grundfähigkeit, die Welt wahrzunehmen. „Nicht das Auge sieht, noch hört das Ohr, sondern die Seele sieht, hört, riecht, schmeckt und tastet – vermittels der Sinnesorgane."[58]
So gesehen ist die Naturerfahrung in vitaler Landschaft eine Rückverbindung zur archetypischen Urseele der Erde und eine Beruhigung für unseren individuellen Seelenkörper. Wie sehr die Qualität eines seelischen Zustandes mit Körper und Geist in Verbindung steht, erkennen wir daran, daß sich seelische Probleme in körperlichen Krankheiten manifestieren und daß wir durch Verbindung mit dem Geistigen (z. B. durch Meditation oder Kontemplation) beruhigenden Einfluß auf unsere Seele und damit auch auf den Körper nehmen können.
Sabetti bezeichnet die Seele als energetisches Zentrum, welches die Lebensfunktionen des Körpers, ja sogar die Bildung des Körpers selbst steuert. Die Seele als holistisches System wird durch den Körper wirksam und hält dadurch sowohl individuelle als auch kollektive Lebensprozesse in Gang. Sie ist als Bewußtseinsphänomen zu verstehen, welches sich in den einzelnen Individuen einer Art ausdrückt und damit individuellen Charakter innerhalb der Pflanzen- und Tierwelt besitzt.[59]
Die Seele besitzt als Speichermedium von Vergangenheit und Gegenwart eine zeitliche Dimension, die sich bis auf unsere Zeugungsphase zurückbesinnt und über die evolutionäre Entwicklung weit in unsere Vergangenheit hineinreicht. Das Seelenhafte ist subjektiv, und die Wahrnehmung seelischer Inhalte ist eine Wahrnehmung über unser persönliches Emotionalfeld, das aus körperlichen sowie geistigen Erfahrungen gespeist wird. Durch den Vergleich von Wahrnehmungen und Gefühlen werden seelische Inhalte scheinbar objektiviert, bleiben aber letztendlich subjektiv. Die Subjektivität wird durch die gemeinsame menschliche Erfahrung intersubjektiviert. Diese Tatsache muß uns in der Auseinandersetzung mit Gestaltqualitäten stets bewußt sein. In diesem Zusammenhang führt C. G. Jung (1927) aus, daß die Seele ein aus den irdischen Umweltbedingungen hervorgegangenes Anpassungssystem sei. Er unterscheidet in seiner Lehre zwischen dem persönlichen und kollektiven Unbewußten. Das persönliche Unbewußte speichert in uns jene Teile, die uns einmal bewußt waren, aber vergessen wurden, und das kollektive Unbewußte besteht aus Archetypen, die jenen Teil der Seele verkörpern, durch welchen sie mit der Natur verbunden ist. In diesen Urbildern tritt uns die seelische Wirkung der Erde und ihrer Gesetze entgegen.[60]
So gesehen hat das Seelische immer mit unserem Unbewußten zu tun und ist daher für den Menschen in einer rein rationalen Auseinandersetzung über das Bewußtsein nicht vollständig erfaßbar. Sehr wohl spricht die Seele über die Welt der Bilder, Formen, Farben, Symbole und Träume indirekt zu uns. Wir können daher sagen, daß wir mit der Erde eine gemeinsame seelische Kraftquelle besitzen, die unsere Lebensenergie speist. So verstehe ich unsere Seele als individualisierten Ausdruck des Geistes, welcher uns in die Gesetzmäßigkeiten von Himmel und Erde einbindet. Da die Seele mit dem Körper in inniger Verbindung steht, können wir uns von der seelischen Qualität nicht loslösen, ohne dabei unsere eigene Lebensqualität zu verringern. Landschaftsbilder sind seelischer Natur und als Urbilder einer gemeinsamen evolutionären Entwicklung von Mensch und Landschaft im genetischen Material gespeichert.

Weiters speichern sich Landschaftsbilder in der Begegnung mit der Landschaft als Seelenbilder in uns. Vor allem in der Kindes- und Jugendentwicklung ist dies von sehr großer Bedeutung für die gesamte emotionale und intellektuelle Entwicklung des Menschen. Aus der Naturerfahrung unserer Kindheit beziehen wir auch im Erwachsenenleben Kraft für die Aufrechterhaltung unserer Vitalität (siehe Kap. III.2 Polarität – Komplementarität).
Die Landschaft ist ein Informationsträger, der mit uns in Beziehung steht und die Seele des Menschen beeinflußt. Sie ist nicht nur um uns wahrzunehmen, sondern auch in uns, mit all unseren Reaktionen im Wachbewußten, aber auch im Unbewußten (z. B. im Traum). Die symbolhafte Information kann dem Menschen durch ihre archetypische Wirkung in Gestalt eines Berges, eines Baumes, einer Blume oder des Wassers Unterstützung bieten. Landschaften und Freiräume jeglicher Art wirken wie ein Spiegel auf unseren Gefühlskörper. Wir alle kennen das Phänomen, daß uns ein bestimmter Landschaftstyp besonders anzieht und gefällt, ein anderer uns wiederum weniger anspricht. Landschaften und Räume wirken allgemein auf das menschliche Gemüt, woraus wir ableiten können, daß der Charakter einer Landschaft mit dem Charakter eines Menschen in Wechselwirkung steht. Dies bestätigt sich auch in der Tatsache, daß wir Landschaftstypen mit personenbezogenen Eigenschaftswörtern wie beschaulich, erhaben, belebend, friedlich, heiter, rauh, sanft, lieblich oder ruhig beschreiben
Carus schreibt 1824 in diesem Zusammenhang in seinen Briefen zur Landschaftsmalerei: „Das unbefangene Gemüt wird daher vom angeregten, aufstrebenden Naturleben, reinem Morgenlicht, heiterer Frühlingswelt ermutigt und belebt, von reiner blauer Sommerluft und voller, ruhiger Blätterfülle der Waldung erheitert und beruhigt, vom Erstarren der Natur im trüben Herbst schwermütig und von den Leichentüchern der Winternacht in sich selbst gewaltsam zurückgedrängt und gelähmt."[61]
C. G. Jung bringt seine seelische Verbundenheit mit der Landschaft am Züricher See, einem seiner Lieblingsplätze, mit folgenden Worten zum Ausdruck: „Zuzeiten bin ich wie ausgebreitet in die Landschaft und die Dinge und lebe selber in jedem Baum, im Plätschern der Wellen, in den Wolken, den Tieren, die kommen und gehen, und in den Dingen."[62]
Der Einfluß der Landschaft auf die Menschen prägt ein bestimmtes kollektives menschliches Grundmuster in Beziehung zu der Landschaft, in der die Menschen leben. So spiegelt sich der Charakter einer Landschaft im Charakter der Menschen zu einem gewissen Anteil, je nach Menschentyp mehr oder weniger stark, wider.[63] Diese Tatsache ist sehr bedeutsam für die natur- und ortsbezogene Identität des Menschen. Ob wir uns in dem Landschaftsraum, wo wir wohnen, wohl fühlen, hängt zum großen Teil von der persönlichen Identität und der Einstellung zur Landschaft ab. Durch Veränderung der Landschaft wirken wir auch verändernd auf den Seelen- und Geistkörper der betroffenen Menschen ein. Damit wird die ursprüngliche persönliche Beziehung des Menschen zum Land verändert und der neu entstehende Landschaftscharakter wird sich mit unterschiedlicher Stärke parallel im Charakter der Menschen manifestieren (siehe Kap. V.2.2 Die Archetypen der Landschaft – ihre äußeren und inneren Bilder).

1.2.3 Geist

In der Betrachtung des Geistes überschreiten wir die Enge des materialistischen Weltbildes, das den Geist als rein rational-analytisches Werkzeug (Intellekt) der Menschheit sieht. Interessanterweise ist es wiederum die Physik, welche die Grenze zwischen dem Stofflichen und dem Nichtstofflichen überschreitet. Vertreter wie Bohr, Capra, Charon, Einstein und Heisenberg belegen an Hand unterschiedlicher Versuche, daß die naturwissenschaftliche Beschreibung zu kurz gerät, um die Phänomene der Quanten- und Teilchenphysik darzustellen. Es ist nicht mehr möglich, eine Grenzlinie zwischen Geist und Materie (Welle und Teilchen) zu ziehen, meinen D. Bohm und D. Peat. „Geist und Materie sind zwei Aspekte eines einzigen Ganzen und ebensowenig zu trennen wie Form und Inhalt."[64]

Die Intuition und die Kontemplation bieten eine wichtige Basis für Erkenntnis und wirkliches Erfahren. In seinem Buch *Tao der Physik* gelingt es Fritjof Capra, die inhaltliche Beziehung der Physik zur östlichen Mytholgie sehr einfühlsam aufzuzeigen: „Absolutes Wissen ist somit eine völlig nichtintellektuelle Erfahrung der Wirklichkeit, eine Erfahrung, die in einem ungewöhnlichen Bewußtseinszustand auftritt, den man einen meditativen oder mystischen Zustand nennen kann."[65]

Der menschliche Geist ist der individuelle Teil des „Höheren Selbst", welches die höchstmögliche Informationsquelle, das Bewußtsein des Erdkörpers und seiner Lebewesen, repräsentiert. Die Seele (Psyche) ist für ihn Bindeglied zwischen Geist und Körper.[66]

Dies ist ganz im Sinne des Philosophen Martin Heidegger, der meint, daß nicht wir zu den Gedanken kommen, sondern jene zu uns.[67] Viele Ideen entspringen unmittelbar einer gewissen Leere des Seins. Erfahrungen dieser Art werden durch zahlreiche Beschreibungen von Erkenntnisblitzen belegt, wie sie zum Beispiel auch Wissenschaftler immer wieder erleben (Erfindung des Benzolrings oder Einsteins Erlebnisse bei der Entwicklung seiner Relativitätstheorie u. a. m.). Für sie ist es ein Schöpfen von Ideen aus einem tiefen, verbindenden Wissensgrund. Wir fühlen uns inspiriert (engl. *spirit*, Geist), wenn gewisse *Stimuli* unseren Geist anregen und uns zu neuen Erkenntnissen verhelfen. Bentov meint dazu: „Bedeutende wissenschaftliche Durchbrüche geschehen vermittels intuitiver Sprünge."[68]

Joseph Chilton Pearce schreibt von einer geistigen Quelle, die den Ursprung der Bewußtheit als ein Potential darstellt, mit welchem wir Menschen über eine Geist-Gehirn-Beziehung in Verbindung stehen. Diese Beziehung läuft über die Interaktion von Intelligenzfeldern, die als geistige Information vorhanden sind und als solche individuell erreicht werden. Der Prozeß der Wechselwirkung läuft dabei in beide Richtungen, indem das individuelle Bewußtsein das kollektiv-geistige Feld speist beziehungsweise das kollektive Bewußtsein den individuellen Geist beeinflußt.[69] Intelligenzfelder entstehen im Geistigen der Welt über die Gedanken der Menschen. Jeder Gedanke besitzt eine Zeugungskraft, die als Information im kosmischen Feld anwesend ist: „Jeder Gedanke erzeugt in seiner angestammten geistigen Sphäre eine Schwingung",[70] wie Silvia Wallimann meint.

Gregory Bateson, einer der bedeutendsten Kybernetiker und Erkenntnistheoretiker unserer Zeit, beschreibt den Geist, die mentale Welt, als unbegrenztes Phänomen des Informationsaustausches, welches nicht durch die Haut begrenzt ist. Der Mensch als ein Selbst ist somit ein offenes System, zu dem über alle äußeren Bahnen Informationen wie Gedanken anderer, Licht, Klang, Temperatur und all die Aspekte von Erde und Himmel kommen. „Ich bekenne mich zu dem Glauben, daß mein Wissen ein kleiner Teil eines umfassenderen integrierten Wissens ist, das die gesamte Biosphäre oder Schöpfung verbindet."[71] Für Bateson gibt es keine Grenzen zwischen Mensch und Umwelt. Es wirkt ein Gesamtsystem, das sich im Prozeß der Evolution befindet. Dabei ist der Geist das Verbindende, das dem biologischen System immanent ist und uns alle miteinander in Wechselwirkung bringt.[72] Lovelock und Alleby unterstützten dies mit der Gaia-Hypothese (1985), welche die Erde, an Hand von Untersuchungen über den Wärmehaushalt und die Atmosphäre, als ein gesamtes, sich regulierendes Lebewesen beschreibt: „Es könnte für uns so aussehen, als ob die Erdoberfläche von ihrem tiefsten Tiefseegraben bis zum äußersten Rand der atmosphärischen Hülle aus einem

einzigen System besteht, das von lebenden Organismen als das für sie adäquate Milieu aufgebaut und stabil gehalten wird. (...) Wir, zusammen mit allen Lebewesen auf dieser Erde, sind unzertrennbare Teile eines Ganzen."[73] Diese Erkenntnis bewog beide Autoren, für das Lebewesen Erde den Begriff *Gaia* zu verwenden. In der griechischen Mythologie steht die Göttin Gaia für die Personifizierung der Erde, als Gemahlin des Himmelsgottes Uranus, Spenderin von Träumen und Ernährerin der Pflanzen. Die Tatsache, daß der Geist nicht mit unserer Schädeldecke aufhört, sondern den gesamten Lebensraum grenzenlos ausfüllt, untermauert der Philosoph Jiddu Krishnamurti mit seiner These des freien geistigen Flusses. Er meint, wenn man etwas im Ganzen sehen will, muß der Geist frei von allen Begrenzungen sein, und die eigentliche Ursache für die Begrenzung sei der eigene Mittelpunkt, von dem aus man betrachtet. So erfaßt unser rationales Denken durch die Einschränkung der eigenen Persönlichkeit immer nur ein Bruchstück vom Ganzen. Dieser Tatsache sollen wir uns ständig bewußt sein, wenn wir versuchen, die Welt zu katalogisieren und zu beschreiben. Die Beobachtung des Geistes erfordert ein freies und nicht urteilendes Denken, das wir in der unmittelbaren Begegnung mit den Elementen der Natur üben können, dem Aufnehmen der Schönheit eines Flusses, dem Lauschen des Windes in den Blättern der Bäume oder dem bewußten Aufnehmen der Frühlings-Sonnenstrahlen in alle Zellen unseres Körpers.[74]
Die Psychologin Edith Cobb sieht in der schöpferischen Wahrnehmung unserer Mitwelt die Möglichkeit, sich mit dem Geist der Erde auszutauschen. „In der schöpferischen Wahrnehmung des Dichters und des Kindes kommen wir der Biologie des Denkens ganz nahe. Tatsächlich der Ökologie der Imagination, in der die Energien des Körpers und des Geistes als eine Einheit, als ein Ökosystem, und die Energien des Körpers in einer wechselseitigen Bestrebung verbinden."[75]

Die Landschaft und die Sprache sind dasselbe.
Denn wir selbst sind Landschaft und sind Land.[76]
Conrad Aiken

Zusammenfassend können wir feststellen, daß wir Menschen mit unserer geistigen Kraft und all unseren Gedanken nicht als isolierte Wesen zu betrachten sind. Das individuell Geistige formt ein kulturell Geistiges und bildet mit unserem Lebensraum ein gemeinsames geistiges Kollektiv. Wir wirken auf das geistige Kollektiv von Mensch und Lebensraum ein, und der Geist des Kollektivs wirkt wiederum auf uns zurück. In der Lebendigkeit dieser Wechselwirkung erzeugen wir ein gesellschaftliches Paradigma, das wir als soziokulturelles Bewußtsein verstehen können.

1.3 Bewußtseinsfelder – die körperlich-seelisch-geistigen Informationsfelder

Alles Lebendige bildet eine Atmosphäre um sich her.[77]
Johann Wolfgang von Goethe

Bezogen auf die Tatsache, daß unsere seelisch-geistigen Aspekte nicht mit der physischen Grenze des Körpers enden, spreche ich in diesem Zusammenhang von Bewußtseinsfeldern, die sich als Bewußtseinsausdruck von Landschaft und Mensch in unseren Lebensräumen manifestieren. Der Vorgang ist vergleichbar unserer sprachlichen Kommunikation, wo wir,

ausgehend von einer seelisch-geistigen Intention, über die physische Aktivität des Gehirns und die sprachbezogenen Organe eine Information erzeugen. Die Information selbst stellt dabei ein „nichtstoffliches Wirkungsfeld“ dar, wie es der Architekt Jörg Purner bezeichnet, und tritt in der körperlichen Welt selbst nicht direkt in Erscheinung.[78]
Als Informationsträger ermöglicht dieses nicht meßbare Feld zugleich eine geistige Verbindung mit anderen Menschen, aber auch mit unseren Lebensräumen, denn es ist all unseren Lebensaktivitäten immanent und wirkt auf sie ein. Dabei strahlen die Bewußtseinsfelder fortlaufend in den Raum aus, ob wir dies bewußt unterstützen oder nicht. Sie sind Schwingungsabdrücke (-felder) unserer körperlichen, seelischen und geistigen Aktivitäten, in welchen sich unsere Emotionen und Gedanken widerspiegeln und die über die emotional-intuitive Wahrnehmung (Kap. IV.4.2) erfahrbar sind. Dieser Prozeß verläuft in beide Richtungen, denn auch unsere Lebensräume stellen Lebewesen mit Informationsfeldern dar.

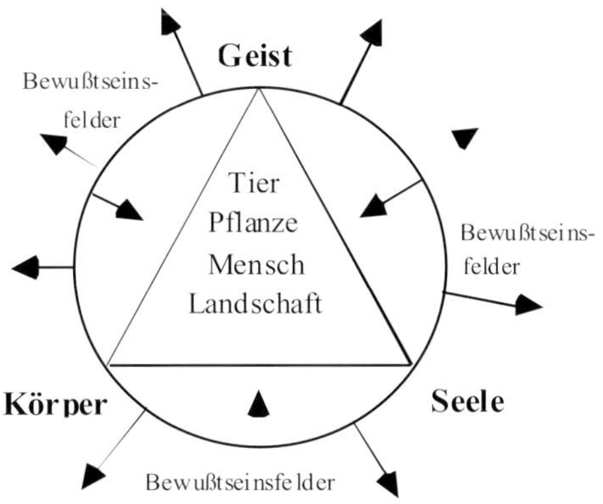

Abb. 3: Bewußtseinsfelder – eine körperlich-seelisch-geistige Information

In nahezu allen Kulturen, von der Antike bis zur heutigen Zeit, gab und gibt es die Vorstellung von Bewußtseinsfeldern, die als Quelle seelisch-geistiger Natur den Körper durchdringen, ihn umgeben und sich über ihn ausbreiten. In diesem Zusammenhang finden wir unterschiedliche Begriffe wie: Aura, Lebensenergiefelder, Lebensenergie/Lebenskraft, Prana, Od, Ch´i, morphogenetische Felder u. a. All diese Begriffe stimmen inhaltlich überein und definieren Informationen oder Emanationen des physischen Körpers, die in einer synthetischen Verbundenheit mit dem Körper selbst, seinen emotional-seelenhaften sowie seinen mental-geistigen Aspekten, nach außen und innen hin wirksam sind (Abb. 3). Wir kennen im östlichen Kulturkreis das *Ch´i*, *Ki* und *Gi* (China, Japan und Korea), *Prana* (Indien), und *Lung* (Tibet). Bei den Einwohnern Hawaiis wird diese Kraft als *Mana,* bei den Ägyptern als *Ka* beschrieben. In Australien bezeichnen die Aborigines eine Energieform, die zwischen Geist und Materie steht, als *Guruwari,* die Maori Neuseelands nennen diese *Mauri.* Im Sprachgebrauch der abendländischen Geschichte wurden die entsprechenden Inhalte im Keltischen (Hochblüte um 500 n. Chr.) mit *Wyda* beschrieben. Die Vorsokratiker des alten Griechenland verwendeten für den aus dem Feuer und der Luft gewordenen Hauch des Lebens *Pneuma,* und die Germanen bezeichneten die Bewußtseinsfelder als *Odem* und *Äther*.[79]
Das Strömen dieser Bewußtseinskraft beeinflußt die Lebensqualität und drückt sich über die physische und psychische Vitalität (Gesundheit) sowohl im Raum als auch in den einzelnen Lebewesen aus. In Indien wird in diesem Zusammenhang von *Atman* und *Prana* gesprochen.

Atman ist der indische Ausdruck für Seele, *Prana* ist die daraus resultierende Kraft. Beide Begriffe leiten sich von „an" ab, was „hauchen" bzw. „atmen" bedeutet, und stehen für den „Atem des Lebens". In den *Veden*, der indischen Heiligen Schrift, gilt Prana als die Kraft des kosmischen Ursprungs der gesamten Welt und ist somit als Informationsfeld einer geistigen Quelle zu verstehen.[80]
In der taoistischen Lehre finden wir den Begriff Ch´i, welcher wörtlich übersetzt ebenfalls „Atem" bedeutet. Ch´i steht für eine alles durchdringende Schöpfungs- und Lebenskraft, eine bewegliche nichtstoffliche Substanz, die sich zu materiellen Erscheinungsformen verdichtet. Im Taoismus ist der Begriff in allen Lebensbereichen, von der Politik, der Wissenschaft bis hin zur Religion, lebendig. Das Ch´i steuert die Körperfunktionen des menschlichen Organismus genauso wie die Bewegungen der Gestirne und äußert sich in der komplementären Beziehung von *Yin* und *Yang* als eine Energie oder Kraft, die Berge und Vulkane entstehen läßt, den Verlauf von Flüssen und Strömen steuert und die Farben und Formen von Pflanzen bestimmt. Es ist das organisierende Feld, in welches die Materie hineinwächst, und dies wird letztlich zur Form der Materie selbst. Das Ch´i gelangt mit unserer Geburt in den Körper und verläßt ihn nach seinem Tod wieder; es beeinflußt unsere gesamte Lebensaktivität, unseren physischen und psychischen Körper mit all unseren Charaktereigenschaften. Nach Rossbach hängt es vom Ch´i ab, „ob wir gerade stehen, gebeugt oder schlaff. Es ist der unentbehrliche Atem, um unsere körperliche, umgebende und emotionale Balance zu halten".[81]
Das Ch´i eines Menschen, einer Landschaft, aber auch eines Hauses kann verstärkt oder geschwächt werden. Auf dieser Tatsache aufbauend, hat sich in China eine empirisch begründete Wissenschaft mit jahrtausendealter Tradition etabliert, das Feng Shui. Es stellt die chinesische Form der Geomantie dar und sieht im Ch´i jene Kraft, welche durch entsprechende gestalterische Maßnahmen aktiviert werden kann.
Der Forscher und Schriftsteller Marko Bischof stellt den Äther als jene Kraft von Räumen und Lebewesen dar, die sie nicht nur durchdringt oder füllt, sondern beide miteinander verbindet. „Dieser Raum ist gleichzeitig äußerer, materieller und innerer, seelischer Raum."[82] Reichenbach (1788–1869) spricht in diesem Zusammenhang von *Od*, einer biologischen Energie, welche von der mineralischen und organischen Welt der Erde erzeugt wird und alle belebte und unbelebte Materie durchdringt.[83]
Der Biologe Rupert Sheldrake beschreibt 1993 morphogenetische Felder, welche außerhalb von Raum und Zeit liegen und Gestaltträger für den physischen Körper darstellen. Alle neuen morphogenetischen Felder umfassen die Information bereits vorhandener Felder. Sie stellen einen Informationspool, eine Art Gedächtnis dar, dessen Informationen sich zwischen Organismen ohne direkte körperliche Kontaktaufnahme über Raum und Zeit hinweg ausbreiten. Das morphogentische Feld ist die nicht sichtbare Informationsebene der Form. Die entstehende Form bezieht daraus ihr Wissen über die Art und Weise, wie sie wachsen und sich vermehren soll. Man kann sich diese Informationsübertragung auch als Resonanzphänomen vorstellen, welches zwischen Lebewesen ständig abläuft. Nach Sheldrake enthalten die morphogenetischen Felder jeder Spezies ein geistiges Grundkonzept, eine Art kollektives Gedächtnis. Aus diesem Gedächtnis schöpft jedes einzelne Individuum einer Spezies für die eigene Ausgestaltung der Lebensform und regt damit die Ausgestaltung anderer Individuen mit an.[84] Pearce bestätigt, daß sich Erfahrungen zu Feldern formieren und daß, je häufiger eine Erfahrung von einer Einzelperson beziehungsweise in der Gruppe wiederholt wird, auch die Feldwirkung stärker wird. Wir erleben archetypische Potentialfelder und erschaffen sie neu, aus einer individuellen oder kollektiven Erfahrung heraus, die im Persönlichen sowie in der Gruppe als emotionale und mentale Felder auf uns zurückwirken.[85]

Eine optisch-physikalische Beschreibung von Bewußtseinsfeldern ist mit der von Fritz Albert Popp entwickelten Restenergieverstärkung und der in Rußland vom Ehepaar Kirlian in den Jahren 1939–1958 entwickelten Kirlian-Photographie gelungen. Mit beiden Methoden können abstrahlende Energiefelder von organischen Körpern, aber auch von stofflichen Essenzen, wie zum Beispiel von einem Wassertropfen, aufgezeichnet und optisch umgesetzt werden.[86]
Albert Popp gelang es, mittels eines Restenergieverstärkers kleinste Energiemengen in Form eines strahlenden Feldes sichtbar zu machen. Er spricht in diesem Zusammenhang von Biophotonen, einer Lichtausstrahlung, die von allen lebenden Zellen ausgeht und dafür sorgt, daß jede einzelne Zelle stets in den gesamten Informationsfluß des Organismus eingebunden ist. Über die körpereigene Ausstrahlung führen wir mit allen anderen Lebewesen einen ständigen Informationsaustausch. „Wir sind kein Objekt, das hier sitzt, isoliert und allein. Von uns allen gehen Wellenfelder aus, die mit allen anderen Wellenfeldern verzahnt und so über den ganzen Erdball ausgedehnt sind.“ Popp beschreibt dieses Licht aller Lebewesen als einen Aspekt der Aura.[87]

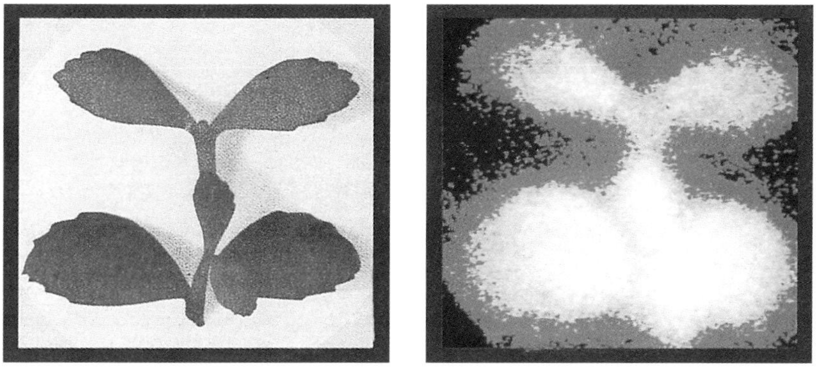

Abb. 4 : Aufnahme einer Pflanze mit der Technik der Restenergieverstärkung (nach Popp)

Abb. 5: Aufnahme eines Distelblattes mit der Technik der Kirlian-Photographie

Mittels der Kirlian-Photographie wurde an Hand von zahlreichen Aufnahmen beim Menschen festgestellt, daß sich mit der Änderung des emotionalen oder des körperlichen Befinden sowie durch Einflüsse von außen (z. B. Wetterschwankungen) auch das Energiefeld ändert.[88]
Die Lebensfelder erzeugen in ihrer Gesamtheit eine Aura, welche die Lebewesen umgibt. Mit dem Begriff Aura, der bis in die 5000 Jahre alte religiöse und philosophische Tradition des Ostens zurückreicht, werden die bioenergetisch wirksamen Felder aller Lebewesen zusammengefaßt. Die Information der Bewußtseinsfelder entspricht der Trinität von Körper, Seele und Geist, die, wie bereits beschrieben, nach außen und nach innen hin wirken und die Lebensqualität von Landschaft und Mensch beeinflussen. Die unmittelbare Entsprechung zum physischen Körper drückt sich im Vitalfeld aus, die seelisch-emotionale Entsprechung im Emotionalfeld und die geistig-mentale Entsprechung im Mentalfeld. Die Schwingungsfrequenz der einzelnen Feldinformationen nimmt vom Mentalfeld zum Vitalfeld, der dem physischen Körper am nächsten steht, hin ab. Die Abbildungen nach Popp und Kirlian auf der vorangegangenen Seite zeigen das dem Körper unmittelbar entsprechende Informationsfeld, das im wesentlichen dem Vitalfeld zugeordnet werden kann.[89]
Die Gliederung der Bewußtseinsfelder in eine vitale, emotionale und mentale Komponente bildet entsprechend meiner persönlichen Wahrnehmung ein in sich stimmiges System, auf welches das Prinzip der Trinität von Körper, Seele und Geist übertragen werden kann. Die Bewußtseinsfelder stellen einen räumlichen Ausdruck der körperlich-seelisch-geistigen Informationen aller Lebewesen dar, die sich im Lebensraum begegnen und miteinander in Wechselwirkung stehen. Für die Betrachtung der Bewußtseinsdimension von Mensch und Landschaft stellen die drei zugehörigen Aspekte, das Vital-, Emotional- und Mentalfeld, die Basis dar, auf die ich mich in weiterer Folge beziehen werde. Auf die Aura als Komplex der Bewußtseinsfelder des Menschen werde ich in Kapitel IV.4.2.1 noch ausführlicher eingehen. Mein Ziel ist es, die persönliche Wahrnehmung körperlich-stofflicher und ästhetischer Qualitäten mit der Wahrnehmung der menschlichen Aura zu vernetzen.

2 Polarität – Komplementarität

In der Polarität hat die Entsprechung Gültigkeit;
jede Entsprechung ist ein ergänzender,
ein ganzmachender Vollzug.[90]
Jean Gebser

Das Prinzip des rhythmischen Wechsels und der Dynamik ist von zentraler Bedeutung für mein Verständnis von Polarität. Es ist wichtig, darauf zu achten, daß sich irdische Lebensprozesse in Polaritäten äußern, deren komplementäre Ergänzung erst das Wesensprinzip des Lebens ausmacht. Wie Frau und Mann eine Dualität darstellen, ist doch ihr Wesenskern das Menschsein, und in jedem Menschen, ob Frau oder Mann, stecken wiederum die sich ergänzenden männlichen beziehungsweise weiblichen Anteile. Diese Polaritäten in der einzelnen Person in ein dynamisches Gleichgewicht zu bringen, macht schließlich erst die Ganzheit eines Menschen aus.
Einen symbolhaften Vergleich bietet uns der im Meer schwimmende Eisberg. Fahren wir mit einem Schiff an ihm vorbei, sehen wir nur den aus der Wasserfläche ragenden Teil, während sich der andere Teil unterhalb des Wassers befindet und vom Boot aus nicht sichtbar ist. Für

die Existenz des Eisberges als Ganzes sind jedoch beide Teile notwendig. Dies ist ein Beispiel für polare Prinzipien, wie sie sich in der Welt mit ihren Lebensformen in vielfacher Weise äußern: als Komplementarität von Tag und Nacht, von Licht und Schatten, von weiblich und männlich, von Ausdehnen und Zusammenziehen, von Ein- und Ausatmen, von Gefühl und Verstand, von Plus- und Minuspol u. a. Die beiden Erscheinungsformen fließen ständig ineinander über und bilden in ihrem dynamischen Zusammenwirken die verbindende Einheit des Lebens. Letztlich sind beide Teile nur verschiedene Seiten des Seins, die nicht wertend zu betrachten sind, da sie erst in ihrer gegenseitigen Ergänzung die qualitative Einheit verkörpern. Wenn die Eins als Symbol der allumfassenden Zahl das Prinzip der Einheit und den geistigen Urgrund verkörpert, so steht die Zwei für die Manifestation des Geistes. Sie drückt sich in unserer Welt als Polarität in einer Vielfalt von Facetten aus, die dem Wandel und Austausch unterliegen. Obwohl die Polarität eine Zweiheit ist, bleibt ihr Wesen die Einheit, die durch die Verbindung der Gegensätze wieder entsteht.
In der griechischen und römischen Mythologie finden wir dieses Prinzip ausgedrückt in dem Zauberstab der Götterboten Hermes beziehungsweise Merkur. Dieser Stab war das Werkzeug der Heilkraft, welches als Symbol der Komplementarität bis in die heutige Zeit Gültigkeit besitzt und als Berufslogo der heutigen Ärzteschaft nach wie vor die Idee des Heilens zum Ausdruck bringt.[91]

Abb. 6: Zauberstab von Hermes und Merkur
(Doczi)

Seit den Anfängen der chinesischen Kultur sehen die Chinesen in der taoistischen Tradition (6. Jh. v. Chr.) das Leben als kontinuierlichen Fluß, dessen Wesen sie *Tao* (Weg) nennen. „Im Fluß des Lebens sein" heißt, sich mit der Dynamik des Tao im Einklang zu befinden. Das Tao steht für die Vorstellung, daß alle Entwicklungen und Lebensprozesse von Mensch und Natur durch zyklische Strukturen von Kommen und Gehen, von Ein- und Ausatmung geprägt sind. Das Bewußtsein zu erweitern, um diese Polarität in ihrer Einheit zu erkennen, gilt in den spirituellen Traditionen des Ostens als eines der höchsten Ziele. Diese Dualität des Seins wird mit den Begriffen *Yin* und *Yang* umschrieben und in nebenstehendem graphischen Symbol zum Ausdruck gebracht.[92]

Abb. 7: Yin-Yang-Symbol

Da beide Gegensätze notwendigerweise zusammenhängen, geht es nie um den Sieg einer Seite, sondern stets um die synthetische Vereinigung im dynamischen Zusammenspiel. Der Kreis symbolisiert den Himmel, an dem sich Dunkles und Helles in ihrer Bipolarität abwechseln und Tag und Nacht zum Ausdruck bringen. Die dynamische Rotationsbewegung des weißen und des schwarzen Tropfens steht für das wechselweise Ineinanderfließen der beiden Kräfte. Der jeweils farbkonträre Punkt zeigt, daß im großen *Yin* oder *Yang* stets auch der Aspekt des Gegenpols vorhanden ist. Von der empirischen Erfahrung ausgehend werden den einzelnen Polen gewisse Grundcharaktereigenschaften zugeschrieben, die sich in Mensch und Lebensraum ausdrücken. Capra beschreibt sie mit folgenden Worten: „Seit Alters her repräsentieren die beiden archetypischen Pole der Natur nicht nur hell und dunkel, sondern auch männlich und weiblich, fest und nachgiebig, oben und unten. Yang, die starke, männliche, schöpferische Kraft, wurde mit dem Himmel assoziiert; Yin, das dunkle, empfangende, weibliche Element, dagegen mit der Erde. Der Himmel ist oben und voller Bewegung, die Erde – nach der alten geozentrischen Anschauung – unten und in Ruhe, und somit symbolisiert Yang Bewegung und Yin Ruhe. Im Reich der Gedanken ist Yin die komplexe, weibliche, intuitive Denkweise, Yang der klare und rationale männliche Intellekt. Yin ist die stille, nachdenkliche Ruhe des Weisen, Yang die starke, schöpferische Tatkraft des Königs."[93] Im *I Ging*, einem alten chinesischen Text, heißt es: „Hat Yang seinen Gipfel erreicht, zieht es sich zugunsten von Yin zurück; hat das Yin seinen Gipfel erreicht, zieht es sich zugunsten des Yang zurück."[94]
Damit wird klar, daß es in der Betrachtung von Yin und Yang um grundsätzliche Prinzipien geht, die sich beide in jedem Menschen, ob Mann oder Frau, äußern. In diesem Sinne soll es für uns Menschen ein Ziel sein, in der Dynamik dieser Polarität das Gleichgewicht im Leben zu finden.

In der physikalischen Realität drückt sich der Wechsel in einer polaren Beziehung in mehrfacher Hinsicht aus. Licht, Klang, Gravitationsfelder, magnetische und elektrische Felder breiten sich über wellenförmige Bewegungen aus. Wenn wir uns eine Welle vorstellen, so hat sie immer Berge und Täler. In der Wellenbewegung des Auf und Ab wechseln sie einander in zeitlicher und räumlicher Ausprägung ständig ab. Unterschiedliche Frequenzen drücken sich in entsprechenden Farbqualitäten oder Tonhöhen aus. In der sinnesbezogenen Kommunikation nehmen wir die Wellen als unterschiedliche Informationen in Form von Licht, Ton oder elektromagnetischer Energie wahr. Unser gesamtes System der Sinneswahrnehmung arbeitet mit der Wahrnehmung von Unterschieden, die optisch, akustisch oder taktil aufgenommen und zur zuständigen Stelle im Gehirn geleitet werden. „Kurz gesagt, unsere Sinne übersetzen unsere Umgebung für uns in eine codierte Sprache aus Tätigkeit und Ruhe", meint Bentov.[95]

Wir finden dieses rhythmische Pulsieren in unserem Herzen, in den Arterien, in den Zellen und in den Grundbausteinen unserer Materie, den molekularen und atomaren Strukturen, wobei die Ionisierung (z. B. Positron–Elektron) eine zentrale Rolle spielt. Gehen wir in die atomare Welt hinein, so zeigt uns die Quantenphysik, daß es reine Materie nicht gibt, sondern daß zum Beispiel ein Elektron immer Teilchen und Welle zugleich ist. Wo es sich im Beobachtungsmoment aufhält, kann nur mit einer gewissen Wahrscheinlichkeit beschrieben werden. Niels Bohr beschreibt Teilchen und Welle als einander komplementär ergänzende Aspekte ein und derselben Realität. „Materie und Energie, Teilchen und Wellen, Bewegung und Ruhe, Existenz und Nicht-Existenz, das sind einige der gegensätzlichen oder widersprüchlichen Begriffe, die in der modernen Physik überschritten werden."[96]

Ein Beispiel für das Wechselspiel zwischen einander ergänzenden Polaritäten zeigt sich im Aufbau der DNS (Desoxyribonukleinsäure). Sie bildet als biochemisches Alphabet ein dualistisches System in Form einer Doppelhelix und ist die Trägersubstanz für sämtliche Erbinformationen in jeder Zelle von Pflanze, Tier und Mensch. Während der Zell- beziehungsweise Kernteilung kommt es vorübergehend zur polaren Identität (Trennung der DNS-Fäden), die nach komplementärer Ergänzung der DNS-Fäden (Reduplikation der DNS) und Abschluß der Teilung wieder in die Einheit der jeweils neuen Zelle mit Zellkern und der passenden Information mündet.

Tabelle 1: Beispiele für einander ergänzende polare Aspekte
(nach der Terminologie von Yin und Yang)

Yin	*Yang*	*Yin*	*Yang*
weiblich	männlich	Elektron	Positron
einatmen	ausatmen	unten	oben
zyklisch	linear	bewachsen	kahl
stumpf	spitz	zusammenziehend	ausdehnend
innen	außen	intuitiv	rational
Nacht	Tag	kooperativ	wettbewerbsorientiert
schwarz	weiß	linksdrehend	rechtsdrehend
Erde	Sonne	Ruhe	Bewegung
Wasser	Luft	introvertiert	extrovertiert
synthetisch	analytisch	Raum	Zeit
wäßrig	trocken	Welle	Teilchen
schattig	sonnig	Minuspol	Pluspol
Gefühl	Verstand	konkav	konvex
Vielheit	Einheit	beruhigend	aktivierend

2.1 Das menschliche Gehirn

Durch die ganze Geschichte hindurch hat man erkannt, daß der menschliche Geist auf zwei Arten denken und empfinden kann, die oft die rationale und die intuitive Seite genannt werden und jeweils mit der Wissenschaft und Religion in Verbindung gebracht werden.[97]
Fritjof Capra

Das Prinzip der Komplementarität zeigt sich im menschlichen Körper unter anderem in einer Vielzahl von Organpaaren (wie Gehirn, Lunge, Herz, Nieren, und Geschlechtsorgane), den Extremitäten und Sinnesorganen (Augen, Ohren u. a.). Zwei für die vorliegende Arbeit sehr wichtige Aspekte der Komplementarität liegen zum einen in der Gehirn-Herz-Beziehung, zum anderen im Gehirn selbst. Das Wissen um das triadische Gehirn, seine beiden Hemisphären sowie seine holographische Funktion hilft uns, das Wechselspiel von Wahrnehmung und synthetischer beziehungsweise analytischer Beziehung zur Landschaft besser zu verstehen.
Betrachten wir vorerst das *triadische Gehirn* des Menschen, so ergibt sich eine offensichtliche Parallele zu Körper, Seele und Geist. Die Aspekte von Materie, Gefühl und Erkenntnis spiegeln sich im dreigliedrigen Aufbau und der Funktion unseres Gehirns wider, das sich als Reptiliengehirn, Limbisches System (Altes Mammaliergehirn) und Neocortex (Neues Mammaliergehirn) manifestiert.

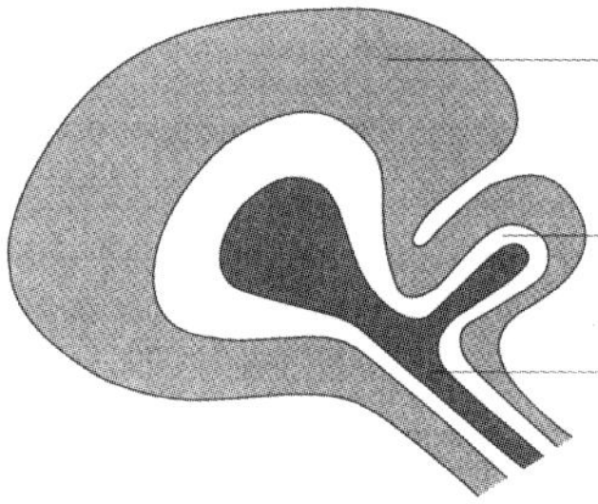

Abb. 8: Das triadische Gehirn
(nach Pearce)

Das Reptiliengehirn umfaßt unser sensomotorisches System und alle physischen Prozesse, die notwendig sind, um unser Handeln in der Körperwelt zu bewerkstelligen. Im Limbischen System laufen bevorzugt unsere emotionalen Lebensprozesse mit all unseren seelischen Erfahrungen zusammen. Es verbindet das Reptiliengehirn mit dem Neocortex zu einer Einheit, so daß alle Informationen in beide Richtungen laufen können. Der Neocortex teilt sich in zwei Hemisphären, die rechte und die linke Gehirnhälfte, die für die intuitive und rationale Seite unseres Denkens stehen. Hier konzentrieren sich unsere geistigen Akivitäten, die Ausdruck finden in Kunst und Wissenschaft, in unseren Weltbildern, unseren persönlichen und gesellschaftlichen Systemen.[98]

Unser Großhirn unterteilt sich in *zwei Gehirnhälften*, deren Wachstum über das *Corpus callosum*, ein Nervengeflecht, das die beiden Hemisphären verbindet, im Alter von etwa sieben Jahren vollendet wird. Die rechte Gehirnhälfte stellt die Erweiterung des Nervensystems dar, indem sie das Limbische System und das Reptiliengehirn mit der linken Hemisphäre verbindet. Hier liegen das Verständnis für die Erde und die Verbindung zum Erdkörper im Sinne einer bildhaften, ganzheitlichen Wahrnehmung. Diese Art zu denken konzentriert sich auf synthetisches und intuitives Erfassen von Ganzheiten.[99]

Durch einen äußeren Reiz wie zum Beispiel den Anblick einer Sonnenblume wird in uns das Bild einer Sonnenblume wachgerufen. Wir verstehen ihren Ausdruck, und sie erinnert uns an persönliche Erfahrungen, die wir mit Sonnenblumen gemacht haben, und an Ursymbole (Sonne, Lebenskraft), die durch die Sonnenblume ausgedrückt werden. In einem intuitiven Prozeß erfassen wir sie als ein Ganzes. Wenn wir im Prozeß dieser Begegnung mit der Sonnenblume nun unsere linke Gehirnhälfte aktivieren, beginnen wir, uns bewußt Gedanken über die Blume zu machen (Form und Farbe der Blütenblätter, Höhe des Stengels, Blütezeit usw.), und der intuitiv-bildhafte Prozeß wird durch den analytischen ergänzt.

Dementsprechend liegen die zentralen Aufgaben der linken Gehirnhälfte in der Bewältigung der abstrakt-logischen Dimension der Welt. Die linke Gehirnhälfte lokalisiert das Bewußtsein an einem konkreten Punkt, und die gedankliche Auseinandersetzung mit einem Thema läuft in einer Reihenfolge ab. In der rechten Hemisphäre hingegen wird die Gesamtheit eines Themas zugleich erfaßt. Beides sind kognitive (erkenntnismäßige) Denkprozesse.

Interessanterweise besitzt unsere rechte Gehirnhälfte gegenüber der linken reichhaltigere Nervenverbindungen zum Limbischen System; so zum Beispiel werden Sprachbilder in der rechten Gehirnhälfte aktiviert und in weiterer Folge über die linke Gehirnhälfte verarbeitet.[100]

Tabelle 2: Übersicht zu den Entsprechungen der beiden Hemisphären
(nach La Chapelle)

linke Gehirnhälfte	*rechte Gehirnhälfte*
lineares Denken	bildhaftes Denken
logisch, analytisch (zerlegend)	intuitiv, synthetisch (zusammensetzend)
analytische Sprachformen	Sprachbilder
sendergesteuert	empfängergesteuert
bewußt	bewußt und unbewußt
mehr oder weniger eindeutig	mehrdeutig
kontrolliert die rechte Körperhälfte	kontrolliert die linke Körperhälfte

Wie ich bereits in Kapitel II (Methodik) erwähnt habe, hat sich das Erziehungs- und Lehrsystem unserer westlichen Tradition, zumindest mit der Etablierung des streng naturwissenschaftlichen Weltbildes, im wesentlichen auf die Schulung der rationalen Denkweise konzentriert. Wie wichtig holistische Ansätze in der Erziehung und im Bildungssystem sind, wurde dabei gänzlich übersehen. Ich biete daher an dieser Stelle eine einfache Übung an, die hilft, beide Gehirnhälften zu aktivieren und in ihrer Arbeitsweise zu integrieren.

Überkreuzen der Arme ***Übung 1***

Durch mehrmaliges tägliches Wiederholen dieser Übung ist es möglich, beide Gehirnhälften zu aktivieren und zu koordinieren.
Wir stellen uns bequem und entspannt hin. Nun beginnen wir die Übung, indem wir das linke Knie hochheben und zugleich unseren rechten Ellbogen zum Knie führen, um es zu berühren. Anschließend stellen wir unseren linken Fuß wieder auf den Boden und heben unser rechtes Knie, um es mit unserem linken Ellbogen zu berühren. Wir versuchen im abwechselnden Heben unserer Knie einen Rhythmus zu finden, steigern die Geschwindigkeit der Bewegungen und führen die Übung mindestens eine Minute lang aus.

(nach Dorman/Delcado)

Betrachten wir die Entwicklung eines Kindes aus neurobiologischer Sicht, erkennen wir, daß sich das Kind in den ersten vier Lebensjahren auf den Aufbau von Verständnisstrukturen für die physische Welt konzentriert. In enger Verbindung mit den Eltern lernt es die materielle Welt kennen, indem es unmittelbar in die Gefühlswelt der Eltern eingebunden ist und direkt in der Wahrnehmung aufgeht. Es riecht, fühlt, schmeckt, hört und sieht als integraler Teil des Geschehens. Es gibt keine Trennung zwischen einem Innen und Außen, das Kind nimmt direkt am Objekt teil. Wenn Wörter erlernt werden, werden zugleich die damit verbundenen Gefühlszustände mitgelernt. Meist sind es die Inhalte und Gefühlsreaktionen der Eltern, die auf die Fragen ihrer Kinder reagieren, wenn die Kinder wissen wollen, was für ein Gegenstand es ist, auf den sie gerade zeigen. Die Sprache wird mit einem inneren Bilderschatz belegt, meint Pearce: „Im kleinen Kind ist das Denken Erinnern, und zwar überwiegend in Bildvorstellungen. Später im Leben gilt das Gegenteil, Erinnern ist dann Denken, gleichermaßen anhand von Bildvorstellungen."[101] In diesem Alter ist es daher auch von besonderer Bedeutung, den Kindern keine „fertigen" Spielsachen zu geben, sondern Gegenstände, die sie symbolhaft in ein jeweils passendes Spielgerät verwandeln können. Eine Nußschale, die zum Schiff oder Puppenbett werden kann, stimuliert zum Beispiel das bildhafte Denken des Kindes.

Mit etwa fünf bis sechs Jahren löst sich das Kind von der Mutter und tritt in verstärkte Beziehung zur Erde im Sinne der Mutter Erde. Ein Wechsel aus der persönlichen Matrix der Mutter in eine kollektive Matrix der Mutter wird vollzogen. Dieser Prozeß wird als der Ur-Prozeß beschrieben, in dem das Kind eine Beziehung und Bindung (*Bonding*) mit der Erde erlebt. Die elementare Begegnung und die körperliche Wechselwirkung mit der Natur durch Bewegung und Spiel ermöglichen den Aufbau dieser Erd-Beziehung. Die Entdeckung der elementaren Welt durch das Spielen mit Lehm, Wasser, Sand, Holz, Stein, Pflanzen usw. ermöglicht dem Kind eine ursprüngliche Entdeckung der Welt, die einem wissenschaftlichen Durchbruch gleichzusetzen ist. Diese direkte Beziehung zur Natur vermittelt dem Kind ein grundlegendes Gefühl von Fortdauer und Einbezogensein in natürliche Abläufe. Etwa mit elf Jahren ist die Bildung der Erd-Mensch-Beziehung abgeschlossen.[102]

Piaget schreibt in diesem Zusammenhang, daß für das Kind von etwa sieben bis neun Jahren die umgebende Welt von beseelter und wesenhafter Natur ist. Der hinter den Wolken verschwindende Mond will „sich den Regen in den Wolken ansehen, oder vielleicht friert er". Oder Kinder brachten mehrere Elemente der Natur (Blumen, Steine, Hölzer) zusammen, „damit diese sich nicht langweilten und in der gewohnten Umgebung leben konnten".[103]

Etwa ab dem zehnten Lebensjahr bezieht sich das Empfinden der Beseeltheit der Natur wieder stärker auf sich frei bewegende Lebewesen wie Tier und Mensch.[104]

Wenn das Kind die unmittelbare Beziehung zur Mutter Erde im Sinne eines holistischen Verständnisses der Zusammengehörigkeit von Erde und Mensch bis zum Einsetzen der Pubertät auf Grund fehlenden Austausches mit den Elementen der Natur nicht erleben kann, kommt es zu Störungen in der Entwicklung des Kindes. Die natürliche Integration des Mutterprinzips ist gestört, schreibt La Chapelle: „Das Kind fühlt sich von der Welt isoliert, ja sogar von seinem eigenen Körper. Dies ist der Anfang von der Abspaltung von der Erde."[105] Dies kann sich in Verhaltensstörungen wie mangelnder sozialer Integration, in gestörtem Lernverhalten, in fehlender Integration und Problemen im Umgang mit dem eigenen Körpergefühl ausdrücken.

Entsprechend der Entwicklung der rechten Gehirnhälfte im Alter von etwa vier bis fünfzehn Jahren spielt das bildhafte Denken eine besondere Rolle. Wenn es uns gelingt, in der Phase der holistischen Entwicklung des Kindes die richtigen Stimuli für die Ansprüche der rechten Gehirnhälfte zu setzen und dem Kind genügend Zeit lassen, wird es im Zuge seiner weiteren Entwicklung mit der Integration der linken Gehirnhälfte und all ihren Aufgaben keine Probleme haben. Bildhaftes Denken ist die Voraussetzung für analytisches Denken. Wenn ich eine mathematische Formel nicht mit bildhaften Inhalten belegen kann, kann ich sie auch nicht verstehen.[106]

Welche Bedeutung in diesem Zusammenhang Quantität und Qualität unserer Lebensräume für die Begegnung der Kinder mit der Innen- und Außenwelt haben, wird hiermit klar. Im gestalterischen Umgang mit unseren Lebensräumen soll in diesem Zusammenhang die Bedeutung vielfältiger, strukturierter Freiräume mit einer reichhaltigen Ausstattung an natürlichen Elementen beachtet werden. Die Nutzbarkeit und körperliche Erlebbarkeit der Erde stellen dabei eine Grundvoraussetzung für den Aufbau einer Erd-Beziehung der Kinder dar. Daß eine zunehmende Monotonisierung der Landschaft und der Mangel an veränderbaren und bespiel-

baren Freiräumen automatisch das Ausleben der beschriebenen Entwicklungsphase immer stärker unterbinden, ist nur allzu offensichtlich und soll daher, speziell beim Gestalten von Kinderspielanlagen, vermieden werden.
Die *holographische Funktion* unseres Gehirnes gehört zu jenen wichtigen Phänomenen, die den Wahrnehmungsprozeß als ganzheitliches Ereignis umsetzen. Die holographische Theorie besagt, daß jeder Teil die Information des Ganzen in sich trägt und diese Ganzheit sich aus einem beliebigen Teil des Ganzen rekonstruieren läßt. Die Holographie ist eine Methode, die von Dennis Gabor (Nobelpreis 1971) entwickelt wurde, um Bilder so zu speichern, daß ihre dreidimensionale Wirkung durch Lichteinfall wieder erzeugt wird. Ein Objekt wird hierfür mit gebündeltem Licht bestrahlt und sein Wellenfeld als Interferenzbild (stellvertretendes Bild) auf einer Hologrammplatte gespeichert. Wird diese Platte auch nur teilweise beleuchtet, wird die Bildinformation bereits in ihrer räumlichen Wirkung erscheinen.
Karl Pilgram, ein anerkannter Gehirnforscher, hat dieses holographische Phänomen in der Struktur und Funktion des menschlichen Gehirns wiedergefunden. Er hat in zahlreichen Versuchen festgestellt, daß unser Gehirn Sinneswahrnehmungen wie zum Beispiel Sehen, Hören, Riechen, Schmecken oder Tasten holographisch strukturiert. Das heißt, es speichert Informationen nicht in Teilen, sondern immer in der Gesamtheit ihres Erfahrens. Jeder Teil dieser Gesamtheit erkennt das Ganze, da es in diesem Teil gespeichert ist. Nehmen wir den Teil eines Apfels wahr, ergänzen wir ihn über die holographische Funktion unseres Gehirns, meist unbewußt, zu seiner gesamten Erscheinungsform.[107]
Hier trifft sich die Archetypenlehre mit der Gehirnforschung. Bilder, und nicht nur optische, haben holographischen Charakter und sind in ihrem Wesen über die Urerfahrung und in der zeitlichen Begegnung mit dem Raum in uns gespeichert. Wir tragen Landschaftsbilder als gestaltwirksame Urprinzipien in uns (z. B. das Urprinzip des Felsens, des Baumes, der Blume oder auch eines bestimmten Landschaftsteiles). Wenn wir einem Baum begegnen, so begegnet uns das Urprinzip Baum und löst in uns eine Erfahrung mit symbolhaftem Charakter aus, und wir fühlen uns als Teil einer gemeinsamen, evolutionär bedingten Erfahrung mit dem Baum verbunden.

2.2 Das menschliche Herz

Im Rahmen dieser Arbeit ist es mir ein besonderes Anliegen, auf die Bedeutung des Herzens für die Wechselwirkung des Menschen mit Lebensräumen hinzuweisen. Das Herz gilt als Symbol für Liebe und steht für all jene Qualitäten, die unser menschliches Dasein erhöhen und uns in den bekannten „siebenten Himmel" bringen. Begriffe wie allumfassende Liebe, Hingabe, Offenheit, Zärtlichkeit, Wohlgefühl, Harmonie, Einklang, Geborgenheit und Vertrauen finden in Verbindung mit dem Herzen Verwendung. Der Herzschlag selbst verkörpert und symbolisiert das pulsierende Leben, beginnend bei rhythmischen Bewegungen einzelliger Wesen bis hin zu zyklischen Bewegungen großer biologischer Systeme der Erde wie: Eigenbewegung der Erde, Ebbe-Flut-Zyklus, Wind- und Wasserkreislauf, Ionisation der Luft, Polarisierung zwischen der Ionosphäre der Erde (positiv) und der Erde selbst (negativ).
Nach neuesten Ergebnissen der Herzforschung spielt unser Herz eine wichtige Rolle für unsere Vitalität und psychische Stabilität. So wurde herausgefunden, daß unser Herz über hormonelle Botenstoffe unser Gehirn beeinflußt und mitsteuert. Die Herzkammern produzieren ein Hormon (ANF), das über die Hypophyse (Limbisches System) auf den Hormonhaushalt einwirkt. Hier werden nichtstoffliche Qualitäten, wie sie psychisch-seelische und geistig-intuitive

Informationen darstellen, in körperliche Informationen umgesetzt, wobei unser Hormonsystem die Rolle des Vermittlers spielt. Für Pearce besitzt das Herz demnach eine eigene Intelligenz, die entsprechend der sich aneinander anpassenden Zellrhythmen mit einem größeren universellen Intelligenzfeld, einer Form von kreativem Bewußtsein in Verbindung steht. „Und gerade so wie unser physisches Herz unseren Körper bewahrt, bewahrt auch die das Herz steuernde, unlokalisierte Intelligenz die Synchronie mit einem universellen Gesamtbewußtsein. Wir haben also nicht nur ein physisches, sondern auch ein höheres, universelles Herz."[108]
Die Herzensqualität stellt die grundlegende Intelligenz dar, mit der wir unseren Intellekt entwickeln sollen. Das Denken soll stets über die Qualität des Herzens laufen. „Die Herzensintelligenz ist kein süßliches Gefühl, sondern eine primäre biologische Notwendigkeit und die Grundlage allen Bondings",[109] meint Pearce, wobei er unter *Bonding* eine innere, seelenhafte Verbindung versteht, die in Stufen abläuft: Mutter–Kind, Kind–Erde, Kind–Familie, Familie–Gesellschaft und nicht zuletzt in der Paarbildung von Mann und Frau. Für Pearce liegt in der Verbindung des Herzens mit dem Gehirn die eigentliche Aufgabe in der Evolution des Menschen, um in Einklang mit dem Erdkörper leben zu lernen. Die Herzensintelligenz zu leben stellt somit die absolut notwendige Basis dar, um das Überleben des Menschen auf dieser Erde überhaupt zu sichern.[110]
Abgeleitet von diesen Ausführungen zeigt sich eine Verbindung von der Intelligenz des Herzens über das Limbische System zur seelischen Dimension des menschlichen Daseins. Setzen wir den Begriff der Herzensqualität mit der Landschaft in Verbindung, so können wir entsprechend der Gaia-Hypothese feststellen, daß die Erde einen Gesamtorganismus darstellt und zudem seelische Qualität besitzt (siehe Kap. III.1.2 Körper – Seele – Geist). Diese Qualität bezeichne ich als das universelle Herz der Erde, das mit unserem persönlichen Herzen in Verbindung steht. Dadurch ist es uns möglich, über die persönliche Herzensqualität mit der Seele (Informationsfeld) einer Landschaft in Beziehung zu treten. Die Bereitschaft, die „Sprache des Herzens zu sprechen", und die Fähigkeit, „mit dem Herzen zu Denken", wie es indianische Kulturen zum Ausdruck bringen, ermöglichen uns, diese Verbindung herzustellen, Landschaften holistisch zu erfahren und die Erde als unsere Mutter, als Trägerin unseres Lebens, unserer Trinität von Körper, Seele und Geist zu erleben. Diese Erfahrung beruht auf einer intuitiven, inneren Erkenntnis und bezieht sich auf unsere evolutionsbedingte Verbundenheit mit dem Erdorganismus. Die intuitive Begegnung mit der Landschaft widerspricht nicht der rationalen Auseinandersetzung mit ihr. Unsere rationale Seite ermöglicht uns, die intuitive Erkenntnis zu verarbeiten, komplexes Denken zu entwickeln und danach zu handeln. Da das persönliche Einfühlungsvermögen gesteigert wird, liegt in der Synthese von Herz und Gehirn für uns alle die Möglichkeit, ein tieferes Verständnis für Landschaft und Freiraum zu entwickeln.

Einstimmung auf das Herzzentrum — *Übung 2*

Diese Übung bietet die Gelegenheit, sich bewußt auf das universelle Intelligenzfeld der Erde und des Himmels (die seelisch-geistige Kraft) einzustimmen und beide Qualitäten im Intelligenzzentrum des eigenen Herzens zu verbinden.
Wir stellen uns, mit offenen oder geschlossenen Augen mit beiden Füßen (eventuell barfuß) schulterbreit und gut auf den Boden. Unsere Knie sind dabei leicht gebeugt. Dies kann im Zimmer sein, wäre aber besser unter freiem Himmel. Nun versuchen wir, aufrecht (locker, mit gerader Wirbelsäule) zu stehen und einen guten Kontakt zum Boden herzustellen. Wir lassen

in Gedanken und im Gefühl, von den Fußsohlen ausgehend, Wurzeln in den Boden hineinwachsen. Wir können uns dabei als Baum fühlen, der im Boden fest verwurzelt ist und eine weit ausladende Krone trägt.
Nachdem wir uns verankert haben, konzentrieren wir uns auf die Atmung und beobachten, wie sich die Bauchdecke beim Einatmen nach außen wölbt und beim Ausatmen wieder zurückgeht. Wir können dieser Bewegung durch das Auflegen einer Hand nachspüren. Dabei atmen wir Ruhe ein und Unruhe (den Alltagsstreß) aus.
Indem wir uns nun vorbeugen, rollen wir unsere Wirbelsäule (die Gedanken gehen zu den Wirbeln) sehr langsam, Wirbel für Wirbel ab, bis die Hände den Boden berühren. Die Beine müssen dabei nicht gestreckt sein. Wir schöpfen nun gedanklich und gefühlsmäßig Kraft aus der Erde und bringen die Erdqualität zum Herzen. Diese Vorstellung können wir durch das visuelle Hochbringen einer der Erde entsprechenden Farbe (z. B. Dunkelgrün) unterstützen. Die Wirbelsäule richtet sich dabei Wirbel für Wirbel wieder auf. Danach legen wir beide Hände in der Höhe unseres Herzens auf den Brustkorb und verweilen einen kurzen Moment in dieser Gefühlsvorstellung des Kraftaufnehmens von der Erde.
Anschließend strecken wir unsere Arme und Hände langsam nach oben zum Himmel und stellen uns wieder vor, ein Baum zu sein. Gedanklich und gefühlsmäßig verbinden wir uns mit dem Himmel. Wie der Baum bei der Photosynthese, nehmen wir das weiße Sonnenlicht auf und führen es mit beiden Händen über den Scheitel des Kopfes an der Vorderseite des Körpers entlang (Handflächen zum Körper) bis zu unserem Herzen, wo wir wiederum verweilen. Nun verbinden wir die Energie des Himmels gedanklich und gefühlsmäßig mit der Energie der Erde und verbleiben währenddessen mit unserer Aufmerksamkeit im Zentrum des Herzens. Um diese Übung zu intensivieren, sollen wir sie mindestens dreimal hintereinander ausführen.
Nach der abschließenden Verbindung von irdischer und himmlischer Kraft im Herzzentrum lassen wir beide Hände langsam nach unten sinken und gehen mit unserer Aufmerksamkeit zurück zur Atmung, spüren unseren Körper (öffnen die Augen) und beenden die Übung mit innerlicher Danksagung.
Die Übung kann auch ohne körperliches Abrollen der Wirbelsäule und Ausstrecken der Arme durchgeführt werden, indem wir in einer gefühlsbegleiteten Vorstellung Erd- und Himmelskraft zu unserem Herzen bringen und sie hier vereinigen.

2.3 Gesellschaft und Polarität

Betrachten wir das soziokulturelle System in Europa und der sogenannten westlichen Welt unter dem Gesichtspunkt einander ergänzender Polaritäten, so läßt sich folgendes feststellen: Das Gesellschaftssystem ist sehr an der Thematik der Machterweiterung interessiert, wobei die wirtschaftlichen, industriellen und landwirtschaftlichen Methoden darauf abgestimmt werden und extrem gewinnorientiert ausgerichtet sind. Eigenschaften wie Erfolgszwang, Konkurrenzverhalten, unaufhörliche Aktivität, übertriebene Selbstbehauptung, ein nach außen orientiertes Handeln, intellektuelles Verstandesdenken erfahren eine Überbetonung, und das Haben steht weit über dem Sein. Mit der damit verbundenen Steigerung der Quantitäten gaukeln wir uns eine scheinbare Steigerung der Lebensqualität vor.
Ständige Bewegung im außen läßt uns Menschen unser Inneres vergessen. Spektakuläres Agieren geht vor kontemplativer Ruhe, oder wie Pearce meint: „Die fundamentale Komplementarität gerät so aus den Fugen, und das Prinzip der Polarität verfällt in kleinkrämerische und dabei tödliche Kämpfe von Ego-Positionen, persönlich, gesellschaftlich und zuletzt welt-

weit. Der sterbende Sozialkörper, den wir heute sehen, ist das äußere Schaustück eben dieses inneren Bürgerkrieges. Ein Zusammenbruch der Beziehungen zwischen dem Männlichen und dem Weiblichen, eine grassierende Epidemie unter uns, ist eine biologische Anomalie, die aus der Spaltung von Geist und Herz in jedem von uns erwächst und diese symbolisiert."[111]
Nehmen wir die komplementäre Beziehung zwischen männlichen und weiblichen Grundprinzipien in die gesellschaftliche Diskussion über die Rollenverteilung von Frau und Mann mit hinein, meine ich, daß wir entsprechende Überlegungen nicht ausschließlich auf Frau oder Mann polarisieren sollen. Für den Ausgleich beider Kräfte scheint es vielmehr notwendig zu sein, das weibliche Prinzip grundsätzlich in unser persönliches Handeln, ob als Frau oder Mann, zu integrieren. Letztlich kann es zu keinem Gleichgewicht von Intelligenz und Intellekt kommen, wenn Frauen zuungunsten der weiblichen Qualität in maskuline Verhaltensmuster schlüpfen müssen. Dabei steht es im Sinne der Gleichberechtigung außer Frage, Frauen – sowohl im privaten als auch im beruflichen Leben – die gleichen Voraussetzungen und Bedingungen wie dem Mann zu bieten und diese auch zu schaffen. Letztendlich soll die Entscheidung für die eigene persönliche Entwicklung von jedem Menschen selbst getroffen werden können – unabhängig von seinem Geschlecht.
Die Feministin Gertrud Treutsch-Dieter sieht das „Weibliche" als Inbegriff einer neuen Lebensqualität.[112] Die Schriftstellerin Bonnie Krebs, die sich sehr wohl für gleiche Rechte und gleichen Lohn für gleiche Arbeit von Frauen und Männer einsetzt, weist aber zugleich deutlich darauf hin, daß es um mehr geht als um die gleiche Stellung in einer männlich dominierten Welt. Nämlich um ein verstärktes Einbringen wesentlicher weiblicher Qualitäten in unser gesellschaftliches Handeln, welche sich an mehr Einklang im Leben mit der eigenen inneren sowie äußeren Natur orientieren.[113]
Wäre es analog dazu nicht ebenso notwendig, daß sich Männer mehr um die Entwicklung ihres weiblichen Anteils kümmern, und wäre es nicht wichtig, unser Gesellschaftssystem grundsätzlich stärker an der Qualität des Weiblichen auszurichten und ein Gleichgewicht zwischen weiblich und männlich anzustreben? Dies würde bedeuten, daß wir unsere Herzensqualität, die Kraft der Intelligenz und die Aktivitäten unseres Emotionalfeldes stärker entwickeln müssen.

2.4 Komplementäre Gestaltqualitäten

Im folgenden Abschnitt übertrage ich das Grundprinzip der Polarität auf unsere Lebensräume. Das Prinzip der komplementären Gestaltqualititäten soll dazu beitragen, das Grundverständnis für die landschaftliche Wirkung von Polaritäten zu vertiefen, und als Anregung dienen, selbständig weitere Erfahrungen zu sammeln. Die komplementären Gestaltqualitäten beziehen sich auf natürliche Elemente der Landschaft und die gestaltwirksamen Strukturen anthropogenen Ursprungs und sind als grundlegende Charaktereigenschaften einer Landschaft zu verstehen. Dabei muß uns stets bewußt sein, daß sich in der Landschaft beide Gegensatzpaare ständig vermischen und daß es innerhalb eines Elements wiederum Abstufungen von Polaritäten gibt, welche sich jeweils auf einer anderen Ebene manifestieren. Dies ergibt ein sehr komplexes und in sich verwobenes System von Polaritäten. Für vergleichende Betrachtungen ist es erforderlich, stets darauf zu achten, auf welcher Ebene wir uns mit der Komplementarität von Gestaltwirkungen auseinandersetzen.
Zum Beispiel steht Wasser grundsätzlich für die weibliche Kraft in der Landschaft. Wenn wir nun aber unterschiedliche Formen des Wassers miteinander vergleichen, besitzt das unbeweg-

te, ausgedehnte Wasser (z. B. ein See bei Windstille) sehr beruhigende weibliche Ausstrahlung (*yin-yin*), während hingegen turbulentes, bewegtes Wasser (z. B. ein brausender Gebirgsbach) anregende weibliche Ausstrahlung (*yin-yang*) besitzt.

Tabelle 3: Komplementäre Raum- und Gestaltqualitäten

weiblich-betonte Qualitäten	*männlich-betonte Qualitäten*
yin-betont	yang-betont
Täler, Ebenen	Berge, Hügel
Wasser (Grundwasser, Fließ- und Stillgewässer)	Feuer (Sonne)
Erde (gesamter Planet, Humus)	Luft (Atmosphäre)
erdige, wäßrige, begrünte Lebensräume	trockene, besonnte und felsige Lebensräume
schattige Lebensräume	sonnige Lebensräume
der geschlossene, tragende und schützende Raum	der offene und freie Raum
Bäume mit eher kugeliger, ausladender, voller und erdbezogener Krone	Bäume mit eher spitzer und nach oben gerichteter Krone
Plätze unter dem Kronendach von großen Bäumen	Plätze auf der sonnigen Wiese
bewachsene Flächen (z. B. Wiesen, bemooste Stellen, begrünte Fassaden und Dächer)	kahle, offene Flächen (z. B. Felsen, Schotterflächen, Asphalt, Pflaster)
Windstille	Wind
stumpfe Elemente	spitze Elemente
linksdrehende Strukturen	rechtsdrehende Strukturen
zyklische Strukturen	lineare Strukturen
zusammenstrebende Formen	auseinanderstrebende Formen
„schwer" wirkend	„leicht" wirkend
dicht	locker
formstabil	formverändernd
geschwungen	gerade
runde Formen	spitze und aufstrebende Formen

Jede dreidimensionale Form wirkt auf den Raum verändernd, indem sie in ihn eindringt und dabei selbst eigene Räume bildet. Jede Struktur, ob landschaftliche oder vom Menschen gestaltete Formen, entwickelt sich in der Komplementarität von Nach-außen-Gehen und Nach-innen-Gehen, von Aus- und Einatmen. Die folgende Zeichnung zeigt dieses Wechselspiel zwischen nach innen wirkenden (yin-betonten) und nach außen wirkenden (yang-betonten) Kräften.

Abb. 9: Komplementarität der Form

Übertragen auf komplementäre Form- und Gestaltbildungskräfte in der Blatt- und Fruchtbildung bei Pflanzen zeigt sich nach Schneider folgender Zyklus:

Zusammenziehung:	Keimblätter	Kelchblätter	Staubgefäße	Samen
Ausdehnung:	Laubblätter	Blütenblätter	Fruchtbildung	

Der Kunstpädagoge J. Mangels beschreibt Charaktereigenschaften von Formen an Hand von Polaritätspaaren.[114] Obwohl er sie von bildnerischen Formen abgeleitet hat, sind sie auch für die Wahrnehmung und Beschreibung der Gestaltqualitäten von Elementen der Landschaft und des Freiraumes anwendbar. Die Polaritätspaare beziehen sich im wesentlichen auf die Wahrnehmung des Menschen sowie auf die persönlichen Erfahrungen und Assoziationen zu den angeführten Eigenschaften.

Tabelle 4: Gestalterisch wirksame Polaritäten
(nach Mangels)

	yin-betont	*yang-betont*
Grundprinzip	**rund**	**eckig**
Charakter	weich, schwungvoll, prall, angenehm, teigig, organisch, aufgebläht	straff, hart, stabil, spröde, kristallin abstoßend, kantig
Grundprinzip	**unregelmäßig**	**regelmäßig**
Charakter	phantasieanregend, unübersichtlich, abwechslungsreich, sich entfaltend	harmonisch, starr, konstruiert, übersichtlich, perfekt, klar, feierlich, langweilig, ordnend
Grundprinzip	**zentrisch**	**richtungsbetont**
Charakter	ruhend, introvertiert, dick, träge, gesammelte Kraft, Mittelpunkt	strebend, ohne Mitte und ruhenden Pol, ausgeprägte Längsachse, Verlust des Volumens
Grundprinzip	**geschlossen**	**offen**
Charakter	Beziehung zum Raum, schwer, massiv, passiv konzentriert, an sich haltend	aktiv, zersplittert, ausgehöhlt nach außen gehend, verzettelnd
Grundprinzip	**homogen**	**heterogen**
Charakter	übersichtlich, einfach, kompakt, großzügig, harmonisch	ablenkend, vielfach, unübersichlich zusammengewürfelt, strukturreich

Wir versuchen, unsere Empfindung an Hand der Abbildungen 10–13 zu beschreiben und fragen uns, wie die unterschiedlichen Landschaftsformen auf uns wirken.
Diese Übung soll dazu dienen, bei der optischen Wahrnehmung komplementärer Qualitäten das eigene Gefühl zu erfahren. Darüber hinaus möchte ich hier die Anregung geben, in der Landschaft oder im Freiraum selbst auf Komplementarität zu achten und deren Wirkung auf die eigene Person bewußt wahrzunehmen.

Abb. 10: Olympiaturm Barcelona – ein Versuch der künstlerischen Vereinigung von Yin und Yang

Abb. 11: Yang-betonte Raumqualität
(Großglockner-Massiv)

Abb. 12: Yin-betonte Raumqualität
(Ziegelteich, Graz)

Abb. 13: Yin-Yang-ausgeglichene Raumqualität
(Turnersee, Kärnten)

Polaritätsprofil ***Übung 4***

Mit Hilfe von Polaritätsprofilen, einer Methode aus der Sozialwissenschaft, ist es möglich, Gestaltqualitäten ausgewählter Raumsituationen zu beschreiben.

Beim Ausfüllen des Polaritätsprofils soll auf folgendes geachtet werden:

- Sich in einer Einstimmungsphase auf die Übung vorzubereiten und mit entsprechender Ruhe die Übung zu beginnen.
- Den aufzunehmenden Landschaftsteil oder die Freiraumsituation (Größe, Richtung, Entfernung) vorher genau zu definieren und sich während der Übung auf den gewählten Ausschnitt zu konzentrieren.
- Das Profil möglichst spontan und intuitiv auszufüllen.
- In der Auswertung und im Vergleich mit anderen Testsituationen den jeweiligen Zeitpunkt und die gegebene Wettersituation zu berücksichtigen.

Formular für die Erstellung eines Polaritätsprofils

Freiraumsituation:

	+++	++	+	0	+	++	+++	
sicher								unsicher
froh								traurig
wechselhaft								dauerhaft
passiv								aktiv
heiter								ernst
langweilig								interessant
kühl								warm
lebendig								tot
robust								zerbrechlich
vergnügt								mißmutig
starr								beweglich
frisch								müde
offen								geschlossen
vertraut								fremd
beschützt								bedroht
unrhythmisch								rhythmisch
nichtssagend								vielsagend
klar								unklar
belanglos								berührend
unfreundlich								freundlich
geordnet								chaotisch
wärmend								kühlend
nach innen								nach außen

2.5 Komplementäre Landschaftsstrukturen

Für die Freiraumplanung und -gestaltung möchte ich an dieser Stelle das Prinzip der Komplementarität auf die Gestaltqualität von Landschaft und Freiraum übertragen. In diesem Zusammenhang ist es wichtig, noch einmal klar darauf hinzuweisen, daß komplementäre Gestaltqualitäten nicht in reiner Form auftreten, sondern stets komplexer Ausdruck ihres Zueinander-in-Beziehung-Stehens sind. Freiräume, Landschaften und deren Elemente manifestieren sich mit mehr oder weniger Yin- beziehungsweise Yang-Qualität. Diese Manifestationen von weiblichen und männlichen Prinzipien finden sich in Landschaft und Freiraum auf allen Ebenen und stehen in ständiger Wechselwirkung miteinander, im Großen wie im Kleinen, zum Beispiel in großen Landschaftssystemen mit Becken beziehungsweise Tälern, ergänzt durch Flüsse oder Seen, die sich mit angrenzenden Gebirgs- oder Hügelketten zu Yin-Yang ausgeglichenen Landschaftsstrukturen verbinden.

Abb. 14: Das Grazer Becken mit seiner Stadtlandschaft in der komplementären Ergänzung zwischen Fluß (Mur) und Berg (Schloßberg)

Das Grazer Becken zeigt solch eine großräumige Yin-Yang-Komplementarität, welche sich aus dem Grazer Becken mit der Mur (Yin-Qualität) und dem zugehörigen Grazer Bergland (Yang-Qualität) ergibt. Auf der Ebene der Stadtlandschaft von Graz wiederholt sich dieses Grundmuster. Das Stadtzentrum wird von der landschaftlichen Komplementarität der Mur (weiblicher Aspekt) und des Schloßberges (männlicher Aspekt) gebildet (siehe Kap. V.3.1.1 Die vitalenergetischen Felder der Landschaft und ihrer Lebewesen).

Diese naturgegebene Komplementarität von Fluß und Berg (Hügel) findet sich auch in anderen österreichischen Städten wie zum Beispiel in Salzburg oder Linz. Solche Landschaftsstrukturen sind ausgewogen und waren dadurch für die Menschen stets Anziehungspunkte: Sie gründeten Siedlungen. Das gleiche großlandschaftliche Grundmuster zeigen Beckenlandschaften mit zentral liegenden Seen und angrenzenden Gebirgen. Zum Beispiel die Landschaft

des Turnersees oder das Klagenfurter Becken mit dem Wörthersee im Zentrum (Yin-Qualität) und dem angrenzenden Bergland (Yang-Qualität).
Da sich das Gedankengut und die damit verbundenen Handlungen unserer soziokulturellen Systeme auch in unseren Lebensräumen abbilden, ist es möglich, aus einer Landschaft den Umgang ihrer Bewohner mit weiblichen und männlichen Aspekten abzulesen.
Nehmen wir als erstes Beispiel das Landschaftselement Wasser. Generell können wir davon ausgehen, daß die Qualität des Wassers eine weibliche Kraft der Landschaft darstellt. Bei der Begradigung und beim Verbau von Fließgewässern wirken wir jedoch der yin-orientierten, divergierenden Eigendynamik entgegen. Durch die Linearmaßnahmen (Begradigung) werden die Fließgeschwindigkeit und der Wasserspiegel nivelliert und die innere Dynamik des Systems gering gehalten. Daraus ergibt sich, daß die Begradigung und Verbauung von Fließgewässern zur Reduktion der weiblichen Qualität in der Landschaft führen.
Ähnlich verhält es sich mit dem Aufstauen von Flüssen, wo die natürlich-dynamische Yin-Kraft des Flusses gebremst wird, was wiederum die Vitalität der unmittelbar betroffenen sowie der angrenzenden Landschaft verringert. Durch das anthropogen bedingte Ungleichgewicht in der Landschaft nehmen die Vitalität und die Kraft zur Selbstregulation des Systems ab. Wenn wir den Wasserstrom (Bach, Fluß, Strom) mit dem Blutstrom des Menschen vergleichen, so haben beide die Aufgabe, einen Körper mit Lebensenergie zu versorgen. Wenn es in diesem Bereich zu Störungen kommt, ist eine Beeinträchtigung des Gesamtsystems die logische Folge.
Andere Beispiele, in denen sich ein männlich-betonter Umgang mit unserer Landschaft zeigt, finden wir bei „zeitgemäßen“ Verkehrswegen. Die Vorstellung, über den Verkehrsweg die Landschaft zu erleben und ihn den vorgegebenen Strukturen der Landschaft anzupassen, hat sich dahingehend verändert, möglichst schnell von Punkt A zu Punkt B zu gelangen. Im Zuge dieser Entwicklung haben wir die Landschaft immer mehr den Verkehrswegen angepaßt. Nicht selten kommt es zu Störungen der Identität der Landschaft und zu einer Überbetonung von geradlinigen Strukturen, wodurch die Lebensräume vermännlicht wurden und nach wie vor werden. Mittlerweile ist es hoch an der Zeit, im land- und forstwirtschaftlichen Umgang mit unserer Landschaft neue Ziele zu verfolgen, die der monokulturellen Bewirtschaftung entgegensteuern, und uns verstärkt an komplexen Systemen und in sich vernetzten Strukturen zu orientieren, um die innere und äußere Harmonie der Landschaft so weit wie möglich wiederherzustellen.

In diesem Zusammenhang möchte ich noch auf den persönlichen Freiraum eines Privatgartens aufmerksam machen. Auch hier etabliert sich unser Geist und verkörpert sich in der Gestalt unseres Gartens. Wir können ihn als Spiegel für unser Selbst verwenden und versuchen, den Garten zu uns sprechen zu lassen, und uns dabei folgende Fragen stellen:

- Ist dies eigentlich wirklich meine Vorstellung von einem Garten, oder ist dies ein „Kataloggarten“, wie er sich häufig finden läßt?

- Dominieren strenge, übersichtliche, geordnete Strukturen, oder habe ich auch den Wunsch, einen Teil des Gartens sich selbst zu überlassen und nur zu beobachten, wie sich dieses Stück entwickelt?

- Wie ist das Verhältnis von Eingreifen und Zulassen? Fühle ich mich wirklich wohl in meinem Garten oder möchte ich etwas verändern?

3 Die vier Elemente

Die Elemente Feuer, Erde, Luft und Wasser können als „Grundbausteine“ des Lebens bezeichnet werden. Sie stellen Urqualitäten dar, die sich sowohl im physischen als auch im psychischen Körper von Mensch und Landschaft ausdrücken. Im Lateinischen bedeutet *elementum* Anfangsgrund oder nicht mehr zerlegbarer Begriff.
Wie in der Quantenphysik bestätig wird, ist Materie rhythmisch schwingende Energie, und aus dem Zusammenspiel der vier Elemente bildet sich alle Materie, wobei je nach Art und Beschaffenheit eine entsprechende elementare Qualität dominiert. In den Mythen spiegelt sich die psychische Dimension der Elemente in der Bildsprache universeller Lebensweisheiten wider. Ihre archetypische Wirkung als tiefwurzelnde menschliche Erfahrungswelt, Urbilder, wie sie der Psychoanalytiker C. G. Jung (1875–1961) definierte, ist in uns Menschen über die Evolution hinweg lebendig geblieben. Auf diese Weise treten wir auf allen Ebenen in Resonanz mit den vier Elementen als Erscheinungsformen in der Landschaft.

3.1 Historische Entwicklung

Durch phänomenologische Untersuchungen alter Bilderzeichen wie zum Beispiel der Ritzungen auf den Alvao Steinen aus Nordportugal (4000 v. Chr.) und der bemalten Kiesel von Mas d' Azil (Mittelsteinzeit) lassen sich Rückschlüsse auf die Bedeutung der vier Elemente bei den Menschen früherer Zeiten ziehen. Zur Analyse wird das aus der griechischen Antike überlieferte Klassifizierungssystem der vier Elemente herangezogen.[115]
Die folgende sprachlich-bildhafte Darstellung der Erfahrungswelt urzeitlicher menschlicher Wahrnehmungen, welche Renata Müller-Rössner aus ihrer Beschäftigung mit der alten Zeichenschrift erarbeitete, vermittelt einen guten Einblick in die Thematik der vier Elemente.

Feuer
„Ein hell flackerndes Feuer war Leben, bedeutete Wachsein bei Nacht und wohlige Lebenswärme und erhielt darum den Rang des Lebenslichtes als Bewußtseinslicht. Blut-warm durchpulste Körper waren bewußt und lebendig; kalt-erstarrte waren unbewußt und tot. Das Feuer war ihm wie das Sonnenlicht, jene Himmelsgabe, die als kostbares Geschenk auch des Erdbodens (der Feuersteine) ihn des Nachts wärmte, die Finsterheit erhellte, wilde Tiere abschreckend seinen Schlaf berührte und seine Nahrung in Wohlgeschmack verwandelte.“[116]

Archetypische Bedeutung: Feuer steht für Bewußtsein und Wollen, die Kraft der Spontaneität, Inspiration, Ausdehnung und Wandlung, Feuer als die lichtbringende Kraft der Sonne.

Luft
„Die Reichweite seines spähenden Sehens, seines lauschenden Horchens war die Luft, war der Raum, in den der Homo erectus sich erhoben hatte, die er im Atem in sich hineinsog, war der Lebensraum, dessen sich der Homo sapiens mehr und mehr bemächtigte. Zugleich erhielt der Raum seines tätigen Bewegens und Handelns die Bedeutung des verstandesgemäßen Erfassens und der Erkenntnis.“[117]

Archetypische Bedeutung: Luft steht für Atem, die Bewegung im Denken, in der Kommunikation und im Handeln.

Erde

„Die Erde erhielt in des Menschen Vorstellung die Ähnlichkeiten mit seiner eigenen lebendigen Körperlichkeit. Der Erdboden schien ebenfalls Lebensgefühle zu äußern, die sich im Wechsel der Jahreszeiten offenbarten. Der Erdboden, der den Menschen trug, auf dem er schlief, der zu irdenen Gefäßen verarbeitet, das lebensnotwendige Gut bewahrte – und der Erdboden, der die toten Körper wieder aufnehmen mußte, war ihm der ruhende Gegenpol zu seinem tätigen Lebenskampf im luftigen, räumlichen Bewegungsfeld.“[118]

Archetypische Bedeutung: Erde steht für das Körperlich-Sinnliche, für die greifbare verdichtete Energie der Materie, die geformte Struktur, Stabilität und Ausdauer.

Wasser

„Wasser braucht man zu allem. Nicht nur, um es zu trinken; es wird unentbehrlicher Helfer. Man wäscht und kocht mit Wasser, man benötigt es, um irdene Gefäße herzustellen, man schleift Stein an Stein mit wasser-poliertem Handwerkszeug. So wurde das Wasser zum Symbol des vermittelnden, des helfenden Organs.
Zudem vermittelt das Wasser dem Bewußtsein die im Körper aufsteigenden Körpergefühle. Hunger läßt Wasser im Mund zusammenlaufen, Angst treibt zu Schweißausbruch, Schmerz macht Tränen fließen.“[119]

Archetypische Bedeutung: Wasser steht für die lebendige Empfindung der tiefen Emotionen und Gefühlsreaktionen und für die Hingabe an das Leben.

Die Erscheinungsformen der vier Elemente waren für den frühen Menschen überall in der Natur direkt wahrnehmbar. Sein Leben stand elementar mit den Urqualitäten in Verbindung. Diese Erfahrungen bekamen im Laufe der menschlichen Evolution eine inhaltliche Seinsbedeutung, die sich über die Zeit hinweg bis in die Gegenwart aufrecht erhalten hat und im heutigen Menschen genauso in allen Dimensionen seines Seins lebendig ist.
Über diese Erfahrungen mit den Elementen und ihren Wirkungen kann das Entstehen von Naturreligionen begründet werden, die weltweit die Wurzeln späterer Religionen (lat. *religio*, Rückbesinnung) darstellen.[120]
Die vier Elemente tauchen in unterschiedlichen Kulturkreisen immer wieder auf. Im tibetischen Buddhismus finden wir sie in den Stupas (buddhistischen Bauten) als Symbole der Schöpfung wieder. Der Sockel der *Stupas*, ein großer Kubus, symbolisiert die Erde. Darauf ruht die Kugel als Symbol des Wassers mit einem spiralartigen Gebilde, dem Feuer, und darauf abschließend ein Halbmond als symbolisierte Luft. Zusätzlich befindet sich im Halbmond eine kleine Kugel als Sinnbild der Urkraft beziehungsweise des Äthers. In zen-buddhistischen Traktaten werden die vier Elemente als für die Schöpfung notwendige Qualitäten, als Licht (Feuer), Luftigkeit (Luft), Flüssigkeit (Wasser) und Festigkeit (Erde), beschrieben.[121]
Die erste systematisierte Integration der vier Elemente in das menschliche Leben des europäischen Kulturkreises entwickelten die alten Griechen, als deren wichtigste Vertreter die bekannten Philosophen Thales von Milet, Anaximenes, Heraklit, Empedokles und Aristoteles (rund 600–300 v. Chr.) zu nennen sind. Sie gingen davon aus, daß alles, was geschieht, eine Ursache haben muß, die allgemein gültig und anwendbar ist.
So meinte Empedokles, daß sich die vier Elemente in allen Lebensvorgängen mischen und mit ihrem ständigen Wechselspiel das Rad des Lebens in Schwung halten. Thales von Milet bezeichnet das Wasser als den Urstoff, aus dem alles Lebendige hervorgegangen ist. Daß die

Luft der fundamentalste Baustein sei, wird von Anaximenes betont, und Heraklit sieht im Feuer das innere Brennen, den Drang zum Handeln und die ständige Bewegung. Alles fließt (*panta rhei*) ist sein Sinnspruch für ein Kommen und Gehen, das sich im Wechsel ausdrückt. Die Erde wird durch Gaia die fruchtbare und gebärende Muttergöttin verkörpert, als Sinnbild für Stabilität und Konstanz. Aristoteles spricht von einem Urstoff, der alle Formen als Möglichkeit in sich trägt. Wenn dieser von den ordnenden Kräften des Kosmos durchdrungen wird, treten sie in Erscheinung und manifestieren sich in den vier elementaren Grundqualitäten, die sich auch in verschiedenen Mischungen erkennen lassen. In diesem Zusammenhang führt Aristoteles den Äther ein, welcher für das Nichtstoffliche, für den geistigen Ursprung steht und die Verbindung zwischen allem Seienden herstellt. Die vier Kernelemente materialisieren sich über das Stoffliche, und der Äther bildet den nichtstofflichen Aspekt, als verbindende, alles einbeziehende Ursache.

Nach der im antiken Griechenland definierten Bedeutung sind die vier Elemente für den Aufbau der Natur verantwortlich, wobei sich aus ihrem Zusammenwirken die Eigenschaften der Pflanzen, Tiere und des Menschen erklären lassen und vom Geistigen über das Seelische ins Körperliche übergehen. Sie waren zugleich Sinnbilder, die nicht vom Menschen selbst erfunden worden sind, sondern aus der Erkenntnis durch metaphysische Erfahrung und Naturbeobachtung hervorgegangen sind. Die Menschen dieser Zeit lebten nicht in der Getrenntheit von rationaler (Außenwelt) und intuitiver Kraft (Innenwelt), daher waren ihre Thesen nicht Ausdruck von Spekulationen, sondern von Erlebtem.[122] Nach der griechischen Hochkultur nahmen die vier Elemente in den wissenschaftlichen und philosophischen Betrachtungen von Paracelsus (1493–1541) und Agrippa von Nettesheim (1486–1535) wieder eine zentrale Position ein. Für sie sind der Mensch und die Landschaft ein aus vier Elementen zusammengesetztes Ganzes. Erde und Wasser geben ihnen den Leib, Luft und Feuer das Geistige (*Odem*). Erde und Wasser stehen für das Schwere und Passive, Feuer und Luft für das Leichte, Bewegliche und Aktive.[123] Fehlt eines der Elemente, sind sowohl beim Menschen als auch in der Landschaft die Lebenskreisläufe gestört.

Wenn wir die vier Elemente der Pflanze zuordnen, lassen sich nach Storl folgende Entsprechungen ableiten: „In der Wurzel der Pflanze herrscht das Erdelement vor, das Wasserelement dominiert in Stengel und Blättern. Die Luft zeigt sich in der Leichtigkeit und dem Duft der Blüten, und das Feuer gibt den Samen und Früchten ihre Reife und Süße."[124]

Die Elemente verkörpern ein alchimistisches Prinzip und spiegeln die Lehre von Makro- und Mikrokosmos wider, welche besagt, daß unser Körper ein verkleinertes Abbild der großen Schöpfung sei. Wer die Natur und den Weltenhimmel kennt, kann eine entsprechende Aussage über den Menschen und seinen Körper treffen.

Abb. 15: Die vier Elemente (Holzschnitt von H. Weiditz, 1582)

Dieses Verständnis griff der heute noch sehr bekannte Philosoph, Naturforscher und Arzt Paracelsus (1493–1541) auf und führte es weiter aus. In seinem Buch *Liber de nymphis* beschreibt er die vier Elemente im Zusammenhang mit der Welt und das Wirken von Elementarwesen, als die den Elementen zugehörigen, seelischen Wesenheiten. Sie sind die Seele der Landschaft und die Hüter und Pfleger der Natur. „Ihre Wohnung ist vielerlei, das ist, nach den vier Elementen geteilt, eine im Wasser, eine in der Luft, eine in der Erde, eine im Feuer. Die im Wasser sind die Nymphen, die in der Luft Sylphen, die in der Erde sind Pygmen, die im Feuer Salamander (...) Wie wohl die Wasserleute auch Undina heißen, die Luftleute Sylvestris und die Bergleute Gnomen und die vom Feuer eher Vulkani."[125]
In der christlichen Mythologie finden wir das Prinzip des Elementaren vor allem bei Hildegard von Bingen und Jakob Lorber wieder. Lorber schreibt 1841 in seinen *Himmelsgaben zu den vier Elementen*: „Sind denn nicht Feuer, Luft, Wasser und Erde Dinge, die ich aus Mir gemacht habe!?"[126] Lorber stellt in diesem Zusammenhang den Begriff Gott (*Mir*) als die Ursache des Seienden dar, welche sich mit dem Weltgeist nach Nettesheim, der Weltenseele Plotins, der Buddha-Natur im Budhismus oder dem *Tao* Lao Tses vergleichen läßt. Die vier Elemente stehen für die Manifestation Gottes und werden den Erzengeln zugeordnet. Michael steht für Feuer, Auriel für Erde, Raphael für Luft und Gabriel für Wasser.
In jüngerer Zeit (1995) beschreibt der Bildhauer und Landschaftsheiler Marko Pogačnik die Elementarwesen als Naturintelligenzen, die als nichtstoffliche Phänomene die materielle Landschaft mit den zugehörigen Pflanzen betreuen. Die Nymphen stehen für das Wasser als Qualität des Lebens, die Sylphen für die Luft als Qualität des Raumes, die Pygmen für die Erde als Qualität der Verwirklichung und die Salamander für das Feuer als Qualität der Wandlung.[127]
In den indianischen Kulturen Nordamerikas hat sich das Wissen um die vier Elemente und ihre Bedeutung für die Landschaft und ihre Lebewesen trotz all der Zerstörung durch den „Weißen Mann" von Anbeginn ihrer Kulturentwicklung bis heute lebendig erhalten. Ihre Weisheit, unter der wir im Sinne der indianischen Denkungsart das angewandte Wissen über die Lebensprozesse unserer Erde verstehen, wurde von den weisen Frauen und Männern des Stammes stets mündlich überliefert, wobei sich dieses Wissen in den letzten Jahren über die ganze Welt verbreitet hat und zunehmend schriftlich verankert wird.

Die Erde und ich selbst sind eines Sinnes.
Der Rhythmus des Landes und der Rhythmus unserer Körper:
sie sind gleich.[128]
Chief Joseph

Ein Kernstück der indianischen Philosophie bildet das Medizinrad, welches ein rituelles Werkzeug verkörpert, um die physischen, emotionalen und geistigen Aspekte im Menschen auf den Organismus Erde mit all seinen Energien und Manifestationen einzustimmen. Es wird symbolhaft in Form eines gleichseitiges Kreuzes, welches von einem Kreis umschlossen ist, dargestellt und meist mit Hilfe von Steinen ausgelegt. Das Medizinrad verbindet die zwei bedeutenden Grundprinzipien des Lebens: Der Kreis steht für das Universelle, den allumfassenden Geist, das Göttliche; das Kreuz für die vier Himmelsrichtungen, die vier Elemente, die vier Jahreszeiten und für die vier Wesenheiten im Menschen (das Spirituelle, Mentale, Emotionale und Physische). Es lehrt uns, daß die vier Urelemente Bestandteile der materiellen sichtbaren Welt sind. Sie alle sind gleichberechtigt und bilden in ihrer Gemeinsamkeit und im Miteinander die Grundlage für alles Leben auf dieser Erde.[129]

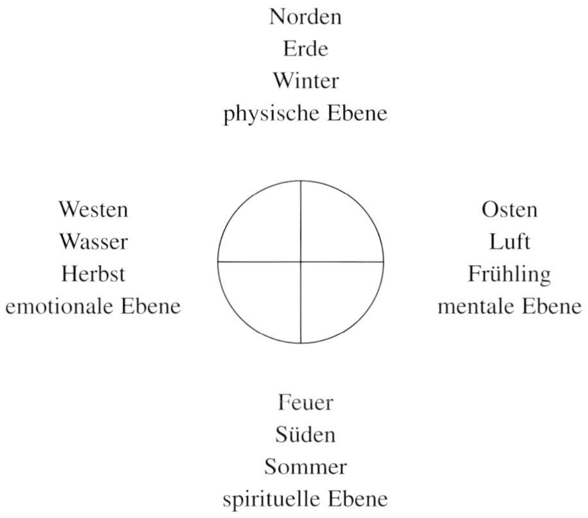

Abb. 16: Grundform des Medizinrades
(nach Burtscher)

3.2 Die physischen Qualitäten der vier Elemente

Jede Erscheinung ist ein Gemisch der vier, aber einmal herrscht das eine Element vor, ein andermal das andere. Im Holzfeuer erkennt man das Feuerelement in der Hitze und den tanzenden Flammen, die Luft erkennt man im Licht und Rauch und am Geruch. Das Wasser kommt zum Vorschein im schmelzenden Harz, und die Asche gibt das Erdelement zu erkennen.[130]
Wolf-Dieter Storl

Feuer drückt sich in den chemischen Oxidationsprozessen (Wandlungsprozessen) des pflanzlichen, tierischen und menschlichen Körpers aus. Der grundlegende Vorgang dabei ist die Verarbeitung von Nährstoffen über die Verdauung, Ausscheidung und die Freisetzung von Energie über die Zellatmungskette. Feuer verkörpert sich durch die Sonne als Trägerin des Lichts und der Wärme, welche die Grundlage für die Aufrechterhaltung der notwendigen Lebenstemperatur sowie der photosynthetischen Prozesse auf der Erde bietet. Im Erdzentrum tritt das Feuerelement als feuriger, flüssiger Kern in Erscheinung.[131]

Erde steht stellvertretend für den festen Aggregatzustand der Materie des Erdkörpers und der physischen Körper seiner Lebewesen. Sie wird im landläufigen Sinn als Muttererde oder Humus (30–40 cm) bezeichnet und gilt als jener fruchtbare Boden, auf dem sich das irdische Leben entfalten kann. Dieser Bodenkörper stellt für sich selbst ein komplexes Lebewesen mit einer unbeschreiblichen Vielfalt an Arten dar, die im Zuge ihrer Stoffwechselaktivitäten den Umbau organischer und anorganischer Stoffe in Landschaft und Mensch aufrechterhalten und den zentralen Nahrungskreislauf bilden. Nicht zu vergessen ist in diesem Zusammenhang die Gravitationskraft, welche von der Erde als verdichtetem Energiekörper ausgeht und das „haltende Band“ zwischen Erde und Erdbewohnern bildet.[132]

„Das Element des Fliegens ist die **Luft**. Es ist das Element des Menschen, auch wenn er von Natur aus nicht zu den fliegenden Lebewesen zählt. Er atmet in ihr, bewegt sich in ihr, lebt von ihr“,[133] schreibt der Physiker Rudolf Treumann. Physikalisch gesehen ist die Luft ein kompressibles Gasgemisch mit sehr geringem Auftrieb. Sie selbst ist nicht sichtbar und wird es erst durch die von ihr bewegten Strukturen. Fühlbar wird bewegte Luft über die Tastkörperchen unserer Haut. Als Atmosphäre stellt Luft einen die Erde umhüllenden Gasmantel dar, den physikalischen Raum des Klimas und zugleich einen Reaktionstopf für komplizierte chemische Prozesse. So beherbergt der Luftraum eine Vielzahl von gasförmigen Stoffen wie Sauerstoff, Kohlenstoff, Stickstoff, Edelgase usw., die für das irdische Leben unentbehrlich sind und über die Atmung der Lebewesen einen ständigen Austausch erfahren.[134]

„Leben kommt aus dem **Wasser**, ist vorwiegend Wasser und braucht für seine Existenz vor allem Wasser“, schreibt Treumann. Das Wasser ist sowohl ein Nährstoff als auch ein Lösungs- und Transportmittel für Nährstoffe (Eiweiße, Kohlehydrate, Fette), Botenstoffe (Hormone) und Sauerstoff und damit ein zentraler biochemischer Baustein des Lebens. Die Besonderheiten des Wassers und seine unterschiedlichen Aggregatzustände (flüssig, gasförmig, fest) gehören mit zu den lebenserschaffenden und -erhaltenden Gesetzmäßigkeiten.[135]

Erst im harmonischen Zusammenspiel, in der Wechselwirkung und im Kreislauf der vier Elemente werden die Lebensvorgänge auf unterschiedlichen körperlichen Ebenen in ihrer Einzigartigkeit ermöglicht:

- im Gesamtorganismus Erde (Sonne, Erde, Atmosphäre und Wasser);
- in der Landschaft (Klima, Topographie, Lage, Standort, Pflanze, Tier, Mensch u. a. m.);
- im einzelnen Individuum (Atmung, Wachstum, Verdauung, Nährstoffversorgung);
- in der Zelle (Zellkörper, Zellplasma, Atmungskette, Zellteilung);
- in der DNS (Desoxyribonukleinsäure) als Trägerin der Erbinformation, deren vier Basen Adenin, Guanin, Cytosin und Thymin das Alphabet des genetischen Codes bilden.

Der Regenbogen ist eine wunderbare und symbolhafte Verkörperung des Zusammenspiels der vier Elemente. Das Sonnenfeuer bringt die Lichtenergie auf die Erde, wo sie auf den Regen, das Wasser des Himmels trifft und durch die Transparenz der einzelnen Tropfen in die sieben Spektralfarben zerlegt wird. Die luftige Atmosphäre ist der Raum der Begegnung und die Erde der tragende Körper, als jener Ort, der diese Form der elementaren Begegnung ermöglicht.

3.3 Die psychischen Qualitäten der vier Elemente

Des Menschen Seele gleicht dem Wasser:
Vom Himmel kommt es, zum Himmel steigt es.
Zur Erde muß es. Ewig wechselnd.
Strömt von der hohen, steilen Felswand der reine Strahl,
dann stäubt er lieblich in Wolkenwellen zum glatten Fels,
und leicht empfangen wallt er verschleiernd,
leis rauschend zur Tiefe nieder.
Ragen Klippen dem Sturz entgegen,
schäumt er unmutig stufenweise zum Abgrund.

Im flachen Bette schleicht er das Wiesental hin,
und in dem glatten See weiden ihr Antlitz alle Gestirne.
Wind ist der Welle lieblicher Buhler;
Wind mischt vom Grund aus schäumende Wogen.
Seele des Menschen, wie gleichst du dem Wasser!
Schicksal des Menschen, wie gleichst du dem Wind![136]
Johann Wolfgang von Goethe

Im Zuge der gemeinsamen evolutionären Reise des Menschen mit dem Körper, der Seele und dem Geist der Erde sowie der sinnlichen, emotionalen und intuitiven Begegnung mit den Naturelementen spiegeln sich die Phänomene von Feuer, Erde, Luft und Wasser im Menschen wider.
C. G. Jung spricht 1927 in diesem Zusammenhang von archetypischen Erscheinungsformen, die die Urbilder einer seelischen Kraft in Erde und Mensch darstellen. Entsprechend entwickelte sich neben der stofflichen ebenso die seelisch-geistige Beziehung zur Naturlandschaft, die sich in unterschiedlichen Kulturepochen und Kulturkreisen immer wieder bestätigte und verfestigte. Im Laufe der menschlichen Entwicklung entstand eine Symbolsprache, mit deren Hilfe psychische Phänomene des Menschen im Zusammenhang mit den vier Elementen beschrieben werden. Das Feuer (Licht) berührt unser Gemüt, die Erde (Formen und Maße) gibt uns Halt und Stabilität und verbindet uns mit der Tradition, die Luft (Bewegung) berührt unser Denken und das Wasser (Klang) unser Emotionalfeld.[137]
Die wichtigsten Aspekte und Entsprechungen aus den unterschiedlichsten Zeitepochen und Kulturkreisen sind in der folgenden Übersicht zusammenfassend dargestellt.

Tabelle 5: Übersicht zu den sinnbildlichen Qualitäten der vier Elemente

Feuer	*Erde*	*Luft*	*Wasser*
Dynamik	Ausdauer	Kommunikation	Liebe
Spontaneität	Geduld	Gedankenkraft	Gefühl
Kreativität	Beständigkeit	Beweglichkeit	Hingabe
Individualität	Stabilität	Leichtigkeit	Intuition
Extrovertiertheit	Form	Sprachlichkeit	Phantasie
Heiterkeit	Struktur	Ideenreichtum	Geborgenheit
Vielseitigkeit	Praxis	Theorie	Imagination
Wandlungskraft	Sinnenhaftigkeit	Abstraktheit	Introvertiertheit
Willensstärke	Konservativismus	Objektivität	Subjektivität
Tatkraft	Treue	Rationalität	Sensibilität
Schwung	Selbstdisziplin	Offenheit	Einfühlungsvermögen
Erneuerung	Verwirklichung	Transparenz	Sehnsucht
Motivation	Stärke	Vielseitigkeit	Lebenskraft

3.4 Die vier Raumqualitäten

Da sich die Qualitäten der vier Elemente auf allen Ebenen unseres Seins manifestieren, beschreibe ich sie im Rahmen dieses Abschnittes in ihrer gestalterischen Wirkung und Ausprägung in der Landschaft. Die hier dargestellten Entsprechungen sind Beispiele, die auf meinen persönlichen Erfahrungen beruhen und als Anregung dienen sollen, selbständig Qualitäten der Elemente wahrzunehmen und entsprechende Vergleiche anzustellen.
Die elementaren Qualitäten verkörpern sich in allen Lebensräumen unserer Natur- und Kulturlandschaften, in vom Menschen nicht oder dünn besiedelten bis hin zu den dicht besiedelten Freiräumen unserer städtischen Ballungsgebiete. Je nach der anthropogenen Beeinflussung treten entsprechende elementare Qualitätsveränderungen auf, welche die betreffenden Räume selbst sowie ihre Wirkung auf den Menschen bestimmen. Die vier Raumqualitäten sind dabei nie in ihrer Ausschließlichkeit anzutreffen, sondern treten ständig in ihrem Zusammenwirken als räumlicher Gesamteindruck eines definierten Raumes in Erscheinung und sind auf den unterschiedlichen Ebenen der den Raum bestimmenden Gestaltelemente wirksam. Bezüglich des jeweiligen Lebensraumes gibt jedoch ein Element den Grundcharakter an und läßt sich als bestimmende Raumqualität definieren, die sowohl auf der physischen als auch psychischen Ebene wirkt.
Den Idealtyp eines solchen Grundcharakters möchte ich im folgenden beschreiben, um das hinter den Elementen stehende Prinzip zu verdeutlichen. In diesem Zusammenhang weise ich nochmals darauf hin, daß sich, wie bei Polaritäten, in einem Freiraum meist die Verbindung der Elemente darstellt und deutlichere Einzelprägungen nur in bestimmten Teilbereichen anzutreffen sind.
Letztendlich macht jedoch das organische Zusammenspiel der vier Elemente die Vielfältigkeit eines Lebensraumes aus.

Abb. 17: Die vier Elemente im physischen Körper der Landschaft (Donau bei Dürnstein)

3.4.1 Die feurige Raumqualität

Feuer ist durch Licht und Wärme charakterisiert. Feuer ist das Lebenselexier, wie Stefan Brönnle meint: „Der Mensch braucht das Licht zum Leben, ohne Licht wird er krank.“[138] Damit repräsentiert die Sonne die Urqualität des Feuers und manifestiert sich in entsprechenden Räumen. Das Element Feuer ist seiner Ausprägung nach dem männlichen Prinzip zuzuordnen. Feuer-betonte Orte sind besonnte, freie und exponierte Räume. Im Boden zeigt sich diese Qualität in Trockenheit (sandige Böden, Schotterflächen). Im sonnenbeschienenen Stein vermischt sich das Feuer mit der Erde. Weitere Beispiele für Orte, an denen die Qualität des Feuers in Erscheinung tritt, sind Ruderalflächen, sonnige Schotterbänke an Flüssen, Sandgruben, steile, exponierte und trockene Hanglagen.

Abb. 18: Feuerbetonte Raumqualität (Sonnenuntergang bei Graz)

Neben den Aspekten von Licht und Wärme beinhaltet das Feuer auch das Prinzip der Ausdehnung und Verwandlung.[139] Wandlungsprozesse sind Veränderungsprozesse, wo Altes vergeht und verändert wird, um Neues entstehen zu lassen. Das Element Feuer wirkt demnach auch in den Verrottungsprozessen der Natur. Im Waldboden oder auf dem Komposthaufen im Garten findet unter Bildung von Wärme die Umwandlung von organischen und anorganischen Stoffen und damit die Aufbereitung neuer Nährstoffressourcen statt.
Die feurige Qualität äußert sich also in der Landschaft an all jenen Stellen, wo Wandlungsprozesse der Natur stattfinden können oder zugelassen werden, überall, wo Blätter liegen bleiben dürfen und wieder in den Kreislauf der Natur integriert werden können. Im Zyklus der Jahreszeiten erleben wir die Wandlungsqualität des Feuers in den Blättern der Bäume: Die kräftigen Gelb-, Braun-, Gold- und Rottöne der Blätter zeigen das Ende eines Zyklus an, der den Neubeginn bereits in sich birgt. Diesen natürlichen Prozeß der Wandlung können wir im Freiraum berücksichtigen und unterstützen, indem wir Zyklen zulassen (z. B. gewissen Berei-

chen natürliche Verrottungsprozesse gewähren) und nicht ständig darauf erpicht sind, Landschaftsbilder und Räume durch unser Eingreifen statisch und damit unverändert zu erhalten.

Gestalterisch wirksame Grundqualitäten des Feuers

feuerbetonte Formeigenschaften und Formen
bewegt, spitz zulaufend, flammend, zielgerichtet, richtunggebend, sich verjüngend, erhöht und nach oben strebend; warme und helle Räume

feuerbetonte Farben
„Das Licht des Feuers wirkt durch die Farben", meint Brönnle.[140]
Kräftige Farben, Rot-, Gelb- und Orangetöne, golden

feuerbetonte Elemente
das Feuer selbst; wärmende, warme, heimelige Materialien; strahlende Oberflächen; bewegte Formen

feuerbetonte Pflanzencharaktere
„Das Feuer gibt den Früchten ihre Reife", schreibt Storl.[141]
Sonnenbedürftige Kräuter; all jene Pflanzen, die mit trockenen, kargen und stark besonnten Standorten zurechtkommen beziehungsweise solche benötigen (z. B. Ruderalpflanzen und Pflanzen mit dicklaubigen, gut wasserspeichernden Blättern); Pflanzen in der Herbstfärbung; Pflanzen mit spitz zulaufenden Blättern; Pflanzen mit rotlaubigen Blättern;
Beispiele für feuerbetonte Bäume und Sträucher: Spitzahorn, Blutahorn, Platane, Rotföhre, Palmen, Stechpalme, Kreuzdorn, Weißdorn, Sanddorn

feuerbetontes Raumklima
eher warm und trocken

feuerbetonte Klänge
aktivierende, kräftige Klangbilder

Die angebotenen Übungen zur vertieften Wahrnehmung elementarer Qualitäten geben uns einerseits die Möglichkeit, das jeweilige Element bewußter zu erleben, andererseits uns selbst mit Hilfe der vier Elemente besser kennenzulernen. Wie fühlen wir uns in der Begegnung mit den Elementen? Mit welchem Element kommen wir besser zurecht? Das sind die Fragen, die uns in diesem Zusammenhang beschäftigen.
Erfahrungen mit diesen Übungen haben gezeigt, daß die Landschaft einen sehr effektiven Spiegel für das eigene Selbst darstellt und die einzelnen Elemente in der Kommunikation mit dem/der Übenden sehr stark auf die Psyche rückwirken. Insofern bringen diese Übungen, über die bewußte Begegnung mit der Landschaft hinaus, einigen Aufschluß über die psychisch wirksamen Aspekte der vier Elemente in uns.

- Wir suchen einen Platz in der Landschaft, welcher uns einen guten Kontakt zur Sonne erlaubt, und stellen uns bequem hin.
- Wir begrüßen die Sonne, das Element Feuer und seine Wesenheiten.
- Danach lassen wir das Element Feuer, die Sonne auf uns wirken und beobachten, wie es uns dabei geht und was in uns bewirkt wird.
  Vielleicht können wir in die Sonne blinzeln oder nur die Sonnenstrahlen auf unsere geschlossenen Augenlider wirken lassen?
- Wir versuchen, uns gedanklich und über unser Gefühl mit der Sonne zu verbinden und ihre Kraft ein- und auszuatmen. Die Sonnenenergie durchflutet unseren ganzen Körper und jede einzelne Zelle.
- Welches Gefühl ruft die Kraft des Feuers in uns hervor? Wir schreiben all unsere Gefühle und Assoziationen auf.
- Mit Beendigung der Übung verabschieden wir uns mit Dankbarkeit vom Element Feuer.

3.4.2 Die erdige Raumqualität

Das Element Erde drückt sich nach Brönnle in der Landschaft durch „Formen und Maße aus".[142] „Wir können der Erde das Prinzip der Festigkeit, Schwere und Stabilität zusprechen. Erde bedeutet das Annehmen von Gestalt und Form, das Erscheinen von Festigkeit" und wird dem weiblichen Prinzip zugeordnet, beschreibt Meadows ihre Qualität.[143]
Landschaften und Freiräume, die durch die erdige Raumqualität charakterisiert werden, sind zumeist durch vielfältige Strukturen in Form und Farbe gekennzeichnet. Dies drückt sich im Artenreichtum von Flora und Fauna und in der Diversität der Geländeformen aus.

Abb. 19: Erdbetonte Raumqualität (Hohlweg bei Gratwein, Steiermark)

Satte, kräftige Farben dominieren den Erdplatz, der von Nischen und Höhlenstrukturen und Schattenbildung geprägt ist und Grün zur raumbestimmenden Farbe macht. Runde, organische, sanft ineinander übergehende Formen und geschwungene Linienführungen gehören, zusammen mit in sich geschlossenen Raumstrukturen (Raumgrenzen), zu den zentralen topographischen Qualitäten und betonen den weiblichen Grundcharakter der Erde (siehe Komplementarität). Die Erde selbst manifestiert sich als gut strukturierter, krümeliger und nährstoffreicher Boden, der eine ideale Nährstoffgrundlage für Pflanzen bildet, aber auch weiches Gehen zuläßt.
Erdplätze sind Orte, wo sich die Wandlungsprozesse der Natur (Werden und Vergehen) entfalten, ein hoher Umsatz an organischen Materialien stattfindet und sich die natürliche Sukzession frei entwickelt. Im Herbst zeigt sich die Kraft der Erde in der Vielfalt ihrer Früchte, die sie hervorbringt, um sich selbst weiterzuentwickeln und allen anderen Lebewesen Nahrung und damit Entwicklungsmöglichkeiten zu bieten. Ein anschauliches Bild für diese Qualität repräsentiert der Eichen-Buchenwald: der Duft des humosen, saftigen und weichen Waldbodens, bedeckt mit einem Teppich aus verrottenden Blättern, Moosen, Stauden oder auch immergrünen Pflanzen. Das Dach des Waldes bilden mächtige Laubbäume, die nur wenig Licht auf den Boden fallen lassen und einen geschlossenen, beinahe uteral anmutenden Raum bilden. An Sommertagen empfinden wir die Atmung der Bäume über die eigene Atmung und genießen die frische, feuchte Luft und den Duft der Erde.

Gestalterisch wirksame Grundqualitäten der Erde

erdbetonte Formeigenschaften und Formen
geschwungen, abgerundet, schwer wirkend, klobig, in sich geschlossen, stabil, prall, sanft, weich; geschlossene, nischenbildende, vielfältige und höhlenartige Strukturen (Raumbegrenzungen); hügelartige, gewölbte Topographie

erdbetonte Farben
eher dunkle Farben wie Braun, Dunkelgrün, Dunkelrot, Dunkelgelb, Schwarz
indirekte Lichteffekte

erdbetonte Elemente
die Erde selbst, Steine, bemooste Steine, Holz, Wurzeln

erdbetonte Pflanzencharaktere
die Wurzeln der Pflanzen, Wurzelgemüse;[144] Üppigkeit in der Vegetation; saftige Wiesen; Pflanzen mit dunkelgrünen und üppigen Blättern beziehungsweise Nadeln mit stabilem, standfestem Charakter; Farne, Moose, Efeu
Beispiele für Bäume und Sträucher: Eibe, Tanne, Rotbuche, Stieleiche, Traubeneiche, Linde, Ulme, Bergahorn, Nußbaum, Obstbäume, Feldahorn, Buxbaum, immergrüner Schneeball

erdbetontes Raumklima
eher warm und feucht

erdbetonte Klänge
kräftige, satte Klänge (z. B. Trommelklänge)

- Wir gehen in den Wald und achten schon auf dem Weg dorthin auf Bilder und Zeichen, die uns begegnen.
- Sobald wir unseren Platz gefunden haben, legen wir uns auf die Erde und begrüßen sie und all ihre Wesenheiten.
- Wir nehmen die Erde mit all unseren Sinnen wahr: Fühlen, Riechen, Tasten, Schmecken.
- Wir schließen unsere Augen und versuchen, mit der Erde eins zu werden und ihren Rhythmus aufzunehmen, indem wir uns bewußt mit ihrer Lebenskraft austauschen.
- Wir spüren, was das Element Erde in uns bewirkt, und beobachten, was es uns offenbart.
- Anschließend schreiben wir unsere Gedanken und Gefühle auf (positive, aber auch negative Assoziationen).
- Nach Beendigung der Übung verabschieden wir uns mit Dankbarkeit vom Element Erde.

3.4.3 Die luftige Raumqualität

Die luftige Raumqualität ist durch den offenen Raum charakterisiert. Weite, nach oben hin sowie nach innen und außen offene Räume laden zum Spiel und zur Bewegung im Raum ein. Transparenz, Durchlässigkeit und Helligkeit kennzeichnen luftig betonte Räume und vermitteln das Gefühl von Unbegrenztheit und Freiheit. Luft läßt den unmittelbaren und direkten Weg der Verbindung von zwei Punkten zu. Erhöhte Plätze, welche den Blick in die Ferne zulassen und uns das Gefühl von Weite geben, besitzen ebenso luftigen Charakter. Wir kennen diese Empfindung des Losgelöstseins von der Erde und die Erfahrung der Weite des Landes, die sich einstellen, wenn wir vom Gipfel eines Berges in die Ferne blicken und zugleich die Klarheit der Luft einatmen.

Abb. 20: Luftbetonte Raumqualität (Zirbitzkogel, Steiermark)

Bezüglich der Komplementarität entspricht die Luft, so wie das Element Feuer, dem männlichen Prinzip. Und obwohl wir ständig von Luft umgeben sind, wird sie erst durch die Bewegung des Windes auf unserer Haut spürbar. Nach Brönnle entspricht das Element Luft „in der Landschaft der Bewegung".[145]
Damit gehört die Bewegung zu den wichtigen Kriterien der Luft. Wir bewegen zum Beispiel unseren Bauch, um die Luft ein- und auszuatmen. Wir nehmen die Luft über die von ihr bewegten Blätter des Baumes wahr, an den vorbeiziehenden Wolken und im Tanz der Schneeflocken. Im Unterschied zum Wasser neigt die Luft zu schnelleren Bewegungen und ist auch durch ihre Elastizität gekennzeichnet.[146]
Die Form der freien Bewegung und das Zulassen von nicht planmäßigen Ereignissen kann bei einer offenen Platzgestaltung unterstützt werden. Wenn wir uns vom Wind bewegte Samen vorstellen, wird das Phänomen der Leichtigkeit nachvollziehbar, denn die Luft bietet im Gegensatz zur Erde und zum Wasser wenig Halt, läßt aber zugleich die freie Bewegung zu. So sind Stabilität und Beweglichkeit zwei einander ergänzende Aspekte.

Gestalterisch wirksame Grundqualitäten der Luft

luftbetonte Formeigenschaften und Formen
transparent, leicht, bewegt, spitz, geradlinig, instabil, klar, scharf, kantig, zielgerichtet, sich verjüngend, erhöht, nach oben strebend; offene, weitläufige, transparente und helle Räume

luftbetonte Farben
Pastelltöne (z. B. hellblau), weiß

luftbetonte Elemente
die Luft selbst, transparente und lichtdurchlässige Materialien, harte Materialien mit glänzenden Oberflächen, bewegte Gestaltelemente

luftbetonte Pflanzencharaktere
die Blüten der Pflanzen, Getreide, Blumen, Kräuter;[147]
all jene Pflanzen, die mit lockeren, wasser- und luftdurchlässigen, nährstoffarmen Böden auskommen beziehungsweise solche benötigen. Hierzu gehören alle Ruderalpflanzen, Pflanzen mit dünnlaubigen, beweglichen Blättern und transparentem Charakter, Bäume mit glatter, glänzender Rinde und Pflanzen, die Luftwurzeln ausbilden;
Beispiele für Bäume und Sträucher: Birke, Zitterpappel, Hainbuche, Robinie, u. a.

luftbetontes Raumklima
eher kühl und trocken

luftbetonte Klänge
helle, klare Klänge (z. B. Flötentöne)

- Wir suchen einen erhöhten Platz in der Landschaft, der uns einen Blick in die Ferne erlaubt.
- Wir setzen uns bequem hin und begrüßen das Element Luft und all seine Wesenheiten.
- Nun konzentrieren wir uns auf die eigene Atmung und spüren die Luft ein- und wieder ausströmen.
- Anschließend beobachten wir, was die Luft um uns herum bewirkt, wie sie unsere Haut berührt oder unsere Haare bewegt.
- In weiterer Folge lassen wir unseren Blick so weit wie möglich an den Horizont hinausschweifen und nehmen den Raum mit seiner Weite und Offenheit in uns auf.
- Aus dieser Wahrnehmung heraus versuchen wir einen Atemrhythmus herzustellen, bei dem wir die Luftenergie in der Vorstellung über unseren Scheitel aufnehmen, sie durch den Körper leiten und dann über unsere Füße wieder zurückfließen lassen.
- Anschließend schreiben wir wiederum auf, welche Assoziationen und emotionalen Empfindungen die Luft in uns hervorgerufen hat.
- Am Ende der Übung bedanken und verabschieden wir uns bei dem Element Luft.

3.4.4 Die wäßrige Raumqualität

Diese Raumqualität ist grundsätzlich charakterisiert durch das Wasser selbst, als Grundwasser, atmosphärisches Wasser, Still- oder Fließgewässer. Von der Quelle bis zum Meer reicht die Strukturvielfalt des Wassers. Es bahnt sich seinen Weg und wirkt dabei formgebend auf die Erde. Von der Verspieltheit der kleinen Quelle bis zur unbändigen Kraft des großen Stromes begegnen wir dem Ausdruck des flüssigen Wassers. Das Element Wasser besitzt, wie auch das Element Erde, eine weibliche Ausstrahlung, und dort, wo sich beide treffen, in den Übergangszonen der Uferbereiche, finden sich die artenreichsten Gesellschaften in Flora und Fauna.

Stets erinnert uns das Wasser an den Ursprung, den Quell des Lebens, und es wirkt erfrischend und belebend, aber auch bedrohend und unergründbar, wenn wir an die Tiefe des Meeres denken. Bewegtes Wasser aktiviert und regt an, während eine stille Wasseroberfläche zum Spiegel für den Blick in die eigene Seele werden kann.

Der Lebensraum Wasser kann sich sowohl offen, so in der Weite eines Sees, als auch geschlossen, etwa in Form eines Waldteiches oder eines vegetationsreichen Baches, präsentieren. An das Wasser sind spezielle Pflanzen- und Tiergesellschaften gebunden, denen das wäßrige Milieu ihre Lebensgrundlage bietet. Durch Bewegung formt das Wasser seine Lebensräume, die von bewegten und organisch geschwungenen Formen geprägt werden. Wie das Wasser im Laufe der Zeit den Stein abrundet oder aushöhlt, bildet es auch in der Landschaft topographische Formen. „Natürliches Wasser versucht immer, in Mäandern zu fließen“, meint dazu Schwenk.[148]

Diese Wirkung läßt sich auf die Eigenrotation des Wassers zurückführen. Wie unterschiedlich sich die Wellenform und der Wasseraustausch in stehenden und fließenden Gewässern verhält, beschreibt Schwenk: „Im Bach: Die Wellen-Form bleibt im strömenden Bach an Ort und Stelle, immer neues Wasser fließt durch die Form hindurch. Im See: Die Wellen-Form wandert über die Oberfläche weiter, das Wasser selbst bleibt an Ort und Stelle.“[149]

Abb. 21: Wasserbetonte Raumqualität
(Teichlandschaft, Graz)

Im Wasser vereinigt sich die Raumqualität der Begegnung mit der Raumqualität der Ruhe. „Wasserplätze" sind in der Landschaft jedoch nicht immer durch das Vorhandensein freier Wasserflächen gekennzeichnet. Auch wäßrige Böden wie Feuchtwiesen oder zugewachsene Moorlandschaften haben eine ausgeprägte wäßrige Qualität. Flüssiges Wasser folgt der Schwerkraft und strebt fortwährend dem tiefstgelegenen Punkt der Landschaft zu. Diese Tatsache sollte zum Beispiel bei der Anlage eines Teiches berücksichtigt werden.

Gestalterisch wirksame Grundqualitäten des Wassers

wasserbetonte Formeigenschaften und Formen
mäandrierend, geschwungen, abgerundet, bewegt, aber auch ruhend; fließende Übergänge in den Raumverbindungen; geschlossene, tunnelartige sowie offene, weitläufige Strukturen; als plane Fläche im Stillgewässer, als bewegte Form im Fließgewässer

wasserbetonte Farben
transparente Farben, Blau in allen Schattierungen, Grün- und Brauntöne des Wassers (einsehbar bzw. durchsichtig), Türkis, silbrig

wasserbetonte Elemente
das Wasser selbst, Materialien mit glänzenden Oberflächen

wasserbetonte Pflanzencharaktere
Stengel und Blätter der Pflanzen, Blattgemüse;[150]
Pflanzen, die an wasserreiche Standorte gebunden sind; Über- und Unterwasserpflanzen; Beispiele für Bäume und Sträucher: Weide, Erle, Esche, Quirlesche, Sumpfeiche, Traubenkirsche, Hartriegel, Schneeball, Faulbaum u. a.

wasserbetontes Raumklima
hohe Luftfeuchtigkeit, negative Ionisierung der Luft

wasserbetonte Klänge
regelmäßige Klangabfolgen, das plätschernde Wasser

Raumwahrnehmung – Wasser/Bach **Übung 8**

- Wir spazieren einen Bach entlang und lassen uns von dem für uns passenden Ort anziehen.
- Wir begrüßen das Element Wasser und all seine Wesenheiten und erzählen dem Bach von uns. Vielleicht wollen wir ihm auch unsere Probleme anvertrauen.
- Wir schauen in den Bach hinein und beobachten, wie das Wasser mit Hindernissen umgeht.
- Nun versuchen wir, selbst das Wasser zu werden und mit ihm zu fließen. Wir konkretisieren diese Vorstellung, daß wir beinahe körperlich wahrnehmen können, wie wir uns mit dem Wasser bewegen. Wir lernen vom Wasser und vertrauen auf seine reinigende Kraft.
- Anschließend versuchen wir, unsere Gefühle und inneren Bilder aufzuschreiben.
- Mit dem Ende der Übung bedanken wir uns beim Element Wasser und verabschieden uns von ihm.

Raumwahrnehmung – Wasser/See **Übung 9**

- Wir spazieren aufmerksam an einem Seeufer entlang und lassen uns von einem passenden Ort anziehen.
- Wir begrüßen das Element Wasser und all seine Wesenheiten und erzählen dem See von uns.
- Wir schauen in den See hinein und beobachten, wie sich das Wasser bewegt, ob es sich von selbst bewegt oder vom Wind bewegt wird. Wie verhält sich das Wasser in den Uferbereichen?
- Wir versuchen, mit dem Wasser eins zu werden und konkretisieren diese Vorstellung, daß wir beinahe körperlich wahrnehmen können, wie wir mit dem See verschmelzen.
- Wir lernen vom Wasser und vertrauen auf seine reinigende Kraft.
- Anschließend schreiben wir unsere Gefühle und inneren Bilder auf.
- Mit dem Ende der Übung bedanken wir uns beim Element Wasser und verabschieden uns von ihm.

IV DIE KOMMUNIKATION MIT DEM RAUM

Ich gehe früh am Morgen alleine in den Wald. Plötzlich sehe ich einen Sonnenstrahl, der sich in einem Tautropfen auf einem Blatt fängt. Einen Augenblick lang ist der Abstand zwischen mir und dem Gegenstand aufgehoben. Es gibt keine Trennung – nur die Erfahrung.[151]
Joe Kramer

Aufbauend auf unseren Erfahrungen und dem Wissen um die körperlich-seelisch-geistige Organisation des Lebens, möchte ich in diesem Kapitel die unterschiedlichen Ebenen der Wechselwirkung zwischen Mensch, Landschaft, Freiraum und Gestaltelementen veranschaulichen. Der Schwerpunkt liegt dabei auf der Betrachtung der persönlichen Begegnung des einzelnen Menschen mit dem Raum.
Wie und in welchen Dimensionen wirkt die Gestalt als Körper-Seele-Geist-Komplex auf den einzelnen Menschen, und mit welchen Sensorien nehmen wir die Gestalt wahr? Das sind die Fragen, die ich in diesem Kapitel zusammenschauend behandle.
Die folgende Abbildung gibt einen Überblick zur Trinität der Manifestation und zur damit verbundenen Wechselwirkung zwischen Mensch und Raum.

Das Prinzip von Körper Seele und Geist wirkt in allen drei Dimensionen

V		V		V
körperlich-stoffliche Dimension	<>	ästhetische Dimension	<>	Bewußtseins-dimension
der physische Körper von Landschaft und Freiraum		der ästhetisch wirksame Körper von Landschaft Freiraum		die Bewußtseinsfelder (Vital-, Emotional- und Mentalfeld) von Landschaft und Freiraum
V		V		V

Wechselwirkung zwischen Mensch und Raum

Wahrnehmung körperlich-ästhetischer Qualitäten	<>	Wahrnehmung körperlich-ästhetischer Qualitäten	<>	Wahrnehmung von Bewußtseinsqualitäten

Abb. 22: Manifestation von Mensch und Lebensraum in Körper, Seele und Geist

Die Wechselwirkung zwischen Mensch und Raum ist ein in beide Richtungen ablaufender Prozeß, weshalb ich in der Begegnung mit dem Raum von Kommunikation spreche. Die Wahrnehmung ist erlebnisorientiert und wird vom Menschen selbst mitbestimmt, wodurch Subjekt und Objekt zu einer Einheit verschmelzen.
Scholz meint: „Die Beziehung zur Natur kann damit auch beschrieben werden als das sich Befinden in Umwelten. Das Beziehungsgefüge zwischen uns und der uns umgebenden Welt ist qualitativ erfüllt mit Formen und Vorgängen, die uns etwas bedeuten, weil wir in ihnen unsere eigenen Möglichkeiten und Eigenschaften realisieren können."[152]

Da wir als Menschen ständig im Raum leben, befinden wir uns in einem permanenten Informationsaustausch und können uns dieser Wirkung weder bewußt noch unbewußt entziehen. Wie sehr dieser Kreislauf wirklich in unser Wachbewußtsein dringt, hängt jedoch von unserem persönlichen Zugang, unserer Aufmerksamkeit und der Feinheit unserer bewußten Wahrnehmungsfähigkeit ab. Dabei bleibt die menschliche Wahrnehmung ein holistisches Phänomen, dessen Nachvollziehbarkeit, wie das oben angeführte Zitat von Kramer zeigt, in der jeweils persönlichen lebendigen Erfahrung liegt.
Folgerichtig können wir also feststellen, daß die Raumqualität, ob in der freien Landschaft, im umbauten Freiraum oder in Innenräumen, einen direkten Einfluß auf die eigene Lebensqualität hat und mit ihr zusammenhängt. Raumqualität ist Lebensqualität.

1 Die Subjekt-Objekt-Beziehung

Der Mensch kennt nur sich selbst,
insofern er die Welt kennt,
der er nur in sich und sich nur in ihr gewahr wird.[153]
Johann Wolfang von Goethe

In der Subjekt-Objekt-Beziehung ist keine Trennung zwischen einem „Drinnen und Draußen" zu sehen, beschreibt der Philosoph Heidegger.[154] Die Wahrheit liegt nicht im Subjekt oder Objekt, sondern in beiden, nämlich in der Ganzheit der Welt. Heidegger sieht die Welt mit all ihren Lebewesen als eine Wechselbeziehung von Erde, Himmel, Göttlichem und Sterblichem. Diese wechselseitige Verbundenheit, dieses Spiegel-Spiel stellt für ihn die Uroffenbarung, die Urwahrheit dar. Dieses Verständnis vollzieht keine Trennung zwischen Endlichkeit und Unendlichkeit, Mikrokosmos und Makrokosmos oder Gott und Mensch. Im Gegenteil, die Begriffspaare stellen Spiegelbilder dar und stehen über ein Band der Resonanz miteinander in untrennbarer Verbindung.
Solange wir uns selbst in der Getrenntheit von Subjekt und Objekt erfahren, solange wird es uns auch schwerfallen, die bestehende Verbindung zum Raum bewußt wahrzunehmen. Wir bleiben in der „Objektivität" sitzen, lassen uns berieseln und vergessen dabei die Qualität der eigenen subjektiven Erfahrung. Wir bleiben ein „passiver Spielball" und geben damit das eigene Potential zur Mitgestaltung aus der Hand. Unsere Kreativität bleibt dadurch nicht nur auf der Ebene des gesellschaftlichen Handelns auf der Strecke, sondern auch in unserem Inneren, welches sich sehr wohl danach sehnt, sein Potential zum Ausdruck zu bringen. Die eigene Individualität als Subjekt zu leben heißt, bewußt zu leben im Umgang mit sich selbst, mit anderen und mit dem Raum und nicht in einer veräußerlichten „Konsumwelt" zu ersticken.
Nach Erwin Schrödinger schließen wir mit der Objektivierung der Natur das Subjekt und damit uns selbst aus der Erkenntnis der Naturbetrachtung aus, und dies, obwohl wir Teil der Natur sind. Dadurch kommt es zu einer wesentlichen Reduktion der Wirklichkeit. Mit der Erkenntnis, beide Aspekte in die Betrachtung der Welt einzubeziehen und das Subjekt mit dem Objekt verschmelzen zu lassen, können wir uns aus dieser Isoliertheit befreien.[155]
Um uns miteinander verständigen zu können, benennen wir Menschen, Tiere, Pflanzen und Dinge und bauen einen entsprechenden kollektiv nachvollziehbaren „Wortschatz" auf. Die Subjektivität füllt den Rahmen der Objektivität und macht ihn verstehbar und erlebnisreich. Die Objektivität wird in der Subjektivität lebendig.

Zum Beispiel bietet ein Sessel die Objektivität des Sitzens. Ob er uns nun in seiner Form, Farbe, Struktur oder in seinem Material entgegenkommt und uns dadurch persönlich anspricht, liegt an unserer eigenen Wahrnehmung und Bewertung und damit in der subjektiven Erkenntnis- und Bewertungsmöglichkeit. Subjektivität und Objektivität fließen ineinander über und bilden eine gemeinsame Wirklichkeit.
In der klassischen Naturwissenschaft hat die Objektivität stets eine zentrale Rolle gespielt. Hierzu meint Angelo Serpa: „Objektivität, im Sinne von Beschränkung auf der Suche nach empirischen Tatsachen, gibt aber dem Wissenschaftler keine Chance, sich als menschliches Wesen zu entwickeln, und lähmt seine kritische Kraft."[156] Mit den neuen Erkenntnissen der Naturwissenschaft beginnt sich nunmehr die Bedeutung von Subjekt und Objekt zunehmend zu verändern. Maturana und Varela beschreiben in ihrem Buch *Der Baum der Erkenntnis* aus der Sicht der Biologie sehr klar, wie wir Menschen unsere Welt durch unsere Wahrnehmung erschaffen. Die Realität ergibt sich „aus dem erkennenden Tun des Beobachters, der Unterscheidungen trifft und somit den Einheiten seiner Beobachtung Existenz verleiht"[157].
An Hand vieler Beispiele zeigen sie auf, daß das Objekt eines Versuches vom Subjekt des Experimentierenden mitbestimmt wird. „In diesem Sinn werden wir ständig festzustellen haben, daß man das Phänomen des Erkennens nicht so auffassen kann, als gäbe es Tatsachen und Objekte da draußen, die man nur aufzugreifen und in den Kopf hineinzutun habe. Die Erfahrung von jedem Ding da draußen wird auf eine spezifische Weise durch die menschliche Struktur konfiguriert, welche das Ding, das in der Beschreibung entsteht, erst ermöglicht."[158]
Wenn wir zum Beispiel eine Farbe objektivieren und ihr einen Namen geben, ist dies eine Übereinkunft von Einzelindividuen, ein Intersubjektivieren von Wissen und Erfahrungen. Die Farbe wird sozusagen objektiviert, da wir Menschen einer bestimmten Wellenlänge des Lichtes einen Farbnamen geben, nicht aber, weil die Farbe als solche da draußen vorhanden ist. Es stellt sich die Frage, wo sich die Farbe eigentlich aufhält. Draußen oder drinnen? Wohl in beiden Dimensionen, als Lichtphänomen in der Außenwelt und als Farberfahrung in uns Menschen, und sie wird über die Verbundenheit des Menschen mit der Außenwelt erfahrbar.
In diesem Zusammenhang schreibt Schleicher: „Die Wahrnehmung der Qualität Farbe ist die Wahrnehmung einer Stimmung. Das heißt, ein Gefühl wird zum Erkenntnisorgan, zum Anzeiger für etwas, das ist und für die Art, wie es ist. Zu dem physikalischen Sehvorgang müssen mögliche geistig seelische Bedeutungen miteinbezogen werden."[159]
In der Betrachtung des aufgehenden Mondes vermischt sich nach Schweizer die subjektive mit der objektiven Wahrnehmung. Die Persönlichkeit des Betrachters mit all ihren inneren Bildern gehört ebenso mit zum Prozeß der Kommunikation wie die Steigerung der Sehschärfe und die vom Mond ausgehenden Lichtstrahlen. „Nirgends wird eine Grenze zwischen Objekt (Mond) und Subjekt (Betrachter) sichtbar, nirgends ist die Grenze zwischen einem aktiven und einem passiven Moment des Wahrnehmungsvorganges bestimmbar."[160]
Werfen wir wieder einen Blick zur Quantenphysik, so beschreiben Forscher wie Niels Bohr, daß Materienteilchen nur durch Interaktion mit anderen Systemen beobachtbar sind. Daher hat sich nach Capra die Vorstellung einer Trennung zwischen Subjekt und Objekt als unhaltbar erwiesen. „Die Quantentheorie hat den Begriff von grundsätzlich selbständigen Objekten abgeschafft, hat den Begriff des Teilnehmers eingeführt, der den Begriff des Beobachters ersetzen soll, und mag es sogar notwendig finden, das menschliche Bewußtsein in ihre Beschreibung der Welt einzubeziehen."[161]
Die Existenz einer beschriebenen oder erforschten Welt hängt entsprechend der zuvor angeführten These direkt mit dem Menschen, der sie beschreibt oder erforscht, zusammen und wird dadurch für diesen Menschen Wirklichkeit. In der rational orientierten Weltsicht sind wir vor

allem darauf bedacht, uns auf den Teilchenaspekt des Atoms zu konzentrieren und vergessen dabei auf seinen Wellenaspekt (siehe Kap. III.1.2 Körper – Seele – Geist). In dieser expliziten Auseinandersetzung haben wir uns angewöhnt, uns als Objekt zu beschreiben und uns von anderen Objekten abzugrenzen.
Der Physiker David Bohm bezeichnet diesen Zugang als sekundäre Wahrnehmung einer expliziten Ordnung, die sich auf den äußeren Raum und den Teilchenaspekt richtet. Sie steht ergänzend zur primären Wahrnehmung einer impliziten Ordnung, die Bohm als holographische Dimension bezeichnet und die sich auf den inneren Raum und damit den Wellen- beziehungsweise Schwingungsaspekt des Atoms bezieht. Über diese Form der Wahrnehmung können wir zu den Phänomenen der reinen Schwingung vordringen, in der Bohm die schöpferische Matrix für alle materiellen Erscheinungen sieht.[162]
Im Zusammenwirken von expliziter und impliziter Betrachtungsweise wird der Raum zu einem lebendigen Wesen, das aus einer Vielzahl von Elementen besteht. Der Raum ist Innenraum und Außenraum zugleich, in den der Mensch sowohl als Subjekt als auch als Objekt eingebunden ist.

2 Die Mensch-Raum-Beziehung

Bringen wir die zuvor beschriebene These in die Mensch-Raum-Beziehung ein, bestätigt dies die Verbindung von Subjekt und Objekt in der Kommunikation mit dem Raum. Der Wahrnehmende und das Wahrgenommene bilden im Prozeß der Wahrnehmung eine Einheit, wobei die Wechselwirkung über eine Vielfalt von inneren Beziehungen stattfindet und in der Komplexität von Mensch und Lebensraum begründet ist.
Weizsäcker bezeichnet dieses Wirkungsgefüge als den Gestaltkreis, innerhalb dessen die Gestaltung der Welt von der menschlichen Sinneswahrnehmung abhängt und umgekehrt genauso unsere Sinnesempfindung über die Welt real wird.[163] Unter dem Gesichtspunkt der komplementären Ergänzung schreibt der Sinnesforscher Scheurle: „Statt der statischen Dualität lebt im Wahrnehmen eine dynamische Polarität. In der Wahrnehmung liegt ein funktionales Wechselspiel zwischen Ich und Sinneswelt, gleichsam als Frage und Antwort, wobei Selbsterleben und Welterleben immer wieder die Plätze tauschen.“[164]
In der kommunikativen Beziehung mit dem Raum gibt es daher einen Sender und einen Empfänger, welche ihre Funktionen immer wieder tauschen. Indem wir Menschen die in der Welt befindlichen Informationen wahrnehmen, gehen wir mit ihnen eine Beziehung ein. Zum Beispiel benützt ein Künstler eine von ihm geschaffene Skulptur als Medium, um sich auszudrücken. Der bewußt oder auch unbewußt mit der Skulptur in Beziehung tretende Betrachter wird zum Empfänger und nimmt die Botschaft des Künstlers über dessen Skulptur auf. Nun kann der Empfänger diese Information in seinen eigenen Handlungsprozeß bewußt einbinden oder von ihm ausschließen. Inwieweit er die Botschaft in sein Leben integriert und als Sender weitergibt, hängt von mehreren Aspekten ab: von der Persönlichkeitsstruktur des Menschen, seiner Wahrnehmungsfähigkeit, seiner persönlichen Beziehung zur Information des Künstlers, der Gestaltqualität der Skulptur, der momentanen Kunstströmung, aber auch vom gesellschaftlichen Wertesystem. Führen wir diesen Gedanken weiter, erkennen wir sehr rasch, daß sich alle Menschen auch außerhalb der Wortsprache ausdrücken; über Form, Gestik oder auch die Farbe der gewählten Kleidung bis hin zur persönlichen Duftnote bringen wir uns in die Welt ein. All das sind Informationen, die wir der Wahrnehmung zur Verfügung stellen, ob wir

es wollen oder nicht. Je offensichtlicher die Lebendigkeit spürbar ist, um so leichter ist der Prozeß der Wechselwirkung für uns nachvollziehbar. Dies gelingt mit der Landschaft, der Pflanzen- und Tierwelt sehr gut, wird jedoch oft schwierig mit der vom Menschen geschaffenen „Dingwelt", auch wenn die Struktur eines Gegenstandes die dahinterstehende Idee als Qualitätsmerkmal in Form, Farbe und Material ausdrückt.
Daß Funktion und Kommunikation einander nicht widersprechen, zeigen die von Eco angeführten Beispiele: „Der Löffel setzt eine bestimmte Art des Essens in Gang und bedeutet diese Art des Essens, während die Höhle die Handlung der Schutzsuche fördert und das Vorhandensein einer möglichen Funktion mitteilt; beide Gegenstände teilen mit, auch wenn sie nicht benutzt werden."[165]
Holzkamp sieht in der täglichen Arbeit ein Vergegenständlichen unserer Umwelt auf der Basis des Gebrauchswertes von Gegenständen für den Menschen. „Ergebnisse vergegenständlichter Arbeit sind auf der einen Seite objektive Gegebenheiten der Außenwelt, auf der anderen Seite Vergegenständlichungen menschlicher Eigenarten."[166]
Unabhängig vom Vorhandensein einer funktionalen, emotionalen oder geistigen Beziehung zum Raum wird stets eine Beziehung zwischen Mensch und Raum gegeben sein, wobei nicht nur die objektive Außenwelt realisiert wird, sondern auch der Mensch selbst, seine Psyche, eine Modellierung erfährt. Ittelson meint dazu, „daß der Mensch nicht ein passiver Reizempfänger, auch nicht ein psychologisch autonomes Wesen ist, sondern in einer dialektischen Spannung zu seiner Umwelt steht, mit ihr interagiert, sie formt und von ihr geformt wird".[167]
Zusammenfassend können wir feststellen, daß die Gestalt unserer Lebensräume unsere persönliche physische und psychische Entwicklung mitgestaltet und verändert. Gleichzeitig wirkt der durch den Lebensraum beeinflußte Mensch als gestaltendes Wesen wiederum auf den Lebensraum zurück. Es handelt sich hierbei um eine räumlich-zeitliche Wechselwirkung, welche als immanenter Teil der menschlichen Evolution zu betrachten ist. Der Lebensraum wird und ist der Spiegel unseres Selbst.

3 Der Raum

Der Raum ist jene Lebensgrundlage, mit der wir Menschen ab dem Zeitpunkt unserer Geburt untrennbar in Verbindung stehen. Schon unser Heranwachsen im Mutterleib ist davon geprägt, daß wir in Form der schützenden und nährenden Hülle der Gebärmutter von einem Raum umgeben sind. Nach unserer Geburt sind es dann unterschiedliche Raumhüllen, die uns umgeben und in die hinein wir im Prozeß des Heranwachsens die eigene Gestaltbildung setzen. Über den eigenen physischen und psychischen Ausdruck entfalten wir unsere Persönlichkeit, eingebunden in die Rhythmen der Natur und all die Stoffwechselprozesse, die uns mit der räumlichen Mitwelt der Landschaft verbinden. Die Räume, die wir selbst ausbilden und in denen wir uns dabei bewegen, sind unterschiedlichster Natur und von physischer wie psychischer Ausprägung. Ob das die Wände unserer Zellen sind, die Haut unseres Körpers, der Wohnraum, die urbanen Freiräume, die Landschaft oder die Erdatmosphäre. Das Grundprinzip, das die uns umgebenden Hüllen, in denen wir leben und über die hinaus wir wirken, darstellen, bleibt stets dasselbe. Dabei bildet der Raum einen Energiekörper, der einesteils von konkreter, stofflicher Qualität ist, wie zum Beispiel die Wände unserer Häuser, andernteils von transparenter, nichtstofflicher Qualität, wie zum Beispiel die Informationsfelder der Aura. Alle

Räume besitzen begrenzende Membranen, die je nach Art und Aufgabe unterschiedlich durchlässig sind, das Verschmelzen von kleineren zu größeren Raumeinheiten zulassen und ein interaktives kommunikatives System bilden. Sie bieten unterschiedlichste Qualitäten, wie Schutz und Geborgenheit, aber auch Weite und Offenheit. Räume schließen ein und zugleich aneinander an und besitzen Übergangszonen, welche zu konkreten Orten der Kommunikation werden. Als individuelle und soziale Räume werden sie sowohl von der persönlichen als auch von der kollektiven Trinität aus Körper, Seele und Geist geprägt.

Durch die Rhythmen und Wachstumsvorgänge der Lebensprozesse der Erde erhält der Raum eine zusätzliche Dimension der Bewegung und Entwicklung. Er wird zu einem räumlich-zeitlichen Gefüge mit einer entsprechenden vierdimensionalen Qualität: „Landschaft ist vierdimensional, nämlich räumlich-zeitlich", wie Wöbse meint.[168]

Wir Menschen bewegen uns im Raum in Entwicklungsprozessen, welche subjektiv durch die persönliche Erlebnisqualität geprägt werden und damit keine objektiv quantitative Größe, sondern eine individuell-qualitative Größe darstellen. Dies bedeutet, daß jegliche gestalterische Interaktion mit dem Raum ebenfalls von Entwicklungsprozessen beeinflußt wird, die in die Prozesse der Freiraumgestaltung einfließen. Die Freiraumgestaltung ist Begegnung mit dem Raum selbst und zugleich Begegnung mit der Rhythmik und Entwicklung des Raumes. Wenn wir die Wirkung von Frei- und Landschaftsräumen auf den Menschen beschreiben wollen, ist es wichtig, auf die Qualität und die Quantität der Räume zu achten. Was definiert einen Raum? Wieviele Teilräume bilden einen Freiraum? Wie wirkt er nach innen und wie nach außen?

In der Raumbildung können wir davon ausgehen, daß ein Raum durch seine Gestaltelemente (solitäre Pflanzen, Pflanzengruppen, Wege, Sitzelemente, Wasserspiele, Steingruppen, Bodenbeläge, Beleuchtungen, Skulpturen u .a. m.) individuell wirksame Komponenten besitzt und über ihr Zusammenspiel synthetisch wirksame Raumeinheiten bildet, die wiederum zu einem Gesamtraum verschmelzen. Dabei kann eine Vielzahl von Teilräumen entstehen, die einen individuellen und kollektiven Ausdruck besitzen, von großräumigen Lebensraumeinheiten (Tälern, Gebirgszügen, Seen- und Flußlandschaften oder Stadtlandschaften) bis hin zu einzelnen Raumeinheiten mit Gestaltelementen natürlicher und anthropogener Herkunft.

Generell können wir sagen, daß die Wirkung eines Raumes eine komplexe erlebnismäßige Ganzheit darstellt, die durch die Summe der Wirkungen seiner Teilräume und Einzelelemente und deren Qualität und Quantität bestimmt wird.

Dürckheim schreibt bereits 1932 über die Zusammenhänge zwischen Teilelementen und der gesamten Landschaft folgendes: „Sie liegt vor uns und mutet uns an als ein eigenartiges Ganzes von bestimmtem Charakter, über das eine ihm eigentümliche Stimmung ausgebreitet ist. Innerhalb dieses so erlebten Ganzen ist alles Einzelne selbst ein bestimmtes Wesen, in charakteristischer, ausdruckshaltiger Weise in sich zentriert, aufeinander und auf das Ganze bezogen. Es hat gleich dem Ganzen ein Gesicht, eine Physiognomie, hat einen bestimmten Charakter und eigentümliche Gebärden, in denen es sich selbst darlebt. Alles besitzt ein quasi lebendiges, stets individuelles Sein, das sich als ein bestimmtes Wesen gibt und in sich zentriert sich gegen das Herum behauptet, zugleich aber eingebettet bleibt in den von eigentümlichem Leben erfüllten Zusammenhang des Ganzen."[169]

Für die menschliche Wahrnehmung von Räumen ist es notwendig, die physische und psychische Realität und die Ausdruckskraft des Raumes und der Landschaft mit zu berücksichtigen, denn die Realität des Raumes liegt im Prozeß der Wahrnehmung selbst und wird durch uns selbst beschrieben und erfahren. Über die Begegnung mit dem Raum bildet sich dieser in unserer Vorstellungswelt ab und wird, sowohl in seiner Ganzheit als auch in seinen Einzelelementen, Teil von uns selbst.

In der kognitiven Psychologie spricht man in diesem Zusammenhang von *kognitiven Landkarten,* die in Form von qualitativen und quantitativen Raummustern in uns gespeichert werden und die persönliche räumliche Vorstellungswelt repräsentieren.[170]
In der Kommunikation mit dem Raum werden äußere Bilder (Außenräume) in innere Bilder (Innenräume) verwandelt. Es entstehen kognitive Landkarten, die im Prozeß der Wahrnehmung aufgebaut, verändert und weiterentwickelt werden. Dadurch wird unser Lebensraum zu einer für uns vertrauten Umgebung, die sich aus einer Vielzahl von markanten Raumeinheiten und Gestaltelementen zusammensetzt. Der Lebensraum besitzt eine Identität, die über den Wahrnehmungsprozeß zugleich Teil der eigenen Identität wird. Raum und Mensch werden eine Einheit.

4 Die menschliche Wahrnehmung

Die Raumwahrnehmung des Menschen ist als zyklische und holistische Aktivität eine körperlich-seelisch-geistige Erfahrung, die als ganzheitlicher Prozeß auf mehreren Ebenen abläuft. Sie ist von der persönlichen Beziehung zum Raum, der Wahrnehmungssensibilität des Menschen sowie der Raumqualität selbst abhängig. In Anbetracht der körperlich-stofflichen und der Bewußtseinsqualität von Mensch und Landschaft besitzen wir Menschen entsprechende Rezeptoren (Sinnesorgane und vitale, emotionale und mentale Felder), mit denen wir unterschiedliche Raumqualitäten aufnehmen und verarbeiten.

Mensch	Körper-Seele-Geist-Beziehung	Raum/Landschaft

Wahrnehmung körperlich-stofflicher und ästhetischer Qualitäten	
Sinneswahrnehmung	*Wahrnehmungsgegenstand*
Tastsinn, Sinn für Schwerkraft, Bewegungs- und Gleichgewichtssinn, Wärmesinn, Geruchs- und Geschmackssinn, Sehsinn und Gehörsinn	stofflicher Körper der Landschaft (Morphologie, Topographie der Landschaft, Flora und Fauna, Geruch, Geschmack, Temperatur), Klang, Form, Farbe und Proportion, Rhythmik, Symbolik von Räumen und Gestaltelementen
Wahrnehmung von Bewußtseinsqualitäten	
Wahrnehmungsschwerpunkte	*Wahrnehmungsgegenstand*
Wahrnehmung über die Bewußtseinsfelder (Aura, Chakren), emotional-intuitive Ebene (innere Bilder, Reaktionen und Gefühle)	vitale Dimension der Landschaft (z. B. Ley-Linien, Atmungspunkte), emotionale und mentale Dimension der Landschaft (Landschaftsseele, Landschaftskoordinationspunkte)

Abb. 23: Übersicht zur Wechselwirkung zwischen Mensch und Lebensraum

Dabei werden durch den Reiz stoffliche (physikalische, chemische oder taktile) und nichtstoffliche Reaktionen ausgelöst und seelisch-geistig verarbeitet. Bezogen auf unsere Sinnesorgane und die Bewußtseinsfelder gliedert sich der Bereich der Wahrnehmung in einen körperlichen, ästhetischen und bewußtseinsbezogenen Austausch. Da die ästhetische Erfahrung direkt mit der körperlichen Erfahrung zusammenhängt, fasse ich diese Ebenen zur Wahrnehmung von körperlichen und ästhetischen Gestaltqualitäten zusammen. Die Wahrnehmung selbst bleibt dabei stets ein ganzheitliches Erlebnis.

Der Prozeß der Wahrnehmung ist grundsätzlich durch jene Dialektik geprägt, die sich aus der Beziehung einer wahrnehmenden Person zu einem wahrgenommenen Subjekt/Objekt ergibt. Nach Goethe handelt es sich um einen Vorgang, bei dem der Mensch durch die Aufnahme und Verarbeitung von Informationen selbst aktiv ist: „Der Mensch erfährt und genießt nichts, ohne zugleich produktiv zu werden. Dies ist die innerste Eigenschaft der menschlichen Natur."[171]

Der Mensch erfährt über die Wahrnehmung auch eine sinnliche Belebung seines Daseins und ist über sein Gewahrwerden in die Außenwelt eingebunden.

Die Wahrnehmungsforschung beschreibt den Prozeß des Wahrnehmens als komplexes Geschehen. Im ersten Schritt geht es um das Aufnehmen des von einem Objekt ausgehenden Reizes (Strahlung, Druck, Temperatur u. a.), welcher von den menschlichen Sinnen empfangen und in Erregung umgewandelt wird. In weiterer Folge wird das Wahrgenommene zu einer Erlebnisqualität verarbeitet und in die Erfahrungswelt der wahrnehmenden Person eingegliedert.[172]

Der ganze Prozeß läuft nicht linear, sondern in ständigen Wechselwirkungen und Rückkoppelungen mit den eigenen Erfahrungen ab. In einem Regelkreis prüfen wir das durch den Reiz ausgelöste Erlebnis und korrigieren, wenn nötig, unser Verhalten. Damit spielen wir uns über die Wahrnehmung unmittelbar auf die Mitwelt ein und können auf diese Weise auch unser Selbst definieren: in einer ersten Phase durch die unmittelbare empirische Wahrnehmung, in einer zweiten Phase durch die Integration dieser Erfahrung in die persönliche Erfahrungswelt mit ihrer anschließenden emotionalen und rationalen Verarbeitung der Erfahrung und in einer dritten Phase durch die entsprechende Reaktion, die wir auf den erlebten Reiz setzen. Die gewonnene Erkenntnis liefert die Grundlage für das Denken, Fühlen und Handeln des Menschen in der Welt.

Bezüglich der Erkenntnisfähigkeit des Menschen und der damit verbundenen Verarbeitung der Wahrnehmung möchte ich an die Besprechung der Leistungen unseres Gehirns (das triadische Gehirn, die beiden Gehirnhälften, die holographische Funktion des Gehirns) sowie an die Gehirn-Herz-Beziehung erinnern (Kap. III.2 Polarität – Komplementarität).

Die Wahrnehmungsschwelle von Reizen hängt von unterschiedlichen Faktoren ab, wie von der Sensibilität des eigenen Sinnesinstrumentariums, den persönlichen Erfahrungen und der Qualität, Intensität und Dauer der Reize. Bei andauernden Reizen spielen sich Reizempfänger und Reizauslöser aufeinander ein, und es kommt zu einer Adaptation auf den Reiz. Wenn wir diese Vorstellung auf den eigenen Lebensraum übertragen, verstehen wir, daß es im Laufe der Zeit zu einer Anpassung an den jeweiligen Raum kommt.[173]

Diese Adaption an Reizsituationen bewirkt, daß wir uns an bestimmte Eindrücke gewöhnen und sie allmählich als selbstverständlich in die eigene Lebensrealität einbauen. Dadurch sind wir für die Wahrnehmung von Gestaltqualitäten innerhalb der eigenen Wohnräume weniger empfindsam als in einer uns neuen und fremden Umgebung. Wenn wir zum Beispiel an die akustische Belastung unserer Großstädte denken, ist der Geräuschfilter, den wir durch die Veränderung der Wahrnehmungsschwelle automatisch aufbauen und damit den Lärm in die unbewußte Wahrnehmung rücken, eine Möglichkeit, mit der Schallbelastung fertig zu werden.

Die Belastung wird aber nur scheinbar reduziert, da wir zur Aufrechterhaltung dieses „Lärmfilters“ Lebenskraft verwenden müssen und zugleich die verstärkte Stimulierung unseres Körpers nicht abwenden können. Diese akustische Reizüberflutung setzt als ständiger Stimulus die persönliche Reizschwelle automatisch hinauf. Dieses Beispiel steht stellvertretend für eine nach wie vor zunehmende Überschwemmung mit Reizen, der wir Menschen ausgesetzt sind und die zu einem notwendigen Abstumpfen der bewußten Wahrnehmungsfähigkeit beiträgt, wodurch die bewußte Kommunikation mit dem Raum erschwert oder unterbunden wird.
Nach Schneider kommt es in der Sinnesbelebung darauf an, diese nicht mit quantitativer Reizüberflutung zu verwechseln, sondern die Qualität der Reize in den Vordergrund zu stellen, indem sich „die Sinne ihrem Wesen gemäß an einer gestalthaften Qualität der Umwelt erfahren und entfalten können“.[174]

Ausgehend von wahrnehmungspsychologischen Untersuchungen möchte ich folgende Faktoren zusammenfassen, die für die Wahrnehmung des Menschen und die damit verbundene Reizaufnahme von Bedeutung sind:

- Wahrnehmung ist ein Geschehen, das sich auf der körperlichen, emotionalen und mentalen Ebene zugleich abspielt.
- Wahrnehmung ist ein holistisches Phänomen und stellt die Grundlage für die komplexe Erkenntnisfähigkeit des Menschen dar.
- Wahrnehmung verbindet uns mit dem Raum.
- Wahrnehmung ist ein persönliches subjektives Erlebnis.
- Wahrnehmung läuft sowohl bewußt als auch unbewußt ab.
- Wahrnehmung ist in die Umgebung und den Ort des Erlebens eingebunden.
- Wahrnehmung ist ein unmittelbares Geschehen.
- Wahrnehmung setzt nicht voraus, daß der Wahrnehmende die einzelnen Teile des Wahrgenommenen abstrahieren kann.
- Es können sowohl offene Räume als auch abgeschlossene Gestalten und Gestaltelemente wahrgenommen werden.

Die Wahrnehmung wird von den externen Faktoren (dem Wahrzunehmenden) und den internen Faktoren (dem Wahrnehmenden) geprägt. Beide Bereiche zeichnen sich durch die ihnen eigene Individualität aus, die in all ihren Aspekten in die Wahrnehmung einfließt. Nachstehende Abbildung zeigt den Informationsfluß und die Vernetzung zwischen dem Wahrzunehmenden als Reizquelle und der wahrnehmenden Person als Reizaufnehmer.

auslösender Reiz

V

umgebende Mitwelt

Landschaft, Raum, Mensch, Tier, Pflanze, Form,
Farbe, Töne, Material, Rhythmus, Temperatur, Duft u. a. m

V

äußere physische Filter

Begrenzung der sinnlichen (Gesichts-, Gehörs-, Geruchs-, Geschmacks-, Tastsinn) Beziehung durch räumliche Gegebenheiten (Sichweite, Sichtraum, Entfernung, spezielle Wettersituation)

V

innere physische und psychische Filter

neurologisch begrenztes Auflösungsvermögen der Sinnesorgane, gefühlsmäßige Erfahrungen

V

wahrnehmende Person

körperlich-seelisch-geistiges Befinden, Sensibilität der persönlichen Wahrnehmung, persönliche Einstellung, Motivation, Alter, durch die Gesellschaft geprägte Wertvorstellungen, Erwartungen, persönliche Erfahrungen

V

Sinnesempfindung/Wahrnehmung

Abb. 24: Einflußfaktoren auf die menschliche Wahrnehmung

Der Informationsfluß des Wahrnehmenden wird durch den von einem bestimmten Objekt ausgehenden Reiz beziehungsweise einer Reizgruppe und die Offenheit der wahrnehmenden Person in Gang gesetzt. Er läuft bewußt und/oder unbewußt ab, wobei sich der bewußte Prozeß durch den Willensimpuls und die damit verbundene erhöhte Aufmerksamkeit der/des Wahrnehmenden auszeichnet.

„Die Sinne sind uns wie geöffnete Fenster zur Welt", schreibt Schneider.[175] Sie verbinden uns über all unsere Sinnesorgane auf unterschiedlichen Ebenen mit dem umgebenden Raum. Entsprechend der Manifestation des Lebens läßt sich die Sinneswahrnehmung in eine stoffliche und nichtstoffliche Komponente gliedern. Beide Aspekte sind als Einheit zu betrachten und nicht voneinander zu trennen. Wir besitzen einerseits die Anlage, daß über den materiellen Ausdruck eines Körpers eine Empfindung in uns ausgelöst wird, haben aber auch die Fähigkeit, seelisch-geistige Informationen der Landschaft über die eigenen Bewußtseinsfelder direkt wahrzunehmen.

Im körperbezogenen Wahrnehmungsprozeß vollzieht sich eine Synthese der physischen und psychischen Wirkung eines Reizes. So wird die sinnesbezogene Reaktion zwar körperlich ausgelöst, ist über das Umsetzen der Empfindung in das eigene Bewußtsein jedoch auch ein seelisch-geistiges Geschehen. Die Sinneswahrnehmung wird schließlich mit einem Erkenntnisprozeß abgeschlossen und bekommt dadurch eine persönliche und kollektive Bedeutung.

Reiz

Signal eines optisch wirkenden Objektes / Reiz
(körperlich-seelisch-geistige Information)

v

Wahrnehmungsbereitschaft

Wille des Menschen zum optischen Abtasten und Fixieren des Objektes
(offene und funktionstüchtige Augen)

v

Sinneseindruck / Reizaufnahme

Aufnahme der stofflich-ästhetischen Qualitäten des optischen Reizes über das Auge (Körper) und Weiterleitung der Impulse (Erregung) an das Gehirn

v

Sinnesempfindung

Visuelle Umsetzung der Impulse durch das Zusammenspiel von Körper (physische Aktivität), Seele und Geist (psychische Aktivitäten) der/des Wahrnehmenden.
Auslösung eines individuellen Sinneserlebnisses

v

Integration

Eingliederung des Sinneserlebnisses in die eigene Erfahrungswelt über die emotional-mentale Verarbeitung der Erfahrung und dadurch Erweiterung des optischen Gedächtnisses und Erfahrungshorizontes

v

Wahrnehmung

tritt als Ergebnis aus Empfindung und Erfahrung ins Bewußtsein. Die gesamte für die/den Wahrnehmende(n) zugängliche, körperlich-seelisch-geistige Information des optisch wirksamen Objektes wird wahrgenommen und „gesehen"

v

Erkenntnis/Reaktion

Abb. 25: Ablauf der Sinneswahrnehmung am Beispiel des Sehens

Pierrakos definiert in diesem Zusammenhang die Wahrnehmung als sensorisches, emotionales, intuitives und rationales Phänomen, wobei die verschiedenen Ebenen der Wahrnehmung Aktivitäten des Bewußtseins darstellen, die zu entsprechenden inneren Energiebewegungen auftreten.[176]

Im weiteren beschreibe ich einzelne Wahrnehmungsebenen, deren Zusammenwirken ich die komplexe Erkenntnisfähigkeit des Menschen nenne. Diese Erkenntnisfähigkeit ist wahrnehmungsorientiert und beruht auf dem Erkennen von Qualitätsunterschieden, wobei sie ein weites Spektrum an Wahrnehmungsinstrumentarien beinhaltet, das die bekannten Sinne (Gesichts-, Gehör-, Geruchs-, Geschmacks- und Tastsinn) um zusätzliche Wahrnehmungsfähigkeiten ergänzt. Damit meine ich die Sinne für die Schwerkraft, die Bewegung und das Gleichgewicht, den Wärmesinn sowie die Fähigkeit, Bewußtseinsinformationen des Raums wahrzunehmen, und die Erkenntnisfähigkeit, die in der Wahrnehmung selbst liegt.

Da unsere einzelnen Sinne unterschiedlichen Empfindungseinheiten und Aufgaben schwerpunktmäßig zugeordnet werden können, gliedere ich die menschliche Sinneswahrnehmung in zwei Bereiche, wobei ich die Wahrnehmung körperlicher und ästhetischer Qualitäten zusammenfasse.

1) **Die Wahrnehmung körperlich-stofflicher und ästhetischer Qualitäten**
(über Tastsinn, Sinn für die Schwerkraft, Bewegungs-, Gleichgewichts- und Wärmesinn, Geruchs-, Geschmacks-, Gesichts- und Gehörsinn)

2) **Die Wahrnehmung von Bewußtseinsqualitäten**
(über die Bewußtseinsfelder und -zentren des Menschen)

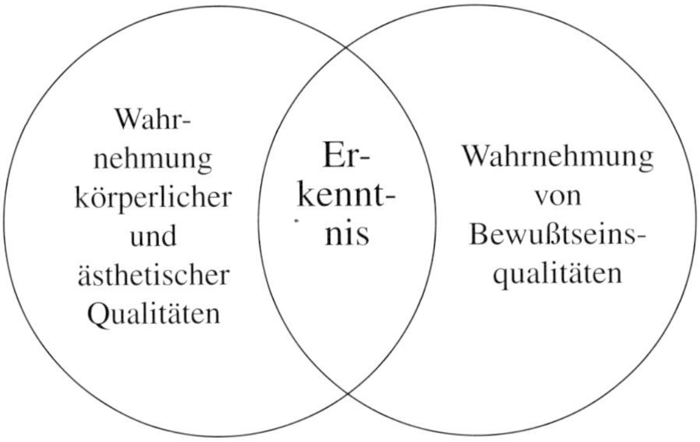

Abb. 26: Die Komplexität der menschlichen Wahrnehmung

Die einzelnen Sinneswahrnehmungen werden nicht isoliert erlebt, sondern fließen stets in die anderen Wahrnehmungsbereiche ein. Stellen wir uns vor, wir machen zum Beispiel einen Kopfstand, so werden dadurch nicht nur unser Gleichgewichts-, Bewegungs- und Schwerkraftssinn beansprucht, sondern es wird auch die visuelle und taktile Wahrnehmung verändert. Hinzu kommt die Tatsache, daß wir die einzelnen Sinne in der Wahrnehmung nicht bewußt voneinander trennen, sondern stets parallel gebrauchen und uns dabei ihrer einzelnen Aktivitäten meist gar nicht bewußt sind. Dies kommt uns zugute, denn wenn wir uns bewußt auf alle unsere Sinne konzentrieren müßten, was nur in einem zeitlichen Nacheinander möglich wäre, kämen wir wahrscheinlich gar nicht mehr dazu, die Welt als Ganzes wahrzunehmen und unser Alltagsleben zu bewältigen. Dieses prozeßhafte Zusammenwirken der Sinne wird als *Synästhesie* beschrieben. Dabei fließen die einzelnen Erlebnisse zu einem gemeinsamen Erfahrungsgehalt zusammen. Wöbse meint dazu: „Ich kann eine Landschaft nicht verinnerlichen, wenn ich sie nur sehe. Ich muß mich in ihr bewegen, sie unter Veränderung der Blickwinkel fühlen, hören, riechen, schmecken. Erfahrung wird somit zu etwas Ganzheitlichem, an dem der ganze Mensch beteiligt ist."[177]
Die Sinne unterstützen und bestätigen einander, wodurch Erfahrungsqualitäten einzelner Sinne von anderen Sinnen übernommen werden können. So erkennen wir auf Grund unserer Tasterfahrung die Härte eines Steines, ohne ihn berühren zu müssen. Oberflächenbeschaffenheiten werden in visuelle Erfahrungen übertragen. Andere sinnliche Verknüpfungsreihen wer-

den zum Beispiel mit Farben assoziiert. Beim Farbfühlen werden Erdtöne (Braun, Grün) als warm empfunden, während kräftiges Blau als kalt empfunden wird. Wenn wir Musik hören, assoziieren wir mit Dur-Klängen eher Helligkeit und Fröhlichkeit und mit Moll-Klängen eher Dunkelheit und Schwere. Aus der Erfahrung im Umgang mit Waldböden bekommt Braun eine humose Geruchsentsprechung und das Rosa einer Blüte den ihr innewohnenden zarten, blumig-süßlichen Charakter. Aus der Geschmackserfahrung verbinden wir Gelb eher mit der Säuerlichkeit einer Zitrone und Rot mit der Süße der reifen Frucht.[178]
Für die bewußte Erweiterung der synästhetischen Wahrnehmung ist es mir wichtig, die einzelnen Sinne anzusprechen, um sie wieder klar ins Bewußtsein zu holen und dadurch ihrer Verkümmerung entgegenzuwirken. Durch gezielte Aufmerksamkeit und entsprechende Übungen ist es möglich, die einzelnen Sinne zu sensibilisieren und damit unser gesamtes Wahrnehmungsvermögen zu verfeinern. Um zusätzlich auch die persönliche Kreativität und Vorstellungskraft zu vertiefen, empfehle ich, die einzelnen Übungen zu unterschiedlichen Zeiten in unterschiedlicher persönlicher Stimmung zu wiederholen sowie die Übungen nach Abschluß emotional und gedanklich nachklingen zu lassen. Dies kann durch das Führen eines „Wahrnehmungs- beziehungsweise Gestalttagebuches" unterstützt werden.

4.1 Die Wahrnehmung körperlicher und ästhetischer Qualitäten

Zu den Sinnen für die Wahrnehmung stofflich-ästhetischer Qualitäten zähle ich jene, durch welche wir gegenständliche, aber auch über die unmittelbare Berührungsgrenze hinausgehende Erfahrungen machen und die sich auf den physischen Körper und seine ästhetische Wirkung beziehen.
Die Wahrnehmung körperlich-stofflicher Phänomene hilft uns, den eigenen physischen Körper in jenen der Landschaft zu integrieren und uns als ein entlang einer Körperachse ausgerichtetes und sich bewegendes Wesen zu begreifen. Mit dem Sinn für die Schwerkraft, dem Gleichgewichts-, Bewegungs-, Tastsinn und Wärmesinn erfühlen, erfassen und verarbeiten wir vorwiegend die physische Außenwelt und lernen, uns in den physikalischen Gegebenheiten zurechtzufinden, um aus diesen Erfahrungen emotional-mentale Lebensqualitäten aufzubauen.
Die ästhetische Wirkung von Gestaltqualitäten erfahren wir über die unmittelbare körperliche Begegnung. In der Tätigkeit begreifen und erfassen wir den Raum und seine Elemente über die äußere Form und zugleich über die innenliegende seelisch-geistige Qualität. Die direkte Wahrnehmung einer glatten oder rauhen Oberfläche, einer eckigen oder abgerundeten Kante vermittelt uns Erfahrungswerte. In diesem Sinne meint Schneider: „Um einen Stuhl sinnlich zu gestalten, müssen Material und Plastik (Tastsinn), Spannkraft und Kraftfluß (Sinn für die Schwerkraft), Bewegungsgestalt (Bewegungssinn), Symmetrie und Richtung (Gleichgewichtssinn) als nahezu gleichwertige ästhetische Aufgabenstellungen gesehen werden."[179]
Die ästhetische Wirkung von Gestaltqualitäten über unseren Geruchs-, Geschmacks-, Seh- und Gehörsinn reicht über die unmittelbare Berührungsgrenze hinaus. Das Seelenhafte, aber auch das Geistige drücken sich durch Form, Farbe, Klang, Rhythmus, Duft und Geschmack aus. Über die Wahrnehmung berührt die ästhetische Wirkung unseren Seelenkörper, wodurch ebenso wie bei den zuvor genannten Sinnen eine Gefühlsbeziehung zum Raum zustandekommt. Die neun sinnesbezogenen Wahrnehmungsprozesse laufen stets parallel ab und sind zusammen mit der Wahrnehmung des Raumbewußtseins Teil unserer komplexen Erkenntnisfähigkeit.

4.1.1 Tastsinn

Da wir in einer ständigen körperlichen Beziehung zu unserer Mitwelt leben, gehört der Tastsinn zu unseren ursprünglichsten Sinnen. Nach Schneider vollzieht sich im Tasten „eine elementare Grenzerfahrung zwischen der eigenen Leiblichkeit und dem Dasein der Dinge".[180] Durch den direkten körperlichen Kontakt erhalten wir Informationen über die Form und Beschaffenheit von Materialien und Oberflächenstrukturen, indem wir fühlen, ob sie hart, weich, nachgiebig, elastisch, spitz, rund, eckig, rauh, glatt, feucht, trocken u. a. m. sind.

Abb. 27: In der taktilen Wahrnehmung bilden Bub und Stein eine Einheit

Der Tastsinn liefert uns die Information über unser körperliches Wohlbefinden in der Welt: ob zum Beispiel der Stuhl, auf dem wir gerade sitzen, für uns zu weich, zu hart oder körpergerecht ist, ob sich die Türschnalle rund oder kantig anfühlt und sich geschmeidig von unserer Hand umfassen läßt. Alle taktilen Einflüsse tragen zum persönlichen Körpergefühl bei und werden über die Tastkörperchen unserer Haut sowie über die Empfindlichkeit unserer Körperhaare aufgenommen.[181]
Wie sehr der Mensch das Bedürfnis hat, die Welt mit dem Tastsinn kennenzulernen, zeigt sich im alltäglichen Leben. Kinder verbinden die visuelle ständig mit der taktilen Erfahrung. Um einen Gesamteindruck von einem Gegenstand zu bekommen, wird er nicht nur betrachtet, sondern auch abgetastet und von Kleinkindern auch in den Mund gesteckt. Hier zeigt sich, wie intensiv der sinnliche Lernprozeß des Begreifens der Welt abläuft. Natürlich leben wir auch als Erwachsene unser Grundbedürfnis nach körperlicher Beziehung zu unserer Mitwelt aus, wenn wir zum Beispiel an einem Kieselstrand sitzen und die Glätte eines durch das Wasser geformten Steines genießen, während wir ihn mit der Hand umschließen, oder wenn wir bei der Auswahl eines Tisches mit unserer Handfläche über seine Platte streichen, um ihre gestalterische Qualität, die Verarbeitung oder auch das Material kennenzulernen. Wir tasten uns vorwärts, um die Welt zu erkunden und um zugleich uns selbst über die Körperlichkeit unseres Daseins zu erfahren. Die Außenwelt wird zur Innenwelt, und im Heranwachsen der eigenen Persönlichkeit bildet sich über die leibliche Erfahrung ein körperliches Urvertrauen aus.

Dieses gibt uns im Bereich unserer körperlichen Manifestation die Sicherheit und Kontinuität der körperlichen Erfahrung in Verbindung mit rationaler Erkenntnis. Über den körperlichen Kontakt zur Mitwelt gewinnen wir Stabilität, doch der Verlust dieses Kontaktes führt zu Angst und Unsicherheit. Schneider betont zusätzlich die soziale Komponente des Tastsinns, indem er schreibt: „Die soziale Qualität des Tastsinns spüren wir im ursprünglichen Bedürfnis nach Berührung, beim Händeschütteln, Schulterklopfen, Tanzen, Küssen oder auch gerade an der Abneigung oder Peinlichkeit, die sich unter Umständen damit verbindet."[182]
Parallel zur körperlichen Tasterfahrung entwickelt sich auch ein visuell-ästhetisches Grundmuster. Das führt dazu, daß wir unsere Lebensräume hinsichtlich Material und Struktur auch visuell abtasten und schon aus der Ferne die zu erwartende körperliche Erfahrung erkennen. Mit der visuellen Wahrnehmung wird in uns also gleichzeitig das körperliche Gefühl der taktilen Erfahrung nachempfunden und psychisch erlebt.
Tasterfahrungen hängen eng mit der Oberfläche, der Struktur und dem Material eines Objektes zusammen. Wenn wir beispielweise an eine rauhe Oberfläche einer Hausfassade denken, so ertasten wir deren Unebenheiten in der Wahrnehmung der abwechselnden Höhen und Tiefen, die vom Verputz gebildet werden. Michelangelo meint: „Das Plastische ist wie Berg und Tal",[183] mit allen möglichen dazwischen liegenden Abstufungen. Schneider spricht in diesem Zusammenhang von „gewölbt" und „gehöhlt". Diese beiden polaren Aspekte sind dynamische Faktoren der gestalterischen Mitte einer ebenen Fläche und beleben die Sinneserfahrung. „Erst der Kontrast zwischen den Qualitäten eines Gestaltkreises läßt uns die einzelne Erfahrung in ihrer besonderen Charakteristik empfinden."[184]
Diese Tatsache trifft ebenso auf Materialqualitäten und Materialstrukturen zu. Die ständig gleichbleibende Erfahrung einer glatten ebenen Fläche führt, da ein Gegenpol fehlt, zu Ermüdung. Daher stellen unterschiedliche Tastqualitäten eine größere Herausforderung für den Menschen dar und machen uns in der Wahrnehmung aktiver und bewußter. Strukturierte Bodenoberflächen ermuntern den Fußgänger zu mehr Aufmerksamkeit und Bewußtheit.

Abb. 28: Die Nutzung prägt die Struktur der Steine, welche auch im Begehen dieses Weges spürbar ist (Steinboden auf Cres, Kroatien)

Darin liegt unter anderem der Wert eines Spazierganges in der freien Landschaft, welche auf Grund unterschiedlicher Tastanforderungen an die Füße auf uns eine erfrischende Wirkung hat. Wir alle kennen dieses Phänomen, wenn wir zum Beispiel bei einer Wanderung eine annähernd gleich lange Strecke auf Asphaltboden oder auf Erd- oder Wiesenboden gehen. Die offene und strukturreichere Bodenoberfläche wird uns weniger rasch ermüden.
Vor allem bei Kindern und Jugendlichen spielt die abwechslungsreiche körperliche Beziehung zu unterschiedlichen natürlichen Elementen wie Erde, Wasser, Steinen, Pflanzen, Sand, verschiedensten Bodenqualitäten u. a. m. eine wichtige Rolle. Sie trägt zur Stabilisierung des eigenen körperlichen und seelischen Bewußtseins sowie zur emotionalen Verbundenheit mit der Erde bei.
In der Bedeutung des Tastsinnes steckt eine große Herausforderung für das gestalterische Handeln des Menschen. FreiraumgestalterInnen sind daher aufgefordert, stets zu hinterfragen, oder besser noch zu „hinterfühlen", wie ein Gestaltungselement in seiner taktilen Qualität beschaffen ist oder sein sollte, damit es die Sinnesleistungen anregt und uns in der taktilen Begegnung mit unseren Freiräumen munterer, aufmerksamer und auch sicherer macht. Das gilt vor allem für den Bereich von Park- und Gartenanlagen sowie speziell für alle Kinderspielanlagen innerhalb strukturarmer Freiräume.

Tastsinn – Gestaltqualitäten

Grundprinzip:	Oberfläche und Plastik
Funktionsdynamik:	Berührung, Druck, Kraft, Welt- und Selbsterfahrung
Gestaltempfindung:	glatt – rauh, glitschig – klebrig, flüssig – zäh, kantig – rund spitz – stumpf, weich – hart, porös – dicht, elastisch – fest, starr – beweglich

(nach Schneider)

Begehen unterschiedlicher Oberflächen — *Übung 10*

Unsere Fußsohlen bilden die zentralen Kontaktstellen mit der Erde. Im Wachzustand sind wir beim Stehen, Gehen, aber auch Sitzen über unsere Füße nahezu ständig in Kontakt mit dem Boden. Hinzu kommt die Tatsache, daß sich an unseren Fußsohlen eine Vielzahl von Tastkörperchen und Nervenenden befinden und damit unsere Füße zu äußerst sensiblen Tastorganen machen.
Um uns dies wieder bewußt zu machen, möchte ich die folgende Übung anbieten und dazu einladen, zuerst barfuß und danach mit Schuhen auf unterschiedlichen Oberflächen und Wegebelägen zu gehen. Während der Wahrnehmungsphase richten wir unsere Aufmerksamkeit bewußt auf die Fußsohlen und schließen auch immer wieder die Augen, um die taktile Wahrnehmung zu vertiefen.
Wie unterschiedlich fühlen sich weiche und harte Böden an? Wie geht es mir dabei, wenn der Boden nachgibt (Sand-, Wiesen- oder Erdboden) oder wenn die Bodenoberfläche unnachgiebig bleibt und sich mir entgegenstellt (Stein-, Asphalt- oder Betonboden)?

Ertasten unterschiedlicher Materialien und Formen *Übung 11*

Bei dieser Übung wollen wir über unsere Handflächen unterschiedlichste Gegenstände und Materialien wahrnehmen und uns auf sie „einspüren". Von Naturmaterialien (z. B. verschiedenen Baumrinden, Steinen, Blättern u. a. m.) bis zu Gebrauchsgegenständen bietet diese Übung eine Fülle an Möglichkeiten, Objekte bewußt wahrzunehmen.
Für den gesamten Ablauf der Übung halten wir die Augen geschlossen und konzentrieren uns auf unsere Handflächen und das zu erfahrende Objekt.
Wie geht es mir mit weichen oder harten Materialien, mit glatten oder rauhen Oberflächen, mit kantigen oder runden Gegenständen usw.? Welche Assoziationen werden in mir wach?
Diese Übung sollen wir auch zu zweit durchführen, so daß jeweils eine Person der anderen unterschiedliche Gegenstände zum Erfühlen bringt. Die/der Wahrnehmende versucht, das ertastete Objekt in seiner Qualität zu beschreiben und es auch zu erkennen.

Einen Raum tastend erleben *Übung 12*

Die Übung sollen wir stets zu zweit durchführen, damit niemand Sorge haben muß, daß ihm etwas passiert. Die betreuende Person hält sich stets in der Nähe der ausführenden Person auf, um diese auf etwaige Hindernisse oder sonstige Gefahren aufmerksam zu machen, so daß sich die ausführende Person mit geschlossenen Augen ganz entspannt auf ihren Tastsinn konzentrieren kann.
Diese Übung kann uns helfen, einen Freiraum, einen Landschaftsabschnitt oder auch unseren Wohnraum über den Tastsinn wieder neu oder besser kennenzulernen. Dazu verbindet sich die ausführende Person ihre Augen mit einem Tuch, so daß sie keine Hell-Dunkel-Eindrücke über ihre Augen erhalten kann. Nach dieser Vorbereitung beginnt sie langsam und mit großer Behutsamkeit den sie umgebenden Raum über ihre Hände und Füße kennenzulernen. Nach Abschluß dieser Übung tauschen die Personen ihre Rollen, um danach die gemachten Erfahrungen untereinander auszutauschen.

4.1.2 Sinn für die Schwerkraft

Der Sinn für die Schwerkraft bezieht sich auf all jene organische Strukturen, die sich durch aktives Wachstumsverhalten und Bewegung im Raum auszeichnen. Daher müssen sich Pflanzen, Tiere und Menschen mit der Schwerkraft auseinandersetzen und eine eigene Spannkraft entwickeln, die der Schwerkraft entgegenwirkt und ihnen die Möglichkeit und Fähigkeit von Wachstum und Bewegung gibt. Im Gegensatz dazu bilden sich mineralische Ablagerungen und Verfrachtungen über indirekte Kräfte, die von außen auf sie einwirken, indem sie sich der Schwerkraft hingeben.
Schneider bezeichnet die Spannkraft und den Kraftfluß der Dinge als Gegenstände der Wahrnehmung der Schwerkraft.[185] Indem wir uns durch die eigene innere Aktivität des Körpers entgegen der Schwerkraft aufrichten, werden wir fähig, uns im Raum zu bewegen. Dies vermittelt uns ein Gefühl von Freiheit und Leichtigkeit. Die Aktivität selbst wird durch unseren Bewegungsapparat und die Spannkraft unserer Muskulatur und Haut ermöglicht, wird durch unseren Willen gesteuert und ist mit dem persönlichen psychischen Wohlbefinden verbunden. Neben den Phasen körperlicher Aktivität gibt es Phasen der Entspannung. Wir geben

uns dann der Schwerkraft hin und genießen das Vertrauen auf Stabilität und Sicherheit. Erst diese komplementäre Beziehung zwischen Anspannung und Entspannung bindet uns in die Körperlichkeit dieser Erde ein und vermittelt uns ein Gefühl von Ausgeglichenheit. Beide Phasen sind notwendig, um unsere Vitalität und Gesundheit zu erhalten.

Abb. 29: Klettern schult unseren Sinn für die Schwerkraft

Wir sind in der Lage, die Schwerkraft über die eigenen Körpergefühle von Anspannung oder Entspannung sinnlich wahrzunehmen. Gegensätzliche Gefühlswahrnehmungen durch die Wirkung der Schwerkraft auf unseren leiblichen Zustand sind: leicht/schwer, frisch/müde, gekräftigt/ermattet, sicher/unsicher.[186]

Abb. 30: Spannkraft und Schwerkraft als skulptureller Ausdruck (Barcelona)

Die Lebenskraft, die durch Menschen, Tiere, Pflanzen, Mineralien, aber auch Gegenstände vermittelt wird, ist Ausdruck des inneren Kräfteflusses und steht in enger Beziehung zur Schwerkraft. Die aktive Lebenskraft vermittelt Eleganz und Vitalität. Denken wir nur an die Dynamik und Ausrichtungskraft von Blütenblättern, die sich mit Freude dem Leben entgegenstrecken. Im Vergleich dazu befinden sich verwelkende Blätter bereits im Prozeß der Wandlung und geben sich wieder verstärkt der Schwerkraft hin. Ebenso ist die menschliche Körperhaltung Ausdruck der inneren Spannkraft; sie gibt Aufschluß über Vitalität, Lebendigkeit und Stimmungslage eines Menschen.
In der gegenständlichen Welt drückt sich das Spannungsverhältnis über die Form eines Objektes aus und spiegelt seine Beziehung zur Schwerkraft wider. So vermitteln uns aufstrebende, zarte und bewegliche Strukturen ein Gefühl von Leichtigkeit. Hingegen strahlen an die Erde angeschmiegte, kompakte, klobige und unbewegliche Strukturen ein Gefühl von Stabilität aus. Beide Qualitäten können sich aber auch in einem Objekt vereinen und ihm Stabilität und Dynamik zugleich verleihen (Abb. 30).

Sinn für die Schwerkraft – Gestaltqualitäten

Grundprinzip:	Aufbau – Abbau, Spannkraft – Lebenskraft
Funktionsdynamik:	Kräftefluß im Körper, Spannung – Entspannung
Gestaltempfindung:	frisch – ermüdet, erquickt – betrübt, leicht – schwer, gekräftigt – erschöpft, biegsam – steif, quellend – schwindend gespannt – schlaff, kräftig – dünn, gestreckt – geknickt

(nach Schneider)

Sich schwer/leicht machen — *Übung 13*

Die Übung wird am besten zu dritt durchgeführt. Sie macht es möglich, das subjektive Gewichtsempfinden über die Vorstellungskraft zu verändern.
Eine Person stellt sich als ausführende Person zur Verfügung, während die beiden anderen Personen die Kontrollfunktion übernehmen. Die ausführende Person konzentriert sich im ersten Durchgang, mit aller ihr zur Verfügung stehenden Aufmerksamkeit darauf, den eigenen Körper „leicht" zu machen. Gedankliche Bilder, wie zum Beispiel, daß man wie ein Vogel durch die Lüfte fliegt, helfen, die Vorstellung zu halten. Nun versuchen die beiden anderen Personen, die ausführende Person an den angewinkelten Unterarmen hochzuheben und merken sich ihre Empfindung des Gewichts.
Im zweiten Durchgang stellt sich die ausführende Person vor, daß sie „sehr schwer" und vom Boden kaum aufzuheben ist. Unter dem Eindruck dieser Vorstellung heben die beiden anderen Personen sie mit der gleichen Technik wieder hoch, um das nun empfundene Gewicht mit der zuvor gemachten Wahrnehmung zu vergleichen.
Auch die ausführende Person soll die eigenen Körperempfindungen während der beiden Durchgänge nachfühlen und miteinander vergleichen.

Mit dieser Übung ist es möglich, die Polarität von Spannung und Entspannung nachzuvollziehen.
Wir stellen uns aufrecht, mit schulterbreit gegrätschten Beinen entspannt hin und lassen beide Arme seitlich des Körpers herabhängen. Wir atmen einige Male ruhig ein und aus und spüren dabei in der ersten Phase die Spannung und Entspannung unserer Atemmuskulatur. Wir genießen unseren Atemrhythmus und versuchen über die Körpermuskulatur ein Gefühl für den eigenen Körper zu bekommen. Gibt es in unserem Körper Stellen oder Bereiche, die verspannt sind, oder ist es möglich, einen lockeren Zustand zwischen Spannung und Entspannung aufrecht zu erhalten?
In der zweiten Phase der Übung strecken wir unsere Arme und Hände nach oben zum Himmel hinauf. Wir strecken auch den Körper, stellen uns auf die Zehenspitzen und versuchen, die gesamte Muskulatur des Körpers anzuspannen. Wir halten diesen Zustand für eine uns angemessene Zeit und nehmen die Anspannung bewußt wahr.
Danach lassen wir die Hände am Körper hinabgleiten und allmählich unseren ganzen Körper zu Boden sinken. Wir legen uns mit dem Bauch oder auch mit dem Rücken auf den Boden und versuchen, eine für uns absolut entspannende Körperlage zu finden. Wir bleiben in diesem Zustand der Entspannung und nehmen auch diesen bewußt wahr. Diese Übung können wir einige Male wiederholen, um uns den spürbaren Unterschied zwischen Körperspannung und Körperentspannung bewußt zu machen und zugleich unser Gefühl für die Schwerkraft zu verfeinern. Abschließend nehmen wir wieder die Ausgangsstellung ein und versuchen stehend und im Behaglichkeitsbereich zwischen Spannung und Entspannung, die Übung zu beenden.

4.1.3 Bewegungssinn

Die Raumerfahrung entsteht aus einer Wahrnehmung, die unter anderem auf der eigenen körperlichen Bewegung aufbaut. Wenn wir uns vorstellen, daß wir eine Landschaft durchwandern, so eröffnen sich uns durch die eigene Fortbewegung stets neue Perspektiven. Der Weg ist abwechslungsreich und kann von uns selbst gewählt werden. Die Vielfalt von landschaftlichen Szenarien beinhaltet immer wieder neue Erlebnisqualitäten, die unsere Sinne ansprechen. Wir machen zum Beispiel unter einem großen Baum halt und genießen seine Ausstrahlung. Wir verweilen und vertiefen uns in das Muster seiner knorrigen Rinde und finden darin die Weisheit, die der Baum im Laufe seiner zahlreichen Lebensjahre gesammelt hat. Aus dieser Ruhe heraus brechen wir wieder auf, neugierig darauf, was uns hinter der nächsten Wegbiegung erwartet.
Die Landschaftswahrnehmung erfolgt unmittelbar und ist nach Schneider an die eigene Bewegungsgeschwindigkeit angepaßt. „Wir erleben bewußt oder unbewußt Bewegungsqualität: Bewegung ist ein Bestandteil jeder Sinneswahrnehmung. Aber hätten wir nicht einen eigenen Sinn, der die Bewegung gleichzeitig mit ihrem Vollzug auch wahrnimmt, so wären wir zur Bewegung gar nicht im Stande.“[187]
Insofern können wir von einem Bewegungssinn sprechen, der die Basis für eine räumlich-zeitliche Raumerfahrung bildet. Die Sinneserfahrung von zwei Grundqualitäten wird dabei von der Geschwindigkeit der Fortbewegung, der damit verbundenen Intention und von der Qualität des Weges beeinflußt. Gehen und Laufen sind die natürlichen Arten der Fortbewegung des Menschen, die uns evolutionär mitgegebene Art der eigenen Körperbewegung ohne Zuhilfe-

nahme von technischen Mitteln. In diesen Fortbewegungsarten spüren wir die Eigenbewegung in Verbindung mit Schwerkraft und Gleichgewicht über die Nervenrezeptoren unserer Muskeln.

Abb. 31: Die Freude am Laufen

Sich fortzubewegen heißt weiterzugehen und hat daher auf der psychischen Seite mit dem eigenen Selbstbewußtsein zu tun. Gehen ist voller Spannung und Abenteuer. Viele von uns kennen die Freude eines Kleinkindes, wenn es krabbeln und gehen lernt und dabei die Erweiterung des persönlichen Aktions- und Erfahrungsradius genießt.[188]
Wenn wir uns unterschiedliche Bewegungsqualitäten anschauen, finden wir für sie entsprechend unterschiedliche Beweggründe. Wenn wir nur möglichst schnell von einem Ort zum anderen kommen wollen, dient die Wahrnehmung vorwiegend der Orientierung, zur sicheren Bewältigung der Wegstrecke. Mit zunehmender Geschwindigkeit tritt die Bewegung so stark in den Vordergrund, daß wir sogar rauschähnliche Zustände erfahren können, wobei die Fähigkeit zu detaillierter Wahrnehmung mit der Geschwindigkeitszunahme nachläßt. In der Langsamkeit und Beschaulichkeit steckt die qualitätvolle Erfahrung, die eine Begegnung mit dem Raum zuläßt und die uns Zeit für eine ausgiebige Kommunikation mit der Landschaft gibt.
All die Wege und Straßen, die wir angelegt haben, geben Auskunft über ihren Zweck und bestimmen damit unser Bewegungsverhalten. Sie sind geprägt von den Qualitäten Zeit (Geschwindigkeit, Ungeduld) und Rationalität. Die menschliche Bewegung verliert ihren ursprünglichen Zweck, was schließlich dazu führt, daß wir unsere Straßen nicht mehr der Landschaft anpassen, sondern umgekehrt die Landschaft unseren Straßen. Die Qualität des Weges geht verloren. Nur in Ausnahmesituationen, zum Beispiel im Urlaub, gönnen wir uns

die Langsamkeit eines geschwungenen, auf- und abführenden Weges, um uns mit der Landschaft zu verbinden und sie als lebenden Organismus wahrzunehmen. Wir erfreuen uns an der Ursprünglichkeit von Wegen und dem damit verbundenen Erlebnisreichtum. Wir können spüren, daß Lebendiges nicht darauf fixiert ist, sein Ziel möglichst schnell und möglichst geradlinig zu erreichen. Hingabe, Muse und Beschaulichkeit lehren uns wieder ein Gefühl für Lebensqualität und uns Zeit zu nehmen für die rhythmisch-organische Bewegung.

Abb. 32: Bewegung ist eine gestalterisch wirksame Kraft und drückt sich über das rhythmische Zusammenspiel der einzelnen Elemente aus (Lindenallee, Türnich bei Köln)

Das Wachstum der Lebewesen, aber auch die Gestaltung einer Bank oder eines Weges sind Ausdruck von Bewegung. In diesem Zusammenhang schreibt Schneider: „Nichts Belebtes oder Unbelebtes ist denkbar, das nicht seine Existenz formenden Bewegungen und Kräften verdankte. Die Form ist dem Bewegungssinn daher ein Zustandegekommenes, Festgewordenes, das er nachvollziehend bewegt und dessen Bewegungscharakter er miterlebt.“[189]
Über die Bewegung wird der Beweggrund, das geistige Grundmuster, welches hinter der Gestaltung steckt, sichtbar. Bewegung ist ein Akt der Kommunikation.

Bewegungssinn – Gestaltqualitäten

Grundprinzip:	Bewegung, Form und Gestalt im Raum
Funktionsdynamik:	beginnen – ausrichten – abschließen
Gestaltempfindung:	bewegt – ruhig, hastig – träge, schnell – langsam beschwingt – schwerfällig

(nach Schneider)

Bewußtes Gehen ***Übung 15***

Das bewußte Gehen soll uns helfen, die Eigenbewegung unseres Körpers während des Gehens wahrzunehmen.
Zu Beginn der Übung stellen wir uns in der eigenen Körpergrundhaltung auf und achten auf unser Körpergefühl. Stehen wir mit der ganzen Fußsohle fest auf dem Boden? Fühlen wir unseren Körper senkrecht aufgerichtet, oder haben wir das Gefühl, nach einer Seite zu kippen? Nachdem wir einen guten Stand gefunden haben, beginnen wir, ganz langsam und bewußt zu gehen. Wir heben mit aller uns möglichen Muse einen Fuß hoch, folgen dieser Bewegung mit der nach innen gerichteten Aufmerksamkeit und stellen den Fuß anschließend wieder sanft auf den Boden, wobei wir beobachten, mit welchem Teil unseres Fußes wir zuerst auftreten. Damit ist der erste Schritt getan. Wir verlagern unser Körpergewicht ganz langsam auf den weiter vorne befindlichen Fuß und spüren das Gewicht unseres Körpers. Welche Muskeln sind an der Gehbewegung beteiligt? Wie halten wir unseren Kopf während des Gehens? Das sind Fragen, die wir uns dabei stellen können.
Mit gleichbleibender Geschwindigkeit und Aufmerksamkeit führen wir diese Übung aus und lassen uns dabei für jeden Schritt viel Zeit. Es geht dabei um das Erleben der Langsamkeit und das aufmerksame Verfolgen der Gehbewegungen mit allen daran beteiligten Gelenken und Muskeln unseres Körpers.

Die Bewegung der Natur verfolgen ***Übung 16***

Mit dieser Übung können wir das Ablaufen natürlicher Kreisläufe studieren und unser Empfinden für zeitliche Rhythmen verfeinern.
Wir suchen uns eine bestimmte Pflanze aus und beobachten ihre Entwicklung (Stunden-, Tages- und Jahresrhythmen). Während dieses Entfaltungsprozesses werden wir eine Vielfalt an Formen und Farben kennenlernen, vielleicht Entsprechungen zu unserer persönlichen Entwicklung entdecken und dadurch die Qualität der Bewegung besser verstehen.

4.1.4 Gleichgewichtssinn

Da wir Menschen uns als aufrecht gehende Wesen über die Schwerkraft in den physischen Körper der Erde einbinden, ist es notwendig, unseren Körper in Balance zu halten, wie ein Pendel, das um das Zentrum der körperlichen Ausgeglichenheit schwingt. Der Gleichgewichtssinn orientiert sich am Erdmittelpunkt, gegenüber welchem wir uns in einer polaren Gegenbewegung aufrichten und entgegen der irdischen Schwerkraft eine körperliche Leichtig-

keit entwickeln. Wie Bäume gliedern wir uns in das Spannungsfeld der Achse Erde – Himmel ein, wobei wir in der Aufrechterhaltung der eigenen Balance von der ständigen Aktivierung des Gleichgewichtssinns unterstützt werden. Unsere Raumerfahrung bezieht sich dabei im wesentlichen auf die drei Richtungen oben/unten, vorne/hinten, links/rechts und steht in direktem Zusammenhang mit der eigenen Körpersymmetrie.
Wenn wir uns an die Kindheit zurückerinnern, so entwickelten wir das Empfinden für den aufrechten Gang in der Phase des Krabbelns und des darauffolgenden Gehenlernens. Nach intensiver Übung gelang es uns, den Körper im Lot zu halten und diese Erfahrung als Bewegungskoordination in unserem Kleinhirn zu speichern. Das lustvolle Spiel mit der Aufrechterhaltung des Gleichgewichts bleibt unser ganzes Leben lang reizvoll, beim Balancieren auf einem Balken, beim Fahrradfahren, beim Rollschuhfahren, beim Schaukeln, beim Schi Fahren oder beim partnerschaftlichen Turnen.

Abb. 33: Kinder beim Spiel mit dem Gleichgewicht

Das Aufrichten des Körpers beinhaltet die Erfahrung, daß wir uns gegen die Schwerkraft erheben und damit, im Sinne der Menschwerdung, Selbständigkeit und Freiheit erlangen können. Indem wir uns aufrichten, erfahren wir die dritte Raumdimension besonders stark und erlangen ein zunehmendes Gefühl des Überblick-Habens und der Leichtigkeit. Kückelhaus schreibt im Zusammenhang mit der Entwicklung des Kindes: „Ein Kind, das aus Bauklötzen einen Turm aufrichtet, muß, je höher der Turm wird, umso behutsamer Klotz auf Klotz setzen. Denn der Turm hält zusammen, durch nichts anderes als durch das Gleichgewicht im Geltungsbereich der Schwerkraft. Er wächst nach oben durch Verwendung der Kraft, die ihn nach unten zieht. Er steigt durch Zuhilfenahme dessen, was ihn zu Fall bringen will. Durch solche Beanspruchung seines organständigen Gleichgewichtssinnes erhält sich das Kind im Ausgleich mit der Vielfalt seiner Organprozesse. Indem es den Turm baut, baut es sich selbst."[190] Die für die Aufrechterhaltung des Gleichgewichtes notwendigen physischen Leistungen finden vorwiegend in den Bogengängen unseres Mittelohres, im Kleinhirn und

teils auch im Rückenmark statt.[191] Zudem ist es uns möglich, die persönliche Standfestigkeit durch Konzentration auf die eigene Körpermitte, das Sonnengeflecht (*Solarplexus* oder *drittes Chakra*) im Bereich unseres Nabels, zu stärken. Lebensfreude, Ausgewogenheit und Stabilität sind Qualitäten einer gut aktivierten Körpermitte (siehe nachstehende Übung).
Der Gleichgewichtssinn braucht das Wechselspiel zwischen Aufrichten und Fallneigung und wird von der Symmetrie bestimmt, welche seine Urqualität darstellt. Durch das Aufrechthalten der körperlichen Symmetrie halten wir auch Gleichgewicht, wobei die damit verbundene schöpferische Aktivität des Gleichgewichtssinnes in der Wahrnehmung des ständigen Wechsels von Symmetrie und Asymmetrie liegt, von gerade und gebogen, von ungleich und gleich. Schneider meint in diesem Zusammenhang: „Nicht im Finden und Haben zeigt sich das Wahrnehmungsziel dieses Sinnes, sondern im Suchen, im eigenen Hervorbringen von Mitte und Richtigkeit."[192]

Abb. 34: Der Baum als Symbol für Gleichgewicht
(Steineiche auf Rab, Kroatien)

Suchen wir im Mineral-, Pflanzen- und Tierreich nach dem gestalterischen Gleichgewicht, so finden wir es sowohl in der Symmetrie als auch in der Abweichung von der Symmetrie, in der komplementären Beziehung. In der Gestalt einer Linde zum Beispiel finden wir die Symmetrie in der Ausrichtung des Baumes entlang der Achse zum Erdmittelpunkt, in der freien Form des Wachstums ihrer Äste, in der Schönheit ihrer Blätter und Blüten, in der freien Form des Ausdrucks ihrer Rinde.
Der lebendige Spannungszustand wird durch ein geringfügiges Abweichen von der Symmetrie verstärkt. So besitzen die Blätter der Linde die Form eines Herzens. Und obwohl alle Blätter dieser Symmetrie folgen, zeigt jedes einzelne Blatt eine individuelle Form. In dieser Verbindung von Ordnung und freier Form steckt Lebendigkeit und Lebenskraft. Gemeinsamkeit und Individualität sorgen für lebendige Spannung.

Gleichgewichtssinn – Gestaltqualitäten

Grundprinzip:	Symmetrie, Richtung und Schwerpunkt
Funktionsdynamik:	Finden des eigenen Gleichgewichtes im Raum
Gestaltempfindung:	oben – unten, vorne – hinten, links – rechts, symmetrisch – asymmetrisch, gerade – geschwungen, eben – uneben

(nach Schneider)

Balancieren auf einem Balken — *Übung 17*

Für diese Übung suchen wir uns einen Holzbalken oder eine Schwelle, um darauf entlangzubalancieren. Wir sollen verschiedene Schwellenbreiten und unterschiedliche Materialien ausprobieren und uns dabei intensiv auf unser Gleichgewichtsempfinden konzentrieren beziehungsweise die Aufmerksamkeit auf einen Punkt am Horizont richten. Wir können unser Bewußtsein während der Übung auch auf verschiedene Bereiche unseres Körpers richten. Zum Beispiel gehen wir gedanklich zu unserem Kopf, unserer Körpermitte und unseren Füßen (Fußsohlen). Dabei beobachten wir, wie unterschiedlich schwer oder leicht wir im Stillstand und in der Bewegung unser Gleichgewicht halten können.
Außerdem können wir versuchen, abwechselnd jeweils mit einem Bein das Gleichgewicht zu halten und die dabei wahrnehmbaren Unterschiede zu beobachten.

Das persönliche innere Gleichgewicht finden — *Übung 18*

Die Übung soll mit geschlossenen Augen durchgeführt werden. Wir stellen uns schulterbreit hin und achten darauf, daß unsere Fußsohlen zur Gänze den Boden berühren. Die Knie sind ein wenig gebeugt, so daß wir gut und elastisch mit dem Boden in Verbindung stehen.
Indem wir uns auf unsere Atmung konzentrieren und das Heben (Einatmung) und Senken (Ausatmung) unseres Bauches verfolgen, versuchen wir, einen gleichförmigen Rhythmus zuzulassen. Nachdem wir zur Ruhe gekommen sind, gehen wir mit unserer Aufmerksamkeit zu unserem *Solarplexus* (im Bereich um den Nabel) und stellen uns in diesem Körperbereich eine hellgelb strahlende Sonne in der Größe der eigenen Handfläche vor. Wir versuchen nun, diese Vorstellung zu halten, genießen die Kraft der Sonne und zentrieren dadurch unseren Körper. Anschließend lassen wir das sonnengelbe Licht, von unserer Körpermitte ausgehend, in den ganzen Körper ausstrahlen, bis er völlig von hellgelbem Licht durchflutet ist. Wir überlassen uns dieser Vorstellung, solange sie uns angenehm ist, und lassen danach das hellgelbe Licht über den eigenen Körper hinaus in die Welt strahlen.
Anschließend gehen wir in unserer Vorstellung langsam in unseren Körper zurück, bis wir mit unserer Aufmerksamkeit bei unserer Körpermitte angelangt sind und wieder bei der Vorstellung einer etwa handtellergroßen Sonne halten. Danach lenken wir unsere Aufmerksamkeit zurück zur Atmung und schließen diese Übung ab, indem wir die Augen öffnen.

4.1.5 Wärmesinn

In der körperlichen Erfahrung vermittelt uns der Wärmesinn die unterschiedliche Wahrnehmung von Wärme und Kälte, die sich an der körpereigenen Temperatur von etwa 37 Grad Celsius sowie dem eigenen Energiehaushalt orientiert. Die Kälte- und Wärmepunkte unserer Haut reagieren auf Unterschiede in der Temperatur, und der Körper findet auf Grund der polaren Erfahrung die für ihn passende Behaglichkeitsmitte heraus.[193]
Dieses Prinzip gilt auch für alle anderen Sinne. Dabei ist der Wärmesinn auf rhythmischen Wechsel angewiesen. Ständig gleichbleibende, vor allem hohe Temperaturen, führen zu körperlicher und auch geistiger Ermüdung. Ein naturgegebenes Spannungsverhältnis zwischen niedriger Temperatur und Strahlungswärme, wie zum Beispiel beim Wechsel von Tages- und Jahreszeiten, finden wir anregend. Entsprechend wirkt auch ein erfrischendes Bad während der Sommerhitze oder ein wohlig warmes Zimmer nach einem Winterspaziergang belebend. In dem anscheinend zunehmenden Bedürfnis des Menschen nach gleichbleibenden Temperaturen liegt die Gefahr, das eigene Abwehrsystem nicht mehr zu fordern und dadurch krankheitsanfälliger zu werden.[194]
In der ästhetischen Erfahrung mit dem Wärmesinn werden Raumqualitäten und Materialien als kühl, wohlig, angenehm, gemütlich oder behaglich bezeichnet. Glatte Oberflächen aus Metall, Glas, Stein oder Beton werden sowohl in der taktilen als auch in der optischen Wahrnehmung als kühl empfunden, Materialien wie Holz, Textilien, Vegetationsflächen hingegen als warm beschrieben. Geborgenheit und Wärme gehören zu den Urbedürfnissen des Menschen und sie finden in einer liebevollen Lebenseinstellung der Mitwelt sowie sich selbst gegenüber ihre seelische Entsprechung.

Abb. 35: Geborgenheit und Wärme – vermittelt durch einen Lärchenwald (Heiligenblut, Kärnten)

Abb. 36: Kühlendes Wasserspiel
(Barcelona)

In der Umsetzung ästhetischer Erfahrungen mit dem Wärmesinn können wir von einem Gestaltklima sprechen, das wir – meist unbewußt – als holistisches Wahrnehmen von Außen- und Innenraumqualitäten erleben. Die Gesamtwirkung besteht dabei aus dem Zusammenspiel von Größe, Form, persönlicher Erfahrung, Vertrautheit, Farbe, Struktur, Relief, Nähe, Weite, Rhythmik, Symbolgehalt, Raumatmosphäre u. a. m. Schneider meint dazu: „Die Gestalt der Formen, Proportionen, Materialien und Farben, ihre Komposition und Ästhetik, wird auf dieser Ebene atmosphärisch als Ganzes erlebt."[195]
Wie sehr die Wärmeempfindung die anderen Sinneswahrnehmungen durchzieht, wird am Beispiel der Farbsynästhesie deutlich. Untersuchungen haben ergeben, daß bei Räumen mit roter Wandfarbe die Temperatur gegenüber dem gemessenen Wert um drei Grad Celsius höher geschätzt wurde, während bei Räumen mit blauen Tönen die Schätzungen ein bis zwei Grad Celsius unter dem Istwert blieben. Die Wärmeempfindung ist auch sehr stark mit unserem Gefühlskörper verwoben, und wir bemerken das am Erröten oder Erblassen unseres Gesichtes bei psychischer Erregung oder in der Veränderung des körpereigenen Wärmehaushalts (Durchblutungsstörungen) bei seelischer Belastung.

Wärmesinn – Gestaltqualitäten

Grundprinzip:	Temperatur und Gestimmtheit
Funktionsdynamik:	Wahrnehmung unterschiedlicher, temperierter Qualitäten in der Selbsterfahrung sowie in der Wahrnehmung von Gestaltqualitäten
Gestaltempfindung:	warm – kalt, heiß – eiskalt, lauwarm – kühl

(nach Schneider)

Im Rahmen dieser Übung wollen wir versuchen, eine holistische Grundwahrnehmung anzustreben, welche uns hilft, den Gesamteindruck einer Landschaft oder eines Teilraumes zu beschreiben. Dafür wählen wir einen Freiraum (z. B. einen Platz, einen Garten, eine Raumeinheit einer Parkanlage oder einen Straßenabschnitt) aus.
Zu Beginn der Übung versuchen wir, gedanklich zur Ruhe zu kommen und einen Zustand von allgemeiner Wahrnehmungsoffenheit zuzulassen. Wir konzentrieren uns, im Gegensatz zu den zuvor angeführten Übungen, nicht auf ein bestimmtes Sinnesinstrumentarium, sondern versuchen, die generelle Aufnahme von Eindrücken zu aktivieren, indem wir uns auf das Übungsgebiet einstimmen. Wir verweilen mit unserer Aufmerksamkeit beim Untersuchungsgebiet und versuchen, das Gestaltklima des Raumes mit Eigenschaften zu beschreiben.
Für bessere Vergleichsmöglichkeiten ist es von Vorteil, die Ergebnisse aufzuschreiben und mit Wahrnehmungen des Gestaltklimas anderer Orte zu vergleichen. Es wäre auch sehr aufschlußreich, diese Übung mit mehreren Personen gemeinsam durchzuführen und die Ergebnisse anschließend auszutauschen.

4.1.6 Geruchssinn

„Was wir riechen, mutet uns in bestimmter Weise seelisch an“, schreibt Schneider über den Geruchssinn.[196] Düfte hinterlassen in uns einen dauerhaften Eindruck, der meist in Verbindung mit einer räumlichen Erfahrung als Wahrnehmung gespeichert wird. So kann es der Duft des Flieders sein, der uns an unseren ersten Kuß erinnert, oder es ist der Geruch eines Zimmers, der in uns eine bestimmte Begebenheit wachruft und uns auch die zugehörige Erfahrung wieder bewußt macht. Wir kennen die Gerüche, die Spitäler oder Zahnarztpraxen kennzeichnen und uns über die Geruchserfahrung die seelisch-geistige Qualität eines Ortes vermitteln. Dadurch wird der Geruch, vor allem innerhalb eines Gebäudes, zum Erkennungsmerkmal für diesen Ort.
Gerüche breiten sich aus, verkünden eine Botschaft und berühren uns, indem die Geruchspartikel in unsere Nase eindringen. Dieser intime Charakter der Düfte macht uns persönlich sehr betroffen. Die Individualität der Geruchserfahrung zeigt sich in dem bekannten Phänomen, jemanden „gut riechen“ zu können, eine Sympathieerklärung, die auch mit der tatsächlichen olfaktorischen Wahrnehmung in Einklang steht. Schneider sagt: „Wir riechen daher – im ästhetischen Sinne – auch nicht den Geruch als solchen, sondern immer etwas, das diesen Duft abgibt.“[197]
Der Geruchssinn zählt, wie auch der Geschmackssinn, zu den chemischen Sinnen. Er beschränkt sich in seiner Reichweite auf mittlere Distanzen und liegt somit zwischen den Fernsinnen (Gehör- und Sehsinn) und den Nahsinnen (Tast- und Geschmackssinn). Der Geruchssinn ist durch starke Anpassungstendenzen gekennzeichnet, was bewirkt, daß wir eine langsame geruchliche Veränderung, wie sie zum Beispiel in einem nicht gelüfteten Raum vonstatten geht, nicht sofort bemerken. Treten wir hingegen von außen in einen solchen Raum ein, fällt uns der Geruchsunterschied sofort auf.[198]
Kluth leitet daraus die freiraumgestalterische Konsequenz ab, daß wir den Aspekt der olfaktorischen Wirkung, zum Beispiel in der Gestaltung eines Gartens, bewußt forcieren können, indem wir durch die entsprechende Artenvielfalt von blühenden Pflanzen für ein abwechslungsreiches Duftangebot sorgen. Dadurch werden unsere Duftrezeptoren unterschiedlich sti-

muliert, und wir steuern der Adaptation entgegen. Hinzu kommt die Tatsache, daß die Ausbreitung von Düften eng mit der Wettersituation zusammenhängt. Blumen und Kräuter duften besonders gut bei schönem, sonnig-warmem Wetter, während bei Regen die Düfte vom Geruch der nassen Erde überdeckt werden.[199] Da Geruchsaffinitäten besonders individuellen Charakter aufweisen, sind objektivierbare Geruchsqualitäten schwer zu kategorisieren. Wöbse beschreibt unter diesem Aspekt unterschiedliche Geruchsgruppen, wie sie in der Natur vorkommen.[200]

Blüten: Rosen, Veilchen, Flieder, Iris, Maiglöckchen, Narzissen, Orangenblüten, Pfeifenstrauch, Robinien, Wicken usw.

Laub: Birken, Brennessel, Lavendel, Majoran, Oregano, Pfefferminze, Pinien, Thymian usw.

Mischgerüche: Trockenrasen, Heu, Humus, Waldboden usw.

organisch-chemische Prozesse: Nährstoffzersetzung (Kompost), Erde, Brackwasser, Faulschlamm, Mist, Silage usw.

Um den Geruch stärker mit einer bildhaften Vorstellung zu verknüpfen, können wir durch bewußte Sinnesausrichtung unseres Geruchssinns und das Zusammenwirken mit der zugehörigen optischen Wahrnehmung eine bleibende Verbindung herstellen.

Geruchssinn – Gestaltqualitäten

Grundprinzipien:	Gerüche, Düfte, Essenzen und Mischungen
Funktionsdynamik:	Austausch und Verbindung von Wesenhaftem
Gestaltempfindung:	säuerlich – fruchtig, süßlich – schwer, erdig – modrig, stechend – scharf

(nach Schneider)

4.1.7 Geschmackssinn

Der Geschmackssinn ist in der Landschaftswahrnehmung sehr eng mit Pflanzen und anderen Elementen wie Wasser, Holz und Erde verbunden, die wir bereits einmal gekostet haben. Über die Nahrungsaufnahme stellen wir die ästhetische Verbindung zur Identität einer Landschaft her. Durch einen visuellen oder geruchsbezogenen Auslöser werden wir von unserem Geschmackssinn, der uns ein gewisses Verlangen nach einer bestimmten Frucht vermittelt, in der Landschaftswahrnehmung aktiviert. Daher können wir zum Beispiel die erfrischende Wirkung einer Landschaft während einer Bergwanderung durch den Genuß von Wasser aus dem munter vor sich hinsprudelnden Gebirgsbach tiefer in uns aufnehmen. Äußere und innere Identität verschmelzen miteinander.

Der Geschmackssinn ist ein ausgesprochen chemischer Nahsinn, bei dem die Geschmackswahrnehmung über die Aufnahme von gelösten Stoffen durch den Mund beginnt, wo unsere Geschmacksknospen zwischen den vier Grundqualitäten süß, sauer, salzig und bitter unterscheiden. Der Geschmackssinn gehört zu den weniger ausgeprägten Sinnen des Menschen und verliert zirka vom zwanzigsten Lebensjahr an bis ins Alter rund ein Drittel seiner Wahrnehmungsfähigkeit.[201]

Dennoch besitzt der Geschmackssinn eine große Bedeutung bei unserer Ernährung wie auch in der Beurteilung, ob ein Nahrungsmittel einem gut tut oder nicht. Leider wird diese Wahrnehmungsfähigkeit mit der Denaturierung und künstlichen Verfremdung unserer Nahrung immer mehr eingeschränkt. Wir verlieren zunehmend die Fähigkeit, über den Genuß von

Nahrungsmitteln deren Echtheit zu überprüfen. Im Begriff „der gute Geschmack“ finden wir den Bezug zur ästhetischen Wirkung von Gestaltelementen. In der Echtheit und der Materialidentität liegt eine gestalterische Wirkung, die sich uns in der Wahrnehmung offenbart. Wir selbst können prüfen, ob nicht ein Kunststein, der auch als solcher deklariert und verwendet wird, von mehr Geschmack zeugt als einer, mit dem wir einen Naturstein imitieren wollen.
Als Anregung zu einer vertiefenden Beschäftigung mit dem Geschmackssinn in der Gestaltung gebe ich den Tip, sich mit der Thematik der Materialidentität bewußt auseinanderzusetzen. Wir versuchen, die unterschiedlichsten Imitationen von Steinen in Gefäßen und sonstigen Gestaltelementen geschmacks-ästhetisch nachzuempfinden.

Geschmackssinn – Gestaltqualitäten

Grundprinzipien:	Substanz, Charakter, Echtheit/Identität
Funktionsdynamik:	schmecken als Wahrnehmung des inneren Charakters der Dinge
Gestaltempfindung:	süß, salzig, sauer, bitter

(nach Schneider)

4.1.8 Gesichtssinn

Abb. 37: Licht und Schatten – eine Voraussetzung für die visuelle Wahrnehmung (Wald bei Traunstein, Niederösterreich)

Licht und Schatten bilden die Grundvoraussetzung für eine visuelle Wahrnehmung und stehen daher für eine wesentliche Grundfähigkeit unseres Auges. Beim Sehen handelt es sich um einen mit Licht zusammenhängenden aktiven Vorgang des Nach-außen-Tretens, um damit die Welt visuell zu erfahren. Sehsinn und Tagesbewußtsein hängen eng miteinander zusammen, während wir im Nachtbewußtsein verstärkt nach innen gerichtet sind und uns geschlossene Augen dabei helfen, uns in das eigene Selbst einzufühlen. Über das Sehen richten wir uns also bewußt nach außen. Wenn wir wollen, können wir unsere Augen schließen und die visuelle Wahrnehmung bewußt abschalten, was bei unseren anderen Sinnen hingegen nicht möglich ist. Während des Wachbewußtseins sind unsere Augen ständig in Bewegung. Sie suchen willkürlich und unwillkürlich den uns umgebenden Raum ab. Dabei unterstützt der Sehsinn alle anderen Sinne wie zum Beispiel den Tast- und Gleichgewichtssinn, wenn wir den Raum erobern. Kückelhaus und Lippe sagen: „Nicht das Auge sieht, sondern der Mensch, der ganz Auge ist, ist es, der sieht."[202]
Wir ordnen und gliedern den Raum, treffen Unterscheidungen und nehmen schon von der Ferne seine Grenzen wahr, um uns in ihm zurechtzufinden. Wir wählen aus, lassen bestimmte Aspekte auf uns wirken und bilden nach. Wir setzen optische Zeichen, die wichtige Grundlagen für die Kommunikation mit der Welt darstellen. Dabei paßt sich unser Auge in der Tiefenschärfe (Akkommodation) über die Linse und in der Lichtstärke (Adaptation) über den Pupillenreflex automatisch der Umgebung an. Mit unserem Gesichtssinn erkennen wir Form, Größe, Oberflächenbeschaffenheit, Farbe, Abstände sowie die Tiefe des Raums.[203]
In diesem Sinne sind die Augen ein in die Ferne gerichtetes Tastorgan, und „wir greifen vielmehr nach einem Objekt, wenn wir es ansehen", wie Scholz dies zum Ausdruck bringt.[204] Wie die entsprechenden Organe der übrigen Sinne baut auch das Auge auf Polarität und Kontrastierung auf. Licht wird über den rhythmischen Wechsel von Schatten und Helligkeit wahrgenommen. Wir erkennen keine absoluten Helligkeitswerte und Farben, sondern Differenzen. Entsprechend werden auch Farben wahrgenommen, indem sie sich organisch aufeinander beziehen und Farbkompositionen bilden.[205]
Physiologisch gesehen besteht die Netzhaut unseres Auges aus Nervenzellen, Photorezeptoren und Pigmentzellen. Die Photorezeptoren enthalten Sehpigmente und sprechen auf elektromagnetische Strahlung (350-750 nm) an. Rund 4,5 Mio. Zäpfchen zum Farbsehen und rund 100 Mio. Stäbchen zum Schwaz-Weiß-Sehen.[206]
Der Sehsinn gehört, zusammen mit dem Gehörsinn, zu den Sinnen mit ausgeprägter Wirkung auf unsere Psyche, und die visuelle Wahrnehmung ist unmittelbar mit dem eigenen seelisch-geistigen Bewußtsein verwoben. Alle Bilder, die wir wahrnehmen, fließen in die eigene Persönlichkeit ein, indem wir das Gesehene in das Erinnerte und das Erwartete integrieren. Das objektiv visuell Wahrnehmbare löst ein persönliches Erlebnis aus.[207]
Entsprechend der Theorie über die beiden Gehirnhälften hat der Prozeß des Denkens mit bildhaften Vorstellungen zu tun, die durch das Aktivieren der rechten Gehirnhälfte unterstützt werden. Dieses innere, bildhafte Sehen besitzt eine intuitive Qualität, die in der Wahrnehmung von Bewußtseinsqualitäten von Bedeutung ist. In diesem Zusammenhang möchte ich noch einmal auf die holographische Funktion unseres Gehirns hinweisen, mit der wir die Fähigkeit besitzen, über die visuelle Wahrnehmung Ganzheiten zu erkennen. So assoziieren wir, wenn wir den Ast eines Baumes sehen, den gesamten zugehörigen Baum (siehe Abb. 38).
Das Gestaltklima von Räumen nehmen wir über unsere Augen wahr und empfinden es über den psychischen Aspekt des Wärmesinnes als atmosphärischen Gesamteindruck. Die visuelle Wahrnehmung ist aber auch durch kulturelle Eigenheiten geprägt. Ob wir von links nach rechts, von oben nach unten oder umgekehrt schreiben, wie es in anderen Ländern der Brauch

ist, fließt in den Akt der visuellen Wahrnehmung mit ein und wird in der Betrachtung von Landschaften sowie im persönlichen gestalterischen Handeln von Bedeutung sein.[209]
Das Anlegen unseres visuellen Erfahrungsschatzes passiert großteils in der Kindheit, indem wir Gesehenes innerlich nachbilden. Nach Rudolf Steiner wirkt das Gesehene unmittelbar beim „leib-seelischen" Aufbau mit.[208]

Abb. 38: Beim Anblick des Astes assoziieren wir den gesamten Baum

Abb. 39: Formen und Farben wirken auf unsere Gefühlswelt

Gesichtssinn – Gestaltqualitäten

Grundprinzipien:	Licht und Schatten, Farbe
Funktionsdynamik:	willkürliches und unwillkürliches Nach-außen-Treten
Gestaltempfindung:	hell – dunkel, schwarz – weiß, färbig Spektralfarben: Rot, Orange, Gelb, Grün, Hellblau, Dunkelblau, Violett

(nach Schneider)

Photographisches Sehen — ***Übung 20***

Diese Übung soll am besten zu zweit durchgeführt werden. Sie hilft uns, die visuelle Aufmerksamkeit für kurze Zeit zu konzentrieren.
Die Versuchsperson schließt die Augen, während die betreuende Person die Versuchsperson durch die Landschaft führt. Der/die BetreuerIn sucht mit einem Blick erfaßbare Elemente (Blume, Stein, Baumrinde, Wurzelstock oder ähnliches) aus und führt die ausführende Person so nah an das gewählte Objekt, daß es mit einem Blick, ohne Veränderung der Blickrichtung, visuell erfaßbar ist. Durch ein vereinbartes Zeichen bittet sie die Versuchsperson, jetzt die Augen für einen kurzen Moment (einige Sekunden) zu öffnen, um das gewählte Objekt/Subjekt intensiv zu betrachten. Danach schließt die Versuchsperson die Augen wieder und wird zum nächsten Element weitergeführt.
Für das Gelingen dieser Übung ist es wichtig, daß die Versuchsperson die Augen während der Übergangsphasen geschlossen hält.

Unterschiedliche Blickwinkel einnehmen — ***Übung 21***

Diese Übung ist nicht nur für die Sensibilisierung der visuellen Wahrnehmung von Bedeutung, sondern kann uns auch helfen, persönliche Problemsituationen von mehreren Seiten zu beleuchten.
Wir suchen uns einen entsprechenden Freiraum oder ein bestimmtes Gestaltelement aus. Konzentriert betrachten wir die Raumsituation oder das ausgewählte Element und versuchen, die Gesamtheit beziehungsweise Details optisch wahrzunehmen. Ihren visuellen Eindruck (groß/klein, dick/dünn, schmal/breit, spitz/stumpf, aufstrebend/gleichbleibend, sich verengend/sich erweiternd, hell/dunkel, verlängernd/verkürzend, offen/geschlossen usw.) prägen wir uns gedanklich ein oder halten ihn schriftlich fest. Zusätzlich zur visuellen Wahrnehmung sollen wir versuchen, das Gestaltklima zu beschreiben, um zu erkennen, ob sich dieses nach Änderung des Blickwinkels ebenfalls verändert.
Nach Abschluß der Betrachtung (Standort 1) verändern wir unsere Position und führen dieselbe Übung an anderen Standorten unter Beibehaltung der Blickrichtung auf die ausgewählte Raumsituation wieder durch. Am Ende der Übungen vergleichen wir die an den einzelnen Standorten gemachten Erfahrungen.

4.1.9 Gehörsinn

Das Auge führt den Menschen in die Welt, das Ohr führt die Welt in den Menschen.[210]
Lorenz Open

Im Gegensatz zum Sehen ist das Hören ein nach innen gerichteter Prozeß, der sehr schwer bewußt zu steuern ist. Wir können unsere Aufmerksamkeit durchaus erhöhen, um einer schönen Melodie zu folgen oder ein bestimmtes Geräusch zu analysieren. Wir können uns aber, außer mit technischen Hilfsmitteln, der akustischen Welt nicht verschließen. Unser Trommelfell übernimmt die unterschiedlichsten Schwingungsfrequenzen, die sich als Schallwellen in den Raum hinein und aus ihm hinaus ausbreiten. Das Wesen des Schalls liegt in seiner nichtstofflichen Erscheinung, die über die unmittelbare Körperlichkeit hinausreicht. Töne kommen durch Schallwellen unterschiedlichster Frequenz zustande. Eine Luftdruckschwankung in Form einer Schwingung pro Sekunde entspricht einem Hertz, wobei die Tonhöhe mit steigender Frequenz zunimmt.[211]

Görsdorf beschreibt den Ton als sinusförmige Druck- und Dichteschwingung, den Klang als Kombination von Tönen und das Geräusch als ein Gemisch sich ständig ändernder Töne, welche als angenehm oder als unangenehm empfunden werden können.[212]

Schwingungen sind Frequenzen, die in gewissen Proportionen zueinander stehen. Wenn wir an eine Gitarrensaite denken, so erzeugt die Saite mit einer bestimmten Länge und einem bestimmten Spannungszustand einen entsprechenden Ton. Interessant ist in diesem Zusammenhang, daß andere Saiten oder auch Gegenstände, die sich im selben Raum befinden, von selbst mitzuschwingen beginnen. Wenn wir dieser Tatsache mathematisch auf den Grund gehen, erkennen wir bestimmte Intervallunterschiede, die das Mitschwingen bewirken. Es sind vor allem die Oktaven und Naturtonschritte, die zu der dazu passenden Frequenz in Resonanz treten und einen gemeinsamen Resonanzraum bilden. Die Abstände zwischen den einzelnen Tönen, ihre Beziehungen zueinander und ihre Obertöne ergeben zusammen einen Klangkörper, der von uns zum Beispiel in Form eines Musikstückes wahrgenommen wird.

Alles besitzt seine Eigenfrequenz. Ich erinnere in diesem Zusammenhang an den Erdenton, berechnet auf Grund der Frequenz der Eigendrehung der Erde, und seine Parallelen in der Eigenschwingung der menschlichen DNS und der Farbe Orange. Alle schwingen mit derselben Frequenz, und wenn wir diese Frequenzen musikalisch umsetzen, kommen wir zum Grundton G.[213]

Verhältnisse und Proportionen haben daher mit Schwingungen zu tun, und ein Körper, ein Gestaltelement oder auch eine Landschaft sind Schwingungskörper. Wenn wir an das Musikstück *Die vier Jahreszeiten* von Vivaldi denken, haben wir ein schönes Beispiel, um Frühling, Sommer, Herbst und Winter als Schwingungskörper zu erleben. Über den Klangkörper dieses Stückes entfalten sich die Temperamente der vier Jahreszeiten mit all der Lebenskraft und gestalterischen Qualität, die in der Landschaft steckt. Persönliche Erinnerungen werden geweckt und lassen uns Teil der Landschaft werden, die als inneres Bild entsteht. Nicht nur die der äußeren Wahrnehmung entsprechenden Töne (Vogelgesang, Windrauschen, Wassergeräusche, Summen von Insekten, Laute von Hunden, Ziegen, Schafen usw.) vermitteln uns das Landschaftserlebnis, sondern ganz wesentlich auch die eigene seelische Resonanz, die durch das Hörerlebnis wachgerufen wird. Über Rhythmen, Bewegungen und Proportionen bekommt der Sinngehalt des Tones, seine innere Wirkung und zugleich auch seine visuelle Umsetzung eine weitaus größere Bedeutung als in der ausschließlich akustischen Wahrnehmung.

Die gehörten Schallbilder werden mit vorhandenen seelischen Bildern verglichen, weshalb das Erinnerungsvermögen für unser Gehör eine entscheidende Rolle spielt. Schallbilder erzeugen Schau-, Temperatur-, Duft-, Tast- und Geschmacksbilder.[214]

„Alle Körper, die erklingen, offenbaren ihren Eigenton, der sie charakterisiert und an dem sie auf spezifische Weise wiedererkannt werden",[215] schreibt Schneider in diesem Zusammenhang. Auf diesem Erinnerungsvermögen baut die Entwicklung und Verwendung unserer Sprache auf, wodurch sie zu den zwischenmenschlichen Beziehungen in größerem Ausmaß beiträgt als der Gesichtssinn.[216]

Eine besondere Beziehung zwischen Ton und Landschaftswahrnehmung und in weiterer Folge der Raumbeschreibung zeigt sich am Beispiel der *Songlines* der Aborigines (Ureinwohner Australiens). Songlines sind Wegenetze, die ganz Australien weitverzweigt durchziehen und unterschiedliche Stationen aufweisen. Diese Linien in der Landschaft gehen zurück auf die Entstehungsgeschichte des Volkes und werden in gesungener Form von Generation zu Generation weitergegeben. Die Ahnen der Aborigines haben über ihre intuitive Beziehung zur Landschaft in der sogenannten Traumzeit ihren inneren Klang, den Eigenton der Landschaft, in sich aufgenommen und in Form eines Songs zum Ausdruck gebracht. Im Song selber verschmelzen die äußere und die innere Identität zu einem gemeinsamen Klangbild, welches den Charakter der Landschaft zum Ausdruck bringt. Die Landschaftswahrnehmung ist eine musikalische Wahrnehmung, durch die Sänger und Zuhörer die Landschaft über den Klang erkennen. Die Aborigines kennen nach wie vor eine Vielzahl von Songlines, deren zugehörige Songs sie durch das Land führen; sie erkennen schon an der Melodie einer ihnen persönlich noch unbekannten Songline ein darin beschriebenes Gebiet Australiens.[217]

Neben dem inhaltlichen Verständnis für das Seelenhafte der Landschaft, welches im Klang zum Ausdruck gebracht wird, trägt die Aufnahme von akustischen Signalen zu einer räumlichen Orientierung bei. Unser Gehör hilft uns, die eigene Position im Raum über die Einschätzung von Raumtiefe und Entfernungen zu definieren. Beide Ohren sind für eine akustische Richtungswahrnehmung notwendig, indem sie den Zeitunterschied des an beiden Ohren ankommenden Schalls registrieren.[218]

Zusätzlich zum Gehörsinn als Fernsinn werden Schallreize auch von der Haut (leiblich) aufgenommen. Über den selbsterzeugten Schall (Schallrückkoppelung) binden wir uns in den Raum ein. Das Fehlen der Schallrückkoppelung, wenn wir zum Beispiel die eigenen Schritte nicht mehr hören, führt zu einem Gefühl des Verlassenseins.[219]

Wenn wir die Sensibilität der akustischen Wahrnehmung unter dem Aspekt der immer stärker zunehmenden Reizüberflutung sehen, spielt die Feinfühligkeit unseres Gehörsinnes eine besondere Rolle für unser Wohlbefinden und unsere Gesundheit. Neben der stofflichen Umweltverschmutzung gibt es heute auch eine akustische Umweltverschmutzung.

Auf Grund der evolutionären Verbindung zwischen Mensch und Natur orientiert sich unser Gehörsinn an der Ordnung der Natur.[220]

Naturgegebene Geräusche sind uns vertraut und vermitteln uns, wenn wir zum Beispiel an Vogelgesänge oder auch an das Plätschern eines Baches denken, wohltuende Klänge. Der Klangkörper ist uns gut bekannt und führt zu einer bildhaften Identifikation mit der Szene in der Landschaft, die uns Sicherheit vermittelt. Wenn wir plötzlich ein Geräusch wahrnehmen, das wir nicht kennen, überkommt uns Unbehagen. Viele künstliche Geräusche erlauben uns nicht, sie zu identifizieren, und wir fühlen uns, meist unbewußt, unwohl. Hinzu kommt die Tatsache der rein quantitativen Lärmbelästigung, allein durch das Überangebot an Schallreizen und die Lautstärke der Geräusche. Wir sind unbewußt, aber auch bewußt ständig damit beschäftigt, die akustischen Reize herauszufiltern beziehungsweise von der bewußten Wahr-

nehmung fernzuhalten, um die akustische Belastung zu bewältigen. Leider vergessen wir dabei, daß diese Leistung, den unerwünschten Lärm „abzuschalten", sehr viel psychische, aber auch physische Energie kostet. Jeder von uns kennt die Situation, wenn er akustisch belastete Lebensräume verläßt und in stille Lebensräume eintritt und die damit verbundene Erleichterung spürt. Ja, es kann sogar passieren, daß wir mit dieser Stille erst wieder vertraut werden müssen und es eine Zeit dauert, bis sich unser Gehörsinn und damit auch unser Seelenkörper wieder entspannen.
Diesbezügliche Untersuchungen von Gottlob haben ergeben, daß insbesondere Straßenlärmbelästigung zu Verhaltensänderungen (Erschwernis der entspannten Kommunikation) und Gesundheitsstörungen (Erhöhung des Blutdrucks, des Pulses, Durchblutungsstörungen, Veränderung der Elektrolytkonzentration im Blut, Schlafstörungen u. a.) führt.[221]
In diesem Zusammenhang möchte ich betonen, daß Geräuschminimierung zu den wesentlichen Merkmalen und Zielsetzungen einer qualitätsvollen Freiraumgestaltung gehört.

Gehörsinn – Gestaltqualitäten

Grundprinzipien:	Proportion, Verhältnis und Beziehung in Raum und Zeit
Funktionsdynamik:	Wahrnehmung von Schwingung und Harmonie
Gestaltempfindung:	Harmonie – Dissonanz

(nach Schneider)

Bewußtes Hören — *Übung 22*

Lassen wir uns einmal in den unterschiedlichen Frei- oder auch Innenräumen, in denen wir uns aufhalten und leben, auf eine bewußte akustische Raumerfahrung ein.
Dazu setzen wir uns an einen für uns passenden Ort, schließen die Augen und halten sie während der gesamten Übung geschlossen. Wer damit Schwierigkeiten hat, kann sich durch das Anlegen einer Augenbinde helfen.
Nach der schon bekannten Einstimmung über die Konzentration auf die Atmung versuchen wir, zur Ruhe zu kommen. Wir bemerken eventuell schon während dieser Phase, daß es bei starker akustischer Belastung schwierig ist, innerlich ruhig zu werden.
Nun richten wir unsere Aufmerksamkeit bewußt auf die akustische Wahrnehmung und achten darauf, was wir hören. Wir versuchen, die unterschiedlichen akustischen Signale einzeln wahrzunehmen und zu gliedern. Welche Laute oder Geräusche sind uns angenehm, vertraut und beruhigen uns? Welche sind uns eher unangenehm, wirken störend oder beängstigend auf uns? Wir werden über die Fülle von Geräuschen und Tönen, die uns umgeben, überrascht sein. Nach Abschluß der Übung ist es eine Hilfe, wenn wir die unterschiedlichen akustischen Informationen und die dabei entstandenen Gefühlsreaktionen aufschreiben und analysieren.

Hören unterschiedlicher Gestaltqualitäten — *Übung 23*

Da unterschiedliche Materialien, Formen und Farben einen persönlichen Eigenklang besitzen, können wir in dieser Übung versuchen, über Form, Farbe und Material eine synästhetische Klangbeziehung herzustellen. Durch die bewußte Auseinandersetzung mit unterschiedlichen Gestaltelementen ist es möglich, die dem jeweiligen Gestaltelement innewohnende Klang-

farbe zu erkennen. Indem wir uns bewußt auf ein Gestaltelement einstellen, können wir versuchen, seinen inneren Klang wahrzunehmen. Vermittelt es uns einen klaren, hellen, lauten Charakter (z. B. eines Stahlrohres) oder tönt es eher tief und dumpf (z. B. wie ein schwerer, wuchtiger Holztisch)? Hält die Eigenschwingung lange an oder ist sie nur von kurzer Dauer? Zudem können wir durch Beklopfen einzelner Gestaltelemente ihren Eigenklang hervorholen und mit den Wahrnehmungen über unsere anderen Sinne (Tast-, Wärme-, Sehsinn u. a.) vergleichen.
Wie fühlt sich ein Gestaltelement an, und wie wirkt es optisch auf mich? Finden sich Parallelen zwischen dem inneren und dem äußeren Klang? Gibt es in meinem Körper Stellen, die mit dem Klang in Resonanz treten? Das sind weitere Fragen, die wir uns im Zusammenhang mit dieser Übung stellen können.

4.2 Die Wahrnehmung von Bewußtseinsqualitäten

Wenn wir nun über die Wahrnehmung körperlicher und ästhetischer Qualitäten hinausgehen, treten wir in eine geisteswissenschaftliche Betrachtung dieses Themenkomplexes ein. Das Wissen um die nichtstoffliche Wirklichkeit von Mensch und Landschaft wurde in der Zeit der Rationalisierung unseres Weltbildes ins Abseits gedrängt, obwohl die Bewußtseinsfelder stets Teil der Wirklichkeit von Mensch und Landschaft waren und sind. Es handelt sich dabei um einen Bewußtseinsausdruck, ein Informationsfeld des vitalenergetischen, seelischen und geistigen Aspektes von Mensch und Landschaft.
Durch die Konzentration auf die Wahrnehmung stofflich-ästhetischer Qualitäten wurde die darüber hinausreichende Wahrnehmung seelisch-geistiger Inhalte ins Unbewußte verdrängt, wobei uns aber die Fähigkeit dazu nie verlorengegangen ist. Um uns die nichtstoffliche Dimension wieder bewußt zu machen, ist es wichtig, die Grenzen unseres rationalen Denkens zu überschreiten und unser emotional-intuitives Denken wieder zu forcieren, indem wir das eigene Emotionalfeld, unsere Gefühle, besser kennenlernen. „Selbstwahrnehmung – das Erkennen eines Gefühls, während es auftritt – ist die Grundlage der emotionalen Intelligenz“, wie dies Daniel Goleman zum Ausdruck bringt.[222]
Daher ist es für die Sensibilisierung unserer Wahrnehmung unumgänglich, sich mit der persönlichen Bewußtseinsentwicklung auseinanderzusetzen (vgl. Kap. II.3 Die persönliche Entwicklung). Denn nur wenn wir lernen, mit unseren eigenen Emotionen umzugehen, ist es uns möglich, ein entsprechendes „persönliches Alphabet“ für körperliche, emotionale und mentale Reaktionen zu entwickeln, welches uns hilft, die inneren Qualitäten von Landschaft und Raum zu differenzieren. Diese tiefere Wahrnehmung beruht auf einer sehr persönlichen Erfahrung und der unmittelbaren Beziehung zum Lebensraum und seinen Lebewesen. Der Anspruch, sich aus dem Prozeß der Wahrnehmung herauszunehmen und zu objektivieren, ist von vornherein eine Illusion (vgl. Kap. IV.1 Subjekt-Objekt-Beziehung) und wäre zugleich ein unüberwindbares Hindernis für jede Wahrnehmung von Bewußtseinsinhalten. Eine Abspaltung des Subjekts vom Objekt würde bedeuten, daß wir uns aus der Vernetzung mit dem Wahrzunehmenden herausziehen und damit die eigentliche Wahrnehmung verhindern würden, denn die Wahrnehmung psychischer Qualitäten basiert auf der Tatsache der Resonanz des Menschen mit dem Raum und seinen Lebewesen.
Der Künstler Marko Pogačnik meint in diesem Zusammenhang, daß die Resonanz an den eigenen seelisch-geistigen Feldern beobachtet werden soll, die durch die im Raum befindlichen Bewußtseinsqualitäten hervorgerufen wird.[223] Dies erklärt er mit der Tatsache, daß der

Mensch zum makrokosmischen System der Landschaft ein entsprechendes mikrokosmisches System darstellt und damit zugleich Träger der gesamten Manifestationen der Landschaft ist. Zudem betont er, daß der Ausschluß der nichtstofflichen Welt durch die eigene philosophisch-psychologische Einstellung ihre Wahrnehmung von vornherein verhindert.[224]
Deshalb ist es von zentraler Bedeutung, mit aller uns möglichen Offenheit, einer bewußten Beziehungsfähigkeit und ohne Vorurteile an die Wahrnehmung von Bewußtseinsqualitäten um uns und in uns heranzugehen.
In diesem Zusammenhang ist es mir ein Anliegen, auf die Form der Beziehung und Begegnung des Menschen mit seinen Lebensräumen hinzuweisen, wobei die zwischenmenschliche Beziehung und die Beziehung zur Natur nicht voneinander zu trennen sind. Meiner Erfahrung nach soll die Kommunikation mit dem Seelenhaften der Landschaft von einem persönlichen Zugang geprägt sein und sich in Achtung und liebevoller Verbundenheit über unsere Herzensqualität ausdrücken. Auch wenn uns dies vielleicht ungewöhnlich erscheinen mag, stellt jedoch gerade eine liebevolle Verbundenheit zur Mitwelt die Basis für das Gelingen der Wahrnehmung dar. Wenn wir uns dabei die körperlich-seelisch-geistige Vernetzung des Menschen mit der Natur wieder bewußt machen, wird es uns sicher möglich sein eine Herzensbeziehung zu ihr zu entdecken bzw. aufzubauen.
Die Wahrnehmung von Bewußtseinsqualitäten soll stets unter aktivierter Verbindung mit der Erde stattfinden. Über den Prozeß der persönlichen Erdung ist es möglich, mit der irdischen Verkörperung vertrauter zu werden, ihr die entsprechende Aufmerksamkeit zu schenken, sowie selbst zentriert und ruhiger zu werden. Zudem bleiben wir dadurch stets mit der Realität der Erde in Verbindung, was absolut notwendig ist und sich sehr förderlich auf die Qualität der Wahrnehmung auswirkt (siehe entsprechende Übung Kap. IV.4.2.2).
In weiterer Folge sehe ich in dieser emotional-intuitiv orientierten Wahrnehmung die notwendige Ergänzung zur Wahrnehmung von körperlichen und ästhetischen Qualitäten, damit wir den ganzheitlichen Charakter der Landschaft erfahren können. Dieses bewußte Kennenlernen von Bewußtseinsqualitäten wird zu einer Bereicherung unserer Lebenserfahrung und unseres Naturverständnisses und macht es möglich, einen sensibleren gestalterischen Umgang mit unseren Lebensräumen zu finden, dessen Qualität im Erkennen der holistischen Erscheinung der Landschaft liegt. Damit können wir unser gestalterisches Handeln allmählich in Einklang mit dem körperlich-seelisch-geistigen Charakter *(Genius loci)* einer bestimmten Landschaft oder eines Landschaftsteiles ausführen.
Bevor ich auf die konkreten Methoden dieser Form der Wahrnehmung eingehe, beschreibe ich die Bewußtseinsfelder und -zentren des Menschen, welche wir als das entsprechende Sinnesinstrumentarium des Menschen verstehen können.

4.2.1 Die Bewußtseinsfelder und -zentren des Menschen

Die nichtstofflichen Informationssysteme des Menschen entsprechen den im vorangegangenen Kapitel beschriebenen Bewußtseinsfeldern und sind ebenso wie der physische Körper Ausdruck von Lebenskraft. Diese Felder und Energiezentren manifestieren sich in drei miteinander vernetzten Systemen:
Den Bewußtseinsfeldern *(Aura),* die den physischen Körper umgeben und durchdringen (vgl. Kirlian-Photographie), den *Chakren,* welche pulsierende Energiezentren des Körpers darstellen, und den *Nadis* (Energiemeridianen), die die Chakren miteinander verbinden. Die Bewußtseinsfelder des Menschen sind nicht vom physischen Körper isoliert. Sie durchdringen den

stofflichen Körper, schmiegen sich an ihn an und umgeben ihn in Form eines Energie-Eies. Die Ebenen der Bewußtseins- beziehungsweise Aurafelder schwingen in unterschiedlichen Frequenzen und gehen ineinander über, wobei die hochfrequenten Informationsfelder über die niederfrequenten hinausreichen. Wie wir in weiterer Folge noch sehen werden, entsprechen die Qualitäten der Aura sowie die der Chakren den am Beginn dargelegten seelisch-geistigen Qualitäten. Insofern betrachte ich diese Energiezentren und Informationsfelder als Manifestationen emotionaler und mentaler Inhalte sowie als den seelisch-geistigen Ausdruck der Gehirn-Herzbeziehung des Menschen. Im weiteren beschreibe ich die Bewußtseinsfelder, die Chakren und die Nadis, soweit dies für das Verständnis dieses Buches und der Wechselwirkungen zwischen Mensch und Raum notwendig ist. Für eine vertiefende Auseinandersetzung mit diesem Thema verweise ich auf die entsprechenden Literaturangaben.

Die Aura bzw. Bewußtseinsfelder

Die Aura stellt ein mehrschichtiges Schwingungsfeld dar, das den physischen Körper eiförmig umgibt und ihn durchdringt. Sie ist ein „Bewußtseinsorgan" des Menschen und bildet mit dem Körper als direkter Emanation zellulär-stofflicher Information eine lebendige Einheit. Sowohl der Mensch als auch die Landschaft mit all ihren Lebewesen besitzen eine persönliche Aura, die mit dem universellen Informationsfeld der Erde in Verbindung steht. Die Aura repräsentiert den Bewußtseinsträger der vitalen, emotionalen und geistigen Ebene des Lebens. Auraforscher haben analysiert, daß sich die Aura aus einander durchdringenden Schichten zusammensetzt, welche als Felder (Körper) bezeichnet werden. Nach der hellsichtigen Physikerin Ann Brennan repräsentiert jedes Bewußtseinsfeld „eine ausgedehnte Form unseres Selbst, die die begrenzteren Formen in sich trägt. Vom wissenschaftlichen Standpunkt kann jede nachfolgende Schicht als eine höhere Schwingungsebene betrachtet werden, die denselben Raum wie die niedrigeren Schwingungsebenen einnimmt, aber darüber hinausreicht."[225]
Die Aura wird von hellsichtigen Menschen wahrgenommen beziehungsweise „gesehen", wobei die Unterscheidung einzelner Aspekte der Aura über die Konzentration auf ein bestimmtes Bewußtseinsfeld möglich ist. Übereinstimmend in Zahl und Funktion werden in der Literatur drei Informationsfelder der Aura beschrieben, die der Trinität von Körper, Seele und Geist entsprechen: Das Vitalfeld ist als direktes nichtstoffliches Abbild des physischen Körpers zu sehen, das Emotionalfeld als Ausdruck seelischer Qualitäten und das Mentalfeld als Ausdruck des Geistes zu verstehen.

Abb. 40: Die Aura am Beispiel des dreigliedrigen Federkleides der altägyptischen Göttin Isis (nach Merz)

Das *Vitalfeld* ist dem physischen Körper in seiner Schwingungsfrequenz am nächsten und damit die direkte Verbindung zum stofflichen Grundkörper. Als unmittelbar angrenzende Auraebene versorgt es unseren Körper mit vitaler, schöpferischer Lebenskraft und stellt sein nichtstoffliches Ebenbild dar, in das der physische Körper hineinwächst. Das Vitalfeld ist der Informationsträger für die Gestaltungskräfte des physischen Körpers und fungiert zudem als Übermittler von Impulsen aus dem Emotional- und Mentalfeld.
Das Vitalfeld kann mit Hilfe der Kirlian-Photographie sichtbar gemacht werden, woraus sich Rückschlüsse auf den Gesundheitszustand des betroffenen Lebewesens ergeben (vgl. Abb. 5). Zudem bildet es einen wichtigen Wärme- und Schutzmantel für den physischen Körper und steht über die Nadis mit den feinen Kapillaren des Nervensystems in Verbindung.[226]
Das Vitalfeld steht mit den ersten drei Chakren und ihren Informationen in Verbindung (siehe nachfolgendes Kapitel: Chakren – Energiezentren des Menschen).

Das *Emotionalfeld* ist jenes Schwingungsfeld, welches gefühlsbetonte Inhalte speichert, sie zum Ausdruck bringt und zu unserer Seele und unserem Herzen in Beziehung steht (vgl. Kap. III.1 Körper – Seele – Geist und III.2 Polarität – Komplementarität). Dieses Feld enthält all unsere Emotionen erlöster und unerlöster Natur, all jene berührenden Erlebnisse in unserem Leben, die uns das Herz brechen oder höher schlagen lassen, all die Vielfalt an Leidenschaften und Stimmungen wie Liebe, Angst, Vertrauen, Hingabe, Offenheit, Spontaneität, Träumerei, Triebhaftigkeit und Empfindungsvermögen.[227]
Die Information des emotionalen Feldes wirkt aber nicht nur in uns, sondern ebenso in der Begegnung mit der Außenwelt; sie ist in der Wechselwirkung mit anderen Menschen stets beteiligt. Wir alle kennen die Sympathie oder Antipathie des ersten Augenblicks, jenes Gefühl in der Begegnung mit einem Menschen, welches spontan entsteht, ohne daß ein Wort fällt. Es dominiert ein Gesamteindruck in der Wahrnehmung, welcher sich nicht ausschließlich, aber doch zu einem großen Teil über die Seelenqualitäten des Menschen äußert. Da auch Lebensräume und ihre Lebewesen, wie wir später noch erfahren werden (siehe Kap. V.3 Die Bewußtseinsdimension der Landschaft), einen Seelenkörper besitzen, findet über die Ebene des Emotionalfeldes ein wichtiger Teil der Wahrnehmung und Kommunikation mit dem Raum statt. Im Emotionalfeld äußern sich Informationen vorwiegend über das vierte, aber auch über das zweite und sechste Chakra (siehe nachfolgendes Kapitel: Chakren – Energiezentren des Menschen).
In meiner persönlichen Wahrnehmung stelle ich zudem immer wieder fest, daß menschlich bedingte emotionale Informationen sich in Freiräumen und Innenräumen „festsetzen" und somit die Raumqualität mitbeeinflussen. Es entsteht eine Mensch-Raumidentität, wodurch der Raum auch zum emotionalen Spiegel des Menschen wird.

Das *Mentalfeld* repräsentiert die Emanation unserer geistigen Welt, unserer Gedanken und Ideen mit den rationalen sowie intuitiven Erkenntnissen. In ihm drücken sich die vielfältigen Ebenen und Möglichkeiten unseres Denkens aus. Das Bewußtwerden geschieht mit Hilfe des Gehirns; in diesen individualisierten Kreislauf fließt das kosmische Bewußtsein mit ein. In der mentalen Sphäre ist ein Gedanke immer kreativ, sei es, um körperliche Handlungen auszuarbeiten, oder sei es, um mentale Systeme zu formulieren.[228]
Dazu gehören auch die Verarbeitung der Wahrnehmung und die Steuerung unserer Willenskraft, bis hin zu der Art, wie wir denken: Ob wir mehr den abstrakten Weg der analytischen Erkenntnis gehen oder die gedankliche Ebene der bildhaften Erfahrung bevorzugen, oder ob es uns möglich ist, beide Arten des Denkens miteinander zu verbinden (vgl. Kapitel III.2.1 Das

menschliche Gehirn). Die Erfahrungen, welche über das emotionale Feld in Form von gefühlsbetonten Erlebnissen laufen, setzen sich im Mentalfeld fort und werden in durchdachte Handlungen umgesetzt oder sprachlich zum Ausdruck gebracht. Wird unser Denken dabei von ichbezogenen Gefühlen beherrscht, die sich nach Gewinn beziehungsweise der Angst vor Verlust orientieren, oder gelingt es uns, eine weniger ichbezogene Sicht in unsere Gedankenwelt einzubringen, mit mehr Offenheit für die Vielfalt des Lebens? Dies sind Fragen, die wir uns im Zusammenhang mit dem eigenen Mentalfeld stellen können, um über unseren gedanklichen Ausdruck und Austausch mit der Welt zu reflektieren. Es sind unsere eigenen Gedanken, die unsere Welt gestalten. Im Mentalfeld äußern sich Informationen aus dem fünften, sechsten und siebenten Chakra (siehe nachfolgendes Kapitel: Chakren – Energiezentren des Menschen).
Die drei Bewußtseinsfelder druchdringen einander und bilden einen komplexen Informationsbereich, der den physischen Körper durchdringt und mit unterschiedlicher Reichweite über ihn hinausgeht.

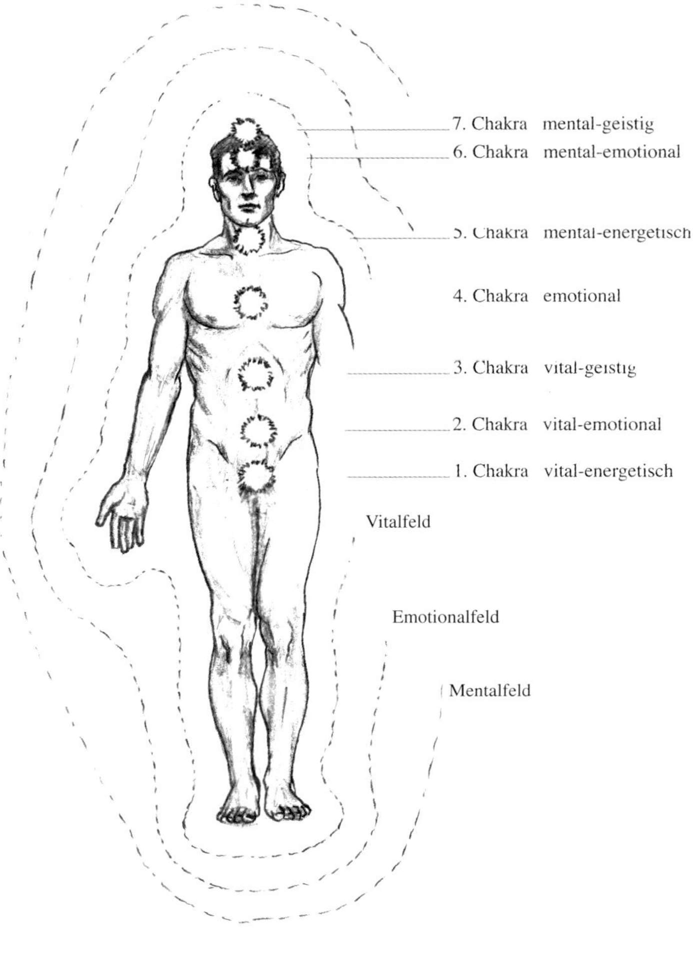

Abb. 41: Die Bewußtseinsfelder und die sieben Hauptchakren des Menschen (nach Brennan)

Ann Brennan gibt folgende Richtwerte für die Ausbreitung der menschlichen Aura an: Dem physischen Körper am nächsten bleibt das Vitalfeld mit bis zu fünf Zentimetern. Das Emotionalfeld erstreckt sich bis zu dreißig Zentimeter und das Mentalfeld bis zu hundert Zentimeter nach außen.[229] Individuelle Abweichungen und Ausprägungen werden vom Bewußtseinszustand und der persönlichen Vitalität bestimmt.

Chakren – Energiezentren des Menschen

Das Wort *Chakra* leitet sich aus dem Sanskritwort für Rad ab und hat sich aus der Wahrnehmung der Chakren als sich drehender Energiezentren entwickelt. Von dieser Wahrnehmung ausgehend werden sie in Form von Blüten (Lotusblüten), aber auch als Trichter, deren Öffnungen in die Aura einmünden, beschrieben. Wir besitzen sieben Hauptchakren, die entlang der Wirbelsäule liegen und sich auf der Vorderseite sowie auf der Rückseite des menschlichen Körpers nach außen hin öffnen. Zusätzlich werden bis zu einundzwanzig Nebenchakren beschrieben, die über den gesamten Körper verteilt sind und von denen wichtige in den Zentren unserer Hand- und Fußflächen liegen.[230]

Wir können uns die Chakren als pulsierende Energiezentren vorstellen, welche für die Erhaltung der Vitalität von entscheidender Bedeutung sind. Sie sind am Energiestoffwechsel des Menschen zwischen der persönlichen Aura und den zugehörigen Chakren beteiligt und stehen in ständiger Wechselbeziehung mit seiner Mitwelt. Vergleichbar der Funktion der Atmungsorgane dienen die Chakren der Aufnahme, der Abgabe, der Umwandlung und der Verteilung von Lebenskraft, die wir direkt über sie selbst und in Verbindung mit der Aura aufnehmen. Über die Nadis wird die Energie innerhalb der Chakren verteilt, und unser Hormon- und Nervensystem leiten diese Information weiter in den physischen Körper. Die Hypophyse, die Epiphyse (Zirbeldrüse), die Thymusdrüse und die Hisschen Zellen im Herzen haben hierbei eine wichtige „Transmitterfunktion"[231] (vgl. Kap. III.2.2 Das menschliche Herz).

Die enge Beziehung zwischen der Aura und den Chakren zeigt sich in gemeinsamen inhaltlichen Aspekten. Die informationsmäßige Entsprechung liegt in der direkten Verbindung zwischen dem Vitalfeld und den ersten drei Chakren, zwischen dem Emotionalfeld und dem vierten Chakra und zwischen dem Mentalfeld mit dem fünften, sechsten und siebenten Chakra. Zudem wiederholen sich die Informationen des Vital-, Emotional- und Mentalfeldes in den ersten und den letzten drei Chakren auf einer untergeordneten Ebene (Abb. 41).

Tabelle 6: Zusammenhänge zwischen den einzelnen Chakren und den Feldern

Vitalfeld	
vital-energetische Information	1. Chakra
vital-emotionale Information	2. Chakra
vital-geistige Information	3. Chakra
Emotionalfeld	
emotionale Information	4. Chakra
Mentalfeld	
mental-energetische Information	5. Chakra
mental-emotionale Information	6. Chakra
mental-geistige Information	7. Chakra

Auffallend ist in diesem Zusammenhang das Emotionalfeld mit der Herz-Chakra-Entsprechung. Hier finden wir die Parallele zu der von Pearce zitierten Herzensqualität, die in Verbindung mit den eigenen Emotionen, der Herzensintelligenz, steht. Nicht zufällig wird das Herz seit jeher als das Zentrum der Liebe verstanden und beschrieben.
In der folgenden Zusammenfassung gebe ich einen Überblick über die wichtigsten Aspekte und Entsprechungen der sieben Hauptchakren, woraus jeder selbst die Beziehung zu den drei Aurafeldern nachvollziehen kann.[232] Jedes einzelne Chakra repräsentiert ein geistiges Prinzip und ein Handlungsprinzip, welches auch über die Naturerfahrung spürbar wird (siehe anschließende Übung). Die Lage der Chakren im Körper stellt einen örtlichen Bezug zum physischen Körper her. Die Zuordnungen zu bestimmten Organen, endokrinen Drüsen und Sinnen beschreiben ebenfalls körperliche Entsprechungen. Die Farbe eines Chakras symbolisiert jeweils sein Prinzip. Die Farben der Chakren und ihre Bedeutungen wurden bis heute einheitlich beschrieben und entsprechen dem Farbphänomen des Regenbogens, der dieselben sieben Farben in derselben Reihenfolge widerspiegelt. Wir kennen das Phänomen der Lichtbrechung, wenn zum Beispiel Sonnenlicht durch einen Wassertropfen oder ein Glasprisma fällt und sich in die sieben Spektralfarben aufgliedert (Abb. 42).
Zu erwähnen wäre noch, wie Lambert ausführt, daß jedes Chakra „alle Farben enthält", dabei jedoch immer eine bestimmte Farbe – die entsprechenden Chakra-Farbe – dominiert.[233]

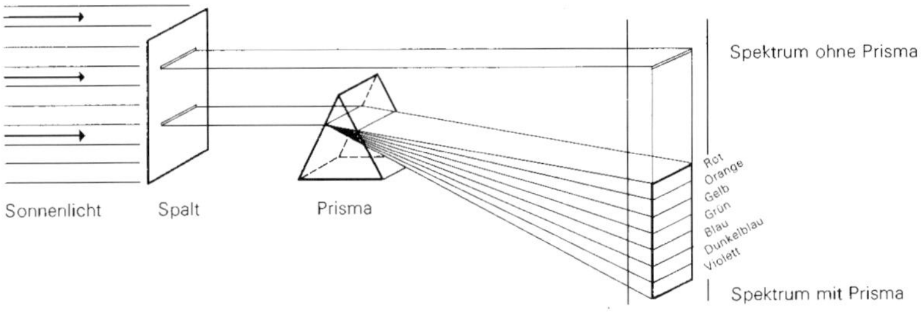

Abb. 42: Die sieben Spektralfarben
(nach Itten)

Tabelle 7: Die sieben Hauptchakren – ihre Lage und ihre Entsprechungen
(nach Sharamon/Baginski)

1.	**Wurzel- oder Basischakra**
Lage:	Steißbein
Farbe:	Rot
Prinzip:	körperliche Kraft, Fortpflanzung, Wachstum, Entwicklung, Wille, Stärke, Mut, autonome Körperfunktionen, Erdverbundenheit, *körperlicher Wille zum Sein, Lebenswille*
Organe:	Wirbelsäule, Knochen, Beine, Darm und Blut
Drüsen:	Nebennieren
Naturerfahrung:	Erde, Morgenrot, Abendrot, Bewegung und körperlicher Kontakt zur Erde, die rote Farbe in der Natur, die Wurzeln der Pflanzen

2.	**Sakral- oder Milzchakra**
Lage:	zwischen Solarplexus- und Basischakra, auf der Höhe des zweiten und dritten Lendenwirbels
Farbe:	Orange
Prinzip:	Gefühlswelt, Fluß des Lebens, körperliche Liebe, *schöpferische Fortpflanzung des Seins*
Organe:	Fortpflanzungsorgane, Nieren, Verdauungsorgane (alles Flüssige im Körper)
Drüsen:	Keimdrüsen, Eierstöcke, Prostata, Hoden
Naturerfahrung:	Mondlicht, alle Formen von Wasser, Regen, feuchte Luft, Nebel, die orange Farbe in der Natur

3.	**Solarplexuschakra**
Lage:	zwei bis drei fingerbreit oberhalb des Nabels
Farbe:	Gelb bis Goldgelb
Prinzip:	persönliches Sein und Ausdruck im Leben, In-der-Mitte-Sein, das körperliche Zentrum *Gestaltung des Seins*
Organe:	vegetatives Nervensystem, Leber, Magen, Galle
Drüsen:	Bauchspeicheldrüse (Leber)
Naturerfahrung:	Das Licht der Sonne, die gelbe Farbe in der Natur, die Sonnenblume, das goldene Kornfeld, die vitalenergetische Dimension der Landschaft

4.	**Herzchakra**
Lage:	im Zentrum der Brust, auf der Höhe des körperlichen Herzens
Farbe:	Grün, Rosa
Prinzip:	allumfassende Liebe, das verbindende Prinzip zwischen Himmel und Erde, Hingabe an das Leben, Gegenwart, Sitz der Seele, *Hingabe an das Sein*
Organe:	Herz (Kreislauf), Lunge, Haut, Hände
Drüsen:	Thymusdrüse
Naturerfahrung:	der Baum als Symbol der Verbindung zwischen Himmel und Erde, rosafarbener Himmel, die emotionale Dimension der Landschaft, Blüten

5.	**Halschakra**
Lage:	auf der Höhe des Kehlkopfs
Farbe:	Hellblau
Prinzip:	geistiger Ausdruck, Sprache, Kommunikation, Klang, *Freiwerden des Seins vom Ego*
Organe:	Bronchien, Lunge, Kehlkopf, Hals (Stimme)
Drüsen:	Schilddrüse, Nebenschilddrüse
Naturerfahrung:	blauer Himmel, Spiegelungen im Wasser, leichter Wellenschlag, das Rauschen der Blätter

6.	**Stirnchakra/Drittes Auge**
Lage:	über der Nasenwurzel zwischen den Augenbrauen
Farbe:	Indigoblau

Prinzip:	intuitives Sehen, mitgebrachtes Wissen, innere Weisheit, himmlische Liebe *Erkenntnis des Seins*
Organe:	Kleinhirn, Nase, Ohren, Augen, Gesicht
Drüsen:	Hirnanhangdrüse
Naturerfahrung:	Nachthimmel; das tiefe, blaue Meer; Stille und Tiefe

7.	**Kronenchakra/Scheitelchakra**
Lage:	in der Mitte der Kopfoberseite (Scheitel)
Farbe:	Violett
Prinzip:	Verbindung zum Göttlichen (Gotteserfahrung), das rein Geistige, höheres Bewußtsein, *reines Sein*
Organe:	Schädel, Großhirn
Drüsen:	Zirbeldrüse
Naturerfahrung:	erhabene Landschaftspunkte wie Berggipfel, Landschaftskoordinationspunkte

Nadis – Energiebahnen des Körpers

Die *Nadis* (aus dem Sanskrit: Röhre, Gefäß) sind Energiebahnen, welche die Chakren in Form einer Energieleiter miteinander verbinden. Obwohl sie physikalisch nicht nachweisbar sind, kann man sie mit den Arterien des stofflichen Körpers vergleichen. Die Nadis verteilen die Lebenskraft vorwiegend innerhalb der Chakren.[234]

Abbildung 43 zeigt das Wechselspiel zwischen den nichtstofflichen und den körperlich-stofflichen Ebenen im Menschen, ausgehend von der Wechselwirkung von Bewußtseinsqualitäten zwischen Mensch und Mitwelt.

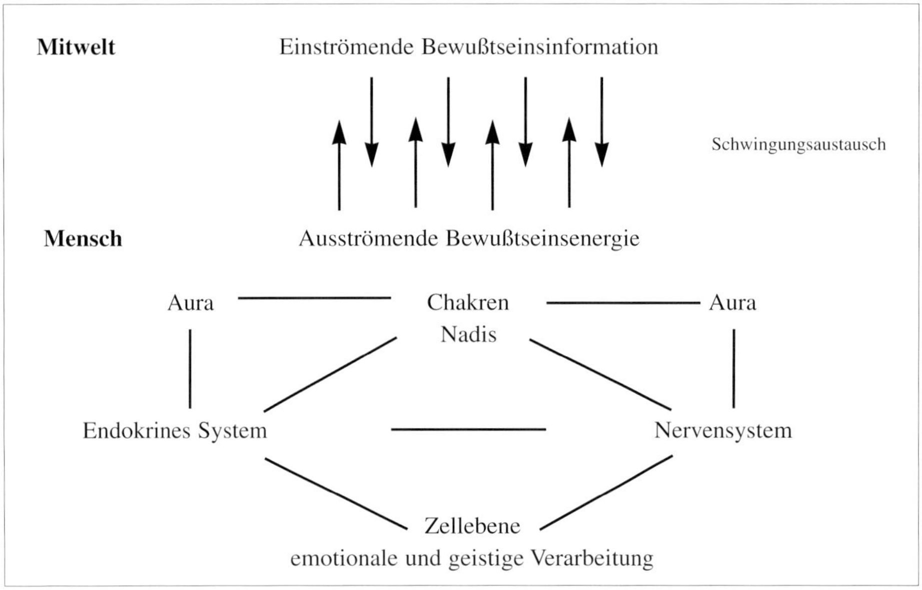

Abb. 43 Informationsfelder in ihrer Wechselwirkung zwischen Mensch und Mitwelt (nach Brennan)

Die Wahrnehmung der Bewußtseinsfelder des Menschen

Für die Selbsterfahrung sowie für die Wahrnehmung der nichtstofflichen Ebenen der Landschaft ist es von großer Bedeutung, die Empfindungsfähigkeit für die eigenen Bewußtseinsfelder und -zentren zu verfeinern und zu vertiefen. Zudem ist es wichtig, unsere Aura und die Chakren als eigene Organsysteme zu verstehen und sie analog zu unserem physischen Körper zu pflegen und zu reinigen.
Bevor wir auf die Wahrnehmung seelisch-geistiger Raumqualitäten eingehen, möchte ich einige einfache und gut erprobte Übungen zur Selbsterfahrung anbieten. Diese Erfahrungen werden uns in weiterer Folge für das Erkennen der Bewußtseinsdimension der Landschaft sehr hilfreich sein. Die Qualität und der Erfolg der Übungen hängen stets mit der eigenen Motivation und Freude zusammen, mit der wir die Übungen durchführen.

Übungen zum Erspüren der eigenen Aura

Beim Erspüren der Aura können wir uns einerseits auf das gesamte Feld konzentrieren, andererseits auch versuchen, unterschiedliche Feldqualitäten zu erspüren, welche sich auf die drei beschriebenen Aurafelder beziehen. Wenn wir mit den Übungen noch nicht vertraut sind, ist es besser, ein Gefühl für die gesamte Aura zu bekommen, wobei die Erfahrung zeigt, daß die körpernäheren Schichten leichter wahrnehmbar sind. Werden die Übungen konsequent und über einen längeren Zeitraum betrieben, wird sich die Wahrnehmung verfeinern, und die persönliche Feinfühligkeit für die Aura wird sich verstärken, wobei das emotionale Feld mit der damit verbundenen Herzensqualität in der Kommunikation mit der Landschaft und ihren Lebewesen am stärksten aktiviert wird.

Das eigene Energiefeld spüren — *Übung 24*

Wie schließen die Augen und gehen mit der Aufmerksamkeit zu unserem Körper, indem wir ihn gedanklich vom Kopf bis zu den Händen und Füßen nachspüren.
Wenn wir ein gutes Gefühl für unseren Körper bekommen haben, gehen wir mit unserer Aufmerksamkeit in unser Energiefeld, welches unseren physischen Körper umgibt. Das heißt, wir spüren über unseren Körper hinaus und versuchen die von uns ausgehenden und uns umgebenden Bewußtseinsqualitäten zu fühlen. Dabei können wir uns innerlich folgende Fragen stellen: Wie empfinde ich mein Energiefeld? Wo fühle ich eine stärkere Präsenz meines eigenen Kraftfeldes? Stärker auf der Vorderseite meines physischen Körpers oder stärker im Rücken- oder Seitenbereich? Stärker links oder rechts von meinem Körper? Wie weit strahlt mein Energiefeld von meinem physischen Körper ab?
Unsere Aura soll den physischen Körper gleichmäßig umgeben. Ich habe bei den Menschen, die mit mir zusammen diese Übung durchgeführt haben, immer wieder festgestellt, daß sich der Großteil unseres Energiefeldes und damit auch der gesamten Lebenskraft vor dem Körper befindet. Es scheint, als würden wir stärker auf die Zukunft, auf das, was vor uns liegt, ausgerichtet sein und weniger im Hier und Jetzt, im Zentrum leben.
Eine ungleiche Verteilung zwischen links und rechts entspricht einer Unausgewogenheit der beiden Gehirnhälften (die rechte Körperseite entspricht der linken Gehirnhälfte und die linke Körperseite der rechten). Wenn wir den Großteil der Energie im Rücken spüren, könnte dies bedeuten, daß wir zu sehr vergangenheitsbezogen sind.

Die Lebenskraft zwischen den Handflächen spüren — *Übung 25*

Wir setzen uns mit aufgerichtetem Oberkörper auf einen Sessel und stellen beide Füße so auf, daß wir guten Bodenkontakt haben.
Wir halten nun beide Handflächen in einem Abstand von 5–12 cm einander gegenüber, gehen mit unserer Aufmerksamkeit zu unseren Handflächen und dem dazwischenliegenden Raum und beginnen diesen Zwischenraum zu erweitern und anschließend wieder zu verengen. Können wir das Kraftfeld zwischen unseren Händen spüren, und wie fühlt es sich an? Spüren wir einen kleinen Widerstand oder auch ein Gefühl der Wärme?
Wie bei der zuvor angeführten Übung ist es wichtig, Geduld zu haben und die Übung immer wieder zu wiederholen. Wenn wir Erfahrung gesammelt haben, können wir versuchen, die unterschiedlichen Auraschichten, vor allem das Vitalfeld (2–3 cm Abstand) und das Emotionalfeld (7–10 cm Abstand) zu erspüren.

(nach Brennan)

Reinigen der körpereigenen Energiefelder — *Übung 26*

Diese Übung liegt mir besonders am Herzen, da wir mittlerweile wissen, daß seelisch-geistige Energien Informationen sind, welche wir in unsere persönliche Aura aufnehmen und darin auch speichern. Wenn wir unsere Bewußtseinsfelder klären möchten, können wir dies über eine geistig-visuelle und eine entsprechende gefühlsmäßige Vorstellung durchführen.
Diese Übung kann im Stehen, aber auch im Sitzen, in Innen- sowie Außenräumen durchgeführt werden. Wir schließen unsere Augen und versuchen innere Ruhe zu erlangen, indem wir unsere Aufmerksamkeit auf die eigene Atmung konzentrieren.
Anschließend lassen wir über eine gedankliche und emotionale Vorstellung von oben her hell strahlendes violettes oder weißes Licht in unseren Körper und unsere Aura einfließen, als würden wir uns innerlich und äußerlich mit der entsprechenden Farbe duschen. Um die Visualisierung des weißen Lichtes zu unterstützen, können wir uns das strahlende Licht der Sonne vorstellen. Wir fühlen dieses Licht und führen es vom Scheitel gleichmäßig und langsam durch unseren gesamten physischen Körper und die Informationsfelder hinab bis zu unseren Füßen, wo es wieder austritt. Wir halten dabei unsere Aufmerksamkeit so lange bei dieser Vorstellung, bis wir unseren ganzen Körper von violettem oder weißem Licht durchflutet empfinden.
Während der gesamten Übung ist es notwendig, die gedankliche Vorstellung mit einem entsprechenden Gefühl zu begleiten. Diese emotionale Vorstellung durchdringt den physischen Körper und verstärkt die Wirksamkeit der Übung wesentlich.
Mit einer innerlichen Danksagung an die reinigende Kraft des Lichtes kehren wir mit unserer Aufmerksamkeit zurück zu unserer Atmung, spüren, wie sich unser Bauch hebt und senkt, und öffnen langsam wieder die Augen.
Diese Übung sollte in unser Alltagsleben integriert werden; wir können sie zum Beispiel in die morgendliche und abendliche Körperreinigung einbinden.

(nach Lambert und Pogačnik)

Stärkung des eigenen Schutzmantels *Übung 27*

Wie unsere Haut unseren Körper umhüllt, so wird auch die Aura des Menschen durch eine Art Membran abgeschlossen.[235] Diese hilft uns, unsere Bewußtseinsdimension abzugrenzen und dadurch die eigenen Bewußtseinsfelder zu definieren. Dabei handelt es sich nicht um eine undurchlässige Schutzschichte, sondern um eine durchlässige Membran, über die ständig Kommunikation mit der Außenwelt stattfindet. Wegen der energetischen und emotionalen Belastungen, denen wir auf Grund persönlicher Lernprozesse sowie zahlreicher zivilisatorischer Probleme gegenüberstehen, empfehle ich, diese Übung zusammen mit der zuvor beschriebenen Übung regelmäßig durchzuführen. Zum Beispiel am Morgen, vor dem Verlassen der Wohnung oder des Hauses.
Die Stärkung und Aktivierung des eigenen Schutzmantels hat nichts mit egoistischem Handeln zu tun, sondern hilft uns vielmehr, die eigene Zentriertheit zu wahren und besser in unserer eigenen Mitte zu ruhen. Da wir im Zuge der Wahrnehmung von Bewußtseinsqualitäten unsere eigenen Bewußtseinsfelder öffnen, ist es stets von Vorteil, vor dieser Wahrnehmung den eigenen Schutzmantel zu aktivieren, um in der eigenen Stabilität gut verankert zu bleiben und eventuelle für uns nicht förderliche Schwingungen abzuhalten.
Ausgehend von der Körpermitte, vom Solarplexus (drittes Chakra) visualisieren wir ein Ei aus weißem Licht. Wir stellen uns vor, wie dieses Ei aus weißem Licht unseren Körper nach allen Seiten hin lückenlos umschließt und spüren dieser Vorstellung zugleich emotional nach. Dann legen wir außen über das weiße Licht eine ebenso lückenlose violette Lichthülle und bitten darum, daß wir geschlossen und geschützt sind. Auch in diesem Fall ist die emotionale Begleitung zusammen mit dem eigenen Vertrauen in die Qualität der Schutzwirkung von großer Bedeutung.

Die Wirkung der Übung können wir verstärken:

- durch eine bewußte Verbindung mit der Erde. Wir tun dies, indem wir – wiederum über eine emotionale Vorstellung – wie ein Baum Wurzeln in den Boden wachsen lassen und die Verbindung zur Erde und die damit einhergehende Standfestigkeit aktivieren.
- durch das Begleiten der Übung mit einer persönlichen Handbewegung, welche die Vorstellung der Aktivierung des Schutzmantels und das damit verbundene Gefühl unterstützt.

Auf Grund der Einfachheit und des geringen Zeitaufwandes dieser Übung ist es jederzeit möglich, sie durchzuführen.

(nach Lambert und Pogačnik)

Übungen zum gegenseitigen Erspüren der Aura

Nachdem die Aura eines Menschen etwas sehr Persönliches und Empfindsames ist, möchte ich für die anschließenden Übungen darum bitten, jeweils vor Übungsbeginn das Einverständnis der PartnerInnen einzuholen, da wir uns bei diesen Übungen bewußt in das Energiefeld eines Mitmenschen begeben. Dies hilft uns zugleich, einen respektvollen Umgang mit anderen Lebewesen zu pflegen.

Erspüren des Energieflusses – paarweise und in der Gruppe *Übung 28*

Zwei PartnerInnen sitzen einander gegenüber und berühren einander mit den Innenflächen ihrer Hände. In einer Gruppe stellen oder setzen sich die Menschen zu einem Kreis zusam-

men, und die TeilnehmerInnen reichen einander die Hände. Während der Übung schließen wir die Augen, konzentrieren uns auf unsere Lebenskraft und lassen sie im Kreis fließen. Wir richten die Aufmerksamkeit auf unsere Handchakren, welche sich in den Handflächen befinden, und spüren, wie sich der Energieimpuls anfühlt. Im Anschluß an die Übung tauschen wir die dabei gemachten Erfahrungen untereinander aus.
In einem zweiten Durchgang können wir versuchen, nach dem Zusammenlegen unserer Handflächen den Fluß der Lebenskraft zu zweit bewußt zu steuern, indem wir ihn gedanklich anhalten, die Richtung ändern oder die Energie über beide Handflächen ausschicken beziehungsweise aufnehmen. Wir wechseln die Rollen und tauschen anschließend unsere Erfahrungen aus.

(nach Brennan)

Führende Hände — *Übung 29*

Bei dieser Partnerübung setzen oder stellen wir uns einander gegenüber und mit geschlossenen Augen hin. Beide Handflächen werden im Abstand von fünf Zentimetern zueinandergehalten, ohne daß sie einander berühren. Nachdem wir einen guten Kontakt zum/zur PartnerIn hergestellt haben, beginnt ein/eine TeilnehmerIn, seine/ihre Hand sehr langsam zu bewegen, wobei der/die PartnerIn den Bewegungen folgt, ohne daß die Hände einander berühren. Nach einer entsprechenden Zeit werden die Rollen getauscht.

Die Aura-Abstrahlung wahrnehmen — *Übung 30*

Eine Person stellt sich ruhig hin, während sich die andere Person behutsam um sie herumbewegt, um herauszufinden, wie weit deren Aura abstrahlt. Dabei halten wir beide Hände offen – mit zum/zur PartnerIn gerichteten Handflächen – und bewegen uns behutsam auf unseren/unsere PartnerIn zu und wieder weg. Wir versuchen seine/ihre Aura zu erspüren. Anschließend tauschen wir die Rollen und sprechen danach über unsere Wahrnehmung.

Chakrenmeditation — *Übung 31*

Diese Übung soll uns helfen, die persönliche Wahrnehmung bezüglich der eigenen sieben Hauptchakren zu sensibilisieren. Wie ich im theoretischen Teil dieses Abschnittes beschrieben habe, besitzt der Mensch sieben Hauptchakren, deren Lokalisation über den physischen Körper erfahrbar ist. Dabei ist es von Nutzen, wenn wir die theoretischen Aspekte bezüglich Lage und Farbe der einzelnen Chakren nachvollziehen können.
In der Übung wandern wir mit unserer Aufmerksamkeit durch unsere sieben Hauptchakren, um eine bewußte Beziehung zu ihnen herzustellen. Wir lesen uns die folgende Übung zuerst so genau durch, daß wir sie anschließend selbständig durchführen können, oder lassen sie uns vorlesen, damit wir dem Text in unserer Vorstellung mit der bewußten Erzeugung entsprechender innerer Bilder gut folgen können.
Wir setzen uns danach so hin, daß wir für einen Zeitraum von 15–20 Minuten bequem und mit aufrechter Wirbelsäule sitzen können und den Boden mit beiden Fußsohlen gut berühren. Nun schließen wir die Augen und lenken die Aufmerksamkeit auf unsere Atmung. In unserer

Vorstellung atmen wir Ruhe ein und Unruhe aus, bis wir spüren, daß unser Körper und unser Geist zur Ruhe kommen. Wenn uns noch Gedanken durch den Kopf gehen, können wir diese über die Vorstellung eines Hauses mit offenen Fenstern aus unserem Kopf hinauslassen. Wenn gewisse Gedanken in unserem Kopf noch immer weiterkreisen, lassen wir sie zu und versuchen, uns sanft auf die folgende Chakrenmeditation zu konzentrieren.
Zu Beginn gehen wir mit unserer Aufmerksamkeit zu unserem *Basischakra* und stellen es uns in der Verlängerung unseres Steißbeins in Form einer geschlossenen Blüte vor (z. B. einer persönlichen Lieblingsblume). Langsam öffnen sich die grünen Kelchblätter, eine rote Blüte entfaltet sich, und wir können die Kraft spüren, die von dieser Farbe ausgeht. Wenn wir diese Vorstellung gut halten können, lassen wir die Farbe durch unseren gesamten Körper fließen und über ihn hinaus bis in unsere Aura. Wir sind von der Farbe Rot umhüllt und durchdrungen und halten dieses Bild für einen Augenblick. Danach ziehen wir die Farbe zurück ins Basischakra, in die Form der roten Blüte, welche sich langsam wieder zu einer Knospe schließt und zu einem kleinen grünen Punkt wird.
Wir gehen weiter zu unserem *Sakralchakra,* das ca. 2–4 cm unter dem Nabel im Körper liegt, wo wir eine geschlossene Blüte vorfinden. Langsam öffnen sich die Kelch- und Blütenblätter zu einer wunderschönen orangen Blüte, deren Farbe liebevoll und samtig weich durch den Körper in unsere Aura strömt. Wir sind von der Farbe Orange umhüllt und durchdrungen und halten diese Vorstellung für einige Zeit. Danach ziehen wir die Farbe wieder in unser zweites Chakra zurück. Die orange Blüte schließt sich zu einer Knospe und wird zu einem kleinen grünen Punkt.
Nun wandern wir zu unserem *Solarplexuschakra,* zwei bis drei fingerbreit oberhalb unseres Nabels, wo wir uns eine Blütenknospe vorstellen, die langsam zu einer strahlenden gelben Blüte erwacht. Sie schickt sonnengelbes Licht in unseren gesamten Körper und unsere Felder. Wir sind von der Farbe Gelb umhüllt und durchdrungen und spüren ihre Strahlkraft und Wärme. Allmählich lenken wir die Farbe zurück zum Solarplexus, wo sie die Form einer gelben Blume annimmt, deren Blüte sich zu einer Knospe schließt und zu einem kleinen grünen Punkt wird.
Unsere Reise geht weiter zu unserem Herzen, wo sich das *Herzchakra,* das Zentrum der Liebe befindet. Wir öffnen die grüne Knospe zu einer grünen beziehungsweise rosafarbenen Blüte, von der die Farbe Grün ausströmt und sich in unseren Körper und darüber hinaus ergießt. Wir sind von der Farbe Grün/Rosa ganz umhüllt und durchdrungen und schwingen uns ein in die Vorstellung der allumfassenden Liebe. Danach ziehen wir die Farbe langsam zu unserem Herzen zurück und formen sie zu einer rosa-grünen Blüte, die wir betrachten und langsam schließen, bis nur mehr ein kleiner grüner Punkt übrig bleibt.
Auf der Höhe unseres Kehlkopfes begegnen wir der nächsten Blütenknospe. Es ist unser *Halschakra,* welches sich voll Freude zu einer strahlenden hellblauen Blüte entfaltet. Die hellblaue Farbe strahlt in unseren ganzen physischen Körper und unsere Bewußtseinsfelder und erfüllt alles mit der Farbe Hellblau. Unter dem Eindruck dieses Bildes nehmen wir „Kommunikation" als spezielle Qualität dieses Chakras wahr. Die Farbe fließt zurück ins Halszentrum, wo wir eine hellblaue Blüte sehen, welche sich langsam zu einer Knospe schließt und zu einem kleinen grünen Punkt wird.
Im *Stirnchakra,* über der Nasenwurzel zwischen den Augenbrauen, treffen wir auf unser drittes Auge, das Zentrum des intuitiven Sehens. Die Blütenknospe öffnet sich zu einer dunklen, indigoblauen Blüte. Langsam strömt die Farbe in unseren Körper ein und darüber hinaus und vermittelt uns ein Gefühl der Tiefe. Wir sind von der Farbe Dunkelblau umhüllt und durchdrungen und halten diesen Bewußtseinszustand für einige Zeit. Danach strömt das Indigoblau

zurück zum Stirnzentrum, formt sich zu einer dunkelblauen Blüte, die sich zu einer Knospe schließt und zu einem kleinen grünen Punkt wird.
Schließlich gehen wir mit unserer Vorstellung zum *Kronenchakra,* welches sich am Scheitel auf unserem Kopf befindet. Die Knospe öffnet sich zu einer violetten Blüte, und wir spüren die Verbindung zum Himmel. Wir sind von der Farbe Violett ganz umhüllt und durchdrungen, und unser Körper sowie unsere Aura werden von dieser Farbe gereinigt. Wiederum nehmen wir diese Farbe mit einem Gefühl der Dankbarkeit zurück in die violette Blüte unseres Kronenchakras. Hier schließen wir auch diese Blume zu einer Knospe, die zu einem kleinen grünen Punkt wird, und verbleiben noch ein wenig in dieser Vorstellung.
Um die Meditation abzuschließen, gehen wir mit der Aufmerksamkeit zurück zu unserem Atem und verfolgen bewußt, wie wir ein- und ausatmen. Wir spüren unseren physischen Körper, unsere Füße, die fest auf dem Boden ruhen. Und wenn wir bereit sind, öffnen wir die Augen und strecken und dehnen unseren Körper.
Wie auch bei den anderen Übungen ist es erforderlich, diese Meditation kontinuierlich zu machen. Meine persönliche Erfahrung hat gezeigt, daß es im Laufe der Zeit immer einfacher wird, die gedanklichen Vorstellungen zu halten und dadurch ein Gefühl für die sieben Hauptchakren zu bekommen. Es ist eine zusätzliche Hilfe, wenn wir diese Übung in einer Gruppe machen können und unsere Erfahrungen dabei austauschen beziehungsweise uns selbst Notizen machen und so die Möglichkeit für eine persönliche Reflexion schaffen.

Chakrenbezogene Naturwahrnehmung — ***Übung 32***

Wir können auch in der Begegnung mit der Natur eine intuitive und emotionale Erfahrung mit unseren Chakren machen. Da wir in Resonanz mit der uns umgebenden Landschaft stehen, ist es möglich, über die Naturerfahrung eine Selbsterfahrung zu machen. Als Hilfestellung können wir die in der Chakrenzusammenfassung angeführten Naturerfahrungen heranziehen und in unserem Erleben nachvollziehen. Darüber hinaus möchte ich jede/n ermuntern, den der eigenen Wahrnehmung und dem eigenen Lebensgefühl entsprechenden Naturerfahrungen nachszupüren. Die Vielfalt unserer Lebensräume bietet hierfür zahlreiche Möglichkeiten.
Wichtig ist in diesem Zusammenhang, daß diese Übung nicht über unsere intellektuelle, sondern über unsere emotional-intuitive Erfahrungsebene ablaufen soll. Dies funktioniert am besten in einer kontemplativen Begegnung mit dem Raum, in der wir uns die nötige Ruhe und Zeit für die persönliche Erfahrung gönnen. Erst in zweiter Linie benutzen wir unseren Verstand, um unsere Erlebnisse und Eindrücke sowie die Bilder und Gefühle, die wir haben, zueinander in Beziehung zu setzen und aufzuarbeiten.

4.2.2 Ablauf der Wahrnehmung von Bewußtseinsqualitäten

Ausgehend von dem Wissen um die Bewußtseinsfelder des Menschen als Ausdruck von seelisch-geistigen Informationen, möchte ich im folgenden auf die Wahrnehmungsaspekte der nichtstofflichen Kommunikation mit der Landschaft eingehen. Dabei werden die Methode und das generelle Herangehen an diese Form der Wahrnehmung beschrieben. Geeignete Übungen für die Wahrnehmung seelisch-geistiger Aspekte der Landschaft biete ich im Kapitel V.3 (Die Bewußtseinsdimension der Landschaft) an. Den Ablauf einer Kommunikation zwischen Mensch und Raum auf der Bewußtseinsebene können wir uns analog zum generellen

Ausbreitungsverhalten von Schwingungen (akustischen Wellen, elektromagnetischen Wellen u. a. m.) vorstellen (siehe Kap. III.1 Körper – Seele – Geist). Die Informationfelder des Menschen sowie die der Landschaft breiten sich über den Körper in den Raum aus, wie Wellen, die entstehen, wenn wir einen Stein in ein stilles Gewässer werfen. Wenn wir nun einen zweiten Stein hineinwerfen, bilden sich zwei Wellenkörper, deren Wellen sich durch ihr Zusammentreffen im Wasser überlagern. Die Informationen, die in den Wellen stecken, mischen sich und werden ausgetauscht.
Nach diesem Prinzip erfolgt auch die Kommunikation über die Bewußtseinsdimension, indem sich das Schwingungsmuster der Aura des Menschen mit dem der Aura der Landschaft und ihrer Lebewesen trifft. Das emotionale Schwingungsfeld, zum Beispiel eines Baumes, versetzt unser eigenes Emotionalfeld in Schwingung. Dieser Einfluß wird von unserem persönlichen Emotionalfeld registriert (bewußt oder unbewußt) und als Erregung über unser endokrines System und unsere Nerven (entlang der Wirbelsäule) zum Herzen und zum Gehirn weitergeleitet. Über die Umsetzung dieser Impulse (vgl. Intelligenz des Herzens, holographische Funktion des Gehirns, die Dreigliederung des Gehirns, die beiden Gehirnhälften) werden wiederum entsprechende Reaktionen in Form von Assoziationen über körperliche Empfindungen, Farben, Klänge, Gedanken- und Gefühlsbilder, Erinnerungen u. a. ausgelöst. Darin liegt die synästhetische Verbindung zwischen den Sinnen der körperlich-stofflichen und ästhetischen Ebene und unserem Sinnesinstrumentarium für die Bewußtseinsebenen. Diese komplexe Wahrnehmungsfähigkeit liefert uns eine ganzheitliche Erfahrung, und wir können über die eigenen Assoziationen die Wahrnehmung beschreibbar machen. Analog zu den Bewußtseinsfeldern des Menschen und der Landschaft nehmen wir vitalenergetische, emotionale und mentale Aspekte des Raumes wahr.
Der Prozeß der Kommunikation im seelisch-geistigen Bereich läuft in beide Richtungen. Über die emotionale Zuwendung, zum Beispiel zu einem Baum, treten wir über sein emotionales Bewußtsein mit ihm in Kontakt (siehe Kap. V.3 Die Bewußtseinsdimension der Landschaft).

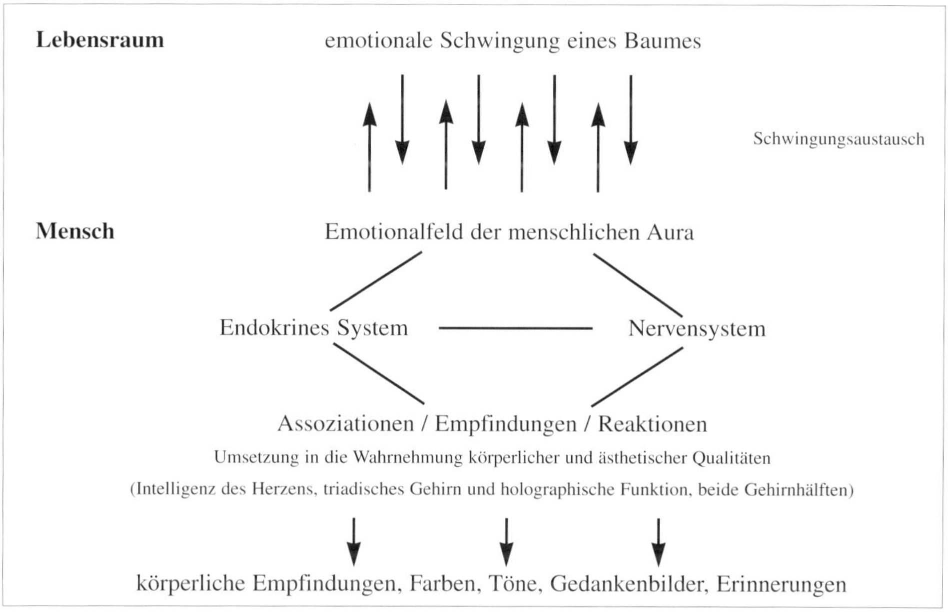

Abb. 44: Ablauf der bewußtseinsbezogenen Kommunikation zwischen Mensch und Baum

Wir können diese bewußt durchgeführte Wahrnehmung des Raumes als kontemplativ-meditativen Prozeß beschreiben, dessen Erfolg von unserer Offenheit und Beziehungsfähigkeit zur Landschaft, unserer eigenen Erfahrung und der persönlichen Zentriertheit abhängt. Aus diesem Grund ist die Wahrnehmung von Bewußtseinsqualitäten von der Auseinandersetzung mit der eigenen Persönlichkeit nicht zu trennen. Nach dem beschriebenen Prinzip des Ablaufes einer Kommunikation mit der Bewußtseinsdimension des Raumes gliedere ich die Umsetzung der Wahrnehmung in vier Phasen, die eine Einheit bilden: Einstimmungs-, Verbindungs-, Austausch- und Übersetzungsphase. Diese theoretische Gliederung hebt sich im Prozeß der Wahrnehmung der Bewußtseinsebenen auf, indem die einzelnen Phasen ineinander fließen. Wir beginnen unsere Wahrnehmung der Bewußtseinsdimension im Raum mit der Einstimmungsphase und beenden sie mit der Übersetzungsphase.

Einstimmungsphase
Die Einstimmungsphase dient dazu, sich persönlich auf die Wahrnehmung vorzubereiten und eine Beziehung zur Landschaft aufzubauen. Voraussetzungen dafür sind, daß wir uns erden, zu innerer Ruhe finden und der Landschaft partnerschaftlich gegenübertreten. Dabei versuchen wir, uns offen und ohne Vorurteile in unserer Gesamtheit als Wahrnehmungsinstrument zu empfinden.
Für die Einstimmungsphase möchte ich Übungen zum Finden der inneren Ruhe und als Vorbereitung für den Aufbau einer vertieften Beziehung zur Landschaft anbieten. Dabei handelt es sich um Übungen, die sich im Laufe meiner persönlichen Praxis sehr bewährt haben und die für mich zum fixen Bestandteil der Einstimmung auf die Wahrnehmung von Bewußtseinsqualitäten geworden sind. Die Übungen der Einstimmungsphase können auch unabhängig von der Raumwahrnehmung angewendet werden, um innere Ruhe zu finden und sich persönlich zu entwickeln.

Bewußtes Atmen – Finden innerer Ruhe ***Übung 33***

Die Atmung spielte und spielt nach wie vor eine wichtige Rolle in der Meditationspraxis unterschiedlichster Kulturen. Vor allem zum Abbau von Streß finden Atemübungen zunehmend auch im westlichen Gesundheitswesen Anwendung, wobei sie uns helfen, Körper, Seele und Geist zu entspannen und in der komplementären Ergänzung von Ein- und Ausatmen die eigene Mitte zu finden.
Wir können diese Übung sitzend, stehend oder auch auf dem Rücken liegend durchführen, wobei wir darauf achten, daß unsere Wirbelsäule gut aufgerichtet bzw. gestreckt ist.
Nachdem wir die für uns passende Körperhaltung eingenommen haben, schließen wir die Augen. Wir gehen mit nach innen gerichteter Aufmerksamkeit zu unserer Atmung und unterstützen diese Vorstellung, indem wir beide Hände locker auf den Bauch legen. Wir versuchen nun, bewußt langsam und tief über die Nase ein- und auszuatmen. Dabei können wir über unsere Hände nachempfinden, wie sich unser Bauch beim Einatmen hebt und beim Ausatmen wieder senkt. Während wir unseren Atem so verfolgen und uns in ihn hineinspüren, wird sich allmählich ein entspannter persönlicher Atemrhythmus einstellen.
Nachdem wir körperlich mit der Atmung in Einklang gekommen sind, können wir die Hände vom Bauch wieder wegnehmen und uns gedanklich und emotionell vorstellen, Ruhe einzuatmen und Unruhe auszuatmen. Diese Vorstellung hilft uns, alle anderen Gedanken, die während des Atmens auftauchen, zu beruhigen.

Wenn trotzdem ständig Gedanken kommen, können wir uns vorstellen, daß wir sie wie bei einem Haus mit offenen Fenstern über unseren Kopf hinauslassen und gleichzeitig liebevoll verabschieden.
Diese Übung soll zumindest so lange durchgeführt werden, bis wir bemerken, daß wir innerlich zur Ruhe kommen und diesen erholsamen Zustand erfahren und genießen können. Als Abschluß der Übung kehren wir wieder zu unserem Körperbewußtsein zurück und spüren unsere Bauchdecke. Dann öffnen wir die Augen und bleiben in der inneren Ruhe.

Persönliche Erdung — *Übung 34*

Die Übung zur persönlichen Erdung hilft uns, die eigene Mitte und innere Ruhe zu finden und uns mit der Erde zu verbinden.
Meiner Erfahrung nach ist die Verbindung mit der Erde (Erdung) für das Gelingen der Wahrnehmung seelisch-geistiger Qualitäten der Landschaft unerläßlich. Ohne Erdung wäre die Gefahr gegeben, von der Erde „abzuheben“ und zu verfälschten Ergebnissen zu kommen. Durch Visualisierung versuchen wir, unter Zuhilfenahme unserer Gefühle und unserer Gedanken, eine Verbindung zur „Mutter Erde“ herzustellen. Dazu gehen wir mit unserer emotional-mentalen Aufmerksamkeit zu unseren Fußsohlen. Während wir stehen oder sitzen, spüren wir, wie unsere Fußsohlen zur Gänze den Boden berühren. Indem wir nun langsam und ruhig atmen, lassen wir von unseren Fußsohlen Wurzeln in den Boden hineinwachsen: Wie bei einem Baum sind es zuerst dickere Wurzeln, die sich sodann immer feiner verzweigen und bis tief in die Erde hineinreichen. Bei dieser Vorstellung spüren wir, wie uns diese Wurzeln Halt und Nahrung geben und uns mit der Erde verbinden. Wir genießen diesen Zustand eine Zeitlang und fühlen den Austausch zwischen dem Erdkörper und unserem Körper. Wir beenden die Übung, indem wir uns innerlich von der Erde verabschieden und mit der Aufmerksamkeit zum eigenen Körper zurückkehren. Je nach persönlicher Vorliebe können wir die Wurzeln in der emotional-mentalen Vorstellung an ihrem Platz belassen oder sie wieder in unsere Füße zurückziehen.
Für die bewußte Wahrnehmung der Bewußtseinsdimensionen ist es wichtig und notwendig, die Vorstellung von der Verwurzelung mit der Erde aufrechtzuerhalten und sich dessen immer bewußt zu bleiben.

Einstimmung auf das Herzzentrum — *Übung 35*

Als letzte der einführenden Übungen möchte ich die Einstimmung auf das Herzzentrum vorstellen, welche für mich eine Grundvoraussetzung für die Wahrnehmung seelisch-geistiger Qualitäten bildet. Dies ergibt sich aus der Tatsache, daß das Herzchakra das Zentrum des Emotionalfeldes und des Einfühlungsvermögens ist.
Obwohl ich diese Übung bereits in Kapitel III.2.2 (Das menschliche Herz) angeführt habe, möchte ich sie wegen ihrer Wichtigkeit an dieser Stelle in einer weiteren Variante vorstellen: Wir gehen von der persönlichen Erdung aus, nehmen gedanklich und mit unserem Gefühl das Bewußtsein der Erde auf und bringen diese Qualität durch das Empfinden von grüner Farbe zu unserem Herzzentrum. Von unserem Herzen aus sind wir nun über ein grünes Band mit der Erde verbunden und verweilen einen Moment in dieser Vorstellung. Danach öffnen wir uns gedanklich und emotional über unseren Scheitel zum Himmel und verbinden uns mit ihm. Wir

bringen seine Qualität über die Visualisierung eines sonnenfarbenen Bandes zu unserem Herzen. Wir bleiben mit der Aufmerksamkeit bei unserem Herzen und fühlen, wie sich Himmel und Erde in uns verbinden.
Da wir im Zuge der Wahrnehmung mit unterschiedlichsten Raumqualitäten in Verbindung kommen, empfehle ich, nach Abschluß der Einstimmungsphase den persönlichen Schutzmantel, entsprechend der in Kap. IV.4.2 (Die Wahrnehmung von Bewußtseinsqualitäten) beschriebenen Übung zu stabilisieren. Die Fähigkeit zum einfühlsamen Empfinden bleibt dabei vollständig erhalten, wir werden jedoch von für uns unverträglichen Raumqualitäten nicht beeinträchtigt.

Verbindungsphase
Diese Phase dient dazu, eine bewußte persönliche Beziehung zum Raum, zu einem Landschaftselement bzw. zur Landschaft herzustellen, mit welchem/welcher wir die konkrete Raumwahrnehmung durchführen wollen.
Mit der persönlichen Begrüßung treten wir in eine bewußte Verbindung und Beziehung mit dem Ort, einem bestimmten Landschaftsteil oder zum Beispiel mit einem Baum. Unsere Haltung ist von Offenheit geprägt, und die Trennung zwischen Subjekt und Objekt ist bewußt aufgehoben. Wir begrüßen also den Ort, als würden wir einen Freund oder eine Freundin begrüßen, und versuchen, so gut es uns möglich ist, eine liebevolle, von der Herzensqualität geprägte Begegnung zuzulassen. Gleichzeitig bitten wir um das Einverständnis für unsere Durchführung der Wahrnehmung, wodurch eine umfassende Verbindung zwischen Landschaft und Mensch entsteht.
Für diesen Abschnitt soll genügend Zeit zur Verfügung stehen, so daß sich Mensch und Landschaft aufeinander einstellen können. Nachdem dies die Basis für die wechselseitige Beziehung ist, soll diese Phase bei keiner Wahrnehmung der Bewußtseinsdimension der Landschaft fehlen.

Sich emotional mit dem Ort/der Landschaft verbinden ***Übung 36***

Im Anschluß an die Einstimmungsphase und nachdem wir innerlich ruhig geworden sind, gehen wir zu beziehungsweise bleiben wir bei unserem Herzzentrum. Wir visualisieren im Bereich des Herzens die Farbe Grün/Rosa, die vom Herzen in die Landschaft ausströmt und uns mit ihr verbindet.
Auf diese Vorstellung lassen wir uns auch gefühlsmäßig ein und begrüßen die Landschaft mit einem stillen Gruß. Dann bitten wir die Landschaft um Erlaubnis, die Wahrnehmung durchführen zu dürfen. Diese Bitte mag vielleicht ungewöhnlich erscheinen, ist aber sehr hilfreich für einen respektvollen Umgang mit der Landschaft und fördert zudem die persönliche Beziehung. Wir können das vom Herzen ausgehende Licht auch in Form eines Regenbogens visualisieren oder die persönliche Verbindung zur Landschaft über die Erzeugung eines vom Herzen ausgehenden Tones oder Klanges aufbauen.

Sich vitalenergetisch mit dem Ort/der Landschaft verbinden ***Übung 37***

Wir gehen mit der Aufmerksamkeit zu unserem Solarplexuschakra, wo wir uns eine gelbe

Lichtkugel vorstellen. Dann lassen wir gedanklich und von unserem Gefühl begleitet gelbes Licht in Form eines Lichtbandes von unserem Solarplexuschakra ausströmen und sich mit der Landschaft verbinden. Ähnlich der einstigen Verbindung über die Nabelschnur zu unserer Mutter sind wir nun mit der Landschaft verbunden.
Nach Beendigung dieser Übung ziehen wir das gelbe Lichtband wieder in uns zurück und konzentrieren es als Lichtkugel im Solarplexus. Danach bedanken wir uns bei der Landschaft und verabschieden uns innerlich von ihr.

Sich intuitiv mit dem Ort/der Landschaft verbinden ***Übung 38***

Ausgehend von unserem Stirnchakra, dem dritten Auge, verbinden wir uns mit der Landschaft über ein Lichtband aus tiefblauer Farbe. Über diese Aktivierung des intuitives Sehens treten wir mit der Landschaft in Beziehung.

Austauschphase
In der Austauschphase findet die bewußte Wahrnehmung der Bewußtseinsdimension statt, wobei meist schon in der Einstimmungs- und Verbindungsphase erste Erfahrungen gemacht werden. Wir bleiben in der kontemplativen, innerlich ruhigen Stimmung und frei von Erwartungshaltungen. Unsere Aufmerksamkeit richten wir bewußt auf das ausgewählte Element oder den ausgewählten Raum und behalten diesen Zustand während der gesamten Austauschphase bei. Die Resonanz der eigenen Bewußtseinsfelder mit den Informationsfeldern des Raumes löst persönliche Reaktionen aus, die wir auf der körperlichen und/oder emotional-geistigen Ebene wahrnehmen können.
Speziell in der Austauschphase ist es wichtig, die eigene subjektive Wahrnehmung zu differenzieren und eine unmittelbare Verbindung zum Raum herzustellen. Durch viel Erfahrung und Übung und über den Vergleich von unterschiedlichsten Elementen und Landschaftsräumen wird es möglich, das persönliche Alphabet an Reaktionen kennenzulernen.

Übersetzungsphase
In der Phase der Übersetzung geht es darum, die körperlich-seelisch-geistigen Empfindungen möglichst umfassend in das verstandesmäßige Denken zu übertragen. Wir bringen das holistische Phänomen der Wahrnehmung in einen rationalen Raster, um das Empfinden von Bewußtseinsqualitäten und die Reaktionen darauf verstehen, zuordnen und erklären zu können. Das heißt, daß wir von der Weite der Informationsfelder in die begrenzte Welt des linearen Denkens gehen.
Nach Pearce verbinden wir die Ebene der Intelligenz mit der Ebene des Intellekts, also das Herz mit dem Gehirn und die rechte mit der linken Gehirnhälfte.
Dabei wird die Interpretation des Wahrgenommenen von unserer Gedankenwelt, unserem Vorstellungsvermögen und den bereits gesammelten und verarbeiteten Erfahrungen mitbestimmt. Dies soll uns stets bewußt sein und unsere Bereitschaft erhöhen, die eigene Gedankenwelt zu erweitern, wobei die Selbsterkenntnis und Selbsterfahrung zusammen mit der Raumwahrnehmung weiterentwickelt werden. Dadurch steigen unser Vertrauen in uns selbst, unsere Sicherheit im Umgang mit der Wahrnehmung von Bewußtseinsqualitäten und schließlich der Wahrheitsgehalt des Wahrgenommenen. Persönlichkeitsentwicklung und die Wahrnehmung von Bewußtseinsqualitäten sind nicht voneinander zu trennen.

An dieser Stelle möchte ich noch einmal darauf hinweisen, daß nach Abschluß der Wahrnehmung an emotional gestörten Plätzen auf die anschließende Reinigung der eigenen Aura nicht vergessen werden soll. Die entsprechenden Übungen wurden bereits im Abschnitt Die Wahrnehmung der Bewußtseinsfelder des Menschen beschrieben.

Übungen zur Sensibilisierung der persönlichen Wahrnehmung
Als Überleitung zur Wahrnehmung bewußtseinsbezogener Raumqualitäten möchte ich drei Übungen anbieten, in denen wir selbst Gegenstand der Wahrnehmung sind. Sie helfen uns, unsere momentane Persönlichkeitsstruktur in bezug auf Form, Klang und Farbe näher kennenzulernen.

Die persönliche Form ***Übung 39***

Für die Durchführung dieser Übung benötigen wir gut knetbaren Ton und eine Augenbinde. Die Übung soll in einem ruhigen Raum (auch Freiraum) stattfinden. Zu Beginn suchen wir ein uns entsprechendes Stück Ton aus und setzen uns bequem und mit aufgerichteter Wirbelsäule nieder. Die Augen haben wir mit der Augenbinde verschlossen, so daß wir das Formen des Tons visuell nicht verfolgen können.
Dann fühlen wir uns in den Ton ein und kneten ihn gut durch, so daß er geschmeidig wird. Wir lassen uns dafür Zeit, um mit dem Material gut vertraut zu werden. Nach dieser Einstimmung versuchen wir, den Ton intuitiv zu formen, ohne eine Vorstellung, etwas Bestimmtes zu gestalten. Aus dieser gedanklichen Leere heraus, und das ist sehr wichtig, lassen wir die Form von selber entstehen und sich über unsere Finger in den Ton hinein entwickeln. Es geht dabei vorwiegend um den Prozeß des Formens selbst, der etwas entstehen lassen wird, das mit unserer inneren Persönlichkeit in unmittelbarer Verbindung steht und somit einen Ausdruck des eigenen Selbst, ein momentanes Symbol für unser Persönlichkeitsbild darstellt. Während der Übung genießen wir das Gefühl, den Ton zu spüren und zu formen und innerlich alles loszulassen. Über unsere Hände bilden wir mit dem Ton eine Einheit.
Wenn wir den Eindruck haben, mit der Form fertig zu sein, beenden wir die Übung und nehmen die Augenbinde wieder ab. In der Reflexionsphase betrachten wir den modellierten Ton und lassen ihn auf uns wirken. Dabei können wir uns fragen, ob wir persönliche Entsprechungen in der Form finden, die uns eventuell etwas mitteilen wollen.
Die Übung soll nach Möglichkeit in einer kleinen Gruppe durchgeführt werden, die den Vorteil einer gemeinsamen Reflexionsrunde bietet.

(nach Renate Frohmann)

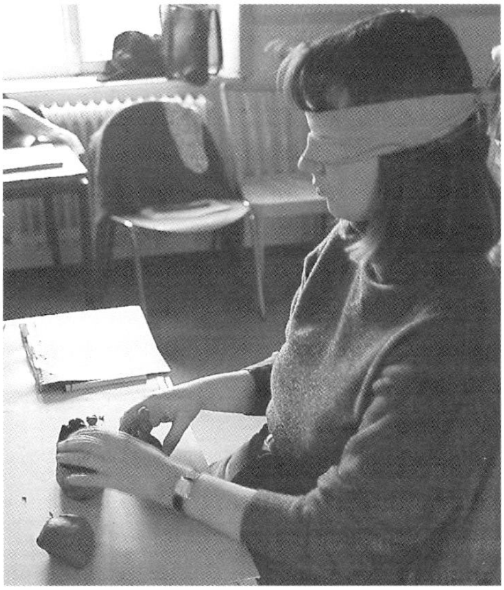

Abb. 45: Studentin während der Durchführung der Übung mit demTon

Der persönliche Klang ***Übung 40***

Zu Beginn der Übung suchen wir uns im Sitzen oder im Stehen eine entspannende Körperposition. Wir schließen wiederum die Augen, um nach innen zu gehen.
Nachdem wir über die Beobachtung des eigenen Atems ruhig geworden sind, beginnen wir unterschiedliche Töne zu erzeugen. Hohe Töne, tiefe Töne, Töne mit unterschiedlichen Klangfarben. Dabei halten wir die einzelnen Töne verschieden lang und versuchen, sie auch mit unserem Gefühl zu erspüren. Wir konzentrieren uns nicht auf das nach außen gerichtete Hören des Tones, sondern versuchen auf die innere Erfahrung des Klanges einzugehen. Dabei beobachten wir uns und spüren, ob ein bestimmter Teil unseres Körpers in Resonanz mit dem jeweils erzeugten Ton tritt oder ob ein bestimmtes Chakra angesprochen wird. Wir nehmen die körperbezogenen Gefühle wahr und bleiben mit der Aufmerksamkeit bei ihnen. Über die Vielfalt der erzeugten Tönen können wir unseren Körper kennenlernen und erfahren, wie er als Resonanzkörper auf unterschiedliche Schwingungen reagiert.

Die persönliche Farbe ***Übung 41***

Nach Abschluß der Einstimmungsphase visualisieren wir weißes Licht, das unseren gesamten Körper durchdringt und auch über ihn hinausreicht. Aus dieser Vorstellung wandern wir mit der Aufmerksamkeit zu unserer Körpermitte *(Hara)* und bleiben noch für einen Moment bei der Farbe Weiß. Allmählich lösen wir uns von dieser Farbvorstellung sowie von der Körpermitte und lassen intuitiv in unserem Körper eine Farbe entstehen, ohne daß wir dazu eine gedankliche Vorstellung haben.
Nachdem sich eine Farbe ergeben hat, erforschen wir sie: Ist sie pastellfarben oder kräftig leuchtend? Ist es eine der sieben Chakrenfarben? Füllt die Farbe den ganzen Körper aus, oder konzentriert sie sich an einer bestimmten Stelle? Welche Gefühle entstehen in mir in Verbindung mit dieser Farbe? Diese Fragen helfen uns, den eigenen körperlichen und emotionalen Empfindungen nachzugehen und uns selbst über die Farbe kennenzulernen.
Nach Abschluß der Übung können wir die entstandene Farbe noch großflächig zu Papier bringen und sie optisch auf uns wirken lassen. Diese Übung können wir auch erweitern, indem wir innerlich mehrere verschiedene Farben durchgehen (z. B. die Farben der einzelnen Chakren) .

(nach Renate Frohmann)

4.2.3 Ebenen der Wahrnehmung von Bewußtseinsqualitäten

Innerhalb der Bewußtseinsdimension der Landschaft gibt es keine Formen oder Strukturen, die wir unmittelbar sehen können. Es handelt sich vielmehr um Gestaltqualitäten, die sich über vitalenergetische (ätherische), gefühlsmäßige (astrale) und geistige (mentale) Phänomene ausdrücken. Diese entsprechen den Bewußtseinsfeldern des Menschen, dem Vital-, Emotional- und Mentalfeld. Entsprechend dem in Abbildung 44 dargestellten Schema über den Ablauf der Wahrnehmung von Bewußtseinsqualitäten unterscheide ich zwischen körperlichen, emotionalen und mentalen Empfindungen und Reaktionen. Stellen wir die Verbindung zu den einzelnen Phasen der Wahrnehmung her, so beziehen sich die Empfindungen und Reaktionen vorwiegend auf die Austausch- und Übersetzungsphase.

Da die Wahrnehmung von der subjektiven Erfahrung getragen wird, die wiederum eng mit der eigenen Persönlichkeitsstruktur zusammenhängt, liegt in der Interpretationsphase die Schwierigkeit für die Meßbarkeit der Wahrnehmung seelisch-geistiger Qualitäten. Wir können in diesem Zusammenhang nicht mit quantifizierbaren Daten arbeiten, sondern ausschließlich empirisch vorgehen und einen eigenen Erfahrungsschatz sammeln; dabei ist es sehr hilfreich, sich mit anderen Menschen auszutauschen und Vergleiche zu sammeln. Dadurch können wir ein persönliches Alphabet aus den jeweiligen unterschiedlichen Reaktionen auf bestimmte Raumqualitäten entwickeln. Aus diesem Grund biete ich in diesem Buch meine persönlichen Erfahrungen als Anregung und Vergleichsmöglichkeit an.
Um die Wahrnehmung nichtstofflicher Phänomene möglichst differenziert betrachten zu können und unterschiedlichste Parameter für eine Raumwahrnehmung zu erhalten, empfehle ich, all die Möglichkeiten miteinander zu kombinieren, die unserer Erkenntnisfähigkeit für die Raumwahrnehmung zur Verfügung stehen (siehe hierzu Kapitel VI Die Erhebung von Raumqualitäten).
Zum ersten sollen wir bei der Raumwahrnehmung stets alle drei genannten Empfindungsebenen berücksichtigen. Zum zweiten ist es innerhalb einer Freiraumbestandsaufnahme wichtig, die Wahrnehmung von körperlich-stofflichen, ästhetischen und Bewußtseinsqualitäten miteinander zu vernetzen. Zum dritten sollen die Erfahrungen und Erlebnisse beteiligter beziehungsweise betroffener Personen in die Erhebungsphase mit eingebaut werden. Je umfassender sich unsere Raumanalyse gestaltet, desto mehr werden wir über die Raumqualität einer Landschaft erfahren können. Da die psychischen Felder stets in Verbindung mit dem physischen Körper stehen, ist es über die Wahrnehmung ästhetischer Phänomene möglich, aus dem physischen Ausdruck von Landschaften, Landschaftsteilen und -elementen Rückschlüsse auf ihre nichtstofflichen Aspekte zu ziehen. Auf diese Art der Wahrnehmung und die dazugehörige Methode werden ich in Kapitel V.3 (Die Bewußtseinsdimension der Landschaft) noch eingehen.

Körperliche Empfindungen und Reaktionen

Unser Körper ist ein äußerst sensibles Wahrnehmungsorgan. Seelisch-geistige Einflüsse bleiben nicht ohne Wirkung auf die Bewußtseinsfelder des Menschen und beeinflussen auch den physischen Körper (siehe Abb. 44 – Ablauf der bewußtseinsbezogenen Kommunikation zwischen Mensch und Raum).
Meiner persönlichen Erfahrung nach werden körperliche Reaktionen vorwiegend durch vitalenergetische und emotionale Informationsfelder ausgelöst. Die Reaktionen können zum einen direkt über die Kraftfelder der Erde, zum anderen indirekt über emotionale Phänomene der Landschaft hervorgerufen werden. In beiden Fällen ist es ein Mitschwingen mit dem, was wir wahrnehmen. Hierbei kann es sich um Bewegungsreaktionen der Hände, der Arme oder auch um Reaktionen im Kniebereich handeln.[236]
Meine Arme werden zum Beispiel bei luftbetonten Plätzen aufgefordert, sich zu heben wie die Flügel eines Vogels. Mit dieser körperlichen Aufforderung entwickelt sich in mir ein Gefühl der Leichtigkeit, als würde ich ein wenig von der Erde abheben. Weitere persönliche Reaktionen beschreibe ich in Kapitel V.3 Die Bewußtseinsdimension der Landschaft.
Daß sogar der ganze Körper zu Bewegungsreaktionen aufgefordert werden kann, haben StudentInnen bei Übungen auf einem Luftplatz erlebt. Die innere Qualität dieses Ortes wurde von einigen StudentInnen über die Aufforderung zu tanzend-drehenden Bewegungen wahrge-

nommen, der sie auch entsprechend nachkamen. Die emotionalen Empfindungen wurden von Gefühlsvorstellungen wie Fröhlichkeit, Beweglichkeit, Freisein, Offenheit und Leichtigkeit begleitet. Durch derartige persönliche Erfahrungen können wir lernen, die eigene Körpersprache als Reaktion auf unterschiedliche Gestaltqualitäten zu verstehen, und über persönliche Übung und im Austausch mit den Erfahrungen anderer Menschen ein körperliches „Wahrnehmungsalphabet" erwerben.

- **Wahrnehmung vitalenergetischer Aspekte über die Handchakren**

Für die Wahrnehmung von vitalenergetischen Feldern können wir die Feinfühligkeit unserer Handchakren einsetzen. Neben den sieben Hauptchakren besitzt der Mensch zusätzliche Nebenchakren, wobei die wichtigsten in der Mitte der Fußsohlen und Handflächen zu finden sind.[237]

Das Vitalfeld eines Baumes spüren ***Übung 42***

Diese Übung dient dazu, mit der Vitalkraft eines Baumes in Kontakt zu treten. Ähnlich dem Menschen besitzt auch der Baum ein vitalenergetisches Feld, das über seine körperliche Erscheinung hinaus strahlt. Die Qualität dieses Feldes und die damit verbundene Ausstrahlung hängen von unterschiedlichen Faktoren ab wie Alter, Gesundheitszustand und Standortbedingungen.

Nachdem wir einen Baum ausgesucht haben, kommen wir zu innerer Ruhe und gehen mit unserer Aufmerksamkeit zum Zentrum unserer Handflächen. Begleitet von der entsprechenden Gefühlsvorstellung stellen wir uns vor, wie sich unsere Handchakren öffnen. Nun gehen wir von rund einem Meter Entfernung langsam auf den Baum zu, wobei unsere Handflächen zum Baumstamm hinweisen. Während wir dem Baumstamm langsam näherkommen, konzentrieren wir uns ständig auf unsere Handchakren und achten darauf, ob wir eine körperliche Reaktion feststellen können.

Zumeist verspürt man beim Erreichen des Vitalfeldes des Baumes und beim Eindringen einen kleinen Widerstand, ein leichtes Kribbeln oder ein Gefühl der Erwärmung im Bereich der Handflächen. Wenn wir die Auragrenze lokalisiert haben, entfernen wir uns wieder ein Stück vom Baum, um uns aufs neue zu nähern. Um unsere Wahrnehmung zu stabilisieren, „pendeln" wir einige Male hin und her.

Bevor wir in das Energiefeld eines Lebewesens eindringen, sollen wir eine Bitte um Erlaubnis dafür aussprechen, wodurch sich die persönliche Beziehung, zum Beispiel zum Baum, verstärkt.

Emotionale Empfindungen und Reaktionen

Die Grundlage des Einfühlungsvermögens (Empathie) bildet nach Goleman die Selbstwahrnehmung. „Je offener wir für unsere eigenen Emotionen sind, desto besser können wir die Gefühle anderer deuten."[238]

Mit Gefühlen umzugehen ist eine Disziplin, die wir wegen der intellektuell-rationalen Ausrichtung unserer Kultur wiederum verstärkt einbringen müssen. Nach Pogačnik liegt das Problem darin, „daß wir als Angehörige einer patriarchal orientierten Kultur unsere verstandesmäßigen Fähigkeiten – die wir für einen Ausdruck des männlichen Prinzips im

Menschen halten – überbewerten, während wir die gefühlsmäßigen Fähigkeiten als einen Ausdruck weiblicher Werte unterschätzen beziehungsweise abwerten. Die Gefühle werden wegen ihrer ganzheitlich-sensiblen Natur als unsicher betrachtet und weitgehend unterdrückt."[239]
Trotzdem können wir davon ausgehen, daß unser Emotionalfeld unbewußt vorwiegend auf das Emotionalfeld der Landschaft reagiert, aber durch die Verbindung zum Körper und zum Geist auch auf diese Ebenen wirkt. Bei der Wahrnehmung von Emotionen ist es wichtig, daß wir lernen, die eigenen Gefühlsregungen von der emotionalen Qualität des Ortes zu unterscheiden. Dafür ist es notwendig, daß wir uns emotional bewußt öffnen, so daß die emotionale Information der Landschaft unser eigenes Emotionalfeld in Resonanz versetzen kann.
Die emotionale Reaktion läuft sehr rasch ab und findet vor jeder rationalen Reaktion statt. Nach Goleman kommt „der erste Impuls in einer emotionalen Situation aus dem Herzen, nicht aus dem Kopf".[240]
Demnach basiert die Wahrnehmung emotionaler Qualitäten verstärkt auf den Fähigkeiten, sich auf die Sprache des Herzens, die Intelligenzebene des Menschen einzulassen sowie die rechte Gehirnhälfte und unser Emotionalfeld bewußt zu aktivieren.
Entsprechende Sensibilisierungsübungen habe ich bereits angeboten, wobei ich noch einmal auf die Bedeutung der Übungen zum Einstimmen auf das Herzzentrum hinweisen möchte. Diese Einstimmung auf das Herzzentrum bildet das Fundament für die Wahrnehmung der emotionalen Dimension und steigert unser Einfühlsvermögen.
Wenn wir in bewußten Kontakt mit der emotionalen Dimension der Landschaft treten (siehe Kap. V.3.2 Die emotionale Dimension von Pflanze und Landschaft), verbindet sich das eigene Emotionalfeld mit dem der Landschaft. Das Wahrnehmen von Gefühlen ist eine Voraussetzung für die Wahrnehmung der emotionalen Dimension der Landschaft. Wir können diesen Prozeß durch folgende Übung unterstützen:

Emotionale Verbindung mit der Landschaft ***Übung 43***

Wir gehen mit der Aufmerksamkeit zu unserem Herzchakra und visualisieren emotional entweder eine grüne oder rosafarbene Lichtkugel im Bereich unseres Herzens und beobachten, was wir dabei spüren. Anschließend lassen wir die jeweilige Farbe (Grün oder Rosa) in unseren Körper strömen und fühlen, wie sie ihn durchdringt. Wir schicken danach das Licht über unseren Körper hinaus, so daß es in die umgebende Landschaft einströmt und sie erfüllt.
Dabei ist es sehr wichtig, daß wir diese Vorstellung, so gut es uns gelingt, gefühlsmäßig unterstützen, denn mit der Fähigkeit, Herzlichkeit und emotionale Zuneigung in die Landschaft einzubringen, steigt auch die gefühlsmäßige Verbindung mit ihr.

- **Aktivierung emotionaler Empfindungen**

Die emotionalen Informationen aus der Landschaft wirken sich im Menschen in Form unterschiedlicher Reaktionen aus. Es kann zur Aktivierung von Gefühlen wie Freude, Heiterkeit, Freiheit, Liebe, Vertrauen, Offenheit, aber auch Unbehagen, Beklommenheit, Trauer usw. kommen.
Wie bei den körperlichen Empfindungen geht es auch bei den emotionalen Empfindungen grundsätzlich darum, ein persönliches Alphabet zu entwickeln. Es ist vor allem bei dieser Form der Wahrnehmung nicht möglich, allgemeingültige Gefühlsempfindungen für einen bestimmten Aspekt mit der entsprechenden emotionalen Raumqualität vorzugeben.

Obwohl es objektiv Raumqualitäten mit einem entsprechenden emotionalen Charakter gibt, liegt der Zugang im individuellen Erlebnis. Erfahrungen mit der Wahrnehmung emotionaler Raumqualitäten sammeln wir in der individuellen Begegnung mit ihnen und im intersubjektiven Vergleich unserer Wahrnehmungen mit denen anderer Menschen.

- **Emotionale Bilder**

Gefühlsempfindungen bleiben nicht alleine für sich stehen, sondern werden von Assoziationen in Form von inneren Bildern, Farben, Klängen oder Gedanken begleitet. Diese entwickeln sich durch die emotionale Verarbeitung und Umsetzung der Wahrnehmung, wobei sie zeitlich von der ursprünglichen Gefühlsempfindung kaum zu trennen sind. Zusammen mit der emotionalen Grunderfahrung entstehen Gedankenbilder, die die Gefühle für uns rational nachvollziehbar machen. Entsprechend der Individualität jedes einzelnen Menschen können sich emotionale Informationen als innere Klangmuster, Farbqualitäten, Formqualitäten, Bilder in Form von konkreten Figuren, sprachlichen Bildern oder gedanklichen Bildern manifestieren. Letztlich stellen all diese Assoziationen symbolschaffende Abbildungen der emotionalen Qualität des Lebensraumes dar.
Um verschiedene Raumqualitäten unterscheiden und beschreiben zu können, gilt es wiederum, die eigene Bilderwelt verstehen und deuten zu lernen. Pogačnik sagt: „Jeder von Ihnen spürt zwar dieselbe Wirklichkeit vor sich, doch wird das Bewußtsein jedes einzelnen ein anderes Bild daraus formen.“[241] Für die Raumwahrnehmung selbst ist es dabei sehr hilfreich, wenn wir uns ein wenig von außen betrachten. Auf diese Weise lernen wir uns als emotionales Wahrnehmungsorgan besser kennen. Wir beobachten alle auftretenden Gefühle und die damit verbundenen Assoziationen von außen. Nach einiger Zeit des Übens werden wir immer stärker die Beziehung der Assoziation zum auslösenden Reiz erkennen, was uns hilft, die emotionale Raumwahrnehmung besser zu differenzieren. Selbstkritisches Herangehen an alle Erfahrungen im Rahmen der Wahrnehmung von Bewußtseinsqualitäten ist durchaus angebracht. Dabei dürfen wir aber das emotionale Phänomen an und für sich nicht in Zweifel stellen, denn damit würden wir die emotionale Beziehung zur Landschaft unterbrechen und die Wahrnehmung der seelischen Ebene von vornherein unmöglich machen.
Um unterschiedliche bewußtseinsbezogene Raumqualitäten kennenzulernen, verweise ich wiederum auf das Kap. V.3 (Die Bewußtseinsdimension der Landschaft). Die Darstellung der Wahrnehmung emotionaler Aspekte dient an dieser Stelle vorwiegend dazu, den Wahrnehmungsprozeß selbst zu beschreiben und entsprechende Sensibilisierungsübungen anzubieten.

- **Spontane Wahrnehmung emotionaler Qualitäten**

Wir haben wohl alle schon einmal eine Situation erlebt, wo wir in Gedanken versunken oder ohne konkrete Gedanken mit einer gewissen Leere spazierengegangen sind, einfach als Selbstzweck. Unsere Aufmerksamkeit war auf keine bestimmte Raumsituation gerichtet. Plötzlich wurden wir von einem bestimmten Element, einem Baum oder einer Raumsituation angesprochen. Aus der Verinnerlichung heraus und absichtslos wanderte unsere Aufmerksamkeit zum Beispiel zu einem blühenden Baum. Wir betrachteten ihn und freuten uns über seine Blütenpracht. Solche Begebenheiten sind äußere Hinweise für eine Kommunikation mit dem Lebensraum auf der Bewußtseinsebene. Das Bewußtseinsfeld tritt in Resonanz mit uns und fordert uns zur Aufmerksamkeit auf. Indem wir solchen Begebenheiten über die Selbstbeobachtung mehr Aufmerksamkeit schenken, sensibilisieren wir automatisch die eigene Wahrnehmungsfähigkeit.

Ausgehend von der Konzentration auf unser Herzzentrum suchen wir uns einen bestimmten Baum für die Wahrnehmung seines Emotionalfeldes aus. Wir nähern uns dem Baum und begrüßen ihn. Je nach unserem persönlichen Bedürfnis können wir uns an ihn lehnen, uns zu ihm setzen oder ihn mit unserer Stirn und unserem Oberkörper berühren und dabei die Handflächen auf seinen Stamm legen. Die Augen halten wir während der Übung geschlossen.
In der Austauschphase achten wir auf Assoziationen, die während der Wahrnehmung in uns auftauchen. Was empfinden wir bei dem ausgewählten Baum? Wie erleben wir uns selbst? Tauchen bestimmte Farben oder Formen auf? Welche Gedanken bewegen uns während der Wahrnehmung? Fühlen wir uns wohl oder unbehaglich, und inwieweit können wir diese Empfindung mit dem Baum in Verbindung bringen? Oder fühlen wir uns bloß unwohl, weil wir das Gefühl haben, jemand könnte uns beobachten?
Wir sollen unseren Empfindungen so nachgehen, daß wir zwischen den Empfindungen, die von außen kommen, und denen, die der Baum in uns auslöst, unterscheiden lernen. Bäume sind als individuelle Wesenheiten sehr hilfreich für die Sensibilisierung der persönlichen Wahr-nehmung.

Emotional-mentale Empfindungen und Reaktionen

Über die Wahrnehmung seelisch-geistiger Qualitäten schließen wir uns kurz mit geistigen Informationsfeldern, die sich im Raum befinden. Nach dem Physiker Itzhak Bentov ist die Wahrnehmung geistiger Qualitäten ein spontanes Erkennen nichtstofflicher Informationsfelder. Spontan auftretende Vorahnungen und Erkenntnisse gehören hierher, etwa wie beim Beispiel mit dem läutenden Telefon, wo wir bereits während des Läutens intuitiv wissen, wer am Apparat ist. Diese räumliche Präsenz von Information vergleicht Bentov mit dem Wissen eines Samens, der die geistige Grundinformation über die Art des Baumes sowie über seine Entwicklung in sich trägt. Wenn die Bedingungen günstig sind, wird sich das Wissen des Samens in einem konkreten Baum verwirklichen. „Der Same bildet eine grundsätzlichere Struktur als der Baum, weil seine Eigenschaften dem Absoluten näher sind.“[242]

- **Intuition**

Über intuitive Erkenntnis ist es möglich, einen direkten Zugang zur geistigen Matrix des Lebens zu finden. Geistige Informationen teilen sich in Form von Bewußtseinsinhalten mit und können über Intuition direkt wahrgenommen werden. Nach der Herkunft und Bedeutung des Wortes (lat. *intuitio,* unmittelbare Anschauung) handelt es sich dabei um eine unmittelbare Form der Erkenntnis, die spontan und nicht durch Denken stattfindet. Der Psychoanalytiker Barz beschreibt sie als jenes „Ahnen, Spüren und Wittern des Gemeinten, das oft zu plötzlichen Einsichten kommt, ohne recht sagen zu können, worauf sie gründen“.[243]
Pogačnik bezeichnet die Intuition als die „innere Meisterin“ des Lebens des Menschen.[244] Ähnlich dem Wissen eines Samens beinhaltet sie damit ein geistiges Urprinzip, das für die grundsätzliche Struktur eines Lebewesens steht.
Die intuitive Erkenntnis besitzt zwei Wahrnehmungsbereiche: Zum einen bezieht sie sich auf die Erkenntnisfähigkeit der Persönlichkeit eines Menschen, zum anderen auf die Wahrnehmung seelisch-geistig wirksamer Raumqualitäten. Was die persönliche Erkenntnisfähigkeit angeht, so kennt wohl jeder/jede LeserIn in seinem/ihrem Leben Situationen, wo

plötzlich, quasi aus dem Nichts und ohne rationale Grundlage, die Intuition Klarheit und Hilfestellung für eine konkrete Lebenssituation (Aufgabe) lieferte. Es ist also möglich, neue Erkenntnisse intuitiv zu erlangen und damit neue Wege zu beschreiten. Analog zur innerpersönlichen Erkenntnisfähigkeit findet eine intuitive Wechselwirkung zwischen uns, unserer Mitwelt und unseren Lebensräumen statt. Sie vollzieht sich auf Grund des verborgenen Ablaufs der Intuition selbst jedoch meist unbewußt.
Pearce beschreibt einige Beispiele an Hand von Studien über die intuitiven Beziehungen innerhalb von Familien: Zum Beispiel konnten angelsächsische Siedlerfrauen in Amerika ihre Familienmitglieder über Intuition zum Essen „rufen“ oder erkennen, wenn jemand von ihnen in Not war. Ein anderes Beispiel beschreibt afrikanische und südamerikanische Mütter, die ihre Kinder ohne Windeln am Körper tragen können, da sie intuitiv erkennen, wann jene sich entleeren müssen.[245] Die Fähigkeit, Landschaften intuitiv zu erkennen, entwickelt sich meist bis zum siebenten Lebensjahr. Pearce bezeichnet diesen Prozeß als den Urprozeß, der über die persönliche Beziehung mit der Natur abläuft.[246] Physiologisch gesehen ist die Fähigkeit zur intuitiven Wahrnehmung eng mit der rechten Gehirnhälfte und dem Limbischen System verbunden, wo wir Informationen über unser Umfeld, die über die unmittelbaren Raum-Zeit-Grenzen hinausgehen, einholen.[247]
Mit der Kenntnis über die Bewußtseinsfelder von Mensch und Landschaft ist es nun möglich, Informationen über den *Genius loci*, den speziellen Charakter eines Ortes oder eines Gestaltelementes zu erlangen. Sich einem Ort intuitiv zu nähern heißt, sich auf seine innere Qualität zu beziehen, auf den innewohnenden geistigen Hintergrund in Form, Farbe, Struktur oder Rhythmus zu achten und ihn wahrzunehmen. Auf diese Weise können wir das Symbolhafte, das in den Dingen steckt, erkennen. Im Betrachten eines Kunstwerkes verbinden sich unterschiedliche Ebenen der Wahrnehmung. In der betrachtenden Person fließen die Wahrnehmung der sinnlichen Gestalt, das Gefühl des Sich-Ergreifen-Lassens, das Bedenken des Werkes und schließlich das intuitive Erkennen des hinter dem Kunstwerk stehenden Anliegens. Das intuitive Erkennen des Symbolhaften wird als unbewußter Teil der eigenen Seele erfahren. Die persönliche Erfahrung und das Symbol verschmelzen miteinander und werden zu einer Wahrnehmungseinheit. Die Schwierigkeit bei der intuitiven Erkenntnis liegt, wie bei allen Formen der Wahrnehmung nichtstofflicher Qualitäten, in ihrer Umsetzung, im Herstellen der Verbindung zwischen dem Ort und der intuitiven Reaktion. Diese kann sich, wie bereits bei den emotionalen Bildern, in Form von bildhaften, figuralen Erscheinungen, gedanklichen Bildern, Klängen, Farben oder Formen ausdrücken. Die Vielfalt der intuitiven Reaktionen ist von der Individualität des Menschen nicht zu trennen.
Es geht wieder darum, den persönlichen Filter mit den entsprechenden Erwartungshaltungen zu erkennen. Welche Gedanken und Vorstellungen werden von mir persönlich gesteuert und verfälschen das äußerst zarte Phänomen der seelisch-geistigen Information der Landschaft?
Der Weg zur Vertiefung der intuitiven Erkenntnisfähigkeit führt über die persönliche Erfahrung und das bewußte Üben und Sensibilisieren der Wahrnehmung durch die Intuition. In diesem Zusammenhang möchte ich einige Tips zusammenfassen, die uns helfen, die Intuition zu entwickeln beziehungsweise Einstellungen, die diese Wahrnehmung blockieren, zu verändern.

Das Zustandekommen der Intuition wird behindert durch

- egoistisches Verhalten in der Wahrnehmung (Wünsche, Affekte, Gefühlserwartungen);
- Gedankenbilder wie Vorurteile, Erwartungshaltungen, vorgefaßte Meinungen;
- Gewohnheiten und unveränderbare Verhaltensmuster.

Das Zustandekommen der Intuition wird gefördert durch

- den Abbau von Vorstellungsgrenzen und -mustern sowie Vorurteilen; seelische und geistige Offenheit (nicht nein zu sagen zu Unbekanntem);
- das Betrachten einer Situation aus unterschiedlichen Blickwinkeln;
- die Fähigkeit, sich selbst von außen zu beobachten, wie durch das Erlernen dieser Fähigkeiten;
- innere Ruhe und Gelassenheit (Atemübungen, Erdung);
- die Verbindung mit der Erde (Erdung und Einstimmung auf das Herzzentrum);
- eine laufende Auseinandersetzung mit den persönlichen Symbolen der intuitiven Wahrnehmung;
- Spontaneität und Unmitteltbarkeit, Offenheit gegenüber der intuitiven Wahrnehmung;
- das bewußte Üben, um intuitive Erkenntnisse zu erlangen.

(nach Brückner)

Übersicht zu den bewußtseinsbezogenen Empfindungen und Reaktionen
Mit der anschließenden Übersicht (Tabelle 8) möchte ich auf das Kapitel V.3 (Die Bewußtseinsdimension der Landschaft) verweisen und die oben angesprochenen Empfindungen/Reaktionen mit der zugehörigen Dimension in Verbindung bringen. Die kursiv gesetzte Ebene repräsentiert den jeweiligen Wahrnehmungsschwerpunkt.

Tabelle 8: Persönliche Empfindungen und Reaktionen in Entsprechung zur Bewußtseinsdimension der Landschaft

persönliche Empfindung/Reaktion	***Bewußtseinsdimension des Lebensraumes***
körperliche Reaktionen	*vitalenergetische Aspekte der Landschaft* seelische Aspekte der Landschaft
emotional-intuitve Reaktionen	vitalenergetische Aspekte der Landschaft *seelische Aspekte der Landschaft* seelisch-geistige Aspekte der Landschaft
geistig-intuitive Reaktionen	vitalenergetische Aspekte der Landschaft seelische Aspekte der Landschaft *seelisch-geistige Aspekte der Landschaft*

Wahrnehmung bewußtseinsbezogener Raumqualitäten ***Übung 45***

Diese Übung hilft uns, einen bewußten Kontakt mit Lebensräumen aufzunehmen, und bietet daher einen Einstieg in die vielfältige Palette der Wahrnehmung nichtstofflicher Phänomene. Bei einem Spaziergang suchen wir uns einen Platz in der Landschaft, von dem wir uns angesprochen fühlen. Dies kann durchaus ein Platz sein, den wir schon kennen und den wir öfter besucht haben, aber auch einer, der für uns noch unbekannt ist. Oder wir lassen uns während

eines Spazierganges von der Landschaft selbst führen, bis wir an einen Ort gelangen, der uns anspricht. Zum Kennenlernen der Übung empfehle ich, für die ersten Wahrnehmungsversuche möglichst einen Platz zu wählen, der frei von vom Menschen verursachten optischen, akustischen und geruchlichen Störungen ist. Um eine Vergleichsmöglichkeit zu bekommen, sollen in weiterer Folge unterschiedliche Plätze und Landschaftsräume aufgesucht werden.
Nachdem wir unseren Platz gefunden haben, setzen wir uns bequem hin, begrüßen die Landschaft und versuchen, zur Ruhe zu kommen. Nun lassen wir die umgebende Landschaft zuerst über die physischen Sinne auf uns wirken, indem wir unseren Blick abwechselnd in die Nähe und in die Ferne schweifen lassen. Nach der für uns passenden Zeit schließen wir die Augen und lassen unsere Aufmerksamkeit für die Landschaft über den Gehör-, Geruchs- und Tastsinn weiterlaufen. Anschließend lenken wir unsere Aufmerksamkeit von den körperlichen Sinnen weg, versuchen, sie auf unsere Aura zu richten und spüren die Verbindung mit der Landschaft.
Wir nehmen die innere Schwingung der Landschaft auf und pulsieren mit ihrem Rhythmus mit. Diese Phase der Übung soll mit Offenheit ablaufen, ohne sich auf etwas Bestimmtes zu konzentrieren. Zum Vergleich können wir unsere Augen öffnen und wieder schließen.
Während wir die Verbindung zur Landschaft bewußt aufrechterhalten, können wir uns in der abschließenden Phase selbst beobachten und uns verschiedene Fragen stellen, die uns helfen werden, die holistische Raumwahrnehmung zu verifizieren: Gelingt es mir, eine bewußte Beziehung zur Landschaft beziehungsweise zum Ort aufzubauen? Wie fühle ich mich insgesamt? Wie ist mein Körpergefühl? Gibt es unterschiedliche Reaktionen in einzelnen Körperteilen? Welche inneren Bilder, Farben, Klänge oder Gedanken tauchen in meinem Kopf auf?
Es ist von Vorteil, die Ergebnisse der Reflexionsphase schriftlich festzuhalten, um die verschiedenen Erfahrungen mit unterschiedlichen Raumqualitäten miteinander vergleichen zu können (Gestalttagebuch).

5 Übungsanwendung

Die mit diesem Kapitel einhergehende Vertiefung der persönlichen Wahrnehmung bildet nunmehr die Basis für die weitere Auseinandersetzung mit den Gestaltqualitäten von Landschaft und Freiraum.
An dieser Stelle möchte ich anregen, die Methodik, das Wissen und die Erfahrung mit der Wahrnehmung von körperlich-stofflichen, ästhetischen und Bewußtseinsqualitäten selbständig in die anderen Kapitel einzubauen beziehungsweise darauf zurückzugreifen. Die hier angebotenen Übungen bilden also das Fundament für die anderen Übungen zur Gestaltwahrnehmung in den Kapiteln: III.2 (Polarität – Komplementarität), III.3 (Die vier Elemente) und V (Die Trinität von Landschaft und Freiraum).

V DIE TRINITÄT VON LANDSCHAFT UND FREIRAUM

Wenn wir die Landschaft und den Freiraum mit all ihren gestaltbildenden Elementen im Sinne der Trinität von Körper, Seele und Geist betrachten, soll uns dabei stets bewußt sein, daß die einzelnen Teile in wechselseitiger Beziehung zueinander stehen und den Gesamtkomplex von Landschaft und Freiraum bilden. Die Gliederung in einzelne Teilbereiche soll uns helfen, über ihr Verständnis die Gesamtheit unserer Lebensräume zu erfassen.
Unsere Lebensräume mit ihren Lebensgemeinschaften sind ein holistischer Organismus, dem körperlich-stoffliche, ästhetische und Bewußtseinsphänomene zugrunde liegen und der eine körperliche und seelisch-geistige Ebene umfaßt. Die körperliche Komponente steht mit der Bewußtseinsebene in untrennbarer Wechselwirkung und ist in dieser Einheit für die Vitalität der Landschaft und ihre Gestaltwirkung auf den Menschen ausschlaggebend. Die Gestaltwirkung von Lebensräumen ist die übergeordnete Einheit aus der Summe körperlicher, ästhetischer und bewußtseinsbezogener Qualitäten, wobei die ästhetische Dimension als Bindeglied zwischen der physischen und der psychischen Dimension zu verstehen ist.
Die *körperlich-stoffliche Dimension* drückt sich im Landschaftskörper (u. a. in seiner Morphologie, Topographie und Reliefbildung) und den stofflichen Prozessen innerhalb der Lebensgemeinschaften der Lebensräume (Flora und Fauna) aus. Da diese Aspekte der Landschaft in der klassischen naturwissenschaftlichen Literatur bereits ausführlich beschrieben sind, möchte ich im folgenden einen Überblick über die körperlich-stoffliche Dimension der Landschaft geben, um die Verbindung zur seelisch-geistigen Dimension des Raumes aufzuzeigen. Der Körper einer Landschaft ist der formale Ausdruck ihres Bewußtseins und ist ästhetisch wirksam.
Die *ästhetische Dimension* der Landschaft beinhaltet zwei Erfahrungsqualitäten: Die Landschaft trägt einen archetypischen Erfahrungsschatz in sich, der über die sinnliche Begegnung mit ihr und ihren Lebewesen ein seelisch-geistiges Erlebnis in uns auslöst und uns in emotionale Beziehung zur Landschaft bringt. Die eigene Seele liefert uns innere Erfahrungsinhalte zu den über unsere Sinne wahrgenommenen Landschaften und ihren gestaltbildenden Elementen.
Hinzu kommt die formal-ästhetische Wirkung der Landschaft, die sich auf die körperbezogene Gestaltwirkung unserer Lebensräume und ihrer Elemente bezieht. Über Form, Farbe, Klang, Rhythmus und Symbolik wird die seelisch-geistige Information zum Ausdruck gebracht, die sich über den physischen Körper manifestiert und über die Wahrnehmung von körperlich-stofflichen und ästhetischen Qualitäten erlebt wird. Die Vitalität einer Landschaft sowie der einzelnen Individuen ergibt sich aus all ihren stofflichen und nichtstofflichen Aspekten, wobei die innere Qualität von der äußeren Qualität nicht zu trennen ist. In diesem Sinne ist das Formal-ästhetische einer Landschaft das Abbild ihrer physischen und psychischen Beschaffenheit. Die Wahrnehmung ästhetischer Qualitäten ist ein körperbezogenes Erfahren seelisch-geistiger Qualitäten. Die formal-ästhetische und die archetypische Wirkung der Landschaft sind nicht voneinander zu trennen und gehen im Wahrnehmungsprozeß stets ineinander über.
Die *Bewußtseinsdimension* der Landschaft ist zum einen als selbständige Qualität der Landschaft und ihrer Lebewesen vorhanden und von daher als eigenes Organsystem zu verstehen. Diese Aspekte der Landschaft entsprechen den Bewußtseinsfeldern des Menschen, was bedeutet, daß Lebensräume eine vitalenergetische, eine emotionale und eine mentale Dimension besitzen. Diese sind für den Menschen über die Wahrnehmung von Bewußtseinsqualitäten des Raumes erfahrbar (vgl. Kap. IV.4.2).

Zum anderen zeigt sich das Seelisch-Geistige der Landschaft über den körperlichen Ausdruck einzelner Landschaftselemente sowie ganzer Landschaftsräume. Auf Grund dieser Tatsache ist es möglich, über die körperliche Erscheinungsform von Lebensräumen Rückschlüsse auf ihr nichtstoffliches Bewußtsein zu ziehen.
Ausgehend von der Trinität von Landschaft und Freiraum, möchte ich in diesem Kapitel Gestalt- und Gestaltungsaspekte ansprechen, die unser Verständnis für Lebensraumqualitäten weiter vertiefen, damit wir gestalterische und pflegerische Handlungen an einem Ort in Übereinstimmung mit seinen seelisch-geistigen Grundqualitäten, den Lebewesen und Elementen bringen können. Die Gestaltungsaspekte bieten konkrete Handlungsvorschläge, um einen konstruktiven Einfluß auf die Vitalität eines Ortes auszuüben. Die jeweils am Ende der drei Kapitel (körperlich-stoffliche, ästhetische und Bewußtseinsdimension von Landschaft und Freiraum) beschriebenen Gestaltungsaspekte entstammen meiner persönlichen Erfahrung und unterschiedlichen Gestalttheorien. Sie stellen für mich Grundbausteine für gestalterische Überlegungen dar, die in der persönlichen Begegnung des Menschen mit dem Raum nachempfunden und um die eigenen Wahrnehmungen ergänzt werden sollen, um das theoretische Wissen mit der persönlichen Erfahrung zu verbinden.
Die Komplexität unserer Lebensräume bringt es mit sich, daß die Anwendung von Gestaltungs- und Pflegeaspekten stets auf den konkreten Ort mit der ihm eigenen Identität abgestimmt werden muß. Eine möglichst einfühlsame, vielschichtige und intensive Begegnung mit dem konkreten Ort bildet dabei die Basis, um seine unterschiedlichen Dimensionen zu erfassen und zu verstehen. Erst über dieses Verständnis wird es möglich, die physische und psychische Qualität eines Ortes sowie seine sozialen Rahmenbedingungen zu erkennen und entsprechende gestalterische und pflegerische Aktivitäten zu setzen. Dadurch wird eine Synthese zwischen den Bedürfnissen der Landschaft und den Bedürfnissen des Menschen ermöglicht. Schließlich hängt das Wohlbefinden des Menschen unmittelbar mit dem Wohlbefinden der Landschaft zusammen.
Ob in der freien oder bebauten Landschaft, im Privatgarten oder auf dem öffentlichen Platz, im Park oder im Innenhof, laufend sind wir mit unterschiedlichen Raumausprägungen und Raumansprüchen konfrontiert, die eine differenzierte Betrachtungsweise erforderlich machen. Um nicht in der Isoliertheit des konkreten Ortes steckenzubleiben, ist es darüber hinaus notwendig, über Raumgrenzen hinauszufühlen und hinauszudenken, damit übergreifende Raumwirkungen erkannt und einbezogen werden. Wir sind also mit jeder landschaftsplanerischen, pflegerischen und gestalterischen Fragestellung aufgefordert, uns sowohl mit der Individualität eines Ortes als auch mit ihrer Wirkung auf die Kollektivität des Raumes zu beschäftigen. Hierbei bewegen wir uns nicht nur in der Dreidimensionalität des Raumes selbst, sondern zugleich in seiner körperlich-seelisch-geistigen Trinität.
Trotz der Unterschiedlichkeit von Lebensräumen können wir prinzipielle Gestaltungsaspekte ansprechen und sie in bezug auf ihre Trinität von Körper, Seele und Geist betrachten. Die Wirkung einer Farbe oder einer Form ist zum Beispiel genauso Thema der freien Landschaft wie Thema städtischer Freiräume. Unabhängig von der räumlichen Situation können wir zum Beispiel zu Bäumen eine emotionale Beziehung aufbauen. Diese Beispiele veranschaulichen grundsätzlich anwendbare Gestaltungsaspekte, die uns einen bewußten Umgang mit der Grundqualität eines Ortes ermöglichen.
Basierend auf der untrennbaren Einheit von Körper, Seele und Geist zeichnet sich eine hohe Raumqualität vitaler Lebensräume durch die dynamische Wechselwirkung zwischen den genannten Dimensionen aus. Diese gegenseitige Beeinflussung finden wir ebenso im konkreten gestalterischen beziehungsweise pflegerischen Umgang mit unseren Lebensräumen.

Dabei können wir davon ausgehen, daß jede auf der körperlichen und emotional-geistigen Ebene gesetzte Maßnahme alle Bereiche der Trinität unserer Lebensräume und die damit verbundenen soziokulturellen Gegebenheiten berührt. Mit jeder anthropogenen Aktivität sind wir Teil des Wirkungskreises der Gestalt. Um die Komplexität des gestalterischen Prozesses zu berücksichtigen, ist es sinnvoll, die angesprochenen Aspekte, soweit dies für die jeweilige gestalterische Aufgabe möglich ist, in die konkrete Aufgabenstellung einzubeziehen und die jeweiligen Varianten, je nach Bestandserhebung, zu prüfen und zu überdenken. Mit der folgenden Abbildung gebe ich einen Überblick über die Trinität des Raumes.

	Dimensionen der Landschaft	**Manifestation und Aufgabe in der Landschaft**	**menschliche Entsprechung**
1	**körperlich-stoffliche Dimension**	physische Erscheinung der Landschaft, der Körper als formal-stofflicher Ausdruck der Landschaft, Physiologie der Lebenskreisläufe	physischer Körper mit seinen Sinnesorganen
2	**ästhetische Dimension**	im Körper von Landschaft und Freiraum in Form von Formen, Farben, Klängen, Strukturen, Rhythmen, Raumgliederung und Symbolhaftigkeit	psychisches Erleben im physischen Körper
3	**Bewußtseins-dimension**	diese gliedert sich in drei Teilbereiche (entsprechend den Bewußtseinsfeldern des Menschen)	Bewußtseinsfelder
	vitalenergetische Dimension	vitalenergetische Organsysteme der Landschaft, z. B. Ley-Linien und Atmungspunkte; Verteilung der Lebenskraft in der Landschaft, psychische Matrix für den Landschaftskörper	Vitalfeld
	emotionale Dimension	seelische Dimension der Landschaft; Intelligenzebene zur Koordination der Erdkräfte, evolutionäres Bewußtsein der Erde	Emotionalfeld
	mentale Dimension	seelisch-geistige Koordination und Verbindung zwischen irdischen und kosmischen Qualitäten; Landschaftskoordinationspunkte	Mentalfeld

Abb. 46: Übersicht über die Dimensionen der Landschaft in Entsprechung zu den Dimensionen des Menschen

1 Die körperlich-stoffliche Dimension der Landschaft

1.1 Lebensraum und Lebensgemeinschaft – betrachtet aus landschafts- und stadtökologischer Sicht

Über die Manifestation von Feuer (Sonne), Erde, Luft und Wasser, welche ich als die Grundbausteine des Lebens bezeichne (siehe Kap. III.3.2 Die physischen Qualitäten der vier Elemente) bilden sich ausgehend von den Raumfaktoren mit den zugehörigen Individuen Lebensraumsysteme aus, die in einem strukturierten räumlichen Gefüge zueinander in Beziehung stehen. Dieses Beziehungsgefüge zwischen Raum und Lebewesen manifestiert sich in unterschiedlichen Raumeinheiten, die von Teillebensräumen (Einzelbiotopen) bis hin zum globalen Ökosystem reichen. So gesehen können wir die stoffliche Ebene der Landschaft als ein Wirkungsgefüge verstehen, dessen Gesamtheit eine Qualität erreicht, die über die rein additive Aneinanderreihung von Teilen hinausgeht und ein komplexes Lebensgefüge ergibt, das auf vielfältigen Wechselwirkungen beruht.

Ausgehend von der Landschaftsmorphologie nach Leser, die in der Landschaft „eine räumliche Synthese einer Vielzahl von Einzelelementen sieht, die horizontal und vertikal miteinander verflochten sind", hat sich nunmehr die Landschaftsökologie entwickelt.[248] Sie ist jene Disziplin, welche sich mit den Phänomenen der Landschaft aus einer ökosystemaren Sicht beschäftigt. In der ökologischen Betrachtungsweise wird die Landschaft als Wirkungsgefüge zwischen Lebewesen und deren anorganischer Umwelt verstanden. Sie stellt ein offenes System dar, das sich in einem dynamischen Gleichgewicht befindet und die Fähigkeit zur Selbstregulation besitzt.

Wenn wir die stoffliche Dimension einer Landschaft betrachten und die darin beteiligten Elemente wahrnehmen, lassen sich in ihr folgende grundlegende Bausteine erkennen, welche miteinander zu einem landschaftlichen Gefüge verschmelzen: Außerhalb und doch zugleich innerhalb unserer landschaftlichen Systeme steht die Sonne; sie repräsentiert das „kosmische Feuer", welches die notwendige Licht- und Wärmeenergie liefert, um die Lebensprozesse auf der Erde in Gang zu halten. Sie ist der unentbehrliche „Motor" für Ökosysteme.[249] Der Stoffkreislauf über Produzenten (Pflanzen), Konsumenten (Tiere und Menschen) und Destruenten (zersetzende Organismen wie niedere Tiere, Einzeller, Bakterien u. a. m.) steht in direktem Zusammenhang mit dem durch die Sonne mitbedingten, jahreszeitlichen Rhythmus.

Die Erde beziehungsweise der Boden bildet als Lithosphäre (Gesteine, Schichten des Erdkerns) und Pedosphäre (von Bodenorganismen belebt) die materielle Basis des Erdkörpers. Mit all den unzähligen Lebewesen ist der vorwiegend humose Teil des Erdkörpers als lebendiger, in sich vernetzter Organismus zu verstehen, der Lebensraum für Menschen, Tiere und Pflanzen ist, die zyklische Aufbereitung (Ab- und Aufbau) von Nährstoffen vornimmt und den Pflanzen Nährstoffe und Verankerungsmöglichkeiten bietet.

Die Luft bildet als Atmosphäre das Trägermedium für wichtige gasförmige Stoffe (Sauerstoff, Kohlendioxyd, Stickstoff, Edelgase u. a. m.). Ein Großteil der Atmungsprozesse, ob auf individueller oder ökosystemarer Ebene, läuft über die Atmosphäre.

Das Wasser bildet als Hydrosphäre ein zentrales Landschaftselement. 71 % der Erdoberfläche sind mit Wasser bedeckt. Wasser tritt aber ebenso in Form von unterirdischen Wasserströmen und atmosphärischen Wasserbewegungen (Wasserdampf) auf.

Die topographische, geographische und klimatische Lage eines Lebensraumes bildet, zusammen mit den zuvor genannten Faktoren (Sonne, Boden, Luft und Wasser), die Grundlage für

die Lebewesen und Lebensgemeinschaften bestimmter Raumeinheiten. Ich bezeichne die Gesamtheit dieser elementaren Raumgrundlagen als geobiologische Grundstruktur der Landschaft und halte die in der naturwissenschaftlichen Literatur strikt durchgeführte Trennung zwischen abiotischen Faktoren (Klima, Relief, Boden, Wasser und Luft) und biotischen Faktoren (Populationen, Flora, Fauna und Mensch) im Rahmen eines holistischen Planungsansatzes für nicht notwendig. Ich sehe all die genannten Faktoren und ihre zugehörigen Populationen entsprechend der Gaia-Hypothese nach Lovelock als synthetisch wirksames und somit lebendiges System, das gerade im gestalterischen Prozeß stets als Einheit verstanden werden soll.
Unter dem Begriff Biosphäre wird der globale, von Organismen (Pflanzen, Tieren und Menschen) belebte Raum zusammengefaßt, welcher in der Geobiosphäre die Bodenlebewesen, in der Hydrobiosphäre die Wasserlebewesen und in der Anthropobiosphäre die menschlich dominierten Kulturlandschaften beschreibt.
Die Biosphäre ergibt zusammen mit der geobiologischen Grundstruktur ein Ökosystem, eine in sich vernetzte Raumstruktur, die sich in unterschiedlichen Raumeinheiten manifestiert. Die Charakteristika eines ökologischen Systems zeigen sich in der Lebensgemeinschaft (Biozönose) aller beteiligten Organismen, die miteinander in Wechselwirkung stehen (Pflanze, Tier, Mensch) und der geobiologischen Grundstruktur, dem Lebensraum (Biotop).
Das Ökosystem stellt ein offenes System dar, welches bestrebt ist, im Gleichgewicht zu bleiben und das von Energieflüssen (Strahlung, Wärmeproduktion) sowie Nahrungs- bzw. Stoffkreisläufen (Sauerstoff-, Kohlenstoff-, Stickstoffkreislauf u. a. m.) getragen wird.
Im Zuge der evolutionären Entwicklung haben sich zwischen Biotop und Biozönose aneinander angepaßte Beziehungen und Abhängigkeiten entwickelt, die von den Standortbedingungen, wie zum Beispiel Licht, Temperatur, Relief, Boden- und Wasserverhältnisse u. a. m. bestimmt werden.[250]

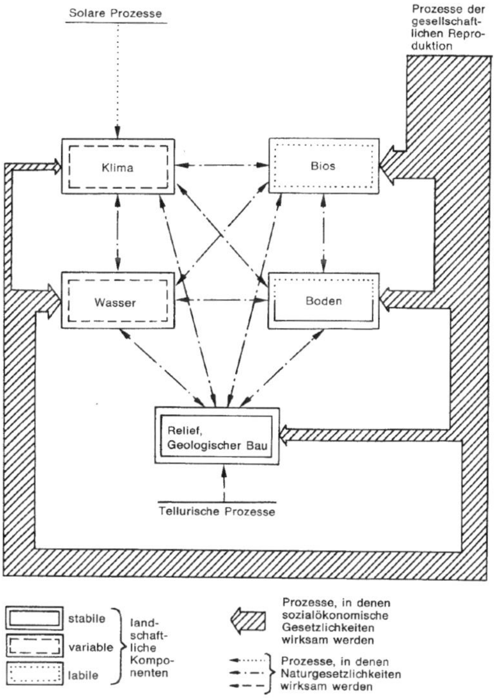

Abb. 47: Schematische Darstellung der Einwirkungen natürlicher und gesellschaftlicher Prozesse auf die Komponenten der Landschaft (Barsch)

1.2 Natur- und Kulturlandschaft

Mit dem Eintreten des Menschen in die Landschaft beginnt die Veränderung der natürlichen Lebensräume, die ausschließlich über die innere Selbstregulation stabil gehalten werden und von den irdischen, standortbedingten Gegebenheiten mit den zugehörigen pflanzlichen und tierischen Organismen abhängig sind. Die potentielle abschließende Vegetationsstufe in der natürlichen Entwicklung von Lebensräumen bildet der Wald, sofern keine extremen Standortbedingungen (Höhenlage, klimatische Extremlagen) dies verhindern. Ursprüngliche Naturlandschaften sind in Europa kaum mehr vorhanden. In Österreich finden wir sie noch in Teilen des alpinen Hochgebirges sowie in Abschnitten der Donauauen.

Das bewußte Eingreifen des Menschen in den Naturhaushalt führt zu Veränderungen im naturräumlichen Gefüge, wobei jegliche Art von anthropogenen Eingriffen zugleich einen gestalterischen Prozeß mit unterschiedlicher Raum- und Zeitausdehnung darstellt. Landschaften, die unter der Kraft der Formgebung des Menschen stehen, bezeichnen wir als Kulturlandschaften, in denen zu der selbstregulierenden inneren Dynamik ihrer natürlichen Kräfte die Dynamik der menschlichen Beeinflussung hinzukommt. Bei einem historischen Rückblick können wir feststellen, daß sich der Mensch in weiten Teilen Europas um 6000 v. Chr. (Jungsteinzeit) das Land durch Rodung für Ackerbau und Viehzucht nutzbar gemacht hat. Die bevorzugten Siedlungsgebiete waren Standorte trockener, warmer Eichenwälder. Mit der neuen Lebensform hatte sich ein neues soziales Gefüge etabliert, der Mensch wurde seßhaft. Bedingt durch menschliche Eingriffe in dic Landschaft entstanden neue Ökosysteme (z. B. Weiden, Streuobstwiesen, Magerrasen, Felder), die durchaus eine Bereicherung der landschaftlichen Vielfalt darstellten und gegenüber den natürlichen Lebensräumen auch eine höhere Artenvielfalt beherbergten. Dies führte zu einer abwechslungsreichen und differenzierten Gliederung der Landschaft. Die ursprüngliche, bäuerliche Landschaft hielt sich in Mitteleuropa großräumig bis zur industriellen Revolution (18. Jh.) und war geprägt von gestalterischer Vielfalt, welche sich aus der direkten Nutzung durch den Menschen ergab. Andreas Suchantke beschreibt so eine mitteleuropäische bäuerliche Landschaft wie folgt: „Da gibt es den Wechsel von Weizen- oder Roggenfeldern mit Haferschlägen, Bohnen- und Rübenäckern, unterbrochen von Brachen, auf denen sich ein üppiger blütenreicher Wildkräuterwuchs entfaltet. Dazwischen liegen Viehweiden, mit Rindern und einzelnen Pferden besetzt, die in der Mittagshitze unter einer weit ausladenden Eiche Schatten suchen. Am Rande der Felder ziehen sich Wälle aus Legesteinen entlang, die von Brombeeren und Wildrosen überrankt werden, Hecken aus Schlehen, Hasel und Weißdorn säumen die Mähwiesen, und ein kleiner Bach, der sich durch das Gelände schlängelt, ist von Erlen und von Kopfweiden gesäumt. Birn- und Apfelbäume und einzelne Kirschen stehen in den Wiesen jenseits des Baches. Ein Gemüsegarten am Haus ist gegen den Besuch von Hasen und Rehen eingehagt, am Zaun stehen bunte Malven, hoher Rittersporn und Rosenbüsche. An der entgegengesetzten Seite, an der Außengrenze der Feldgemarkung, beginnt der Niederwald: kleine dichtgedrängte Bäume, oftmals eher Büsche, die sichtbar aus Stockausschlägen hervorgegangen sind, dienen dem Brennholzbedarf. Der anschließende Hochwald liefert Bauholz und das Material für die Reparaturen an Haus und Gerät."[251]

Dieser Fülle an Kleinbiotopen lag eine Ordnung zu Grunde, welche von den wirtschaftlichen Bedürfnissen des Menschen und den standortbedingten ökologischen Gegebenheiten bestimmt wurde. Der angesprochene Artenreichtum dieser ursprünglichen Kulturlandschaft liegt gerade in der Vielfalt der verschiedenen, in einem Landschaftsraum ineinander verwobenen Biotopstrukturen. Dies ermöglicht es, viele Arten mit unterschiedlichsten Ansprüchen nebeneinander und miteinander leben zu lassen. Vor allem die Grenz- und Übergangsbereiche zwischen trocken und feucht garantieren die Entwicklung einer Lebensraum- und Artenvielfalt. Interessant ist in diesem Zusammenhang eine Studie von Christoph Vahle, der festgestellt hat, daß im nordwestdeutschen Flachland sämtliche Dörfer im Übergangsbereich zwischen feuchten Niederungen und trockenen Sandböden entstanden sind. Laut Vahle ergibt sich ein sogenannter Kulturgradient, der vom Dorfzentrum aus in die umliegende Naturlandschaft übergeht. Daraus leitet sich folgendes kulturräumliches Idealbild ab.[252]

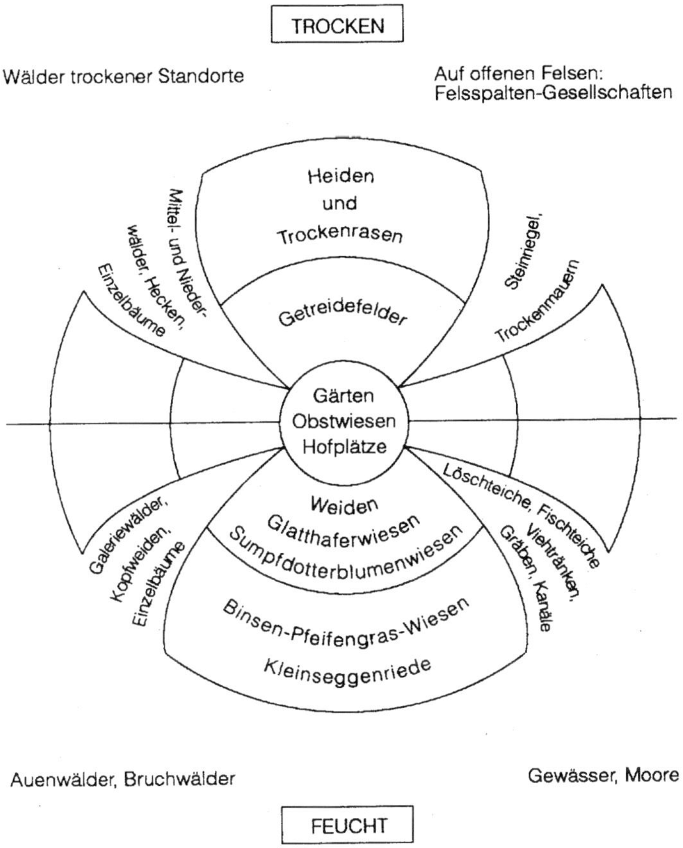

Abb. 48: Das Idealbild der nordwestdeutschen Kulturlandschaft: Durchdringung von Kultur- und Naturgradienten (Vahle)

Mit zunehmender Industrialisierung der Landwirtschaft hat sich die naturnahe Kulturlandschaft zu einer naturfernen, monokulturellen Kulturlandschaft entwickelt. Die Vielfalt weicht zusehends einer Einfalt, mit all den Problemen, die wir heute kennen: Monokultur, Bodenzerstörung, Schadstoffbelastungen, Qualitätsverlust bei unseren Nahrungsmitteln usw.

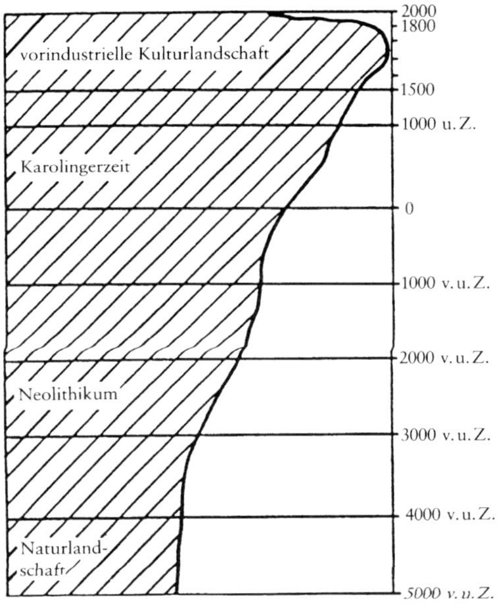

Abb. 49: Zunahme des Artenreichtums der (Wild-) Pflanzen auf dem Wege von der Natur- zur Kulturlandschaft und drastischer Rückgang in jüngster Zeit (Sukopp)

Aus diesem Zusammenhang ergeben sich wesentliche Fragestellungen für die Zukunft: Wie wird der Mensch, in Anbetracht des zunehmenden Auseinanderklaffens von rational-technisierter Machbarkeit des Lebens und gesellschaftlich-politischer Entwicklung, mit seinen physischen, psychischen und sozialen Grenzen umgehen? Wird es ihm möglich sein, seine emotionale Beziehung zur Erde zu lösen, ohne dabei wesentliche Einbußen in der eigenen Lebensqualität zu erfahren?

Die Stadt ist ein nahezu ausschließlich urbanes Ökosystem und von der ständigen Beeinflussung durch den Menschen geprägt. So gesehen stellt sie einen zentralen Knotenpunkt in der Kulturlandschaft dar, in welchem die Nahrungspyramide auf den Kopf gestellt ist und nach Adam die Konsumenten gegenüber den Produzenten zahlenmäßig deutlich überwiegen. „Große Städte und Ballungsgebiete sind dementsprechend riesige Konsumentenexklaven, die räumlich von den sie versorgenden Produzenten und entsorgenden Destruenten zum Teil weit entfernt sind.“[253]

Städte sind stets als Teilsysteme anzusehen, die in einer arbeitsteiligen Beziehung zu den produzierenden Landschaftssystemen stehen. Demnach besitzt die Stadt einen anderen Charakter, der ein ihr gemäßes Lebensgefühl vermittelt. Während die bäuerliche Gesellschaft ihre Nahrungsmittel, in indirektem Sinne, durch Pflege erzeugt, fertigt der Handwerker sein Produkt in einem direkten Gestaltungsprozeß. Zudem ist er freier von äußeren Einflüssen, wodurch die Stadt zum Symbol für Freiheit wurde. Zwischen 1200 und 1400 n. Chr. erlebte Europa den Höhepunkt der Stadtgründungen. Die kulturelle Entwicklung war enorm, und die Vorrangstellung als geistige Zentren verlagerte sich von den Klöstern in die Bildungszentren der Städte. Zudem wurden die Städte zu Handels- und Wirtschaftszentren, und sie haben diese Vormachtstellung bis heute nicht verloren.[254]

Die Stadtgestalt selbst ist die Synthese einer intensiven Verflechtung von Nutzungsansprüchen, die im Bereich der handwerklichen, wirtschaftlichen, kulturellen, bildungsbezogenen und gesellschaftlich-sozialen Tätigkeiten liegen. Der Städtebau als Gestaltungsaufgabe befaßt sich mit der räumlichen Anordnung und baulichen Ausformung der städtischen Lebensbereiche. Aus der lebendigen Wechselwirkung zwischen der natürlich vorgegebenen Geomorphologie (Umgebung, Relief, Vegetation, Boden, Klima usw.) und den künstlich vom Menschen eingebauten Strukturen (Haus, Straße, Weg, Platz, Hof, Zaun, Denkmal usw.) ergibt sich die Stadtgestalt. Die Stadt ist ein Spiel zwischen göttlicher Schöpfung und menschlichem Werk.[255]

In der Stadt findet sich ein starkes Spannungsverhältnis zwischen bebautem Raum und Freiraum, bedingt durch die hohe räumliche Dichte sowie die hohe Individuenanzahl. An die räumliche Ausprägung der Stadt sind nutzungs- und funktionsspezifische, ökologische, soziale und künstlerische Ansprüche geknüpft, die eine große Herausforderung an den Menschen und seinen gestalterischen Umgang mit dem städtischen Raum darstellen.

1.3 Lebensraumeinheiten sind gestaltbildende Strukturen

In der Freiraumgestaltung ist es notwendig, die Größe eines Raumes in Verbindung mit den individuellen Ansprüchen unterschiedlicher Lebewesen und Lebensgemeinschaften zu sehen. Dabei muß die Gestaltwirkung nicht unmittelbar mit der Raumgröße zusammenhängen, sondern kann über die eigentliche Qualität der Gestalt zum Ausdruck kommen.

Das heißt, bei jedem gestalterischen Eingreifen des Menschen ist die Grundfrage zu stellen, welches Individuum, welche Gruppe, welche Lebensgemeinschaft (Pflanze, Tier, Mensch), welche geobiologischen Grundstrukturen in den Gestaltungsprozeß einbezogen werden und welches Anliegen dahinter steht. In diesem Sinne verstehe ich unter dem Begriff Biotop eine gestalterisch wirksame Raumeinheit, welche sich zusammen mit der ihr zugehörigen Lebensgemeinschaft definiert.

Die Größe des Raumes ist identisch mit dem Lebensraum (Biotop), wobei das Biotop in verschiedener Größe, Struktur, Form und mit unterschiedlichen Organismen und Lebensgemeinschaften auftritt. So eine Lebensraumeinheit verkörpert eine ihr innewohnende Struktur, die für sich alleine wirkt, aber zugleich in ständiger Wechselwirkung mit anderen Lebensräumen steht und daher nie isoliert betrachtet werden kann. Jede Lebensraumeinheit bildet im Verbund mit anderen Einheiten wieder eine übergeordnete Biotop-Biozönose. Daraus folgt, daß jedes gestalterische Eingreifen stets im Zusammenhang mit dem betroffenen Umfeld gesehen werden muß. Wie umfangreich in der räumlichen Ausdehnung die Betrachtung der Umgebung sein soll, ergibt sich aus dem jeweiligen gestalterischen Anliegen, und dies ist daher stets projektbezogen und individuell zu analysieren.

Lebensraumeinheiten sind von der mikroskopischen Ebene bis zum makroskopischen Gesamtsystem der Erde verkörpert. So stellt die Zelle einen Lebensraum für den Zellkern und die anderen Zellorganellen dar, wie auch der Wasserstropfen ein Biotop für einen Einzeller sein kann und somit eine gestalterische Qualität besitzt. Zellsysteme organisieren sich zu Lebewesen höherer Ordnung, mit anderen Ansprüchen an ihren Lebensraum. Daraus ergibt sich eine Vielgliedrigkeit von Räumen und Biotopstrukturen, beginnend mit den städtischen anthropogenen Freiräumen (Innenhöfen, Gärten, Wegen, Straßen, Plätzen, Park- und Freizeitanlagen u. a.) bis hin zu den kultur- und naturräumlichen Biotopstrukturen (Wäldern, Feldgehölzen, Streuobstwiesen, Alleen, Hecken, Ruderalbiotopen, Trockenrasen, Wiesen, Fließgewässern, Stillgewässern, Mooren, subalpinen wie alpinen Biotopen u. a. m.).

1.4 Komponenten der natürlichen und anthropogenen Gestaltbildung

Nachdem wir uns bewußt gemacht haben, daß jegliches gestalterische Eingreifen in ökologische Systeme, die wie Räder in einem Uhrwerk funktionieren, vernetzte Reaktionen auslöst, möchte ich die körperlich-stofflich wirksamen Komponenten in Lebensräumen zusammenfassen. Es ist klar, daß in einem Schema nie alles in seiner Komplexität erfaßt werden kann, aber es bietet trotzdem mögliche Anhaltspunkte und Denkanstöße.
Je nach Intensität und Ausmaß des gestalterischen Eingreifens wirkt der Mensch auf folgende Komponenten ein, die wiederum aufeinander und auf den Menschen selbst wirken.

Bewegung im Freiraum (Pflanze, Tier, Mensch)
Klima
Sozietät / Gesellschaft (Pflanze, Tier, Mensch)
urbane Strukturen (Wirtschaft, Industrie, Siedlungs- und Arbeitsstrukturen)
Strahlung und Energie
Fauna (Arten, Vitalität)
Stoffkreisläufe (Pflanze, Tier, Mensch)
natürlicher und anthropogener Gestaltungsprozeß
Pedosphäre
Lithosphäre
Flora (Arten, Vitalität)
Funktion (Mensch)
Relief
Atmosphäre
Kommunikation
Nutzung (Mensch)
Raumstruktur (natur- und kulturräumlich)
Hydrosphäre

Abb. 50: Gestaltbildende Komponenten

1.5 Gestaltungsaspekte unter Berücksichtigung der körperlichen Dimension

Die hier angesprochenen Gestaltungsaspekte beziehen sich auf landschafts- und stadtökologische Themenstellungen und sollen dazu anregen, im gestalterischen Umgang mit der körperlich-stofflichen Dimension der Landschaft die Ursprünglichkeit unserer Lebensräume bewußter in die Freiraumgestaltung einzubringen.

1.5.1 Natürlichkeit

Da wir in Mitteleuropa nahezu ausschließlich in Kulturlandschaften leben, spiegelt sich die Natürlichkeit der Landschaft in unseren Lebensräumen auf zwei Arten wider: zum einen in der Ursprünglichkeit natürlicher beziehungsweise naturnaher Landschaften und zum anderen in den natürlichen Elementen der Landschaft innerhalb der Kulturlandschaft unserer Lebensräume, also in den biotischen und abiotischen Faktoren der Natur (Flora, Fauna, Klima,

Boden, Stein, Wasser, Holz, Luft u. a. m.). Eingebunden in diese Elemente findet sich der Mensch, als Teil der Natur, verbunden mit der Landschaft wieder, denn über die gemeinsame evolutionäre Entwicklung sind wir stets bestrebt, uns mit der Ursprünglichkeit der Landschaft beziehungsweise mit den Elementen der Natur zu verbinden. Le Roy meint dazu, daß die Wechselwirkung zwischen Kultur und Natur eine notwendige Voraussetzung für die Fortdauer unserer Existenz darstellt.[256]

Zur Unterstützung der Naturidentität im Freiraum können wir folgende Maßnahmen setzen:

- In den dicht urbanisierten und technisierten Lebensräumen verstärkt auf natürliche Elemente (z. B. Bäume, Sträucher, Stauden; Stein, Holz, Wasser) zurückgreifen und diese gestalterisch einsetzen.

- Unterschiedliche Biotoptypen, wie wir sie in der reichhaltigen Naturlandschaft als Synthese von Kultur und Natur vorfinden (Feuchtstandorte, Trockenstandorte, Staudengruppen, Hecken, Wäldchen, Übergänge wie Stauden – Hecken – Baumschicht) einbringen bzw. in ihrer Entwicklung unterstützen. Um eine sinnvolle Einbindung von Biotoptypen in bestehende Raumsituationen zu gewährleisten, sollen vorgegebene Strukturen (Topographie, Morphologie, Klima, Vegetation; siehe auch Kap. III.3.4 Die vier Raumqualitäten) besonders berücksichtigt werden.

- Die Auswahl der Pflanzen im Hinblick auf bestehende Vegetationsverhältnisse und Bodenbildungsprozesse treffen.

- Klimatische Gegebenheiten und Bodenverhältnisse (Bodenart, Aufbau, Feuchtigkeit) berücksichtigen.

- Gestalterische Maßnahmen auf gegebene Landschaftsstrukturen (Topographie und Morphologie) abstimmen beziehungsweise die bestehende Form der Landschaft in die Gestaltung einbeziehen.

- Die Sukzession als selbständigen gestalterischen Prozeß zulassen, so etwa die Selbstaussaat von Pflanzen bis hin zur Zuwanderung von Tieren. Meist bedarf es dabei lediglich des Mutes, nicht einzugreifen und eine eher beobachtende als handelnde Rolle einzunehmen. Speziell bei vegetationsbestimmten Grünräumen (Parklandschaften, Gärten) soll ein Teil (z. B. ein Viertel) des Gesamtraumes natürlichen Sukzessionsprozessen überlassen werden.

- Natürliche Stoffkreisläufe zulassen. Hierbei spreche ich jene natürlichen Zyklen an, die im jahreszeitlichen Rhythmus stattfinden. Naturgebundene Verrottungsprozesse sollen z. B. nicht dadurch verhindert werden, daß wir, vor allem in den vegetationsreichen Freiräumen, abgefallene Blätter entfernen. Wir könnten bestimmte Bereiche einfach dem natürlichen Verrottungsprozeß zur Verfügung stellen. Ein weiteres Beispiel wäre das Zulassen von Blumenwiesen in entsprechenden Raumeinheiten.

1.5.2 Vielfalt und Diversität

Vielfalt und Diversität sind zwei Aspekte, die vor allem mit der Vernetzung von Lebensprozessen und dem damit verbundenen ökologischen Gleichgewicht zusammenhängen. Sie beziehen sich auf die Artenvielfalt im individuellen Bereich sowie auf die Vielfalt an Lebensräumen, sogenannten ökologischen Nischen, wie Finke schreibt: „Je mehr derartiger ökologischer Nischen ein Lebensraum zur Verfügung stellt, um so mehr entsprechend angepaßte Arten werden die Biozönose bilden, wobei stets hohe Artendichte mit relativ geringer Individuenanzahl der beteiligten Arten gekoppelt ist."[257] Bezogen auf die räumliche Ausprägung liegt die Diversität der Landschaft in der Ausbildung unterschiedlicher Lebensraumeinheiten, die wie ein Mosaik die Landschaft aufbauen. Diese Faktoren unterstützen die ökologische Stabilität unserer Lebensräume. Übertragen wir diese Aspekte der Landschaftsökologie auf die Gestaltung von Freiräumen, können wir im Sinne der Artenvielfalt in Flora und Fauna die landschaftliche Diversität unterstützen durch

- Schaffung und Unterstützung unterschiedlicher Biotopstrukturen unter Berücksichtigung der vorgegebenen abiotischen und biotischen Faktoren (Feuchtstandorte, Trockenstandorte, Stauden- und Heckenbereiche, Solitärbäume, begrünte Pergolen, Fassadenbegrünung u. a.). Diese Maßnahmen lassen sich eher innerhalb vegetationsbestimmter Lebensräume anwenden.

- Schaffung unterschiedlicher Kleinklimate, bestimmt durch Licht und Schatten (feucht/trocken, kühl/warm, offen/geschlossen, tiefliegend/erhaben u. a.). Unterschiedliche abiotische Strukturverhältnisse ziehen unterschiedliche biotische Strukturgegebenheiten nach sich.

- Ausbildung und Belassen von Übergangsbereichen (feucht/trocken, Wiese – Stauden – Hecke u. a.). Übergangsbereiche innerhalb unterschiedlicher Biotoptypen sollen nicht durch harte oder streng gezogene Linien abgegrenzt werden, sondern eher fließenden Charakter besitzen. Im Sinne der Artenanreicherung ist es zum Beispiel sinnvoll, den Übergang von dem eher kurz zu haltenden Spielrasen zu einer anschließenden Hecke mittels eines entsprechenden Staudensaumes (ca. 50–100 cm Breite) zu gestalten.

Abb. 51: Übergang: Spielwiese – Stauden – Hecke – Bäume

1.5.3 Standortgerechte Bepflanzung

Im Zuge der Evolution haben sich die Pflanzen in Anpassung an bestimmte Standortgegebenheiten und in entsprechenden, natürlichen Pflanzengesellschaften entwickelt. Wenn wir diese Zusammenhänge berücksichtigen, können wir die Identität der Pflanze mit den Standortgegebenheiten eines konkreten Ortes in Übereinstimmung bringen, Lebensraum und Nahrung für die angepaßten Tierarten bieten sowie die landschaftliche Identität sowohl im stofflichen als auch im ästhetischen Bereich unterstützen. Da diese Aufgabenstellung in der Literatur bereits ausführlich behandelt wurde, möchte ich an dieser Stelle nur die wichtigsten Standortfaktoren zusammenfassen.[258]

- **Boden:** Bodenart, Festigkeit des Bodens, Nährstoffangebot, Bodenfeuchtigkeit, pH-Wert, Gründigkeit des Bodens, Vitalität und Gesundheit.

- **Wasser:** Wasserbedarf der Pflanze im Bereich des Wurzelkörpers sowie im Zusammenhang mit der Luftfeuchtigkeit (atmosphärisches Wasser).

- **Luft:** Luftverschmutzung, Trockenheit und Feuchtigkeit.

- **Licht:** Berücksichtigung der Lichtansprüche unterschiedlicher Pflanzenarten.

- **Temperatur:** Temperaturschwankungen (vor allem in innerstädtischen Gebieten), Temperaturansprüche (Winterhärte), Höhenlage.

- **Wurzelausbildung:** Berücksichtigung der Wurzelausbildung in Zusammenhang mit den Bodengegebenheiten (tiefwurzelnde bzw. flachwurzelnde Gehölze).

- **Größe:** Berücksichtigung der zu erwartenden Größe, Kronendurchmesser (z. B. Baum) bei der Auswahl der Pflanzen.

- **Pflanzengesellschaft:** Berücksichtigung der Zugehörigkeit von Bäumen, Sträuchern und Stauden zu natürlichen Pflanzengesellschaften, Vegetationsperioden.

- **Allelopathie:** Das Prinzip der Allelopathie beschreibt die Wechselwirkungen von benachbarten Pflanzen. Wenn Pflanzenarten unmittelbar untereinander wachsen, können sie einander in ihrer Entwicklung hemmen oder aber fördern. Vor allem bei Gemüsepflanzen sind wechselseitige Einflüsse bekannt. Sie lassen sich auf biochemische, pflanzensoziologische und synökologische Prozesse zurückführen und wurden im Laufe der Zeit über das empirische Wissen der GärtnerInnen gesammelt. In diesem Zusammenhang verweise ich auf das Buch *Der Garten als Mikrokosmos* von Wolf-Dieter Storl, in welchem die Artenverträglichkeiten von Gemüsepflanzen aufgelistet sind.

1.5.4 Schonender Umgang mit Ressourcen während der Baudurchführung

Eine zentrale Frage, die im Zuge von Bauvorhaben stets auftaucht, bezieht sich auf den Umgang mit dem Boden und der Vegetation. Viel zu selten wird ein entsprechend schonender

Umgang mit der bestehenden Flora gepflegt, was Verletzungen der Pflanzen, unnötiges Fällen von Bäumen und nicht notwendige Bodenverdichtungen mit sich bringt. Wir sollen daher bereits vor Beginn der Bauphase darauf Rücksicht nehmen, daß ein auf den spezifischen Freiraum bezogenes Baustellenmanagement erarbeitet wird.[259]

- **Sicherung der oberirdischen Teile der Vegetation**
  Einzäunen bestehender Pflanzen mit einem mindestens 180 cm hohen, stabilen Holzzaun. Der Stamm soll zusätzlich durch Bohlen gesichert und die Äste sollen bei Bedarf hochgebunden werden.

- **Schutz des Wurzelbereiches von Bäumen**
  Bei Bäumen soll der Boden über die Hälfte des Wurzelbereiches, das heißt etwa 150 cm über den äußeren Kronenrand hinaus, mit Kies (Körnung: 0/32) abgedeckt werden. Wenn der Wurzelbereich befahren werden muß, soll die Fahrspur mit einer 20 cm starken Kiesschicht abgedeckt und zusätzlich mit starken Holzbrettern ausgelegt werden. Muß im Wurzelbereich gegraben werden, soll dies händisch, in einem Mindestabstand von 150 bis 250 cm (je nach Baumgröße und Wurzelwuchs) geschehen. Längerfristige Grabungen sollen eine Vegetationsperiode vorher stattfinden, der Baum mit einer stabilen Schalung (Wurzelvorhang) geschützt werden.

- **Wiederverwendung von Pflanzen**
  Vor Beginn jeder Bauphase soll, im Rahmen einer genauen Bestandserhebung der vorhandenen Gehölze, festgelegt werden, welche Gehölze, die im Zuge des Bauvorhabens entfernt werden müssen (Größe, Alter, Lebenserwartung, Vitalität), weiterverwendet werden können. Danach sollen die entsprechenden Gehölze zu Beginn der Vegetationsruhe (November) möglichst schonend händisch ausgegraben und mit einem Ballen versehen werden. Sie werden dann entweder in lockerem Erdmaterial zwischengelagert oder direkt an den neuen Pflanzort versetzt. Um die Verdunstung von Wasser zu reduzieren, kann die Krone behutsam zurückgeschnitten werden. Damit die Verpflanzung mit größtmöglicher Schonung erfolgt, sollen die Größe, der Habitus des Baumes, die artbedingten Eigenheiten, das standortbedingte Wurzelverhalten und die Jahreszeit berücksichtigt werden.

- **Vermeidung von Bodenverdichtung**
  Zur Vermeidung unnötiger Bodenverdichtungen sollen jene Bereiche der Baustelle, welche nicht befahren werden müssen, mit Markierungen entsprechend abgesteckt werden.

2 Die ästhetische Dimension der Landschaft

2.1 Ästhetik

Das Wort Ästhetik selbst stammt aus dem Griechischen *(aisthetike)* und steht für die sinnliche Erkenntnis und Wahrnehmung.[260] Plato (427–347 v. Chr.) war jener Philosoph, der die Ästhetik als Metaphysik des Schönen verstand. Er beschrieb die Qualität einer Gestalt durch ihre Schönheit, die sich dann manifestiert, wenn die dahinterliegende Idee in ihrer sinnlichen Erscheinung möglichst vollkommen zutage tritt. Plotin (204–270 n. Chr.) entwickelte diese Vorstellungen Platos weiter und beschrieb das schaubar Schöne als einen äußerlichen Eindruck, durch den sich die göttliche Uridee manifestiert, als das eigentlich Wesentliche.[261]

Im 18. Jahrhundert gewann die Lehre von der Ästhetik ihre wissenschaftliche Eigenständigkeit. Alexander Baumgarten (1714–1762) begründete die Ästhetik als eigene wissenschaftliche Disziplin und knüpfte in seinem Werk *Aesthetica* an die antike Vorstellung an, indem er die Ästhetik als *cognitio sensitiva,* als sinnliche Erkenntnis, beschreibt. Die ästhetische Erkenntnis zeichnet sich gegenüber der rational-wissenschaftlichen Erkenntnis durch die ihr eigene Qualität der Sinneswahrnehmung aus. Die Sinneswahrnehmung ist mehr als nur die Vorstufe unserer logischen Denkstrukturen, sie ist ein eigener Erkenntnisprozeß. Die Sinnesorgane sind die Tore, und dahinter steht eine ästhetische Wirklichkeit, mit einer äußerst vielfältigen Welt an Erfahrungen und Bildern. Demnach existiert neben der logischen Wahrheit eine ästhetische Wahrheit, die in der sinnlichen Erfahrung gründet und eine erkenntnisspezifische Ausrichtung hat. So verstanden ist die Ästhetik eine direkte Erfahrung und nicht nur Gegenstand theoretischer Abhandlungen in der Kunst. In der ästhetischen Begegnung mit dem Raum wird die Fülle der Erscheinungen wahrgenommen und als holistische Erfahrung integriert. Die Ästhetik steht eigenständig neben der Logik, und beide Arten der Betrachtungsweise bieten die Möglichkeit einer symbiotischen Ergänzung und damit der Annäherung an einen holistischen Umgang mit unserer Landschaft.[262]

Beziehen wir uns zum Beispiel auf das visuelle Aufnehmen der Landschaft, so liefert uns das Auge ein Abbild der körperlichen Realität, indem das betrachtete Objekt sich über ein Informationsmuster auf unserem Augenhintergrund abbildet. Dies allein macht jedoch nicht die Wirklichkeit des Sehens aus, denn dazu bedarf es der Verarbeitung des Gesehenen. Der Reiz setzt ein sinnliches Erlebnis in Gang, das an die Vielfalt von Erinnerungen, Erfahrungen und Erwartungen der/des Wahrnehmenden gebunden ist und tief in der persönlichen sowie kollektiven Entwicklung seines/ihres Lebens wurzelt. Die Wahrnehmung von ästhetischen Qualitäten umfaßt weit mehr als die ausschließlich visuelle Begegnung mit der Landschaft. Sie ist stets eine synthetische Erfahrung und bezieht die Informationen über alle unsere Sinnesorgane mit ein, auch wenn uns das nicht immer bewußt ist.

Die ästhetische Begegnung mit dem Raum und die damit verbundene Wertschätzung ästhetischer Qualitäten wird von der subjektiven Lebenserfahrung des einzelnen Menschen mitbestimmt. Einer der bekanntesten Vertreter dieser Auffassung war Immanuel Kant (1724–1804), der zum Ausdruck brachte, daß das Schöne nicht isoliert vom Subjekt gesehen werden kann. Diese Tatsache führt uns in die Objekt-Subjekt-Realität, in der die/der Wahrnehmende der ästhetischen Erfahrung einen Wert beimißt, der letztlich zu ästhetischen Beurteilungen führt.[263]

Daraus ergeben sich zwei Ansätze für eine ästhetische Betrachtungsweise: eine subjekt- und eine objektbezogene Auseinandersetzung. Die subjektorientierte Ästhetik basiert stärker auf der empirischen Erfahrung und greift auf psychologische Methoden zurück. Nohl, ein Landschaftsarchitekt, meint in diesem Zusammenhang, daß ästhetisch wirksame Elemente stets eine eigenständige, personenbezogene, spezifische Wahrheit vermitteln, die in der persönlichen Sympathie und Vorliebe liegt. Ob uns eine Landschaft gefällt, hängt nicht ausschließlich von der sinnlich wahrnehmbaren Objektivität der Gestalt ab, sondern auch von unserer persönlichen Natur. Diese wiederum wird von soziokulturellen Werten, erlernten Normen, persönlichen Erfahrungen, Charaktereigenschaften und Wunschvorstellungen beeinflußt.[264]

Die subjektorientierte Ästhetik betrifft sowohl den individuellen als auch den kollektiven Zugang zur Ästhetik, da beide personenbezogen sind. Die kollektiv-subjektive Herangehensweise führt uns zur objektgebundenen Ästhetik. Hierbei wird von intersubjektiven Erkenntnissen gesprochen, die dadurch zustande kommen, daß viele gemeinsame, persönliche Erfahrungen einen ästhetischen Grundcharakter definieren.

Die objektorientierte Ästhetik versucht stärker, das eigentliche Objekt in seiner Wirkung zu beschreiben, und verwendet als empirische Methoden Arbeitsweisen aus physiologischen, beschreibenden, mythologischen und ethnologischen Wissenschaften. Vertreter dieser Richtung sehen die vollendete Form als die Ursache der ästhetischen Schönheit. Die objektiven Gesetzmäßigkeiten leiten sich von der Analyse der menschlichen Natur ab und bestimmen, unabhängig vom Wechsel der Zeit, den ästhetischen Eindruck.[265]

Da Subjekt und Objekt in einem Akt der Begegnung nicht voneinander zu trennen sind (vgl. Kap. IV.1 Die Subjekt-Objekt-Beziehung), besitzen beide Faktoren gleichberechtigte Gültigkeit. Der intersubjektive Ansatz schlägt für mich die Brücke zwischen Subjekt und Objekt und bildet die begriffliche Basis, um Gestaltqualitäten zu beschreiben, weshalb wir es in der Auseinandersetzung mit der Ästhetik stets mit beiden Aspekten zu tun haben. Zum einen mit dem Objekt, welches die ästhetische Begegnung auslöst, zum anderen mit dem Subjekt, in dem sich das ästhetische Erlebnis abspielt. In beiden Fällen können wir nicht von isolierten Einheiten sprechen, sondern nur von einander beeinflussenden lebendigen Organismen, die ein komplexes Wirkungsgefüge darstellen. Die Verbindung des objektorientierten mit dem subjektorientierten Ansatz erfolgt in der praktischen Begegnung mit der Gestalt, wenn in der Wahrnehmung der ästhetischen Wirkung einer Landschaft oder einzelner Elemente Subjekt und Objekt miteinander verschmelzen.

2.2 Die Archetypen der Landschaft – ihre äußeren und inneren Bilder

Durch alle Wesen reicht der eine Raum:
Welteninnenraum. Die Vögel fliegen still
durch uns hindurch. O, der ich wachsen will,
ich seh hinaus, und in mir wächst der Baum.[266]
Rainer Maria Rilke

Im Hinblick auf die Landschaft mit ihren natürlichen und kulturellen Lebensräumen und all ihren Gestaltelementen in ihrer ästhetischen Wirkung auf uns Menschen, gehe ich davon aus, daß wir selbst Teil der Landschaft sind und mit ihr in einer seelisch-geistigen Beziehung stehen, die aus der sinnesbezogenen Wechselwirkung zwischen Mensch und Raum entsteht. Die seelischen Qualitäten von Lebensräumen drücken sich über holistische Bilder aus und stehen über archetypische Bilder mit dem unbewußtem Seelenbereich des Menschen in Verbindung.

Die archetypische Beziehung zu unseren Lebensräumen wird durch Erfahrungen geprägt, die sowohl persönlichen als auch kollektiven Charakter besitzen und auf die gemeinsame evolutionäre Entwicklung zurückzuführen sind.
1802 schreibt der Maler Otto Runge: „Die Landschaft bestände nun darin, daß die Menschen in allen Blumen und Gewächsen und in allen Naturerscheinungen sich und ihre Eigenschaften und Leidenschaften sähen; es wird mir bei allen Blumen und Bäumen vorzüglich deutlich und immer gewisser, wie in jedem ein gewisser menschlicher Geist und Begriff oder Empfindung steckt."[267]
Salber beschreibt die unmittelbare ästhetische Beziehung des Menschen zu der Bildwirklichkeit der Landschaft, die zugleich eine innere und eine äußere Wirklichkeit verkörpert; sie gleiche einem Bewußtseinsstrom, der zwischen Mensch und Landschaft hin und her fließt. Er bezeichnet die Logik von Landschaftsbildern als psychologische Logik, in der der Mensch seelische Wirklichkeiten mit der Landschaft austauscht.[268]
Wie sehr sich seelische Bildwirklichkeiten zugleich im Menschen und in der Landschaft manifestieren, zeigt das folgende Bild. In einem Seminar (Studium der Landschaftsplanung) bekamen die StudentInnen die Aufgabe, eine intuitive Beziehung zur Landschaft bzw. zu Landschaftselementen herzustellen. Anschließend wurde das entstandene innere Bild graphisch umgesetzt.

Abb. 52:
Landschaft und Frau
(Susanne Triebnig)

Vor allem die Arbeit von C. G. Jung (1875–1961), dem Psychoanalytiker und Begründer der Archetypenlehre, bildet die Grundlage dafür, die Bildersprache unserer Lebensräume als psychisch wirksame Phänomene zu verstehen. Jung geht davon aus, daß sich im Unbewußten des Menschen Informationen in Form von Erfahrungsinhalten speichern, die sich aus der Wechselwirkung zwischen Mensch und Lebensraum entwickeln. Das Unbewußte stellt jenen Teil unserer Psyche dar, welcher uns, wie schon der Name sagt, nicht unmittelbar bewußt ist. Wir speichern Lebenserfahrungen im Unbewußten, wo sie ohne unser bewußtes Gewahrsein weiter existieren und ständig in unsere Lebensgestaltung einfließen. Durch das Auslösen bestimmter, oftmals archetypischer Bilder werden unbewußte Inhalte in unser Bewußtsein gebracht, wo wir sie dann auch rational nachvollziehen können. Im folgenden sind vor allem die im Unbewußten aufgebauten und vorhandenen holistischen Bildvorstellungen der Landschaft interessant, die Jung als seelenhafte Beziehung der Organismen zu ihrer Umwelt bezeichnet. Er unterscheidet hierbei zwischen dem persönlichen Unbewußten, welches der persönlichen Erfahrung und Aneignung bedarf, und dem kollektiven Unbewußten, welches allen Menschen angeboren ist.[269]

2.2.1 Die persönliche unbewußte Raumerfahrung

Das persönliche Unbewußte wird vor allem von jenen Erfahrungsinhalten gespeist, die unsere Begegnung mit der Landschaft in der Kindheit und Jugend geprägt haben. In dieser Zeit, bis hin zur Pubertät, entwickelt sich das individuelle Identitätsprofil der Beziehung zu einer Landschaft sowie zu speziellen Orten. Die Erfahrungen, die wir in jener Zeit mit und in der Landschaft machen, bleiben als psychisch wirksame Erlebnisse in uns erhalten und im eigenen persönlichen Unbewußten gespeichert. Durch eine spätere, neuerliche Begegnung mit der Landschaft werden diese mit ihr verbundenen Erfahrungen wieder geweckt und aus dem Unbewußten in unser Bewußtsein gerufen. Dieser Prozeß der Sinneserfahrung in der Begegnung mit der Landschaft aktiviert psychisch gespeicherte Informationen und löst eine Fülle von Assoziationen aus. Erlebnisse werden wieder wach und äußerst konkret, so als ob sie erst gestern stattgefunden hätten. Ja sogar körperliche Erfahrungen können nachempfunden werden, wenn wir vom Ort unserer Kindheit selbst beziehungsweise von einem ihm adäquaten Raummuster berührt werden.
Heubach spricht bezüglich der Entwicklung des Kindes von einer „materiellen Symbolik des Psychischen, die ihren ontogenetischen Ursprung in den frühen gegenständlichen Beziehungen hat, aber auch später erhalten bleibt. In dieser Zeit ist das Psychische gewissermaßen materiell und das Materielle funktioniert psychisch."[270] Im Laufe der Sozialisierung und der damit einhergehenden Objektivierung wird die direkte gegenständliche Beziehung durch die rationalen Konzepte unseres Wertesystems zusehends in den Hintergrund gedrängt. Die erlernte Symbolkraft des Gegenständlichen bleibt aber trotzdem erhalten und wirkt auf alle Fälle unbewußt weiter. Pearce beschreibt in diesem Zusammenhang das Aufbauen einer Beziehung des Kindes mit der Muttermatrix der Erde als *Bonding,* das mit etwa sieben Jahren beginnt und für die konstruktive Verbindung des Menschen mit der Natur absolut notwendig ist (siehe Kap. III.2.1 Das menschliche Gehirn). Die Erlebnisse mit der Landschaft prägen sich in unser Unbewußtes ein, also nicht die abstrakte Landschaft außerhalb von uns, sondern die durch die Begegnung in uns lebendig werdende Landschaft.
Wenn ich an meine eigene Kindheit zurückdenke, dann fällt mir eine Gruppe sehr schöner alter Haselnußsträucher ein, die nahe meinem damaligen Wohnhaus standen. Diese robusten und äußerst vitalen Sträucher waren in meiner Kindheit, vorwiegend im Alter zwischen sechs und zwölf Jahren, der zentrale Treffpunkt für meine Freunde und mich. Die Haselnußgruppe bildete unseren persönlichen Ort der Kraft, sie war unser räumliches Zentrum, unser Zuhause, unser Versteck, unser Kletterturm, unsere Burg, unser magischer Ort, an dem wir die schwierigsten Abenteuer zu bestehen hatten. Eine der Mutproben war, die gesamte Strauchgruppe zu durchklettern, ohne den Boden zu berühren, eine weitere, möglichst hoch hinaufzuklettern, oben angekommen, ruhig zu verharren und Spaziergänger zu beobachten, ohne dabei selbst entdeckt zu werden.
In unseren spielerischen Begegnungen mit der Hasel entdeckten wir viele Vorzüge dieser Strauchart: Großzügige Astgabeln luden uns zum Verweilen und zum Pflücken der Haselnüsse ein, die wir anschließend mit Steinen öffneten, um in den Genuß der Nüsse zu kommen; aus den Haselruten schnitzten wir unsere persönlichen Zauberstäbe, indem wir ihnen durch Einritzen von Mustern in die Rinde eine persönliche Note verliehen; oder wir schnitzten uns daraus Pfeil und Bogen für unsere Indianerspiele.
Über diese umfassende Begegnung mit der Haselnußgruppe und ihrer starken Ausstrahlung, mit der zugehörigen kleinen Wiese und den alten, überdachten Fahrradabstellplätzen entwickelte sich in mir zu dieser „kleinen" Landschaft eine intensive Beziehung, die sich weit

über die unmittelbare Begegnung hinaus in meinem persönlichen Unbewußten als Erfahrung verankerte. Beim Schreiben dieses Kapitels wurden mir nicht nur der Ort selbst, sondern auch die persönlichen Erlebnisse wieder bewußt, die mit ihm in Verbindung standen. Und daß gerade die Haselnuß zu meinen Lieblingssträuchern gehört, hat wohl auch mit diesen Erfahrungen zu tun. Bei jeder Begegnung mit der Haselnuß wird die beschriebene Raumerfahrung unbewußt wieder aktiviert, und die damaligen Erlebnisse können durch konzentrierte Aufmerksamkeit und Hineinfühlen in die eigene Kindheit wieder ins Wachbewußtsein kommen.
Wie prägend gerade Erfahrungen mit Orten aus der Jugendzeit sein können, zeigen auch Arbeiten meiner Studentengruppe (zwei Gruppen zu je 25 Personen, März 1995, 96 und 97). Bei der Aufgabe, sich bewußt auf eine Freiraumsituation zu konzentrieren, zu der sie sich persönlich hingezogen fühlen, beschrieben rund 80 % aller StudentInnen Orte oder Situationen ihrer Heimatgemeinde, die voll von Kindheitserlebnissen waren.
Solche Erlebnisse fließen in die Raumwahrnehmung ständig mit ein und sind mitbestimmend für das ästhetische Empfinden von Landschaften. Da wir Menschen, auch in bezug auf unser Bewußtsein, entwicklungsfähige Wesen sind und in ständiger Wechselwirkung mit unseren Lebensräumen stehen, kann sich unser ästhetisches Empfinden auch verändern, wobei die Erlebnisse unserer Kindheit jedoch stets in unserem Unbewußten verankert bleiben.
Ein weiteres Beispiel für die Prägung des persönlichen Unbewußten beschreibt C. G. Jung in seinem Buch *Erinnerungen, Träume und Gedanken.* In seiner Kindheit (siebentes bis neuntes Lebensjahr) versuchte Jung in einer kleinen Höhle ein Feuer ständig aufrechtzuerhalten. Vor der Höhle stand ein Stein, auf dem er des öfteren saß und mit dem er tiefe innere Dialoge führte, woraus sich ein starkes Gefühl der geheimen Verbindung mit diesem Felsen entwickelte. Jung erzählte, daß er sich, als er nach dreißig Jahren wieder einmal auf dem Felsen saß, schlagartig wieder in der Kindheit befand. Er mußte sofort daran denken, das Feuer, welches in der Höhle brannte, nicht ausgehen zu lassen.[271]
Dieses Beispiel zeigt auch sehr deutlich die Verschmelzung des persönlichen Unbewußten mit dem kollektiven Unbewußten. Zum einen wird Jungs Erfahrung von seinem persönlichen Erlebnis getragen, und zum anderen wirkt die Symbolkraft des Felsens an sich mit hinein. Der Felsen, welcher den lebendigen Knochen der Mutter Erde repräsentiert, stellt einen Archetyp dar, welcher im Unbewußten aller Menschen gespeichert und kollektiv wirksam ist.[272]

Raumerlebnis aus der eigenen Kindheit — *Übung 46*

Wir versuchen mit unserer Aufmerksamkeit bewußt in die eigene Kindheit (Grundschulzeit) zurückzugehen. Dabei stellen wir uns räumliche Situationen oder Landschaften vor, Lebensräume, die für uns damals eine bestimmte Bedeutung hatten. Bei dieser gedanklichen Reise in die Vergangenheit ist es wichtig, den Bezug zum Raum herzustellen. Wir werden bemerken, daß über diese Beziehung eine Vielzahl an Assoziationen und Erlebnissen ausgelöst wird, welche zu bestimmten Orten und Landschaften in Verbindung stehen.
Diese Übung ist äußerst aufschlußreich und interessant, da sie deutlich zeigt, daß wir eine sehr innige Beziehung zu unseren Lebensräumen haben, die getragen wird von vielen Erfahrungen, die uns oft gar nicht mehr bewußt sind und trotzdem unser tägliches Leben beeinflussen.

2.2.2 Die kollektive unbewußte Raumerfahrung

Das kollektive Unbewußte unterscheidet sich vom persönlichen Unbewußten dadurch, daß es einen kollektiven Erfahrungsschatz darstellt, der zwar allen Menschen zugänglich ist, aber nicht persönlich erworben werden muß, da er vererbt wird. Jung schreib dazu: „Während das persönliche Unbewußte wesentlich aus Inhalten besteht, die zu einer Zeit bewußt waren, aus dem Bewußtsein jedoch entschwunden sind, indem sie entweder vergessen oder verdrängt wurden, waren die Inhalte des kollektiven Unbewußten nie im Bewußtsein und wurden somit nie individuell erworben, sondern verdanken ihr Dasein ausschließlich der Vererbung."[273] Das kollektive Unbewußte stellt die allgemeine Grundlage des individuellen Seelischen dar und bildet die Basis für das persönliche Unbewußte.[274]

Wie der menschliche Körper in seiner wesentlichen Erscheinung der Körper aller Menschen ist, so ist das kollektive Unbewußte Teil aller Menschen, und seine Inhalte stehen in Form von Archetypen (Urbildern) mit der Welt in Wechselwirkung. C. G. Jung führt weiter aus: „Der Begriff des Archetypus, der ein unumgängliches Korrelat zur Idee des kollektiven Unbewußten bildet, deutet das Vorhandensein bestimmter Formen in der Psyche an, die allgegenwärtig oder überall verbreitet sind."[275] Der Archetyp „besteht aus präexistenten Formen, die erst sekundär bewußt werden können und den Inhalten des Bewußtseins festumrissene Form verleihen".[276] Sie sind tief in der Seele verborgen und „stellen Bereitschaftssysteme dar, die zugleich Bild und Emotion sind".[277]

Die Gesamtheit der Archetypen wird als Niederschlag allen menschlichen Erlebens gespeichert und geht zurück bis in die Anfänge der Menschheit. Die Archetypen manifestieren sich in einer Vielzahl symbolhafter Aspekte, wobei Symbole Ausdrucksformen von Archetypen darstellen. Zu den wichtigen archetypischen Ausdrucksformen zählen Mythen, Märchen und Bräuche sowie Formen von Schmuck und Gebrauchsgegenständen, die in Beziehung zum alltäglichen Leben, zum kulturellen Leben sowie zum Umgang mit der Landschaft stehen. So betrachtet spielen Legenden und Erzählungen von Orten eine wichtige Rolle, um Landschaften besser verstehen zu können.

Entsprechend ihrer kollektiven Ausprägung zeigen archetypisch wirksame Symbole und Symbolkombinationen eine über alle Erdteile verblüffende Konstanz. Betrachten wir die überlieferte Menschheitsgeschichte, finden sich, unter Berücksichtigung der sozial und kulturell bedingten Variationen, auf der ganzen Welt dieselben symbolischen Bilder sowie Handlungen. Erst mit Hilfe der Theorie des kollektiven Unbewußten ist es gelungen, die übereinstimmende Erscheinung symbolhafter Bilder der Menschen zu erklären.[278]

Zum Beispiel ist der natürliche Rhythmus der Jahreszeiten mit all seinen Erscheinungen symbolischer Ausdrück für das Unbewußte der Seele; dieses wird über den Spiegel der Natur für das menschliche Bewußtsein erfahrbar. Wir erkennen die uns umgebende Welt unbewußt als inneres Bild unserer Seele, und es mag manchmal mehr, manchmal weniger enthalten, als objektiv wissenschaftlich meßbar ist. Über die Wahrnehmung archetypischer Qualitäten eines Reizes mit Symbolcharakter werden Assoziationen in uns geweckt, die ein höchst komplexes Erlebnis von Gefühlen, Bestrebungen und Vorstellungen in uns auslösen und die von uns aus auch in den Raum hineinprojiziert werden können.[279]

Unsere Lebensräume besitzen also die Fähigkeit, über ihre holistische bildhafte Erscheinung im Menschen Archetypen zu aktivieren, wobei alle Symbole positive wie negative Assoziationen in uns wachrufen können. Diese Phänomene sind auch kollektiv wirksam, zeigen intersubjektiven Charakter und werden je nach der subjektiven Lebenssituation das persönliche Unbewußte eines Menschen beeinflussen und ein individuelles seelisches Erlebnis her-

vorrufen. An Hand des Mutter-Archetypus lassen sich nach C. G. Jung seine wirksamen Komponenten innerhalb der Landschaft darstellen. Der Mutter-Archetypus, der eine große Vielfalt an unbewußten Inhalten verkörpert, ist wohl das unmittelbarste Urbild innerhalb der Archetypen und mit den stärksten Erlebnissen im jungen, für Bildung und Erfahrungen offenstehenden Alter des Menschen (Kindheit/Jugend) verbunden.[280]
Zu seinen zentralen Inhalten gehören Prinzipien wie die Lebenserhaltung, das Wärmende, Schützende und Nahrungspendende. Der Mutter-Archetypus entspricht dem Yin, definiert nach der chinesischen Philosophie, und steht für das Tragende, Zyklische, Aufnehmende, Konstante, das Verborgene und Geheime, für die Erde und den Mond. Im übertragenen Sinne verkörpert er symbolisch das Prinzip der Göttin, zum Beispiel als Demeter, Gaia oder Kore. Als die bedeutsamsten, dem Mutter-Archetypus in der Landschaft entsprechenden Aspekte, bezeichnet Jung im weiter gefaßten Sinne die Erde selbst, den Wald, das Meer und das stehende Gewässer, im enger gefaßten Sinne das Feld als Stätte der Fruchtbarkeit, den Garten, die Höhle, den tiefen Brunnen, das hilfreiche Tier, die Blume und den Baum.[281]
Diese Beispiele sollen eine Hilfestellung geben, die Assoziationen persönlich weiter zu entwickeln und die eigenen Erfahrungen, die wir im Zusammenhang mit gewissen Landschaftselementen gemacht haben, zu hinterfragen.
Da der Mutter-Archetypus aus unserer Bindung zur Erde entstanden ist, birgt die zunehmende Abgrenzung von der kollektiven unbewußten Beziehung zur Erde die Gefahr einer Entwurzelung des Menschen. Wenn wir uns von der Erde völlig lossagen, käme dies der Situation eines entwurzelten Baumes gleich, der seinen Halt und seine Nahrungsgrundlage verloren hat. Wir sollten also wieder lernen, uns bewußt und mit liebevollem Respekt mit der Erde zu verbinden, damit wir nicht im physischen und psychischen Bereich bzw. im persönlichen und gesellschaftlichen Leben den Halt verlieren. Wie sehr sich die innere ästhetische Qualität von Landschaftselementen und damit ihre urbildliche Erscheinung in unserer Sprache ausdrückt, zeigen uns folgende Assoziationsketten. In diesen Bildern finden wir kollektive, persönlich nachvollziehbare Landschaftserfahrungen wieder:

das Majestätische des Berggipfels
das Berührende am Gesang des Vogels
das Geheimnisvolle des dichten Waldes
das Erhabene eines alten Baumes
das Malerische der bunten Blumenwiese

das Ergreifende am Sonnenaufgang
das Beängstigende der Schlucht
das Belebende des Gebirgsbaches
das Beruhigende des stillen Sees
das Bezaubernde der Orchideenblüte

2.2.3 Symbole

Alles was geschieht, ist symbolisch,
und indem es sich selbst darstellt,
deutet es auf das Übrige.[282]
Johann Wolfgang von Goethe

Landschaftsbilder und Landschaftselemente tragen also einen Wesenskern in sich, welchen wir zwar rational beschreiben, aber nur über unser Unbewußtes erfahren können. Das archetypische Erlebnis ist zugleich eine Erfahrung mit der Kraft eines Symbols. Das Seelenhafte in uns besitzt eine assoziative Logik, über welche Erinnerungen als symbolhafte Information gespeichert und durch einen entsprechenden Reiz wieder bewußt gemacht werden, meint

Daniel Goleman. „Deshalb sprechen Gleichnisse, Metaphern und Bilder direkt die emotionale Seele an.“[283] Weiters meint er, daß zum Beispiel religiöse Symbole und Rituale aus rationaler Sicht kaum verständlich sind, denn „sie sind in der Sprache des Herzens formuliert“.[284]
Helmut Barz versteht unter einem Symbol eine mit den Sinnen wahrgenommene Gestalt, „die für den wahrnehmenden Menschen auf etwas hinweist, das über sich selbst hinausgeht und das er ohne diese symbolhafte Gestalt nicht wahrzunehmen oder auszudrücken vermöchte“.[285]
Nach der Bedeutung des griechischen Wortes *symbolon* für Symbol (Erkennungszeichen) finden wir in Form, Farbe, Struktur und Rhythmus generelle, unbewußte, seelisch wirksame Qualitäten, die nach C. G. Jung zugleich ein „Erleben im Bild und des Bildes“ ermöglichen.[286]
Lebensräume besitzen demnach Bedeutungsinhalte mit persönlichem und kollektivem Charakter, die wir in der Raumwahrnehmung als archetypische Strukturen (Elemente) erfahren. Barz unterscheidet in diesem Zusammenhang zwischen individuellem Symbol und kollektivem Symbol.[287]

Das individuell wirksame Symbol wird wesentlich von den eigenen Erlebnissen mit der Landschaft, mit Raumsituationen oder einzelnen Landschaftselementen geprägt und läßt sich meist auf intensive Erfahrungen in unserer Kindheit zurückführen (z. B. das von mir beschriebene Erlebnis mit dem Haselnußstrauch). Die äußere Gestalt wird zum Träger psychischer Muster, so daß der Inhalt, mit dem das Äußere verknüpft wird, Teil des Unbewußten derjenigen Person wird, welche das Symbol als Inhalt und Form zugleich erlebt. Das kollektiv wirksame Symbol wird hingegen vorwiegend aus evolutionären und aus soziokulturell bedeutsamen Inhalten gespeist. Es wirkt auf sehr viele Menschen ähnlich und besitzt kulturspezifischen Charakter.

Sowohl die persönlichen als auch die kollektiven Bedeutungsinhalte der Landschaft verbinden uns über den eigenen Seelenkörper mit dem Seelenkörper der Landschaft und werden über die Wahrnehmung körperlich-stofflicher und ästhetischer Qualitäten immer wieder bewußt gemacht. Die Beschäftigung mit Symbolen begleitet die gesamte Menschheitsgeschichte, und sie findet sich in allen Kulturkreisen wieder: von den Ursymbolen, den christlichen und indianischen Symbolen, der Symbolik der Griechen, den Symbolen der Märchenwelt bis hin zu den symbolhaften Persönlichkeiten.[288] In diesem Buch konzentriere ich mich auf Symbole, die in unmittelbarem Zusammenhang mit der archetypischen und formal-ästhetischen Dimension der Landschaft stehen.

Unter Hinweis auf das zu Beginn des Kapitels zitierte Gedicht von Rainer Maria Rilke möchte ich am Beispiel des Baumes seine symbolische Wirkkraft darstellen: Rilke beschreibt die Kommunikation zwischen der eigenen unbewußten Innenwelt und der äußeren Welt, indem er die Analogie zwischen ihm, der wachsen will, und dem Baum, der draußen steht und zugleich in ihm wächst, herstellt. Unter diesem Gesichtspunkt reicht der eine Raum, der Welteninnenraum durch alle Wesen.[289]

Sybille Selbmann beschreibt den Baum als Ursymbol, dessen vielfältige und zentrale Bedeutung kein anderes Lebewesen erlangt hat. „Nicht zufällig beginnt und endet mit diesem Symbol die Heilige Schrift. Nicht zufällig nimmt der Baum in Kindermalereien einen so großen Raum ein.“[290] Der Baum spielt auch eine tragende Rolle in der Mythologie, in zahlreichen Sagen und Märchen und im Brauchtum. Er inspirierte und inspiriert Künstler und fließt ein in die Malerei, die Dichtung und in die Musik. Über eine erlebnisreiche Beziehung mit dem Menschen wurde er für uns zum Welten- und Lebensbaum, zum Baum der Erkenntnis, zum Stammbaum und zum Heiligen Baum. Als Christbaum und Maibaum ist er nach wie vor in unseren religiösen und volkstümlichen Festen lebendig. Diese Bedeutung wird ihm nicht bloß von einem Menschen, einer gewissen Kultur und zu einer bestimmten Zeit zuge-

sprochen. Sie ist vielmehr das Ergebnis einer kollektiven, seelisch wirksamen Kraft des Baumes selbst, die durch alle Menschen über die Jahrtausende hinweg entstanden ist.[291]
Mit diesem Verständnis können wir versuchen, unser eigenes Leben über ein Erlebnis mit einem Baum gedanklich nachzuvollziehen: Gab oder gibt es in meinem Leben einen Baum, mit dem mich ein intensives Erlebnis verbindet? Welcher Baum ist oder war es, und welche Bedeutung hat/hatte der Baum bei diesem Erlebnis? Das sind Fragen, die wir uns dabei stellen können.

Bäume sind Heiligtümer. Wer mit ihnen zu sprechen
und ihnen zuzuhören weiß, der erfährt die Wahrheit.
Sie predigen nicht Lehren und Rezepte, sie predigen
das Urgesetz des Lebens.[292]
Hermann Hesse

In diesem Sinne repräsentiert der Baum das Urprinzip des Lebendigen. In seiner Gesamterscheinung steht er für das göttliche Prinzip des Wachsens. Er steht voll Vitalität im Rhythmus des Lebens, eingebunden in die Wechselwirkung zwischen dem Himmlischen und dem Irdischen. Seine Äste mit all ihren Blättern strecken sich der Sonne entgegen, um die Kraft des Lichtes und der Wärme einzufangen. Seine Wurzeln verankern ihn in der Erde und sichern ihm Nährstoffe. In der Wechselwirkung dieser himmlisch-irdischen Beziehung wächst er heran, blüht, trägt Früchte, stirbt scheinbar mit der Winterruhe, um im Frühling wieder neu auszutreiben.

Selbst ein Baum sein **_Übung 47_**

Diese Übung läßt sich am besten im Freien, auf einer Wiese oder einer Lichtung im Wald, durchführen. Nachdem wir den für uns passenden Platz gefunden haben, stellen wir uns mit schulterbreit geöffneten Beinen so auf den Boden, daß beide Fußsohlen die Erde gut berühren. In dieser Stellung schließen wir die Augen und atmen bewußt ein und aus, so daß wir allmählich innerlich zur Ruhe kommen. Nun gehen wir mit unseren Gedanken zu den Fußsohlen und lassen Wurzeln in den Boden wachsen. Dabei spüren wir die Verbindung zur Erde und die Verankerung mit dem Boden, die uns diese Vorstellung gibt. Nachdem wir guten Halt gefunden haben, heben wir langsam unsere Arme, öffnen unsere Hände und strecken sie dem Himmel entgegen. Nun können wir die Verbindung zwischen Erde und Himmel nachvollziehen. Wir stehen wie ein Baum fest am Boden und nehmen Wasser und Nahrung aus dem Boden und zugleich Wärme und Licht von der Sonne auf, wobei unser Körper für den Stamm des Baumes steht.
Nun vertiefen wir uns in die Vorstellung, ein Baum zu sein: Er steht fest auf dem Boden und gibt zugleich den Bewegungen des Windes nach. Er ist stabil und immer an denselben Ort gebunden, aber trotzdem biegsam und beweglich. Wir bleiben in dieser Vorstellung, solange es unserem Empfinden nach paßt, und wir genießen es, ein Baum zu sein.
Anschließend kehren wir mit unserer Aufmerksamkeit zu uns selbst zurück und spüren, wie sich mit unserem Atem der Bauch hebt und senkt. Langsam nehmen wir unsere Arme wieder herunter und lassen sie am Körper entlang hinabgleiten. Danach gehen wir mit unserer Aufmerksamkeit zu den Füßen und ziehen die Wurzeln gedanklich zurück in unsere Füße und spüren nur mehr den Boden, auf dem wir stehen. Wir öffnen langsam die Augen und begin-

nen, uns zu bewegen, wobei wir unsere Beine und Arme ausschütteln können. Wenn es möglich ist, tauschen wir unsere Erfahrungen mit anderen aus oder spüren einfach nach, wie es uns als Baum ergangen ist.

2.2.4 Zur Identität von Lebensräumen

Sowohl die persönlichen als auch die kollektiven Raumerfahrungen speisen unseren eigenen seelischen Erfahrungsschatz, teilweise bewußt, doch großteils unbewußt. Diese Erfahrungen stehen in unmittelbarem Zusammenhang mit dem Raumerlebnis und werden in Form von bildhaften Informationen in uns gespeichert. Treffen wir nun auf äußere bildhafte Raummuster, die in Korrelation zu unseren inneren Raummustern stehen, so werden durch die äußeren Muster die inneren Muster mit den damit verbundenen Erlebnissen und Erfahrungen aktiviert und wachgerufen. Jeder Lebensraum (oder bestimmte Elemente eines Lebensraumes) erzeugt eine emotionale Beziehung zu seinen menschlichen, aber auch pflanzlichen und tierischen Bewohnern. Dadurch bekommen Räume eine persönliche Dimension und werden zu Orten der Identität.

Die Identität eines Raumes zeigt sich für jeden Menschen unterschiedlich und ist von verschiedenen Kriterien abhängig: vom Zeitpunkt der Begegnung, von der Dauer der Begegnung, der Intensität der Begegnung, der Vitalität des Ortes selbst, der kollektiven sowie persönlichen Erfahrung, die wir zu einem bestimmten Ort mitbringen, und von den persönlichen und sozialen Lebensumständen, welche wir im Zusammenhang mit dem Raum erleben. Die Identifikation mit einem Ort wird stark von der sinnlichen Interaktion zwischen ihm und seinen Lebewesen mitbestimmt.

Betrachten wird die Entstehungsgeschichte der Identität von Lebensräumen, so bilden sowohl kollektive Erfahrungen über die Ursymbole der Landschaft als auch persönliche Erfahrungen über das eigene Erleben die gemeinsame Basis für die landschaftliche Identiät.

Bei den persönlichen Erfahrungen können wir davon ausgehen, daß spezielle Erlebnisse in unserer Kindheit stark prägenden Charakter besitzen und unser gesamtes Leben wesentlich beeinflussen. So lassen gewisse Orte die Erlebnisse der eigenen Kindheit wieder aufleben.[293]

Aus meiner persönlichen Erfahrung weiß ich, daß uns die Begegnung mit vitalen und vielfältigen Landschaften, die wir in unserer Kindheit gemacht haben, emotionale Kraft gibt. Im Erwachsenenalter haben wir über die Erinnerung bewußten Zugang dazu und erfahren dabei wieder eine Stärkung und Harmonisierung unseres Emotionalfeldes. Die Erfahrungen des kollektiven Unbewußten werden uns vererbt und sind von vornherein in unserem Speicher vorhanden. Bei jedem Spaziergang in einer kraftvollen Landschaft frischen wir die Erfahrungen des kollektiven Unbewußten auf, sodaß die Begegnung mit der strukturreichen, vitalen Landschaft neben der Erfrischung des Körpers auch eine der Seele und des Geistes mit sich bringt.

Wenn wir diese Aspekte nunmehr in Zusammenhang mit den bildhaften Erscheinungen unserer Kulturlandschaft im ländlichen und städtischen Raum sehen, können wir davon ausgehen, daß jeder Lebensraum einen Ort der Identität repräsentiert. Die räumliche Identität eines Ortes ist ein psychisch wirksames Bild. Wie schon das Wort „Stadtbild“ sagt, sind die Elemente sowohl im einzelnen als auch in ihren wechselseitigen Beziehungen bildhafte Erscheinungen, die den Menschen prägen und durch die der Mensch eine unmittelbare Beziehung zur eigenen Stadt oder zum eigenen Dorf herstellt. Bestimmte Elemente einer Stadt oder auch eines Ortes gewinnen symbolhaften Charakter und werden selbst zum Symbol. Diese können baulicher

Natur sein, wie etwa bedeutungsvolle Gebäude, Denkmäler oder Skulpturen; es können Landschaftsteile einer Stadt (Hügelstrukturen, Flüsse, Parklandschaften), Grünzüge (Alleen), Plätze, Straßen u. a. m. sein, Pflanzengruppen oder einzelne Bäume.
Für den planerisch-gestalterischen Umgang mit unseren Lebensräumen möchte ich nunmehr darauf hinweisen, daß jede gestalterische Veränderung nicht nur einen Eingriff in den physischen Körper der Landschaft bedeutet, sondern daß wir zugleich die Identität des Lebensraumes beeinflussen. Die äußere Gegebenheit und das innen wirksame Bild werden also gleichzeitig mitverändert, da wir den physischen Körper einer Landschaft nicht von seinen psychisch wirksamen Ebenen trennen können und daher auch ökologische Zusammenhänge vom ästhetischen Ausdruck einer Landschaft nicht zu trennen sind. Es geht mir dabei nicht um die Frage, ob die anthropogene, gestalterische Veränderung als solche prinzipiell gut oder schlecht sei. Nicht gestalterisch wirksam zu sein ist ohnehin eine Illusion, denn schon allein dadurch, daß wir unsere eigene menschliche Gestalt in die Welt einbringen, sind wir gestalterisch wirksam. Es ist vielmehr von Bedeutung, die Vielfalt der wechselseitigen Beziehungen zwischen Mensch und Landschaft bewußt zu machen, sodaß wir mit der gestalterischen und pflegerischen Tätigkeit sensibler umgehen und uns nicht nur auf physische Machbarkeiten stützen, sondern die Landschaft und unsere Freiräume auch als seelisch wirksame Bereiche erkennen.
In der Wahrnehmung natürlicher Landschaftselemente gehen wir eine archetypische Beziehung zur Landschaft ein, welche auf die gemeinsame Evolution von Mensch, Tier und Pflanze zurückgeht. Wenn wir nun natürliche, naturnahe oder auch vielfältige anthropogene Landschaften erleben, verbinden wir uns mit der eigenen und der evolutionären Entwicklung. Diese Erfahrung stärkt das persönliche Wohlbefinden, unser Vertrauen ins Leben, und läßt uns erkennen, zumeist unbewußt ahnen, daß wir Teil der Natur sind. Es ist eine Art Rückverbindung mit der Erde, die der menschlichen Psyche gut tut.
Monokulturelle Produktionslandschaften führen daher nicht nur zu Artenarmut, sondern auch zu „Bilderarmut". Das Seelenhafte der Landschaft reduziert sich auf einfältige Erfahrungsqualitäten, womit zugleich die archetypische Erfahrung des Menschen verarmt beziehungsweise nicht mehr nachvollziehbar ist. Die emotionale Verbindung des Menschen mit der Vielfalt des natürlichen Lebensprozesses ist nicht mehr oder nur mehr begrenzt möglich. Die Lebensqualität von monokulturell ausgerichteten Agrarlandschaften ist daher nicht nur sehr gering, sondern verhindert zugleich den Aufbau einer reichhaltigen, natürlichen Bilderwelt in der Psyche unserer Kinder.
Im Hinblick auf eine sensible planerische und pflegerische Auseinandersetzung mit der Landschaft möchte ich in diesem Zusammenhang folgende Thesen aufstellen, die dazu beitragen können, die seelisch-bildhafte Qualität eines Ortes zu bewahren bzw. zu bereichern.

- Eine umfassende Raumanalyse, welche auch auf ästhetisch wirksame Elemente einer Landschaft Rücksicht nimmt, erhöht die Qualität der landschaftsplanerischen Auseinandersetzung mit dem Raum und erweitert die Grundlage für landschaftsplanerische und -gestalterische Maßnahmen. Der naturwissenschaftliche Ansatz wird um den geisteswissenschaftlichen Ansatz erweitert.

- Die bewußte, emotional-intuitive Auseinandersetzung mit einem Ort bietet eine zusätzliche Möglichkeit, den Charakter eines Ortes und seine archetypische Wirkung zu erkennen. Diese Form der Erhebung ist begegnungsorientiert und subjektiver Natur. Dazu ist es erforderlich, die eigene Wahrnehmung in bezug auf persönliche Assoziationen (innere

Bilder und Gedanken, emotionale Reaktionen), die durch bestimmte Landschaftsstrukturen ausgelöst werden, zu schulen. Diesbezügliche Ergebnisse sollen in klassisch-naturwissenschaftlichen Beschreibungen von Landschaften integriert werden. Über die persönliche Wahrnehmung und den Vergleich mit Aussagen von dazu befragten Personen können wir in diesem Zusammenhang zusätzliche Erfahrungen sammeln.

- Bei landschaftsbaulichen Maßnahmen ist es erforderlich, verstärkt auf den betroffenen Landschaftstyp/Biotoptyp (Topographie, Morphologie, Lebensgemeinschaften u. a.) Rücksicht zu nehmen, um das Grundmuster des Lebensraumes zu erhalten. Die technischen Einbauten sollen der Landschaft angepaßt werden und nicht die Landschaft den technischen Anforderungen.
  Die Verbesserung der ästhetischen Qualität von technischen Einbauten wegen der Anpassung an bestehende Landschaftsformen trägt zur Erhaltung des entsprechenden Landschaftsbildes bei.

- Durch die Erhaltung vielfältiger Landschaftsstrukturen bewahren wir gleichzeitig den inneren und äußeren Bilderreichtum der Landschaft und damit auch jenen unserer Seele.

2.3 Die formal-ästhetische Wirkung von Landschaft und Gestalt

Es gibt eine Innenseite der Dinge, die ebenso weit sich erstreckt wie ihre Außenseite.[294]
Pierre Teilhard de Chardin

Die formal-ästhetische Wirkung des Lebensraumes und seiner natürlichen sowie anthropogenen Elemente bezieht sich auf den körperlichen Ausdruck einer bestimmten seelisch-geistigen Information, die dem physischen Körper zu Grunde liegt. Die gestaltbildende Idee, ob von der Natur oder vom Menschen stammend, überträgt sich auf den Körper und wird über seine Form, Struktur und Farbe, seinen Klang und Rhythmus für den Menschen vorwiegend über die körperlich-ästhetischen Qualitäten erlebbar. Damit wird die ästhetische Dimension zum Bindeglied zwischen der körperlichen und der Bewußtseinsdimension der Landschaft und ihrer Gestaltelemente und wirkt über die Wahrnehmung ästhetischer Phänomene auf Körper, Seele und Geist des Menschen. Dabei schließen wir inhaltlich an die im vorherigen Kapitel (Kap. V.2.2. Die Archetypen der Landschaft) beschriebenen äshetischen Wirkungsmechanismen an.
Der altgriechische Philosoph Plotin beschreibt die ästhetische Kraft als göttliche Qualität, als Schönheit, die sich in der Form manifestiert. Bei Kant spricht die Natur über die „Chiffrenschrift" ihrer schönen Formen figürlich zu uns.[295] Der Begriff der Schönheit wird in beiden Fällen als grundsätzlich harmonisches Prinzip beschrieben, das frei von zeitlichen Einflüssen ist, wie jene Kunstwerke zeigen, deren künstlerische Qualität zu allen Zeiten unverändert bleibt und die universelle Schönheit verkörpern. Das bezieht sich auf die naturgegebene Schönheit der Rosenblüte genauso wie auf das berühmte Bild der Mona Lisa von Leonardo da Vinci oder die Brandenburgischen Konzerte von Johann Sebastian Bach. Sie alle verkörpern ästhetische Stimmigkeit und haben die subjekt- und zeitüberschreitende Qualität der Schönheit, die in der innewohnenden Harmonie von Form, Farbe, Klang und Rhythmik liegt. Wie die Seele und der Geist der Natur nach außen treten, so können wir auch bei der vom Menschen geschaffenen Dinglichkeit davon ausgehen, daß jegliche Form, Struktur und Farbe

ebenso wie jeder Klang und Rhythmus Ausdruck einer dahinterstehenden Idee ist. Der Mensch fließt mit seiner seelisch-geistigen Natur in die von ihm geschaffenen Elemente der Lebensräume ein und über eben diese wieder hinaus in die Welt. Der Maler Wassily Kandinsky sieht in der ästhetischen Wirkung von Farbe, Form und Klang das Geistige als eine innen wirkende Kraft, die sich nach außen hin zeigt. Die psychische Kraft von Form und Farbe kommt zum Ausdruck und ruft eine seelische Vibration hervor. Kandinsky spricht von einer elementaren Kraft, welche die Farben- oder Formeneindrücke mit der Seele verbindet. Die Flamme einer Kerze, aber auch die gelbe Farbe selbst, können ähnliche seelische Empfindungen hervorrufen. „So hat auch jede Form inneren Inhalt. Die Form ist also die Äußerung des inneren Inhalts. (…) So ist es klar, daß die Formenharmonie nur auf dem Prinzip der zweckmäßigen Berührung der menschlichen Seele ruhen kann.“ Er bezeichnet dies als „das Prinzip der inneren Notwendigkeit. (...) Jeder Gegenstand, ohne Unterschied, ob er direkt von der Natur geschaffen wurde oder durch die menschliche Hand entstanden ist, ist ein Wesen mit eigenem Leben und daraus unvermeidlich fließender Wirkung. Der Mensch unterliegt fortwährend dieser psychischen Wirkung.“[296]

Das Beispiel mit dem Zeigestab kann diese psychische Wirkung veranschaulichen: Wir alle kennen den Zeigestab als ein Gerät, mit welchem wir die Aufmerksamkeit von Menschen auf einen gewissen Punkt lenken wollen. Wenn wir uns seine Form vergegenwärtigen, so handelt es sich beim Zeigestab um einen spitz zulaufenden Körper, dessen innere Idee die Konzentration ist. Die daraus resultierende und ihm entsprechende Gestaltqualität wird über seine Spitze nach außen verlängert und fokussiert so die Aufmerksamkeit. Wie intensiv diese Wirkung ist, können wir leicht nachvollziehen, indem wir von einer anderen Person einen Zeigestab auf uns richten lassen. Wir können das dabei empfundene Unbehagen körperlich spüren. Die Form wirkt auf Grund der punktförmigen Ausstrahlung bedrohlich auf uns. Dieser Effekt ist bereits spürbar, wenn jemand nur mit dem Zeigefinger auf uns zeigt.

Der Kunstpädagoge J. Mangels beschreibt, wie die Lebendigkeit der Formen auch Eingang in unsere Sprache gefunden hat: „Unsere Sprache zeugt davon, daß Formen als lebendige Organismen empfunden werden, daß ihnen eine Art vitaler Kraft zugeschrieben wird, aus der heraus sie ihr Volumen vergrößern, verlagern oder auch verkleinern. Man sagt z. B., eine Form baucht sich auf, sie wirft oder wölbt sich auf, sie springt vor, d. h., sie ist aktiv und drängt an einer bestimmten Stelle ihrer Gestalt zu besonderer Ausdehnung. Dafür hält sie sich wieder andererorts zurück, sie schnürt oder zieht sich ein. Oder sie verändert ihre Haltung, sie krümmt sich, rollt sich ein, was wieder als Rundung in ihrem Umriß sichtbar wird. Bei all dem wird die Form nicht als Zustand beschrieben, sondern ihre Entstehung wird sehr plastisch als ein Ereignis geschildert, als Prozeß also – ausgelöst durch innere Kräfte.“[297]

Die nebenstehende Abbildung drückt die Beziehung zwischen Form und Raumerlebnis des Menschen aus und zeigt entsprechende, sprachlich ausgedrückte Assoziationen.

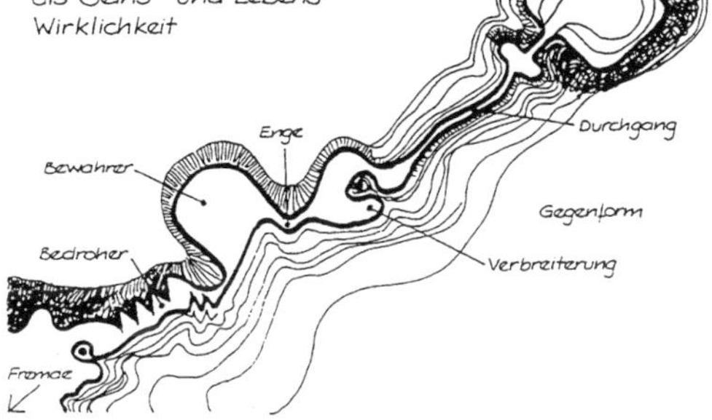

Abb. 53: Verbalisierte Assoziationen zu Landschaftsformen
(Dürckheim)

Hier trifft sich die Kunst des Westens mit dem *Feng Shui* des Ostens, der chinesischen Lehre von der Harmonie und Schönheit des ästhetisch Wirksamen, die vor rund 6000 Jahren entstanden ist. Der Feng-Shui-Experte Derek Walters schreibt dazu: „Feng Shui ist eine vielfältig zusammengesetzte Mischung aus gesundem Menschenverstand, verfeinerter Ästhetik und mystischer Philosophie, ist eine altüberlieferte chinesische Technik, die die Vollendung anstrebt, daß alle Dinge in Harmonie mit ihrer Umgebung sind.“[298]
Feng Shui sieht in aller Materie, der Sonne, der Erde, dem Felsen, dem Baum, der Blume und dem Wind lebendige Organismen voller Ch´i (Lebensenergie/Lebenskraft). Die Lebenskraft ist Ausdruck der physischen und psychischen Vitalität der Landschaft, ihrer Lebewesen sowie von Gestaltelementen. Wörtlich bedeutet Feng Shui Wind und Wasser und steht für atmen und fließen. In diesem Sinne manifestiert der Atem des Lebens seine nichtstoffliche Dimension in der Landschaft und in den von Menschenhand geschaffenen Formen. Die damit einhergehende Vitalität des Lebensraumes übt direkten Einfluß auf die Vitalität und die Lebensumstände des Menschen aus. Wenn das Ch´i ausgewogen fließt und gut in der Landschaft gehalten wird, zum Beispiel durch das natürliche Mäandrieren der Flüsse, stärkt dies ihre Vitalität und damit automatisch auch die ihrer Bewohner. Geschwungene Wege und gewellte Oberflächen halten das Ch´i bevorzugt im Lebensraum. Beschleunigend auf das Abfließen von Ch´i wirken hingegen zielgerichtete Formen, geradlinige Wege und scharfe Kanten (z. B. Tisch- oder Häuserkanten; siehe das Beispiel mit dem Zeigestab und Abb. 54, weitere Beispiele siehe Kap. V.2.4.6 Form).

Abb. 54: Eiche, Fichte und Stahlmast in ihrer formal-ästhetischen Wirksamkeit

Lebendige Strukturen, die zugleich das Prinzip von Harmonie und Schönheit beinhalten, fördern den Fluß der Lebensenergie.[299] Die Lebenskraft fließt über die Vitalität der Landschaft und ihrer Lebewesen nach außen und tritt in Kommunikation mit den menschlichen Bewußtseinsfeldern. Die ästhetische Erfahrung wird zu einer Erfahrung, die sowohl den körperlichen als auch den seelisch-geistigen Zustand widerspiegelt und uns die Atmosphäre eines Lebensraumes spüren läßt. Das Vitalfeld der Landschaft und die Ästhetik der Landschaft verschmelzen miteinander (siehe Kap. V.3.1 Die vitalenergetische Dimension der Landschaft).
So gesehen bildet der ästhetische Ausdruck der Gestalt ein Bindeglied zwischen der körperlich-stofflichen und der Bewußtseinsdimension des Lebens. Ausgehend vom Mental- und

Emotionalfeld manifestiert sich die Lebenskraft über das Vitalfeld im physischen Körper der Landschaft und ist als ästhetischer Eindruck erlebbar. Die formal-ästhetische Wirkung ist daher ein körperlich-seelisch-geistiges Phänomen, das auf das Bewußtsein von Mensch und Landschaft Einfluß nimmt.

2.4 Gestaltqualitäten und Gestaltungsaspekte der ästhetischen Dimension

Um zu zeigen, wie vielfältig die ästhetische Wirkung ist, möchte ich im folgenden Gestaltungsaspekte anbieten, die sich aus der ästhetischen Forschung, der Gestaltpsychologie und aus meinen persönlichen empirischen Erfahrungen ableiten. Mit den angeführten Beispielen können wir eine Brücke zu Kapitel IV.4 über die menschliche Wahrnehmung und zu den dort angebotenen Übungen schlagen. Sie sollen als Anregung dienen, unsere mittlerweile vertiefte Wahrnehmung bewußt auf die ästhetische Gestaltwirkung von Landschaft, Freiraum und deren Elementen einzustimmen. Wir suchen die unmittelbare Begegnung mit dem Raum und lassen unsere persönliche Erfahrung mit den angebotenen Gestaltqualitäten und -aspekten in Dialog treten.
Bei der Darstellung ästhetischer Gestaltungsaspekte konzentriere ich mich auf die seelisch-geistigen Qualitäten, die die Basis der ästhetischen Wirkung bilden. Entsprechend dem Aufbau dieses Kapitels liegen die Schwerpunkte zum einen in der Symbolwirkung von Landschaft und Gestaltelementen, zum anderen in der Auseinandersetzung mit der formal-ästhetischen Wirkung von Proportionen, Rhythmen, Zahlen, Formen und Farben.

2.4.1 Natur und Ästhetik

Die Begegnung mit Natürlichkeit ist ein Anliegen, das tief in uns Menschen verankert ist. Wenn wir in Kontakt mit der Natur oder mit natürlichen Elementen treten, begegnen wir über unser kollektives Unbewußtes unserem eigenen Ursprung und dem Archetypischen der Erde. Daraus wird die Sehnsucht des Menschen nach Natur und der damit verbundenen ästhetisch-archetypischen Erfahrung verständlich. Wir suchen sie nicht nur in der freien Landschaft, sondern auch in der Stadt.
Die Zusammenhänge von Natur- und Kulturlandschaft habe ich bereits in Kapitel V.1 (Die körperlich-stoffliche Dimension der Landschaft) erläutert. An dieser Stelle möchte ich nochmals darauf hinweisen, daß sich die Qualität der Natur über die natürlichen Landschaftselemente und die biotischen und abiotischen Faktoren (Flora, Fauna, Klima, Boden, Stein, Wasser, Holz, Luft u. a. m.) in der Kulturlandschaft wiederfindet. Dies trifft auch auf städtische Freiräume zu, wobei im mitteleuropäischen Kulturkreis und Klimabereich die Menschen vorwiegend vegetationsbestimmte Freiräume mit dem Begriff der Natürlichkeit verbinden.
Die Naturästhetik beschreibt die freie und selbstbestimmte Art des Zusammenspiels der natürlichen Elemente und deren Lebewesen als ästhetischen Ausdruck, der weit über das Stoffliche hinausreicht. Dieser Ausdruck ist in jeder Grundstruktur von natürlichen Elementen enthalten.[300] Das Sich-Mitteilen spielt eine wesentliche Rolle in der sozialen Verbindung zwischen Pflanzen, Pflanzen und Tieren, Pflanzen und Menschen, Tieren sowie Tieren und Menschen. Dabei werden unterschiedliche Sinne angesprochen über Auslöser wie Körpersprache (die Tänze der Bienen, mit deren Hilfe sie Botschaften übermitteln), Ausrichtung (die

Sonnenorientierung von Pflanzen), die Farbqualität (färbige Blütenblätter, um Tiere anzulocken), Klang und Stimme (die Gesänge der Vögel), Geruch (der Duft der Blumen, um Insekten anzulocken).[301] All dies sind musterbildende Prozesse, sie besitzen daher ästhetischen Charakter, der sich in einer natürlichen Selbstverständlichkeit, der Naturschönheit, äußert und eine vor allem ästhetische Wirkung auf den Menschen ausübt. Böhme führt in diesem Zusammenhang weiter aus, daß das Natürliche den Menschen wegen seines selbständigen Daseins berührt. „Der Mensch hat ein tiefes Bedürfnis nach dem anderen seiner selbst. Er will nicht in einer Welt leben, in der er nur sich selbst begegnet."[302]
Nach Weise und Krause findet sich in der Natur das Göttliche in seiner Ursprünglichkeit wieder.[303] Die Begegnung mit der Natur ist auch eine Begegnung mit Gott, eine Begegnung mit den Zyklen des Lebens, beginnend mit der Keimung über die Blütenbildung bis hin zur Frucht- und Samenbildung. Die Metamorphose der Natur steht für die Metamorphose des menschlichen Lebens, wodurch die Identität von Natur und Mensch in einer symbolhaften Erfahrung miteinander verschmelzen.

Wohin ich mit meinem Leben reiche;
Ob ich nicht auch noch im Sturm streichle und als Welle wohne im Teiche,
und ob ich nicht selbst noch die blasse, bleiche, frühlingsfrierende Birke bin.[304]
Rainer Maria Rilke

Tabelle 8: Symbolhafte Assoziationen zu landschaftsbestimmenden Elementen
(nach Millonig, Selbmann, Bauer/Dümotz/Golowin und Jung)

Symbol	*symbolhafte Assoziationen*
Sonne	Wachbewußtsein, Aktivität, Bewegung, Lebensfreude, Glück, Herz, Lebenskraft, Vater, nach außen gehen, Yang, Wärme, Licht, in der Mitte sein, Vitalität
Mond	Nachtbewußtsein, Unterbewußtsein, Gefühlswelt, nach innen gehen, Yin, Tiefe, Intuition, Träume, Wechselhaftigkeit, das Zyklische
Erde	Mutter, Heimat, Geborgenheit, Stabilität, Vielfalt und Lebendigkeit, das Tragende, Yin, das Nährende, Vertrautheit, Schwere, Lebensgrundlage, Fruchtbarkeit
Wasser	Spiegel der Seele, Quell des Lebens, das Unbewußte, Empfindsamkeit, Tiefe, nach innen schauen, Fruchtbarkeit, Reinigung, Erneuerung der Lebenskraft, Hingabe, Wiedergeburt, Stille, Vergänglichkeit, Kreislauf, Spiegel zur Selbsterkenntnis
Berg	Erhabenheit, Begegnung mit dem Göttlichen, Glorie, Freiheit, Selbstüberwindung, Urtümlichkeit der Natur, Unberührtheit, das Ziel der Wanderschaft und des Aufstiegs, Begegnung mit dem Elementaren
Stein	Festigkeit, Dauer, Beginn, Knochen der Erde, Erdschwere, männlich, steht für den Berg, Schwerpunkt
Wald	das Verborgene, das Tiefe und Unberechenbare, Geheimnis, Licht und Schatten

höhlenartige Strukturen	Geborgenheit, Angst vor der Tiefe, Geheimnis, Dunkelheit, Enge, Verbindung zum Inneren der Erde, nach innen gehen
Wildnis	das Unbewußte, sich selbst überlassen sein, Freiheit, elementare Erfahrung
Baum	„Dem Baum gleich, dem Fürsten des Waldes, Gewiß, ihm gleich ist der Mensch.“ (aus den Upanishaden) Analogie zum menschlichen Leben, Verbindung zwischen Himmel und Erde
Birke	Beweglichkeit, Transparenz, Leichtigkeit, Veränderbarkeit, Luft
Buche	das Tragende, Stabilität, Wärme, Geborgenheit und Erdverbundenheit
Esche	Stabilität im Wechsel, Durchsetzungsvermögen
Eiche	Beständigkeit, Dauer, Stabilität, Alter, Kraft, Erde
Eibe	Dauerhaftigkeit, starke Verbindung zur Erde
Linde	Herzlichkeit, Sanftheit, Heiterkeit, Himmel und Erde stehen im Gleichgewicht
Pappel	Beweglichkeit, Veränderung
Platane	Großzügigkeit, Sonnenhaftigkeit
Weide	Vitalität, Lebenskraft
Trauerweide	Melancholie
Lärche	Lebensfreude, Zartheit, Leichtigkeit
Laubbäume	Rhythmus der Jahreszeiten (Blattaustrieb, Blattverfärbung, Blattfall), Stabilität und Veränderung vereinen sich im Wandel der Zeit; weit ausladende, sich schirmartig über die Erde ausbreitende Kronendächer vermitteln Schutz und Geborgenheit und laden zum Verweilen ein
Nadelbäume	Verlieren sie ihre Nadeln im jahreszeitlichen Rhythmus nicht, vermitteln sie Beständigkeit in bezug auf Form und Farbe; spitz zulaufende Kronen drücken Zielgerichtetheit aus
Blüte	Leichtigkeit, Fröhlichkeit, die Lust am Leben, Luft
Frucht	Reife, ans Ziel kommen, Ende und Beginn eines neuen Zyklus

Natürliche Formen

Die Identität zwischen Natur und Mensch findet sich neben der archetypischen Beziehung zur Landschaft auch in grundlegenden Formen und Proportionen, die sich in der Natur, im Menschen sowie im kulturellen Schaffen des Menschen wiederholen. Betrachten wir die Formen natürlicher Elemente, ergeben sich geometrische Beziehungen, die aus einander ergänzenden Gegensätzen (Polarität – Komplementarität) eine harmonische Ordnung bilden. Der Architekt György Doczi beschreibt in seinem Buch *Die Kraft der Grenzen* eine Vielfalt harmonischer Proportionen, die sich in der Natur wiederfinden. In diesem Zusammenhang meint er: „Daß wir bei allen Formen der Natur immer wieder auf die gleichen Grundstrukturen stoßen, beweist, daß alles in der Natur miteinander verwandt ist. Durch das Begreifen dieser allen gemeinsamen Ordnungsprinzipien haben wir Teil an der Harmonie des Kosmos.“[305]
Dieser Ansatz verbindet die psychologischen Betrachtungen über die archetypische Dimension der Landschaft mit den formal-ästhetischen Betrachtungen über die proportionalen und formalen Beziehungen zwischen Lebensraum, Pflanze, Tier und Mensch. Die äußere und die innere Form verschmelzen miteinander.

Die Metamorphose der Pflanze beginnt mit dem Samen und dem ihm immanenten Wissen um die Gestaltentwicklung der Pflanze. Im Sonnenblumensamen zum Beispiel steckt das Wissen um die nach einem gewissen Rhythmus stattfindende Gestaltentwicklung der ganzen Blume. Dieses Wissen birgt eine innere Logik, die wir in den Erscheinungen der Natur nachempfinden und als Naturschönheit wahrnehmen, da die Formen der Natur von innerer und äußerer Harmonie geprägt sind. So gibt es wohl kaum eine Pflanze, die wir als häßlich bezeichnen möchten. Wir scheinen vielmehr die formale Gestalt einer vitalen Pflanze als in sich stimmig und harmonisch zu empfinden, was darauf schließen läßt, daß die Formensprache der Pflanze Ausdruck einer ästhetischen Logik ist.
Nach Weizsäcker hängt die formale Harmonie und Schönheit der Natur mit der Wahrnehmung von Gleichgewichten zusammen, welche sich sowohl im Individuum als auch im Zusammenleben von Pflanzen und Tieren äußern. Er bringt das mit dem ökologischen Gleichgewicht in Verbindung, welches in seinem formalen Ausdruck (Form, Farbe, Rhythmus und Funktion) Schönheit verkörpert, die sich gemäß dem natürlichen Entwicklungsprozeß bewährt hat. Der Mensch empfindet dies als harmonisch, da er Teil dieser gemeinsamen Evolution ist.[306]
Die wesentlichen Aspekte, die sich in der Formensprache des menschlichen Körpers und in der Natur wiederfinden, sind die Spiralform, der Goldene Schnitt sowie das Prinzip der Polarität (siehe Abb. 55 und 56). Auf das Prinzip des Goldenen Schnittes und auf sein Auftreten in Natur und Kunst werde ich in Kapitel V.2.4.4 (Proportion und Harmonie) noch näher eingehen. Der Spirale als einem zentralen Element naturgegebener Formen werden wir in Kapitel V.2.4.6 (Form) wieder begegnen.

Abb. 55: Die Spiralform in Natur und Mensch
(Doczi/Grasse)

DNS Schmetterling Lindenblatt

Abb. 56: Polarität in Mensch und Natur
(Doczi)

Kehren wir nunmehr zur gestalterischen Unterstützung ästhetischer Phänomene in der Natur zurück. Um die Natürlichkeit beziehungsweise die naturnahe Gestaltung unserer Lebensräume zu fördern, müssen wir uns den Zusammenhang zwischen Natur, Mensch und Lebensqualität bewußt machen und entsprechende Konsequenzen daraus ziehen. Zur Unterstützung der naturästhetischen Wirkung unserer Lebensräume möchte ich dazu folgende Thesen aufstellen.

- **Natur zulassen und fördern**
  Die Natürlichkeit unserer Lebensräume können wir unterstützen, indem wir ihren Wert für die Lebensraumqualität erkennen, unsere Aufmerksamkeit dafür wachhalten und der Natur mehr Raum im Freiraum geben. Unseren Gestaltungsmaßnahmen liegt ein Verständnis für ökologische Wechselbeziehungen zugrunde, und wir pflegen einen entsprechend sensiblen Umgang mit natürlichen Lebensprozessen. Unter Gestaltung verstehe ich in diesem Zusammenhang nicht allein die aktive Veränderung von Freiräumen, sondern auch das Zulassen von natürlichen Entwicklungsprozessen. Ökologische Planung steigert zugleich die ästhetische Qualität des Raumes.

- **Berücksichtigung der geobiologischen Grundstruktur**
  Wenn naturgegebene topographische, morphologische, klimatische, geographische, pedo- und hydrosphärische Strukturen in den gestalterischen Prozeß einbezogen werden, unterstützen wir nicht nur die stoffliche, sondern auch die ästhetische Naturidentität des Lebensraumes.

- **Mit Pflanzen und natürlichen Materialien gestalten**
  Die Logik des ästhetischen Ausdrucks liegt in der Pflanze beziehungsweise im Material selbst. Pflanzen, Holz, Stein, Sand, Erde, Wasser u. a. m. fördern die Naturidentität im Freiraum.

- **Natur als gestalterisches Vorbild**
  Durch das Berücksichtigen des Gestaltausdrucks von Lebewesen und natürlichen Elementen in bezug auf Farbe, Form, Proportion, Rhythmik und Symbolik fördern wir die Naturidentität unserer Lebensräume. Im Feng Shui gehört die Natürlichkeit zu den wichtigsten Prinzipien in der Gartengestaltung. Walters meint dazu: „Der Garten soll ein

Abbild der Natur sein. Obwohl der Mensch ihn geschaffen hat, soll es scheinen, als habe der Himmel ihn geformt."[307] Dieser Anspruch leitet sich aus dem Wissen ab, daß die Begegnung mit der Natur die Lebenskraft des Menschen fördert und den Ch´i-Fluß erhöht. Natürlichkeit bedeutet in diesem Zusammenhang, aus einem inneren Verständnis für die Natur zu gestalten, um dem Gestalteten einen natürlichen Charakter zu verleihen. Wenn es gelingt, den Geist der Natur zu erspüren, wirkt die Gestaltung natürlich und nicht kitschig, denn wir versuchen dann nicht, geistlos Natur nachzumachen, sondern gestalten aus unserer Resonanz mit den Botschaften der Natur.

2.4.2 Polarität und Ästhetik

Das Prinzip der Polarität, der komplementären Ergänzung von Gegensätzen, bildet eine wesentliche Grundlage für das Verständnis von formal-ästhetisch wirksamen Gestaltqualitäten (vgl. Kap. III.2 Polarität – Komplementarität). Entsprechend der komplementären Rhythmisierung des Lebens, der Ein- und Ausatmung, manifestiert sich die Gestalt in der rhythmischen Begegnung mit dem Raum. Dabei breitet sich die körperliche, klangliche Gestalt oder das Licht im Raum aus und bildet komplementäre Kontrastierungen, einerseits innerhalb der Gestalt und andererseits mit dem Raum. Diese Ausbildung von Unterschieden (hoch/tief, glatt/rauh, heiß/kalt, links/rechts, hell/dunkel usw.) ist die Basis für die Wahrnehmung von formal-ästhetischen Gestaltqualitäten.

Kandinsky bezeichnet zum Beispiel das Zustandekommen der Form als Abgrenzung einer Fläche von einer anderen, in der das Innere schwächer oder stärker zum Vorschein kommt.[308] Genauso verhält es sich mit der Farbe oder dem Klang, deren unterschiedliche Wahrnehmung sich aus dem Zusammenspiel verschiedener Frequenzen und Schwingungsrhythmen ergibt. Dabei tritt der äußere Rhythmus der Gestaltwirkung in Wechselbeziehung zum inneren Rhythmus der Gestaltwahrnehmung. Der Ausdruck des ästhetischen Raumerlebnisses liegt in der Beziehung beziehungsweise im Spannungsverhältnis von Gegensätzen (Offenheit/Geschlossenheit, Licht/Schatten, Vielfalt/Einfalt usw.).

Der Architekt Hans Loidl meint dazu, daß Spannung stets im Zusammenhang entsteht und mit der Größe des Unterschieds wie mit der Stärke des Zusammenhangs zunimmt. Dabei wird die Aufmerksamkeit des Menschen durch Neuartigkeit, Ungewißheit und Verschiedenartigkeit erhöht.[309]

Wie unterschiedliche Spannungsmomente wirken, liegt einerseits an der Ausprägung der Kontrastierung, der Form- und Strukturänderung, der Material- und Farbdifferenzierung und hängt von der Ausprägung der Übergänge (harte Grenzen/ fließende Grenzen) selbst ab.

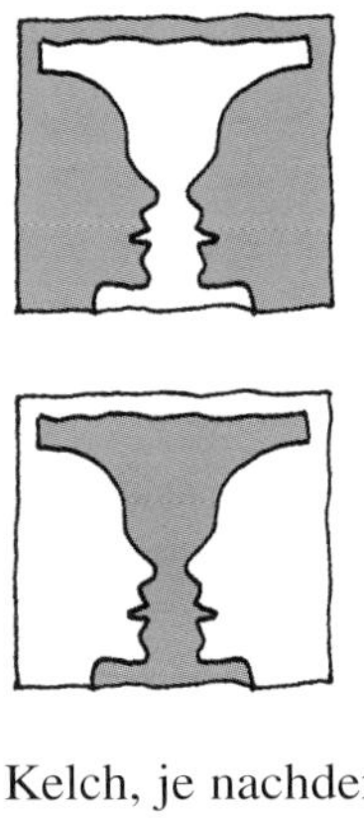

Abb. 57: Das Bild zeigt den Wechsel zwischen den Köpfen und dem Kelch, je nachdem worauf wir unsere Aufmerksamkeit richten.

Andererseits liegt die Faszination der Gestaltwahrnehmung, etwa einer bestimmten Form oder Farbe, eines bestimmten Klanges oder einer bestimmten Raumsituation, aber nicht nur in der Stärke der Kontrastierung, sondern auch in der Klarheit ihrer Entsprechung. So beinhaltet das Erlebnis einer einzelnen Farbe, eines einzelnen Klanges oder einer bestimmten Raumsituation (die Weite der Ebene, des Himmels oder des Meeres) ebenfalls eine Faszination, die in der klaren Ausprägung der Gestalt selbst, in der Klarheit des Erlebnisses und der damit verbundenen kontemplativen Wirkung auf den Menschen liegt.
Letztlich geht es um den Dialog zwischen beiden Extremen und um die Idee, welche der Gestaltbildung zu Grunde liegt. Gleichförmigkeit auf der einen Seite und Differenzierung auf der anderen Seite verkörpern polare Ergänzungen, die wir im Zusammenhang mit unseren Wahrnehmungsmöglichkeiten auf den unterschiedlichsten Ebenen des Raumes wiederfinden.[310] Fonatti stellt in der folgenden Abbildung die Parameter von Gleichförmigkeit und Ungleichförmigkeit als zwei Möglichkeiten dar, innerhalb derer sich die Gestalt von der undifferenzierten bis zur hochdifferenzierten Ausprägung manifestiert.

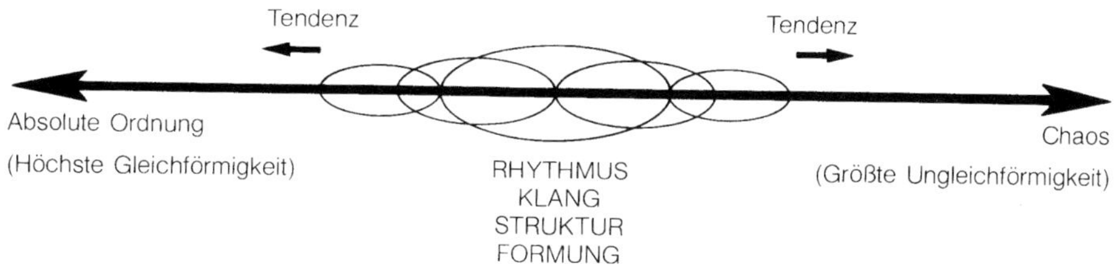

Abb. 58: Schema der gegenläufigen Tendenzen der Differenzierung
(Fonatti)

Vielfalt – Gleichförmigkeit – Harmonie

Die Vielfalt manifestiert sich im Raum in der Untergliederung von Teilräumen, im Artenreichtum in Flora und Fauna, in einer Vielzahl an Übergängen und Gestaltelementen in Struktur, Form und Farbe. Der Vielfalt steht das Prinzip der Gleichförmigkeit gegenüber, gekennzeichnet durch Lebensräume, deren Betonung in der Offenheit, Strukturarmut und Klarheit liegt.
Generell können wir davon ausgehen, daß Vielfalt, Kontrastbildung und Komplexität des Raumes die Aufmerksamkeit unserer Sinneswahrnehmung bezüglich der Landschaftswahrnehmung fördern und uns in einen als angenehm empfundenen Zustand von Lebendigkeit versetzen. Dabei ist es von Bedeutung, daß die Vielfalt in einem stimmigen Verhältnis zur Gleichförmigkeit steht und nicht zum Chaos wird. Riccabona schreibt in diesem Zusammenhang, „daß ein Objekt dann als ästhetisch schön empfunden wird, wenn es das Bedürfnis des Menschen nach Ordnung und Vielfalt erfüllt".[311] Überwiegt die Ordnung, führt dies zu Reizverarmung und zu einem Empfinden von Monotonie im Raum. Überwiegt die Vielfalt, führt dies zu Reizüberflutung und zu Sinnesübersättigung.
Betrachten wir nun unterschiedliche Lebensräume unter diesem Aspekt, wird sehr schnell klar, daß wir das Prinzip der Wechselwirkung zwischen Vielfalt und Gleichförmigkeit nicht generell auf alle Lebensräume anwenden können, sondern uns immer auf einen bestimmten Landschaftstyp, eine konkrete Raumsituation bzw. auf einen konkreten Ort und seine spezielle Eigenart beziehen müssen. So werden vielfältige Natur- und Kulturlandschaften, die sich im Prozeß einer naturbezogenen Gestaltbildung entwickeln und die ästhetische Logik natürlicher

Entwicklungsprozesse zum Ausdruck bringen, als schön beschrieben. Hingegen werden vielfältige Lebensräume, die aus einem unzusammenhängenden Nebeneinander von Elementen bestehen und eine innere Harmonie vermissen lassen, sehr bald als chaotisch empfunden. Inwieweit wir das Prinzip von Vielfalt und Gleichförmigkeit als Gestaltungsaspekt einsetzen, hängt daher unmittelbar mit der jeweiligen freiraumplanerischen bzw. -gestalterischen Fragestellung zusammen.
Harmonie entsteht, wenn das Wechselspiel von Gestaltelementen zu einer stimmigen Ganzheit führt. Die Einzelelemente wirken so zusammen, daß sie als Gesamtgestalt wahrgenommen werden. Die Wahrnehmung von Harmonie in einer ästhetisch nachvollziehbaren Einheit kann sich auf das Zusammenwirken einzelner Gestaltelemente, das Ineinandergreifen von Teilräumen sowie auf übergeordnete Raumsysteme beziehen. Spontan und intuitiv läßt sich die Ausgewogenheit erkennen, die oft mit dem ersten Eindruck zusammenfällt. Die Schönheit manifestiert sich als Einheit im Zusammenspiel weniger oder auch zahlreicher Elemente, basierend auf deren Form, Klang, Struktur, Material und Farbe.

Das Empfinden von Harmonie wird verstärkt durch

- die verbindene Idee, die ein gemeinsames Prinzip erkennen läßt;
- Nähe, im Sinn von Abstand und Materialität;
- Gesamtheit, Geschlossenheit, im Sinn von sinnvoller organischer Ergänzung der einzelnen Teile (Gestaltelemente);
- Richtungsbeziehungen, im Sinn des Herstellens nachvollziehbarer Verbindungen;
- Herstellung von Beziehungen zu bestehenden Strukturen und Elementen, im Sinn der Wahrung der Raumidentität;
- die durchgehende Linie, im Sinne der Verbindung von Einzelelementen;
- Einfachheit, im Sinn des Prinzips „weniger ist mehr";
- Verdichtung, im Sinn des Setzens von Schwerpunkten;
- Übereinstimmung von Form und Inhalt, Material und Funktion, ästhetischem Ausdruck und Nutzung;
- Erfahrung, im Sinn von Vertrautheit;
- Symbolhaftigkeit, im Sinn der archetypischen Beziehung zu natürlichen und anthropogenen Elementen.

Im Feng Shui wird in der Gartengestaltung das Thema der Ausgewogenheit zwischen Vielfalt und Klarheit (Einfalt) als Gestaltungsprinzip eingesetzt. Der Garten soll nach Walters „schön sein, ohne zu prunken. Die Töne sollen leicht sein, doch bedeutungsvoll, und zwischen Übermaß und Leere muß Gleichgewicht bestehen, während Stärke und Sanftheit einen Gegensatz bilden."[312] Dabei soll der Garten wenige, bestimmte Schwerpunkte aufweisen, die die Aufmerksamkeit anziehen, und nicht eine Vielzahl von Anziehungspunkten, die zur Verwirrung beitragen.
Die Gartengestaltung im Zen verstärkt das Prinzip der Einfachheit noch zusätzlich, um die über die Klarheit im Garten die Klarheit im Geist zu fördern. Ein richtig akzentuierter Garten soll dem Geist (dem rationalen Aspekt des Denkens) wenig Anhaltspunkte geben, damit er sich nicht verfangen und verwirren kann.[313] Daher steht schlichte und einfache Gestaltung im Vordergrund. Es werden wenige Elemente eingesetzt, die aber in einem harmonischen proportionalen Verhältnis zueinander stehen müssen. Dabei ist das Setzen des richtigen Akzentes wesentlich und eine wahre Kunst. Der Garten wird zu einer Geschichte, die nach Suzuki die

archetypischen Merkmale des Lebens widerspiegelt. „Ein einfaches Fischerboot in der Mitte des gekräuselten Wassers ist genug, um im Geist des Betrachters einen Sinn von der Weite des Meeres und zur selben Zeit von Frieden und Zufriedenheit zu wecken."[314] Dieses Prinzip wird in den Zen-Gärten zum Beispiel über die Wechselbeziehung zwischen einzelnen Steinen und Sandflächen zum Ausdruck gebracht (siehe Abb. 72).

Das Gleichgewicht finden ***Übung 48***

In einer modellhaften Auseinandersetzung mit dem Thema Gleichgewicht und Harmonie können wir unser Empfinden für Schwerpunkte, das Setzen des richtigen Akzentes, für Gleichförmigkeit und Vielfalt erproben.
Dazu verwenden wir eine Unterlage mit einem rechteckigen Grundriß (z. B. eine Holzplatte) und einfache Gestaltelemente (z. B. einen Holzquader oder einen Modellbaum). In der Auswahl von Bodenplatte und Modellbaum begegnen wir schon dem Thema „Größenverhältnisse".
In der nächsten Phase versuchen wir, das Gestaltelement in Beziehung zur Fläche zu bringen und probieren unterschiedliche Kombinationen aus, um ein Empfinden für das Thema „Ausgewogenheit, Symmetrie und Schwerpunkt" zu bekommen. Dabei sollen wir Lösungen finden, die das Zentrum des Raumes betonen und die achsialen Beziehungen als raumübergreifende Verbindungen darstellen. Dann vergleichen wir unsere Ergebnisse mit gestalterischen Lösungen, die keine symmetrischen Beziehungen zum Ausdruck bringen.
Wichtig für diese Übung ist, daß wir nicht nur auf die Fläche eingehen, sondern auch den dreidimensionalen Raum berücksichtigen, ebenso die Kontrastierungen, die sich aus der Unterschiedlichkeit der ausgewählten Materialien ergeben. Um die Wechselwirkungen von Vielfalt und Gleichförmigkeit, von Chaos und Ordnung im Zusammenhang mit der Raumbildung nachzuvollziehen, sollen wir diese Übung in vielen Variationen durchführen: zum Beispiel auf einer quadratischen, rechteckigen, kreisförmigen, frei gewählten oder organischen Grundfläche mit Gestaltungselementen unterschiedlichster Form, Farbe, Quantität und Größe. In weiterer Folge können wir diese Übung unter Berücksichtigung bestimmter Proportionen (Goldener Schnitt, Terz-, Quart-, Quint-, Oktavbeziehungen u. a.) durchführen (vgl. Kap. V.2.4.4 Proportion und Harmonie).

2.4.3 Raum und Perspektive

Bezogen auf den dreidimensionalen Raum zeigt sich der gestalterische Ausdruck in der Beziehung der Horizontalen (Waagrechten) zur Vertikalen (Senkrechten). Die Raumbildung und die damit verbundene ästhetische Qualität ist ein Ergebnis der Wechselwirkung zwischen beiden Aspekten, wobei die Horizontale das tragende und die Vertikale das aufstrebende Element repräsentiert. Auch wenn die Senkrechte für die Bildung formbezogener Raumqualitäten bedeutsamer erscheint, muß uns klar sein, daß die Senkrechte ihre Gestalt im Raum ohne das Fundament der Horizontalen nicht bilden kann. Gestaltbildung ist also ein komplementärer Prozeß. Räume werden durch unterschiedlich ausgeprägte Grenzen gebildet, von der klar definierten, harten Grenze bis zu fließenden Übergängen. Das Empfinden von Raumtiefe hängt dabei mit den vertikal wirksamen Strukturen (Form, Größe, Farbe, Transparenz, Anordnung u. a.) sowie mit der Beschaffenheit der horizontalen Fläche zusammen und ist eng mit unserer

Wahrnehmung vor allem visueller, aber auch taktiler und akustischer Reize verbunden. Als Grenzen können wir einerseits körperlich wahrnehmbare Grenzen definieren, andererseits psychische Raumgrenzen beschreiben, die sich auf die formal-ästhetische Wirkung von Form und Struktur beziehen.

Abb. 59: Hecke als physisch und ästhetisch wirksame Grenze in dreidimensionaler Ausprägung

Eine auf dem Niveau der Fläche verlaufende Grenze wirkt als formal-ästhetisches Phänomen in den Raum hinein und bildet eine imaginäre Grenze, die ästhetisch wirksam ist. Die Idee der Form (als Muster des Bodens) setzt sich in den Raum fort.

Abb. 60: Niveaugleicher Belag, Grenzbildung durch Struktur- bzw. Materialänderung im Boden (Cres, Kroatien)

Wahrnehmen formal-ästhetischer Raumgrenzen *Übung 49*

Die folgende Übung hilft uns, das Verständnis für formbezogene und psychisch wirksame Phänomene zu vertiefen. Dazu achten wir zum Beispiel während eines Stadtspazierganges bewußt auf Wege oder achsiale Muster, die im Boden verlaufen und eine Fläche auf gleichem Niveau bilden. Die Markierung der Wege soll ausschließlich durch die unterschiedliche Formgebung der Bodenfläche und nicht durch Niveauunterschiede zu erkennen sein. Nun versuchen wir, nach der entsprechenden Einstimmung, einerseits quer, andererseits längs zu den Achsen zu gehen und achten dabei auf unsere Empfindungen.
Wie fühlt sich die Querung eines Weges, einer Längsachse, an? Wie fühlt sich das Gehen in der Längsrichtung an?

Abb. 61: Formal-ästhetisch wirksame Raumgrenze durch vertikale Elemente, wobei die Bäume eine Torsituation bilden (Oberösterreich)

Auch vertikale Elemente bilden eine psychisch wirksame Raumgrenze. Zwei Bäume bilden eine „Torsituation", die wie ein imaginärer Vorhang quer zur Straße wirkt. Der dabei entstehende Toreffekt setzt sich aus der durch die Bäume angezeigten Querung der Längsachse und dem dabei entstehenden formal-ästhetischen Informationsfeld zusammen. Die Intensität der Wahrnehmung hängt von der Entfernung der/des Betrachtenden und der Art der torbildenden Elemente ab.

Durchschreiten von Torsituationen *Übung 50*

Wir gehen mit erhöhter Aufmerksamkeit durch ein imaginäres Tor, das von zwei Bäumen oder anderen Vertikalelementen gebildet wird, und versuchen, auf unsere Wahrnehmung zu achten. Was fühlen wir beim Übergang von der einen Seite zur anderen?
Diese Übung soll bei unterschiedlichen Torsituationen (mit unterschiedlichen Entfernungen beziehungsweise Qualitäten der torbildenden Elemente) wiederholt werden. Es ist auch sehr interessant, diese Übung mit geschlossenen Augen durchzuführen.

Die perspektivische Raumwahrnehmung der Grenzen vermittelt, gemeinsam mit der gestaltbildenden Qualität der Elemente des Raumes, die Erfahrung von Raumtiefe und eine emotionale Erfahrung, die mit den drei wesentlichen Grundpolaritäten, Geschlossenheit/Offenheit, Nähe/Ferne sowie Enge/Weite beschrieben werden kann. Dazu möchte ich folgende emotionale Assoziationen anführen:

Geschlossenheit – Nähe – Enge
Einheit, nach innen gehen, Sicherheit, Vertrautheit, in sich gekehrt sein, Ruhe, Geborgenheit;
aber auch: eingesperrt sein

Offenheit – Ferne – Weite
Freiheit, nach außen gehen, Luft, Verbindung, Bewegung, Sehnsucht, berührt sein, Beziehung, Kommunikation;
aber auch: verloren sein

Abb. 62: Geschlossener und offener Raum (Graz/Gratwein)

In der praktischen Umsetzung dieser Gestaltqualitäten ist es sinnvoll, beide Aspekte zu berücksichtigen: In einem Raum Gegebenheiten schaffen, die unserem Bedürfnis nach Geborgenheit nachkommen, den Raum aber auch durch Offenheit und Transparenz weit halten und in Beziehung zu den angrenzenden Räumen treten lassen. Wenn wir die perspektivische Weite vergrößern wollen, ist es erforderlich, angrenzende Räume oder die freie Landschaft von ihrer Wirkung her zuzulassen. Die Kommunikation zwischen Räumen fördert die Kommunikation zwischen Menschen.

Die drei Raumachsen des Menschen

Betrachtet man die körperliche Grundstruktur des Menschen, so sind sechs zentrale Raumrichtungen erkennbar, die in ihrer polaren Ergänzung drei Achsen bilden: oben – unten, vorne – hinten und links – rechts.

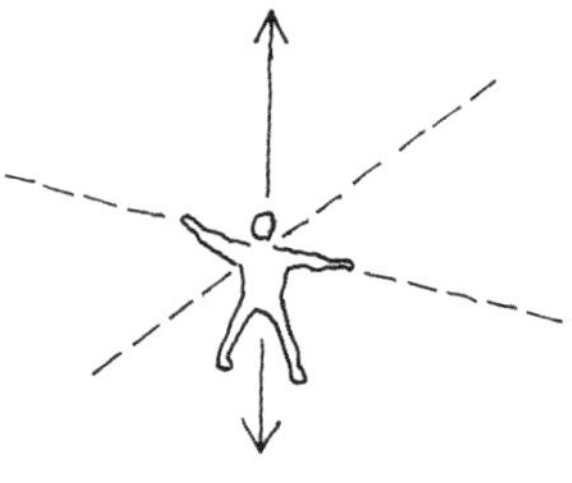

Abb. 63: Die drei Raumachsen des Menschen

Oben – unten
„Oben“ steht für das Eingebundensein des Menschen in die Weltenachse zwischen Himmel und Erde und symbolisiert das Streben nach einem Ziel.
„Unten“ symbolisiert die Verbindung mit der Erde. Bewegen wir uns auf der Erde, vermittelt uns das Unten Stabilität und Halt.

Vorne – hinten
Mit „vorne“ verbinden wir unsere Erwartungshaltungen und das Ziel, das wir erreichen wollen. Vorne liegt all das, was uns die Zukunft bringt und was uns in ihr begegnet. Die emotionale Erwartungshaltung ist von Freude, Neugierde oder vielleicht auch Angst vor dem Unbekannten geprägt. In der räumlichen Ausprägung differenzieren wir zwischen Vordergrund, Mittelgrund, Hintergrund bzw. Ferne.
„Hinten“ steht für unsere Vergangenheit und all das, was wir erlebt und als persönliche Erfahrung gespeichert haben. Da unsere visuelle Ausrichtung sich nach vorne orientiert, wünschen wir uns, bezogen auf die Raumabgrenzung, im Hintergrund Schutz und Geborgenheit. Betreten wir ein Restaurant, halten wir automatisch nach Plätzen Ausschau, die unseren Rücken absichern und uns womöglich den Blick auf den Eingang freigeben. In dieser Position fühlen wir uns geschützt und geborgen und auf eventuell eintretende Bedrohungen vorbereitet.

Links – rechts
Entsprechend der Zuordnung zu den beiden Gehirnhälften ist die rechte Körperseite des Menschen mit der linken Gehirnhälfte verbunden und steht für Aktivität, Tatkraft und Nach-außen-Treten.
Entsprechend ist die linke Körperseite mit der rechten Gehirnhälfte verbunden, verkörpert das Aufnehmende und steht für Empfänglichkeit, Sein, Selbsterfahrung, Nach-innen-Lauschen.

2.4.4 Proportion und Harmonie

In der Gestalt drückt sich eine proportionale Beziehung durch eine bestimmte Entsprechung von miteinander in Verbindung stehenden Einzelteilen aus. Die Wahrnehmung von Proportionen basiert dabei auf der Erkenntnis von Schwingungsmustern, die sich körperlich äußern, zum Beispiel in Form eines flächigen oder auch dreidimensionalen Ausdrucks im Raum, geschmacklich als Geschmackskomposition oder als akustisches Phänomen von miteinander harmonierenden Tonfrequenzen. In allen Fällen geht es um die Beziehung von Einzelinformationen zueinander, die sich in ihrer Verbindung zu einem neuen Schwingungskörper höherer Ordnung zusammenschließen, dessen innenliegende Information wir als sinnlich nachvollziehbaren Ausdruck, als Gestalt empfinden. Suchantke schreibt dazu: „Verhältnisse und Proportionen sind aber immaterielle Größen, die im Vergleich zwischen den materiell vorhandenen Größen erfahren werden.“[315]
Die Umsetzung dieser Wahrnehmung wird durch die holographische Funktion unseres Gehirnes ermöglicht bzw. durch die Erfahrung unterstützt und läuft zu einem Großteil über unsere rechte Gehirnhälfte (vgl. Kap. III.3 Polarität – Komplementarität).
Stellen wir uns zum Beispiel die Blüte einer Tulpe vor: Wir assoziieren mit ihr eine in sich geschlossene Gestalt, die durch ihre Proportionen, das heißt, durch das Verhältnis ihrer gestaltbildenden Elemente (Blütenblätter, Stempel, Staubgefäße) eine übergeordnete Gesamtkomposition bildet. Würde zum Beispiel ein Blütenblatt fehlen, wäre die gesamte Gestalt davon

beeinflußt, da sich die Proportionalität ändern und dadurch ein anderes Wahrnehmungsmuster erzeugt würde. Untenstehende Abbildung veranschaulicht an Hand von zwei Rechtecken und einem Quadrat die entsprechende formal-ästhetische Wirkung, die aus dem jeweils unterschiedlichen proportionalen Gefüge von vier miteinander verbundenen Linien resultiert.

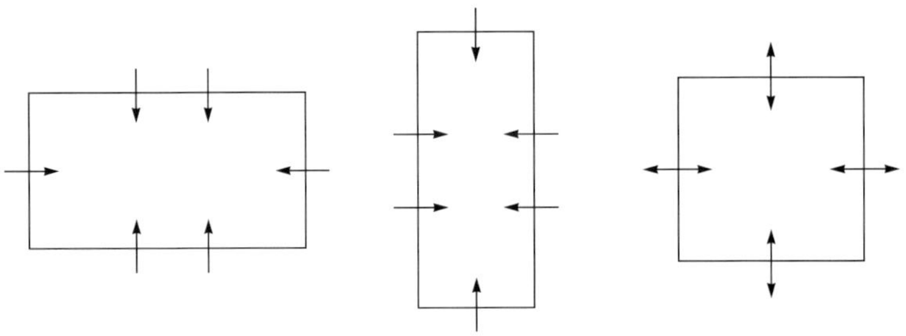

Abb. 64: Der formal-ästhetische Ausdruck von Vierecken

Wenn wir den Klangkörper eines Musikstückes hinsichtlich der einzelnen Tonfrequenzen des gesamten Schwingungskörpers untersuchen, lassen sich ganz bestimmte Abstände (Intervalle) erkennen, deren Zusammenklang ein harmonisches, akustisches Bild ergibt.
Zum Beispiel wird in der Musik aller Kulturen die Oktave (Proportionsverhältnis 1:2) oder die Quint (Proportionsverhältnis 2:3) bevorzugt verwendet und als harmonisch empfunden. Ebenso wird das Schwingungsverhältnis der Quart (3:4) und der Terz (4:5) als wohltuender Klang erlebt. Töne haben eine natürliche Ordnung. Die Schwingungszahl (Tonhöhe) steigt in dem Maße, wie man die Wellenlänge (Saitenlänge eines Streich- oder Zupfinstrumentes) verkürzt. Schneider meint dazu: „Daß etwas, was wir mit einem Körpersinn als harmonisch empfinden, sich in Zahlenproportionen und als gleichzeitig anzuschauendes Bild wiederfindet, ein Bindeglied ist, mit dem wir die Harmonie der Proportionen, seien sie visuell oder musikalisch, als etwas Gültiges erkennen können."[316]
Entsprechend der Einteilung der Intervalle lassen sich Konsonanten (harmonisch) und Dissonanten (disharmonisch) in folgenden Zahlenverhältnissen ausdrücken:

Tabelle 9: Zahlenverhältnisse von Konsonanten und Dissonanten

Konsonanten			*Dissonanten*		
Oktave	1:2	(0,5)	große Sekunde	8:9	(0,8889)
Quint	2:3	(0,6667)	kleine Sekunde	15:16	(0,9375)
Quart	3:4	(0,75)	große Septime	8:15	(0,5333)
große Terz	4:5	(0,8)	kleine Septime	5:9	(0,5556)
kleine Terz	5:6	(0,8333)			
große Sext	3:5	(0,6)			
kleine Sext	5:8	(0,625)			

In weiterer Folge lassen sich von diesbezüglichen Untersuchungen auf verschiedenen Wissensgebieten folgende harmonikale Zusammenhänge und Entsprechungen ableiten:

Das Prinzip der natürlichen Zahlen

Die Intervallabstände natürlicher bzw. ganzer Zahlen (1, 2, 3 usw.) werden vom Menschen als harmonisch empfunden. Dabei bezieht sich der Begriff „natürlich“ auf die Obertöne, welche als selbständige Schwingungsfrequenzen zu den Grundtönen entstehen und wiederum Frequenzen der Ganztonreihe widerspiegeln.
Analog zur Quantenphysik findet sich das Prinzip der ganzen Zahlen in der Zunahme von Energie wieder, welche nicht kontinuierlich, sondern in Quantensprüngen auftritt und dabei ausschließlich ganzzahlige Vielfache bildet.[317]

Vererbungslehre

Das Proportionsverhältnis der Oktave (1:2) finden wir als Grundprinzip in der Zellteilung wieder: Aus einer Zelle entstehen durch Verdoppelung der DNS-Stränge zwei Zellen. Ebenso finden wir das Proportionsverhältnis von 1:2 in der Abstammung wieder (2 Elternteile – 4 Großelternteile – 8 Urgroßelternteile usw.).[318]

Die stetige Reihe

Sie beschriebt eine Zahlenreihe, deren einzelne Zahlen sich jeweils aus der Summe der beiden vorangegangenen Zahlen ergeben: 1, 2, 3, 5, 8, 13, 21 usw. Die ganzzahligen Brüche aus diesen Zahlen (2/3, 3/5, 5/8, 8/13 usw.) nähern sich der Zahl 0,6180339, welche in der geometrischen Umsetzung dem Goldenen Schnitt entspricht, der sich in pflanzlichen, tierischen und menschlichen Größenverhältnissen wiederfindet.[319]

Der Goldene Schnitt

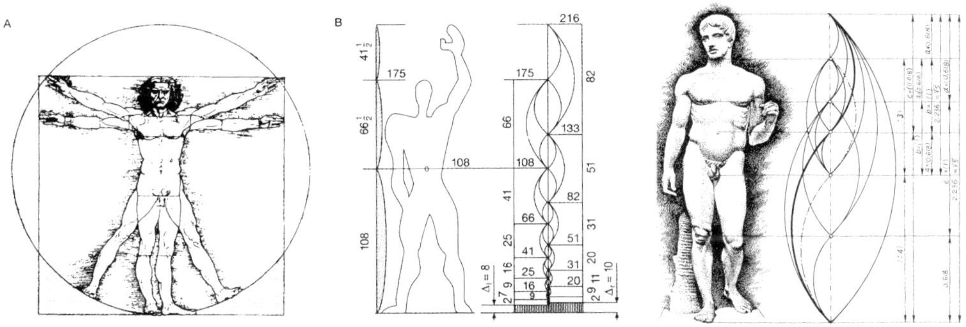

Abb. 65: Der Mensch als Maßstab
(Leonardo da Vinci, Le Corbusier, Speerträger des Polykleitos)

Die ersten Beschreibungen des Goldenen Schnittes gehen auf die alten Griechen (5. Jh. v. Chr.) zurück, die die menschlichen Proportionen (Boden bis Knie, Nabel bis Scheitel, Verhältnis der Körpermitte zum Scheitel beziehungsweise zum Boden usw.), in Zahleneinheiten beschrieben haben und dabei die Maßeinheit des Goldenen Schnittes entdeckten. Die Zahl, die sich aus dem Verhältnis der einzelnen Abstände zueinander ergibt, beträgt 0,618, welche dem Verhältnis 5:8 (0,62/kl. Sext) oder auch 2:3 (0,66/Quint) entspricht.[320]
Laut geometrischer Definition zeigt sich der Goldene Schnitt in einer ungleich geteilten Strecke, deren kleinerer Abschnitt sich zum größeren verhält, wie der größere zur ganzen Strecke (siehe Abbildungen auf der nächsten Seite).

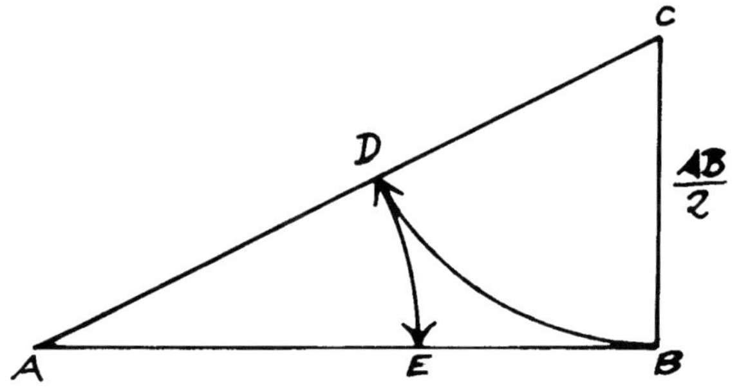

Abb. 66: Konstruktion des Goldenen Schnittes

Wir können den Goldenen Schnitt mit Hilfe von Lineal und Zirkel folgendermaßen graphisch konstruieren: Wir teilen die ausgewählte Strecke AB in die Hälfte, tragen diesen Wert bei B im rechten Winkel zu AB auf (BC) und verbinden C mit A.
Danach stechen wir mit dem Zirkel in C ein und übertragen die Strecke BC auf die Verbindungsstrecke CA und markieren den Punkt D. Abschließend setzen wir den Zirkel in A ein und übertragen die Strecke AD auf die Ausgangsstrecke AB und erhalten den Punkt E, der die ursprünglich ausgewählte Strecke von A nach B nunmehr im Goldenen Schnitt teilt. Die Verhältnisse lauten: AB:AE = AE:EB

Wenn wir beim Punkt A die Strecke AD im rechten Winkel auftragen, ergibt sich der Punkt G. Und indem wir den Wert der Strecke AG auch entlang der Strecke B-C auftragen, erhalten wir den Punkt F. Verbinden wir nun die Punkte ABG und F miteinander, dann erhalten wir das Goldene Rechteck.[321]

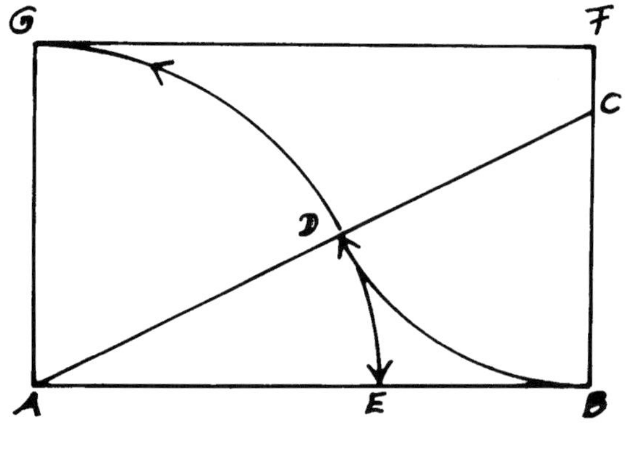

Abb. 67: Konstruktion des Goldenen Rechtecks

Das von Doczi zitierte Beispiel vom Gänseblümchen zeigt das Prinzip des Goldenen Schnittes, wie es sich im Pflanzenreich wiederfindet.

Abb. 68: Blütenzentrum eines Gänseblümchens
(Doczi)

Wenn wir das bestehende Muster der Blüte eines Gänseblümchens graphisch umsetzen und die nach außen hin immer größer werdenden Blütenblätter mit Kreisen kennzeichnen, zeigen sich zwei auseinanderstrebende Spiralsysteme. Das eine Spiralsystem bewegt sich im und das andere gegen den Uhrzeigersinn.

Doczi schreibt dazu: „Wir haben nun zwei Spiralen mit Hilfe einiger konzentrischer, nach einem logarithmischen System immer größer werdender Kreise und einer Anzahl vom Mittelpunkt ausgehender Radien rekonstruiert. Verbinden wir die aufeinanderfolgenden Schnittpunkte der Radien und der Kreise miteinander, erhalten wir die Wachstumsspirale des Gänseblümchens.“[322] Die sich vom Mittelpunkt nach außen hin öffnende Spirale folgt, gemessen an den Radien E, F, G, H, I, J, einem immer wiederkehrenden mathematischen Gesetz.

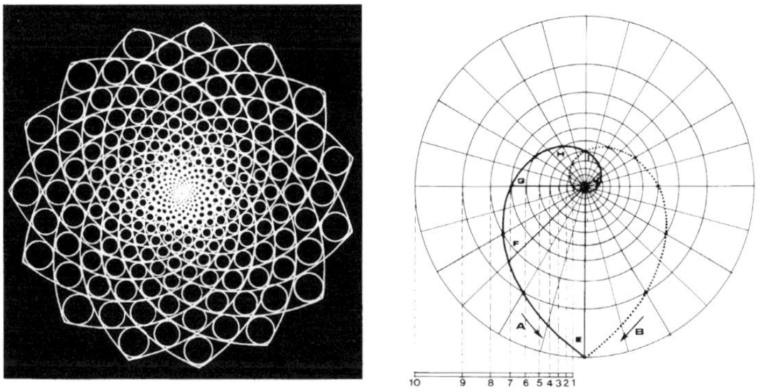

Abb. 69: Blütendiagramm des Gänseblümchens
(Doczi)

Wenn wir die alten und neuen Zuwachsraten der Blütenblätter als Diagramm aufzeichnen, entsteht ein Dreieck. Die fetten Linien zeigen die Zuwachsraten, die durch fortlaufende Zahlen sowie durch A und B gekennzeichnet sind (A entspricht der neuen Zuwachsrate, B entspricht der alten Zuwachsrate). In der Verbindung der Zuwachsraten von A und B nach ihrer Entwicklung von innen nach außen erhalten wir eine schräg ansteigende Linie, welche die Vertikalstrecken in einem Verhältnis von 5:8 teilt.
Die Verhältnisse lauten: A:B = B:(A + B). Auf jeder Strecke einer Linie oder eines Objektes gibt es nur einen Punkt, der diese Strecke in jenes Verhältnis teilt, welches den Goldenen Schnitt ausmacht. Doczi schreibt dazu: „Die vollkommene Reziprozität dieses Verhältnisses aber, übt auf uns eine außerordentlich harmonische Wirkung aus."[323]

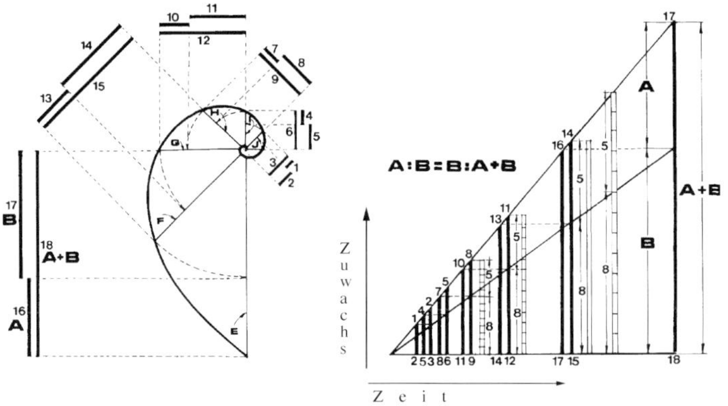

Abb. 70: Der Goldene Schnitt am Beispiel des Gänseblümchens
(Doczi)

Die Proportionen des Goldenen Schnittes finden sich in zahlreichen Untersuchungen als organische Wachstumsmuster wieder, vor allem in den Übergängen und Wachstumsphasen bei Pflanzen und Tieren. Das folgende Beispiel zeigt das Prinzip des Goldenen Schnittes für die Schale der Seeohrmuschel.

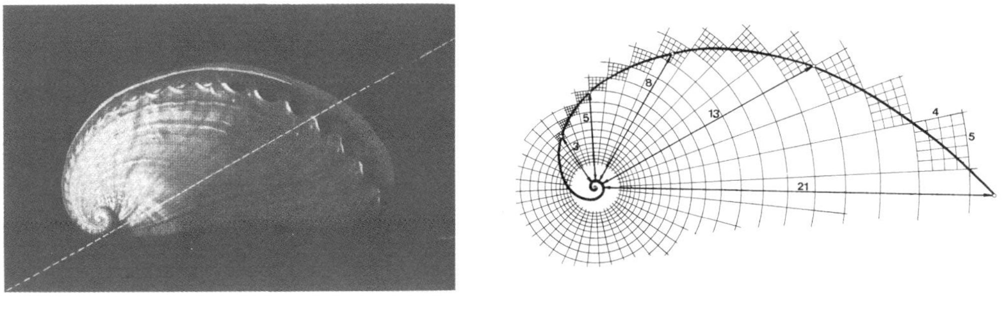

Abb. 71: Die Seeohrmuschel und ihre graphische Rekonstruktion
(Doczi)

Daß das Prinzip des Goldenen Schnittes sich nicht nur im Westen ausbreitete, sondern auch in der Gartenphilosophie des Ostens, zeigt das Beispiel des Zen-Tempelgartens bei Kioto, welches Doczi in seinem Buch *Die Kraft der Grenzen* beschreibt.

Abb. 72: Zen-Garten aus dem Ryoanji-Zen-Tempel
(Doczi)

Der Eindruck von Harmonie und innerer Stimmigkeit, den der Garten ausstrahlt, ergibt sich aus der Grundidee des Zen-Buddhismus, die der gesamten Gestalt innewohnt. Mit einfachen Mitteln wird diese Idee unter Einsatz von zwei zentralen Gestaltelementen (Sandfläche und fünf Felsgruppen) umgesetzt. Der Charakter der Gestaltelemente, ihre Anordnung (Verhältnis) und die liebevolle Beziehung der Menschen zum Garten ergeben ein harmonisches Gesamtbild, welches dem Betrachter Ruhe und Beschaulichkeit vermittelt. Wenn wir, wie es Doczi durchgeführt hat, die Verhältnisse der Gestaltelemente zueinander in Zahlen ausdrücken, ergibt diese Berechnung die Maße des Goldenden Schnittes. Er findet sich im Rechteck, welches die Grundform des Gartens bildet, wie auch in den Beziehungen der Steine zueinander wieder.[324]
Das Wissen um harmonische proportionale Beziehungen ist dem Menschen entsprechend der persönlichen Proportionalität seines Körpers immanent. Das heißt, daß wir durchaus das Gefühl für den Goldenen Schnitt in uns tragen und auch gestalterisch umsetzen können, wenn wir die eigene Wahrnehmung für Proportionalität schulen. Aus diesem Grund möchte ich den/die LeserIn darauf aufmerksam machen, zuerst auf das persönliche Empfinden für Harmonien einzugehen und die mathematische Analyse als Kontrolle einzubeziehen. Dazu können wir die angebotene Übung (Das Gleichgewicht finden, Übung 48) verwenden und am Modell proportionale Beziehungen nachempfinden.

2.4.5 Symbolik der Zahlen

Gerade dieser individuelle Aspekt der Zahl scheint aber das Geheimnis zu enthalten, welches ihr ermöglicht, Psyche und Materie zusammenzuhalten.[325]
Marie-Louise von Franz

Bereits die Pythagoräer suchten nach Symbolen, mit deren Hilfe sie Lebensqualitäten sinnbildlich zuordnen konnten. Die Zahl wurde damit abstrahierbarer Ausdruck für die Lebensprozesse der Natur, des Menschen und seiner gebauten Mitwelt. Im Gegenstand ist die Zahl sinnlich erfahrbar, und über diese körperliche Beziehung des Menschen zur Welt wurde sie zum entsprechenden archetypisch wirksamen Symbol.
In bezug auf Gestaltung von Lebensräumen bedeutet das, daß wir die Zahlensymbolik über den Einsatz von Gestaltungselementen bewußt verwenden können. Das kann bei der Anlage eines Baumkreises geschehen, der durch einen bestimmten Zahlenrhythmus geprägt ist, oder in der Verwendung von drei unterschiedlichen Grundelementen im Rahmen einer Bodengestaltung. Die Zahl ist in jedem Fall ein Phänomen, das im Raum stets zugegen ist.

1 Die Eins steht für das Prinzip der Einheit. Sie ist ein Symbol für die Ganzheit des Lebens entsprechend der einzelnen Zelle, die in ihrer Ganzheit ein in sich geschlossenes System bildet, also eine Einheit darstellt, und der Baustein des Lebens ist. Das Individuum als Pflanze, Tier und Mensch enthält das Prinzip der Einheit. Die Eins steht für die Identität, den Punkt, den Solitärbaum, das Zentrum, den Beginn eines Vorhabens, das Pionier-Sein. In der Stadtgestalt drückt sich die Eins als Einheit im Bauwerk zum Beispiel der Kirche aus, welche als Ort der Gemeinschaft auch raumprägendes bzw. -bildendes Zentrum des Dorfes oder der Stadt war/ist.

2 Die Zwei verkörpert das Prinzip der Polarität, der Kontrastierung und Ergänzung. Die Zwei steht für die Verbindung, die zu einer Ganzheit führt, für Vermittlung und Ausgleich. Sie ist Ausdruck für das Prinzip von Yin und Yang, das Duett, Tag und Nacht, die Linie als Verbindung zweier Punkte. Die Zwei findet sich in der Doppelhelix der DNS, der Zellteilung, in zwei Bäumen, die zum Tor werden. Die Zwei steht dabei als Symbol für das Tor, die Übergangsstelle, die zwischen dem Innen und dem Außen vermittelt.

3 Die Drei ist das Symbol für Synthese: Körper, Seele und Geist bilden die Trinität des Lebens; das Dreieck entsteht in der Verbindung von drei Punkten; die alten Ägypter benutzten das Dreieck mit dem zentralen Auge als Darstellung für das Göttliche des Osiris; in der christlichen Tradition findet es als Trinitätszeichen seine Entsprechung; Prozesse enthalten die Drei in Form der zeitlichen Unterteilung in Anfang, Mitte und Ende; Länge mal Breite mal Höhe bilden den dreidimensionalen Raum; die Drei als Manifestation des Räumlichen.

4 Die Vier ist die Manifestation des Irdischen. Sie steht für die vier Elemente (Feuer, Erde, Luft und Wasser. Sie findet sich in den vier Himmelsrichtungen, den vier Jahreszeiten und im vierdimensionalen Raum (Raum und Zeit). Die Erde entstand am vierten Tag der Schöpfungsgeschichte. Das Quadrat ist geometrischer Ausdruck der gleichberechtigten Vierheit in seinen Seiten und Winkeln.

5 Die Fünf ist das Symbol für die wirkende Energie, die sich aus der Synthese der vier Elemente ergibt. Sie steht für das Handeln, das Setzen von Ursachen, die Raum-Zeit-Energie, Strahlungsenergie, Schwingungsenergie, Gedankenenergie, den Wandel, die Beweglichkeit. Das Pentagramm (Drudenfuß), der Fünfstern, der als magisches Zeichen galt/gilt, ist das zur Form gewordene Symbol für die Fünf.

6 Die Sechs ist die Zahl der Schöpfung und der Liebe, der Liebe zwischen den Menschen und der Liebe zu Gott. Am sechsten Tag erschuf Gott den Menschen. Die sechs steht für Mitgefühl und Kreativität. Die sechsblättrige Lilie gehörte im Altertum zu den beliebtesten Blumen und symbolisiert die Liebe. Das Hexagramm, der Sechsstern aus zwei ineinandergeschobenen gleichseitigen Dreiecken (Davidstern) stellt die Sechs dar.

7 Die Sieben ist das Symbol für die göttliche Ordnung, die heilige Zahl, die für die spirituelle Entwicklung des Menschen steht. Wir kennen sieben Grundtöne, sieben Spektralfarben, sieben Hauptchakren des Menschen, sieben Wochentage. Das chemische Element, bei dem alle Elektronenschalen (es sind sieben) komplett und in vollkommener Symmetrie besetzt sind, heißt Radon, es strahlt. Am siebenten Tage ruhte Gott – der Sonntag, der siebente Tag der Woche als Ruhetag. Märchen erzählen von den Sieben-Meilen-Stiefeln des Däumlings, der zwischen den Welten wandern kann, und von Schneewittchen bei den sieben Zwergen hinter den sieben Bergen. Das Heptagon (Siebeneck) ist der graphische Ausdruck der Sieben.

8 Die Acht steht für Stabilität, Rhythmus, ewiges Leben und Symmetrie. Die liegende Acht ist ein Symbol für das In-sich-Wiederkehrende. Die Acht ist der räumliche Ausdruck der Vier (Würfel). Die Pythagoräer bezeichneten die Acht als gerechte Zahl, da die Teilung durch zwei ein ausgeglichenes Teilungsverhältnis ergibt. Die Acht steht für Standfestigkeit, Stärke und Verantwortung und drückt sich im Oktogon (Achteck) geometrisch aus.

9 Die Neun ist die Zahl der Erneuerung, die aus der inneren Ruhe der Acht heraustritt, wobei sie das Neue bereits in sich trägt. Das Geistige besitzt die Kontrolle über das Triebhafte. Die Neun steht für Bewegung und Veränderung, Wissen und Erfahrung. Sie wirkt belebend und fördert die Entwicklung.

(nach Hotzan, Bauer/Dümotz/Golowin)

2.4.6 Form

Form ist die körperliche Manifestation einer seelisch-geistigen Intention, die auf das seelisch-geistige Empfinden der/des Betrachtenden eine psychische Wirkung ausübt. Die Gestalt drückt sich über ihre Form in der Fläche und im Raum aus. Dabei ist die Form stets ein Ergebnis von strukturgebenden Eigenschaften (Material, Oberfläche, Farbe) und proportionalen Beziehungen der formbildenden Elemente (Länge, Breite, Höhe, symmetrische/asymmetrische Ausprägung).
Wie sehr Formen und Proportionen auf die Vitalität von Lebewesen Einfluß nehmen können, zeigte sich in der Pyramidenforschung. Phil Allen hat mit seinen Mitarbeitern festgestellt, daß in Pyramidenmodellen, die exakt der klassischen Form ägyptischer Pyramiden (Cheops, Chephren) entsprechen, organische Stoffe bei Austrocknung haltbar bleiben, ohne daß dabei

Fäulnis auftritt. Die Pyramidenform unterstützt entsprechend ihrer damaligen Funktion als Grabstätte die Mumifizierung der verstorbenen Königinnen und Könige.[326] Zudem zeigt sich, daß die Länge der Pyramidenseite und die Hälfte der Pyramidenfläche im Verhältnis des Goldenen Schnittes zueinander stehen.[327]

Form und Bewegung

Form entsteht, genauso wie Klang- und Farbmuster, in der Bewegung durch Schwingung und Rhythmus und ist über ihren körperlichen Ausdruck wahrnehmbar. Dabei fließen die Idee der Form und die damit verbundene Ausgestaltung in den Wahrnehmungsprozeß ein.

Der Künstler Paul Klee beschreibt 1971 die Entstehung der Form ausgehend vom Punkt, der den kleinsten Nenner der Form repräsentiert. Durch die Bewegung des Punktes entsteht in der ersten Dimension die Linie. Entwickelt sich die Linie zur Fläche, erhalten wir die Form als zweidimensionales Element. Entwickelt sich die Fläche in den Raum hinein, ergibt das Zusammenfließen der Flächen einen Körper, der sich dreidimensional ausdrückt und sich in die vierte Dimension entwickelt hat.[328]

Weizsäcker meint in diesem Zusammenhang: „Die Bewegung des Organismus bewegt sich nicht in Raum und Zeit, sondern der Organismus bewegt den Raum mit der Zeit.“[329]

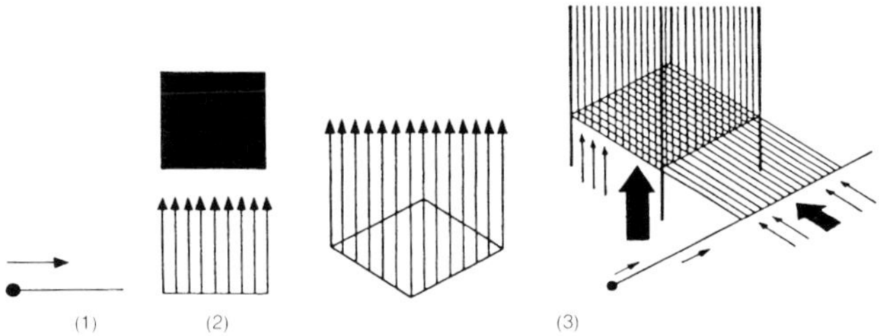

Abb. 73: Entwicklung der Form
(nach Paul Klee)

Die Metamorphose (Wandlung) der Form finden wir in der Natur und in der von Menschenhand geschaffenen Welt. Der Punkt repräsentiert die Eins im Sinne des Ausgangspunktes und der damit verbundenen Ur-Idee. Phasen der Formentwicklung werden immer wieder von Ruhephasen abgelöst, in denen wir die Form als scheinbar statisches Phänomen begreifen. Auf anorganische Formen bezogene Gestalten zeigen dabei andauernde Ruhephasen und vermitteln Beständigkeit. Hingegen zeigen organische Formen den Prozeß der Formbildung und die damit verbundenen Veränderungen im Zyklus ihrer Entwicklung. Rhythmus und Veränderbarkeit der Form vermitteln Beweglichkeit.

Form und Polarität

Formen äußern sich in der Polarität von Aus- und Einwölbung und sind mehr oder weniger stark nach außen oder innen richtungsbetont. Dabei verkörpern sich beide Aspekte in einer Form, sodaß jede Form durch Bewegung und Gegenbewegung gekennzeichnet ist.

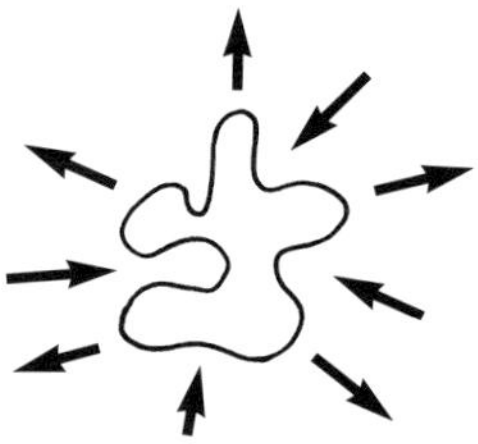

Abb. 74: Bewegung und Gegenbewegung in der Form

Bezogen auf die Form selbst, können wir ihren nach außen orientierten Teil als aktiven, in Beziehung tretenden Aspekt beschreiben, während ihr nach innen gerichteter Teil das passiv Empfangende, Aufnehmende repräsentiert. Für uns als Beobachter ändert sich die Situation, je nachdem, ob wir uns außerhalb oder innerhalb der Form befinden. In der Begegnung mit dem Raum kommen beide Standpunkte zum Tragen, denn wir befinden uns stets innerhalb von Formen und sind zugleich von Formen umgeben. Dabei lassen sich folgende grundlegenden Polaritätspaare zusammenfassen:

Formentyp	*Formentyp*
zentriert	richtungsbetont
homogen	heterogen
rund	spitz
geschlossen	offen
regelmäßig	unregelmäßig
schwer	leicht

Diese Formen werden als stabil und ruhend empfunden. Sie vermitteln Gleichgewicht, Passivität, Ganzheit und Abgeschlossenheit nach außen hin.

Diese Formen werden als bewegt und instabil empfunden. Sie vermitteln Streben nach Ganzheit, Ungleichgewicht, Aktivität und Öffnung nach außen hin.

Abb. 75: Zentrierte und richtungsbetonte Formen am Beispiel einer Pyramidenpappel und einer Blutbuche

Lineare Formen
Formen sind Informationsträger und üben dadurch eine formal-ästhetische Wirkung auf die Lebenskraft von Landschaft und Mensch aus. Die ästhetische Wirkung läßt sich mit dem Fluß des Ch´i (Lebenskraft) vergleichen, welcher durch entsprechende Formen beeinflußt wird. Diese Sichtweise verdeutlicht die Komplexität unserer Lebensräume und die untrennbare Verbindung der physischen mit den psychischen Aspekten der Landschaft, wobei die ästhetische Wirkung mit dem vitalenergetischen Feld der Landschaft (siehe Kap. V.3.1 Die vitalenergetische Dimension der Landschaft) verschmilzt.
Lineare Strukturen beeinflussen den Energiefluß in Landschaft und Freiraum. Übertragen auf die Wege- oder Straßenführung lassen sich folgende Wirkungen auf Raum und Mensch ableiten:

Die **geschwungene Linie** (z. B. geschwungene/r Straße/Weg) verlangsamt den formal-ästhetischen Fluß. Die Sinngebung des geschwungenen Weges liegt im Weg selbst, in der Überraschung, die nach jeder Kurve wartet. Der Weg selbst ist das Ziel. Das Erfahren des Raumes erweitert sich, da über den geschwungenen Weg gegenüber dem geraden Weg mehr Raumanteile wahrnehmbar sind, wodurch der kontemplative Charakter der Wahrnehmung stärker zum Tragen kommt.

Abb. 76: Geschwungen verlaufende Straße

Die **gerade Linie** (z. B. geradlinig verlaufende/r Straße/Weg) beschleunigt den formal-ästhetischen Fluß. Die Erwartungshaltung im Begehen oder Befahren eines geradlinig verlaufenden Weges bezieht sich vorwiegend auf das Ende des Weges. Der Endpunkt des Weges ist das Ziel, wobei es darum geht, einen Zielort oder ein Zentrum zu markieren (z. B. einen Platz in der Stadt). Diese formal-ästhetische Wirkung der Geraden können wir bewußt einsetzen, um einen bestimmten Punkt im Freiraum zu betonen.
Ein weiterer Aspekt der Geraden bezieht sich auf die Geschwindigkeit und somit auf das Bestreben, möglichst rasch von einem Punkt zum anderen zu gelangen. Dementsprechend dominieren Zielausrichtung und Direktheit die formal-ästhetische Fließrichtung.

Abb. 77: Geradlinig verlaufende Straße

Abgesehen von der Wirkung in einer Landschaft, üben lineare Formen oder spitze Kanten (schwertähnliche Formen; spitz zulaufende Häuser-, Dach- oder Tischkanten), wenn sie in ihrer gedachten formalen Verlängerung auf den Menschen zielen, einen ungünstigen Einfluß auf die Lebenskraft aus. Solche Formen werden in der Bildersprache des Feng Shui als „geheime Pfeile" bezeichnet, die für den Menschen eine psychische Belastung darstellen, wenn sie auf ihn gerichtet sind.[330]

In diesem Sinne üben Straßen oder spitze Formen, wenn sie direkt oder in der gedachten Verlängerung auf Haus-, Garten- oder Parkeingänge zulaufen, einen ungünstigen Effekt aus. Solche Situationen können verbessert werden,

- wenn entlang der Zufahrt eine Allee gepflanzt wird und die Bäume für den Menschen eine Schutzfunktion übernehmen;
- wenn wir vor den Eingangsbereich eines Hauses einen Baum pflanzen oder ein Wasserbecken setzen; wir teilen an dieser Stelle den Zugang, indem wir ihn um den Baum oder das Wasserbecken herumführen;
- wenn der Eingang durch eine Außentreppe erhöht wird.[331]

Die Wirkung einer Form erspüren — *Übung 51*

Für eine bewußte Auseinandersetzung mit Formen stellen oder setzen wir uns vor ein ausgewähltes Gestaltelement (Skulptur, spitze und runde Formen von Häusern oder auch Bäumen, lineare Formen wie Straßen und Wege). Nach einer entsprechenden Einstimmungsphase versuchen wir, uns ausschließlich auf die Form selbst zu konzentrieren (nicht auf Material, Oberfläche oder Farbe), um den Schwerpunkt unserer Aufmerksamkeit auf die formal-ästhetische Wirkung von Formen zu legen.
Beim Vergleichen unterschiedlicher Formen werden wir ein Empfinden für die ästhetische Wirkung von Formen entwickeln, das weit über die rein visuelle Erfahrung hinausgeht.

Geometrische Grundformen und ihre symbolische Bedeutung

(nach Muths, Fonatti und Riedel)

Abb. 78: Entstehung des Quadrates/Pyramidengrundriß (Klee/Fonatti)

Das **Quadrat** bildet mit seinen vier gleichlangen Seiten eine in sich ruhende, statische und geschlossene Figur. Im Vergleich dazu besitzt das Rechteck zwar grundsätzlich einen ebenso statischen Charakter, aber es ist in Richtung der Längsachse dynamisiert. Das Quadrat steht in unmittelbarer Beziehung zur Zahl Vier (vgl. vier Elemente, vier Himmelsrichtungen u. a. m.) und steht für das Hier und Jetzt. Und obwohl das Quadrat und der Kubus in der Natur nicht vorkommen, stehen sie symbolisch für die Materie, die sich, aus dem Geistigen kommend, im Körperlichen manifestiert.
Für uns Menschen gehört das Quadrat zu den ursprünglichsten Formen und wurde über unser Handeln in der Landschaft zu einem prägenden Element urbaner Lebensräume. Das Quadrat und auch das Rechteck waren/sind die bestimmende Grundform unserer Häuser, in welchen sich diese Formen, beginnend bei der Außenfassade bis hinein in die einzelnen Räume ständig wiederholen. Die Form des Quadrats oder auch des Rechtecks vermittelt uns Schutz und Geborgenheit, sie behütet und stabilisiert uns, indem sie uns in sich aufnimmt und uns dadurch auch die Festigkeit verleiht, die der quadratischen Form, im Gegensatz zur Kugel, innewohnt. „Die absolute Gleichmäßigkeit des Quadrates kommt unserem Verlangen nach Symmetrie und Ordnung am meisten entgegen", meint Fonatti.[332] In der persönlichen Synthese soll die Stabilität des Quadrates mit der Beweglichkeit des Kreises kombiniert werden, um beide Aspekte in uns zu vereinen.

Abb. 79: Das gleichschenkelige Kreuz

Das **Kreuz** entsteht durch die Überlagerung zweier Achsen im rechten Winkel zueinander, deren Enden die vier äußeren Punkte des Kreuzes bilden. Dabei begegnet uns im Kreuz das Prinzip der Polarität (zwei Achsen) und das Prinzip der Zahl Vier (vier Endpunkte) in einer ausgewogenen Form, vorausgesetzt beide Achsen sind gleich lang und schneiden sich in ihrer Mitte im rechten Winkel. Ihre Vereinigung im gleichschenkeligen Kreuz stellt ein Symbol für das Fundament des Lebens dar. Riedel meint dazu: „Das Kreuz ist ein Integrationszeichen für spannungsreiche Gegensätze und schließt sie zu einer übergreifenden Form zusammen."[333]

Gegenüber dem Quadrat bleibt das Kreuz offen und markiert die horizontale und vertikale Achse, über die der Mensch in den Raum eingebunden ist. Die Horizontale steht für das weibliche Prinzip, während die Vertikale das männliche Prinzip verkörpert. Das Kreuz kommt in der Natur häufig vor (Blattgabelungen, Blütenstände, kreuzförmige Anordnung der Körperachsen bei Tier und Mensch u. a. m.) und wurde zum Sinnbild für das Leben als das Ausgespanntsein zwischen Gegensätzen. Das Kreuz symbolisiert auch die vier Jahreszeiten und die vier Himmelsrichtungen und steht für die Beziehung des Menschen zum Himmel (Vertikale) und zur Erde (Horizontale). Die Ausgeglichenheit manifestiert sich im gleichseitigen Kreuz.

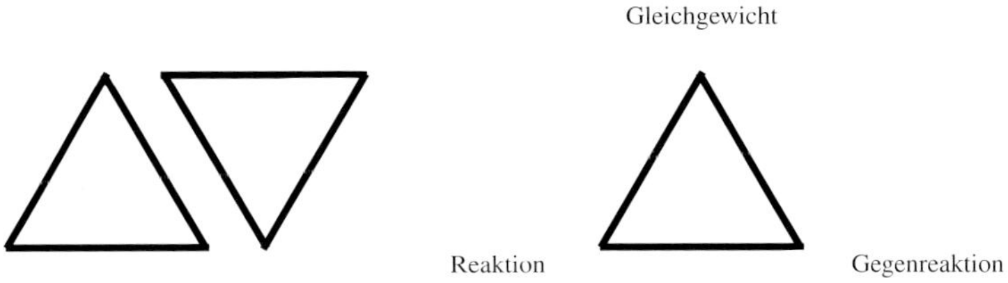

Abb. 80: Das männliche und weibliche Dreieck/Synthese im Dreieck

Das **Dreieck** steht für die Synthese polarer Beziehungen und „symbolisiert das Weibliche und das Männliche, aus deren Verbindung das Neue, das Kind, geboren werden kann", wie Muths meint. Das Dreieck ist eine dynamische und aktive Figur, die mit dem rhythmischen Prinzip der Zahl Drei zusammenhängt und die drei Urprinzipien der Trinität des Lebens, Körper, Seele und Geist, symbolisiert. In der Natur kommt es vorwiegend als strukturelle Gestalt in den Gelenksformen bei Mensch und Tier vor und bei Blattstielen beziehungsweise Blütenstengeln. Auch die Formationen von Bergketten und Gipfeln sind der dreieckigen Grundform ähnlich. Das gleichseitige Dreieck besitzt eine spirituelle Bedeutung und begegnet uns als Symbol für die göttliche Dreieinigkeit. Und das nicht nur als Gottvater, Sohn und Heiliger Geist in der patriarchalen Form des Christentums, sondern auch in der matriarchalen Ausprägung der dreifachen Göttin des alten Griechenlands, als Persephone (jungfräuliche Frühlingsgöttin, Prinzip der Jungfrau), Demeter (reife Liebesgöttin und Mutter, Prinzip der Mutter Erde) und Hekate (Herbst- und Todesgöttin, Prinzip der Wandlung). In diesem Sinne steht die Drei für den rhythmischen Lauf des Lebens auf der Erde.

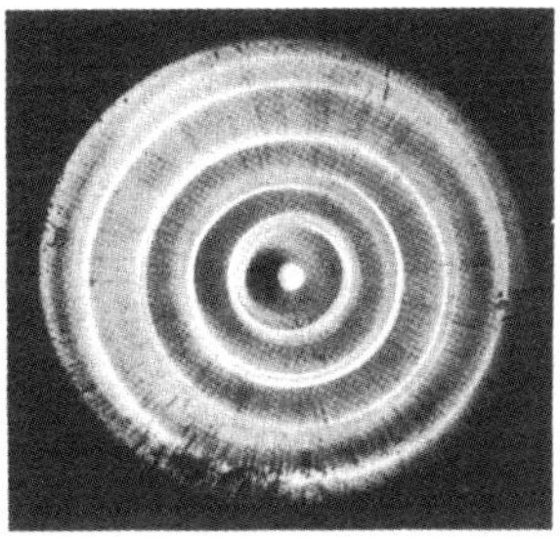

Abb. 81: Konzentrische Kreise im Wasser/Tibetisches Mandala (Fonatti/Riedel)

Der **Kreis** ist eine vollkommene, in sich geschlossene Gestalt. Alle Punkte der Kreislinie sind vom Zentrum gleich weit entfernt, sodaß der Kreis in sich ruht und ohne Ende ist. Dadurch

wurde er nach Muths zum Symbol für die Unendlichkeit, auch für uns selbst. „Wenn wir uns selbst völlig verstanden haben, haben wir auch die Unendlichkeit verstanden."[334] Der Kreis besitzt etwas Leichtes und Bewegliches, das sich auch in der Kugel wiederholt. Im Rad findet sich die Beweglichkeit des Kreises, es ermöglicht die Fortbewegung und wurde so zum Symbol für die Entwicklung des Menschen.
In der Natur kommt die Kreisform häufig vor. Die Erde selbst bildet eine Kugel (die dritte Dimension des Kreises), und alles, was die Kräfte des Windes und des Wassers schleifen, wird rund. Wir kennen die zyklisch wiederkehrenden Kreisläufe der Erde und finden den Kreis in organischen Formen, im Blütenstand vieler Blumen, in den Fruchtformen, in den Augen, in den Planeten u. a. m. wieder. Die runden Kuppelbauten kultischer Gebäude vieler Religionen sind Ausdruck ihrer spirituellen Bedeutung und der symbolhaften Beziehung zum Himmel. Die Konzentration des Kreises und der Kugel symbolisiert nach Riedel die Selbsterkenntnis. „Im Kreis ist man im Sein, während man im Kreuz das Sein erleidet und seine Spannungen zu verbinden sucht und während man im Quadrat wie auch im Dreieck das Sein gestaltet."[335]

Abb. 82: Wirbeltrichter im Wasser/prähistorische Spirale, Irland
(Schwenk/Doczi)

Die **Spirale** ist eine offene und dynamische Form, die sich aus einem Zentrum heraus oder in ein Zentrum hinein entwickelt. Entgegen dem Kreis besitzt sie die Möglichkeit der grenzenlosen Entfaltung, sie verkörpert das Werden und verbindet das Kosmische mit dem Irdischen. Wir finden die Spirale als Urform des Lebens überall, von der Milchstraße bis hin zur Embrionalentwicklung des Menschen (vgl. die in Kap. V.2.4.1 zitierten Beispiele über die vielfältigen Ausprägungen der Spirale in Pflanze, Tier und Mensch).
Dabei läuft der Entwicklungsprozeß, der in der Spirale steckt, stets in beide Richtungen, von innen nach außen und von außen nach innen. Die Spirale ist extrovertiert und introvertiert zugleich. In ihr begegnen wir zugleich unserem eigenen Außen und Innen, denn die Entwicklung des Menschen hat spiralartigen Charakter.

2.4.7 Farbe

Das urtümliche Wesen der Farbe ist ein traumhaftes Klingen, ist Musik gewordenes Licht.[336]
Johannes Itten

Die Farbwahrnehmung ist (wie die Klangwahrnehmung) ein Erleben von Schwingungen, ausgelöst durch Lichtwellen als Träger der Farbinformation. Die Farbwahrnehmung beruht auf einer inneren Erkenntnis, hervorgerufen durch das Licht, die „Mutter der Farben", wie Itten

diese Beziehung beschreibt.[337] Über die physische Sinnesaktivität unserer Augen wird eine psychische Empfindung ausgelöst. Das Farberlebnis ist eine seelisch-geistige Erfahrung, die auf die persönliche Lebensqualität Einfluß nimmt.
Die Lichtwellen selbst verkörpern eine Feldinformation (elektromagnetische Schwingung), die sich in Form von Lichtquanten unterschiedlicher Wellenlänge und enormer Geschwindigkeit (300.000 km pro Sekunde, was einer 7,5 fachen Erdrotation pro Sekunde entspricht) im Raum ausbreitet. Die physiologische Wahrnehmungsleistung des menschlichen Auges liegt innerhalb eines Spektrums von 760 bis 380 nm (Nanometer) einer Schwingungsfrequenz von rund 400 bis 800 Billionen Schwingungen pro Sekunde.[338]
Die Darstellung des Farbspektrums, das alle Hauptfarben enthält, läßt sich auf einen Versuch von Netwon (1676) zurückführen, in dem mit Hilfe eines dreikantigen Glasprismas das Sonnenlicht in die sieben Spektralfarben zerlegt wird.

Abb. 83: Die sieben Spektralfarben (Rot, Orange, Gelb, Grün, Hellblau, Dunkelblau, Violett)

Die sieben Spektralfarben entsprechen in ihrer Schwingungsrate den sieben Hauptchakren des Menschen, welche vom Wurzelchakra (rot) bis zum Kronenchakra (violett) derselben Farbabfolge zugeordnet sind. Wie die menschliche Aura mit den sieben Chakren unser gesamtes Bewußtseinsfeld bildet, ergänzen einander die sieben Spektralfarben zur Einheit des weißen Sonnenlichtes, in welchem ihre Information vorhanden, für uns jedoch (ohne Lichtbrechung) nicht sichtbar ist.
In bezug auf die Schwingungsfrequenz der einzelnen Farben zeigt sich eine Erhöhung der Schwingungszahl von Rot zu Violett, analog den sieben Hauptchakren des Menschen, welche ebenfalls eine Erhöhung der Schwingungsfrequenz vom Basischakra (rot) zum Kronenchakra (violett) zeigen. Das Chakrensystem ist so aufgebaut, daß die ersten drei Chakren dem Vitalfeld entsprechen, das in unmittelbarer Verbindung mit dem physischen Körper steht. Es besitzt eine niedrigere Schwingungsfrequenz als das Emotionalfeld (viertes Chakra) und das Mentalfeld (fünftes bis siebtes Chakra), welche der seelisch-geistigen Ebene entsprechen und daher einer höheren Schwingungsfrequenz zugeordnet sind.

Tabelle 10: Die Wellenlängen der Spektralfarben und ihre Schwingungszahlen pro Sekunde in Entsprechung zum menschlichen Chakrensystem. (nach Itten)[339]

Chakra/Farbe	Wellenlänge	Schwingungszahl pro Sekunde
1. Chakra (rot)	800–650 nm	400–470 Billionen
2. Chakra (orange)	640–590 nm	470–520 Billionen
3. Chakra (gelb)	580–550 nm	520–590 Billionen
4. Chakra (grün)	530–490 nm	590–650 Billionen
5. Chakra (hellblau)	480–460 nm	650–700 Billionen
6. Chakra (dunkelblau)	450–440 nm	700–760 Billionen
7. Chakra (violett)	430–390 nm	760–800 Billionen

Interessant ist in diesem Zusammenhang, daß sich jede einzelne Spektralfarbe komplementär zur Mischfarbe der restlichen Spektralfarben verhält, das heißt, jeder einzelne Teil entspricht der komplementären Ergänzung durch die Summe der restlichen sechs Farben. Dementsprechend bildet zum Beispiel Rot die Komplementärfarbe zu Grün, denn wenn wir Rot isolieren und die restlichen Farben mit einer Linse sammeln, erhalten wir Grün. Isolieren wir gelb, so ergibt die Summe der Restfarben die Farbe Violett (siehe Farbkreis nach Itten, Abb. 84). Physiologisch ist erwiesen, daß unser menschliches Auge zu einer Farbe eigenständig und automatisch die entsprechende Komplementärfarbe ergänzt. Betrachten wir zum Beispiel eine blaue Fläche und schließen danach unsere Augen, erzeugen unsere Augen selbständig ein orangefarbenes Nachbild.[340]

Die Spektralfarben, die ich in diesem Zusammenhang als seelisch-geistige Information des Sonnenlichtes (Idee des Sonnenlichtes) verstehe, zeigen dasselbe Phänomen wie die Bewußtseinsfelder der Lebensräume und Lebewesen, nämlich daß keine Einzelinformation isoliert betrachtet werden kann, sondern stets in Beziehung zur Gesamtinformation steht und ergänzenden Charakter besitzt. Setzen wir die Schwingungsfrequenz vom Rot zum Violett beziehungsweise vom Basischakra zum Scheitelchakra in Zahlen um, ergibt dies ein Verhältnis von 1:2. Betrachten wir nun den tonalen Aufbau des westlichen Musiksystems, das sich aus sieben Grundtonschritten zusammensetzt und seinen Schwingungskreislauf in der Oktave, der Wiederholung des Grundtons, schließt, stoßen wir ebenfalls auf das Verhältnis von 1:2. Wie umfassend sich dieses Proportionsverhältnis in den Lebensprozessen manifestiert, zeigt sich auch bei der Zellteilung (Zellvermehrung), der das Prinzip der Duplikation der DNS zu Grunde liegt.

Kehren wir nunmehr zurück zur Betrachtung der Farben: Wir können grundsätzlich zwischen Lichtfarben und Körperfarben unterscheiden. Die *Lichtfarbe* bezieht sich auf eine Strahlungsemission, die von einer Lichtquelle ausgeht, zum Beispiel von der Sonne oder einer künstlichen Lichtquelle, und die in weiterer Folge in Spektralfarben zerlegt werden kann. Die Lichtfarben stehen in unmittelbarem Zusammenhang mit den natürlichen Lebensprozessen (Jahres- und Tagesrhythmen) und sind von großer Bedeutung für das psychische Wohlbefinden des Menschen. Aktivität und Lebensfreude werden durch das Licht der Sonne begünstigt, was mittlerweile auch durch zahlreiche Untersuchungen bestätigt wurde.[341]

Das Licht hängt mit unserem Tagesbewußtsein zusammen und steht für die eigene Aktivität, für das Nach-außen-Gehen und Dem-Leben-Entgegentreten. Die lichtlose Zeit hängt hingegen mit unserem Nachtbewußtsein zusammen und forciert das Nach-innen-Gehen. Das persönliche Lebensgefühl hängt jedoch nicht ausschließlich mit der Helligkeit des Lichtes, sondern auch mit seiner Farbqualität zusammen. Warme Lichtfarben, die eher dem unteren Teil des Farbspektrums (Rot–Gelb) des Sonnenlichtes entsprechen und nicht zu hell strahlen, werden als wohlig empfunden und vermitteln Behaglichkeit. Lichtquellen, die grell und weiß strahlen, vermitteln Kühle und Klarheit.

Neben den Lichtfarben finden wir die *Körperfarben,* die sich im farbigen Aussehen eines Materials bzw. seiner stofflichen Erscheinung manifestieren. Dabei handelt es sich um Farbwirkungen, die über die Reflexion bzw. Absorption von einstrahlendem Licht zustandekommen. Ein grünes Blatt erscheint also deshalb grün, weil es alle anderen Farben, die im Licht enthalten sind, in sich aufnimmt (absorbiert) und nur das Grün reflektiert. Diese Reflexion, welche durch die molekulare Struktur des Blattes zustandekommt, nehmen wir als grüne Farbwirkung wahr. Die Körperfarben werden also über das durch einen Körper reflektierte Licht sichtbar und bilden als Pigmentfarben die Basis für die gegenständliche Farbgestaltung unserer Lebensräume.

Wenn wir Körperfarben, welche die drei Grundfarben Gelb, Rot und Blau in einem bestimmten Verhältnis enthalten, miteinander mischen, ergibt dies die Farbe Schwarz. Wenn wir die drei Grundfarben als körperlose Lichtfarben miteinander mischen, erhalten wir die Farbe Weiß.[342] Die Farbe Schwarz hängt demnach mit den körperlich-stofflichen Aspekten der Welt zusammen, und die Farbe Weiß mit der zugehörigen Bewußtseinsebene. Nach Johannes Itten beinhaltet die Farbe die Aspekte Farbwirklichkeit und Farbwirkung. Mit Farbwirklichkeit beschreibt er den physischen Aspekt der Farbe, der mit der Farbentstehung zusammenhängt. Die Farbwirkung geht von den psychischen Aspekten aus, welche mit der Farbwahrnehmung und den damit verbundenen körperlich-seelisch-geistigen Empfindungen zusammenhängen.[343]

Die Farbwirkung besitzt eine subjektive und eine objektive Dimension. Ähnlich der persönlichen und der kollektiven archetypischen Raumerfahrung der Landschaft beinhaltet die Farbwirkung ein subjektives Farberleben, das von der eigenen Lebenserfahrung und Persönlichkeit geprägt wird, und eine zweite, parallele Farberfahrung, die mit den inneren Gesetzmäßigkeiten der Farbe zusammenhängt und kollektiven Charakter besitzt. Die persönliche Farberfahrung konzentriert sich auf die direkte Begegnung mit der Farbe, wobei sich Fragen zum persönlichen Umgang mit Farbe ergeben: Wie fühle ich mich, wenn eine bestimmte Farbe oder ein bestimmtes Farbmuster auf mich wirkt, oder welche Farbe ist meine Lieblingsfarbe? In diesem Zusammenhang verweise ich auf die in Kapitel IV.4.2.2 angeführten Übungen.

In weiterer Folge möchte ich über die kollektive Wirkung der Farbe Betrachtungen anstellen, die mit den drei Grundfarben, den komplementären Beziehungen und dem symbolhaften Ausdruck der Farbe zusammenhängen.

Zur Objektivierung der harmonischen Wirkung von Farben bezieht sich der Bauhauskünstler und Farbexperte Johannes Itten auf die bereits angesprochene Tatsache des komplementären Nachbildes einer Farbe, das selbständig in unserem Auge entsteht und als Simultankontrast bezeichnet wird. Betrachten wir zum Beispiel ein weißes Quadrat auf schwarzem Hintergrund und schließen danach unsere Augen, so bildet sich ein entsprechendes schwarzes Nachbild. Umgekehrt verhält es sich genauso. Wir können diesen Effekt auch nachprüfen, wenn wir zum Beispiel ein rotes Quadrat auf einem gleichmäßig hellgrauen Hintergrund abbilden, so wird das Grau einen hellgrünen Farbton erhalten. Wenn wir nun aber ein mittelgraues Quadrat auf grauem Hintergrund betrachten, erscheint kein Nachbild. Physiologische Untersuchungen bestätigen, daß ein mittleres Grau im Auge einen Gleichgewichtszustand auslöst, bei dem

Auf- und Abbau des Sehfarbstoffes gleich groß bleiben.[344] Davon leitet Itten seine Theorie zur Farbharmonie ab, indem er meint: „Zwei oder mehrere Farben sind harmonisch, wenn sie zusammengemischt ein neutrales Grau ergeben.“[345] Dieses Grundprinzip der Harmonie basiert auf dem physiologisch bedingten Komplementäreffekt unseres Auges.

Der Farbkreis

Abb. 84: Der zwölfteilige Farbkreis
(Itten)

Die Gesetzmäßigkeiten der Farbmischung und die damit verbundenen komplementären Ergänzungen können an Hand eines Farbkreises dargestellt werden. Dabei beziehe ich mich auf den Farbkreis von Johannes Itten, der aus den drei Grundfarben (Primärfarben: Rot, Blau und Gelb) gebildet wird, wie sie bereits Goethe in seiner Farbenlehre definiert hat (Abb. 84). Das gleichseitige Dreieck setzt sich aus den drei Farben erster Ordnung (Rot, Gelb, Blau) zusammen. Diese ergeben in ihrer Mischung Orange, Grün und Violett (Farben zweiter Ordnung), welche ein Sechseck innerhalb des umgebenden Kreises bilden, der wiederum zwölf Farbabstufungen zeigt. Die restlichen sechs Farben (dritter Ordnung) ergeben sich aus der Mischung der entsprechenden Farben der ersten und zweiten Ordnung. Im Farbkreis selbst stehen die jeweils gegenüberliegenden Farben komplementär zueinander.
Im Zusammenhang mit der Farbharmonie schreibt Itten: „Ganz allgemein kann gesagt werden, daß alle komplementären Farbenpaare, alle Dreiklänge, deren Farben im zwölfteiligen

Farbkreis ein gleichseitiges oder gleichschenkeliges Dreieck bilden oder in quadratischen oder rechteckigen Beziehungsverhältnissen zueinander stehen, harmonisch sind."[346] Dabei stellt im Farbkreis die Trinität der drei Ausgangsfarben eine Analogie zur Trinität von Körper, Seele und Geist dar. Jede Trinität bildet durch die Verbindung ihrer drei Einzelteile die Einheit eines Ganzen. Insgesamt ergeben sich zwölf Farbqualitäten in Analogie zum Zwölferzyklus der Monate im Laufe eines Jahres.

Komplementarität und Farbe

Das Prinzip der komplementären bzw. polaren Ergänzung spielt in der Farbwirkung ebenso wie für die Form eine zentrale Rolle. Das Erkennen von Unterschieden baut auf der sinnlichen Wahrnehmungsfähigkeit des Vergleiches auf und hängt insofern mit der Ausprägung von Kontrasten zusammen.

Den stärksten Kontrast innerhalb der Farben bildet der Schwarz-Weiß-Kontrast. Schwarz wirkt konzentrierend und zusammenziehend. Es besitzt den Charakter des Schweren und verkleinert die räumliche Wirkung. Weiß hingegen ist transparent und strahlt aus. Es wirkt auf den Raum öffnend und läßt kleine Räume größer erscheinen. Schwarz steigert die Leuchtkraft von angrenzenden Farben, während Weiß sie vermindert. Grau steht in der Mitte zwischen Schwarz und Weiß und verhält sich in seiner Wirkung neutral und ruhig. Itten bezeichnet Grau als „indifferente" Farbe, die erst durch ihre Nachbarfarben Charakter erhält.[347]

Bezogen auf die Farbe selbst, findet sich der stärkste Kontrast im Zusammenspiel der drei Grundfarben (Rot, Gelb, Blau). Die Wirkung besteht in einem Eindruck von Buntheit und Fröhlichkeit. Sie ist stets kräftig und nach außen orientiert. Je mehr sich die Farbmischung von den drei Grundfarben entfernt, umso schwächer wird die Kontrastwirkung (siehe Farbkreis). Die absolute, stärkste Kontrastwirkung zeigt eine Farbe in bezug auf ihre Komplementärfarbe, wobei jede Farbe nur eine Komplementärfarbe besitzt. In der Polarität bilden diese beiden Farben den stärksten Kontrast zueinander und verkörpern das farblich ideale Bild der Gegensätze. Wenn wir sie miteinander mischen, verschmelzen sie hingegen zu Grau und treten damit in den Zustand der Spannungslosigkeit. Das bedeutet, daß die Farbwirkung von der Lebendigkeit der Kontrastierungen abhängt und einen gewissen Grad an Gegensätzlichkeit braucht.

Die Leuchtkraft einer Farbe wird durch das Licht bestimmt, welches die Aktivität der Körperfarbe stimuliert. Sowohl die Quantität als auch die Qualität des Lichtes beeinflussen unmittelbar die Qualität der Farbe und die damit verbundene emotionale Farbwirkung. Wir kennen die Begriffe „kalt" und „warm" als Beschreibung unseres Empfindens nicht nur in bezug auf Temperatur, sondern auch in bezug auf die Farbwahrnehmung. Zahlreiche Untersuchungen bestätigen in diesem Zusammenhang die emotional-körperliche Wirkung von Farben auf Pflanze, Tier und Mensch. Zum Beispiel wachsen Pflanzen bevorzugt, wenn sie die rotwelligen Anteile des Farbspektrums aufnehmen können. Bei Tieren hat man festgestellt, daß sich zum Beispiel Rennpferde in blaughaltenen Stallabteilungen rascher erholten als in rotfarbenen. Wir können auch bei uns selbst feststellen, daß wir blaugrüne Räume bei 15° Celsius als kalt empfinden, während wir rot-gelb gestaltete Räume mit derselben Temperatur als warm empfinden.

Wir betrachten nun den Farbkreis und ziehen gedanklich zwischen der hellsten Farbe, dem Gelb, und der dunkelsten Farbe, dem Violett, eine Achse. Auf der einen Seite finden wir nun von Grün über Blau bis Violett die kühleren Farbtöne und auf der anderen Seite von Gelb über Orange bis Rot die wärmeren, wobei die Übergänge stets fließend sind und mit der Farbintensität zusammenhängen. Rotorange als die wärmste Farbe und blaugrün als die kühlste Farbe

bilden dabei den Kalt-Warm-Kontrast. Das persönliche Empfinden der kühlenden/wärmenden Wirkung einer Farbe hängt unmittelbar von der Kontrastierung mit anderen Farben ab und soll daher stets im Farbzusammenhang gesehen werden.[348]
Wir können feststellen, daß sich die kühleren Farben stärker von uns abwenden, während die wärmeren Farben stärker auf uns zukommen. Übertragen wir dieses Prinzip auf die räumliche Wirkung von Landschaft und Freiraum, geben die kühleren Farben dem Raum Weite und Tiefe, während uns die warmen Töne Nähe und Unmittelbarkeit signalisieren. Wir empfinden diesen Unterschied, wenn wir uns in der Tiefe des blauen Himmels verlieren oder aber die auf uns zukommende Wärme der gelben Sonnenstrahlen empfinden.

Dem Kalt-Warm-Charakter von Farben können wir folgende Polaritätspaare zuordnen:

kalt	**warm**	**kalt**	**warm**
schattig	sonnig	luftig	erdig
durchsichtig	undurchsichtig	wäßrig	feurig
beruhigend	erregend	fern	nah
passiv	aktiv	leicht	schwer
metallisch	holzig	konkav	konvex
dünn	dick	feucht	trocken

Symbolische und emotionale Aspekte der Farben

(nach Muths und Itten)

Ich weiß, daß das tiefste und wesentlichste Geheimnis der Farbwirkungen selbst dem Auge unsichtbar bleibt und nur mit dem Herzen geschaut werden kann.[349]
Johannes Itten

Farben besitzen Signal- und Symbolwirkung. Sie sind als archetypische Muster kollektiv wirksam und haben einen entsprechenden Einfluß auf den Menschen. Neben Weiß und Schwarz setze ich den Schwerpunkt auf die Spektralfarben, die einen Zusammenhang zwischen der Farbwirkung und dem Chakrensystem des Menschen herstellen.

Weiß symbolisiert Klarheit, Reinheit und Unschuld. Indem wir das Göttliche mit dem Aufstieg ins Licht verbinden, wird Weiß zu einer spirituellen Farbe, die heilenden und reinigenden Charakter besitzt: Als Lichtfarbe verkörpert sie das Immaterielle und Allumfassende, aus dem alle anderen Farben entstehen können, und wird zum Sinnbild für Einheit. Weiß steht auch für Geburt, Jugend und Frische; es wirkt erleichternd, es macht luftig und frei.

Schwarz besitzt konzentrierenden Charakter und steht für das Materielle. Im Schwarz vereinigt sich das Körperliche zu Festigkeit und Stabilität. Schwarz ist auch die Nacht, die für unser Unbewußtes steht, für das geheimnisvolle Tiefe und Unerfahrbare. Schwarz bietet die Möglichkeit des Rückzugs unter den Mantel der Geborgenheit; es wirkt fest und schwer.

Rot (Basischakra) steht für körperliche Transformation, materielle Kraft und Wärme. Es symbolisiert Aktivität, Feuer, Stärke und physische Gesundheit, aber auch Angriffslust und Aggressivität. Rot steht für Geschwindigkeit und Bewegung und muntert uns auf, etwas zu unternehmen. Es zeigt die Kraft der Libido und der Fortpflanzung. Als extrovertierte Farbe wurde Rot zur Signalfarbe, die uns vor Gefahren warnt. Rot belebt, weckt auf und wirkt stark anregend.

Die Farbe **Orange** (Milzchakra) symbolisiert die Welt der persönlichen Gefühle. Es steht für Freude, emotionale Nähe und Beziehung. Orange wirkt belebend, anregend und fröhlich.

Bei **Gelb** (Solarplexuschakra) handelt es sich um die lichtvollste Farbe; sie steht für die Sonne. Gelb hat ein Naheverhältnis zu Weiß, daher gehören Qualitäten wie Lebenskraft, Wärme und Glücklichsein zu seinen Eigenschaften. Als Lichtfarbe wird Gelb auch dem Intellekt zugeordnet (wenn wir sagen, es geht uns ein Licht auf, oder, dieser Mensch besitzt einen hellen Kopf). Sich in der Körpermitte, dem gelben Solarplexus zu befinden, heißt Standfestigkeit und Beweglichkeit zu besitzen und in der eigenen Mitte zu ruhen. Gelb wirkt aufregend, fröhlich, leicht und heiter.

Grün, die Farbe der Pflanzen, hilft uns, mit der Erde in Verbindung zu treten. Grün (Herzchakra) symbolisiert die persönliche Mitte zwischen Himmel und Erde sowie die allumfassende Liebe des Herzens. Es ist eine Farbe des Ausgleichs und der Harmonie und steht für Hoffnung und Frieden, Fruchtbarkeit, Zufriedenheit und Ruhe. Grün wirkt besänftigend, vermittelnd, ausgleichend, friedlich und behaglich.

Blau, die Farbe des Himmels und des Wassers, gehört, vom Materiell-Räumlichen her betrachtet, zu den beruhigenden Farben. Vom Geistig-Raumlosen gesehen, wirkt Blau aber eher aktivierend. **Hellblau** (Kehlkopfchakra) steht für Kommunikation im sprachlichen Ausdruck, verbale Mitteilung und Klang. **Dunkelblau** (Stirnchakra) verbindet die Innenschau mit dem Geistigen und besitzt eine große Bedeutung für die intuitive Wahrnehmung. Blau wirkt beruhigend, entspannend und macht gelassen.

Violett (Kronenchakra) steht für das Geistige und die spirituelle Entwicklung. Dementsprechend wird es als Symbol für die Verbindung des Irdischen mit dem Himmlischen gesehen (Violett entsteht aus der Mischung von Rot und Blau). Violett wirkt kühl, würdevoll und entspannend.

3 Die Bewußtseinsdimension der Landschaft

Das Schönste, was wir erleben können,
ist das Geheimnisvolle, es ist das Grundgefühl,
das an der Wiege wahrer Wissenschaft steht.[350]
Albert Einstein

Wenn wir von der körperlich-stofflichen über die ästhetische Dimension der Landschaft zur Bewußtseinsdimension weitergehen, treten wir in eine vorwiegend geisteswissenschaftliche Betrachtungsweise ein. Wir sprengen den Rahmen des rationalen Objektivismus und begeben uns in die Erfahrungswelt der subjektiven, intuitiven Begegnung mit der Landschaft. Über die eigene Feinfühligkeit können wir die nichtstoffliche Ebenen der Landschaft erfahren und zuordnen. Die rational-analytische und die emotional-intuitive Landschaftswahrnehmung werden zusammengeführt.
Im folgenden beschreibe ich die Bewußtseinsebenen der Landschaft in Analogie zu den Bewußtseinsfeldern des Menschen als seelisch-geistige Phänomene. Wie die weiteren Ausführungen zeigen werden, besitzt die Landschaft nichtstoffliche Organsysteme, deren Funktionieren zusammen mit der körperlichen Erscheinung der Landschaft die Vitalität und Lebensqualität eines Lebensraumes ausmachen.

3.1 Die vitalenergetische Dimension der Landschaft

Die vitalenergetische Dimension der Landschaft können wir in Entsprechung zum menschlichen Vitalfeld verstehen und sie als die bewußtseinsbezogene Resonanz zwischen Landschaft und Mensch wahrnehmen (siehe Kap. IV.4.2.1 Die Bewußtseinsfelder und -zentren des Menschen). Die vitalenergetische Dimension drückt sich meiner Wahrnehmung und Erfahrung nach in der Landschaft auf zweifache Art aus:
Zum einen als formbezogenes Informationsfeld, das ich als *vitalenergetisches Feld* der Landschaft bezeichnen möchte. Es umgibt und durchdringt den Landschaftskörper und den Körper ihrer Lebewesen (Pflanzen und Tiere) als strukturbildende Einheit, die Lebenskraft abstrahlt. Das Vitalfeld steht dem physischen Körper am nächsten und bildet seine Matrix. Wenn wir uns an das Beispiel der Kirlian-Photographie erinnern, bildet das vitalenergetische Feld eine unmittelbare Schutzschicht, eine Art zweite Haut um die Organismen. Sie und der physische Körper üben eine direkte Wirkung aufeinander aus.
Zum anderen besitzt das Vitalfeld der Landschaft eigenständige *vitalenergetische Organe,* die ebenfalls die Aufgabe haben, die Landschaft mit Lebenskraft zu versorgen. Die Wahrnehmung der vitalenergetischen Felder der Landschaft ist derzeit über die bereits angesprochenen Methoden der Restenergieverstärkung nach Popp, der Kirlian-Photographie, über radiästhetische Methoden sowie über die unmittelbare körperliche Sensibilität möglich. Der Nachweis von vitalenergetischen Organen mittels physikalischer Meßmethoden, wie zum Beispiel der Magnetfeldmessung, ist zur Zeit im Untersuchungsstadium. Es liegen bereits unterschiedliche Meßergebnisse vor, deren Zuordnung zum vitalenergetischen System der Erde noch erfolgen muß.[351]
Für die vorliegende Arbeit möchte ich den/die LeserIn dazu anregen, das vitalenergetische Feld der Landschaft durch die persönliche Wahrnehmung über die hier angebotenen Übungen kennenzulernen.

Als zusätzlichen wichtigen Aspekt im Zusammenhang mit der Vitalkraft der Landschaft und ihrer Lebewesen möchte ich noch auf *irdisch-kosmische Lebensrhythmen* eingehen, die einen wichtigen Einfluß auf irdische Lebensprozesse haben. Diese Rhythmen werden vorwiegend durch kosmische Kräfte hervorgerufen. Vor allem Sonne und Mond wirken auf die Erde und bestimmen Tages-, Monats- und Jahresrhythmen (Licht, Temperatur, Jahreszeiten). Diese Einflüsse wirken vorwiegend über das Vitalfeld auf den physischen Körper der Landschaft und ihrer Lebewesen sowie auf den Menschen.

3.1.1 Die vitalenergetischen Felder der Landschaft und ihrer Lebewesen

Die Existenz eines vitalenergetischen Feldes einer Landschaft bestätigt sich durch die Erfahrung, daß die Landschaft nach Lovelock einen Gesamtorganismus darstellt, welcher eine komplexe Einheit aus allen beteiligten Aspekten wie Klima, Boden (Struktur und Aufbau), Wasser (im Boden, in der Luft, in den Pflanzen), Luft, Pflanzen und Tiere bis hin zur anthropogenen Beeinflussung bildet. Diese komplexe Einheit setzt sich wiederum aus Untereinheiten (Teillebensräumen, Biotopen) zusammen. In ihrer Ganzheit bildet die Landschaft einen übergeordneten Lebensraum aus den genannten einzelnen Teilbereichen und Teillebensräumen. Wir können davon ausgehen, daß ein bestimmter Lebensraum entsprechend seinen typischen Biotopstrukturen (Fließ-, Stillgewässer, Trockenlebensraum, Moor, Wiese, Wald u. a. m.) neben der materiellen Formation eine dynamische, innere Qualität besitzt, die mit der formalen Erscheinung der Landschaft aufs engste verbunden ist und sie mitbestimmt. So gesehen besitzt jedes Lebewesen und jeder Lebensraum (Biotop) ein ihm zugehöriges, vitalenergetisches Grundmuster, welches für das Wirkungsgefüge zwischen einzelnen Individuen und Teilräumen sowie für die Vitalität übergeordneter Landschaftseinheiten von Bedeutung ist. Dieses Grundmuster stellt eine Wirkungsmatrix dar, die sich in Einzelbiotopen und im Biotopverbund ausdrückt und für die Vitalität der entsprechenden Lebensräume eine wichtige Rolle spielt.

Aber nicht nur in der Großlandschaft übt das vitalenergetische Feld eine Wirkung aus, sondern auch in kleinräumigen Einheiten wie Parklandschaften, Gärten oder Höfen. Darüber hinaus ist es auch in Innenräumen wirksam, und letztlich besitzt jedes Lebewesen, ja sogar jedes Schwingungsmuster, ein ihm eigenes vitalenergetisches Feld. An dieser Stelle können wir eine Brücke zur anthroposophischen Wissenschaft schlagen, die sich intensiv mit den biologisch-dynamischen Aspekten des Lebens auseinandersetzt. Die vitalenergetischen Felder werden als ätherische Bildekräfte (Ätherkräfte) beschrieben, welche die Informationsfelder für den physischen Körper bilden. Nach Rudolf Steiner ist der Ätherleib „der Erbauer und Bildner des physischen Leibes, dessen Bewohner und Architekt“. Er bezeichnet die Vitalkraft ebenfalls als Lebenskraft und schreibt: „Man stelle sich etwa vor, daß in einer Pflanze, in dem Tier, im Menschenleibe eine solche Kraft wirke und die Lebenserscheinungen hervorbringe, wie die magnetische Kraft in dem Magneten die Anziehung bewirkt.“[352]

Da der Körper und die Form in der Natur stets vereint vorkommen, können wir sagen, daß die Form eine zur Ruhe gekommene Bildekraft ist, die sich als stofflicher Körper auf der Ebene der vier Elemente manifestiert. Goethe beschreibt den Informationsgehalt des Vitalfeldes als die Idee, die jeglicher Erscheinung zugrunde liegt. Es ist jenes Feld, das zuerst als Intention vorhanden ist, in die zum Beispiel ein Blatt in weiterer Folge hineinwächst.[353] Wenn wir zur Kirlian-Aufnahme zurückblättern und sie betrachten, können wir das „Kristallgitter“, welches das Distelblatt umgibt, als sein Vitalfeld und als Ausdruck seiner Bildekräfte verstehen. Eine

weitere Parallele finden wir in den vom Biologen Rupert Sheldrake definierten morphogenetischen Feldern, die dieser ebenfalls als Informationspool definiert, eine Art Gedächtnis, das der Pflanze oder dem Tier als Wachstums- und Entwicklungsmatrix zur Verfügung steht.
Die vitalenergetischen Felder sind einerseits visuell nachvollziehbar, mit den bereits beschriebenen physikalischen Methoden der Kirlian-Photographie und der Restenergieverstärkung nach Popp, andererseits ist es möglich, bioenergetische Informationen über äußere Bilder, Strömungen und Schwingungen sichtbar zu machen. Wir können zum Beispiel an Hand von Frequenzmustern, die sich aus dem Strömungsverhalten von Luft und Wasser ableiten, die Wirkung ihrer vitalenergetischen Kräfte sehen. Diese zeigen uns zugleich, daß auch Wasser und Luft lebendige Informationsträger sind und ein entsprechendes Vitalfeld besitzen.
Schwingungsfrequenzen akustischer Signale können wir sichtbar machen, indem wir feinen Staub auf einen Resonanzkörper aufbringen. Wenn wir zum Beispiel den Korpus einer Violine mit feinem Staub bestreuen, dann mit dem Geigenbogen über die Saiten streichen und einen Ton erzeugen, überträgt sich diese Schwingungsfrequenz auf den Staub, der sich sofort in symmetrischen Mustern formiert.[354]
Kristallisationsbilder von Wasser bieten weitere Möglichkeiten, das Wirken ätherischer Kräfte optisch nachzuvollziehen. Jeder kennt wohl die wunderschönen Eisblumen, die sich im Winter an Fensterscheiben bilden. Sie zeigen uns die dem Wasser innewohnende vitalenergetische Kraft als Bild auf der Glasscheibe.

Abb. 85: Eiskristalle
(Doczi)

Die vitalenergetische Kraft von Wasser kann mit Hilfe von Wassertropfbildern dargestellt werden, deren Formen es ermöglichen, unterschiedliche Wasserqualitäten aufzuzeigen. Die folgende Abbildung zeigt Unterschiede in der Vitalkraft von zwei verschiedenen Wasserproben mit unterschiedlicher Wasserqualität. Durch Eintropfen des zu prüfenden Wassers in destilliertes Wasser wird an der Wasseroberfläche ein Schwingungsmuster erzeugt, das je nach Wasserqualität eine entsprechende Form annimmt. Das vitale Wasser zeichnet eine vielfältige und strukturreiche Form, während das Bild des belasteten Wassers monoton und leblos wirkt.

Vitales Wasser **Belastetes Wasser**

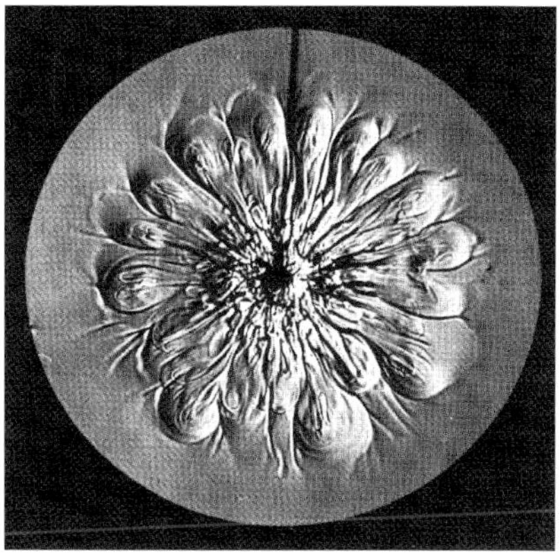

Bergbach unterhalb der Quelle

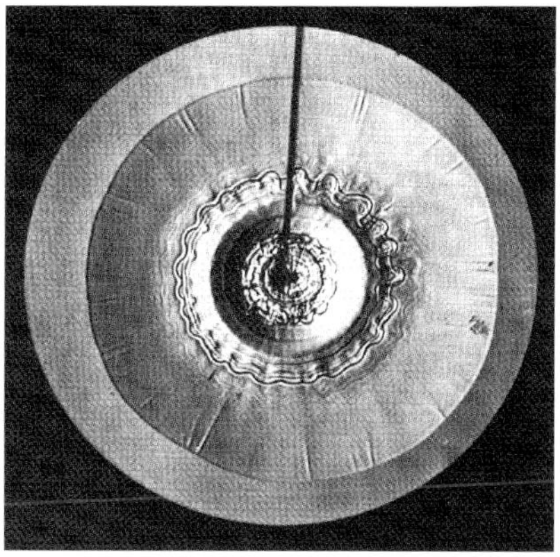

derselbe Bach unterhalb der Einmündung von häuslichen und gewerblichen Abwässern

Abb. 86: Wassertropfbilder
(Schwenk)

Zusammenfassend können wir feststellen, daß jedes einzelne Individuum (Pflanze, Tier, Mensch), aber auch Elemente der Landschaft wie Wasser, Boden und Luft sowie topographisch wirksame Landschaftsräume (vom Garten bis hin zur Großlandschaft) ein vitalenergetisches Feld besitzen. Vitalität und Lebenskraft des Individuums sowie der gesamten Landschaft hängen unmittelbar mit dem jeweiligen vitalenergetischen Feld zusammen, wobei die Vitalität des Individuums beziehungsweise des einzelnen Elementes aufgrund der ökologischen Vernetzung sowohl individuell als auch kollektiv spürbar ist.
Wie stark die Pflanzenwelt am Aufbau und der Verteilung von vitalenergetischer Kraft in der Landschaft beteiligt ist, beschreibt 1930 der Förster Viktor Schauberger. Er meint, daß jeder Baum selbst ein energiegeladener Körper ist, der Energie an die Umgebung abgibt. Der Wald ist durch die Summe seiner vielen Bäume ein Kraftzentrum für sich selbst sowie für die umgebende Landschaft. Schauberger beschreibt die Energie als „waagrechte Bodenstrahlung", die in Verflechtung mit den Wasserläufen zum Aufbau des Grundwassers beiträgt und so dem Pflanzenwachstum selbst dienlich ist.[355]
Über das vitalenergetische Feld wirken der bereits besprochene körperliche Aspekt der Landschaft und ihrer Lebewesen sowie deren emotionale und mentale Aspekte, auf die ich in weiterer Folge noch näher eingehen werde. Da das vitalenergetische Feld in unmittelbarer Verbindung mit dem physischen Körper steht, bezeichne ich es als Vermittler zwischen der körperlich-stofflichen und seelisch-geistigen Dimension des Lebensraumes und seiner Lebewesen. Das Vitalfeld ist auch über die ästhetische Dimension des Raumes wirksam und daher auch über sie wahrnehmbar.
Zur Sensibilisierung für die persönliche Wahrnehmung des vitalenergetischen Feldes von Lebewesen verweise ich auf die Übung „Den Vitalkörper eines Baumes spüren" (Kap. IV.4.2.3 Ebenen der Wahrnehmung und des Empfindens von Bewußtseinsqualitäten). Das in dieser Übung angebotene Prinzip läßt sich auf alle Lebewesen sowie auf den gesamten Landschaftskörper übertragen.

Das Vitalfeld der Landschaft wahrnehmen **_Übung 52_**

Diese Übung führen wir an einem ausgewählten Ort im Sitzen oder Stehen aus. Wir versuchen, innerlich ruhig zu werden, um uns auf den Raum konzentrieren zu können. Dann gehen wir mit unserer Aufmerksamkeit über unseren Körper hinaus und konzentrieren uns auf die eigene Aura und die Lebenskraft, die wir abstrahlen. Nachdem wir ein Gefühl für diese Qualität bekommen haben, stellen wir uns auf das Vitalfeld des Raumes ein und merken, daß wir in Interaktion mit dem Raum stehen. Aus dieser Erfahrung heraus ist es möglich, die Lebenskraft eines Landschaftsraumes oder von Pflanzengruppen beziehungsweise einzelnen Pflanzen bewußt aufzunehmen und ihre Qualität und Stärke zu empfinden.

Durch mehrmaliges Wiederholen der Übung werden wir unsere Wahrnehmung verfeinern und die Vitalkraft des Raumes als holistischen Gesamteindruck immer deutlicher spüren. Wenn wir diese Übung mit demselben Lebensraumtypus in unterschiedlichen Landschaftsteilen wiederholen, werden unsere Eindrücke vergleichbar. Durch Übung lernen wir im Laufe der Zeit unsere Empfindung zunehmend besser wahrzunehmen und einzuordnen und können unterschiedliche Ausprägungen von Vitalität in den verglichenen Räumen feststellen.

Die Erfahrung zeigt, daß vitale Lebensräume mit hoher Lebenskraft unsere eigene Vitalität stärken und unterstützen, während Lebensräume mit niedriger Lebenskraft entsprechend schwächend auf uns wirken. Die Lebenskraft einer Landschaft, als Ausdruck des körperlich-seelisch-geistigen Befindens dieses Lebensraumes und all seiner Lebewesen, überträgt sich auf die Lebenskraft des Menschen. Wenn die Landschaft oder das einzelne Lebewesen eine geringe Vitalität besitzt beziehungsweise krank ist (z. B. Baumsterben, kränkelnde Pflanzen und Tiere), wird sich diese Qualität auf die Psyche des Menschen übertragen.

Zur Wahrnehmung von Vitalqualitäten ist es möglich, über die äußere Form, den ästhetischen Ausdruck, ein Gefühl für das Vitalfeld und das Prinzip der Bildekräfte zu entwickeln und die Bildekräfte aus der äußeren Struktur abzulesen. Wenn es uns gelingt, ein Verständnis für die Verknüpfung des Physischen mit dem Vitalenergetischen, also dessen Matrix zu entwickeln, verstehen wir auch das Vitalfeld über den körperlichen Ausdruck. In diesem Wahrnehmungsprozeß verbindet sich das rationale mit dem intuitiven Schauen.

Bildekräfte verstehen lernen **_Übung 53_**

Über die einfühlende Begegnung mit der Landschaft und ihren Lebewesen können wir versuchen, ein Empfinden für die Vitalkraft dieser Landschaft zu entwickeln. Durch das Verstehen der Wechselbeziehung zwischen Vitalfeld und physischem Körper können wir entsprechend der äußeren Form die innenliegende Information kennenlernen (vgl. Kap. IV.4 Die menschliche Wahrnehmung).

Die Pflanzen bieten uns eine Vielzahl an Arten und Formen, über die wir Rückschlüsse auf ihre Bildekräfte ziehen können. Wir können zum Beispiel versuchen, an verschiedenen Baumarten durch bewußtes emotionales und intuitives Einfühlen die dahinterliegenden Bildekräfte zu spüren und zu beschreiben. Dabei sollen wir uns stets auf den formalen Ausdruck konzentrieren und nicht so sehr auf die persönliche Beziehung zum Baum achten. Die Subjektivität der Begegnung soll uns dabei immer bewußt sein, und wir werden im Wahrnehmungsprozeß zwischen persönlichen Stimmungen und den erspürten Bildekräften des Baums unterscheiden lernen. Ein Baumtagebuch bietet eine Möglichkeit, unsere Erfahrungen zu sammeln und vergleichbare Daten festzuhalten.

Es ist möglich, das Vitalfeld eines Landschaftsraumes beziehungsweise einer Biotopstruktur analytisch zu erfassen und zu beschreiben. Ausgehend von der Beschreibung eines entsprechenden landschaftlichen Idealtyps (natur- beziehungsweise kulturräumlicher Idealtyp des Lebensraumes, Entwicklung der Landschaft im Laufe der Geschichte) lassen sich auf Grund der geobiologischen Grundstruktur und des physischen Ausdrucks Rückschlüsse auf die Bildekräfte der Landschaft ziehen. Wenn wir nun diesen Idealtyp mit dem Istzustand vergleichen, können wir eine Verbindung zur vitalenergetischen Raumqualität herstellen.
Zum Üben können wir uns unterschiedliche Biotop-Typen aussuchen und diese mit den entsprechenden standortgerechten Idealtypen natürlicher, naturnaher und vielfältiger Kulturlandschaften vergleichen. Dadurch können wir die Veränderungen anthropogener Eingriffe zu ihren Auswirkungen auf die Formen- und Artenvielfalt in Beziehung setzen und die Ergebnisse aus der Betrachtung der verschiedenen Landschaftstypen nebeneinanderstellen.

Die Bedeutung komplementärer Landschaftsstrukturen für das vitalenergetische System
Wir können sagen, daß die Landschaft in ihrer gesamten Manifestation mit den Bergen und Tälern, den Hängen, den Ebenen, den stehenden und fließenden Gewässern Trägerin von vitalenergetischer Kraft ist, welche unmittelbar mit ihrer Form zusammenhängt. Zu den wichtigen Elementen großräumiger Landschaften zählen vor allem die landschaftstopographisch und morphologisch bestimmenden Strukturen und die zugehörigen, großräumig wirksamen Biotoptypen. Landschaftsstrukturen (Berge, Hügel, Wassersysteme) sind Träger und Ausdruck der Bildekräfte einer Landschaft.
Im Feng Shui kennt man die große Bedeutung der Geländemorphologie für den segensreichen Fluß der Lebenskraft. Davon ausgehend werden topographische Aspekte der Landschaft beschrieben, die eine Synthese von Yin- (Wasser) und Yang-Qualitäten (Hügel und Berge) verkörpern. Stehen in einer Landschaft Berge, Hügel, Täler und Gewässer in Beziehung zueinander, ist es für das Wohnen günstig, wenn sich im Norden Berge oder Hügel erheben (Schutz vor Nordwinden), das Land sich gegen Süden hin öffnet und die Landschaft von einem Bach, Fluß oder Strom durchflossen wird.

Abb. 87: Synthese von Yin- und Yang-Qualitäten in der Landschaft (Walters)

Betrachten wir die Vitalfelder einer Landschaft unter dem Gesichtspunkt der Polarität, zeigt sich eine Beziehung zwischen weiblichen und männlichen Strukturen (siehe auch Kap. III.2.5

Komplementäre Landschaftsstrukturen), die einander ergänzen. Diese Komplementarität drückt sich in der topographischen Beziehung zwischen Flachland und Gebirgsland aus. In ausgedehnten flachen Landschaften haben bereits niedrige Hügel und Erhebungen Yang-Qualität.

Die komplementäre Ergänzung vitaler und damit auch körperlicher Landschaftsstrukturen läßt sich gut am Beispiel der Stadtlandschaft von Graz zeigen. Der zentrale Raum des Grazer Beckens mit dem Kernbereich der Stadt wird von zwei Landschaftsstrukturen bestimmt: dem Schloßberg und der Mur, die den Schloßberg, vom Norden kommend, westlich umfließt und sich an den Berg „anschmiegt". Die direkte Beziehung zwischen beiden Polen hat sich im Zuge der Stadtentwicklung (Flußregulierung, diverse Bauten) gelockert, ist aber nach wie vor in ihrer komplementären Verbindung erkennbar (Abb. 88).

Die Stadt Graz liegt, großräumig betrachtet, in einer Beckenlandschaft, in der sich das Nord-Süd ausgerichtete Murtal der Mittelsteiermark zum Grazer Becken erweitert. Von der Stadt aus gesehen schließt sich gegen Norden hin das Murtal in Richtung Gebirgsland, während es sich gegen Süden hin in eine weitläufige Tallandschaft öffnet.

Abb. 88: Das Zentrum der Stadtlandschaft von Graz – Schloßberg und Mur

Der Schloßberg und die Mur sind nicht nur für die Topographie und Morphologie der Stadt und des Grazer Beckens von großer Bedeutung, sondern auch für die vitalenergetische Grundstruktur der Stadt, ihr Vitalfeld. Sie bilden einander ergänzende Polaritäten, und die strukturellen Gegebenheiten werden von den klimatischen, topographischen, morphologischen und bodenspezifischen Gegebenheiten mit den jeweils angepaßten Pflanzen- und Tier-

gesellschaften sowie durch die anthropogene Beeinflussung geprägt. Der Schloßberg verkörpert eine hügelige, sich im Zentrum der Stadt erhebende, stabile und in sich konzentrierte Landschaftsstruktur. Demgegenüber besitzt die Mur, entsprechend ihrer Zugehörigkeit zur Äschenregion (Fließgewässerterminologie), in der lokalen und regionalen Erscheinung ein dynamisches Urmuster, welches durch die wäßrige Grundqualität (Fließgewässer), die Mäandrierung, die Fließgeschwindigkeit und die begleitende Flora und Fauna gekennzeichnet ist. Sie verkörpert eine zyklische, bewegte und sich in Abhängigkeit von der vorhandenen Verbauung dynamisch verändernde Landschaftsstruktur (Wasserspiegelschwankungen, Nährstoffverteilung im Uferbereich entsprechend dem Wasserstand). Das vitalenergetische Grundmuster der Mur (Fließgewässerbiotop) wird wesentlich von ihrer ökologischen Diversität, von der begleitenden Ufervegetation und vor allem vom Wasser selbst, mit der für diesen Murabschnitt typischen Strömungsgeschwindigkeit, bestimmt (siehe Abb. 88).
Von der komplementären Ergänzung her gesehen, verkörpert die Mur den weiblichen Aspekt (Yin) und der Schloßberg den männlichen Aspekt (Yang) der zentralen Stadtlandschaft von Graz. Zusammen bilden sie das vitalenergetische Grundmuster der Stadt.
Wenn wir, wie auch am Beispiel der Mur zu sehen ist, die körperliche Struktur eines Flusses verändern (Linearisierungsmaßnahmen inklusive Verbauung, Verlust der flußtypischen Dynamik der Mäandrierung, der Altarmsysteme wie der Gewässergüte, Abholzen der Ufervegetation, Eintiefung des Flusses) beeinträchtigen wir auch seine körperliche Vitalität. Hinzu kommt, daß das Vitalfeld einer Landschaft in umittelbarem Zusammenhang mit ihrer körperlichen Erscheinung steht. Daher wird durch die Veränderung der artspezifischen Grundmuster von Biotopen (Topographie, Morphologie, Boden, Wasserhaushalt, Kleinklima u. a. m.) die vitalenergetische Ebene ebenso beeinflußt.

Gewässer und Berge als vitalenergetische Systeme

Ausgehend von der Tatsache, daß jedes einzelne Lebewesen ein Vitalfeld besitzt, können wir in der Vernetzung der vitalenergetischen Kraft von zwei wesentlichen Raumstrukturen sprechen, die für die Verteilung der Lebenskraft (Vitalkraft) innerhalb der Landschaft von Bedeutung sind: Es sind wasserbezogene und erdbezogene Strukturen, die sich aus der morphologischen Struktur der Landschaft ableiten lassen. Gewässer und Berge gehören zu den am stärksten die Landschaft prägenden Merkmalen unserer Natur- und Kulturlandschaften und spielen in ihrer komplementären Ergänzung eine wichtige Rolle für die Verteilung der Lebenskraft in der Landschaft, wie am Beispiel der Grazer Stadtlandschaft veranschaulicht wurde.
Berge und Hügel erzeugen Erd-Ch´i und Gewässer erzeugen Wasser-Ch´i, heißt es im Feng Shui, und diese beiden landschaftlichen Strukturen verteilen die Lebenskraft im Lebensraum.[356]

Wasser galt seit jeher als Träger des Lebens, wie Barbara Blum-Heisenberg dies in ihrem Buch über die Symbolik des Wassers beeindruckend beschreibt. Vitalität und Lebendigkeit sind Begriffe, die untrennbar mit dem Wasser verbunden sind. Wasser steht für den Lebensstrom und ist die verbindende Kraft in allem Lebendigen, von der Atmosphäre bis zur Hydrosphäre, von der Pflanze bis zum Menschen.[357] In der Landschaft finden wir das Wasser als Stillgewässer (Meer, See, Teich) bzw. Fließgewässer (Bach, Fluß, Strom) vor. Beide Typen wäßriger Raumstrukturen sind nicht nur für den landschaftökologischen Haushalt verantwortlich und ein Aspekt der Schönheit der Landschaft, sondern sorgen auch für die Verteilung der Vitalkraft. Stillgewässer sind punktförmige Träger von Vitalkräften, die sie, von einem

Zentrum ausgehend, strahlenförmig in die Landschaft abgeben. Ihre Wirkung konzentriert sich im wesentlichen auf den Ort und ist von zentraler Bedeutung für die Vitalität der angrenzenden Lebensräume. Fließgewässersysteme hingegen sind lineare Träger von Vitalkräften, die sie über den unmittelbaren Ort hinausführen. Über ihre Form und Struktur (Fließrichtung, Fließgeschwindigkeit, begleitende Vegetation) transportieren sie Lebenskraft in die Landschaft und geben sie über die Vegetation der Uferbereiche an die angrenzenden Lebensräume ab, wobei es zu einem Austausch mit ihnen kommt. Die von Bergquellen ausgehenden Fließgewässer stellen, analog zum Blutgefäßsystem des Menschen, Lebensadern des Landschaftskörpers dar, über welche Lebenskraft in der Landschaft verteilt wird. Schwenk schreibt dazu: „Stets gehören Bach und umgebende Landschaft zusammen, und die Vegetation verwebt sie zu einem lebendigen Ganzen."[358]
Je stärker ein Fluß mäandriert, um so länger wird die Lebenskraft im Raum gehalten und um so besser ist die Verteilung der Lebenskraft in der umgebenden Landschaft.

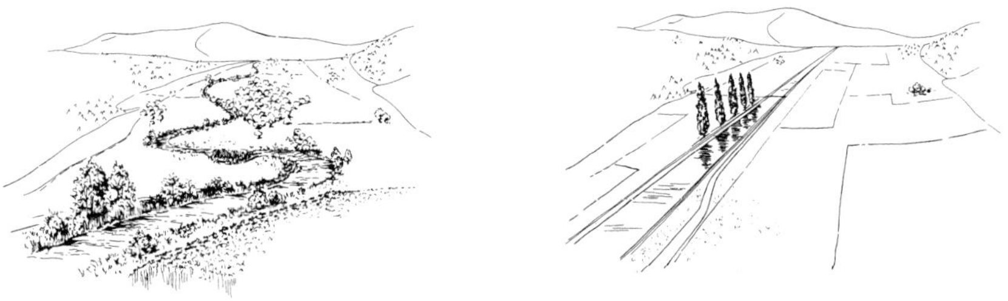

Abb. 89: Mäandrierend und geradlinig verlaufende Flüsse in der Landschaft (Suchantke)

Daher wird neben dem Wasser selbst auch der Linie, die das Fließgewässer im Gelände verfolgt, besondere Bedeutung beigemessen. Begradigte Flüsse führen die Lebenskraft schneller aus dem Lebensraum ab, wodurch die Vitalität der Landschaft vermindert wird. Die Bereiche, wo Bäche und Flüsse zusammenfließen oder Ströme ins Meer münden, sind energetisch besondere Orte. Während sich bei zusammenkommenden Flüssen die Energie vereinigt, verteilt sich die Lebenskraft in Mündungsgebieten von Flüssen und Strömen, die meist Stätten der Vielfalt und der Fruchtbarkeit für Pflanze, Tier und Mensch sind.[359]
Das Mäandrieren ist ein dem Fluß innewohnendes Bedürfnis, das sich auf das Prinzip von Rhythmus und Schwingung zurückführen läßt. Ein jedem Fließgewässer eigener Rhythmus führt zu zwei entgegengesetzten Drehbewegungen des Wassers, welche ihrer Form nach zwei Spiralen ergeben, die quer zur Fließrichtung laufen.
Das bedeutet, daß sich der Fluß, während er talabwärts fließt, zugleich um seine eigene Achse dreht, was dazu führt, daß er die Uferbereiche ausschwemmt und sich mäandrierend seinen Weg bahnt.

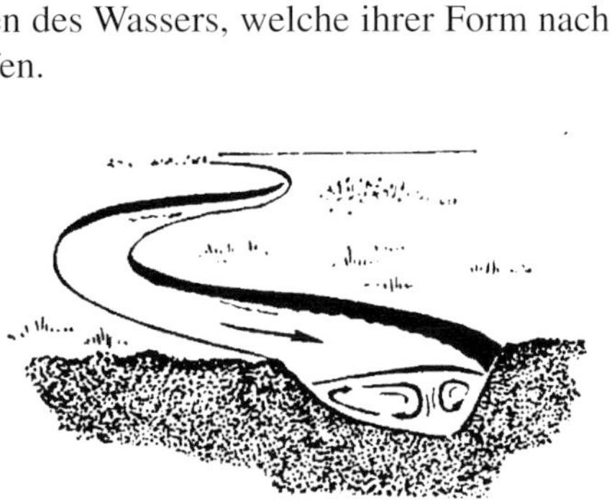

Abb. 90: Talabwärts fließende und sich drehende Strömung in einem Bachbett (Schwenk)

Über die Mäandrierung ist es einem Fließgewässer möglich, weite Flächen der Landschaft durch ein vielfältiges „Adernsystem“ zu erfassen und die Vitalkraft in der Landschaft gut zu verteilen. Die Wassersysteme der Landschaft bilden mit dem Land selbst und mit all seinen Lebewesen eine organische Einheit.[360]

Berge wurden seit frühesten Zeiten und werden auch heute noch als heilige Orte angesehen. Sie sind das Bindeglied zwischen den kosmischen Kräften und den Kräften der Erde und fördern die religiöse Erkenntnis des Menschen. Eine umfassende Übersicht über die Vielzahl heiliger Berge der Welt, ihre mythologische und religiöse Bedeutung, gibt La Chapelle in ihrem Buch *Weisheit der Erde*. Ob der Fuji-no-yama in Japan, der Kailas in Tibet oder der Mount McKinley in Alaska: Sie alle spielen eine wichtige Rolle in der spirituellen Praxis der jeweiligen Religionen. Die östlichen Religionen zeigen eine lebendige Tradition in der spirituellen Begegnung mit ihren heiligen Bergen. Die fünf heiligen Berge des Taoismus oder die vier heiligen Berge des Buddhismus bilden wichtige Orte der Begegnung und des spirituellen Wachstums. Das gilt besonders für den Kailas, einen der berühmtesten heiligen Berge der Welt. Er stellt den geographischen und zugleich spirituellen Mittelpunkt für Hindus und Buddhisten dar. Über dem höchsten Punkt des Drachen, wie das tibetische Hochplateau genannt wird, erhebt sich der Kailas; er ist für die Gläubigen der metaphysische Mittelpunkt der Welt. An den Hängen des Kailas entspringen vier wichtige Flüsse: der Brahmaputra, der Indus, der Satlej und der Karnali; sie verteilen sich wie die Speichen eines Rades in alle Himmelsrichtungen. Die eigentliche Pilgerreise besteht in der Umwanderung des Berges Kailas, welche bis zu drei Tagen dauern kann. La Chapelle schreibt dazu: „Lama Govinda nennt ihn den heiligsten Berg der Erde und verspricht, daß der Pilger, der die Gefahren und Mühen der Pilgerreise auf sich nimmt, mit dem unbeschreiblichen Erlebnis höchster Glückseligkeit belohnt wird.“[361]
Daß die einem Berg innewohnende Kraft und Heiligkeit auch den Rahmen des religiösen Bekenntnisses sprengen kann, zeigt uns der Heiligenberg bei Heidelberg, der nacheinander Kultstätte der Kelten, Germanen, Römer und Christen war.[362]
Von der spirituellen Wirkung der Berge kommen wir nunmehr zurück zu ihrer vitalenergetischen Bedeutung, die nicht losgelöst ist von ihrer religiösen Bedeutung. Die spirituelle Kraft der Berge ist vielmehr Ausdruck dafür, daß ihnen über ihre physische Erscheinung eine wichtige Funktion in der Verteilung von Lebenskraft in der Landschaft zukommt.
In diesem Sinne verstehe ich auch die Sichtweise von Marko Pogačnik, der die Berge als vitalenergetische Einatmungspunkte der Landschaft beschreibt. Sie wirken wie Antennen, die die Vitalkraft über ihrer Spitze konzentrieren, diese Energie aufnehmen und sie gleichsam über unterirdische Quellen großräumig in der Landschaft verteilen. Dabei fließt die kosmische bioenergtische Information vom Berginneren in alle Himmelsrichtungen der Landschaft, wie bei den zuvor beschriebenen Flüssen des Kailas, und tritt an verschiedenen Punkten im Tal als Kraftquelle zutage. Im Berginneren kommt es zu einem Atmungsprozeß, indem sich die Vitalenergie der Erde mit der kosmischen Vitalenergie vermischt und zu einem ausgewogenen Kraftfeld für die Landschaft wird.[363]
Bei einem Seminar mit Marko Pogačnik am Großglockner konnte ich die Vitalkraft vor allem im Bereich der Ortschaft Heiligenblut und auch an Punkten in der nahen Umgebung deutlich wahrnehmen. Eine Madonnenstatute in der Kirche von Heiligenblut bestätigte diesen Mechanismus der Verteilung von Vitalkraft: Das Jesuskind zeigt mit dem Finger einer Hand auf seine Fußsohle, was symbolisch für die Ausatmung der Vitalkraft an den Füßen und Hängen der Berge steht.[364]

Wie hilfreich das Studium alter Legenden, Mythen, Gründungsschriften, religiöser Schriften u. a. m. für das Verständnis von Qualität und Wirkungsweise von Bewußtseinsqualitäten sein kann, möchte ich am Beispiel des Großglockners noch näher erläutern, und ich möchte dazu anregen, mit Aufmerksamkeit und synthetischer Geisteseinstellung Literatur zu einem Ort oder Landschaftsraum zu sammeln und durchzuarbeiten. Dabei ist es wichtig, die Kunst des Entschlüsselns sprachlicher Bilder zu erlernen, denn oft wird die eigentliche Information in eine ausgeschmückte, symbolträchtige und mythologische Sprache eingekleidet.

Die Gründungslegende von Heiligenblut
Der aus Dänemark stammende Briccius wuchs in Konstantinopel heran. Nach dem frühen Tod seines Vaters entwickelte er sich am osmanischen Kaiserhof zu einem tugendhaften jungen Mann und erwies dem Kaiser zahlreiche Dienste, so daß er dessen Gunst erwarb. Das trugvolle Leben am Hofe wurde jedoch für Briccius bald unerträglich, und zudem rief ihn sein christlicher Glaube zurück in die dänische Heimat. Zum Abschied bot ihm der Kaiser ein Geschenk seiner Wahl an. Briccius wünschte sich ein Fläschchen mit dem Blute Christi, welches in der Sophienkirche von Konstantinopel aufbewahrt wurde. Der Kaiser kam seinem Wunsch nach und ließ ihm das Fläschchen übergeben. Alsbald brach Briccius in Richtung Heimat auf, und als er die Alpen überquerte, kam er eines Nachts in einen Schneesturm, den er nicht überlebte. Landsleute aus der Region wurden auf ihn aufmerksam, da drei Weizenähren aus dem Schnee wuchsen. Als sie an dieser Stelle zu graben begannen, fanden sie die Leiche von Briccius. An seinem Hals trug er ein Band mit seinem Namen, so daß sie erfuhren, wer er war. Nun wollten sie ihn zum nächsten Friedhof bringen, um ihn zu begraben, aber die Ochsen, die den Wagen mit seinem Leichnam zogen, blieben plötzlich stehen. Die Leute sahen darin ein Zeichen des Himmels und begruben Briccius an dieser Stelle.
Nach einiger Zeit ragte aus dem Grabhügel ein Fuß des Briccius hervor, an dem sich ein Verband befand, der eine Wunde noch teilweise überdeckte. In der Wunde fanden sie ein sehr kleines Fläschchen mit einem Tropfen Flüssigkeit. Nachdem der Erzbischof von Salzburg über den Inhalt dieses Fläschchens und dessen Bedeutung informiert worden war, ließ er über dem Grab des heiligen Briccius, der das heilige Blut Christi ins Land gebracht hatte, ein Kirchlein erbauen. 1483 wurde an der Stelle, wo sich die Grabstätte und das heilige Blut befinden, die heutige Kirche erbaut, die sich, so wie der Ort Heiligenblut, zu einer Pilgerstätte entwickelte.
Aus der Legende lassen sich mehrere symbolische Entsprechungen zur vitalenergetischen Bedeutung des Großglockners ableiten: Das Blut Christi (Herzblut Christi) selbst steht symbolisch für die Herzensqualität, die ein zentrales Thema der Lehre Christi ist. Die Vitalkraft der Berge entspricht der Herzensqualität, da sie die kosmischen Kräfte mit den irdischen vereint und der Ort dieser Vereinigung für das Herzzentrum steht. Marko Pogačnik sieht in dem Blut auch ein Symbol für das heilige Menstruationsblut der Göttin Gaia, die eine zentrale Bedeutung für das Gedeihen der Lebensprozesse auf der Erde hat. Dieses heilige Blut entspringt in Form von Vitalkraft am Fuß des Berges und versorgt auf diese Weise die Landschaft. Weitere Hinweise zum besseren Verständnis der Wirkung des Kraftsystems eines Berges findet sich in dem Buch *Großglockner – Ein Evangelium der Berge* von Jakob Lorber. Hierin beschreibt Lorber (1923), daß sich der Fuß des Großglockners bis zum Schloßberg von Graz und noch weiter bis zu den Ausläufern der Windischen Bühel in Slowenien erstreckt. Diese Aussage und die Möglichkeit, den Ort selbst über die persönliche Wahrnehmung zu untersuchen, bestätigen die Annahmen von Pogačnik, sowie meine eigenen, über den Wirkmechanismus vitalenergetischer Systeme der Berge.[365]

3.1.2 Vitalenergetische Organe der Landschaft

Die vitalenergetischen Organe der Landschaft sind Kraftquellen und Kraftlinien, die in ihrer Funktion dem Chakrensystem des menschlichen Körpers entsprechen. Sie hängen nicht, wie die vitalenergetischen Felder, unmittelbar mit dem formalen Ausdruck von Landschaft und Freiraum (Gewässer, Berge, Hügel) zusammen, sondern sind eigene, vitalenergetische Organsysteme, die den physischen Körper der Landschaft mit Lebenskraft versorgen. Zugleich funktionieren sie wie spezielle Atmungsorgane, die verbrauchte Ätherkraft einatmen, auffrischen, wieder ausatmen und über die Landschaft verteilen. Pogačnik dazu: „Auch die vitalenergetischen Systeme in der Landschaft sind nicht sichtbar, und doch hängt die Lebensqualität eines Landes davon ab, ob diese Organe funktionieren oder nicht.“[366]
Die vitalenergetischen Organe manifestieren sich in punktförmigen und linienförmigen Strukturen in unterschiedlichen Raumeinheiten, in lokalen, regionalen, überregionalen und erdumspannenden Beziehungen.

Ley-Linien
Ley-Linien sind lineare vitalenergetische Organsysteme der Landschaft und wirken auf lokaler, regionaler und planetarer Ebene. Sie überziehen als unsichtbare, pulsierende Ströme die gesamte Erde und bilden, ähnlich den Akupunkturmeridianen beim Menschen, ein Kraftgewebe, über welches biodynamische Energie in der Landschaft verteilt wird. Die Ley-Linien können über die Resonanz mit dem menschlichen Vitalfeld lokalisiert werden, wozu es allerdings einer langjährigen Praxis und bewußter Auseinandersetzung mit diesem Thema bedarf.
Der Begriff „Ley-Linie“ wurde von dem Engländer Alfred Watkins geprägt (1921), der sich mit der Erforschung gerader Linien in Landschaften beschäftigte. Er suchte geradlinige Verbindungen in Landschaften zwischen bedeutsamen Orten (Kirchen, Kapellen, Bildstöcken, Steinkreisen) sowie zwischen optisch wirksamen Landschaftselementen (markanten Erhebungen, Quellen, Solitärbäumen). Watkins ging bei seinen Überlegungen stets von Sichtbeziehungen aus, die zwischen wichtigen Punkten eine Verbindung herstellen.[367]
Auch die Forschungen von Jens Martin Möller (1991) konzentrieren sich auf die analytische Auseinandersetzung mit Ley-Linien. Für ihn stellen sie ebenfalls lineare Verbindungen zwischen heiligen Orten und Kultstätten in der Landschaft dar, worin auch ihre Bedeutung begründet ist. Zum Beispiel verläuft eine Linie von Nantes über Orleans, Troyes, Karlsruhe, Wolframeschenbach, Sternberg und Krakau nach Lemberg (Gralslinie); eine weitere von Stonehenge über Le Havre und Chartres nach Orleans (Keltisches Christentum, Bangor-Linie).[368]
Mittlerweile gibt es weltweit zahlreiche Untersuchungen zu diesem Thema, die bestätigen, daß es sich bei den Ley-Linien um ein erdumspannendes Netzwerk handelt, das nicht nur formalen, sondern auch informativen Charakter besitzt. Mit zunehmender Übereinstimmung werden sie als dynamische Energiebahnen wahrgenommen und beschrieben, deren Bedeutung in der Verteilung und Erneuerung von Vitalenergie liegt.[369]
Marko Pogačnik, der sich seit 1979 in vielen Projekten mit der Heilung von Landschaften beschäftigt, nimmt die Ley-Linien als vitalisierende Kraftbänder über die Sensibilität seines Körpers wahr. In seinem Buch *Schule der Geomantie* beschreibt er sie entsprechend ihrer Wirkung und Stärke sowie ihrer Länge als lokale beziehungsweise planetare Kraft-Ley-Linien. Wie bei den von Watkins, Michell, Pennick und Möller benannten Linien handelt es sich hierbei um gerade verlaufende Linien, die zwar da und dort auf Grund ihres ondulierenden Charakters und in Anpassung an das Gelände etwas von der Geraden abweichen können,

sie aber im wesentlichen beibehalten. Die Ley-Linien sind yin-yang-polarisierte Kraftbahnen (Energiebahnen) zwischen 4 und 8 m Breite und mit Längen von 8 km (lokale Ley-Linien) bis zu mehreren 1000 km (planetare Ley-Linien). Sie verlaufen teilweise außerhalb des Erdkörpers und teilweise in ihm. Die Ley-Linien wirken wie Atmungsorgane, indem sie verbrauchte Vitalenergie (wie sauerstoffarmes Blut) ansaugen, sie reinigen und auffrischen und danach wieder an die Landschaft abgeben.
Die **planetaren Ley-Linien** (planetare Kraftlinien) sind in ihrer Gesamtheit erdumspannend und entspringen, ähnlich wie Wasserquellen, an bestimmten Orten und enden an bis zu Tausenden Kilometern entfernten Orten.
Die **lokalen Ley-Linien** (lokale Kraftlinien) oder auch **Beziehungslinien** sind entsprechend kürzer und treten viel häufiger auf, zum Beispiel als vitalenergetische Verbindung zwischen Städten oder Landschaftseinheiten der freien Natur bzw. Kulturlandschaft. Marko Pogačnik hat 1993 in Graz, ausgehend vom Schloßberg als vitalenergetischem Zentrum der Stadt, Verbindungslinien zu Wien, Salzburg, Villach, Linz, Ljubljana, Ptuj und Murska Sobota wahrgenommen. Die angeführten Kraftlinienarten unterscheiden sich aber nicht nur in ihrer Länge, sondern auch in ihrer Funktion und inneren Qualität.[370]
Die planetaren Kraftlinien zeigen elektrisch-dynamischen Charakter, sie sind für die Reinigung und Ernährung der Landschaft zuständig, indem sie wie Ströme die verbrauchte Vitalkraft von der Landschaft aufnehmen und vitalisiert an sie zurückgeben.
Die lokalen Kraftlinien (Beziehungslinien) besitzen magnetisch-statischen, informationstragenden Charakter, beziehen sich in ihrer dynamischen Wechselwirkung auf das Urmuster der vier Elemente und sind zentrumsbetont.[371] Wir können sie als eine Art von Nervenbahnen verstehen, die ein vitalenergetisches Beziehungsgeflecht repräsentieren und als solche Informationsträger der Landschaft darstellen.

Meine persönliche Wahrnehmung von Ley-Linien

Generell können wir davon ausgehen, daß das vitalenergetische System der Landschaft mit dem vitalenergetischen System des Menschen (Vitalfeld und Chakren) in Resonanz steht und über diese Ebene bewußt wahrgenommen werden kann. Dazu ist es notwendig, das eigene vitalenergetische Feld gut kennenzulernen und durch Konzentration darauf die Raumwahrnehmung durchzuführen. Meine persönliche körperliche Reaktion im bewußten Kontakt mit Ley-Linien besteht darin, daß ich, vergleichbar einem äußerst zarten elektrischen Reiz, einen „Energiestrom" spüre, der aktivierend auf meinen Körper wirkt. Anschließend versuche ich, durch prüfende Beobachtung eine verbindende Linie zu historischen und/oder religiösen Orten wahrzunehmen (Aneinanderreihung von Bildstöcken, Kirchen, historischen Städten auf Hügeln u. a. m., siehe Kap. VII.3 Landschaftsgarten Micheldorf).
Für die persönliche Wahrnehmung von Ley-Linien gibt es, wie für alle Bereiche der Wahrnehmung nichtstofflicher Qualitäten, kein Patentrezept. Diesbezüglicher Erfolg stellt sich jedoch durch Übung und Verfeinerung der Wahrnehmung ein. Die zusätzliche Anwendung landschaftsgeographischer und historischer Methoden vermittelt uns einen Hintergrund für die Entwicklung und anthropogene Veränderung der Landschaft (siehe Kap. IV.4.2 Die Wahrnehmung von Bewußtseinsqualitäten).

Chakrenbezogene Vitalzentren

Neben den linienförmigen vitalenergetischen Organen der Landschaft finden wir auch zentrumsbetonte Organe, die zudem Ausgangsorte für die Beziehungslinien darstellen. Wir können sie mit dem Nervensystem des Menschen, den Schaltzentralen (Dendriten) der Nerven-

bahnen, vergleichen. Wie schon der Name sagt, besitzen die chakrenbezogenen Zentren jeweils die zum menschlichen Chakrensystem entsprechende Qualität (vgl. Kap. IV.4.2 Die Wahrnehmung von Bewußtseinsqualitäten).
So steht zum Beispiel das *Wurzelchakra* eines Ortes (eines Gartens, eines Parks oder einer gesamten Stadtlandschaft) für die Verwurzelung beziehungsweise Erdung dieses Ortes. Wir können uns dies wie die Wurzeln eines Baumes vorstellen, die den Ort über die Vitalkraft mit dem vitalenergetischen Gesamtsystem der Erde verbinden, ihn im Erdsystem verankern (Ankerpunkt) und dadurch Halt und Lebenskraft geben.
Das *Solarplexuschakra* der Landschaft bildet wiederum die vitalenergetische Mitte eines Ortes. Es zeichnet sich durch eine vertikale Kraftsäule aus, die eine zentrale Achse repräsentiert, über welche sich kosmische und irdische Vitalkräfte austauschen. Diese sternförmigen Zentren sind strahlenförmige Ausgangspunkte (Solarplexus/Sonnenblume) für die lokalen Beziehungslinien. Sie bilden quasi den vitalenergetischen Nabel (griech. *Omphalos*) eines Ortes und sind wichtige Punkte in der Landschaft, in Siedlungsbereichen sowie in großen Städten, wobei das Zentrum der Stadt nicht immer das vitalenergetische Zentrum der Stadtlandschaft sein muß, aber sein kann, wie das Beispiel Graz zeigt. Hier zeigt sich eine interessante Parallele zu mittelalterlichen Stadtgründungen, wo durch das rituelle Einschlagen eines Omphalos (Holzpflockes) die Kräfte der Sonne und der Erde an einem bestimmten Punkt symbolisch miteinander verbunden wurden.[372] Ebenso bilden *Herzzentren* sehr bedeutsame Punkte in der Landschaft, wobei deren Aufgabe in der Qualitätsveredelung der Vitalkraft liegt. Dementsprechend wird Vitalkraft aufgenommen, mit emotionaler Qualität (Seelenbewußtsein der Landschaft) versehen und wieder an die Landschaft abgegeben.
Vitalenergetische Zentren finden sich in unterschiedlichen Raumeinheiten mit überregionaler, regionaler und lokaler Bedeutung und können über Schwingungsresonanz mit dem menschlichen Chakrensystem wahrgenommen werden.[373]

Meine persönliche Wahrnehmung von chakrenbezogenen Zentren
Nach der bereits bekannten Einstimmungsübung auf die Bewußtseinsebene der Landschaft bringe ich meine Hand (in diesem Fall die rechte) mit der Handinnenfläche und einem Abstand von rund 10 cm vor meinen Körper. Nun beginne ich, vom ersten Chakra ausgehend, meine Hand langsam nach oben zu bewegen und konzentriere mich dabei auf mein Handchakra. Über die Resonanz mit dem Ort kommt es zu einer Wechselwirkung zwischen meiner Hand und eines meiner Chakren, die analog einer magnetischen Anziehungskaft zu beschreiben ist. Die Hand pendelt sich auf das entsprechende Chakra ein und teilt mir so die chakrenbezogene Vitalkraft des untersuchten Ortes mit.

Atmungssystem der Landschaft
Ein- und Ausatmungspunkte der Landschaft finden sich, ähnlich den zuvor beschriebenen chakrenbezogenen Zentren, in den unterschiedlichsten Raumeinheiten, von großräumig strukturierten Landschaften bis zum Privatgarten. Ja selbst in einem Zimmer können wir Ein- und Ausatmungspunkte lokalisieren, welche die Vitalkraft im Raum aufnehmen beziehungsweise erneuert wieder abgeben. Diese vitalenergetischen Atmungsorgane unserer Lebensräume haben die Aufgabe, den Raum mit irdischer Lebenskraft zu versorgen. Bei der Einatmung verläuft der Kraftstrom absteigend in Richtung Erde, bei der Ausatmung steigt er wieder zur Erdoberfläche auf.[374]
Wenn wir uns vorstellen, daß jeder Raum eine in sich geschlossene, energetische Einheit darstellt, die sich mit anderen Einheiten zu größeren Räumen vernetzt, besitzt jede kleine

Raumeinheit ein eigenes Atmungssystem, das in Verbindung mit anderen Raumeinheiten in ein größeres, übergeordnetes System eingebunden ist. Vergleichen wir diese Vorstellung mit dem physischen Körper des Menschen, so besitzt auch der Mensch auf mehreren Ebenen Atmungssysteme. Wir atmen makroskopisch über unsere Lungen und mikroskopisch in unseren Zellen. Genauso bildet der einzelne physische Baum ein in sich geschlossenes physisches Atmungssystem (Photosynthese) und der Wald als Baumverbund ein zusammengesetztes, körperliches Atmungssystem in einem größeren Landschaftsabschnitt.

Wahrnehmung von Atmungspunkten in der Landschaft ***Übung 55***

Durch regelmäßiges Üben und durch die Sensibilisierung unserer Wahrnehmung über die Handchakren, welche sich im Zentrum unserer Handflächen befinden, ist es möglich, die Vitalkraft von ausatmenden und einatmenden Punkten spüren zu lernen.
Bei der Durchführung dieser Übung zum Erspüren von Ausatmungspunkten halten wir unsere Handflächen dem Boden entgegen. Zum Erspüren der Einatmungspunkte öffnen wir die Handflächen nach oben und wenden dabei dem Boden unsere Handrücken zu. In beiden Positionen versuchen wir nun, einen Raum (z. B. Garten) abzuschreiten, wobei wir uns ganz auf unsere Handflächen konzentrieren. Verspüren wir ein leichtes Kribbeln oder Wärme oder auch Kühle in unseren Handflächen, so kann dies einen Ein- bzw. Ausatmungspunkt anzeigen. Wichtig ist, daß es sich dabei um eine punktförmige Information handelt, die wir über einen Körpereindruck wahrnehmen können.

Hier möchte ich die Beschreibung der vitalenergetischen Organsysteme der Landschaft abschließen. Wer sich darüber hinaus mit diesem Bereich beschäftigen möchte, sei auf die von mir in diesem Kapitel zitierten Bücher verwiesen.

3.1.3 Abdrücke im Vitalfeld der Landschaft

Aquastate/Tracklines
Durch das Einbringen von tierischer und menschlicher Vitalkraft in die Landschaft können im Vitalfeld der Landschaft linienförmige Energiebahnen aufgebaut werden. Solche Linien werden in der Literatur als Aquastate oder auch Tracklines (Spurlinien) bezeichnet.[375]
Wie schon der Name sagt, entstehen solche Linien durch oftmaliges Begehen eines Weges, der zunächst gar kein Weg sein muß. Wir können sie uns vorstellen wie die Trampelpfade, die sich durch ständiges Begehen entwickeln und ihre Spuren im physischen Körper der Landschaft hinterlassen. In diesem Sinne prägen auch Tiere und Menschen ihre Spuren im Vitalfeld der Landschaft ein. Solche Spuren ziehen Tiere und Menschen in ihren Bann, ohne daß dafür im physischen Körper Anzeichen vorhanden sein müssen. Guy Underwood fiel auf, daß der Verlauf jüngerer Wege oft identisch war mit früheren Wegen, obwohl inzwischen viel Zeit vergangen war. Es ist auch möglich, solche Spurlinien, die visuell nicht mehr vorhanden sind, radiästhetisch nachzuweisen.[376]
Wir können die Vitalfelder des Raumes auch über bauliche Veränderungen beeinflussen. Wenn wir einen Freiraum nutzen und ihn bebauen, hinterlassen wir nicht nur körperliche Spuren, sondern auch einen nichtstofflichen Eindruck im vitalenergetischen Feld der Landschaft. Durch Gebäude entstehen zum Beispiel punktförmige oder durch Straßen linienförmige Ab-

drücke im Raum. Das Vitalfeld, das von einem Haus, einer Straße, aber auch von einem Kunstwerk gebildet wird, tritt in Resonanz mit dem natürlichen Vitalfeld des Raumes, und es kommt zu Interferenzerscheinungen, das heißt, es kommt zu Überlagerungen von Feldinformationen in der Landschaft. Die chinesischen Geomanten würden sagen, daß wir durch unser Tun die Ch´i-Kraft der Landschaft beeinflussen.
Ein gutes Beispiel zur Verdeutlichung dieser Vorstellung gibt die Straße als klassisches anthropogenes Landschaftselement. Ihr vitalenergetisches Feld entspricht der Form eines Flusses und führt die Lebenskraft in linearer Form durch die Landschaft. Dieser lineare Abdruck im vitalen Informationsfeld der Landschaft wird durch das Befahren noch wesentlich verstärkt. Die Straße wirkt als Kanal und zieht in einer Art Sogwirkung Teile des Vitalkörpers der Landschaft, entsprechend ihrer Linienführung, ihrer Breite und ihrer Benutzungsfrequenz, mit sich.

Wasseradern und Erdverwerfungen

Bei Wasseradern und Erdverwerfungen handelt es sich um unterirdische Wasserläufe beziehungsweise geologische Bruchstellen, die eine biodynamische Wirkung auf das Vitalfeld von Pflanze, Tier und Mensch ausüben. Über das Vitalfeld wirkt diese Information auf den physischen Körper, wobei Wasseradern eine stimulierende Wirkung auf den Organismus ausüben und daher vom Menschen unter Schlafbereichen (Bett) gemieden werden sollen. In diesem Zusammenhang wird auch von „geopathogenen Zonen“ gesprochen.
An Bäumen, die über Wasseradern wachsen, können typische Wuchsstörungen auftreten, indem sie zum Beispiel ihren Stamm ausweichend zur Seite neigen. Drehwuchs im Ast- und Stammbereich von Bäumen sowie krebsartige Wucherungen stellen eine Art Selbstschutzreaktion gegenüber Wasseradern dar.[377]
Marko Pogačnik meint, daß Wülste oder Verdickungen im Stammbereich von Bäumen auf unerwünschte Strahlungen von Wasseradern oder Erdverwerfungen hinweisen, welche von den meisten Baumarten nicht vertragen werden.[378]
Meiner eigenen Erfahrung nach kommen Bäume wie Weiden, Erlen und Eschen, die sich durch wasserverträgliche Standortansprüche auszeichnen, auch mit unterirdischen Wassersystemen besser zurecht als zum Beispiel Linden, Buchen oder Obstbäume.
Mit Hilfe der Radiästhesie ist es möglich, solche Zonen ausfindig zu machen und die Tiefe ihrer Lage und ihre Einflußstärke zu bestimmen. Die Radiästhesie ist eine Mutungsmethode, wobei der menschliche Körper den Informationsempfänger, also das eigentliche Meßgerät repräsentiert. Mit minimalen, nicht sichtbaren Muskelbewegungen reagiert der menschliche Körper über das eigene Vitalfeld auf Wasseradern, und diese Reaktion wird über eine „Antenne“, meist eine Rute, in Form eines Rutenausschlags angezeigt.[379]

Zusammenfassend können wir sagen, daß Wasseradern und Erdverwerfungen Informationsträger sind und ihre Impulse von entsprechenden hydrologischen und geologischen Formationen der Erde ausgehen. Sie stellen keine eigentlichen vitalenergetischen Kräfte dar, sondern wirken über ihre Ausstrahlung auf das Vitalfeld der Lebewesen und damit auch auf deren Körper.

3.1.4 Gestaltungs- und Pflegeaspekte unter Berücksichtigung der vitalenergetischen Dimension

Da die Bewußtseinsdimension der Landschaft von der körperlichen Dimension nicht zu trennen ist, nehmen wir sowohl mit unseren körperlichen als auch seelisch-geistigen Aktivitäten Einfluß auf die Landschaft. Zum einen körperlich-stofflich, durch bauliche Veränderungen, die automatisch eine Veränderung des vitalenergetischen Feldes der Landschaft bewirken, zum anderen über unsere Herzensqualität und unsere geistige Ausrichtung.

Berücksichtigung ökologischer Zusammenhänge
Unter Berücksichtigung der geobiologischen Grundstruktur einer Landschaft (Topographie, Morphologie, Klima, Boden, Wasser, Luft, Flora und Fauna; vgl. Kap. V.1.1 Lebensraum und Lebensgemeinschaft betrachtet aus landschafts- und stadtökologischer Sicht) ist es möglich, die Grundschwingung des Vitalfeldes aufrechtzuerhalten. Das heißt, daß alle Gestaltungsmaßnahmen, die vernetzte Strukturen im Sinne ökologischer Wirkungsmechanismen unterstützen, mit der Schwingung des vitalenergetisches Feldes des betreffenden Raumes in Übereinstimmung stehen. Die Aufrechterhaltung beziehungsweise Förderung der nachhaltigen Entwicklung einer Landschaft, welche die Beibehaltung ihrer Vitalität und Stabilität gewährleistet, trägt also zu einem harmonischen Ineinandergreifen von körperlich-stofflicher und der Bewußtseinsdimension der Landschaft bei (siehe Kap. V.1.5 Gestaltungsaspekte unter Berücksichtigung der körperlich-stofflichen Dimension).
Zur Erhaltung beziehungsweise Verbesserung der Vitalität unserer Lebensräume und einer damit verbundenen Verteilung der Lebenskraft in der Landschaft ist es erforderlich, die Gesundheit und Lebendigkeit der individuellen Flora und Fauna bzw. der vitalenergetischen Systeme und Organe der Landschaft zu unterstützen und zu bewahren. Dies können wir erreichen, indem wir folgende wesentliche Aspekte berücksichtigen:

- Unterstützung der Vitalität der einzelnen Lebewesen der Landschaft, indem wir auf ihre standortbezogenen Bedürfnisse Rücksicht nehmen und sie als körperlich-seelisch-geistige Lebewesen verstehen und akzeptieren.

- Beibehaltung der biologischen Grundstruktur des jeweiligen Gewässertyps (Still- und Fließgewässer). Das heißt, keine weiteren Linearisierungsmaßnahmen an Fließgewässerstrecken; wenn möglich Rückbau zu naturnahen Systemen, welche das freie Spiel und Mäandrieren von Bächen und Flüssen zulassen, um ein entsprechendes vitalenergetisches Versorgungssystem (Erhaltung der Lebenskraft) für die Landschaft zu gewährleisten. Zudem sollen Uferbegleitgehölze erhalten bleiben; bestehende Lücken sollen wieder bepflanzt beziehungsweise der natürlichen Sukzession überlassen werden.

- Vermeidung der Trockenlegung von Stillgewässern beziehungsweise Neuanlage von Stillgewässern unter Berücksichtigung der geobiologischen Grundstruktur.

- Vermeidung der anthropogenen Belastung von Gewässern mit Schadstoffen und Setzen von Maßnahmen zur Sicherung der Wasserqualität.

- Behutsame touristische Nutzung unserer Gebirgslandschaften unter Aufrechterhaltung einer nachhaltigen landwirtschaftlichen Nutzung.

- Hintanhalten von Verbauungen beziehungsweise Behutsamkeit bei baulichen Maßnahmen an vitalenergetisch bedeutsamen Landschaftspunkten und -bereichen (Linien und Zentren).

- Erhaltung der Identität der Landschaft unter Berücksichtigung ihrer geobiologischen Grundstruktur. Beachtung der komplementären Beziehungen und der vier Elemente in der Landschaft als Grundlage der vitalenergetischen Grundmuster der Landschaft.

Berücksichtigung seelisch-geistiger Zusammenhänge
Von den Informationen unseres Emotional- und Mentalfeldes können wie über die Wechselwirkung mit dem Emotionalfeld der Landschaft beziehungsweise ihrer Lebewesen auf deren vitalenergetisches Feld Einfluß nehmen. Dies ergibt sich aus der Tatsache, daß die emotionale Dimension der Landschaft sich über das zugehörige vitale Feld ausdrückt. Auf die Möglichkeiten, durch Kommunikation mit der Landschaft und ihren Pflanzen über die entsprechenden Emotionalfelder fördernd auf ihre Vitalität zu wirken, werde ich im nächsten Kapitel (V.3.2 Die emotionale Dimension von Pflanze und Landschaft) noch ausführlich eingehen.

3.1.5 Lebensrhythmen und kosmische Einflüsse auf die Erde

Der Mensch ist gleich den Säugetieren, Vögeln und sogar Insekten jenem geheimnisvollen Gesetz unterworfen, wonach gewisse normale Prozesse, wie Schwangerschaft, Pflanzenwachstum und Reife, von den Mondperioden abhängig sind.[380]
Charles Darwin

Im Rahmen der Betrachtung von Vitalkräften (Ätherkräften) kommen wir abschließend auf die kosmische Beeinflussung der Erde und der zugehörigen Lebensrhythmen zu sprechen. Hierbei handelt es sich um Kräfte kosmischer Natur, welche alle unsere stofflichen und nichtstofflichen Lebensprozesse rhythmisieren und dadurch Zyklen aktivieren, die alle Lebewesen der Erde berühren. Die unmittelbare Verbindung zwischen Himmel und Erde wird lebendig erhalten, und Lebensrhythmen sind ein Ausdruck der daraus entstehenden Wechselwirkung.
Das Wissen um Sternenkonstellationen, Planetenbewegungen und deren Beziehung zur Erde reicht weit zurück in die Vergangenheit der Menschheitsentwicklung. Bereits in den alten Hochkulturen Ägyptens und Griechenlands wurde auf die Einflüsse der Planeten bzw. deren parallele Zeitqualitäten mit der Erde Rücksicht genommen. Weltweit und in den verschiedensten Kulturkreisen flossen diese Erfahrungen in das alltägliche Leben ein.[381]
Auch in unserem Kulturkreis blieben diese Erfahrungen durch das Weitergeben von einer Generation zur nächsten über Jahrhunderte erhalten und finden nunmehr auch über die neue Literatur eine immer stärkere Verbreitung in der Bevölkerung. Das Wissen um planetare Einflüsse auf die Erde entstammt der empirischen Erfahrung, die von Menschen im Umgang mit Pflanzen, durch gärtnerisches, landwirtschaftliches und forstwirtschaftliches Handeln im Laufe der Jahrhunderte gesammelt wurde. Parallel zum aufmerksamen Umgang mit der Natur und ihren Lebewesen, zur Beobachtung der Empfindlichkeiten des Menschen selbst wurden die Wechselwirkungen zwischen dem Zustand der Lebewesen und den zu diesem Zeitpunkt gegebenen Sternen- und Planetenkonstellationen wahrgenommen. Unter Zuhilfenahme der errechneten Tierkreiskalender, aufbauend auf den zwölf Sternzeichen und den zugehörigen Planetenbewegungen, kann eine Vorschau auf bestimmte Impulse gegeben werden. Die

Planeten laufen zyklisch durch die Tierkreiszeichen, sie kehren also in regelmäßigen Abständen und zu gegebenen Zeitpunkten wieder und zeigen, wie eine Uhr, Zeitqualitäten auf. So wird zum Beispiel Ostern seit Ende des zweiten Jahrhunderts nach der Bewegung des Mondes berechnet, und zwar jeweils für den Sonntag, der dem ersten Vollmond nach Frühlingsanfang folgt.[382]

In diesem Zusammenhang ist es wichtig, darauf hinzuweisen, daß es sich bei dieser Betrachtungsweise der Himmelskörper um eine geozentrische (erdbezogene) Sicht handelt, die die Erde zum Ausgangspunkt der Beobachtung macht, und nicht, wie im heliozentrischen Weltbild, die Sonne in den Mittelpunkt stellt.[383]

Da die Erde selbst, mit all ihren Lebewesen, den eigentlichen Ort der Erfahrung repräsentiert, ist die erdbezogene Betrachtung kosmischer Einflüsse durchaus sinnvoll und logisch. Die Erde bildet unseren konkreten Bezugspunkt, wir sind mit ihr verwurzelt und in ihre Lebensprozesse eingebunden. Wir leben auf der Erde mit all den Rhythmen, die uns mit ihr und dem Kosmos verbinden.

Der Nachthimmel bietet uns einen faszinierenden Blick in die unendlich scheinende Welt der Sterne und Planeten, deren Konstellationen in Form von mythologischen Bildern (Sternbildern/Tierkreiszeichen) schon lange vor unserer Zeitrechnung beschrieben wurden. Die einzelnen Sternbilder, zwölf an der Zahl, bilden als Fixsternsysteme ein ringförmig geschlossenes Tierkreisband, auf dessen Mittellinie sich die Sonne scheinbar bewegt. Jedes Sternzeichen umfaßt einen Sektor von 30 Bogengraden und besitzt eine ihm eigene innere Qualität. Der Mond und die Planeten (Merkur, Venus, Mars, Jupiter, Saturn, Uranus, Neptun, Pluto), und in diesem Falle auch scheinbar die Sonne, bewegen sich in unterschiedlichen Zeiträumen durch den Tierkreis. Die Sonne durchläuft den Tierkreis in 365 Tagen und bildet damit auch die Basis für unseren Jahreszyklus. Der Mond hingegen ist viel schneller unterwegs und benötigt für die gesamte Durchwanderung im Schnitt 28 Tage, wobei er sich in jedem einzelnen Zeichen etwa zweieinhalb Tage aufhält. In seinem Lauf vollzieht er einen Phasenwechsel, der sich in den vier bekannten Zyklusabschnitten, Neumond, zunehmender Mond, Vollmond und abnehmender Mond, äußert. Dieser Mondrhythmus wiederholt sich zwölfmal im Jahr.[384]

Die Wirkungen von Sonne und Mond sind die wichtigsten kosmischen Beeinflussungen, die sich auf der Erde in Rhythmen äußern. Der *sonnenbezogene* (solare) Rhythmus ist für uns als Tages- und Jahresrhythmus erlebbar. Der letztere der beiden Sonnenzyklen drückt sich in den Jahreszeiten aus und beeinflußt über Licht und Wärme die entsprechenden Jahreszyklen der Natur. Analog dazu sehen wir bei einer Pflanze das Aufkeimen des Samens, die Blüte, die Fruchtbildung, die Reifung bis zur Abgabe des Samens und die Vorbereitungszeit auf die erneute Keimung. Die gesamte Tier- und Pflanzenwelt unserer Breitengrade ist in diesen Lebensrhythmus eingebunden. Auch wir Menschen nehmen am Jahresrhythmus teil und erleben die Tag- und Nachtgleiche im Frühling und Herbst. (Frühlingspunkt: 21. März, Herbstpunkt: 23. September). Die Zeiten der Sonnenwende und der Tag- und Nachtgleiche werden auf der ganzen Welt gefeiert.

Ebenso rhythmische Aspekte zeigt jeder Tageszyklus mit seinem 24-Stunden-Takt eines scheinbaren Sonnenumlaufes (hervorgerufen durch die Eigenrotation der Erde) und dem damit einhergehenden Auf- und Untergehen der Sonne. Dies äußert sich zum Beispiel im Öffnen und Schließen der Blütenblätter, in Tag- und Nachtblattstellungen, im Öffnen und Schließen der Spaltöffnungen an Blättern und in unterschiedlichen Aktivitätsphasen im Stoffwechsel aller Lebewesen, um nur die wichtigsten Auswirkungen zu nennen. Um diesen Rhythmus über das Blühverhalten von Blumen darzustellen, hat der Biologe Carl v. Linné (1707–1778) eine Pflanzengemeinschaft als Tages-Blumenuhr angepflanzt.

Tabelle 11: Blumenuhr von Linné
(nach Storl)

Um 7 Uhr öffnen sich
Einköpfiges Habichtskraut (Hieracium pilosélla)
Mauerhabichtskraut (Hieracium murorum)
Acker-Gänsedistel (Sonchus arvénsis)
Doldige Spurre (Holosteum umbellatum)
Acker-Gauchheil (Anagallis arvénsis)

Um 8 Uhr öffnen sich
Steinnelke (Dianthus species)
Pfingstnelke (Dianthus caesius)
Herbst-Löwenzahn (Leontodon autumnalis)

Um 9 Uhr öffnen sich
Ringelblume (Calendula officinalis)
Öhrchen-Habichtskraut (Hieracium auricula)
Felsennelke (Tunica prolifera)

Um 10 Uhr öffnen sich
Gelbe Taglilie (Hermerocallis flava)
Eiskraut (Mesembrianthemum cristallinum)
Salzmiere (Spergularia)

Um 11 Uhr öffnet sich
Tigerblume (Tigrida pavonia)

Um 11 Uhr schließt sich
Abgebissener Pippau (Crepis praemorsa)

Um 12 Uhr schließen sich
Doldige Spurre (Holosteum umbellatum)
Gänsedistel (Sonchus arvénsis)
Wegwarte (Cichorium intybus)

Um 13 Uhr schließen sich
Lungenkraut (Pulmonaria officinalis)
Pippau (Crepis aurea)

Um 14 Uhr schließen sich
Ringelblume (Calendula officinalis)
Sandkraut (Arenaria serpyllifolia)

Um 15 Uhr schließen sich
Mauerhabichtskraut (Hieracium murorum)
Ästige Graslilie (Anthericum ramosum)

Um 16 Uhr schließen sich
Öhrchen-Habichtskraut (Hieracium auricula)
Gauchheil (Anagallis arvénsis)

Um 17 Uhr schließt sich
Rosa Wunderblume (Mirabilis jalappa)

Um 18 Uhr schließen sich
Seerose (Nymphaea alba)
Sauerklee (Oxalis acetosella)

Um 18 Uhr öffnet sich
Nachtkerze (Oenothera biennis)

Um 19 Uhr schließt sich
Gartenmohn (Papaver somniferum)

Der *mondbezogene* (lunare) Rhythmus entspricht den Prinzipien des Mondes, die mit dem Weiblichen, Wäßrigen und Emotionalen in Verbindung gebracht werden. Da das Wasser selbst zu den zentralen Elementen des Lebendigen zählt (70 % der Erdoberfläche, 70 % des menschlichen Körpers, 70 bis über 90 % bei Pflanzen), finden wir entsprechende rhythmische Einflüsse des Mondes auf die Erde. Zu den bekanntesten lunar beeinflußten Phänomenen zählen die Gezeiten (Ebbe und Flut), der Menstruationszyklus der Frau, die Geburtenhäufung bei Vollmond, die erhöhte emotionale Erregbarkeit zur Zeit des Vollmondes, die Aktivierung unterschiedlicher Lebensrhythmen bei Pflanze und Tier, die mit den Mondständen innerhalb der Sternzeichen zusammenhängen.[385]

Der Interpretation von kosmisch-irdischen Wirkungszusammenhängen liegt eine Art Alphabet zugrunde, das sich aus den Tierkreiszeichen, den von ihnen gebildeten Feldern (mit je 30 Grad) den Planeten und der Verweildauer einzelner Planeten innerhalb der Sternzeichen zusammensetzt. Das Jahr wird durch zwölf Sternzeichen gegliedert, wobei jeweils drei einem der vier Elemente zugeordnet werden.

Feuer	*Erde*	*Luft*	*Wasser*
Widder (21.3.–20.4.)	Stier (21.4.–20.5.)	Zwilling (21.5.–21.6.)	Krebs (22.6.–22.7.)
Löwe (23.7.–23.8.)	Jungfrau (24.8.–23.9.)	Waage (24.9.–23.10.)	Skorpion (24.10.–22.11.)
Schütze (23.11.–21.12.)	Steinbock (22.12.–20.1.)	Wassermann (21.1.–19.2)	Fische (20.2.–20.3.)

Mit Hilfe der Sterne (Tierkreiszeichen) und der Planeten hat sich der Mensch analog zu den gemachten Erfahrungen eine „Sternenuhr" geschaffen, um Lebensrhythmen bewußt nachvollziehbar, berechenbar und damit vorhersagbar zu machen. Die Wirkungsweise und der Einfluß der kosmischen Kräfte wird in der Literatur mit drei verschiedenen Ansätzen beschrieben. Betrachten wir diese Erklärungsmodelle entsprechend der Einheit von Körper, Seele und Geist, so handelt es sich bei den einzelnen Modellen nicht um unterschiedliche Ansätze, sondern um verschiedene Zugänge, denn auch die kosmischen Einflüsse auf die Erde stellen ein komplexes Wirkungsgefüge dar, und ihre Auswirkungen manifestieren sich auf unterschiedlichen Ebenen.

1) Im physikalisch-körperorientierten Zugang finden sich nach Glynn Erklärungen, wonach kosmische Einflüsse auf Gravitationsfelder und elektromagnetischer Felder zurückzuführen sind, die überwiegend von Sonne und Mond ausgehen. Diese wirken auf die Ionosphäre der Erde sowie auf die elektromagnetischen Systeme (z. B. Gehirnwellen) der Lebewesen.[386]

2) Jene Theorie, die von kosmischen Einflüssen auf die Wirkung vitalenergetischer Felder ausgeht, wird in der Anthroposophie hervorgehoben und auf die formgebenden Kräfte bezogen. Demnach stehen die Vitalkräfte der Erde und das Planetensystem in einer Beziehung zueinander wie der Mikrokosmos zum Makrokosmos, und die Organbildung und Formgebung der Erde spiegelt sich in den Planetenformationen wider.[387]
Schwenk schreibt dazu: „Der Ätherleib macht den langsamen Wechsel des Himmelsgeschehens mit, das in dauerndem Bewegen, Gestaltbilden und Gestaltverwandeln in ewigem Flusse waltet. Die kosmischen Eigenschaften und Bewegungen des Wassers sind als Abbilder des ätherisch Strömenden auch dessen Vermittler an die irdische Stoffeswelt."[388]
Auf diese Weise wirkt die kosmische ätherische Kraft (Vitalkraft) wie ein Spiegel für die Erde, die im Tanz der Planeten eine kosmische Informationseinheit bildet. Im Prinzip handelt es sich um makrokosmische Einflüsse, die sich im irdischen Mikrokosmos spiegelbildlich verhalten und als Geometrie schaffende und rhythmisierende Impulse verstanden werden, die mit der Erde selbst in Resonanz stehen und auf diese Weise als vitalenergetische (ätherische) Bildekräfte wirksam sind. Sie drücken sich über die vier Elemente aus: Über die Erde führen sie zu kristallinen Strukturen (Kristallgitter von Mineralien), über Luft und Wasser zu wirbeligen, spiraligen und konzentrischen Formen (Gehäuse der Schnecken, Haarwirbel, Windrosen, Blätterspiralen, Blütensymmetrien, DNS, Jahresringe, Wasserströmungen u. a. m.) und über das Feuer zu radialen Systemen (Sonnentierchen, Schachtelhalme, Nadelbäume, Gräser u. a. m.).[389] Wenn wir Planetenbahnen mit pflanzlichen Formen (Blütenblättern, Samen, Fruchtgehäusen) vergleichen, finden sich in den Strukturen interessante Parallelen (siehe Abb. 91).

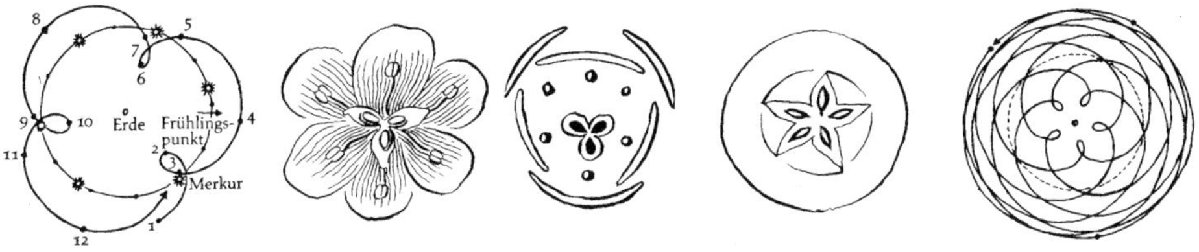

Merkurbahn Tulpe Blütendiagramm Apfelquerschnitt Venusbahn

Abb. 91: Korrespondenz von Blütenformen mit Planetenbahnen (Storl)

Diese Beispiele sollen als Anregung dienen, wieder bewußt auf naturgegebene Formen zu achten und sich auf die Faszination einzulassen, die ihre innewohnenden Strukturen auf uns ausüben.

3) Ein weiterer Ansatz, um Planetenwirkungen aufzuzeigen, liegt in der Betrachtung des Symbolgehalts von Sternzeichen und Planeten. Sie stellt jeweils ein Urmuster dar, das für eine bestimmte Qualität steht. Diese Symbolsprache ist quasi der Träger der Parallelität und Wechselwirkung von kosmischer und irdischer Schwingung und Rhythmik. Durch die Symbolsprache ist es möglich, kosmische Wirkungen und Energiequalitäten, die sich auf der Erde manifestieren, vorausschauend zu betrachten und Tendenzen festzustellen. Hierbei ist es nicht von zentraler Bedeutung, ob die Wirkung der Planeten körperlich-stofflicher oder bewußtseinsbezogener Natur ist oder ob es parallel laufende Erscheinungen (Kosmos – Erde) sind. Es kommt vielmehr darauf an, daß die Rhythmen selbst in den Lebewesen auftreten, nachvollziehbar werden und dadurch eine praktische Relevanz erlangen. Die folgende Tabelle zeigt grundlegende rhythmische Entsprechungen natürlicher Prozesse zu den inneren Qualitäten der zwölf Sternzeichen.

Tabelle 12: Grundlegende natürliche Rhythmen in Entsprechung zu den zwölf Sternzeichen (nach Arroyo)

Widder	Zeit des Keimens, der sich entfaltenden Energie
Stier	Belebung und Kräftigung, Entstehung der Form
Zwilling	Entfaltung, Blütezeit
Krebs	Befruchtung
Löwe	Fruchtreife
Jungfrau	Ernte, Verwendung dessen, was man angebaut hat
Waage	Balance und Ausgleich im Haushalt der Natur
Skorpion	Sterben in der Natur, Fortleben im Keim
Schütze	Winterschlaf der Natur
Steinbock	Kristallisation der Formen im Winter
Wassermann	Wartezeit, Vorfrühling
Fische	Das Aufgehen der Saat in der Erde

Im Rhythmus der vier Elemente

Erinnern wir uns an die Darstellung der Prinzipien der vier Elemente (Kap. III.3 Die vier Elemente): Zwischen den vier Elementen, den zwölf Sternzeichen, den Pflanzenteilen und der Kraft des jahreszeitlichen Rhythmus (auf- bzw. absteigend) ergeben sich folgende Zusammenhänge:

Tabelle 13: Pflanzenteile in Entsprechung zu den vier Elementen und den Mondständen in den Sternzeichen (nach Paungger/Poppe und Gabriel)

Pflanzenteil	*Element*	*Qualität*	*Sternzeichen*	*ab- bzw. aufsteigende Kraft*
Frucht	Feuer	warm	Widder	aufsteigend
Samen			Löwe	absteigend
			Schütze	aufsteigend/absteigend
Wurzel	Erde	kalt	Stier	aufsteigend
			Jungfrau	absteigend
			Steinbock	aufsteigend
Blüte	Luft	luftig	Zwilling	absteigend/aufsteigend
			Waage	absteigend
			Wassermann	aufsteigend
Blatt	Wasser	wäßrig	Krebs	absteigend
			Skorpion	absteigend
			Fische	aufsteigend

Die Begriffe auf- und absteigend beziehen sich auf den jahreszeitlichen Rhythmus der Sonne und den zwei damit verbundenen Grundqualitäten der Natur (in unseren Breitengraden), der Kraft des Winters und Frühlings und der Kraft des Sommers und Herbstes. Man spricht in diesem Zusammenhang von *aufsteigender* und von *absteigender Kraft.* Die Sternzeichen, die sich innerhalb der genannten Zeiträume befinden, stehen für die Prinzipien der jeweiligen, einander ergänzenden Kräfte. Die Zeichen von Schütze bis Stier/Zwilling stehen für Wandlung, Veränderung, Zunahme, Wachstum und Blüte als Aspekte der aufsteigenden Kraft; die Zeichen von Zwilling bis Skorpion/Schütze stehen für Reife, Fruchtausbildung und Beginn der Winterruhe als Aspekte der absteigenden Kraft. Das Prinzip der beiden Aspekte wird nun durch den Mond während seiner 28tägigen Reise durch den Sternkreis aktiviert. Dies bedeutet, daß die Kräfte des Frühlings, Sommers, Herbstes und Winters auch innerhalb eines Monats entweder durch den zunehmenden, den vollen, den abnehmenden oder den Neumond aktiviert werden. Die Begriffe aufsteigender beziehungsweise absteigender Mond haben daher nichts mit dem zunehmenden oder abnehmenden Mond zu tun; sondern diese charakterisieren vielmehr eine Kombination des solaren (jahreszeitlichen) Rhythmus mit der monatlichen Bewegung des Mondes durch die Sternzeichen.

Für die Pflanzen bedeutet dies, daß bei aufsteigendem Mond (wenn er sich durch die aufsteigenden Sternzeichen bewegt) die oberirdische Entwicklung der Pflanzen begünstigt wird und bei absteigendem Mond die Wurzelbildung gefördert wird.[390]

Berücksichtigung kosmischer Rhythmen

Zum Abschluß der Betrachtungen über Lebensrhythmen möchte ich die grundlegenden Aspekte der kosmischen Rhythmen und ihre Wirkung auf die Vitalität von Pflanze und Landschaft zusammenfassen und beziehe mich dabei vor allem auf solare und lunare Einflüsse auf die Landschaft und ihre Lebewesen. Diese leitet sich ab aus dem zuvor beschriebenen Alphabet, das sich aus der Bedeutung der Sternzeichen und den damit zusammenhängenden Bewegungen von Sonne und Mond ergibt. Für eine weiterführende Beschäftigung mit diesem Thema empfehle ich die von mir zitierte Literatur beziehungsweise die bewußte Beobachtung der Mondphasen in ihrer Wechselwirkung mit den Sternzeichen, denn dadurch entwickelt sich ein persönliches Empfinden für die unterschiedlichen Qualitäten und Rhythmen.

Von den beschriebenen Entsprechungen ausgehend, können wir, in Verbindung mit der Jahreszeit, den Sternzeichen und der Mondbewegung, vitalenergetisch wirksame Qualitäten erkennen, die einen Einfluß auf die Lebenszyklen der Pflanzen (Wachstum, Fruchtbildung, Samenbildung u. a. m.), aber auch auf die Beständigkeit von Werken in der Landschaft (z. B. Erd- oder Wegearbeiten) ausüben.

Im folgenden möchte ich nach Paungger/Poppe einige praktische Hinweise für die Durchführung von gärtnerischen und baulichen Maßnahmen geben. Nach Analyse der Standortbedingungen und Durchführung der Bodenvorbereitungsmaßnahmen sollte auf die Einhaltung der Reihenfolge folgender Kriterien geachtet werden.

- **Die passende Jahreszeit**

  Generell sollen Bäume und Sträucher im Herbst oder im Frühjahr verpflanzt und gesetzt werden. Zu diesem Zeitpunkt befinden sich diese Pflanzen in einer Ruhephase, und ihre Aktivität ist nach innen gerichtet (kaum Assimilation und Nährstoffaufnahme), wodurch die Pflanzen eine Wechsel des Standortes gut vertragen können. Wenn diese Arbeit an Wurzeltagen ausgeführt wird, kann das Wiederanwachsen der Pflanzen zusätzlich unterstützt werden.

- **Das richtige Sternzeichen**

  Jungfrautage sind Wurzeltage mit absteigender Kraft. Sie gelten als die besten Tage für das Umsetzen und Neupflanzen wie generell für alle Pflanzarbeiten im Garten. Selbst ältere Bäume wuchsen, nachdem wir sie versetzt hatten, an solchen Tagen wieder gut an. Wenn es nicht möglich ist, auf Jungfrautage Rücksicht zu nehmen, sollen wir auf die Tage des zunehmenden bzw. absteigenden Mondes ausweichen und auf Wurzeltage achten.

- **Der auf- bzw. absteigende Mond**

  Der absteigende Mond (wenn der Mond sich im entsprechenden Sternzeichen befindet: Zwilling bis Schütze) begünstigt das rasche An- und Weiterwachsen von Bäumen und Sträuchern.

- **Der zu- bzw. abnehmende Mond**

  Der zunehmende Mond entspricht in seiner Qualität dem absteigenden Mond und ist gut geeignet für das Umsetzen von Bäumen und Sträuchern.

  Diese Regel gilt für nach oben orientierte Pflanzen. Bei Wurzelgemüsen ist hingegen die Qualität des abnehmenden Mond fördernd für das Wachstum und die Vitalität der Pflanzen.

- **Hecken- und Obstbaumschnitt**
  Da sich die Säfte der Pflanzen bei abnehmendem Mond in die Pflanze zurückziehen, ist dieser Zeitpunkt für einen entsprechenden Rückschnitt bei Sträuchern und Obstbäumen günstig. Zum Ausschneiden von Obstbäumen wirkt ein Fruchttag (Mond im Widder, Löwen oder Schützen) zusätzlich fördernd.
  Kränkelnde Bäume und Sträucher können Hilfe erfahren, wenn sie bei abnehmendem Mond (am besten bei Neumond), einen vorsichtig durchgeführten Spitzenschnitt der oberen Äste bekommen.[391]

- **Legen von Bodenplatten**
  Die Haltbarkeit von Bodenbelägen wird durch den abnehmendem Mond in Verbindung mit einem Erdsternzeichen begünstigt, ebenso die Anlage von Schotterwegen und das Errichten von Zäunen.[392]

3.2 Die emotionale Dimension von Pflanze und Landschaft

Wenn man davon ausgeht, daß die Natur ein beseeltes Wesen ist, muß man wohl folgern, daß sie kommuniziert und daß wir Menschen mit der Natur, zum Beispiel mit Pflanzen, auch eine Kommunikation in Gang bringen können.[393]

Delavre

In der Trinität von Körper, Seele und Geist entspricht die emotionale Dimension der Landschaft dem Seelenhaften. Wie Mensch und Tier ist die Pflanze, aber auch die Landschaft von einem Bewußtsein beseelt, einer Form von Intelligenz, welche koordinierend auf ihre Lebensprozesse einwirkt. Ich bezeichne diese Qualität als emotionales Bewußtsein der Landschaft, das die Fähigkeit besitzt, Informationen seelischer Natur zu speichern und weiterzugeben. Neben der grundsätzlichen Emotionalität der Landschaft, die wir als ihre Basisschwingung verstehen können, finden sich in ihr individualisierte Formen konzentrierter seelischer Energie. Sie werden auch als „Elementarwesen" beschrieben, da sie den persönlichen Seelenkörper der Pflanze sowie die emotionalen Qualitäten von unterschiedlichen Raumeinheiten der Landschaft repräsentieren.

Über die vitalenergetische Dimension ist die Seele von Pflanze und Landschaft mit dem Landschaftskörper verbunden, wobei die Informationen über den Emotional- und Vitalkörper weitergegeben werden. In diesem Sinne werden Körper, Seele und Geist zu einer Einheit, und innerhalb ihres Wirkungsgefüge fließt der Informationsaustausch in beide Richtungen, von der Bewußtseinsebene zum Körperlich-Stofflichen und umgekehrt. Von einem anthropozentrischen Gesichtspunkt aus gesehen, ist das Bewußtsein von Pflanze und Landschaft auf der emotionalen Ebene verankert und nicht wie beim Menschen auf der mentalen Ebene. Die Anthroposophie spricht in diesem Zusammenhang vom Astralkörper der Landschaft.

Wir Menschen stehen über unsere Gefühlsebene (dem eigenen Emotionalfeld) mit dem Bewußtsein der Pflanze und der Landschaft in Wechselwirkung und können über diese Ebene mit ihnen kommunizieren. In der Begegnung mit der emotionalen Dimension der Landschaft ist es daher wichtig, einen entsprechend respektvollen und einfühlsamen Umgang mit den Lebewesen zu pflegen. Wenn wir die bewußte Begegnung und Kommunikation mit dem Seelenhaften wünschen, müssen wir den Pfad der reinen Rationalität verlassen und lernen, ihm über unser Emotionalfeld zu begegnen. Der Informationsaustausch erfolgt auf emotionaler Ebene und bedarf der Qualität des Herzens und unserer persönlichen Beziehung zur Landschaft und ihren Lebewesen.

3.2.1 Die Pflanze – ein empfindsames und kommunizierendes Wesen

Die Pflanzen gehörten zu den ersten Lebensformen auf dieser Erde; sie begannen die Erde vor 440 Mio. Jahren zu besiedeln. Aus den Algen entwickelten sich Moose und Farne, die vor rund 350 Mio. Jahren als Wälder mit riesigen Farn- und Schachtelhalmgewächsen ihren Höhepunkt erreichten und vor 100 Mio. Jahren von Nadelbaumwäldern (Nacktsamern) abgelöst wurden. Schließlich verbreiteten sich vor rund 65 Mio. Jahren Laubbäume und Blütenpflanzen (Bedecktsamer, 226.000 Arten), und die Pflanzengesellschaften entwickelten eine enorme Artenvielfalt. Von ursprünglichen Arten (Algen, Moosen, Farnen) bis zu kompliziertesten Blütenpflanzen haben sich die Pflanzen bis heute erhalten und weiterentwickelt.[394] Unsere pflanzlichen Lebensgefährten sind besondere Lebewesen. Es gelingt ihnen, über das

Chlorophyll, welches den Pflanzen auch die grüne Farbe verleiht, durch die Photosynthese aus Sonnenlicht und Nährstoffen Energie zu gewinnen, damit sie gedeihen, wachsen und sich vermehren können. Sie produzieren Sauerstoff und stellen mit ihrem Pflanzenkörper unsere Nahrungsgrundlage dar. Wir Menschen sind also über die stofflichen Kreisläufe (Gasaustausch und Nahrungsaufnahme) aufs engste mit den Pflanzen verbunden; sie sind die Träger unseres physischen Lebens.

Betrachten wir die Pflanzen unter dem Aspekt der Kommunikation mit anderen Pflanzen und Lebewesen, so überraschen sie uns durch eine ungeheure Sensibilität in ihren Wechselwirkungen mit dem Erdkörper und seinen Lebewesen, obwohl sie kein mit dem Menschen vergleichbares Nervensystem (mit entsprechenden Bahnen, Nervenenden und Sinnesorganen) besitzen. Schon bei einzelligen Pflanzenarten können durch chemische Reize, Licht, Temperatur, Schwerkraft oder Berührung Reaktionen ausgelöst werden, die sich in Bewegung (Tropismen) äußern. Auch höher entwickelte Pflanzen zeigen, trotz ihrer Verwurzelung an einem Standort, ihre Reaktionsfähigkeit über Bewegungen: Zum Beispiel beeinflußt die Schwerkraft die Rankenstellung von Kletterpflanzen und die Ausrichtung von Blüten. Die Erdnuß oder auch das Leinkraut strecken, wie alle Blütenpflanzen, ihre Blüten der Sonne entgegen, verändern jedoch ihre Stengelausrichtung, indem sie durch Ausrichtung der Früchte zur Erde ihre Vermehrung aktiv sicherstellen. Die auffälligsten Berührungsreaktionen zeigt die Mimose (*Mimosa pudica*). Ihre mit gelenkartigen Blattpolstern versehenen Blätter und Blattstiele klappen nach einem Berührungsreiz rasch zusammen; auch Verwundung, Erhitzung oder Induktionsströme können diese Bewegungsmechanismen zur Auslösung bringen. Berührt man ein Mimosenblatt, so klappen die kleinen Fiederblättchen paarweise nacheinander schräg nach oben, bis sich ihre Flächen berühren. Die Blattstielchen nähern sich einander seitlich, und schließlich klappt auch der Blattstiel nach unten. Sämtliche Bewegungen laufen, mit einer Latenzzeit von 0,08 Sekunden bis zur Reaktion, sehr rasch ab, und nach 15–20 Minuten Ruhe sind die Blätter wieder in die Ausgangsstellung zurückgekehrt.[395] Wer jemals die Reaktion einer Mimose erlebt hat, versteht, warum wir diesen Namen für sehr empfindliche Menschen verwenden.

Daß Pflanzen eine Art chemisches Gedächtnis besitzen, mit dessen Hilfe sie nicht nur auf drohende Gefahren reagieren, sondern auch ihren Verwandten signalisieren können, daß Gefahr droht, zeigen unter anderem die im Buch *Der Ruf der Rose* beschriebenen Versuche von David Rhoades und Gordon Orians (1983). Die Wissenschaftler haben festgestellt, daß von Raupen befallene Birken durch die Produktion von Stoffen, die ihre Blätter unverdaulicher und weniger schmackhaft machen, diese Raupen wieder auf Distanz halten können. Die Tatsache, daß sich Pflanzen gegenüber Tieren mit chemischen Mitteln zur Wehr setzten, war durchaus bekannt. Das Erstaunliche bei diesen Versuchen war jedoch, daß Birken, die nicht von Raupen befallen waren und in rund hundert Meter Entfernung standen, dieselben „Abwehrstoffe" produzierten. Diese Beobachtung legte den Schluß nahe, daß es trotz der Entfernung einen Informationsfluß geben mußte. Es gelang schließlich der Nachweis, daß diese Pflanzen bei Gefahr die chemische Substanz Äthylen produzieren und abgeben. Interessanterweise konnten diese Versuchsergebnisse von den beiden Wissenschaftlern in Laborversuchen nicht verifiziert werden, was die Frage aufwirft, ob bei der Kommunikation zwischen Pflanzen mehr ausgetauscht wird als nur chemische Stoffe. Aus diesem Grund äußerte Rhoades die Vermutung, daß „Pflanzen intelligenter sind, als wir bislang angenommen haben."[396]

Eine andere Methode, um der Verständigung zwischen Bäumen auf die Spur zu kommen, wandte Ed Wagner an, indem er elektromagnetische Spannungsänderungen maß. Durch zahlreiche Versuche kam er zu der Erkenntnis, daß in lebenden Bäumen eine stehende elektroma-

gnetische Welle schwingt, die er als w-Welle bezeichnete. Im Jahre 1986 machte der Physiker bei einer Wanderung in Oregon eine für ihn entscheidende Beobachtung, die ihn veranlaßte, den Erfahrungsaustausch unter Bäumen noch intensiver zu erforschen. Er bemerkte an jenem Tag, daß die Madronenbäume in dem Tal, in welchem er lebte, ungewöhnlich viele Samen trugen. Im Laufe seines ausgedehnten Spazierganges kam Wagner in ein angrenzendes Tal, dessen Madronenbäume von Menschen am Stamm beschädigt worden waren. In dieser Region gelten Madronenbäume als Unkraut und unliebsame Konkurrenten für die Harthölzer. Deshalb werden ihre Stämme mit Hilfe von Ketten so abgeschält, daß sich ein durchgehender kahler Ring bildet und die Bäume nach einem Jahr sterben. Zuvor jedoch, in einer Art Aufflammen des Überlebenstriebes, blühen die Madronenbäume noch einmal ausgiebig und produzieren außergewöhnlich viele Samen. Diese Selbsterhaltungsreaktion war Wagner durchaus bekannt, aber daß die Madronenbäume in dem von ihm bewohnten Tal dieselbe Reaktion zeigten, ohne daß sie unmittelbar bedroht waren, war für ihn neu und verblüffend.
Ausgehend von diesen Beobachtungen, überlegte er sich eine Versuchsanordnung, mit deren Hilfe er beweisen konnte, daß ein Informationsaustausch zwischen Bäumen existiert. In seinen Experimenten bestimmte er einen Sender- und einen Empfängerbaum, die genügend weit von einander entfernt standen, so daß eine Berührung auszuschließen war. Beide Bäume wurden mit Elektroden versehen, welche über abgeschirmte Kabel und komplexe Meßgeräte jeweils in ein Aufzeichnungsgerät mündeten, so daß die Bäume durch eigene Meßkreise meßtechnisch voneinander getrennt waren. Im Zustand der Ruhe zeichneten beide Bäume die bereits bekannte gleichmäßige, stehende w-Linie auf. Dann kam der Moment, in dem Wagner den Senderbaum bedrohte, indem er seinen Stamm durch einen Axthieb leicht verletzte. Unmittelbar nach dem Axthieb registrierte der Schreiber des Senderbaums eine Reaktion, und die Kurve stieg steil nach oben an. Rund zwanzig Sekunden nach dem Axthieb in den Senderbaum stieg die Kurve des Empfängerbaumes, ohne daß dieser berührt wurde, ebenfalls steil an und ging danach langsam wieder in die ursprüngliche Linienführung zurück. Zur Kontrolle ließ Dr. Wagner den Schreiber des Empfängerbaums bereits eine Stunde vor dem eigentlichen Versuch laufen, wobei sich in dieser Zeit keine Reaktion zeigte. In seinen zahlreichen Versuchen konnte Ed Wagner (bis 1994) stets dasselbe Verhalten des Empfängerbaumes feststellen, er ist mittlerweile davon überzeugt, daß alle Pflanzen miteinander kommunizieren.[397]
Erinnern wir uns an dieser Stelle wieder an die von Rupert Sheldrake beschriebenen morphogenetischen Felder. Sheldrake geht davon aus, daß Reaktionen bei Pflanzen wie zum Beispiel die jahresrhythmischen Zyklen, die täglichen Rhythmen, das Öffnen und Schließen der Blätter sowie die Formbildungsprozesse auf ein Gesamtgedächtnis der Pflanze zurückzuführen sind. Dieses Wissen entwickelt die Pflanze in einer Art Lernverhalten und gibt es an andere Pflanzen weiter. Das genetische Reservoir empfängt diese nichtstoffliche Feldinformation und baut sie in die genetisch wirksame, biochemische Ebene ein. Die morphogenetischen Felder sind Wahrscheinlichkeitsstrukturen, die nicht scharf zu definieren sind und die einen Zu- bzw. Abfluß von Informationen zulassen. Sie bauen auf vergangenen sowie gegenwärtigen Erfahrungen auf, die von Organismen gemacht werden, und sind auf Grund der Veränderbarkeit organischer Strukturen, trotz genetischer Bestimmung, entwicklungsfähig. Die morphogenetischen Felder werden durch Resonanz aufrechterhalten, indem sich eine Art Gedächtnis entwickelt, das sich über Raum und Zeit hinaus verbreitet. Eine Pflanzenart erbt das Wissen ihrer Vorfahren und verfügt über die Möglichkeit, dieses mit den eigenen Erfahrungen aus der Wechselwirkung mit der Umwelt in ihr emotionales Bewußtsein einzubauen und so das morphogenetische Feld zu erweitern.[398] In diesem Zusammenhang ist es wichtig anzuerkennen, daß die Pflanze ein intelligentes Lebewesen ist, das Erfahrungen sammeln und aus

ihnen auch lernen kann. Das Beispiel vom Blühverhalten einer Bambusart *(Phyllostachys bamboides)* zeigt dies eindrucksvoll auf: Die Blüte der genannten Bambusart wurde das erstemal im Jahr 999 in China nachgewiesen und aufgezeichnet. Seit dieser Beobachtung hat diese Bambusart in nunmehr fast 1.000 Jahren nur alle 120 Jahre geblüht und Samen ausgebildet. Das Interessante dabei ist, daß Phyllostachys bamboides in den sechziger Jahren auch in all jenen Ländern, in welchen er inzwischen angesiedelt wurde, zum ersten Mal geblüht hat. Das Wissen um den Zeitpunkt des Blühens wird von dieser Bambusart, die zur Familie der Gräser gehört, über Generationen hin weitergeben, wobei sich diese ohne Befruchtung über Sprosse im Boden ausbreiten, heranwachsen und sterben. So stammt das Wissen jener Pflanze, die nach 120 Jahren blüht, nicht direkt von ihrem körperlichen Vorgänger. Außerdem stirbt der auserkorene Phyllostachys unmittelbar nach der Abgabe der sich aus den Blüten entwickelnden Samen ab.[399]
Die exakt wiederkehrende Blütezeit und die Synchronizität, mit welcher alle Individuen dieser Pflanzenart auf der ganzen Welt zur gleichen Zeit blühen, bekräftigt die Theorie, daß bestimmte Verhaltensmuster innerhalb einer Pflanzenart bekannt sind und als Information weitergegeben beziehungsweise vererbt werden.
Das Phänomen der morphogentischen Resonanz leitet über zu jenem Informationsfeld, welches ich die seelisch-geistige Dimension der Pflanze bezeichne. Es repräsentiert eine Art Gedächtnis, das in direktem Zusammenhang mit dem Körper einer Pflanze steht, sich über den Pflanzenkörper hinaus in den Raum ausbreitet und mit anderen Pflanzen, aber auch mit Menschen in Kontakt tritt. Menschen können auf unterschiedliche Art und Weise mit dem Gedächtnis einer Pflanze in Wechselwirkung treten. Die nunmehr folgenden Beispiele werden uns in diese Erfahrungswelt einführen.

3.2.2 Die Pflanze – ein musikalisches Wesen

Musik, als Ausdruck einer inneren Qualität, einer Stimmung, eines Gefühlszustandes, erfaßt mit ihrem Zauber nicht nur den Menschen, sondern auch Pflanzen. Die Musik ist ein Paradebeispiel für Schwingung, Rhythmus und Resonanz. Unsichtbar, in Form von Schallwellen, breitet sie ihre Information über unterschiedliche Medien (Luft, Flüssigkeiten, Gesteine, Metalle, Menschen, Pflanzen) frei im Raum aus. Der Informationsgehalt der Schallwellen eines Musikstückes ist enorm und vermittelt mit Worten kaum beschreibbare, emotional wirksame Inhalte bis hin zu Geisteshaltungen und Weltanschauungen. Musiker, Komponisten und Musikrichtungen werden zum Ausdruck gesellschaftlicher Paradigmen und können Massen von Menschen in ihren Bann ziehen.
Das Hören von Musik ist ein holistischer Wahrnehmungsprozeß, der in der Gefühls- und Bilderwelt des/der Hörenden eine Resonanz auf den der Musik innewohnenden Ausdruck hervorruft. Und obwohl es unser empfindsamstes und aufnahmefähigstes Sinnesorgan ist, nimmt das Ohr nur einen Teil der vorhandenen Frequenzenvielfalt auf, die vom Infra- bis zum Ultraschall reicht. Die Schallwellen bewirken über unterschiedliche Schwingungsfrequenzen eine der holographischen Funktion des Gehirns entsprechende ganzheitliche Wahrnehmung (siehe Kap. III.2.1 Das menschliche Gehirn).
Die Informationsaufnahme geht über die rein physische Wahrnehmung von Tönen und Klängen hinaus und weckt vielfältige Assoziationen in uns. So war und ist die Musik seit jeher ein tragendes Element der menschlichen Kommunikation und in allen Weltreligionen ein Medium für die geistige Weiterentwicklung.

Die direkte Übermittlung von Informationen über Schallwellen macht verständlich, warum nicht nur Menschen und Tiere, sondern auch Pflanzen auf Musik reagieren. An Hand einiger Beispiele möchte ich an dieser Stelle die unterschiedlichen Reaktionen von Pflanzen aufzeigen. Einer der Pioniere auf diesem Forschungsgebiet war T. C. Singh, Leiter eines Botanikinstitutes in Indien (1950). Er stellte fest, daß der Ton einer in Schwingung versetzten Stimmgabel das Protoplasma einer asiatischen Wasserpflanze *(Hydrilla virticillata)* verstärkt strömen ließ. Da er wußte, daß traditionelle südindische Gebetslieder *(Ragas)* bei den Zuhörern tiefe religiöse Empfindungen auslösen können, spielte er solche Klänge auch seiner Wasserpflanze vor und beobachtete deren Wirkung. Vierzehn Tage später konnte er tatsächlich feststellen, daß sich die Spaltöffnungen der Versuchspflanzen, bezogen auf eine definierte Flächeneinheit, um 66 Prozent vermehrt hatten. Die Palisadenzellen waren länger und breiter und die Epidermiszellen dicker als jene von Kontrollpflanzen, welche unter denselben Bedingungen, aber ohne Musik gezogen worden waren. In vielen weiteren Versuchen bestätigten sich diese Ergebnisse.[400]

Daß Pflanzen auch auf einzelne Frequenzen reagieren, fanden die beiden Biologinnen Measures und Weinberger heraus. Bei ihren Versuchen entdeckten sie, daß Weizensämlinge, welche Schallwellen mit unterschiedlichen Frequenzen ausgesetzt wurden, auf wechselnde Behandlungsdauer mit verschieden starkem Wachstum reagierten. So zeigten die Weizensämlinge interessanterweise im hörbaren Frequenzbereich (5.000 Schwingungen pro Sekunde) das beste Wachstumsverhalten.[401]

Die Musikerin Dorothy Retallack stellte 1968 fest, daß unter gleichen Bedingungen gezogene Usambaraveilchen auf unterschiedlich lang andauernde Beschallung mit dem Ton F reagierten. In ihren Experimenten verwendete sie drei Versuchsgruppen: Eine Kontrollgruppe ohne Musik, eine Gruppe, die acht Stunden lang ohne Pause mit dem Ton F beschallt wurde, und schließlich eine Gruppe, der sie den Ton F drei Stunden lang mit Unterbrechungen vorspielte. Das Ergebnis war, daß jene Veilchen, die acht Stunden lang unablässig beschallt wurden, nach zwei Wochen starben. Die zweite Gruppe hingegen antwortete auf die dreistündige Beschallung mit verstärkter Vitalität gegenüber der Kontrollgruppe. Bei Versuchen mit Sommerkürbissen zeigte sich, daß diese eine Vorliebe für klassische westliche und indische Musik (Bach, Ravi Shankar) und für Jazz (Duke Ellington, Louis Amstrong) hatten. Bei Folk- und Countrymusik sowie Zwölftonmusik (Arnold Schönberg, Max Webern) verhielten sich die Pflanzen neutral, und Rockmusik schien ihnen eher zu mißfallen.[402]

Die beschriebenen Versuche belegen, wie empfindsam Pflanzen auf Schallwellen reagieren können. In diesem Zusammenhang geht es mir nicht um die Quantifizierbarkeit der Auswirkungen von Schallwellen, sondern um den qualitativen Aspekt der Wahrnehmung von akustischen Informationen, der mit den persönlichen Beziehungen zwischen Lebewesen zusammenhängt. Der emotionale Aspekt der Musik tritt in Resonanz mit der Pflanze, und es findet eine Kommunikation zwischen Musiker und Pflanze statt. Ob wir einer Pflanze nun ein Musikstück vorspielen, ihr beruhigende Worte zusprechen oder einfach ein Gefühl der Zuneigung aussenden, in jedem Falle treten wir mit der Pflanze in Kontakt. Dasselbe gilt auch für die Begegnung des Menschen mit einer Pflanzengruppe oder einer Landschaft.

3.2.3 Die Pflanze – ein Seelenwesen

Wie vom Menschen ausgehende seelisch-geistige Einflüsse auf Pflanzen wirken können, beschreiben Peter Tompkins und Christopher Bird an Hand unterschiedlicher Experimente in

ihrem Buch *Das geheime Leben der Pflanzen*. Ich möchte daraus zwei Versuche von Backster und Vogel anführen, welche zum einen das Vorhandensein von psychischer Energie in der Pflanze und um sie herum belegen, zum anderen den emotionalen Einfluß des Menschen auf die Pflanze veranschaulichen. Dabei wurde die seelische Dimension der Pflanze als eine eigene Art von Intelligenz, die der Pflanze innewohnt und die von uns Menschen angesprochen werden kann, verstanden.
Zur physikalischen Messung der Leitfähigkeit pflanzlicher Organe verwendeten die beiden Wissenschaftler ein Galvanometer, welches mittels Elektroden mit der zu untersuchenden Pflanze verbunden wurde. Starke Emotionen führten zu verändertem elektrischem Widerstand und bewirkten dadurch einen Ausschlag der Nadel am Galvanometer. Dieselben Erfahrungen hatte man mit dem sogenannten Lügendetektor bei Menschen gemacht.
Nachdem Backster die Elektroden am Blatt eines Drachenbaums angebracht hatte, erinnerte er sich, daß das Hervorrufen von Angst beim Menschen die erfolgreichste Methode war, eine Reaktion am Galvanometer auszulösen. Er versuchte, diese Idee auf das Experiment mit dem Drachenbaum zu übertragen. Er bedrohte die Pflanze mit dem Gedanken, eines ihrer Blätter mit einer Flamme zu versengen. Bevor er noch ein Streichholz zur Hand nehmen konnte, verzeichnete die Nadel des Galvanometers einen starken und eindeutigen Ausschlag. Backster verließ den Raum, um eine Streichholzschachtel zu holen. Als er den Raum wieder betrat, registrierte die Apparatur einen weiteren starken Ausschlag. Nun machte er seine Drohung zögernd wahr und begann ein Blatt anzubrennen, worauf ein schwächerer Ausschlag erfolgte. Zum Schluß spielte er der Pflanze nur mehr vor, daß er sie anbrennen wolle, worauf sie keine Reaktion zeigte.[403]

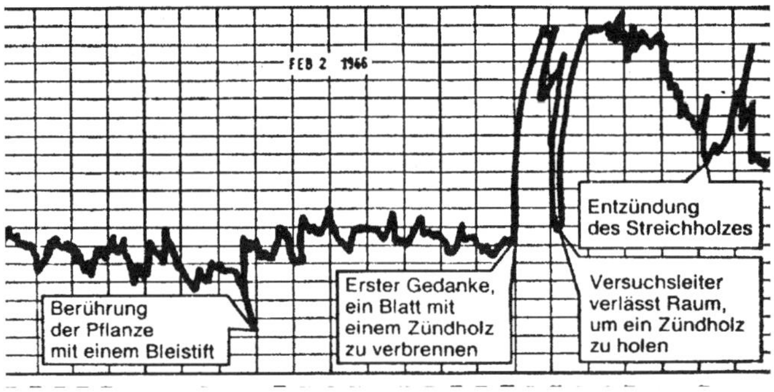

Abb. 92: Reaktionen des Drachenbaums am Galvanometer (Tompkins/Bird)

Backsters Überlegung war, daß die Pflanze gedankliche Informationen mit einem realen emotionalen Hintergrund, nämlich der Absicht, die Pflanze zu verletzten, aufnimmt und mit einer starken Reaktion beantwortet. Auf ein vorgespieltes Vorhaben reagiert die Pflanze jedoch nicht, und das ist der entscheidende Punkt in der Kommunikation mit der emotionalen Dimension der Pflanze. Meine eigenen Erfahrungen haben gezeigt, daß die Pflanze nur reagiert, wenn wir einen realen, ernstgemeinten emotionalen Impuls aussenden.
Nach Verbesserung der Technik verband Vogel ein Galvanometer über Elektroden so mit einem Philodendron, daß das Galvanometer eine geradlinige Basislinie erzeugen konnte. Nun näherte er sich völlig entspannt, mit ausgestreckten Fingern der Pflanze, ohne sie zu berühren. Dann schickte er der Pflanze liebevolle Gefühle, welche von der Pflanze wahrgenommen und

mit einer Art innerer Erregung beantwortet wurden, was über einen Ausschlag der Nadel am Galvanographen ablesbar war. Im Laufe seiner weiteren Versuche bemerkte Vogel, daß die innere Einstellung des Versuchsdurchführenden von zentraler Bedeutung für das Gelingen des Experimentes ist. Der Schlüssel liegt in der Fähigkeit, sich in die Pflanze einfühlen zu können und sie als beseeltes Wesen anzuerkennen. Wenn diese Beziehung durch den Menschen gegeben ist, kommuniziert die Pflanze mit dem Menschen. „Der Mensch kann mit der Pflanzenwelt kommunizieren, und er tut es auch. Pflanzen sind lebendige, empfindsame, mit dem All verbundene Wesen. Sie mögen im menschlichen Sinne blind, taub und stumm sein, aber meiner Meinung nach gibt es keinen Zweifel daran, daß sie äußerst sensible Instrumente sind, die Emotionen des Menschen auffangen. Sie strahlen energetische Kräfte aus, die der Mensch fühlen kann und als angenehm empfindet. Sie dringen in unser eigenes Kraftfeld ein, das dafür seinerseits Energie zur Pflanze zurückfließen läßt.“[404]

Benjamin Puschkin, ein russischer Psychologe, hat die Versuche von Backster und Vogel weitergeführt und ebenfalls mit Hilfe von Elektroden die Wirkung menschlicher Emotionen auf Pflanzen untersucht. In den 1972 veröffentlichten Versuchsergebnissen schreibt er, daß bei über 300 verschiedenen Versuchen übereinstimmende Reaktionen der Pflanzen auf die emotionalen Einwirkungen der Versuchspersonen festzustellen waren. Die Versuchspersonen wurden unter Hypnose auf eine von zwei Versuchspflanzen emotional eingestellt. Es reagierten immer genau jene Pflanzen, zu denen die emotionale Verbindung bestand. Puschkin meint, daß es sich um biophysikalische Energiemuster handeln könnte, die vom Menschen ausgesandt und von der Pflanzen aufgenommen werden.[405]

Wenn wir uns an das emotionale Informationsfeld des Menschen erinnern, so wird uns diese Aussage durchaus verständlich. Die Pflanze besitzt ein emotionales Informationsfeld, welches mit dem Emotionalfeld des Menschen in Kontakt steht (vgl. Kap. IV.4.2.1 Die Bewußtseinsfelder und -zentren des Menschen). Unter diesem Gesichtspunkt können wir bei den beschriebenen naturwissenschaftlichen Methoden, die angewandt wurden, um die Sensibilität und die Kommunikationsfähigkeit der Pflanze zu beschreiben, davon ausgehen, daß es sich stets um die Messung von Sekundärreaktionen handelt, denen eine übergeordnete Informationsquelle (Emotionalfeld) zu Grunde liegt. Wenn wir davon ausgehen, daß wir über seelische Informationsfelder mit den Pflanzen in Verbindung stehen, eröffnet sich uns eine Erfahrungswelt, die ich der seelisch-geistigen Dimension zuordne. Diese Erfahrungswelt ist qualitätsorientiert, und ob wir sie betreten können, hängt von der persönlichen Einstellung und vom persönlichen Zugang zu diesen Bereichen ab.

Emotionaler Einfluß auf die Lebensdauer eines Blattes — *Versuch*

Für die Durchführung des Versuches pflücken wir von einem Baum zwei gleich große und gleich vitale Blätter. Wir nehmen sie mit nach Hause und legen sie nebeneinander an einen Ort, der beiden Blättern dieselben äußeren Bedingungen bietet (Licht, Temperatur, Feuchtigkeit, Ausrichtung). Ab nun beginnen wir, mehrmals am Tag dem einen Blatt ein Gefühl der Zuneigung zu vermitteln, das direkt aus unserem Herzen kommt. Wir umspülen das Blatt emotional mit Zuneigung und Aufmerksamkeit und wünschen ihm, daß es möglichst lange frisch und vital bleibt. Dem anderen Blatt widmen wir keine Aufmerksamkeit und lassen es unbeachtet liegen. Dies wiederholen wir über mehrere Tage hinweg. Je intensiver und ernsthafter wir dies tun, umso deutlicher wird sichtbar, daß das mit Zuneigung umhegte Blatt gegenüber dem unbeachteten Blatt länger frisch bleibt.

3.2.4 Das emotionale Bewußtsein von Pflanze und Landschaft

Die Schaffung der Möglichkeit für eine Begegnung mit dem emotionalen Bewußtsein der Landschaft – ihrer Elementarwesenqualität – erfordert, daß wir auf die rational-naturwissenschaftliche Beweisbarkeit verzichten und die eigene, emotional-intuitive Erfahrung als Maßstab für unsere Wahrnehmung und Empfindung heranziehen. Persönliche Offenheit und die Bereitschaft, vorgefaßte Meinungen und Bedenken beiseite zu lassen, bilden die Voraussetzung, um sich der Welt des Seelenhaften nähern zu können. Wir selbst können uns durch die Vertiefung der persönlichen Wahrnehmung den Zugang zur emotionalen Dimension der Landschaft öffnen.

Nach meiner persönlichen Wahrnehmung und meiner neunjährigen bewußten Erfahrung in der Begegnung mit dem Emotionalfeld der Landschaft, handelt es sich dabei um emotionale Bewußtseinsfelder von Pflanze und Landschaft, welche, je nachdem ob sie einer Pflanze oder einem Raum angehören, spezifische Aufgaben besitzen. Da ihre Manifestationen seelischer Natur sind und persönlichen Charakter haben, können wir sie mit unserem eigenen Emotionalfeld, unserer Herzensqualität, tatsächlich als individuelle Wesenheiten ansprechen. Bedenken wir in diesem Zusammenhang, daß wir in jeder menschlichen Beziehung, ob bewußt oder unbewußt, ständig emotional miteinander umgehen. Diese Aktivität des eigenen Emotionalfeldes macht die Wahrnehmung des Emotionalfeldes der Landschaft für uns möglich.

Mir ist durchaus bewußt, daß die in der Mytholgie verwendeten Namen für Elementarwesen wie Gnome, Nixen, Sylphen, Kobolde, Zwerge und Salamander in der Alltagssprache der Erwachsenen ungewohnt klingen, und doch liegt im persönlichen, offenen Ansprechen seelischer Aspekte der Landschaft die Möglichkeit für eine konkrete, liebevolle Begegnung mit ihrer Seele. Meine eigene Praxis hat gezeigt, daß eine direkte Ansprache und offenherzige Hinwendung zur „Elementarwesenwelt" der Landschaft ihre Wahrnehmung um vieles erleichtert. Aus diesem Grund möchte ich die Qualität und Bedeutung der persönliche Ansprache des Seelenwesens einer Landschaft hervorheben und damit einen ergänzenden Aspekt zur naturwissenschaftlichen Auseinandersetzung mit der Landschaft einbringen. Das Empfinden für diese Welt haben wir ohnehin nie ganz verloren. Als Kind war es für uns eine Selbstverständlichkeit, von Faunen, Feen, Elfen, Nymphen, Kobolden, Wichteln u. a. m. zu sprechen, und wir konnten sie oft sogar wahrnehmen, obwohl wir uns heute vielleicht nicht mehr daran erinnern. Erst die Einschränkung unseres seelisch-geistigen Horizontes auf den naturwissenschaftlich genormten Zeitgeist, der die Ratio als alleiniges Paradigma postuliert, hat unsere Aufmerksamkeit von der Realität seelischer Qualitäten abgelenkt.

Die Elementarwesen, damit auch das emotionale Bewußtsein der Landschaft, wurden in die Welt der Sagen, Märchen und Mythen verbannt, wo sie sich bis heute erhalten haben. Aber gerade in der symbol- und märchenhaften Auseinandersetzung mit dem Leben wurden und werden tieferliegende Wahrheiten freigelegt. Der sprachliche und bildhafte Umgang mit einer Welt, die sinnlich nicht erfaßbar scheint, bietet die Möglichkeit, diese Wirklichkeit zu beschreiben. Dadurch wird sie für die eigene seelische Dimension wieder nachvollziehbar, da Bilder eine uns innenwohnende Information zum Mitschwingen bringen, die keines rationalen Beweises bedarf, um verstanden zu werden. Und genau hier treffen wir auch auf die Möglichkeit, die Seele der Landschaft für uns selbst bewußt erlebbar zu machen: In der aktiven, emotionalen Hinwendung zur Landschaft, wenn wir ihr mit offenem Herzen begegnen, wird unser Seelenkörper in bewußte Resonanz versetzt. Das Seelenhafte kann über Bilder und Gefühle, welche durch die emotionale Schwingung der Landschaft in uns aktiviert werden, zu uns sprechen, und wir können sie erkennen und auch rational interpretieren. In diesem

Zusammenhang verweise ich auf die in Kapitel IV.4.2 (Die Wahrnehmung von Bewußtseinsqualitäten) angeführten Übungen, die wir an dieser Stelle wieder einsetzen können, um unsere persönliche Erfahrung in der Wechselwirkung mit der emotionalen Dimension der Landschaft zu vertiefen. Wenn wir unseren Wirklichkeitsbegriff wieder öffnen und unser Bewußtsein für die Realität der seelischen Ebene des Lebens erweitern, können wir erfahren, daß die Landschaft und ihre Lebewesen eine individuelle, seelisch wirksame Qualität besitzen. Wir tauchen ein in ein weites Erfahrungsfeld, welches unser Leben enorm bereichern wird.
Die Landschaft und ihre Lebewesen stellen einen beseelten Organismus dar, der analog zur seelischen Dimension des Menschen steht und dem ein emotionales Wissen immanent ist. Das Emotionalfeld der Landschaft besitzt eine bestimmte Bewußtseinsqualität, die sich über den physischen Körper der Landschaft manifestiert. Mit dem Begriff Elementarwesen werden individuelle Kristallisationen der Bewußtseinsqualität der Landschaft beschrieben. Diese besitzen ein Vitalfeld, das das Emotionalfeld der Landschaft mit ihrem physischen Körper verbindet.
Nachdem die seelische Qualität einer Landschaft ihre Intelligenz darstellt, hat sie die Aufgabe, die Lebensprozesse der Landschaft sowie der einzelnen Lebewesen zu koordinieren und zu leiten. Als Erfahrungsträger übernimmt das Emotionalfeld eine steuernde Funktion in der Landschaft, hält bestimmte Schwingungsqualitäten aufrecht und betreut die einzelnen Pflanzen in ihrer Entwicklung. Dabei wirkt die emotionale Information (Emotionalfeld) auf ihr zugehöriges Vitalfeld, und dieses beeinflußt wiederum den stofflichen Körper der Landschaft.[406] Die elementare Bewußtseinsqualität der Landschaft ist nicht willkürlich im Raum verteilt, sondern speziellen Lebensräumen und einzelnen Pflanzen zugeordnet. Im Landschaftsraum gibt es vier elementare Raumqualitäten, die den vier Elementen zugeordnet sind. Das war auch der Grund dafür, daß zahlreiche Autoren (Paracelsus, Goethe, Steiner, Pogačnik) für sie die Bezeichnung „Elementarwesen" verwendet haben. Entsprechend meiner persönlichen Wahrnehmung und in Anlehnung an die zitierten Autoren verwende ich diesen Begriff ebenso als eine Form der Beschreibung emotionaler Qualitäten der Landschaft.
Beim Studium der Fachliteratur begegnen wir zahlreichen feinfühligen Menschen und Autoren, die zu den Elementarwesen Stellung nehmen, sie beschreiben und ihre Bedeutung erkennen. Zum besseren Verständnis möchte ich hier die Erfahrungen einiger Menschen wiedergeben:
Das Wissen um Elementarwesen ist nicht an einen Ort gebunden, sondern eine Erfahrung, mit der sich Menschen weltweit beschäftigt haben und noch beschäftigen, von den Indianern Südamerikas angefangen, über Indien, Indonesien und andere Länder und Kontinente bis nach Europa. Einen feinfühligen und lebendigen Umgang mit Elementarwesen finden wir in Europa vor allem in den nordischen Ländern wie Schottland, Irland, Island, Skandinavien und Norwegen, wo ihre Akzeptanz auch heute in die Alltäglichkeit des Lebens einfließt, wie Sigrid Lechner-Knecht es in ihrem Buch *Die Hüter der Elemente* beschreibt. Während ihrer Studienreisen rund um die Welt hat sie zahlreiche Berichte über Erfahrungen mit Elementarwesen gesammelt. Wie sehr hierbei die emotionale Dimension der Landschaft in die Planungsrealität des Menschen einfließen kann, zeigt uns ein Beispiel aus Island: Im Jahre 1963 sollte in der Nähe der Stadt Akureyri ein Öltank gebaut und deshalb ein Felsen gesprengt werden. Nachdem ein sensibler Polizist entdeckte hatte, daß der Felsen ein wichtiger Platz für Elfen war, beschloß der Gemeinderat der Stadt, den Felsen zu schützen und den Öltank nicht zu bauen. Auf dieselbe Weise wurde in Irland beim Straßenbau darauf Rücksicht genommen, besondere Naturmerkmale (Bäume und Felsen mit starker Ausstrahlung, vielfältige Bachlandschaften u. a. m.) zu beachten und ihnen auszuweichen, da solche Orte mit zahlreichen

Elementarwesen besiedelt sind.[407] Eine gestalterische Auseinandersetzung mit der Landschaft, bei der die Menschen das Wissen um Elementarwesen zu Hilfe nehmen, wurde und wird in Findhorn, einer kleinen Ortschaft im Norden von Schottland, praktiziert. Im demütigen Umgang mit einer ursprünglich unfruchtbaren Landschaft und im Zwiegespräch mit den vorhandenen Elementarwesen konnte sich eine reichhaltige Landschaft entwickeln, die jetzt eine Vielfalt an Obstsorten und Gemüsearten hervorbringt.[408]

Paracelsus (1493–1541), der heute noch sehr bekannte Mediziner und Philosoph des ausgehenden Mittelalters, war ein emsiger Erforscher der Elementarwesen. In seinem Buch *Liber de nymphis* beschreibt er die Elementarwesen als eine der menschlichen Seele entsprechende Entwicklungslinie, die den vier Elementen Feuer, Erde, Luft und Wasser zugeordnet ist. Somit gehörte er zu den feinfühligen Menschen, die erkannt haben, daß das emotionale Bewußtsein der Landschaft mit ihren vier Grundqualitäten verbunden ist. Paracelsus spricht in diesem Zusammenhang von Wohnstätten: „Ihre Wohnung ist viererlei, das ist nach den vier Elementen geteilt, eine im Wasser, eine in der Luft, eine in der Erde, eine im Feuer. Die im Wasser sind Nymphen, die in der Luft Sylphen, die in der Erde sind Pygmen, die im Feuer Salamander."[409]

Die Zuordnung des emotionalen Bewußtseins der Landschaft zu den vier Elementen zieht sich wie ein roter Faden durch die Geschichte der Elementarwesen. In der geisteswissenschaftlichen Disziplin der Anthroposophie begegnen wir den Elementarwesen über die Aussagen ihres Begründers Rudolf Steiner (1861–1925). Er bezeichnet sie als die hilfreichen Wesen, die für das Wachstum von Pflanzen und Tieren sorgen, die sich im Zuge der äußerst komplexen Erdentwicklung und Evolutionsprozesse entwickelt haben und ordnet sie dem Emotionalfeld (Astralkörper) zu: „Die Summe der vier Elementarwesen-Gruppen ist der Astralkörper der Erde."[410]

Einen weiteren, die Wahrnehmung des Emotionalfeldes betreffenden Hinweis, gibt uns Steiner mit seiner Theorie der Imagination. „Die elementarische Welt soll uns die sein, welche wahrgenommen werden kann nur durch das, was wir Imagination nennen. Man kann auch diese elementarische Welt die imaginative Welt nennen."[411]

Die Wahrnehmung des Seelenbewußtseins ist demnach ein schöpferisch-kreativer Akt. Imagination leitet sich vom lateinischen *imago* (Bild) ab und heißt, die Fähigkeit haben – und die hat jeder Mensch –, Bilder entstehen zu lassen. Durch die imaginative Begegnung mit der Landschaft haben wir die Möglichkeit, die Seelenbilder der Landschaft in uns zu visualisieren. Mit der Visualisation von inneren Bildern kommen wir vom Phänomen der Wahrnehmung zu deren bildhafter Umsetzung. Dies äußert sich auch in einem Bedürfnis des Menschen, die Elementarwesen bildlich darzustellen. Da die Wahrnehmung emotionaler Qualitäten der Landschaft persönlichkeits- und begegnungsorientiert ist, werden diese Bilder stets von der eigenen Lebenserfahrung geprägt. Auffallend ist in diesem Zusammenhang aber die Tatsache, daß diese Wesen in den Mythen und Märchen der Völker immer wieder als menschenähnliche Wesenheiten beschrieben werden.

Der slowenische Bildhauer Marko Pogačnik, den ich persönlich als sehr erfahrenen Kenner der Gefühlsebene der Landschaft schätzen gelernt habe, führt dies darauf zurück, daß die Elementarwesen auf Grund ihrer emotionalen Qualität eine liebevolle und intelligente Kraft ausstrahlen, die uns den Eindruck menschlicher Eigenart vermittelt. In der Bildersprache der Märchenwelt haben sie sich daher in der menschenähnlichen Form erhalten. Wenn wir zum Beispiel an die bekannte Darstellung von Feen als kindliche, geflügelte Wesen denken, die einer Libelle gleichen, läßt sich folgende Analogie entdecken: Das Bewußtsein steht für das Menschhafte. Da diese Wesen aber keine Menschen sind, sondern dem Naturreich angehören, stellen die libellenähnlichen Flügel den Bezug zur Natur her. Die Flügel selbst deuten darauf hin, daß sie dem Element Luft zugehörig sind, weshalb die Feen als Elementarwesen der Luft bezeichnet werden können.[412]

In unseren Gärten finden wir sie heute wieder, die Zwerge, die durch ihr geschäftiges Tun den Garten in Ordnung halten. Diese kommerzialisierte Form der Darstellung von Elementarwesen ist wohl eine sehr volkstümliche und reicht oft in den Kitsch hinein. Nur wenigen Menschen ist der Gartenzwerg als Gleichnis für die Welt der Gnome, der erdbezogenen Naturwesen, noch geläufig.

In barocken Gartenanlagen treffen wir auf vorwiegend mythologisierte Darstellungsformen von Naturgottheiten, welche ebenfalls personifizierte Wesenheiten aus dem Reich der Natur darstellen. Zumeist sind sie in die Götterwelt der alten Griechen eingereiht und betreuen den Garten als Pan (Gott der Hirten und Jäger) oder zeigen sich in Form von Felsengesichtern und Blattmasken.

Abb. 93: Pan und Felsengesicht im Renaissancegarten (Villa Aldobrandini, Fraskati, Italien)

Interssant sind die graphisch umgesetzten Visualisierungen von Marko Pogačnik, der die Elementarwesen in Form von kraftwirbelartigen Strukturen (ihres Vitalkörpers) bildhaft darstellt.

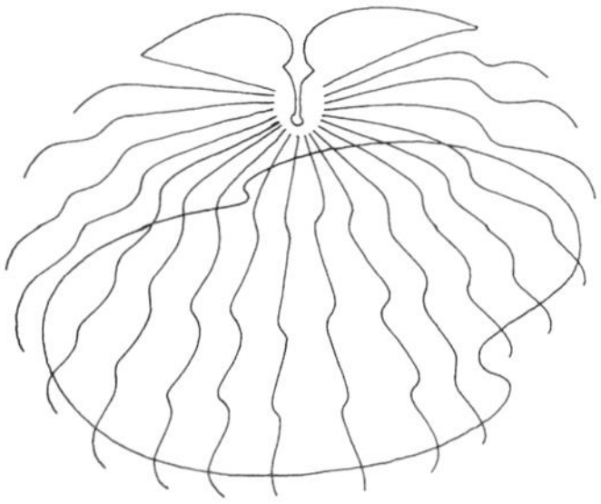

Abb. 94: Blattmaske als Konsole in der Elisabethkirche zu Marburg an der Lahn, 14. Jh.
Landschaftsnymphe in einem Moorgebiet bei Ljubljana (Pogačnik)

Nachdem der holistische Wahrnehmungsprozeß auch über den eigenen Emotionalkörper abläuft, wird die bildhafte Umsetzung der Erfahrung vom Persönlichkeitsmuster der jeweiligen Person geprägt. So ist es zu verstehen, daß die visuellen Grundmuster, die wir in der Bilderwelt der Mythen, Sagen und Märchen finden, von der persönlichen Lebenserfahrung gefärbt sind. Daher wird jeder dafür aufgeschlossene Mensch auch ein inneres, für ihn stimmiges sprachliches oder visuelles Bild für Elementarwesen entwickeln.

Meine persönliche Wahrnehmung der Landschaftsseele

Meine Wahrnehmung des seelischen Bewußtseins der Landschaft läuft entweder über gedankliche oder über visuelle Bilder, die während des Wahrnehmungsprozesses entstehen.
Das „Seelenwesen" von Bäumen empfinde ich als hauchzarten, nebelartigen Schleier, der den Baum durchwebt und umgibt. In der Landschaft nehme ich sie oft als quirlige Wesenheiten wahr, so als wäre gerade ein Tier vorbeigehuscht. Das Tier ist bereits weg, aber der Eindruck ist noch intensiv im Raum spürbar. Oft ist es ein konkreter Gedanke: „Dieser Ort ist von Elementarwesen dicht besiedelt und emotional sehr vital." Oder ich fühle mich vom Seelenwesen der Landschaft sehr berührt, und ein erhebendes Gefühl steigt in mir auf.

Interessant ist in diesem Zusammenhang, daß an solchen Orten immer wieder physische Bilder von Elementarwesenqualitäten in Steinen oder ganzen Felsenlandschaften zu finden sind, sozusagen als körperliche Ausdrucksformen einer seelischen Qualität. Meiner Erfahrung nach treten diese vor allem im Zusammenhang mit erdbezogenen Qualitäten auf. Das bewußte Achten auf Felsenformationen oder ganze Landschaftsformen ist eine gute Hilfestellung, um sich über den physischen Körper der Landschaft ihrer seelischen Ebene zu nähern.

Abb. 95: Steingesicht im Felsen (Gmünd)

Abb. 96: Steingesicht in der Felswand (Traunstein)

Das Emotionalfeld der Landschaft kann den unterschiedlichen Manifestationen und Aufgaben einzelner Organismen sowie verschiedenen Landschaftseinheiten zugeordnet werden. In allen Fällen besteht eine direkte Verbindung zu einer bestimmten Pflanze oder zu einem speziellen Ort. Wir können sie uns wie die Nabelschnurverbindung von einem Neugeborenen zu seiner Mutter vorstellen. Durch diesen Kontakt werden die emotionale Qualität, ihre Aufgabe und der konkret damit zusammenhängende physische Ort in Einklang gebracht. Pogačnik bezeichnet solche Punkte als Brennpunkte der Elementarwesen, über welchen sie fokussiert sind. Je nach Aufgabe und Bindung an eine bestimmte Raumqualität oder eine Pflanze besteht die Möglichkeit, daß sich der nichtstoffliche Körper des Emotionalfeldes mehr oder weniger stark ausbreitet, wobei die Verankerung im eigentlichen Brennpunkt stets aufrecht bleibt. Nach der Auffassung von Pogačnik durchlaufen die Elementarwesen eine eigene Evolution und sind ein eigenständiger Bewußtseinsausdruck der Gefühlsebene der Landschaft.[413]

Das emotionale Bewußtsein der Pflanze

Das persönliche Emotionalfeld einer Pflanze steht in unmittelbarer Verbindung mit ihr und ist direkt an die Pflanze gebunden. Für mich stellt diese Qualität das elementare Ich der Pflanze dar, ihre emotionale Intelligenz. Die Versuche von Backster und Vogel zeigen uns die Pflanze als bewußtes Wesen, welches auf die emotionalen Handlungen des Menschen reagiert. In diesem Zusammenhang ist die Seele der Pflanze mit ihrem elementaren Ich (Elementarwesen) ident und bildet das Emotionalfeld der Pflanze. Aus der symbiotischen Verbindung mit Pflanzen oder speziellen Raumqualitäten bildet sich ein gemeinsames Bewußtsein.[414]

Das Emotionalfeld der Pflanze steht über das Vitalfeld mit dem physischen Körper der Pflanze in unmittelbarer Verbindung, wodurch ein Wirkungsgefüge zwischen der seelisch-geistigen und körperlich-stofflichen Natur der Pflanze entsteht, das zu einer lebendigen Einheit wird. Wir können dieses Gefüge analog zur Einheit von Emotional- und Vitalfeld und physischem Körper des Menschen verstehen.

Das Seelenbewußtsein einer Pflanze kümmert sich um deren Wachstumsverhalten, deren Stoffwechselvorgänge und bindet die Pflanze über die emotionale Kommunikation in die Seelenebene der Landschaft ein. Es ist beteiligt am Wachstum der Wurzeln und Blätter. Bei mehrjährigen Pflanzen (z. B. Stauden, Sträuchern und Bäumen) leitet die elementare Intelligenz das Wachstumsverhalten der Äste und der Krone. Wie ein bioenergetisches Feld durchwirkt und durchdringt das Emotionalfeld den physischen Körper der Pflanze.

Während der gesamten Lebenszeit einer Pflanze ist das zugehörige Emotionalfeld mit ihr verbunden und verbleibt nach ihrem physischen Absterben, sozusagen als Bewußtseinspunkt, im emotionalen Grundfeld der Landschaft, wo es dann zum Beispiel wieder die Betreuung eines aufkeimenden jungen Baumes übernimmt. So kommt es in der natürlichen Generationenabfolge der Vegetation zu einer fortlaufenden elementaren Betreuung der Pflanzen.[415]

Wenn Bäume gefällt werden und deren Wurzelstöcke im Boden verbleiben, führt dies dazu, daß das Emotionalfeld im Wurzelkörper verbleibt und sich nicht aus dieser Verankerung lösen kann. Es versucht dann, den Baum zu neuerlichem Wachstum zu aktivieren.[416]

Wir alle kennen Bilder von kahlgeschlagenen Waldflächen, wo noch kurze Stücke der Stämme aus dem Boden herausragen. Solche Bereiche vermitteln uns ein Gefühl von Traurigkeit, was vorwiegend damit zusammenhängt, daß die zugehörigen Emotionalfelder im Landschaftsraum bleiben und keine ihnen entsprechende Aufgabe mehr haben. Jedes versucht seinen Baum weiter zu betreuen, obwohl kein Stamm und keine Krone mehr vorhanden sind. Diese Irritation der Elementarwesenqualität ist für uns Menschen spürbar, und wir nehmen im betroffenen Landschaftsraum ein depressives emotionales Grundmuster wahr.

Wir können auf diese Tatsache Rücksicht nehmen, wenn wir diese Methode des Kahlschlags durch gezieltes Herausnehmen von Bäumen ersetzen. Wenn wir auch noch dafür sorgen, daß keine großen Lücken entstehen, können aufkommende Jungbäumchen als neu zu betreuende Bäume vom entsprechenden Emotionalfeld übernommen werden. Es ist außerdem möglich, das Seelenbewußtsein auf das Fällen seines Baumes vorzubereiten, indem wir es einige Tage davor emotional darauf ansprechen. Dadurch hat es die Möglichkeit, sich in das Emotionalfeld der Landschaft zurückzuziehen und in weiterer Folge einen neuen Baum zu finden.
Eine für mich sehr einprägsame Erfahrung in dieser Richtung habe ich bei einer Gartenberatung (im Dezember 1995) in der Nähe von Wien gemacht: Während ich versuchte, die grundlegende Raumqualität des Gartens intuitiv wahrzunehmen, überkam mich an einer bestimmten Stelle plötzlich ein sehr starkes Gefühl von Trauer. Als ich die Gartenbesitzerin darauf ansprach, erzählte sie mir, daß an dieser Stelle vor einem Jahr ein ausgewachsener Kirschbaum gefällt worden war. Und obwohl von außen (schneebedeckter Boden) vom Baum nichts mehr zu erkennen war, spürte ich deutlich sein Emotionalfeld. In so einem Fall ist es möglich, darum zu bitten, daß sich die Elementarwesenqualität in das emotionale Grundfeld der Landschaft zurückzieht, um in der Betreuung einer neuen Pflanze wieder eine Aufgabe zu finden.
Um den persönlichen Aspekt von einem Emotionalfeld bewußt zu machen und einen respektvollen Umgang mit den Seelenwesen von Bäumen anzuregen, bezeichnet Marko Pogačnik die Elementarwesen als Faune, abgeleitet vom lateinschen *faunus*. In der mythologischen Entsprechung steht der Faun für den weissagenden Feld- und Waldgott und ist das archetypische Bild für das elementare Ich eines Baumes.
Den Faun selbst nimmt Pogačnik als spiralartige Kraft mit einem eigenen Bewußtsein wahr und stellt ihn entsprechend graphisch dar.[417]

Abb. 97: Der Faun einer jungen Eiche
(Pogačnik)

Wie schon erwähnt, besteht zwischen dem Emotionalfeld einer Pflanze und dem Emotionalfeld der Landschaft Kommunikation, wodurch die Lebensgemeinschaften eines bestimmten Lebensraumes (Biotoptyps) auf seelischer Ebene miteinander vernetzt sind. Das ökologische Ineinandergreifen natürlicher Lebensgemeinschaften beruht auf dem naturgegebenen Wissen der elementaren Wesenheiten. Durch dieses Bewußtsein der Natur existiert neben den stofflichen Wechselwirkungen eine seelisch-geistige Kommunikation. Beide Ebenen sind zur Aufrechterhaltung der Vitalität im persönlichen Bereich der Pflanze selbst sowie im kollektiven Bereich der Landschaft notwendig.

Wie bei den anderen Übungen zur Wahrnehmung der Bewußtseinsdimension einer Landschaft ist es auch für die Begegnung mit ihren Emotionalfeldern sehr hilfreich, auf die vier Phasen der Wahrnehmung (Einstimmungs-, Verbindungs-, Austausch- und Übersetzungsphase) Rücksicht zu nehmen. Das Gelingen der Übung wird erleichtert, wenn wir uns erden, auf das Herzzentrum konzentrieren und die Übung kontinuierlich wiederholen (siehe Kap. IV.4.2 Die Wahrnehmung von Bewußtseinsqualitäten).

Für die Durchführung dieser Übung suchen wir uns einen Baum, von dem wir uns angesprochen fühlen. Während wir uns dem Baum nähern, begrüßen wir ihn bereits als persönliches Wesen und bauen eine individuelle Beziehung zu ihm auf. Daraufhin stellen wir einen direkten Kontakt zu ihm her, indem wir ihn mit den Händen, mit dem Körper oder auch mit der Stirn berühren. Wie in einer offenherzigen Beziehung zu Mitmenschen versuchen wir, uns dem Baum gegenüber zu öffnen, uns auf sein Emotionalfeld zu konzentrieren und unsere Aufmerksamkeit beim Baum zu halten. In dieser Phase ist es auch möglich, einen inneren Dialog mit dem Baum zu führen. Wir können Fragen stellen (nach Art, Aussehen, Name u. a.) und auf Anworten achten. Diese kommen meist als unerwartete Gedanken oder Bilder, die uns plötzlich in den Sinn kommen und deren Verbindung zum elementaren Ich des Baumes für uns nachvollziehbar ist. Wenn uns während dieser Übung ablenkende Gedanken in den Sinn kommen, kehren wir mit unserer Aufmerksamkeit stets behutsam zum Baum zurück. Unsere Konzentration bleibt beim Baum, und wir achten auf körperliche Reaktionen, Gedanken und Gedankenbilder.

Im Laufe der Zeit werden wir ein Gespür für die feine Qualität des Emotionalfeldes (Elementarwesen) bekommen, indem wir jeden Baum immer klarer als eigene Persönlichkeit erkennen und kennenlernen. Um die Erfahrungen mit unterschiedlichen Bäumen an verschiedenen Orten evident zu halten, ist es sehr hilfreich, die persönlichen Erlebnisse in Form von graphischen und schriftlichen Aufzeichnungen festzuhalten.

Das emotionale Bewußtsein der Landschaft

Wie schon erwähnt, ordnete auch Paracelsus die emotionalen Aspekte der Landschaft in Form der Elementarwesen den vier Elementen Feuer, Erde, Luft und Wasser zu. Die psychische Qualität ist identisch mit der physischen Qualität des jeweiligen Elementes. Wie ich in Kapitel III.3 (Die vier Elemente) beschrieben habe, handelt es sich beim elementaren Bewußtsein um die psychische Manifestation der vier Elemente, wobei die Aufgaben dem jeweiligen Element zugeordnet sind. Aus diesem Grund ist das Emotionalfeld auch über den körperlichen Ausdruck der Elemente innerhalb der Landschaft zuzuordnen und an die jeweilige Raumqualität gebunden, wobei es zwar gegenüber dem der Pflanzen (Faune) einen größeren Aktionsradius besitzt, aber den Raum, in dem es verankert ist, trotzdem nicht verlassen kann. Wenn zum Beispiel Wasserelementarwesen, die sich um eine Wiesenquelle kümmern, ihre Quelle verlieren, bleiben sie nach Pogačnik an diesen Ort gebunden. „Sie bemühen sich weiterhin, einer Quelle oder einem Bach zu helfen, doch entsprechen die durch Maschinen oder menschliche Grobheit geschaffenen Kanäle nicht ihrer Natur. So kommt es dazu, daß sie unglücklich über dem Wasser schweben, da sie in der wäßrigen Substanz nicht mehr leben können und ohnmächtig deren Verfall zusehen müssen.“[418]

Meine Wahrnehmung hat gezeigt, daß sich individuelle Emotionalfelder (Elementarwesen) des Wassers verstärkt an den Uferbereichen von Gewässern konzentrieren. Der Verlust von Uferstrukturen führt für sie zu Problemen, da sie ihre Brennpunkte verlieren, mit denen sie an den Ort gebunden sind. Dadurch kommt es, neben der Reduktion der ökologischen Diversität und der Beeinträchtigung des vitalenergetischen Feldes, zu einer Art emotionalem Schock in der Landschaft, wie ich ihn im Zusammenhang mit dem Kahlschlag bereits beschrieben habe. Durch gestalterische Maßnahmen ist es jedoch möglich, sozusagen artgerechte Standorte für Elementarwesen im physischen Bereich der Landschaft zu schaffen, wodurch sowohl die emotionale Vielfalt als auch die ökologische Diversität der Landschaft gesteigert wird.

Die Emotionalfelder der einzelnen Elemente manifestieren sich auf mehreren Entfaltungsebenen und übernehmen entsprechende Aufgaben im Landschaftsraum. So gibt es Elementarwesenqualitäten, die unmittelbar am Aufbau der körperlichen Erscheinung der vier Elemente beteiligt sind, und wiederum andere, die eine übergeordnete Bewußtseinsqualität des jeweiligen Elementes verkörpern und eine raumkoordinierende, emotionale Intelligenz repräsentieren. Das raumkoordinierende Landschaftsbewußtsein bildet *Naturtempelbezirke*, die als elementare Steuerzentren der Landschaft verstanden werden können und in größeren räumlichen Abständen von mehreren Kilometern in der Landschaft immer wieder auftreten, sofern sie nicht zerstört worden sind. Naturtempelbezirke sind von vielen Elementarwesen belebt und befinden sich zumeist im Bereich vitalenergetischer Systeme der Landschaft (z. B. an Ley-Linien oder sternförmigen Kraftzentren). Pogačnik meint: „Wenn wir uns vorstellen, daß sich die Einflußbereiche der einzelnen Naturtempelbezirke in einer Landschaft gegenseitig berühren, wird deutlich, daß letztlich die gesamte Erdoberfläche durch den segensreichen Einfluß der höher entwickelten Elementarwesen abgedeckt wird.“[419]

Ich nehme immer wieder wahr, daß an Orten mit hoher Diversität und ökologischer Vielfalt auch eine ausgeprägte emotionale Aktivität gegeben ist. An Orten hingegen, die von unsensiblem Handeln und monokultureller Bewirtschaftung geprägt sind, reduziert sich automatisch die Vitalität der Landschaftsseele. Insofern spielt es für die emotionale Qualität der Landschaft eine entscheidende Rolle, wie wir Menschen mit ihr umgehen. Landbewirtschaftung, die sich an ökologischen Kriterien orientiert, ist nicht nur förderlich für die Vielfalt in Flora und Fauna, sondern ebenso förderlich für die seelische Vielfalt, und da der Landschaftskörper mit ihr eine untrennbare Einheit bildet, ist die emotionale Aktivität für die Vitalität der Landschaft unerläßlich.

Aufgaben des seelischen Bewußtseins der Landschaft

- Als emotionale Intelligenz der Natur steuert es ihre Lebensabläufe.
- Über die vitalenergetische Ebene ist es an der Verteilung der Lebenskraft in der Landschaft beteiligt und wirkt steuernd auf das Vitalfeld der Landschaft.
- Als Emotionalfeld lenkt es über das Vitalfeld bioenergetisch wirksame Kräfte und überträgt so die Information auf die körperlich-stoffliche Ebene der Landschaft.
- Es bindet Pflanzen und Tiere in die jahresrhythmischen Veränderungen ein.
- Es koordiniert die Erneuerung, den Wiederaufbau und die Umverteilung von nichtstofflichen Kräften in der Landschaft.
- Es ist an der Steuerung der natürlichen Zyklen beteiligt.

Wahrnehmen seelischer Qualitäten der Landschaft — ***Übung 57***

Wir gehen wieder entsprechend der Anleitung zur Übung (Das emotionale Bewußtsein eines Baumes kennenlernen) vor. Der Unterschied liegt nur darin, daß wir bewußt mit einer konkreten Raumsituation in der Landschaft oder im Freiraum emotionalen Kontakt aufnehmen. Dies können zum Beispiel der Uferabschnitt eines Gewässers, Wurzelhöhlen und moosbewachsene Stellen im Wald, ein bestimmter Stein, der Komposthaufen im Garten, ein Lagerfeuer sein. Gelingt es uns, in einer liebevollen Begegnung eine emotionale Beziehung zu dem Ort herzustellen, werden wir die Seele der Landschaft (Elementarwesen) in den für uns passenden Assoziationen wahrnehmen und beschreiben können.

Emotionaler Dialog mit der Landschaft — ***Übung 58***

Über einen bewußt geführten, inneren Dialog ist es möglich, konkrete Fragen an das Emotionalfeld (die Elementarwesen) der Landschaft zu stellen.
Während der Ausführung dieser Übung müssen wir uns darauf konzentrieren, die gestellte Frage mit einem emotionalen Ausdruck zu verbinden. Das heißt, daß diese Form des Gesprächs während der Austauschphase über innere gefühlsbezogene Assoziationen (Bilder, Formen, Farben, Klänge) stattfindet. Um die Antwort zu verstehen, müssen wir lernen, unsere Assoziationen richtig zu interpretieren.

Übersicht zu den emotionalen Raumqualitäten entsprechend den vier Elementen

(nach Paracelsus, Steiner, Pogačnik, Lechner-Knecht)

Feuer

Element-Entsprechung: Feuer
Elementarwesen-Namen: Salamander, Vulcani
Grundsätzliche Qualität: Wandlung, Erneuerung
Räumliche Entsprechung: sonnig-exponierte Lagen (Trockenstandorte, sandig-trockene Böden); all jene Bereiche der Lebensräume, wo stoffliche Wandlungsprozesse stattfinden (Verrottung, Kompostierung); offenes Feuer
Aufgaben: Koordination der Umwandlungsprozesse (Zerlegung von organischem Material und Bereitstellung von Nährstoffen), Mitwirkung bei der Reifung der Früchte
Persönliche Assoziationen und Wahrnehmungen: kleine quirlige Wesen im Kompost, Gefühl der Veränderung, (etwas beunruhigend), Flammengsichter im Feuer

Erde

Element-Entsprechung: Erde
Elementarwesen-Namen: Gnome, Pygmen, Zwerge, Kobolde
Grundsätzliche Qualität: Materialisation
Räumliche Entsprechung: Boden (anorganisch, organisch); Lebensräume des Waldes; Erd-, Stein-, und Wurzelhöhlen; geschlossene Raumstrukturen

Aufgaben: Koordination der erdgebundenen und erdbezogenen Prozesse (Bodenaufbau, Bodenleben, Nährstoffkreislauf); Umsetzung der Kräfte in materielle Strukturen

Persönliche Assoziationen und Wahrnehmungen: in Form von Gesichtern in Wurzeln und Steinen; emotionale Wahrnehmung: schalkhafte, immer zu Späßen aufgelegte Wichtelmänner und Wichtelfrauen; ein munteres Treiben in höhlenartigen Landschaftsstrukturen oder unter Bäumen, Sträuchern und Stauden; ein Gefühl der Erdung durch eine gewisse Schwere in den Beinen, als ob die Füße im Boden stecken würden

Luft

Element-Entsprechung: Luft

Elementarwesen-Namen: Sylphen, Feen

Grundsätzliche Qualität: Raumweite, Bewegung, Transparenz;

Räumliche Entsprechung: Lebensräume der freien, offenen Landschaft (Wiesen, Felder, Bergeshöhen); Lebensraum Luft (Pflanzen, Tiere, bewegte Luft)

Aufgaben: Koordination der luftbezogenen Prozesse (Gasaustausch), atmosphärische Bewegungen und Rhythmen, Betreuung der Pflanzen in der Blütezeit

Persönliche Assoziationen und Wahrnehmungen: kleine, äußerst zarte, fliegende Wesen (wie Schmetterlinge); luftiges, erhebendes Gefühl der Losgelöstheit, so als würde es meinen Körper hochheben; wie ein Springbrunnen, der dem Boden entspringt, zu einer Wassersäule wird und sich an der Spitze schirmartig ausbreitet; meine Arme werden wie von selbst hochgehoben; Lust, tanzen zu beginnen; der Körper beginnt sich zu drehen

Wasser

Element-Entsprechung: Wasser

Elementarwesen-Namen: Nixen, Nymphen, Wassermänner, Undinen

Grundsätzliche Qualität: Lebensquelle, Lebensfluß

Räumliche Entsprechung: Gewässer (Fließ- und Stillgewässer); Übergangszonen vom Wasser zum Land (Uferbereiche), Moorlandschaften

Aufgaben: Dynamisierung des Wassers, Betreuung der Reinigungsprozesse, Koordination der Verteilung von Lebenskraft in der Landschaft, Betreuung der Wasserlebewesen, Mitwirkung bei der Keimung der Pflanzen

Persönliche Assoziationen und Wahrnehmungen: nebelartige Schlieren über dem Wasser und am Uferrand; weibliche, sanft gleitende und über dem Wasser schwebende Wesen; der Wassermann am Grunde des Gewässers; kleine tanzende und springende Wesen; Gefühl des Hingezogenseins; Behutsamkeit strömt durch den Raum

3.2.5 Emotionalabdrücke des Menschen im Raum

Wir können nicht losgelöst von unseren Emotionen agieren. Das heißt, jegliches Denken und Tun ist zugleich von Gefühlen begleitet, die uns als denkende und handelnde Menschen beeinflussen. Wir agieren ständig in der Einheit von Körper, Seele und Geist. Nehmen wir zum Beispiel das Lesen dieses Buches: Obwohl der/die LeserIn vorwiegend mit seinen/ihren Gedanken meinen Gedankengängen folgt, wird zugleich ihr/sein Emotionalfeld in Schwingung versetzt und ein persönlicher emotionaler Zustand erzeugt, wodurch sich eine emotionale Beziehung zu mir, dem Verfasser dieses Buches, aufbaut.

Wenn wir davon ausgehen, daß vom Menschen ausgesandte emotionale Schwingungsmuster wahrnehmbare Informationsfelder sind, stellt sich die Frage, wie sie sich im Raum verhalten. Wahrnehmungsspezifische Erfahrungen, die persönlich nachvollziehbar sind, haben gezeigt und bestätigt, daß sich menschliche Gefühle im Raum ausbreiten und mit dem Emotionalfeld der Landschaft in Wechselwirkung treten. Die emotionale Dimension der Landschaft besitzt auf Grund seelischer Resonanz mit den Emotionen des Menschen die Fähigkeit, solche Informationen aufzunehmen und zu speichern. Daß wir mit unserer eigenen Gefühlswelt auf die emotionalen Qualitäten einer Landschaft Einfluß nehmen können, wird uns in der gestalterischen Auseinandersetzung mit der Landschaft noch beschäftigen.

An dieser Stelle möchte ich betonen, daß uns bewußt werden muß, daß die Emotionen des Menschen am und im Raum nicht spurlos vorübergehen, sondern im Raum verbleiben und einen atmosphärischen Eindruck hinterlassen. Dieser kann laufend verstärkt oder durch andere Informationen überdeckt und verändert werden. Über die Wahrnehmung emotionaler Qualitäten in einem Raum ist es daher möglich, Informationen über den Gefühlszustand und Gefühlshaushalt der sich darin aufhaltenden und lebenden Menschen zu erhalten.

Am Beispiel der „dicken Luft", das den meisten Menschen bekannt sein dürfte, läßt sich dieses Phänomen gut veranschaulichen. Wir können die unangenehme Atmosphäre eines Raumes spüren, in dem zuvor eine emotional geladene Auseinandersetzung stattgefunden hat. Sie bleibt längere Zeit erhalten, obwohl der Streit bereits beendet ist und die beteiligten Menschen vielleicht gar nicht mehr im Raum anwesend sind.

Ein anderes Beispiel sind Konzerte, wo durch die Musik eine spezifische emotionale Schwingung im Raum zustande kommt. Durch das „Einklinken" der Zuhörer in dieses Schwingungsmuster entsteht ein emotionales Raummuster, welches durch eine Wechselwirkung zwischen Musikern und Zuhörern weiter aufgebaut wird. Es bildet sich eine emotional wirksame Raumqualität, die all jene Menschen erfaßt, die an diesem Ereignis teilnehmen. Nach einer gewissen Zeit und unter der Voraussetzung, daß wir uns auf das herrschende Schwingungsmuster einlassen, wird der eigene Emotionalkörper mit dem des Raums in Resonanz treten. Das Emotionalfeld des Raumes stellt einen Spiegel für das Emotionalfeld der darin agierenden Menschen dar. Wir sind fähig, diese Gefühlsabdrücke im Raum über die Wahrnehmung emotionaler Aspekte zu erkennen, wenn wir die eigene Aufmerksamkeit bewußt in diese Richtung lenken.

Genau nach demselben Prinzip wurden/werden vom Menschen emotional wirksame Informationen in den Freiraum eingebracht. Speziell in Siedlungslandschaften und den Freiräumen von Ortschaften und Städten spielen anthropogen bedingte emotionale Abdrücke eine wichtige Rolle. Wir können sagen, daß sich im Laufe der Geschichte und der Stadtentwicklung all die menschlichen Begebenheiten in das Emotionalfeld der Stadtlandschaft eingeprägt haben. „Alle historischen Ereignisse, die sich an einem Ort abgespielt haben, hinterlassen ihre Geschichte in allen Einzelheiten, eingeprägt in die feine Schicht des Astrals", meint Pogačnik.[420]

Historisch gewachsene Zentren wie die Altstadtzentren von Städten sind wahre Fundgruben, was ihre emotionalen Qualitäten betrifft, die immer wieder Rückschlüsse auf die Aktivitäten der Gründungszeit sowie ihrer Geschichte zulassen. Es ist nicht alleine die körperlich-stoffliche Erscheinung der Gebäude und Parkanlagen dieser Stadtzentren, welche die entsprechende Raumqualität ausmachen. Die physische Struktur bildet zusammen mit der psychischen Struktur, dem Gefühlsfeld des Raumes, eine emotional wirksame Raumeinheit, die wir wahrnehmen und als Atmosphäre, Charakter, Image, Fluidum oder Flair eines Ortes bezeichnen.
Freiräume werden also mit den Gefühlsregungen und Handlungen der Menschen aufgeladen. Daher gibt es natürlich einen direkten Zusammenhang zwischen der Qualität eines Freiraumes und der Quantität bzw. Qualität der Gefühle der in diesem Bereich agierenden Menschen. Wenn die emotionalen Einflüsse nur einmal auf einen Raum wirken und dadurch eine geringe quantitative bzw. qualitative Nachhaltigkeit besitzen, werden sie vorübergehender Natur sein und sich nach einiger Zeit wieder auflösen. Die ursprüngliche Raumqualität stellt sich dann wieder ein. Bei länger anhaltender emotionaler Beeinflussung und einem damit einhergehenden intensiven Gefühlsausdruck, verbleiben diese „Abdrücke" jedoch im Raum und verdichten sich zu einem bestimmenden, emotionalen Raummuster, das zu einer positiven oder negativen Beeinflussung von Orten führen kann. Wenn wir uns vorstellen, daß ständig produzierte negative Gefühle sich wie „emotionale Abfälle" in einem Raum ansammeln, wird uns bewußt, daß all jene Stätten, die durch unmenschliche Handlungen und Leid geprägt sind, entsprechende Eindrücke in ihrem Emotionalfeld tragen und ausstrahlen. Als Extrembeispiele nenne ich die Hinrichtungsstätten des Mittelalters oder des Zweiten Weltkrieges, wo all die menschlichen Tragödien über die Raumwahrnehmung direkt nachvollziehbar sind.
Umgekehrt gibt es natürlich auch Orte, die gekennzeichnet sind von Liebe und Menschlichkeit. Meist handelt es sich dabei um sakrale Orte, um Orte der Begegnung, die dem Menschen zur geistigen Weiterentwicklung dienen. Hierzu zählen auch liebevoll betreute Grünräume im öffentlichen sowie privaten Bereich, städtische oder ländliche, deren emotionale Ausstrahlung die menschliche Zuwendung ihrer PflegerInnen widerspiegelt.
Zum Abschluß möchte ich noch ein persönliches Erlebnis am Georgenberg in Micheldorf (Oberösterreich) schildern: Nachdem ich in diesem Ort an der Gestaltung eines Landschaftsgartens mitarbeitete, besuchte ich immer wieder den Georgenberg, der einen Landschaftskoordinationspunkt für diese Region darstellt (siehe Kap. V.3.3 Die mentale Dimension der Landschaft).
Im April 1996 war ich wieder einmal dort und machte, wie bei all meinen Besuchen, eine emotional-intuitive Raumanalyse des Ortes. An diesem Tag bemerkte ich, entgegen meiner gewohnten Erfahrung von Ruhe, Kraft und Erhabenheit, die dieser Platz ausstrahlt, eine Veränderung seiner emotionalen Qualität. Ich spürte Müdigkeit, Kraftlosigkeit und Leere, wie wir sie kennen, wenn wir erschöpft und ausgelaugt sind. Der Ort vermittelte mir auch ein Gefühl von Durcheinander und Dezentriertheit.
Als ich einen Ortsansässigen daraufhin befragte, ob es denn in jüngster Zeit am Georgenberg, wo sich auch eine Kirche und ein Gasthaus befinden, eine größere Veranstaltung gegeben hatte, bekam ich eine interessante Bestätigung. Am Tag zuvor hatte der alle zwei Jahre stattfindende und in der gesamten Region bekannte Georgiritt stattgefunden und am Georgenberg selbst mit einem großen Fest geendet. Rund achtzig Reiter waren mit ihren Pferden, im Sinne des mittelalterlichen Zeitgeistes (in Beziehung zu der im Ort befindlichen Burg), auf den Georgenberg geritten. Die Veranstaltung hatte dabei einen so starken emotionalen Raumabdruck hinterlassen, daß das Grundmuster des Ortes irritiert und am nächsten Tag noch deutlich spürbar war. Zwei Wochen danach konnte ich feststellen, daß dieser Gefühlsabdruck ver-

schwunden war und sich die ursprüngliche Qualität des Ortes wieder etabliert hatte. Dieses Beispiel zeigt die Sensibilität und Empfänglichkeit des Emotionalfeldes einer Landschaft für den Menschen. Deshalb sollten wir darauf achten, welche quantitativen und qualitativen Gefühlsabdrücke wir in einem Raum hinterlassen.

3.2.6 Gestaltungsaspekte unter Berücksichtigung der emotionalen Dimension

In ihrer vollen biologischen Realität ist die Liebe, das heißt, die Anziehung, die ein Wesen auf ein anderes ausübt, nicht auf den Menschen beschränkt. Sie ist allem Leben eigentümlich und verbindet sich in verschiedenem Grade mit allen Gestalten, in denen die organische Materie nach und nach erscheint.[421]

Pierre Teilhard de Chardin

In der gestalterischen Auseinandersetzung mit der Landschaft und dem Freiraum ist es über die Wahrnehmung emotionaler Qualitäten möglich, mit dem emotionalen Bewußtsein einzelner Pflanzen sowie der Landschaft in Kommunikation zu treten. Davon ausgehend können wir in unseren Lebensräumen über den eigenen Gefühlsausdruck einen bewußten seelischen Gestaltungs- und Pflegeprozeß beginnen.

Bevor wir aber verändernd in den Raum eingreifen, sollten wir uns auf alle Fälle für die Begegnung mit der emotionalen Dimension der Landschaft Zeit nehmen und den Raum als seelenhaftes Wesen respektieren. Zur Einstimmung und Wahrnehmung des emotionalen Bewußtseins der Landschaft verweise ich auf die vorangegangenen sowie auf die in Kapitel IV.4.2 (Die Wahrnehmung von Bewußtseinsqualitäten) angebotenen Übungen, die speziell die Ebene der emotionalen Dimension von Mensch und Landschaft ansprechen. Dabei ist unsere Herzensintelligenz der zentrale Berührungspunkt für den unmittelbaren Zugang zum emotionalen Bewußtsein der Landschaft. Es ist mir an dieser Stelle noch einmal wichtig, auf die Bedeutung unseres Herzzentrums hinzuweisen, die damit verbundene Übung – Einstimmung auf das Herzzentrum (Nr. 35) – stellt für mich die unmittelbare Basis für die emotionale Kommunikation mit der Landschaft dar.

Um eine herzliche und liebevolle Beziehung zu unseren Lebensräumen aufzubauen und in weiterer Folge einen entsprechenden Umgang mit ihnen zu pflegen, ist es nicht von zentraler Bedeutung, sofort das emotionale Bewußtsein der Landschaft (ihre Elementarwesenqualität) erkennen und beschreiben zu können. Allein die Tatsache, daß wir die Landschaft als beseelte Wesenheit akzeptieren, verstärkt unsere Beziehung zu ihr und läßt einen sensibleren Umgang mit ihr entstehen. Dabei zeigt sich, daß die Landschaft und ihre Lebewesen unsere gefühlvolle Begegnung wahrnehmen und auch darauf reagieren. Wenn wir diese Form der emotionalen Raumbeziehung pflegen, wird es zu einer Wechselwirkung kommen, die eine Fülle an wunderbaren Wahrnehmungen und Erfahrungen für uns Menschen beinhaltet und die Vitalität der Landschaft und den partnerschaftlichen Umgang mit ihr unterstützt.

Die folgenden Aspekte können uns helfen, eine Beziehung zur emotionalen Dimension von Landschaft und Freiraum herzustellen:

- **Die persönliche Beziehung – Herzensbeziehung**
  Durch das Eingehen einer persönlichen Herzensbeziehung mit der Landschaft und all ihren Lebewesen akzeptieren und aktivieren wir das emotionale Bewußtsein der Landschaft. Wenn wir die Landschaft (den Garten, den Park, den Platz u. a. m.) als Lebewesen, wie eine Freundin oder einen Freund ansprechen, regen wir die emotionale Wechselwirkung zwischen Lebensraum und Mensch an. Dabei handelt es sich nicht um Sentimentalität, sondern um eine Beziehung über die Intelligenzebene des Herzens, wie Pearce diese Begegnung mit der Landschaft bezeichnet. Die Liebe zur Natur ist die Basis der emotionalen Beziehung zwischen Mensch und Landschaft. Wir können diese Form der Begegnung ganz konkret werden lassen, indem wir mit den Pflanzen, den Tieren und der Landschaft einen inneren Dialog führen, sie begrüßen und eine freundschaftliche Verbundenheit zu ihnen aufbauen. Dabei sollen wir stets darauf achten, daß wir über einen Gefühlsausdruck aus dem Herzen zur Landschaft sprechen und nicht über unseren Intellekt (siehe Übung 36: Sich emotional mit dem Ort/der Landschaft verbinden).
  Da sich aber alle unsere Emotionen, die wir ausstrahlen, im Raum ausbreiten bzw. manifestieren, ist es wichtig, darauf zu achten, welche emotionale Beziehung wir zu unseren Lebensräumen pflegen, und unsere Verantwortung in der Wechselwirkung zwischen Raum und Mensch ernst zu nehmen.

- **Kommunikation mit den Lebewesen der Landschaft**
  Indem wir unsere emotionale Aufmerksamkeit auf die Landschaft richten, können wir von ihr selbst Anregungen dafür erhalten, welche gestalterischen Maßnahmen ihre Entwicklung eher begünstigen und welche diese blockieren werden.
  Wir können auch herausfinden, ob sich anthropogen bedingte Blockaden im Raum befinden. An solchen Plätzen ist es möglich, durch den bewußten Einsatz von positiven und freudvollen Gefühlen mitzuhelfen, die emotionale Blockade zu lösen, so daß der Ort selbst wieder ein harmonisches Schwingungsfeld aufbaut, das in Einklang mit seiner Grundqualität steht.
  Menschen, von denen der Volksmund so schön sagt, daß sie eine grüne Hand für Pflanzen besitzen (Grün ist die Farbe des Herzzentrums), sind Personen, die in emotionaler Kommunikation mit den Pflanzen und Tieren stehen und diese auch konkret leben.

- **Behutsamkeit und emotionale Vorbereitung**
  Durch Kommunikation mit der Landschaft, den Pflanzen und Tieren können wir sie auf gestalterische Handlungen des Menschen (bauliche bzw. gärtnerische Vorhaben) vorbereiten. Im emotionalen Dialog ist es uns möglich, das Emotionalfeld vom Gefühl her zu unterstützen, wenn wir zum Beispiel:
  - Geländearbeiten/Geländemodellationen durchführen: Über einen inneren emotionalen Dialog bereiten wir die Landschaft rund eine Woche vorher auf unsere Vorhaben vor und bekräftigen unsere Absicht. Wir erklären ihr unsere Arbeitsschritte und versuchen, behutsam vorzugehen.
  - Pflanzen umsetzen: Wir kündigen den Pflanzen diese Veränderung mindestens 24 Stunden vorher an, damit sie sich darauf einstellen und die Vitalkraft, die von den Wurzeln in den Boden ausströmt, in die Pflanze zurücknehmen können.

- Pflanzen beim Anwachsen helfen: Frisch gesetzte Pflanzen können wir unterstützen, indem wir ihnen gedanklich-emotional helfen, sich über ausbreitende Wurzeln mit dem Boden und über die oberirdischen Teile mit dem Licht der Sonne zu verbinden. Wie wir selbst es mit der Übung 35 (Einstimmen auf das Herzzentrum) tun, helfen wir der Pflanze, sich zu erden und gleichzeitig dem Himmel gegenüber zu öffnen.
- Obstbäume schneiden: Wir teilen den betroffenen Bäumen mindestens einen Tag vorher mit, was wir vorhaben. Beim Schneiden selbst ist es hilfreich, sich von der Pflanzenseele führen zu lassen. Dazu können wir uns von unserem Herzzentrum über ein grünes Band mit der Seele des Baumes verbinden und während des Schneidens eine emotionale Einheit mit ihm bilden.

- **Schaffen bzw. Belassen von Ruheplätzen**
  Bei der Anlage eines Gartens, Parks oder auch Platzes können wir die Beeinträchtigung des betroffenen Landschaftsteil infolge baulicher Maßnahmen mildern, indem wir jeweils nur in einem bestimmten Bereich des betroffenen Areal arbeiten. Wir lassen also zumindest einen Teil, besser mehrere Bereiche von den Bauaktivitäten unberührt. Ein Stufenprogramm, durch das ein schrittweises Vorgehen ermöglicht wird und immer wieder Räume von der unmittelbaren Bauphase ausgespart bleiben, kann uns dabei helfen.
  Diese Bereiche stellen sowohl für die körperlich-stoffliche als auch für die Bewußtseinsebene der betroffenen Landschaft Ruhezentren dar, auf welche sich die durch den Bau gestörten Lebewesen zurückziehen können.

- **Anpassungsphase und Reaktionszeitraum für die Landschaft**
  Ein weiterer Schritt in Richtung behutsames Bauen und Gestalten liegt darin, der Landschaft Zeit zu lassen, auf einzelne Bauabschnitte zu reagieren. Wenn wir einen Bauabschnitt abgeschlossen haben, stellen wir dem gesamten Areal einen gewissen Zeitraum der Erholung zur Verfügung, in dem sich das seelische Bewußtsein der Landschaft auf die neue Situation einstellen kann.
  Ich halte es für sehr sinnvoll, vor Beginn des nächsten Bauabschnittes eine Beobachtungsphase einzuschieben, um das Befinden der Landschaft und ihrer Lebewesen zu erkunden. Entsprechend dem Ergebnis dieser Wahrnehmung entscheiden wir uns für die nächsten Schritte der Realisierung.

- **Der Prozeß der offenen Planung**
  Wollen wir die auftretenden Reaktionen der Landschaft berücksichtigen, bedarf dies eines Planungsansatzes, der beweglich bleibt. Ich nenne diese Vorgehensweise den Prozeß der offenen Planung, der es auf Grund der naturräumlichen Reaktionen des Emotionalfeldes der Landschaft erlaubt, jederzeit eine Änderung des Gestaltungsprozesses vorzunehmen. Die Planung löst sich vom Papier und wird prozeßorientierter Teil der Umsetzungsphase (siehe Kap. VII.3 Landschaftsgarten Micheldorf).

- **Auf die vier Elemente der Landschaft achten**
  Da die Elementarwesenqualitäten den emotionalen Ausdruck der vier Elemente repräsentieren, ist es für die Erhaltung beziehungsweise Stärkung der Vitalität einer Landschaft wichtig, auf ihre Raumqualitäten Rücksicht zu nehmen und auch die elementare Qualität in die Gestaltung einzubeziehen (siehe Kap. III.3.4 Die vier Raumqualitäten).
  Schon bei der Bestandsaufnahme können wir die vier Raumqualitäten berücksichtigen

und versuchen herauszufinden, wo in der Landschaft die Orte der Luft, der Erde, des Wassers und des Feuers beheimatet sind und ob der äußere Eindruck des Raumes mit unserer inneren Empfindung übereinstimmt. Dabei müssen die wahrgenommenen inneren Qualitäten der Landschaft nicht immer mit der physischen Erscheinung der Biotopstrukturen identisch sein, was durch die anthropogene Veränderung von Räumen gar nicht selten vorkommt.
Im Rahmen von Gestaltungsprozessen ist es meiner Erfahrung nach sehr wichtig, auf das jeweilige elementare Bewußtsein eines bestimmten Ortes zu achten. Für einen Luftplatz („Raumfeenqualität") wäre es zum Beispiel nicht von Vorteil, am Ort der Fokussierung des Seelenbewußtseins ein Feuchtbiotop anzulegen. Die psychische Identität des Ortes würde in diesem Fall mit seiner physischen Identität nicht übereinstimmen.

- **Naturtempelbezirke**
  Damit die Funktion von Naturtempelbezirken in der freien Landschaft nicht gestört wird, sollen diese von Bebauung freigehalten werden.

- **Der Lieblingsplatz**
  Ein persönlicher Lieblingsplatz bietet uns optimale Möglichkeiten, um mit dem Raum eine intensive emotionale Beziehung einzugehen. Meist spiegelt solch ein Platz die individuelle, aber auch die kollektive, archetypische Beziehung zur Landschaft wider und hängt als persönlicher Lieblingsplatz unmittelbar mit unserem Persönlichkeitsmuster zusammen. In ihm drücken sich die persönliche Farbe und Form wie der persönliche Klang aus. Aus diesem Grund sind solche Plätze emotional sehr stark aufgeladen und haben eine intensive Wirkung auf unsere Gefühlswelt. Es ist sehr interessant, bewußt in sich hineinzuhorchen und herauszufinden, in welcher Wechselwirkung dieser Ort zu mir steht und was für Reaktionen er in mir auslöst.
  Wir können uns in unserem Garten oder auch in unserer Wohnung einen Lieblingsplatz einrichten, den wir nach unserem persönlichen Empfinden gestalten. Über kontemplative und meditative Übungen können wir die Aufmerksamkeit auf die emotionale Dimension richten, ohne gestalterische Veränderungen vornehmen zu müssen. Es entsteht eine archetypische Beziehung, und dieser Platz wird zu einem persönlichen Ort der Ruhe und der Kraft. Jedes Aufbauen einer bewußten emotionalen Wechselbeziehung mit einem konkreten Ort sensibilisiert die Wahrnehmung und aktiviert unsere Herzensbeziehung zu Lebensräumen.

3.3 Die mentale Dimension der Landschaft

Die mentale Dimension der Landschaft manifestiert sich an Orten, an denen eine verstärkte geistige Verbindung zwischen irdischen und kosmischen Qualitäten vorhanden ist. Wir finden also in einer Landschaft Punkte, die als Steuer- und Verteilerzentren von seelisch-geistigen Informationen dienen. Sie repräsentieren daher Zentren der Landschaft, die in Analogie zum Emotional- und Mentalfeld des Menschen verstanden werden können. Ihre Aufgabe besteht in der Koordination seelisch-geistiger Kräfte, weshalb ich diese Orte als Landschaftskoordinationspunkte bezeichne. An solchen Orten verbindet sich das irdische mit dem kosmischen Bewußtsein, wodurch sie über ihre seelisch-geistige Qualität eine starke sakrale Bedeutung besitzen. In der kulturellen Entwicklung des Menschen wurden und werden solche Plätze als heilige Stätten erkannt und für die spirituelle Entwicklung des Menschen genutzt.

In Kapitel III.1 (Körper, Seele und Geist) habe ich den Geist (Geist der Erde), der sich durch das Seelenhafte auf der Erde ausdrückt, als übergeordnete Informationsquelle beschrieben. Daraus ergibt sich eine Wirkungskette von der mentalen über die emotionale und vitalenergetische zur körperlichen Ebene. Die Informationsübertragung läuft in beide Richtungen, beruht auf einer Wechselwirkung und stellt ein kausales Grundprinzip der Landschaft und all ihrer Lebewesen dar. Der geistige Aspekt der Landschaft besitzt, im Vergleich zur menschlichen Individualität und dem freien Willen, eine stärker kollektive Ausrichtung und ist in den gesamten Evolutionsprozeß der Natur integriert. Als Bewußtseinsausdruck bildet der Landschaftskoordinationspunkt einen seelisch-geistigen Komplex, der sich durch eine oder mehrere individuelle Bewußtseinszentren auszeichnet.

3.3.1 Landschaftskoordinationspunkte – seelisch-geistige Zentren der Landschaft

Ähnlich den vitalenergetischen Kraftquellen der Berge sind auch die Landschaftskoordinationspunkte durch die Verbindung und den Austausch zwischen kosmischen und irdischen Informationen gekennzeichnet, wobei die Kraftquellen der Berge auf der vitalenergetischen, die Landschaftskoordinationspunkte hingegen auf der emotional-geistigen Ebene liegen.

Die geistigen Zentren der Landschaft verteilen sich auf bestimmte Bereiche, an denen sich eine Vielfalt nichtstofflicher Phänomene konzentriert. So finden sich an diesen Plätzen wichtige Strukturen der vitalenergetischen Systeme (Ley-Linien, Kraftquellen) und der emotionalen Systeme (Elementarwesen) der Landschaft. Den Kernbereich selbst bildet das mentale Bewußtsein dieses Ortes, das die Verbindung zur universellen geistigen Urinformation herstellt. Die mentale Dimension der Landschaft besitzt, wie die emotionale Dimension, Bewußtsein und individuellen Charakter. Wir können daher das Mentalfeld der Landschaft als eine höherentwickelte Form der Elementarwesenqualität verstehen, die das emotionale Bewußtsein aller vier Elemente in sich vereint und die Landschaft in steuernder und koordinierender Form belebt.

Diese individuelle, seelisch-geistige Bewußtseinsqualität bezeichnet Marko Pogačnik als „Landschaftsengel"; er nimmt in ihr die unmittelbare Instanz des sakralen Ortes wahr und nennt sie „Landschaftsengelpunkte". Die Landschaftsengel sind, ähnlich den Elementarwesen, über einen Fokus mit dem Landschaftsengelpunkt bzw. Landschaftskoordinationspunkt verbunden.[422] Landschaftskoordinationspunkte sind demnach Zentren von gebündelter emotional-geistiger Information in der Landschaft, die, analog zum geistigen Bewußtsein des Menschen, das evolutionär bedingte, geistig-emotionale Bewußtsein der Landschaft beinhal-

ten. Dieses Wissen fließt in die emotionale und vitalenergetische Dimension der Landschaft ein und manifestiert sich stofflich im Landschaftskörper. Damit übernehmen die seelisch-geistigen Zentren als dynamische Systeme eine steuernde Funktion für die Lebensabläufe in einer Landschaft, zeigen jedoch keine regelmäßige statische Verteilung in ihr. Meist befinden sich solche Orte viele Kilometer voneinander entfernt und versorgen großräumig zusammenhängende Landschaftseinheiten, entsprechend ihrer inneren Vielfalt und Diversität. Trotz der gegebenen Entfernungen können wir davon ausgehen, daß eine vollständige geistige Versorgung der Landschaft gewährleistet ist.
Pogačnik bezeichnet solche Zentren als „Landschaftstempel" und unterstreicht damit ihre sakrale Bedeutung: „Durch die Strukturen des Landschaftstempels fließen geistige Impulse und Kräfte, die die Gesamtheit des mehrdimensionalen Landschaftslebens koordinieren, lenken und geistig ernähren. (...) Auf diese Weise wird jeder Bruchteil der Landschaft auf die ihm angemessene Weise in die kosmische Ganzheit des Erdorganismus eingebettet."[423]
Die Wahrnehmung der inneren Qualität dieser „Geistigkeit" der Landschaft steigert die Fähigkeit zur Selbsterkenntnis und Gotteserfahrung. Dadurch wurden solche Plätze zu heiligen Orten, in denen sich Himmel und Erde vereinigen und das Göttliche spürbar und präsent ist.[424]
Spirituelle Erfahrungen des Menschen unterstützen heilige Orte in der Landschaft, die für den Menschen stets besonders anziehend waren und sind, da ihre sakrale Qualität stark ausstrahlt und spürbar ist. Spirituelle Betreuung durch den Menschen und geeignete gestalterische Maßnahmen verstärken die Grundqualität dieser Orte, die als Kultplätze geehrt wurden und werden. So entstanden Heiligtümer und Pilgerstätten, die als Zentren der Begegnung große Bedeutung in der Menschheitsgeschichte erlangten. Die anthropogene Beeinflussung von Landschaftskoordinationspunkten war aber für diese geistigen Brennpunkte der Landschaft nicht immer von Vorteil. Es kam einerseits zu unsensibler baulicher Beeinflussung von heiligen Orten, andererseits wurden sie durch bewußte Verwendung ihrer inneren Qualität zur Machtausdehnung und Vergrößerung des weltlichen Einflusses mißbraucht. Beides hatte ungünstige Auswirkungen auf diese Orte und stört, wenn kein Reinigungs- oder Heilungsprozeß stattgefunden hat, noch heute den natürlichen seelisch-geistigen Informationsfluß der Landschaften.
Die Kontinuität, mit der sich heilige Orte über die verschiedensten Kulturen und menschlichen Einflüsse hinweg erhalten haben, spricht für die geistige Kraft, die jedem heiligen Ort innewohnt. Unterschiedliche Kulturen aus der Frühzeit, der Zeit der Kelten, der Römer, des Mittelalters, bis hinein in die Neuzeit, hatten ihre religiösen Zentren an solchen heiligen Punkten der Landschaft und befinden sich großteils auch heute noch dort.
In der Höhle von Lourdes, wo der vierzehnjährigen Bernadette achtzehnmal die heilige Jungfrau erschienen ist, fanden sich bereits eiszeitliche Kunstwerke, die auf die Heiligkeit dieses Ortes verweisen. Ein weiteres bekanntes Beispiel ist der heilige Fels in Jerusalem, der im Laufe seiner Geschichte für fünf verschiedene Religionen (Kanaaniter, Juden, Römer, Christen und Moslems) zu einer bedeutenden Kult- und Pilgerstätte wurde.[425]
Neben dem heiligen Felsen finden wir auch den heiligen Hain als Ort, wo man des Numinosen, des Göttlichen, gewahr wurde. In der griechischen Mytholgie wird der Raum in Beziehung zu einem bestimmten Gott gesehen, der für die innere Qualität dieses Bereiches steht. Berge mit Rundumsicht waren dem Zeus geweiht, Haine in Wassernähe der Artemis. Das Heiligtum von Demeter und Kore lag auf dem Berg Alesion, in einem Hain heiliger Bäume.[426]
Ein mir persönlich sehr vertrauter und ans Herz gewachsener heiliger Ort und Landschaftskoordinationspunkt ist der Georgenberg (Georgiberg) in Oberösterreich. Auch er bestätigt seine seelisch-geistige Kraft, zum einen über die direkte persönliche Erfahrung, zum anderen

durch die Dokumentation seiner historischen Entwicklung als heiliger Ort im Laufe wechselnder Kulturen. Der Georgenberg liegt im oberen Kremstal, das sich in südöstlicher Richtung erstreckt und durch einen Sattel zwischen Krems und Steyr im Süden abgeschlossen wird. „Hier liegt der 594 m hohe, steile Kegel des Georgenberges, der sich, wie ein von der Natur besonders ausgezeichneter Platz, von der ganzen Landschaft abhebt", schreibt Vetters[427] in seiner Studie über die Ausgrabungen auf dem Georgenberg. Schon seine äußere Erscheinungsform definiert ihn als besonderen Ort in der Landschaft und einen der markantesten Punkte des oberen Kremstales. Auf seinem Gipfel steht eine barockisierte, dem heiligen Georg geweihte, gotische Kirche. Die 1976 abgeschlossenen archäologischen Untersuchungen beschreiben weitere Kultstätten, deren Zentrum lag im Bereich des Felsens, der in der Apsis der jetzigen Kirche aus dem Boden ragt; die ältesten Funde gehen auf die Bronzezeit zurück. Weitere Ausgrabungen, die im Altarbereich der Kirche freigelegt sind, weisen auf ein keltisches Heiligtum hin und eine aus Steinquardern errichtete Anlage aus der Römerzeit, die zum Teil mit der heutigen Kirche überbaut ist.[428]

Abb. 98: Georgenberg mit der Kirche und dem Naturtempel, gebildet durch die Buchengruppe (in dieser Ansicht rechts von der Kirche)

Meiner persönlichen Erfahrung nach ist die seelisch-geistige Kraft dieses Ortes vor allem im Bereich des Felsens (Altar) in der Kirche wahrnehmbar. Ein zweiter entsprechender Fokus befindet sich außerhalb der Kirche (westlich). Auf einer kleinen Erhöhung bildet eine Buchengruppe einen Naturtempel. Die Kronen der Bäume umschließen im wahrsten Sinne des Wortes einen tempelartigen Raum. Weiters konnte ich am Georgenberg eine Ley-Linie feststellen, die in Nordsüdrichtung verläuft. In ihrer Verlängerung in nördlicher Richtung schließen religiöse Bauten an wie das Stift Schlierbach und das Stift Krems (zu sehen auf einer Oberösterreichkarte). Dies zeigt, neben dem mentalen Aspekt von Kultstätten, ihren Zusammenhang mit den vitalenergetischen Systemen der Landschaft. Durch die Beschäftigung mit Landschaftskoordinationspunkten lernte ich, solche seelisch-geistige Zentren über meine persönliche Wahrnehmung zu identifizieren. Ich konnte feststellen, daß sich zur inneren Übereinstimmung eine äußere Übereinstimmung finden ließ, die von der Morphologie der Landschaft und ihrer Vegetation bestimmt wurde.

Meine persönliche Wahrnehmung von Landschaftskoordinationspunkten

Über meine innere Einstimmung und Wahrnehmung versuche ich, wie bei der emotionalen Dimension der Landschaft, eine persönliche Beziehung zu dem Ort aufzubauen und seine emotional-mentale Qualität anzusprechen. Auf Grund der starken Strahlkraft vitaler Landschaftskoordinationspunkte, welche ich auf die seelisch-geistige Bewußtseinskonzentration zurückführe, gelingt es gut, einen innigen Kontakt mit dem Ort beziehungsweise mit seinem individuellen Bewußtsein aufzubauen. Die Kommunikation mit solchen Orten wird von einer sehr feinen und zugleich sehr intensiven Erfahrung getragen und besitzt einen tief spirituellen und friedvollen Charakter.

Meine Erlebnisse an diesen geistigen Quellen der Landschaft waren stets von derselben Erfahrung geprägt, die sich, unabhängig vom meinem persönlichen Befinden, einstellte. Im Vordergrund stand dabei ein allumfassendes Gefühl von Frieden und Gelassenheit, das mich zunehmend mit mir selbst und mit Himmel und Erde in Einklang brachte. Die spirituelle Qualität des Ortes hob meine seelisch-geistige Grundschwingung an, und all meine persönlichen Probleme relativierten sich. In mir entwickelte sich eine äußerst konstruktive Lebenseinstellung, und mein Befinden war von innerer Ruhe getragen. So sind die Landschaftskoordinationspunkte wahre Zentren der Regeneration, und die Begegnung mit ihnen führt zu einem tiefen Erleben der eigenen Person und der Landschaft.

Neben der persönlichen Wahrnehmung, den kunsthistorischen und archälogischen Analysen können wir Landschaftskoordinationspunkte auch über ihren körperlichen Ausdruck in der Landschaft wiederfinden. „Heilige Orte finden sich deshalb gerade dort, wo sich die Natur als begrenzter Raum anbietet oder ein Zentrum schafft", meint Brönnle.[429] Pogačnik begründet diesen Zusammenhang zwischen Form und Inhalt, indem er feststellt, daß durch die symbolhafte Ausformung mental-emotionaler Aspekte in der Landschaft in Form von Felsformationen und einzelnen Bäumen spezielle Brennpunkte für mentale Aspekte der Landschaft entstanden beziehungsweise aufrechterhalten geblieben sind.[430]

Von der äußeren Erscheinung her zeigen sich die geistigen Zentren als markante und attraktive Punkte in der Landschaft, die schon von weitem anziehend wirken. Zumeist befinden sie sich auf einer solitären hügel- oder kegelartigen Geländeformation und heben sich dadurch von der umgebenden Landschaft ab. Der geländemorphologische Charakter dieser Landschaftszentren wird häufig durch Einzelbäume oder Baumgruppen geprägt. Hierbei handelt es sich um sehr kräftige Bäume mit einer starken Ausstrahlung, die einen tempelartigen Raum bilden und die geistige Atmosphäre des Landschaftskoordinationspunktes verstärken. Sie laden uns ein, unter ihrem Dach Platz zu nehmen und die Ruhe zu genießen. Befinden wir uns an so einem Platz mit herrlichem Rundblick auf die umgebende Landschaft, wird auch die innere sakrale Qualität des Ortes für uns spürbar, und wir erkennen die koordinierende Wirkung dieses Zentrums für die Landschaft. Die innere Identität des Menschen verschmilzt mit der äußeren Identität des Ortes und wird zu einer Einheit von Körper, Seele und Geist (siehe Abbildung 99 und 100).

Abb. 99: Lanschaftskoordinationspunkt am Zirbitzkogel (Steiermark)

Abb. 100: Landschaftskoordinationspunkt bei Hirt (Kärnten)

3.3.2 Gestaltungsaspekte unter Berücksichtigung der mentalen Dimension

Geistige Zentren der Landschaft sind ganz besondere Orte der Kraft. Wie unser Umgang mit der Landschaft generell von herzlicher Verbundenheit und respektvoller Begegnung getragen werden sollte, gilt dies natürlich auch für die Kommunikation mit Landschaftskoordinationspunkten. Erfahrungen mit seelisch-geistigen Qualitäten der Landschaft prägen die persönliche Einstellung und die liebevolle Beziehung zur Landschaft. Darin liegt der Schlüssel für die Intensität der auf die Bewußtseinsebene bezogene Kommunikation. In diesem Sinne möchte ich im Umgang mit Landschaftskoordinationspunkten auf folgende Aspekte hinweisen:

- **Liebevolle Wahrnehmung – Herzensbeziehung**
  Bevor wir eine Übung zur Wahrnehmung von Bewußtseinsqualitäten an einem Landschaftskoordinationspunkt ausführen, sollten wir kurz innehalten und innerlich um Erlaubnis dafür bitten. Wenn wir vielleicht auch keine konkrete Antwort erhalten, hilft uns diese Geste der Achtung doch, in einem Moment der persönlichen Stille die richtige Einstellung zu finden.

- **Intuitive Wahrnehmung**
  Der Prozeß der Wahrnehmung von Landschaftskoordinationspunkten läuft über die Intuition und den emotional-mentalen Informationsaustausch (siehe Kap. IV.4.2.3 Ebenen der Wahrnehmung von Bewußtseinsqualitäten).

- **Liebe- und respektvoller Umgang**
  Die geistige Kraft von Landschaftskoordinationspunkten soll von uns nicht mißbraucht werden, indem wir versuchen, die Qualität solcher Orte für egozentrische Handlungen zu nutzen.
  Viele heilige Orte drücken sich in natürlichen Landschaftsformen wie Bergen, Felsen, Wasserfällen und Bäumen aus, die auch entsprechend behandelt und respektiert werden sollen. Diese Heiligtümer sind Orte zum geistigen Auftanken, an denen der Mensch seine spirituelle Verbindung mit dem göttlichen Geist erneuern und festigen kann.

- **Aktivierung der seelisch-geistigen Qualität in der Landschaft**
  Die Menschen standen seit Beginn ihrer Entwicklung stets in Resonanz mit den heiligen Orten. Bereits in der neolithischen Kultur erkannten sie das Potential solcher Plätze und unterstützten ihre Qualität zum Beispiel durch Steinkreise, wie sie unter anderem noch in Irland zu finden sind. Eine mehr oder weniger mit dem Ort übereinstimmende bauliche Beeinflussung und die damit einhergehende kultische Nutzung zieht sich durch alle Jahrhunderte, von den Kelten (4500–1000 v. Chr.) bis in die christliche Kultur unserer Zeit.[431]
  Aus diesem Grund kann bei Ausgrabungen an solchen Orten der Wechsel unterschiedlicher Kulturen sichtbar gemacht werden. Daß es dabei in der baulichen und kultischen Begegnung mit solchen Orten immer wieder zu Ungereimtheiten und egozentrischem Mißbrauch kam oder auch noch kommt, liegt anscheinend im tiefverwurzelten Machtstreben des Menschen. In diesem Zusammenhang möchte ich betonen, daß eine stimmige gestalterische Veränderung solcher von der Natur vorgebener heiliger Orte eines sehr sensiblen Umgangs bedarf. Umfassende Erfahrung in der Wahrnehmung sowie im Umgang mit seelisch-geistigen Phänomenen und eine absolut selbstlose Herangehens-

weise sind unverzichtbar. Da solche Orte noch dazu äußerst komplexe Systeme darstellen, möchte ich von leichtsinnigem Handeln und Experimentieren an heiligen Orten abraten. Grundsätzlich ist es aber möglich und wünschenswert, den heiligen Ort und die umgebende Landschaft über positive Gedanken und Gefühle in der zuvor beschriebenen liebevollen Begegnung zu unterstützen.

Weiters ist es möglich, auf einer anderen Ebene, unabhängig von Landschaftskoordinationspunkten, das Prinzip der seelisch-geistigen Qualität des Raumes durch die Anerkennung und Aktivierung seines geistigen Aspektes in die Landschafts- bzw. Freiraumgestaltung zu integrieren:

- Mit der Würdigung der geistigen Dimension der Landschaft und ihrer Lebewesen stärken wir ihr seelisch-geistiges Bewußtsein.

- Wir können das Prinzip des heiligen Ortes zum Beispiel in Form eines *heiligen Hains* oder einer *heiligen Ecke* verwirklichen. Grundsätzlich geht es bei der Anlage und Einrichtung eines solchen Ortes um die Schaffung eines geistigen Zentrums, das, so gut es uns gelingt, einen Ort der Kontemplation und der geistigen Erfahrung repräsentieren soll, der für das Geistige in der Natur, für das göttliche Prinzip, welches sich in der Erde verkörpert, stehen kann. Wenn wir einen solchen Ort aufsuchen, wird er uns über die sakrale Idee, die wir mit ihm verbinden, an den universellen Geist erinnern. Wir können so einen Ort in einem Garten gestalten, indem wir ihn mit Symbolen (Stein, Skulptur, Lieblingspflanze u. a. m.) ausstatten, die für uns das göttliche Prinzip ausdrücken, oder diese Qualität auch durch Meditation bzw. Gebete aufbauen.
  Schließlich ist es möglich, sich von der eigenen Intuition durch eine Park-, Garten- oder auch Wohnlandschaft führen zu lassen, während wir uns auf das Göttliche in der Natur besinnen und uns dabei von einem konkreten Punkt anziehen lassen. Der ausgewählte Ort kann für uns den geistigen Aspekt dieser Landschaft verkörpern und durch den Aufbau einer persönlichen Beziehung weiter aktiviert werden.

Abb. 101: Heilige Ecke im Schloßpark von Eggenberg (Graz)

VI ERHEBUNG VON RAUMQUALITÄTEN

Um die Wahrnehmung der unterschiedlichen Dimensionen von Lebensräumen hinsichtlich ihrer körperlichen, seelischen und geistigen Aspekte nachvollziehbar zu machen, beschreibe ich meine persönliche Vorgangsweise zur Erhebung von Raummerkmalen (Quantität und Qualität). Eine gewissenhafte und von möglichst unterschiedlichen Gesichtspunkten ausgehende Bestandsaufnahme bildet für mich die Basis für jede gestalterische Maßnahme. Um den *Genius loci* eines Ortes zu erkunden, gilt es, neben den sozialen, ökologischen und technischen Überlegungen auch die seelisch-geistigen Qualitäten des Ortes zu berücksichtigen. Indem wir auf sie eingehen und unsere gestalterischen Maßnahmen daran orientieren, können wir die Vitalität und Lebensraumqualität des Ortes verbessern oder zumindest erhalten.
Die im Rahmen des Kapitels IV.4 (Die menschliche Wahrnehmung) angebotenen Übungen bilden die Grundlage für diese Art der Wahrnehmung und sollen der Aufgabenstellung entsprechend in die Erhebung von Raumqualitäten einfließen. Die Bestandsaufnahme bezieht sich auf bewußtseinsbezogene, ästhetische, soziale, natur- und kulturräumlich raumrelevante Aspekte.

1 Bestandsaufnahme von Bewußtseinsqualitäten

Ziel ist es, einen Lebensraum über die in Kapitel IV.4.2 (Die Wahrnehmung von Bewußtseinsqualitäten) beschriebenen Methoden in seiner Bewußtseinsdimension zu erkunden. Ich setze diese Art der Wahrnehmung an die erste Stelle, um möglichst unvoreingenommen mit der Landschaft beziehungsweise dem Freiraum in Kontakt treten und eine persönliche Beziehung zu ihr/ihm aufbauen zu können. Was für das Verstehen von freiraumplanerischen und -gestalterischen Fragestellungen generell notwendig ist, gilt auch für den nichtstofflichen Bereich: über das unmittelbar betroffene Projektgebiet hinauszugehen und die mittelbare und unmittelbare Umgebung zu untersuchen. Für die Durchführung der Erhebungen können wir die im folgenden angebotenen Methoden verwenden und die gewonnenen Teilergebnisse anschließend zu einem Gesamteindruck zusammenfassen.

- **Raumwahrnehmung über die emotional-intuitive Ebene**
  Darunter verstehe ich die unmittelbare persönliche Kommunikation mit dem Raum. Die Vorgangsweise und die damit verbundene Auswertung dieser Art der Erhebungen beziehen sich auf die in Kapitel IV.4.2.2 (Ablauf der Wahrnehmung von Bewußtseinsqualitäten) und Kapitel IV.4.2.3 (Ebenen der Wahrnehmung von Bewußtseinsqualitäten) und in Kapitel V.3 (Die Bewußtseinsdimension der Landschaft) beschriebenen Methoden und Übungen. Um eine inhaltliche Wiederholung zu vermeiden, verweise ich auf die genannten Kapitel und mache darauf aufmerksam, daß die dort beschriebenen Methoden im Rahmen der Bestandserhebung für freiraumplanerische und -gestalterische Aufgabenstellungen angewandt werden sollen. Folgende Fragen können wir uns in diesem Zusammenhang stellen:
  - Welches räumliche Grundmuster (Raumatmosphäre) können wir feststellen?
  - Wie fühlt sich die Vitalität (Lebenskraft) des Ortes an?
  - Welche vitalenergetischen Aspekte besitzt der Ort und seine Umgebung?

- Wie empfinden wir die emotionale Dimension des konkreten Ortes beziehungsweise seiner Umgebung?
- Wie verhält es sich mit der Qualität und der Verteilung der vier Elemente?
- Gibt es wichtige Orte als Fokus für das emotionale Bewußtsein der Landschaft?
- Ist es möglich, einen Landschaftskoordinationspunkt wahrzunehmen, der regionale beziehungsweise überregionale Bedeutung hat?

- **Erhebung bewußtseinsbezogener Raumqualitäten über das eigene Gestalten**
Mit den in Kapitel IV.4.2 beschriebenen Übungen (Die persönliche Form und Farbe, Nr. 39 und 41) ist es möglich, sich mit Hilfe von Töpferton oder Farben auf eine intuitive Begegnung mit dem Raum einzulassen und Informationen über seine psychische Qualität zu erhalten. Dazu treten wir nach einer kontemplativen Einstimmung in Beziehung zum jeweiligen Lebensraum (Einstimmungs- und Verbindungsphase) und lassen ihn auf uns wirken. In der Austauschphase versuchen wir, ohne bewußte Einflußnahme die innere Qualität des Ortes sich über unsere Hände ausdrücken zu lassen. Die Information fließt dabei über unsere Hände in den zu formenden Ton oder über Farben und Stifte auf ein Blatt Papier. Nach Beendigung dieser Austauschphase liegt es in der Übersetzungsphase an uns, die Ergebnisse zu interpretieren und in die Bestandsaufnahme einzubauen.

- **Erhebung bewußtseinsbezogener Qualitäten über körperliche Phänomene**
Wie bereits erwähnt, zeigen sich nichtstoffliche Phänomene der Landschaft auch in ihrem körperlichen Ausdruck. Sie können sich über natürliche und/oder anthropogen beeinflußte Landschaftsstrukturen und -elemente, welche sich durch eine besondere Ausstrahlung auszeichnen, ausdrücken. Durch aufmerksame Beobachtung der Körpersprache einer Landschaft und ihrer Elemente können wir also Informationen über ihre innere Qualität sammeln. Mit der persönlichen Wahrnehmung über die emotional-intuitive Ebene ist es uns möglich, die aufgefundenen Orte und Elemente nachzuprüfen. Bevor wir eine Landschaft erkunden, können wir uns über Land- beziehungsweise Stadtkarten einen Überblick über die Region, die Stadt oder die Umgebung eines konkreten Ortes verschaffen, interessante Punkte ausfindig machen und diese dann aufsuchen.

Topographisch-morphologisch interessante Bereiche
Dabei handelt es sich zum Beispiel um Tal- und Hügelsysteme im Sinne der Yin-Yang-Komplementarität, wie wir sie zum Beispiel in den Stadtlandschaften von Graz (Schloßberg/Mur) und Salzburg (Magdalensberg-Salzach) vorfinden.

Berg- oder Hügelspitzen, Kämme
Wenn diese Orte sich noch durch besondere Bäume (Baumgruppen oder Solitärbäume) oder auch durch sakrale Bauten oder Kultstätten auszeichnen, deutet dies auf einen Landschaftskoordinationspunkt oder Naturtempelbezirk hin.

Klammen und Talbereiche
Verborgene Plätze und Nischen in Talbereichen, die von einer geheimnisvollen Atmosphäre umgeben sind, sich durch Nischen und kleine Höhlen auszeichnen und von Oberflächenwasser belebt werden, sind meist Orte mit erd- und wasserbezogener emotional elementarer Qualität.

Unterschiedliche Biotoptypen
Landschaftsbereiche mit hoher Diversität der Morphologie sowie der Artenzusammensetzung ihrer Flora und Fauna sind zumeist Orte, deren Vitalität sich nicht nur im Körperlich-Stofflichen, sondern auch auf der seelisch-geistigen Ebene ausdrückt.

Quellen
Quellen sind stets besonders vitale Orte in einer Landschaft. Dies wurde auch vom Menschen erkannt, der solche Orte, wegen der von ihnen ausgehenden heilenden Wirkung ihres Wassers, als Orte der Kraft beschrieb. Ein Beispiel dafür ist die Lorber-Quelle in Graz, deren Wasser vor allem eine augenheilende Wirkung zugesprochen wird und die nach wie vor von zahlreichen Menschen aufgesucht und genutzt wird. Oft sind Quellen in Form eines Bründls gefaßt oder von einer kleinen Kapelle umgeben.[432]

Besondere Bäume, Baumformen und Pflanzengruppen
Bäume „sprechen“ über ihren gesamten Habitus oder über besonders ausgestaltete Äste und weisen dadurch auf Bewußtseinssysteme der Landschaft hin. Ich habe oft erfahren, daß es gut möglich ist, mit Bäumen einen emotionalen Dialog zu führen beziehungsweise mit einer konkreten Frage in Kontakt zu einem Baum zu treten.
Marko Pogačnik meint, und meine Erfahrungen haben das bestätigt, daß bestimmte Baumformen Rückschlüsse auf vitalenergetische, emotionale und mentale Qualitäten der Landschaft zulassen:
Baumwülste und Verdickungen im unteren Stammbereich deuten auf Wasseradern und Erdverwerfungen hin; durch die Wucherungen schützt sich der Baum vor diesen Strahlungseinflüssen.
Besonders ausgeprägte Äste, die auffallend in eine Richtung wachsen und sich ähnlich einem abgewinkelten Ellbogen zum Boden hin strecken, deuten meist auf vorbeilaufende Kraftlinien (Ley-Linien) oder Atmungspunkte der Landschaft hin.
Miteinander verwachsene Äste deuten auch auf besondere vitalenergetische Kraftquellen hin.
Bäume, deren Krone symbolhaften Charakter zeigen, stehen meist auf Brennpunkten mit besonderer Ausprägung der emotionalen Dimension der Landschaft (Naturtempel).[433]

Fels- und Steinformationen
Steinbildungen oder Geländeformationen, die uns an Tiere, Figuren oder Gesichter erinnern, sind ebenso wie die zuvor beschriebenen Baumformen Träger besonderer psychischer Qualitäten. Hier erinnere ich an die symbolbezogene Landschaftsbetrachtung des Feng Shui (Drache und Tiger) und verweise auf Kapitel V.3.1 (Die vitalenergetische Dimension der Landschaft). Daß sich Elementarwesenqualitäten auch in Form von Steingesichtern manifestieren können, habe ich bereits im Kapitel V.3.2.4 (Das emotionale Bewußtsein von Pflanze und Landschaft) beschrieben (vgl. Abb. 96).

Über die Aktivitäten, die in der Literatur auch im Rahmen der Geomantie erwähnt werden, kam es zur menschlichen Beeinflussung von natürlichen Orten der Kraft. Da sich der Mensch in jeder Auseinandersetzung mit der Landschaft, bewußt oder unbewußt, stets auf das psychische Potential der Landschaft eingelassen hat, stehen viele anthropogen gestaltete Orte mit besonderer Qualität in äußerer, aber auch innerer Verbindung mit entsprechenden naturgegebenen Orten. Daß es sich bei Orten mit spezieller Bedeutung um

besondere Orte der Kraft handelt, möchte ich in diesem Fall betonen, da grundsätzlich der gesamte Lebensraum seelisch-geistige Qualität besitzt, wenn auch mit örtlich unterschiedlicher Ausprägung. Daß natürliche Orte der Kraft auch zu vom Menschen benutzten Orten der Kraft werden, zeigt sich zum Beispiel an der zuvor erwähnten Lorber-Quelle, die von Menschen in ihrer Bedeutung erkannt und genutzt wird. Um die Heiligkeit solcher Orte zu unterstützen, wurden sie mit entsprechenden Steinsetzungen oder religiösen Bauwerken ausgestattet, die im besten Fall in Einklang mit dem vorgegebenen Genius loci des Ortes stehen.
Beispiele für anthropogen gestaltete Orte der Kraft können sein: Kirchen, Kapellen, Bildstöcke, Bründl, alte Kultstätten, Quellfassungen, Regierungszentren, Aussichtstürme, kulturelle Gebäude, Skulpturen, behauene Steine (Schalensteine) u. a. Historische Untersuchungen, die eine weit zurückreichende Tradition in der kulturellen Nutzung des jeweiligen Ortes belegen, bestätigen die Auffassung, daß es sich um einen bedeutenden Ort mit besonderer Qualität handelt. So etwa beim Georgenberg, dessen kultische Bedeutung sich bis zu den Kelten zurückverfolgen läßt (vgl. Beispiel Georgenberg, Kap. V.3.3.1 Landschaftskoordinationspunkte – seelisch-geistige Zentren der Landschaft).

- **Kartographische Erhebung**
  Aus Landkarten und Stadtplänen können zusätzliche Informationen über die geographischen Gegebenheiten von Landschaften im ländlichen sowie städtischen Bereich herausgearbeitet werden.
  Zum einen lassen Form und Anlage von Städten beziehungsweise ihrer Siedlungen Rückschlüsse auf ein bestimmtes zugrundeliegendes Konzept zu. Wir fragen zum Beispiel: Lassen sich über die Betrachtung aus der Vogelperspektive besondere räumliche Muster erkennen? Gibt es bestimmte geometrische Strukturen (Dreiecke, Quadrate, Sechsecke oder Fünfecke), die wir wahrnehmen können?
  Zum anderen können wir die kartographische Methode zur Überprüfung linearer vitalenergetischer Systeme (Ley-Linien) verwenden, indem wir heilige Orte (natürliche und von Menschenhand geschaffene) in der Karte markieren. Bei den anthropogenen Kulturbauten begegnen uns dem christlichen Kulturkreis entsprechend vorwiegend Kirchen, Klöster, Kapellen und Bildstöcke. Über diese markierten Stellen versuchen wir nun, lineare Verbindungen herzustellen, die Rückschlüsse auf vorhandene Ley-Linien zulassen (siehe Kap. VII.3 Landschaftsgarten Micheldorf).
  In diesem Zusammenhang möchte ich auf die Diplomarbeit von Robert Pap (1996) verweisen, der weitere, unterschiedliche Beispiele zur geometrischen Auseinandersetzung mit Ley-Linien beschreibt. Ich möchte jedoch betonen, daß wir in Ergänzung zur kartographischen Auseinandersetzung mit Ley-Linien die persönliche Wahrnehmung dieser Linien unbedingt berücksichtigen sollen.

- **Historische Erhebungen**
  Die historische Auseinadersetzung mit Lebensräumen an Hand von alten Schriften, Plänen und Legenden läßt ihre Genese nachvollziehen. Gespräche mit ortsansässigen Personen können uns darüber hinaus Besonderheiten, Geschichten und Legenden zu speziellen Plätzen der Region zugänglich machen. Oft ist es möglich, durch „Altes Wissen“ etwas über den Umgang mit der Landschaft und ortsspezifische Besonderheiten zu erfahren.

- **Mythologische Erhebungen**
  In der Mythologie einer Landschaft, in ihren Legenden, Märchen, Sagen, Überlieferungen und Bräuchen liegt ein tiefes Wissen, das Rückschlüsse auf die Bewußtseinsdimension der Landschaft zuläßt. Ich erinnere in diesem Zusammenhang an die Legende von Heiligenblut (Kap. V.3.1.1).
  Die Schwierigkeit liegt bei dieser Methode vor allem in der Interpretation der mythologischen Inhalte. Hilfestellungen geben uns entsprechende Literatur zu mythologischen Fragestellungen, das persönliche Einfühlungsvermögen und das bildhafte Vorstellungsvermögen. Die Vernetzung mit den anderen Methoden zur Wahrnehmung von Bewußtseinsqualitäten führt zu einer synthetischen Sicht, die die Interpretation mythologischer Texte erleichtert. Für die Auseinandersetzung mit Flurnamen, Sagen, Märchen und Brauchtum in bezug auf die Landschaft empfehle ich das Buch von Inge Resch-Rauter *Unser keltisches Erbe*. Es ermöglicht eine umfassende Beschäftigung mit Sagen, Bräuchen und Märchen und gibt als etymologisches Nachschlagewerk Auskunft über die Bedeutungen von Orts- und Flurnamen.

- **Etymologische Erhebungen**
  Mit der bereits angesprochenen Ausforschung der ursprünglichen Bedeutung und Herkunft von Wörtern lassen sich interessante Rückschlüsse auf die Identität und damit auf den Genius loci eines Ortes ziehen. Wenn wir über eine ursprüngliche Bezeichnung eine Verbindung zu heiligen Orten und Kultstätten herstellen, berühren wir auf tieferer Ebene auch die eigentliche Bedeutung eines Ortes. Die intuitiven Fähigkeiten früherer Völker (Kelten und Germanen) waren gut ausgeprägt, sodaß die alten Namen durchaus etwas über die inneren Qualitäten der jeweiligen Orte aussagen. Wenn wir zum Beispiel an Orts- und Flurnamen denken, die in Verbindung mit religiösen Handlungen standen, finden wir Namen wie Himmelreich, Heiligenstadt oder Heiligenblut, die sich von den religiösen Aktivitäten an solchen Orten ableiten lassen.
  An den Anfängen menschlicher Kulturen stand die Verehrung einer Muttergottheit, die bis weit in die Steinzeit zurückreicht und nach Resch-Rauter „als Ursprung allen Lebens dieser Erde gedacht war".[434] Es lassen sich daher viele Orte finden, an denen eine Muttergottheit als Symbol für Fruchtbarkeit und Wachstum verehrt wurde. Resch-Rauter beschreibt solche Orte als Bet-Plätze, die sich im deutschsprachigen Bereich in den Ortsnamen erhalten haben: „Pettau, Pettenbach, Bezau, Petzenkirchen, Betzenstein, Petschen oder Beedenort sowie die zahlreichen Petz-, Bed-, Bet-, Bett-Namen und Bethen. Zum Beispiel: Betscheid (Bet-ceto = Bethen-Wald) in Südtirol ist ein altes Quellheiligtum".[435]
  Weiters beschreibt Resch-Rauter Zusammenhänge zwischen Ortsnamen und Druiden, den alten Gelehrten der Kelten. Entsprechungen finden sich in den Ortsnamen mit Trud, Drud, Trutt, Drutt u. a. Im Wappen von Truttendorf in Kärnten ist noch das Pentagramm als druidisches Symbol erhalten. Oder Traunstein im Waldviertel, das sie ebenfalls als Wirkungsstätte der Druiden beschreibt, „es wurde als bi dem triuwen steine erwähnt", der eine markante Felsformation bezeichnet und jetzt Franzosenstein genannt wird.[436]
  Diese beiden Beispiele vermitteln einen Einblick in die etymologische Arbeitsweise zur Bestandsaufnahme von Bewußtseinsqualitäten. Zur Vertiefung auf diesem Gebiet empfehle ich entsprechende Literatur, besonders das bereits erwähnte Buch von Inge Resch-Rauter sowie *Das Herkunftswörterbuch* (Dudenverlag).

2 Bestandsaufnahme ästhetischer Qualitäten

Die Erhebung von ästhetischen Qualitäten in Landschaften und Freiräumen ist ein subjektiv orientierter Wahrnehmungsprozeß. Sigbert Riccabona beschreibt, daß die Auseinandersetzung mit der Ästhetik des Raumes begegnungsbestimmt, ganzheitlich, künstlerisch, wertend, subjektiv und qualitativ ist und über die persönliche Beziehung und Erfahrung stattfindet. Er führt weiter aus, „daß das, was draußen in der Landschaft oder in meiner/unserer Umgebung wahrgenommen, geschieht oder gestaltet wird, in enger Resonanz mit meiner/unserer inneren Landschaft steht".[437]
Für das Bewußtmachen der subjektiven Betrachtungsweise möchte ich auf das Kapitel IV/4 (Die menschliche Wahrnehmung) verweisen und die dort beschriebenen Übungen als Basis für die Bestandserhebung ästhetischer Aspekte von Landschaft und Freiraum anbieten. Die dafür geeigneten Übungen beziehen sich vorwiegend auf den Tast-, Bewegungs-, Wärme-, Geruchs-, Seh-, und Gehörsinn.
Wichtige Aspekte der ästhetischen Wirkung einer Landschaft sind Formen, Farben, Gerüche, akustische Phänomene, persönliches Wohl- beziehungsweise Unwohlbefinden, Empfinden von Schönheit und Harmonie, Vitalität und Lebendigkeit der Pflanzen, Vielfalt/Einfachheit und der Symbolgehalt. Da ästhetische Erlebnisse individuellen Charakter besitzen, ist die Erfaßbarkeit ästhetischer Werte vorwiegend über einen intersubjektiven Vergleich von ästhetischen Eindrücken zahlreicher Individuen anzustreben. Ausgehend von landschaftsästhetischen Bewertungsmodellen von Kluth, Riccabona und Feller, stelle ich folgende Kriterien für die Erhebung ästhetischer Raumqualitäten auf:

- **Eigenart**
  Mit der Eigenart wird die ästhetische Spezifität eines Lebensraumes beschrieben, der sich durch ein spezielles, charakteristisches Landschaftsbild mit archetypischer Prägung auszeichnet. Dabei spielen kollektiv wirksame Raumqualitäten für die ästhetische Erlebnisqualität und das Identitätspotential von Lebensräumen eine wichtige Rolle.
  Kriterien: Wechsel räumlicher Situationen; Teilräume; spezielle, gestalterisch wirksame Elemente (Strukturmerkmale, Topographie, Pflanzen, Tiere, Skulpturen, Oberflächenstrukturen); Stimmung, Ausdruck; Sichtbeziehungen; Durchblicke; Ausblicke; Gerüche und Geräusche.

- **Vielfalt**
  Mit der Vielfalt werden diverse Raumstrukturen, die reich an unterschiedlichen Strukturmerkmalen sind, beschrieben. Zunehmende Komplexität steigert das Interesse des Menschen. Dies geht allerdings nur bis zu einem bestimmten Optimalwert, nach dessen Überschreitung die Vielfalt in Chaos übergeht und als unangenehm empfunden wird. Das heißt, auch hier leben wir in der Polarität zwischen Vielfalt und Einfalt. In der Pendelbewegung zwischen beiden Extremen liegt die Spannung des ästhetischen Ausdrucks.
  Kriterien: reichhaltige Randstrukturen und Übergangsbereiche (z. B. naß/trocken, offen/geschlossen, hart/weich, rund/eckig u. a. m.); Artenvielfalt in Flora und Fauna; Vielfalt an sonstigen Gestaltelementen; vielfältige Kleinräume mit reichhaltiger Horizontausbildung; jahreszeitliche Veränderungen, rhythmische Veränderungen, Wechsel zwischen Licht und Schatten.

- **Harmonie**
Mit Harmonie wird die „angenehme Übereinstimmung der Teile eines Ganzen" beschrieben.[438] „Demnach müssen mindestens zwei Gestaltungselemente vorhanden sein, die, miteinander in Beziehung gebracht, eine Einheit bilden", schreibt Feller.[439] Wenn wir uns mit dem Kriterium der Harmonie beschäftigen, begegnen wir wieder dem Prinzip der Polarität: Harmonie ist stets das konstruktive Ergebnis eines Wechselspiels von Polaritäten und der Stimmigkeit einer Ganzheit, die sich aus wahrnehmbaren Teilen zusammensetzt. Das Wechselspiel kann sich auch auf einzelne Gestaltelemente, auf das Ineinandergreifen von Teilräumen sowie auf übergeordnete Raumsysteme beziehen.
Kriterien: Anpassung ans Relief, Anordnung im Raum, Beziehung der einzelnen Elemente zueinander (Form, Farbe, Dimension, Proportion, Kontrastwirkung)
Die von mir in Kapitel III.2.4 (Komplementäre Gestaltqualitäten) angebotene Methode des Polaritätsprofils ist eine weitere Möglichkeit zur Erhebung komplementärer Gestaltqualitäten.

- **Natürlichkeit**
Begegnung mit der Natürlichkeit einer Landschaft ist ein Wunsch, der tief in uns Menschen verankert ist und sich auf unsere evolutionäre Verbindung mit der Natur zurückführen läßt. Wenn wir mit der Natur oder mit natürlichen Elementen in Kontakt treten, kommen wir über das kollektiv Unbewußte mit unserem eigenen Ursprung und den archetypischen Aspekten der Erde in Berührung (siehe Kap. V.2.2 Die Archetypen der Landschaft – ihre äußeren und inneren Bilder). Wenn wir die Begriffe „natürlich" oder „naturnah" verwenden, „umschreiben diese Begriffe Kulturlandschaften, in denen die natürlichen Landschaftselemente den Charakter bestimmen", meint Feller in diesem Zusammenhang.[440] Dies trifft auch auf städtische Freiräume zu, wobei die Menschen in mitteleuropäischen Kulturkreisen und Klimaten mit dem Begriff der Natürlichkeit vorwiegend vegetationsbestimmte Freiräume verbinden.
Kriterien: Ausstattung von Landschaft und Freiraum mit natürlichen Elementen (Steinen, Holz, Pflanzen, Tieren, Wasser, Erde u. a. m.); Zulassen natürlicher Sukzessionsprozesse, organische Formen.

- **Symbolgehalt**
Der Symbolgehalt unserer Lebensräume gehört, wie bereits beschrieben, zur archetypischen Dimension der Landschaft (siehe Kap. V.2.2 Die Archetypen der Landschaft – ihre äußeren und inneren Bilder). Unsere Lebensräume sind Träger von Symbolen, das heißt, über ihre Elemente werden Bedeutungsinhalte vermittelt, die das Seelenhafte in uns berühren und dabei sowohl positive als auch negative Assoziationen auslösen können.
Kriterien: Wie sehr wird unser Emotionalfeld durch Landschaftselemente (Wasserfall, Brunnen, Solitärbaum, Stein, anthropogene Gestaltelemente u. a. m.) berührt?

- **Raumdimension**
Mit Raumdimension beschreiben wir den räumlichen Ausdruck von Raumsystemen und Teilräumen im Hinblick auf die Möglichkeiten der Raumerfahrung.
Kriterien: Geschlossenheit/Offenheit, Nähe/Ferne, Weite/Enge, Gliederung der einzelnen Räume, Raumübergänge, Raumsynthese, Elemente der Raumbildung.

Zur Vertiefung des persönlichen Zuganges zu ästhetischen Qualitäten der Landschaft mache ich in diesem Zusammenhang auf den Einsatz bildnerischer Aktivitäten, wie graphisches (zeichnen, malen) Erfassen von Gestaltqualitäten, aufmerksam. Diese Form der persönlichen Auseinandersetzung fördert das Verständnis für Proportionen, Formen und Farben, vertieft das Raumempfinden und unterstützt unsere Beziehung zum Raum. Ein umfassendes Verständnis für ästhetisch wirksame Gestaltqualitäten wird nach Erarbeitung des Kapitels V.2 (Die ästhetische Dimension der Landschaft) möglich sein, wodurch die ästhetische Analyse erleichtert wird.

3 Erhebung sozialer Grundlagen

Der soziale Hintergrund ist ein bedeutsamer Faktor, um Landschaften und Freiräume zu verstehen. Ich erinnere in diesem Zusammenhang an das eingangs beschriebene Weltbild (siehe Kap. II.1 Methodischer Zugang und kultureller Hintergrund), das zeigt, daß unsere Lebensräume unmittelbar auch von gesellschaftlichen Paradigmen beeinflußt werden. Bei eingehender Betrachtung der historischen Entwicklung einer Landschaft in ihrer Veränderung (Morphologie, Flora, Fauna, Bewirtschaftung u. a.) und der sozialen Entwicklung der darin lebenden Menschen können wir Zusammenhänge zwischen Veränderungen des Lebensraumes und Aspekten des soziokulturellen Hintergrundes feststellen. Bezüglich funktionaler und nutzungsspezifischer Aspekte sollen folgende Punkte berücksichtigt werden:

- **Historische Betrachtung**
  Auseinandersetzung mit der Veränderung einer Landschaft im Laufe der Geschichte durch anthropogene Beeinflussung. Wie ist die räumliche Entwicklung einer Landschaft oder eines konkreten Ortes mit der sozialen Entwicklung vernetzt, und welche Folgen haben diese Zusammenhänge?

- **Gestaltung, Pflege und Nutzung**
  Auf welche Art und Weise wurden/werden Freiräume genutzt (Nutzungsspuren)? Wie hängt die Kultivierung der Landschaft mit der Sozietät des Raumes zusammen?

- **Funktion**
  Welche funktionalen Ansprüche (Verkehrs-, Erholungs-, Spielraum; landwirtschaftliche, forstwirtschaftliche Nutzung u. a. m.) werden an den Lebensraum gestellt?

- **Benutzer**
  Von wem wird der Raum belebt, genutzt und gepflegt? Wird der Raum von bestimmten Gruppen (Bevölkerungsschichten, Altersgruppen) genutzt? Wie stark ist der Nutzungsdruck auf den Raum? Wer betreibt die Betreuung und Pflege der Landschaft, des Freiraumes? Welche Nutzungsansprüche werden an den Freiraum gestellt? Welche sozialen Interaktionen finden in dem betroffenen Landschafts- oder Stadtraum statt?

- **Einzugsgebiet und Erreichbarkeit**
  Wie weit reicht das Einzugsgebiet zum Beispiel eines Platzes? Woher kommen die BenutzerInnen des Freiraumes? Welche Entfernungen müssen sie zurücklegen, um den Frei-

raum zu erreichen? Wie und mit welchem Verkehrsmittel kommen die BesucherInnen oder NutzerInnen?

- **Öffnung nach außen und Zugänglichkeit**
  Ist das Grundstück jederzeit zugänglich? Wird die Zugänglichkeit gefördert, oder ist sie unerwünscht?

- **Image des Freiraumes**
  Das Image von Freiräumen (z. B. Plätzen) wird durch bestimmte gesellschaftliche Gruppen definiert. Welches Image besitzt der Freiraum, und inwieweit läßt sich die Gestaltqualität des Raumes damit in Verbindung bringen?

4 Generelle Grundlagenerhebung

Die allgemeinen Planungsgrundlagen bilden die Basis für eine analytisch orientierte Bestandsaufnahme von Landschaft und Freiraum. Die erhobenen Daten und Fakten sollen nicht isoliert stehenbleiben, sondern als Bausteine für die weitere Grundlagenermittlung dienen, und sie können auch für die Auswertung bewußtseinsbezogener, ästhetischer oder sozialer Aspekte verwendet werden.

- **Plangrundlagen**
  Erhebung und Zusammenführung bereits bestehender Pläne, die als Grundlage für die Erstellung des neuen Grundplanes notwendig sind: Zum Beispiel Katasterplan, Vermessungsplan, Flächenwidmungsplan, technische Pläne, Bebauungsplan, Höhenschichtlinienplan, geologische Karten, Luftbild, Luftbildauswertung, Waldentwicklungsplan, Bepflanzungsplan, landschaftspflegerischer Begleitplan, Grünordnungsplan.

- **Historische Grundlagen**
  Recherchen zum geschichtlichen Hintergrund (Literaturstudium, alte Pläne, alte Photos, alte Stiche, alte Texte, Zeitzeugen), Biotopkartierung.

- **Räumliche Ausprägung und Beziehungen im Freiraum**
  Räumliche Dimension: Wodurch wird der Raum bestimmt und begrenzt? Raumbestimmende Faktoren, Gestaltelemente wie Gebäude, Pflanzen, Zäune, Mauern, Skulpturen, Leitungen u. a.
  Achsen: Wege, Blickfänge, Pflanzengruppen (z. B. Alleen) innerhalb des Freiraumes.
  Zentren: Gibt es zentrale Punkte im Raum (einen oder mehrere).
  Wegeverbindung: Erschließung und Wegeführung im Raum.
  Umfeldbezug und Lage im Raum: inhaltliche Beziehung zu anderen Objekten (innerstädtische Beziehungen).
  Sichtbeziehungen: zu angrenzenden Räumen, Häusern und anderen Strukturen.
  Einflüsse von außen: Beschallung, Luftverschmutzung u. a.

- **Naturräumliche Grundlagen**
  Boden: versiegelte Flächen (z. B. Asphalt-, Betonflächen), offene Flächen (Wasserdurchlässigkeit), Bodenaufbau, Bodenart und -profil (gewachsen, geschüttet).
  Topographie/Relief: vorgegebene Geländeformen wie Hügel, Erdaufschüttungen, Geländehöhen, Böschungen, Gefälle, Himmelsrichtungen.
  Klima: übergeordnete Klimaverhältnisse, kleinklimatische Besonderheiten (z. B. städtische Wärmeinseln, Luftschneisen), Windverhältnisse (Hauptwindrichtung).
  Licht und Schatten: Besonnung des Freiraumes, Gang der Sonne (Jahreszeiten), Beschattung, zum Beispiel Schattenwurf durch Gebäude oder sonstige Elemente.
  Pflanzen: Bäume, Sträucher, Stauden, Krautschicht, Rasen beziehungsweise Wiesen, Fassadenbegrünung (Art, Umfang, Höhe und Durchmesser, Alter, Vitalität), Pflanzenbestimmung.
  Tiere: bekannte Arten aus bestehender beziehungsweise eigener Erhebung, Tierbestimmung.
  Vegetationsbestimmte Freiräume: Grünachsen, Grünkeile.

- **Bauliche und technische Grundlagen**
  Gebäude: Baustil, Materialien, bautechnischer Zustand, Fassaden, Höhe.
  Skulpturen und sonstige Kunstwerke: Statuen, „landart"-Objekte u. a.
  Wege: Wegführung und -funktion, Wegbreite, Oberflächenbeschaffenheit, Einfassung, Höhe gegenüber den angrenzenden Flächen, Materialien, Zu- und Abfahrten.
  Größe des Planungsgebietes: (bei objektbezogener Planung) die zu gestaltende Fläche.
  Raumverwendung: Erholung, Land- und Forstwirtschaft, Verkehr, Spiel- und Sportflächen.
  Begrenzungen: Womit sind Räume abgegrenzt, und was soll die Abgrenzung bewirken (Höhe, Breite, Material)?
  Technische Einrichtungen/Leitungen: oberirdische Leitungen und unterirdische Leitungen (Kabel, Rohre, Kanäle).
  Behindertengerechte Einrichtungen: Rampen, Liftanlagen.
  Baumschutzvorrichtungen: Baumpfähle, Baumschutzbögen und -gitter.
  Meßpunkte, Steinmarkierungen: Grundsteine, Vermessungspunkte u. a.

- **Rechtliche Grundlagen**
  Grenzen, Eigentumsverhältnisse (privater/öffentlicher Freiraum), Flächenwidmung, Baumschutz, Denkmalschutz (baupolizeiliche Bestimmungen), Naturschutz/Artenschutz, Pflegezuständigkeit, Raumverträglichkeit, Haftpflicht, Berücksichtigung von Normen und Richtlinen (z. B. bei Kinderspielgeräten) und sonstige gesetzliche Vorgaben.

- **Ökonomische Grundlagen**
  Unter diesen Punkt fallen all jene ökonomischen Aspekte, die im Zuge eines freiraumgestalterischen Planungs- und Gestaltungsprozesses von Bedeutung sind.
  Zum Beispiel: Zeitvorgaben bezüglich Planung und Realisierung, Kostenvorgaben (Planungsbudget, Realisierungsbudget), Förderungsmöglichkeiten.

VII BEISPIELE AUS DER PRAXIS

In diesem Kapitel möchte ich meinen konkreten Handlungsansatz bezüglich der persönlichen Wahrnehmung und dem praktischen Umgang mit der Trinität der Landschaft veranschaulichen. Die angeführten Beispiele geben einen Einblick in die planerische und gestalterische Methodik und die konkrete Umsetzung von Gestaltungsprojekten unter verstärkter Berücksichtigung der Bewußtseinsdimension der Landschaft.

1 Erhebung von Freiraumqualitäten im Türkenschanzpark

1.1 Einleitung und Problemformulierung

Das vorliegende Beispiel gibt einen Einblick in die Arbeit mit der Methode des Polaritätsprofils, das ich in Kapitel III.2.4 (Komplementäre Gestaltqualitäten) angeführt habe. Diese Arbeit ist im Winter 1994/95 im Zuge der Lehrveranstaltung zur angewandten Sozialforschung entstanden und zeigt die Anwendung des Polaritätsprofils mit den sich daraus ableitenden Ergebnissen an drei unterschiedlichen Freiraumqualitäten des Türkenschanzparkes in Wien.

Ziel der Arbeit war, unterschiedlich ausgestattete Freiräume im Park entsprechend ihrer Zusammensetzung an Gestaltelementen als komplexe Raumeinheit in ihrer psychischen Wirkung auf den Menschen zu erforschen. Hierbei stehen die unmittelbare Beziehung und der direkte Informationsaustausch des einzelnen Menschen mit der Landschaft im Vordergrund. Wie wirken unterschiedliche Freiraumsituationen auf die intuitive Ebene des Menschen? Wie werden sie von ihm wahrgenommen? Das sind Fragen, die ich in diesem Zusammenhang gestellt habe.

1.2 Methodik

Um das Projekt in der beschriebenen Weise durchzuführen, wurden zwei Methoden aus der angewandten Sozialforschung herangezogen, welche von den ausführenden Personen an drei ausgewählten, unterschiedlichen Freiraumsituationen umgesetzt wurden. Die Freiraumsituationen wurden bewußt sehr kontrastreich ausgewählt, da es sich beim vorliegenden Projekt um einen Erstversuch handelte und ich grundsätzliche Tendenzen, zum einen über die Freiraumqualitäten selbst, zum anderen über die Methode des Polaritätsprofils, in Erfahrung bringen wollte.

Schriftliche Befragung in Form eines offenen Interviews
Die Befragung wurde an die Methode des offenen Interviews angelehnt, um eine möglichst unbeeinflußte Beantwortung der Fragen zu gewährleisten. Die Fragestellungen wurden auf einem Erhebungsbogen formuliert, die Antworten schriftlich festgehalten. Die Wahrnehmung selbst wurde in eine sinnliche und eine assoziative Stufe untergliedert.

Stufe 1: Die „äußere Wahrnehmung“ über die Welt unserer Sinne (Sehen, Hören, Riechen, Schmecken u. a. m.). Die Raumsituation wurde sinnlich wahrgenommen und entsprechend ihrer Wirkung beschrieben.

Stufe 2: Die „innere Wahrnehmung“ über die Welt unserer Gefühle und Bilder. Zur Raumsituation wurden die eigenen Assoziationen (in uns auftauchende Bilder und Gedanken) beobachtet. Anschließend wurden die gemachten Erfahrungen auf Erhebungsbögen festgehalten.

Erhebungsbogen – Freiraumsituation 1 (Felsenteich)

Allgemeine Daten (bitte ankreuzen bzw. ausfüllen):

Datum/Zeit: männlich: weiblich: Alter:

Herkunft (Großstadt, Kleinstadt, Land):

Wettersituation:

1) Versuche bitte, die vorgegebene Raumsituation zu erleben und zu beurteilen
über die „äußere Wahrnehmung“ Deiner Sinne
Wie wirkt der Raum auf Dich? (Sinneseindrücke)

2) Versuche bitte, die vorgegebene Raumsituation zu erleben und zu beurteilen
über die „innere Wahrnehmung“ Deiner Stimmung und Gefühle
Was bewirkt der Raum in Dir? (Bilder, Gefühle, Assoziationen)

Abb. 102: Erhebungsbogen Türkenschanzpark (Freiraumsituationen)

Polaritätsprofil

Das Polaritätsprofil als weiteres Instrument der Angewandten Sozialforschung wurde gewählt, um möglichst spontane Assoziationen der Versuchspersonen zu den jeweiligen Freiraumsituationen festzuhalten. Wichtig ist in diesem Zusammenhang, daß auf beiden Seiten abwechselnd positive und negative Eigenschaften angeführt werden. In der Auswertung wurden, zur Verdeutlichung der Ergebnisse, die überwiegend positiv besetzten Eigenschaftswörter auf die linke Seite, die überwiegend negativ besetzten Eigenschaftswörter auf die rechte Seite gesetzt (siehe Übung 4: Polaritätsprofil).

Vorgangsweise

1) Einstimmungsphase

- Innerhalb des gewählten Raumes suchte sich jede/r eine ihr/ihm zusagende Stelle und Position. Die Blickrichtung wurde vorgegeben und sollte während der Übung möglichst beibehalten werden.
- Loslassen vom Alltagsgeschehen (Augen kurz schließen und währenddessen auf den Atem achten).
- Augen wieder öffnen und sich auf den gewählten Landschaftsausschnitt (unter Beibehaltung der gewählten Blickrichtung) konzentrieren.

2) Wahrnehmungs- und Austauschphase
Persönliche Wahrnehmung und Auseinandersetzung mit dem Platz möglichst unter ständiger Beibehaltung der Blickrichtung und Konzentration auf den Freiraum. Einerseits über die „äußere Wahrnehmung" (sinnliche Ebene) und andererseits über die „innere Wahrnehmung" (emotionale Ebene).
3) Phase der persönlichen Interpretation (Erhebungsbogen)
Schriftliche Umsetzung der Wahrnehmungen – Beschreibung der Freiraumqualität
4) Ausfüllen des Polaritätsprofils

Die ausgewählten Freiraumsituationen im Türkenschanzpark

Ort der Aufnahme:	Türkenschanzpark in Wien, 19. Bezirk
Aufnahmedatum:	17. 1. und 18. 1. 1995

Abb. 103: Freiraumsituation 1 – Felsenteich

Abb. 104: Freiraumsituation 2 – Teich/Nähe Gregor-Mendel-Straße

Abb. 105: Freiraumsituation 3 – Offene Wiese

1.3 Durchführung und Datenerhebung

Am 18. Jänner 1995 traf ich mich um 10 Uhr mit 15 StudentInnen der Landschaftsplanung (7 weiblichen und 8 männlichen StudentInnen), die sich bereit erklärt hatten, die Raumwahrnehmung entsprechend der beschriebenen Methoden vorzunehmen.
Trotz der schwierigen Wetterverhältnisse, es war sehr kalt (Minusgrade), windig und bewölkt, haben die StudentInnen die Fragen ausführlich beantwortet und den gesamten Übungsablauf interessant gefunden. Um 12 Uhr schlossen wir den Versuch ab.

1.4 Auswertung

Die auf den nachfolgenden Seiten abgebildeten Tabellen und Diagramme zeigen die ausgewerteten Ergebnisse der erhobenen Daten.

Auswertung: **Freiraumsituation 1 (Felsenteich) – Erhebungsbogen**

Assoziationen	*Personenanzahl*
- ruhig, vertraut, beruhigend und beschützend	14
- anziehend, geheimnisvoll und märchenhaft	12
- höhlenartig, dunkel, kleinräumig und abgeschlossen	10
- mächtig, fest und gebirgig	9
- bemooste Steine wirken warm und lebendig	7
- gemütlich, heimelig (zu Hause sein) und warm	6
- leicht und hell	3
- künstlich	7
- bedrohlich, düster, traurig	5
- nicht beschützend	5
- kühl und glatt	2
- fremd, kitschig	2
- Straßenlärm wirkt störend und unangenehm	5
- Windgeräusche	1

Weitere Assoziationen: zum Tanzen bereit; Bei-mir-Sein; Wilder Westen; Tribünen; Opferstätte; der Steinbeißer aus der Unendlichen Geschichte; das Wasser beherrscht die Natur; als Eis wirkt es friedlich.

——— weiblich
- - - - - männlich

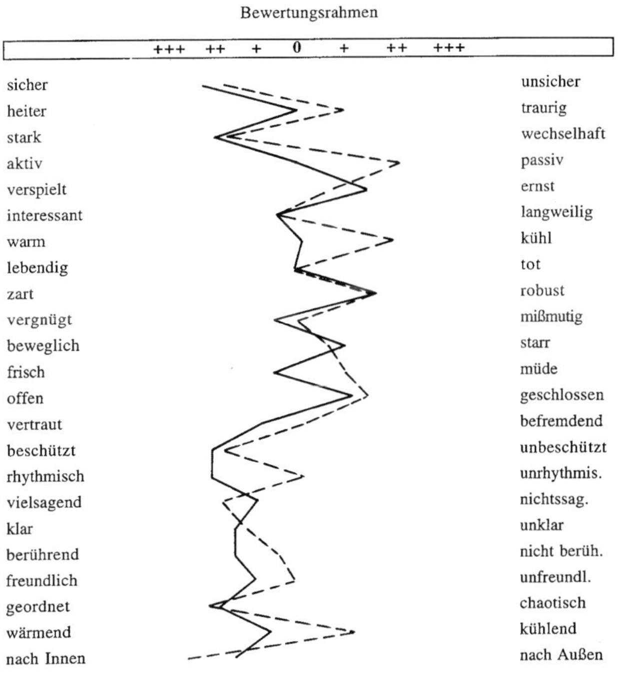

Abb. 106: Auswertung: **Felsenteich – Polaritätsprofil**

Auswertung: **Freiraumsituation 2 (Teich/Nähe Gregor-Mendel-St.) – Erhebungsbogen**

Assoziationen	*Personenanzahl*
- frei, überblickbar, weit, hell, luftig und offen	12
- strukturiert, vielfältig, abwechslungsreich, phantasieanregend	10
- harmonisch, rund, weich und beruhigend	10
- beschwingt, belebend und freundlich	9
- Abenteuerlust, Neugier und Forscherdrang	7
- natürlich	5
- Laubbäume wirken interessant (bizarre Formen, Misteln)	4
- der Raum ist offen, aber trotzdem in sich geschlossen	3
- frühlingshaft	2
- verträumt	1
- viele Vögel sind zu hören und zu sehen (angenehm)	12
- Straßenlärm wirkt störend und unangenehm	9
- der Schaltkasten wirkt nachteilig	3
- Windgeräusche im Baum	2
- der Wind ist unangenehm	1

Weitere Assoziationen: Es riecht nach gefrorenem Holz. Auf der Insel sitzt ein Oktopus. Der Silbersee im Wienerwald (Kindheit); Eislaufen auf dem Teich (Kindheit); Winterspaziergänge mit den Eltern (Kindheit); Gletscher.

——— weiblich
- - - - - männlich

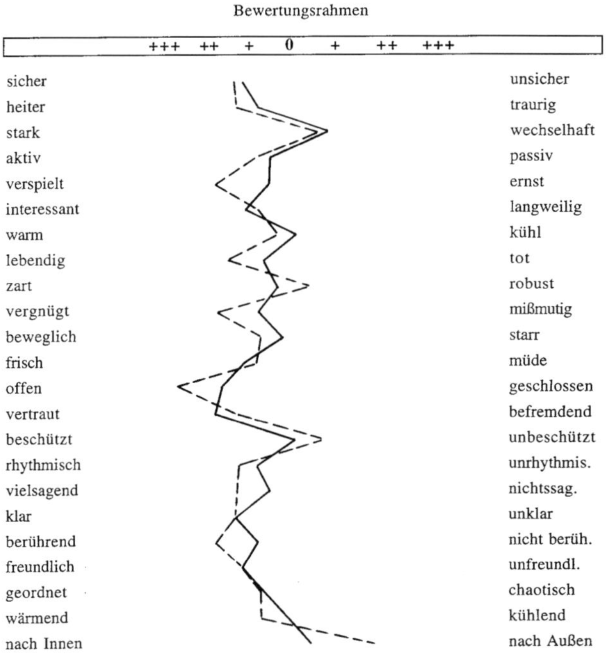

Abb. 107: Auswertung: **Teich/Nähe Gregor-Mendel-Straße – Polaritätsprofil**

Auswertung: **Freiraumsituation 3 (Offene Wiese) – Erhebungsbogen**

Assoziationen	*Personen*
- offen (nach oben), weit und flach	14
- Die Buchen wirken beschützend und beruhigend (Zentrum/Lebenserfahrung)	12
- kommunikativ, Raum für Bewegung (tanzen, spielen und singen)	8
- hell, klar und luftig	7
- geborgen, trotz Offenheit	6
- Freiheit	4
- fröhlich	3
- harmonisch und ruhig	3
- Die Fichten wirken statisch und ruhig	3
- frisch und kühl	2
- Kälte und Schnee	1
- leer	2
- Straßenlärm wirkt störend	5
- Vögel im Wind	4
- Wind in den Bäumen	1

Weitere Assoziationen: Buchen wirken wie grauer Nebel aus dem Schnee; Leichtigkeit; ich fühle mich hinaufgezogen; in sich gehend; alleine spazierengehen; Schlitten und Boot fahren, Wiese in der Nähe des Elternhauses

——— weiblich
- - - - - männlich

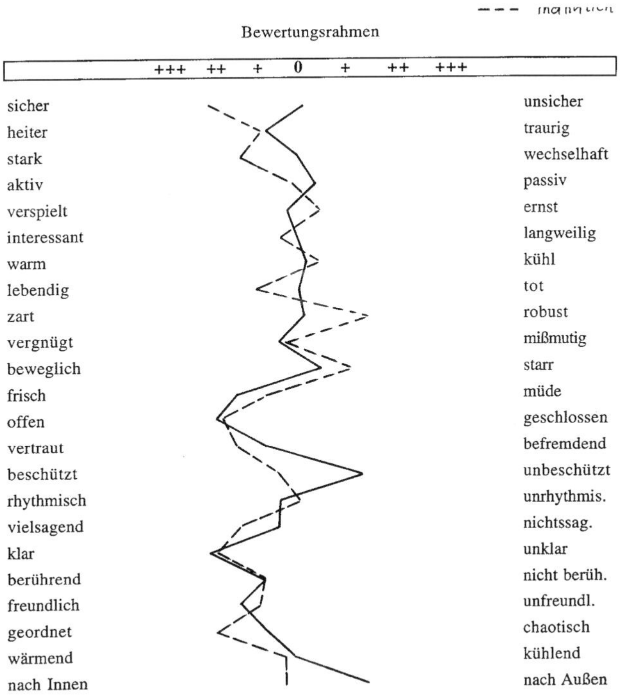

Abb. 108: Auswertung: **Offene Wiese – Polaritätsprofil**

Auswertung: **Polaritätsprofil – Die 3 Freiraumsituationen im Vergleich**

——— Felsenteich
- - - - - Teich/Nähe Gregor-Mendel-Straße
. . . . . . Offene Wiese

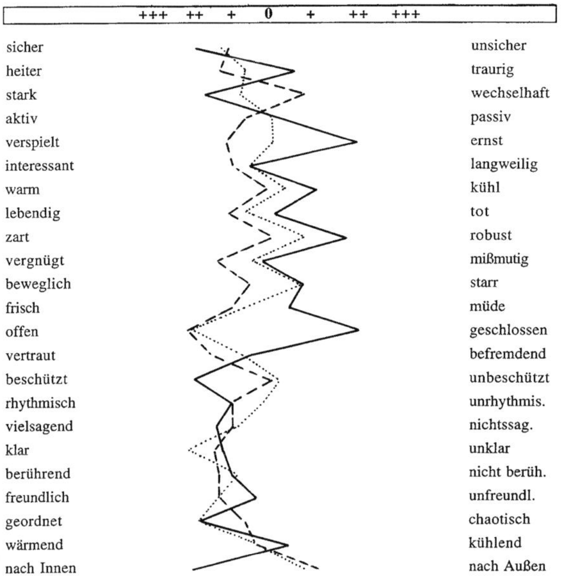

Abb. 109: Polaritätsprofil Türkenschanzpark (gesamt)

1.5 Interpretation

In der sinnlichen Auseinandersetzung mit den drei Raumqualitäten zeigt sich eine klare Dominanz der visuellen Wahrnehmung.
Die Plätze wurden entsprechend ihrer ästhetischen Ausstrahlung einerseits direkt, anderseits indirekt über die durch die optischen Reize bedingten Assoziationen beschrieben. Der **Felsenteich** (vgl. Foto) vermittelte eine ruhige, vertraute und beschützende Situation mit höhlenartiger, kleinräumig-abgeschlossener Wirkung (14 Personen). Zugleich entstanden aber innere Bilder, bei denen die StudentInnen den Platz als anziehend, geheimnisvoll und märchenhaft empfanden. Diese Eigenschaften wurden ausschließlich im Zusammenhang mit dem Felsenteich genannt. Interessant ist die Tatsache (vgl. Polaritätsprofil), daß die Studenten die Raumsituation eher kühl, passiv, traurig und unrhythmisch empfanden und sie trotzdem vielsagender und nach innen gehender einstuften als die Studentinnen. Die anthropogen angelegte Steinmauer wurde von 7 Personen als künstlich empfunden.

Der **Teich in der Nähe der Gregor-Mendel-Straße** wirkte auf die BeobachterInnen auf Grund seiner fensterartigen Öffnung nach hinten (Blickrichtung) frei, überblickbar, weit, hell, luftig und offen, obwohl die Gestalt dieser Freiraumsituation im Vergleich zur großflächigen offenen Wiese eher kleinräumig und strukturiert ist (10 Personen). Diese Tatsache bestätigte sich durch die ihm zugeschriebenen Eigenschaften. Er wirkte vielfältig, phantasieanregend, harmonisch, weich und beruhigend und unterschied sich von den beiden anderen Plätzen auch dadurch, daß hier von den StudentInnen keine negativen Assoziationen empfunden wurden und der Platz als beschwingt, belebend und den Forscherdrang weckend beschrieben wurde. Bezüglich der akustischen Wahrnehmung ist an diesem Ort auffällig, daß, im Gegensatz zu den beiden anderen Stationen, viele Vögel zu hören waren. Die Wahrnehmung der Geräuschkulisse wurde durch die bewußte Konzentration auf das Gehör verstärkt und Lärm (z. B. Straßenlärm) als äußerst unangenehm empfunden. In der unbewußten Wechselwirkung mit Freiräumen ist diese Tatsache durch das ständige „Ausfiltern" von Lärm nicht so offensichtlich. Dies bestätigte sich für alle drei Orte. Im Polaritätsprofil (weiblich/männlich) drückt sich aus, daß der Teich in der Nähe der Gregor-Mendel-Straße bei den Studenten mehr Anklang fand als bei den Studentinnen. Die Männer empfanden ihn verspielter, lebendiger, vergnügter, offener, berührender und wärmender als die Frauen. Für diese hingegen wirkte er interessant und verstärkte ein Gefühl des Nach-innen-Gehens.

Die **offene Wiese** wurde allgemein, wie schon der Name sagt, als offen, weit und flach empfunden und beschrieben (14 Personen). Diese Ausbildung des Freiraums scheint einen luftigen Charakter aufzuweisen, da er, im Gegensatz zu den beiden anderen Plätzen, von den StudentInnen als Ort der Kommunikation und der Bewegung, des Tanzens, Spielens und Singens wahrgenommen wurde (8 Personen). Interessant ist auch, daß große, schöne und gesunde Bäume eine besondere Ausstrahlung haben. Dies wurde von den VersuchsteilnehmerInnen durch die Beschreibung der den Raum im Hintergrund begrenzenden Blutbuchen bestätigt. Sie wirkten auf die StudentInnen beruhigend und beschützend und vermittelten eine reichhaltige Lebenserfahrung (12 Personen). Im Gegensatz dazu wurden die links (von der Blickrichtung aus) stehenden Fichten als statisch empfunden.
Aus dem Polaritätsprofil (männlich/weiblich) geht hervor, daß die offene Wiese von den Studenten eher als sicher, lebendig, beschützt und geordnet empfunden wurde, von den Studentinnen eher als unsicher, unbeschützt und nach außen gehend.

Vergleichen wir die drei Freiraumsituationen über das Polaritätsprofil (gesamt), so ist festzustellen, daß der Teich in der Nähe der Gregor-Mendel-Straße als der angenehmste Platz empfunden wurde. Die Adjektive heiter, verspielt, interessant, lebendig, vergnügt, zart, beweglich wurden ihm an erster Stelle zugeordnet. Der Felsenteich hatte den StudentInnen eher den Eindruck von ernst, kühl, tot, robust, müde, geschlossen, aber zugleich auch stark, beschützt und nach innen gehend vermittelt. Die offene Wiese liegt in der Auswertung der mit ihr assoziierten Eigenschaften zwischen den beiden zuvor genannten Plätzen, wobei „klar" und „unbeschützt" aus der Reihe fallen.

Literatur

ATTESLANDER Peter (1991):
Methoden der empirischen Sozialforschung.
Walter de Gruyter, Berlin

HOPF C./WEINGARTEN E. (Hrsg. 1979):
Qualitative Sozialforschung.
Klett-Cotta

FRIEDRICHS Jürgen (1980):
Methoden empirischer Sozialforschung.
Westdeutscher Verlag

SCHENK-DANZINGER Lotte (1988):
Entwicklungspsychologie.
Bundesverlag Wien

2 Sensibilisierung der bewußtseinsbezogenen Wahrnehmung und deren Anwendung in der Gestaltung

Im Rahmen eines von mir geleiteten Vertiefungsprojektes am Institut für Freiraumgestaltung und Landschaftspflege (Universität für Bodenkultur Wien), war es möglich, gemeinsam mit 26 StudentInnen die persönliche Wahrnehmung der Bewußtseinsdimension der Landschaft zu verfeinern. Da diese Art der Wahrnehmung sehr eng mit der eigenen Persönlichkeit und der Bereitschaft zu kontinuierlichem Lernen zusammenhängt, veranschlagte ich als Dauer des Seminars einen Zeitraum von zwei Semestern (Oktober 1994 bis Juni 1995). Acht Blockveranstaltungen fanden in regelmäßigen Abständen statt, so daß jeder Arbeitsphase eine Nachbearbeitungsphase folgte, in der die StudentInnen ihre Erfahrungen schriftlich wie in Form von Skizzen und Zeichnungen festhielten.
Die laufende Betreuung des Seminars erfolgte durch meinen Kollegen Robert Pap und mich. Wir wurden von weiteren ReferentInnen (Renate Frohmann, Marko Pogačnik und Jörg Purner) unterstützt.

Inhaltliche und didaktische Ziele des Seminars waren

- die Vertiefung und Bewußtmachung der persönlichen Wahrnehmung von Bewußtseinsqualitäten der Landschaft,
- das Erkennen der Vielschichtigkeit der eigenen Persönlichkeit unter Beachtung der eigenen Bewußtseinsfelder und -zentren,
- das Wahrnehmen der vier Elemente der Landschaft in der Wechselwirkung mit der eigenen Persönlichkeit,
- das Erfahren der persönlichen Form und Farbe,
- die Intersubjektivierung der persönlichen Erfahrungen in der Gruppe,
- das Erkennen und Zuordnen energetischer, seelischer und geistiger Qualitäten der Landschaft,
- die Diskussion und Reflexion über ästhetisch wirksame Gestaltqualitäten,
- die Bewußtseinsdimension und ihre Bedeutung für die Landschaftsplanung sowie
- die Einbindung der Wahrnehmung von seelisch-geistigen Qualitäten in die Gestaltung am Beispiel eines konkreten Projektes.

Die methodische Vorgangsweise in diesem Seminar war geprägt von der unmittelbaren Verschmelzung von Theorie und Praxis, wobei darauf geachtet wurde, daß die StudentInnen auf ihren persönlichen praktischen Erfahrungen ihr eigenes theoretisches Gebäude aufbauen konnten. Dies entspricht dem Ansatz der Aktionsforschung, wonach sich das Ergebnis aus der persönlichen Erfahrung und dem Tun ergibt. Die eigene Persönlichkeit steht dabei nicht außerhalb des zu erforschenden Gegenstandes, sondern ist selbst Teil des Versuches. Die Subjektivität verschmilzt mit der Objektivität.
Die Erfahrungen der Landschaftswahrnehmung wurden von den StudentInnen laufend dokumentiert und in der Gruppe (Klein- bzw. Großgruppe) reflektiert. Diese gemeinsame Reflexion bildete die Basis für die Intersubjektivierung der Ergebnisse, welche den einzelnen TeilnehmerInnen half, ihr „persönliches Alphabet" der bewußtseinsbezogenen Wahrnehmung zu entwickeln.
Da es ungewohnt und unüblich ist, die eigene Persönlichkeit so intensiv in die Erforschung der Landschaft zu integrieren, dies jedoch für die Wahrnehmung ihrer Bewußtseinsqualität

unerläßlich ist, war es für die StudentInnen nicht immer einfach, sich auf die Ebene des emotionalen Persönlichkeitsaustausches einzulassen. Bei der Betreuung der StudentInnen versuchten wir daher, speziell auf die persönliche Situation und Entwicklung der einzelnen TeilnehmerInnen Rücksicht zu nehmen und sie, soweit es uns möglich war, zu unterstützen. Dadurch entwickelte sich innerhalb der Arbeitsgruppe ein sensibler und respektvoller persönlicher Umgang, der von Offenheit und freundschaftlicher Verbundenheit geprägt war und es für alle Beteiligten möglich machte, voneinander zu lernen und gemeinsam einen Entwicklungsschritt zu machen.
Im folgenden werde ich einen zusammenfassenden Einblick in den Seminarablauf geben und entsprechende Beispiele studentischer Arbeiten beifügen. Diese Form der Dokumentation entspricht einem Erfahrungsbericht, in dem speziell die Berichte der StudentInnen mit ihren persönlichen und fachlichen Erfahrungen die Ergebnisse des Vertiefungsprojektes widerspiegeln. An dieser Stelle möchte ich mich herzlich bei allen StudentInnen für ihr Einverständnis bedanken, auf ihre Arbeiten zurückgreifen zu dürfen.

Welche Ziele waren vorgegeben und welche setzte ich mir?
Ziel der Übungen war es, zu erfahren, wie unterschiedlich einzelne Menschen auf Phänomene, wie zum Beispiel die energetischen Schwingungen eines Ortes, reagieren, das heißt welche Gefühle, Bilder, Gedanken und Assoziationen bei einem anderen Menschen auftauchen. Ein jeder für sich sollte sich nun eine Art „Schlüssel“ erstellen, der jeweils bei denselben auftretenden Emotionen und Assoziationen auf ein und dasselbe Phänomen schließen läßt. Darüber hinaus war es auch notwendig, die „Schlüssel“ der anderen StudentInnen kennenzulernen, um so auf einer gemeinsamen Ebene kommunizieren zu können. Anders als bei sonst üblichen universitären Übungen und Vorlesungen ging es bei diesem Projekt nicht primär um das Ansammeln von Wissen, sondern in erster Linie um das Erfahren des eigenen, nicht sichtbaren und oft schwer in Worte zu fassenden emotionalen Wahrnehmungspotentials.
Meine Teilnahme an dem Projekt sollte mir eine nicht sichtbare, aber gefühlsmäßig erfaßbare Umwelt nahebringen, wobei ich das Erfahrene sowohl für mein Privatleben als auch für meine spätere Berufstätigkeit, die sich ja im wesentlichen auch mit den nicht sichtbaren, spirituellen Qualitäten einer Landschaft befaßt, weiterentwickeln und hinzuziehen werde.
Gabriela Hekele

2.1 Die Mehrdimensionalität der Landschaft

Zweitägige Blockveranstaltung zur Einführung in das Thema Geomantie im Oktober 1994. Hierfür luden wir Marko Pogačnik (Slowenien) ein, um mit ihm gemeinsam einen praktischen und theoretischen Zugang zur Mehrdimensionalität der Landschaft zu erarbeiten.
Dabei vermittelte er uns seinen persönlichen Zugang zur seelisch-geistigen Dimension der Landschaft, wobei seine ungewohnte Sichtweise zahlreiche Diskussionen über den Realitätsgehalt und die Beschaffenheit der Bewußtseinsdimension auslöste. Es kam zu einem intensiven emotionalen und gedanklichen Erfahrungsaustausch und dadurch zu einem spannenden Einstieg in dieses Seminar.

Was habe ich an diesen zwei Tagen gelernt? Es war für mich ein erstes Hineinschnuppern, Erste-Gehversuche-Machen, Ausprobieren, Neugier-Wecken. Ich bin mir nicht sicher, ob ich das alles glauben will, soll und kann, was Marko uns erzählt. Es hat mich auf alle Fälle fas-

ziniert, daß bei ihm die Welt so lebendig ist, daß es so viele Wesen gibt. Aus meiner eigenen Erfahrung weiß ich, daß man zu Bäumen eine Beziehung haben kann, da bestehen für mich keine Zweifel, daß ich Marko glauben kann.
Brigitte Haberreiter

2.2 Der persönliche Lieblingsplatz

Im Rahmen dieses Blockes von Oktober bis November 1994 suchten die StudentInnen, jeweils für sich, vier unterschiedliche Orte im Türkenschanzpark auf, von denen sie sich äußerlich, aber auch innerlich angesprochen fühlten. Für eine abschließende gemeinsame Wahrnehmungsübung wählten wir vier unterschiedliche Raumqualitäten aus, die wir nacheinander emotional-intuitiv wahrnahmen und vor Ort in der Großgruppe reflektierten.
Die folgenden Beispiele geben Assoziationen der StudentInnen wider.

Ich dachte gleich zu Beginn an einen Feenplatz hoch über den Wipfeln der Blutbuchen. Die Wiese vermittelt einen offenen, emporstrebenden Charakter. Es gibt aber einen Punkt, bei dem ich mich besonders wohl fühle: nämlich dort, wo die Wiese wieder schmäler zu werden beginnt und Bäume wieder näher als Begrenzung heranrücken. Beim Blick gegen den Himmel kann ich mir gut die feenhaften Wesen und luftig blaue und gelbliche Wirbel vorstellen.
Peter Tschemernig (Wiese beim Türkischen Brunnen)

Angenehmes warmes Gefühl, nach oben ziehendes Gefühl im Herzen, leichte Vorwärtsbewegung, blau-gelbe Farben.
Gabriela Hekele (Wiese beim Türkischen Brunnen)

Luftiger Platz, kreisende Drehbewegungen (im Uhrzeigersinn), Empfinden einer sich nach oben hin trichterförmig weitenden Öffnung, der Platz vermittelt Offenheit, Fröhlichkeit und Heiterkeit.
eigene Assoziationen (Wiese beim Türkischen Brunnen)

Unten am Teich ist ein kleiner Nadelwald mit eigenartiger Stimmung. Es ist etwas bedrückend und auch fremd. Trotzdem hat der Ort für mich etwas Anziehendes.
Peter Tschemernig (Fichtengruppe am Teich)

Ich fühle mich stark im Boden verankert, so als würden Arme von unten nach mir greifen und mich festzuhalten versuchen, besonders starkes, warmes, abwärts ziehendes Gefühl im Wurzelchakra, braune und dunkelgrüne Farben.
Gabriela Hekele (Fichtengruppe am Teich)

Ich hatte das Gefühl, bis zu den Hüften in den Boden zu sinken, erdig, weich, anmoorig. Der Platz wirkte insgesamt sehr harmonisch. Ich stellte einem Baum die Frage, woher er kam, worauf ich folgende Assoziation erhielt: Ich komme aus dem Norden und heiße Kala.
eigene Assoziationen (Fichtengruppe am Teich)

2.3 Orte der Kraft

Mit Univ. Prof. Jörg Purner (Universität Innsbruck) hatten wir im November einen weiteren Referenten geladen, der sich bereits seit sehr vielen Jahren mit dem Thema „Orte der Kraft" auseinandersetzt.

„Entwickelt keine Abhängigkeiten zu Kraftorten, ihr findet sie in euch selbst am besten." Dieser erste Satz von Prof. Jörg Purner löste einiges Erstaunen bei mir aus. Ich war begierig zu erfahren, wo sich, vor allem in Wien, Orte der Kraft befanden, unter welchen Gesichtspunkten man diese Orte einteilt und was man dort jeweils erfahren kann. Ich hatte mir vorgenommen, einige dieser Orte selbst aufzusuchen.
So lernte ich an diesem Abend mehr, als ich vorerst ahnte. Die Idee der Wahrnehmungsübungsstationen (z. B. werden Besucher dazu eingeladen, verschiedene Betrachterstandpunkte – den eines Kindes, Pfarrers etc. einzunehmen, von diesen auf einen Baum zu blicken und einfach die Gefühle wahrzunehmen, die mit dem jeweiligen Standpunkt auftreten), versuchte ich später in einem anderen Projekt zu realisieren. Sein Appell, Empfindungsübungen zu machen und bei seinen eigenen Gefühlen zu verweilen, diese also nicht in Gedanken zu fassen zu suchen, erscheint mir fast eine Grundvoraussetzung für die Wahrnehmung von bewußtseinsbezogenen Aspekten zu sein; hier hatte ich ja bei den Übungen immer wieder die Erfahrung machen müssen, daß allzu schnell auftretende Gedanken meine Empfindungen löschten oder ich mir unsicher wurde, ob ich nun tatsächlich etwas gefühlt oder mir nur eingebildet hatte, zu fühlen.
Gabriela Hekele

2.4 Die persönliche Form und Farbe

Die nächsten beiden Treffen widmeten wir verstärkt der Wahrnehmung der eigenen Bewußtseinsfelder und -zentren. Dieses Seminar leitete ich im Dezember 1994 gemeinsam mit meiner Frau Renate, die als Gestaltpädagogin den Aspekt der Persönlichkeitserfahrung verstärkt einbrachte. Entsprechende Anleitungen für die Durchführung dieser Übung können dem Kapitel IV.4.2.2 (Ablauf der Wahrnehmung von Bewußtseinsqualitäten) entnommen werden.

Mit einem anfangs harten Stück Ton sollten wir eine innere Form nach außen bringen. Ich fand es spannend, das Geschehen in und mit meinen Händen zu verfolgen. Ich formte den Ton in meine rechte Handfläche hinein, sodaß er wie eine Schale wurde. Am unteren Ende franste es aus, so als ob Wasser überlaufen würde. Beim Kneten fiel mir ein Stück Ton hinunter, das ich dann als Kugel wieder an einen geborgenen Platz setzte. Nichts sollte verloren gehen. Für mich symbolisierte das Werk einen Fluß und gleichzeitig ein Gefäß. Einerseits Fließen und Fließenlassen, andererseits Aufheben und Aufgehoben sein.
Mit Ton arbeiten: Renate Fuxjäger

Abb. 110: Ergebnisse der Übung mit dem Ton

Welche Farbe ist zur Zeit für mich aktuell?
Mir ist als meine Farbe gleich ein dunkles Lila-Blau eingefallen, das ich aber nicht richtig in bzw. vor mich gekriegt habe. Daher hat sich Rot durchgesetzt, das nicht leuchtend, sondern eher fleckig war, aber Wärme ausgestrahlt hat. Meine Gedanken sind bei der Farbmeditation immer wieder weggeschweift, das Fließenlassen des Rots ging aber gut.
Beim Anschauen der Farbzeichnungen fielen die unterschiedlichen Farben und Schattierungen auf. Die Vielfalt war genauso faszinierend wie zu schauen, wer welche Farbe gewählt hatte.
Farbmeditation: Renate Fuxjäger

2.5 Aurawahrnehmung und Chakrenerfahrung

In diesem Block im Jänner 1995 haben wir jene Übungen ausgeführt, die ich in Kapitel IV.4.2 (Die Wahrnehmung von Bewußtseinsqualitäten) anbiete.

Für mich am aufregendsten war die Übung, zu dritt die Aura einer in der Mitte stehenden Person wahrzunehmen. Ich konnte in personenspezifisch verschiedenen Abständen plötzlich oder sich sukzessiv verändernd einen recht deutlichen Widerstand spüren. Das äußerte sich vor allem in einem Kribbeln und einem Wärmegefühl in den Händen, aber auch in einem zunehmenden Dichteempfinden in einem bestimmten Bereich um die betroffene Person. Dieser Bereich war aber nicht konstant, sondern einer gewissen pulsierenden Dynamik unterworfen. Diese recht einfachen Übungen haben bei mir einen recht nachhaltigen Effekt bewirkt, sodaß ich oft darüber reflektiere und diese und andere Übungen in Eigenregie praktizieren will. Sie haben mich, obwohl ich an sich diesbezüglich skeptisch bin, richtig zum Weitermachen animiert.
Hannes Kugler

2.6 Wahrnehmungsübungen Schoßpark Laxenburg

Die im Rahmen dieses Blocks im März 1995 durchgeführten Übungen dienten zur weiteren Vertiefung der Auffindung, Wahrnehmung und Interpretation von Bewußtseinsphänomenen der Landschaft.

2.7 Die vier Elemente

Dieses Seminar im Mai 1995, bei dem das Betreuungsteam von Robert Pap und mir wieder durch meine Frau Renate ergänzt wurde, hatte die Zielsetzung, stärker mit den Prinzipien und Wechselwirkungen der vier Elemente vertraut zu machen. In der sehr vitalen Landschaft rund um den Zirbitzkogel (St. Wolfgang in der Obersteiermark) widmeten wir uns der Synthese von Selbstwahrnehmung und Landschaftswahrnehmung.
Entsprechend den Übungen zu den vier Raumqualitäten suchten wir die Begegnung mit den Elementen. Den StundentInnen standen dieselben Übungsanleitungen zur Verfügung, wie ich sie in Kapitel III.3.4 (Die vier Raumqualitäten) anführe. Im folgenden zwei Beispiele zum Element Wasser.

Du bist klar und kalt, ich sehe bis an den Grund und doch nicht.
Eine äußere Kraft peitscht Deine Oberfläche, berührt aber Dein Innerstes nicht.
Du bist stetig, bei Dir, ruhig und gelassen,
Du hast alle Zeit der Welt.
Schaukelnd und sanft streichelst Du die Ufer,
Du lächelst milde.
Meine Probleme sinken auf Deinen Boden, dort wo das Sonnenlicht nicht mehr hinkommt –
aber sie sind da, eingehüllt von einem Mantel des Schweigens,
Ich möchte mich auf Dich legen, mich sanft schaukeln lassen und alle Zeit vergessen.
Wasser – See: Gabriela Hekele

Du begrüßt mich mit fröhlichem Geplapper –
übermütig, flink und tanzend.
Du bahnst Dir selbstbewußt Deinen Weg,
nur wer hart ist, besteht, und wird doch
mit der Zeit weichen müssen.
Du ziehst ständig weiter und bist doch immer am
selben Ort; nein, Du erneuerst Dich fortlaufend.
Auch Du kannst zur Ruhe kommen, aber diese
ist nicht von langer Dauer.
Du reißt mich mit Dir mit, schickst mich auf
Reisen, kitzelst mich, schubst mich.
Du bist aufwühlend, animierend. Ich möchte von
Dir lernen, möchte sein wie Du: klar, offen,
selbsterneuernd und -verjüngend, neugierig, sanft
und stark.
Wasser – Bach: Gabriela Hekele

2.8 Bad Waltersdorf

Für den Abschluß des Vertiefungsprojektes im Juni 1995 war es uns wichtig, den emotional-intuitiven Wahrnehmungsprozeß in ein konkretes landschaftsplanerisches Projekt zu integrieren. Aus dem Verständnis eines holistischen Planungsansatzes heraus sollte die Synthese von Körper, Seele und Geist innerhalb der Freiraumgestaltung geübt werden.
Die Ergebnisse mündeten in einen Abschlußbericht mit gestalterischen Anregungen für die Gemeinde Bad Waltersdorf (Steiermark). Dabei ging es um die Erstellung der Grundlage für ein Gestaltungskonzept, das die Erfahrungen mit bewußtseinsbezogenen Aspekten in der Begegnung mit der Landschaft berücksichtigt.

2.8.1 Einleitung

Das geplante Projekt „Landschaftspark – Bad Waltersdorf“ bot für die TeilnehmerInnen am Vertiefungsprojektes einen konkreten Rahmen, um den erlernten integrativen Planungsansatz bei der Lösung einer freiraumgestalterischen Fragestellung anzuwenden. Im Rahmen dieser Aufgabenstellung wurden die StudentInnen aufgefordert, die Qualität der Landschaft in ihrer

Grundinformation wahrzunehmen. Das Projektgebiet wurde im Zusammenhang mit dem gesamten Tal- und Hügelbereich der Thermenregion gesehen. Unsere räumliche Annäherung erfolgte durch die Wahrnehmung wichtiger Koordinationspunkte der Landschaft (z. B. Berner Häusl), um das eigentliche Projektgebiet über die Identität der Großlandschaft erkennen zu können. Die nunmehr vorliegende Arbeit zeigt das Ergebnis dieser dreitägigen (15. bis 17. 6. 1995), intensiven Begegnung der StudentInnen mit der Landschaft von Bad Waltersdorf und dem eigentlichen Projektgebiet. Unser Hauptanliegen war, die vom Landschaftsraum vorgegebenen Raumqualitäten wahrzunehmen, darzustellen und in ein Gestaltungskonzept zu integrieren. Das Projektteam setzte sich aus Isabella Burtscher, Friedgard Engländer, Erwin Frohmann, Max Götz, Sandra Hatze, Trixi Liebhart, Wolfgang Lippnig, Elisabeth Millonig, Robert Pap, Sabine Preis, Isabella Rietzinger, Silke Rosenbüchler, Margit Seiberl und Susanne Triebnig zusammen.

2.8.2 Methode und Planungsansatz

Der im Rahmen dieses Projektes angewandte Planungsansatz wurde um den Aspekt der intuitiven Raumwahrnehmung erweitert. Dieser Dialog mit der Landschaft sollte als zusätzliche Information dienen, die Landschaft besser zu verstehen und in ihrer Komplexität zu erfassen. Als erster Schritt war die Einstimmung in die großräumige Tal- und Hügellandschaft von Bad Waltersdorf notwendig, um Zusammenhänge zwischen einzelnen Orten feststellen zu können. In weiterer Folge wurde eine Annäherung an das Projektgebiet durch die Begehung wichtiger landschaftlicher Punkte vollzogen, von denen aus es möglich war, das Kerngebiet aus unterschiedlichen Perspektiven zu betrachten. Die Raumwahrnehmungen, die mit den Eindrücken von der Tal- und Hügellandschaft in Zusammenhang standen, ließen uns die seelisch-geistige Dimension des Gebietes erkennen. Als zweiter Schritt erfolgte die generelle Bestandserhebung des eigentlichen Projektgebietes.

Für die Bestandserhebung wurden folgende Aspekte und Methoden berücksichtigt und verwendet:

- *Integrative Raumwahrnehmung:* Ziel ist die Beschreibung des Freiraumes, ausgehend von der Wahrnehmung über die emotional-intuitive Ebene und die Untersuchung des Projektgebietes selbst sowie des Umfeldes auf diese Qualitäten hin (siehe Kap. VI.1 Bestandsaufnahme von Bewußtseinsqualitäten).
- *Photographische Aufnahme:* Die optische Dokumentation des Freiraumes und seiner Struktur erfolgte durch die Aufnahme von Übersichtphotos, Panorama-Aufnahmen und Detailaufnahmen.
- *Analytische Bestandserhebung:* Die generelle Bestandserhebung erfolgte in Form von Plänen sowie einem schriftlichen Aufnahmeprotokoll.

2.8.3 Zielsetzungen

- Schaffung eines Parks, der sich unter Beibehaltung des offenen Charakters behutsam in das bestehende Gelände einfügt.
- Der Park soll die inhaltliche und räumliche Verbindung zwischen dem Zentrum von Bad Waltersdorf und der Therme Bad Waltersdorf stärken.

- Der Park soll als Erholungsraum für Bewohner und Gäste der Gemeinde dienen.
- Der Park soll die landschaftliche Vielfalt der Gemeinde bereichern und in seiner künftigen Strukturvielfalt einen zusätzlichen Lebensraum für Pflanzen und Tiere bieten.
- Die ökologische Ausrichtung in der Gestaltung (Strukturvielfalt, Pflanzenwahl) ist als zentrales Anliegen zu sehen.
- Verbindung des Ortskernes, der von einer Linde (Dorflinde), der Kirche und dem Gemeindeamt geprägt wird, über den Park mit der Therme (Vier-Elemente-Brunnen im Eingangsbereich). Die drei zu verbindenden Punkte wären demnach das Ortszentrum, der Park und die Therme.

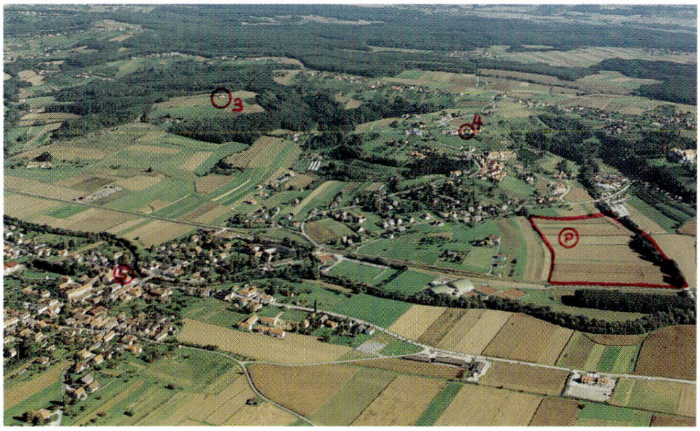

Abb. 111: Bad Waltersdorf Übersicht – Projektgebiet

2.8.4 Ergebnisse der Bestandserhebung

- **Emotional-intuitive Erhebung**

Bei der Erkundung der Umgebung von Bad Waltersdorf haben sich einige für uns augenfällige Anziehungspunkte herauskristallisiert (siehe Abb. 111).
Ein Platz (gekennzeichnet durch einen Apfelbaum) hinter dem Heurigengasthof Pichler öffnete den Blick auf das Tal. Die Landschaft wirkte weich, weiblich, sanft, bescheiden und vielfältig. Spontane Assoziationen waren: die Farbe Blau, Frische, Jugend, Offenheit.
Bei der Betrachtung des Tales aus dieser „erhöhten Position" fiel auf, daß der Landschaft durch anthropogene gerade Linien ihre ursprüngliche Natürlichkeit und Ausgeglichenheit zwischen Ruhe und Bewegung genommen wird. Das rechteckige Projektgebiet wird von geraden Straßen und der harten, geraden Trassenführung der Bahn eingefaßt, im Hintergrund durchschneidet die Autobahn in gerader Linie das Tal. Einen zweiten wichtigen Punkt stellt das „Berner Häusl" dar. Dieser Ort wurde von uns als Landschaftskoordinationspunkt wahrgenommen und mit blauem Licht assoziiert. Es ist eine Art Gliederung des Ortes zu bemerken: Das achteckige Backsteinhaus übernimmt die männliche Funktion, der ehemalige Weiher die weibliche. Der Ort ist jedoch in seinem Gleichgewicht leicht gestört, weil der Weiher teilweise zugeschüttet wurde. Das Berner Häusl ist ein landschaftsästhetisch ansprechender Punkt, der eine starke Anziehungskraft auf die Menschen ausübt. Der dritte Ort, an dem wir eine starke Verbindung zum Projektgebiet und zur Therme wahrnahmen, ist die Dorflinde vor dem Gemeindeamt am Kirchplatz von Bad Waltersdorf. Die Linde gilt als Baum der Liebe und der Mitte zwischen Himmel und Erde. Sie soll auch als Dorf-, Schutz- und Familienbaum Glück

und Gesundheit bescheren und ist ein wichtiger Ort der Kommunikation. In Kleingruppenarbeit (vier bis fünf Personen) wurde das Projektgebiet hinsichtlich seiner verschiedenen Raumqualitäten untersucht. Die Ergebnisse der einzelnen Gruppen (spontane Assoziationen, Formen, Farben, Gestaltungsideen u. a. m.) waren:

Gruppe 1: Die Landschaft rund um Bad Waltersdorf wirkt fruchtbar, vielgliedrig, harmonisch geschwungen. Im Zentrum des Planungsgebietes wird ein heller und luftiger Raum wahrgenommen, welcher in der Gestaltung unbedingt offen bleiben und/oder durch Solitärbäume betont werden soll. Hier könnte auch ein offener Holzpavillon stehen. Zugänge zum zukünftigen Park sind an allen vier Eckpunkten möglich, eine Wegeführung in Form von Diagonalen wäre denkbar. Die Wege sollen nicht asphaltiert werden. Grundsätzlich sollte der Park leicht und luftig wirken und daher nicht zu dicht bepflanzt werden. Der südwestliche Teil des Planungsgebietes ist ein Sammel- und Anknüpfungspunkt zum Dorf.

Gruppe 2: Das Grundstück wird als abgeschlossener Teilbereich der Landschaft wahrgenommen, wobei der Platz als Verbindung (Achse) zwischen dem Gemeindezentrum und der Therme gesehen wird. Der Heilbründlbach ist auf Grund seines tief eingeschnittenen Bachbettes vom angrenzenden Projektgebiet abgeschlossen. Ein weiterer, der Qualität des Wassers entsprechender Platz liegt im südwestlichen Teil an der Bahnlinie. Das Zentrum des Projektgebietes wird als weiblich-betont empfunden. Im nördlichen Bereich des Gebietes wird ein weiterer luftiger Aussichtspunkt wahrgenommen.

Gruppe 3: Das Zentrum des Projektgebietes wird mit einer blau aufsteigenden Farbquelle assoziiert. Es wirkt sehr luftig und läßt eine starke Verbindung zum Berner Häusl spüren. Eine zweite starke Verbindung ist zwischen dem Dorf (Linde vor der Kirche) und der Therme nachvollziehbar. Im nördlichen Teil des Planungsgebietes ist ein zweiter Luftbereich, eine Art Aussichtsplattform, zu lokalisieren. Im Südosten geht das Gebiet in ein feuchtes Areal über (Wasserlacken zeugen vom letzten Regen an diesem tiefsten Punkt des Planungsgebietes). Nach Osten hin, angrenzend an diesen Wasserort und nahe der Bahnlinie, findet sich ein durch schwere, feuchte Erde und die entsprechende Vegetation gekennzeichneter Bereich. Die Bepflanzung des zukünftigen Parks sollte offen und weitläufig sein.

- **Analytische Bestandserhebung**

Betrachtungen zur historischen Entwicklung von Bad Waltersdorf
Die erste urkundliche Erwähnung von Bad Waltersdorf erfolgte 1170. Trotz zweier Wehrlinien mit mehreren Burgen blieb die Bevölkerung von den kriegerischen Angriffen der Ungarn und später der Türken nicht verschont. Dazu kamen Katastrophen wie Heuschreckenplage, Pest, Hunger und Armut. Doch wie das Glücksrad aus dem 14. Jh. zeigt, folgt nach jedem Tod ein Neubeginn. Das Glücksrad wurde 1990 an den Wänden der Hauptpfarrkirche St. Margarethen entdeckt. Ein Fresko zeigt das Rad, in dessen Mitte sich Fortuna – die Glücksgöttin – befindet und es mit einer Kurbel dreht. An den vier Enden der zwei Achsen ist jeweils ein König dargestellt. Jeder dieser vier Könige repräsentiert eine Phase im Wandel der Zeit. Der linke aufsteigende König wird mit dem Wort *regnabo* (ich werde herrschen) gekennzeichnet. Der obere König *regno* herrscht am Höhepunkt seiner Macht. Der König an der rechten Seite des Rades muß erkennen, ich habe geherrscht (*regnavi*), und der unterste König hat alles verloren

regnaverum – ich hatte geherrscht. Hier schließt sich der Kreis, indem der Lauf der Zeit wieder von neuem anfängt und so eine Ganzheit bildet. Die Vierteilung des Glücksrades ist ein Ursymbol, das mehr Informationen beinhaltet als die oben beschriebenen. In diesem Fall ist der Kreis mit den zwei Achsen und den vier Königen mit den vier Elementen wesensverwandt, da alle Ursymbole miteinander verbunden sind. Eine ähnliche Verwandtschaft ist durch die Verbindung der „irdischen" vier Elemente und der „himmlischen" Dreieinigkeit gegeben, die in den Gestaltungsentwurf aufgenommen wird.
Die Symbolik des Glücksrades wird durch die Berücksichtigung der vier Raumqualitäten in die Gestaltung des Parks miteinbezogen. Die Thermenführung bindet die vier Elemente als Leitmotiv in die Philosophie ihres Kurbetriebes mit ein. Gesundheit steht für Wasser, Sport für Feuer, Kultur und Brauchtum stehen für Luft, und ökologische Orientierung steht für Erde. So stellt der Park nicht nur die räumliche Verbindung zwischen der Therme und dem Ortszentrum dar, sondern drückt auch die Verbindung zwischen den vier Zielsetzungen der Therme (symbolisiert durch den Vier-Elemente-Brunnen) und dem Glücksrad der Gemeinde aus.
Der Wandel der Zeit spiegelt sich in der Entwicklung des Ortes Bad Waltersdorf ganz klar wider. Der Aufstieg der Region erfolgte, nachdem zwischen den Hügeln der Wagerberger Hünegräben heiße Quellen entdeckt worden waren; sie verhalfen dem Tal, sich zu dem heutigen Kurbezirk zu entwickeln.

Räumliche Ausprägung des Planungsgebietes
Das Projektgebiet liegt 1 km südöstlich des Ortskernes von Bad Waltersdorf. Die Fläche wird derzeit landwirtschaftlich genutzt, wobei die Grundstücke auf mehrere Eigentümer aufgeteilt sind. Im Norden wird das Areal von einem Privatgrundstück, welches in absehbarer Zeit bebaut wird, begrenzt, im Süden von einem Bahngleis der Österreichischen Bundesbahnen, im Osten vom Heilbründlbach und im Westen von einem Feldweg. Nördlich des Projektgebietes verläuft eine kleine Straße, die zur Zeit als Verbindungsweg und Radweg zwischen Therme und Ortskern dient. Die Lage des Projektgebietes würde es ermöglichen, den Fuß- und Radverkehr über den zukünftigen Park umzulenken. Die Attraktivität des Parks hätte den Effekt, daß sich wesentlich mehr Besucher zu Fuß oder mit dem Fahrrad fortbewegen würden. Einflüsse von außen sind vorwiegend durch Lärmbelästigung (Züge und Pkws) vom Süden her gegeben.

Naturräumliche Grundlagen
Boden: Den unteren südlichen Bereich nahe der Bahn bedeckt eine vergleyte, kalkfreie Lockersediment-Braunerde aus feinem Schwemmaterial (lehmiger Sand, an einzelnen Stellen geringer Schotteranteil). Durch Druckwasser bzw. durch Grundwasser des Seitengerinnes, welches den Schwemmkegel aufbaut, ist der Boden hier mäßig feucht. Im leicht hängigen, nordwestlichen Teil des Projektgebietes hat der Boden geringere Durchlässigkeit und hohe Speicherkraft (sandiger Lehm oder lehmiger Schluff, geringer Schotteranteil). Im nordöstlichen Bereich des Projektgebietes herrscht kalkfreier Kulturrohboden vor. Er ist wechselfeucht und besitzt hohe Speicherkraft, zeigt jedoch ab 25 cm Tiefe gehemmte Durchlässigkeit und mäßige Dichtlagerung des Ausgangsmaterials. Oberflächenwasser fließt hier rasch ab, in längeren Trockenperioden ist eine Austrocknung möglich. Ein kleiner Bereich des Projektgebietes zeigt kalkfreien, feuchten Gley mit mäßiger Speicherkraft und hoher Durchlässigkeit.
Topographie/Relief: Das Projektgebiet ist 9,5 ha groß und südexponiert; durchschnittliches Gefälle von 5 % im südlichen und 15 % im nördlichen Bereich. Die Seehöhe beträgt 300 m, wobei der Höhenunterschied zwischen südlicher und nördlicher Grenze ca. 25 m beträgt.

Klima: Die Jahresniederschlagsmenge in Bad Waltersdorf liegt bei 769 mm. Das Jahresmittel der Lufttemperatur ist 8,6° C (Beiträge zur Hydrographie in Österreich, Heft Nr. 52).
Licht und Schatten: Die südexponierte Lage und die landwirtschaftlich genutzten Flächen tragen zu einer überdurchschnittlichen Besonnung des Projektgebietes bei. Schattig ist es im Osten vom Heilbründlbach und im Norden der Streuobstwiese. Dieser vorwiegend sonnige Aspekt wird in der Planung beibehalten, indem die Fläche nur gerinfügig bepflanzt wird. Die Schattenspender im zukünftigen Park stellen ein Hain mit Obstbäumen und Linden sowie die Streuobstwiese im nördlichen Teil dar.
Vegetation: Das Projektgebiet selbst wird zur Zeit landwirtschaftlich genutzt. Die Anbaufrüchte sind im wesentlichen Mais, Gerste und Weizen. Den Heilbründlbach im Osten begleitet eine typische Bachuferpflanzengesellschaft, die sich vorwiegend aus Salix-, Alnus- und Eyonymus-Arten zusammensetzt. Im Norden und Westen liegen Mähwiesen, wobei die nördliche Wiese in absehbarer Zeit einem Wohnbau weichen muß. Im Nordwesten gibt es einen dicht bepflanzten Teil mit hochstämmigen Obstbäumen.
Fließgewässer: Das Projektgebiet wird im Westen vom Heilbründlbach begrenzt, der durch eine naturnahe Morphologie ausgezeichnet ist. Der Bach hat sich gegenüber dem Niveau der angrenzenden Straße 2 m tief eingegraben und ist frei von Regulierungsmaßnahmen.

2.8.5 Gestaltungsvorschlag

- **Raumqualitätenplan**

Nach der Ausarbeitung der Ergebnisse der Bestandsanalyse in den Kleingruppen wurde gemeinsam ein Raumqualitätenplan erstellt, der die Verteilung der vier Elemente (Feuer, Erde, Luft, Wasser) zeigt.

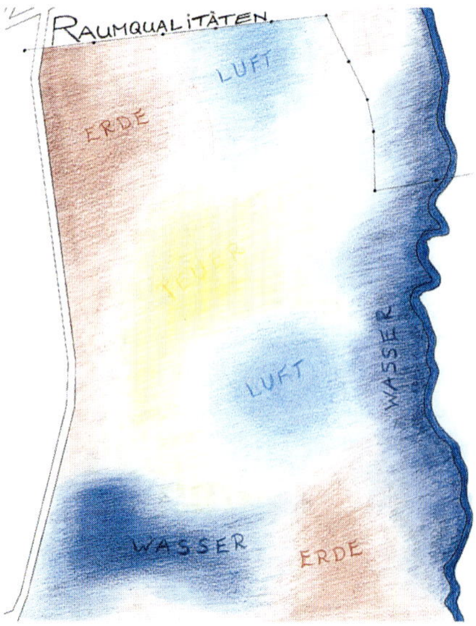

Abb. 112: Raumqualitätenplan – Zuordnung der vier Raumqualitäten innerhalb des Projektgebietes

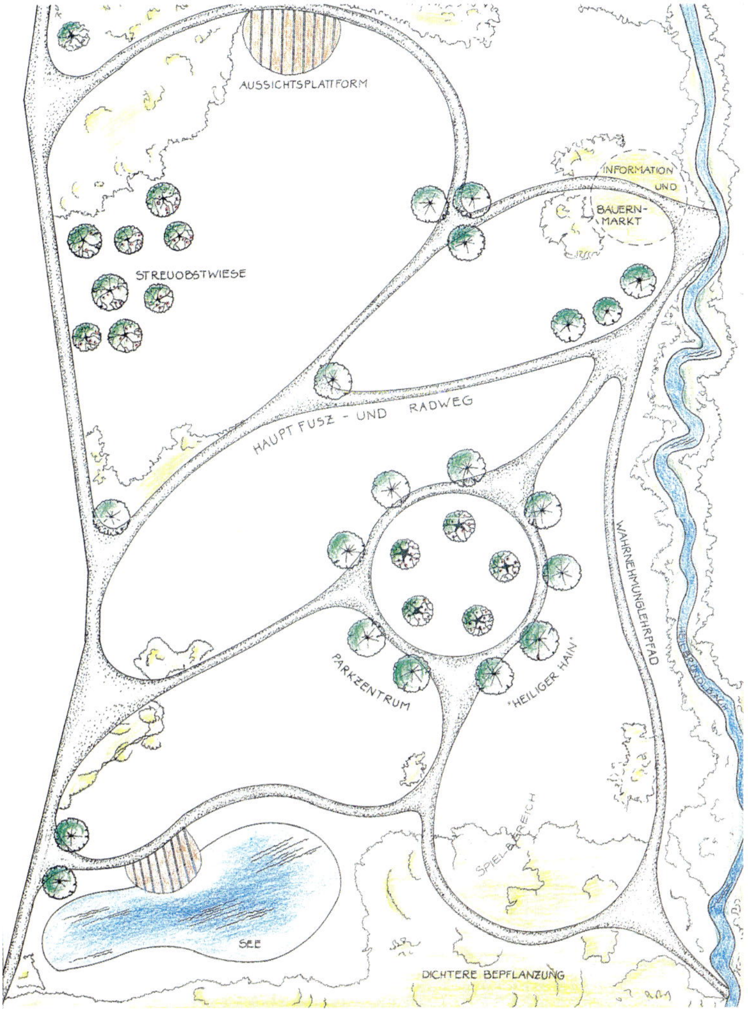

Abb. 113: Gestaltungsvorschlag – Park Bad Waltersdorf

- **Projektbeschreibung**

Im folgenden wird die Raumqualitätenerhebung in ein Gestaltungskonzept übergeführt. Dieses Konzept stellt eine Vorstufe für die weitere planerische Auseinandersetzung zu einem Gestaltungsentwurf (Maßstab 1:200) mit diversen Detailplänen und Bauplänen dar.
Die vier Raumqualitäten drücken sich in unterschiedlichen gestalterischen Formen aus. Hierbei muß betont werden, daß die räumliche Trennung der einzelnen Raumqualitäten nicht als Grenze zu verstehen ist. Die Elementbereiche gehen vielmehr ineinander über und durchmischen sich. Entsprechend der Bestandsanalyse stellt der offene Raum im Zentrum des Parks (Luftzentrum) einen wichtigen thematischen Schwerpunkt dar. Um den Grundcharakter der Offenheit des Gebietes zu stärken, soll diese Gestaltqualität auch zukünftig erhalten bleiben.

Ein großzügiger, freier und locker bepflanzter Raum, der nach oben hin offen ist, könnte das Zentrum des Parks bilden. Der kreisförmig angelegte Platz soll durch die Anpflanzung zweier Baumkreise, einen inneren mit fünf Obstbäumen (Kirschen) und einen äußeren mit neun Linden, gestalterisch geprägt werden. Dieser Platz soll das Kommunikationszentrum bilden und weder dicht bepflanzt noch von durchführenden Wegen gestört werden.
Ein zweiter „Luftpunkt" befindet sich in der Mitte des nördlichen Randes des Planungsgebietes. Hier soll der freie Ausblick auf den Park und die Umgebung unbedingt erhalten bleiben. Mittels der Gestaltung einer nicht zu massiv wirkenden Aussichtsterrasse kann der Reiz dieses Punktes erhöht werden. Im nördlichen Bereich des Projektgebietes soll die Streuobstwiese des angrenzenden Grundstückes in das Planungsgebiet hinein weitergeführt werden, um eine ästhetische Verbindung mit dem Umland zu schaffen. Der Charakter dieser Bereiche vermittelt Geborgenheit und Stabilität, und der Wechsel der Jahreszeiten kann durch vielfältige Bepflanzung verstärkt zum Ausdruck gebracht werden. Farb- und Formenreichtum, kräftige, satte Farben, Vielfalt der Strukturen und Artenreichtum von Fauna und Flora können durch verstärkte Bepflanzung mit Sträuchern und Bäumen erzielt werden.
Im südlichen Teil (Talsohle) sollen eine weiche Linienführung und das Zulassen von Veränderung bestimmend sein. Niedrige, geschwungene Erdwälle wechseln ab mit Mulden, die Bepflanzung soll locker sein. Natürliche Sukzession, das heißt eine spontane, ungelenkte Entwicklung, könnten hier ermöglicht werden.
Auch die harte, trennende Linie des Bahndammes wird durch das „Hineinziehen" des Dammes in den Park und in ihrer Strenge „entschärft". Geschwungene Linienführungen mit weichen, eher runden Formen ergeben höhlenartige Strukturen, welche mit Hilfe von Bodenmodellierungen und/oder durch entsprechende Bepflanzung geschaffen werden können. Diese „Höhlen" vermitteln einen erdigen Eindruck und bieten für Kinder einen Anreiz zum Spielen. Steine, Wurzeln, humoser Boden kennzeichnen den engen Kontakt zur Erde und verstärken diesen Charakter. In den genannten Bereichen soll sich das „Werden-und-Vergehen" ausdrücken dürfen. Blätter dürfen liegenbleiben und verrotten, und die Vegetation kann sich selbst (Samenflug, Bodenbeschaffenheit) entwickeln. Nach den Erdarbeiten und Bepflanzungsmaßnahmen soll in diesen Bereichen die menschliche Beobachtung gegenüber pflegerischen Eingriffen überwiegen. Den natürlichen Kreisläufen mit der dazugehörigen Sukzession soll freier Lauf gelassen werden.
Der tiefstliegende Punkt des Planungsgebietes soll durch das Anlegen eines kleinen Sees dem Element Wasser zugeordnet werden. Die Formenvielfalt, Verspieltheit und Lebendigkeit des Wassers als lebensspendendes und lebenserhaltendes Element wirkt anregend und erfrischend. Die freie Wasserfläche spiegelt den Himmel wider und verbindet Erde und Himmel. Der See soll auch zum Schwimmen einladen.
Die Vegetation (Stauden) entlang des Baches an der Ostseite des Projektgebietes soll zumindest teilweise ausgelichtet werden, um die Verbindung des Elements Wasser mit dem Park zu ermöglichen und um den Bach gleichsam in das Grundstück „hineinzuziehen". Die Beziehung des Sees zum Heilbründlbach könnte im Bereich des Bahndammes (im erforderlichen Abstand) über einen kleinen Wiesenbach hergestellt werden.
Hauptanliegen bei der Anlage des Wegenetzes ist es, die Wege in weich geschwungenen, organischen Linien (in Anlehnung an den englischen Landschaftspark) durch das Projektgebiet zu führen und damit auch einen Bezug zur natürlich wirkenden Wegeführung im Umland herzustellen. Die Anbindung des Parks an die Umgebung soll über vier Eingänge erfolgen, die an den Eckpunkten des Planungsgebietes liegen. Als direkte Verbindung zwischen Dorf und Therme kann ein kombinierter Rad- und Fußweg dienen, welcher doppel-S-förmig vom nord-

östlichen Eingang zum gegenüberliegenden, südwestlichen Eingang am See geführt wird. Dieses Wegekonzept erlaubt sowohl ein rasches Queren des Parks als auch das Flanieren auf den Rundwegen, welche zu den attraktiven Punkten führen (See, Wahrnehmungsparcour entlang des Baches, Aussichtsterrasse). An den Kreuzungspunkten der Wege ergeben sich platzähnlich erweiterte Bereiche, an denen durch das Aufstellen von Sitzmobiliar Kommunikationsbereiche geschaffen werden könnten. Die Wegbegrenzungen sollen eher durch punktuelle Gestaltung (Baum- und Strauchbepflanzung) ausgeführt werden, um den gesamten Parkbereich nicht zu dicht werden zu lassen. Auch können die Wiesenflächen rund um das Zentrum möglichst frei und offen bleiben.
Die Wegbreite soll so gewählt werden, daß kleine Personengruppen in beiden Gehrichtungen bequem aneinander vorbeigehen können (3 m). Die Ausführung der Wege soll in Form von wassergebundenen Kieswegen erfolgen.

Plangrundlagen und Literatur

- Flächenwidmungsplan der Marktgemeinde Bad Waltersdorf (1:5.000)
- Radwanderkarte des Landes Steiermark (1:25.000)
- Franziszäischer Kataster (1823, Waltersdorf in der Oststeiermark)
- Österreichische Bodenkarte (1:25000)
- Die Niederschläge, Schneeverhältnisse und Lufttemperaturen in Österreich im Zeitraum 1981–1990 (Hydrographisches Zentralbüro im Bundesministerium für Land- und Forstwirtschaft 1994, Beiträge zur Hydrographie in Österreich, Heft Nr. 52)
- Bad Waltersdorf (Pichler A. 1992, St. Peter Verlag, Salzburg)

3 Landschaftsgarten Micheldorf

3.1 Einleitung

In Micheldorf (Oberösterreich) war es im Rahmen der Gestaltung eines Gartens möglich, den vom Verständnis der Trinität der Landschaft ausgehenden Planungsansatz zu realisieren. Die Idee, auf die körperliche, die ästhetische und die Bewußtseinsdimension der Landschaft bei einer objektbezogenen Gestaltung Rücksicht zu nehmen, wurde und wird von der persönlichen Einstellung und Offenheit von Dr. Johannes Pfaffenhuemer, dem Initiator des Projektes, mitgetragen und unterstützt.
Im Vorhaben, ein Erfahrungs- und Lernzentrum zu schaffen, das die körperlich-seelisch-geistige Komplexität des Menschen wie auch der Landschaft berücksichtigt, soll der Landschaftsgarten, der sowohl als Erholungsraum als auch als Landschafts- und Selbsterfahrungsraum wirkt, einen wesentlichen Teil dieses Zentrums darstellen. Dabei war es dem Projektteam von Anfang an wichtig, den Genius loci des Ortes zu unterstützen und in der gestalterischen Ausformung des Parkes auf die unmittelbare sowie auf die angrenzende Grundstruktur der Landschaft Rücksicht zu nehmen und diese gestalterisch zu unterstützen.
Die Planung und Umsetzung wurde/wird als fließender Prozeß gesehen, der Erholungsphasen und Korrekturen zuläßt. Diese Intention war der Grund, warum wir uns für die Wahrnehmungs- und Planungsphase rund ein Jahr lang Zeit gelassen haben, wobei das dabei entstandene Gestaltungskonzept die Basis für die Umsetzung bildete. Die Planungsphase ging auch nach Beginn der Umsetzung weiter und wurde laufend durch Detailplanungen ergänzt, die sich aus dem Prozeß der Realisierung ergeben hatten. In der Gestaltung verschmelzen Wahrnehmung, Planung und Realisierung zu einem gemeinsamen Prozeß.
Die laufende bewußte Raumwahrnehmung ermöglicht eine Begegnung mit der Landschaft und mit uns selbst. Dabei bemühen wir uns, auf die Qualität des Herzens zu achten und sie sowohl in der Beziehung zur Landschaft als auch in der Beziehung zueinander zu leben.

Zentrale Ziele des Projektes

- Arbeit in einem interdisziplinären Planungsteam, dessen TeilnehmerInnen die Bereiche Gesundheit, Landschaftsplanung, Architektur, Finanzierung, Kommunalentwicklung und Projektkoordination abdecken. Der Planungsprozeß ist dabei Teil der Erarbeitung und Umsetzung des Projektes, wobei die persönlichen und sozialen Aspekte über die Sensibilisierung der persönlichen Wahrnehmung in die Begegnung mit der Landschaft integriert sind. Es geht um die gemeinsame Erarbeitung einer Vision.
- Offenheit und Transparenz des Projektes nach außen. Das Lernzentrum kann ein regionales Begegnungszentrum, ein Ort der Kommunikation sein.
- Prozeßorientierte Vorgangsweise, die von Geduld getragen wird und in der persönlichen Beziehung sowie in der Beziehung zum Garten auf dem Fundament der Herzensqualität aufbaut.
- Berücksichtigung der Körper-Seele-Geist-Komplexität von Mensch und Landschaft. Emotional-intuitive und rationale Komponenten werden miteinander verbunden und gleichberechtigt in die Bestandsaufnahme, Planung und Realisierung des Projektes einfließen. Wenn die Bewußtseinsqualität der Landschaft mit der stofflichen übereinstimmt, entspricht die Gestaltung dem Genius loci des Ortes und unterstützt die Vitalität des Lebensraumes.

- Ästhetische Abstimmung auf die natur- und kulturräumlichen Landschaftsstrukturen im Projektgebiet und um dieses herum.
- Laufende Raumwahrnehmung und Selbstreflexion im Planungsteam während der Planungs- und Realisierungsphase. In der Raumwahrnehmung kann die Vitalität der Landschaft erhoben werden, woraus sich Schlußfolgerungen für das weitere Vorgehen ergeben.
- Schaffung eines Wahrnehmungsgartens zur Förderung der Natur- und Selbsterfahrung über die Begegnung mit den vier Elementen.
- Vertiefung der emotionalen Beziehung zur Landschaft durch die ständige Kommunikation mit ihr, unter bewußter Beachtung der Herzensqualität als jener Ebene, mit der die emotionale Dimension der Landschaft (Elementarwesen) wahrnehmbar ist.
- Schrittweise Realisierung, die jeweils nur in Teilbereichen des Projektgebietes stattfindet, so daß während der Ausführung Ruhebereiche erhalten bleiben, damit sich die Landschaft auf gestalterische Veränderungen einstellen kann.
- Schonender Umgang mit den vorhandenen natürlichen Grundlagen (Boden, Vegetation) unter Berücksichtigung der stofflichen und nichtstofflichen Grundstruktur der Landschaft (Erhaltung der bestehenden Vegetation, Vermeidung von Bodenverdichtung).
- Erhaltung des Prinzips der „Mehrfachbedeutung" und Funktion. Ein Element soll stets mehrere Aspekte der Nutzung abdecken. Zum Beispiel sollen Pflanzen verwendet werden, die neben der Bedeutung für die ökologische Wechselwirkung und den ästhetischen Ausdruck auch Nutzaspekte als Nahrungs- und Heilmittel für den Menschen haben („eßbare Wildnis").
- Auswahl der Pflanzen unter Berücksichtigung der Standortfaktoren.
- Berücksichtigung irdischer und lunarer Jahresrhythmen in der Realisierungsphase.

3.2 Projektteam

Am 27. 1. 1995 fand in Micheldorf ein projektkoordinierendes Seminar zum Thema „Landschaftsgarten und Seminarzentrum" statt. Der Unternehmensberater und Firmenleiter Dr. Johannes Pfaffenhuemer lud im Zusammenhang mit der Idee, ein Seminarzentrum zu gründen, eine Gruppe von Personen mit unterschiedlichen beruflichen Zugängen zu diesem Thema ein. Der Ablauf dieses Erfahrungsaustausches gestaltete sich nach folgendem Konzept:

1. Vorstellung des Projektes.
2. Reise in die Vergangenheit zu den mythologischen Wurzeln, zur „Seele des Ortes" (bis 3000 v. Chr.).
3. Einbringen persönlicher Erfahrungen und Arbeitsmethoden zum Thema „Ort und Raum" durch alle TeilnehmerInnen.
4. Begehung des Ortes.
5. Erfahrungsaustausch und persönliche Stellungnahmen zur Projektidee.
6. Finden und Erarbeiten einer gemeinsamen Vision.
7. Entscheidung über eine Mitarbeit. Welchen Input können und wollen die einzelnen TeilnehmerInnen zum geplanten Vorhaben einbringen?

Aus diesem Seminar bildete sich ein Kernteam, das an der Entwicklung des Seminar- und Gesundheitszentrums arbeitete und sich der Gestaltung des Parks und des Seminarhauses widmete. Das Team setzte sich aus dem Projektbetreiber Dr. Johannes Pfaffenhuemer, den LandschaftsplannerInnen Dipl. Ing. Helga Holzleitner, Dipl. Ing. Robert Pap und Hans Zauner, der Architektin Dipl. Ing. Sonja Ramusch, dem Künstler Manfred Makra, dem Permakulturberater Georg Parlow, dem Kommunalberater Johannes Schlacher und dem Gärtner Siegfried Radner zusammen. Die gestalterische Koordination des Landschaftsparkes und die Leitung der Wahrnehmungsübungen zur Kommunikation mit dem Raum wurden von mir übernommen.

3.3 Projektgebiet – Bestandsaufnahme und Raumwahrnehmung

Bereits bei unserem ersten Treffen (27.–28. 1. 1995) kristallisierte sich heraus, daß wir die Entwicklung des Konzeptes für das Seminarzentrum, die Gestaltung des Parks und die Renovierung der alten Sensenschmiede stets in Kommunikation mit dem Ort, unter Berücksichtigung seiner körperlichen und bewußtseinsbezogenen Qualitäten, durchführen wollen. Um möglichst unvoreingenommen mit der Landschaft in Kontakt zu treten, stellten wir die emotional-intuitive Raumwahrnehmung bewußt vor die analytische Bestandserhebung und widmeten uns zunächst vornehmlich der emotional-intuitiven Raumwahrnehmung.
Im folgenden findet sich eine zusammenfassende analytische Beschreibung des gewählten Landschaftsteils vor der Darstellung seiner seelisch-geistigen Qualitäten, um einen Überblick über das Projektgebiet zu geben.

3.3.1 Beschreibung des Projektgebietes

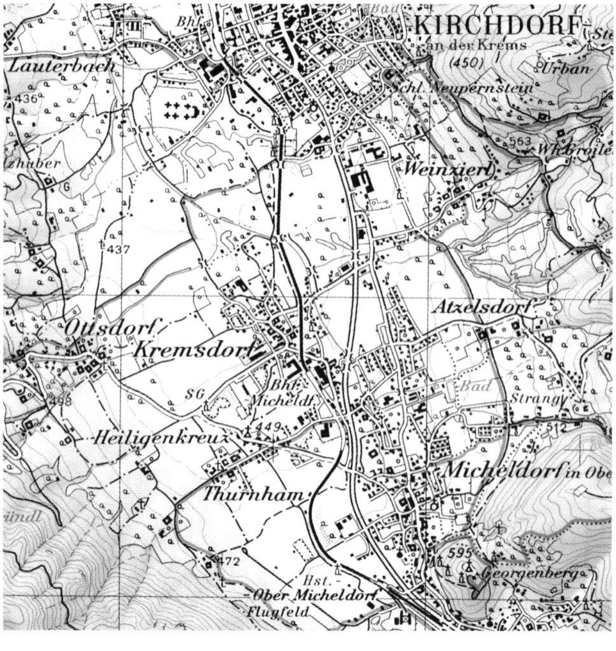

Abb. 114: Überblick: Micheldorf mit dem Projektgebiet

Das Projektgebiet liegt in der Gemeinde Micheldorf (449 m) in Oberösterreich und grenzt an die Bezirkshauptstadt Kirchdorf an der Krems an. Es befindet sich im Oberlauf des Kremstales, welches sich nach Nordwesten hin öffnet. Die Fließrichtung der Krems folgt dem Verlauf des Tales in Richtung der rund 45 km entfernten Landeshauptstadt Linz. Auf der Höhe von Micheldorf ist das Tal 2–3,5 km breit und wird zu beiden Seiten von steil ansteigenden Gebirgszügen begleitet bzw. abgeschlossen, nordwestlich vom Schabenreitnerstein (1.010 m) und dem Thurnhamberg (984 m), östlich vom Hirschwaldstein (1.095 m) und dem Steinkogel. Nach Süden hin schließt der 595 m hohe Georgiberg an, der auf Grund seines solitären Charakters eine weithin sichtbare, landschaftsprägende Erhebung ist (siehe Abb. 98 und 117).
Klimatisch gesehen steht die Region unter dem Einfluß des humiden atlantischen Klimas und weist im dreißigjährigen Durchschnitt (1961–1990) folgende Klimawerte auf:
Sonnenscheintage: 163 Tage pro Jahr (Kremsmünster)
Niederschlagsmenge: 1.104 mm Jahresdurchschnitt (Kirchdorf a. d. Krems)
Temperatur: 8,4° C Jahresdurchschnitt (Jän. 2,1; Feb. 0,1; März 4,0; April 8,5; Mai 13,3; Juni 18,8; Juli 18,3; Aug.17,4; Sep. 14,0; Okt. 8,7; Nov. 3,1; Dez. 0,6) Maximum: 28,5; Minimum: -22,6° C (Kirchdorf a. d. Krems, Institut für Meterologie und Physik, Universität für Bodenkultur Wien 1995).
Das Tal selbst gehörte in der Antike zu den wichtigsten Handelsstraßen (Hauptstraße durch Noricum), welche den ersten Kamm der Alpen über den Phyrnpaß überquerte.[441]
Auf Grund der Topographie und des flachen Talcharakters erfolgt die Besonnung des Grundstückes parallel mit der Besonnung des gesamten Tales. Im Grundstück selbst werden Schattenbereiche durch die bestehende Baumvegetation bzw. im westlichen Teil durch die ausgeprägte Uferbegleitvegetation gebildet.

Abb. 115: Übersicht über das Projektgebiet mit dem Georgiberg im Hintergrund (vor Beginn des Projektes) mit nord-südlicher Blickrichtung, Micheldorf, Oberösterreich 1995

Das Grundstück des Landschaftsparks befindet sich nordwestlich des Georgenberges (im Volksmund Georgiberg) und besitzt eine Größe von 1,5 Hektar. Im Norden des flachen Geländes stehen das Gebäude der ehemaligen Sensenschmiede sowie das angrenzende Firmengebäude. Im Osten schließt in Richtung Hauptplatz das private Einfamilienhaus des Grundbesitzers mit der dahinterliegenden Ortsdurchfahrt (Welserstraße) an. Im Süden, Blickrichtung Georgiberg, wird das Grundstück einerseits von einer Zufahrt mit dahinterliegendem Bankgebäude, andererseits von einem Wohnhaus begrenzt. Im Westen schließt die Krems, begleitet von einem öffentlichen Fußweg (1 m breit mit wassergebundener Decke), an.

Der Boden baut sich entsprechend dem gesamten Talboden aus Hochterrassenschotter auf, ist mit einer 25–30 cm starken, schwarzerdigen Humusschichte abgeschlossen und zeigt über das gesamte Grundstück homogenen Charakter. Die Bodenvegetation entspricht dem Biotoptyp „Fettwiese"; sie wurde vor Projektbeginn drei- bis viermal pro Jahr gemäht. Diese Wiese besteht seit 1994. Davor war das Areal in Fruchtfolge (Mais, Getreide, Wiese) landwirtschaftlich genutzt worden. In einem weiteren Vegetationsabschnitt wachsen ein Holunderstrauch, zwei Birken und viele Obstbäume (34 Stück, vorwiegend Apfel- und Birnensorten, 1 Kirschbaum), die sich nahe dem Kremsufer konzentrieren und eine Streuobstwiese bilden. Die Krems besitzt entlang des Projektgebietes naturnahen und vitalen Charakter mit einer dem Standort entsprechenden Uferbegleitvegetation (Eichen, Weiden, Erlen, Eschen).
Nach der Zeit der Sensenproduktion (von 1569–1966) lief bis 1978 ein rund 3 m breites Gerinne in Süd-Nord-Richtung durch das Grundstück, gespeist mit dem Wasser der Krems. Dieser „Fluter" diente zum Antrieb der Schmiedehämmer im „Hammer", einem Werksgebäude, das im Rahmen des Projektes als Ausstellungs- und Seminarhaus renoviert wird. Ein zusätzliches Werksgebäude, das zusammen mit dem Fluter abgerissen wurde, stand im Bereich des heutigen Teiches.

3.3.2 Wahrnehmung der Bewußtseinsdimension

Diese Wahrnehmung läuft über die emotional-intuitive Begegnung mit dem Raum ab und äußert sich als innerer Dialog auf mehreren Ebenen: In intuitiven Gedankenbildern (Assoziationen, die durch den Ort ausgelöst werden), emotionalen Empfindungen und Reaktionen wie Heiterkeit, Freude, Schwere und körperlichen Reaktionen (Bewegungen der Hände, Arme, Beine, des ganzen Körpers u. a. m.).
Nach meiner Einführung in diese Art der Raumwahrnehmung und ihre Möglichkeiten (siehe Kap. IV.4.2 Die Wahrnehmung von Bewußtseinsqualitäten) stimmten wir uns gemeinsam auf die Landschaft ein und nahmen bewußten Kontakt mit ihr auf. Diese Kontaktaufnahme entspricht der in Kapitel IV.4.2.2 (Ablauf der Wahrnehmung von Bewußtseinsqualitäten) angeführten Einstimmungsphase mit den Übungen: Bewußtes Atmen, Innere Ruhe finden, Persönliche Erdung und Einstimmung auf das Herzzentrum. Diesen Übungsblock schlossen wir mit der Begrüßung der Landschaft und des konkreten Ortes ab.
Wir verteilten uns anschließend über das Gelände mit der Aufgabenstellung, daß jeder für sich eine persönliche Raumwahrnehmung durchführen soll. Währenddessen ließen wir uns von unterschiedlichen Orten anziehen und versuchten, unsere Assoziationen, Gefühle und körperlichen Reaktionen zu registrieren. Die Ergebnisse dieser Begegnung wurden anschließend in der Großgruppe reflektiert und besprochen. Um ein umfassendes Bild von diesen Aspekten zu bekommen, wurde die Landschaft auch bei den anschließenden Treffen wahrgenommen und erhoben; die Ergebnisse wurden als weitere Grundlage für den Gestaltungsentwurf verwendet.

Georgiberg
Der Georgiberg wurde auf Grund seiner ästhetischen Wirksamkeit und seiner Bewußtseinsqualität als regional bedeutsamer Ort und Landschaftskoordinationspunkt wahrgenommen und erkannt. Dies bestätigte sich durch seine historische und mythologische Bedeutung und Beschreibung.
Bei unseren zahlreichen Besuchen genossen wir mit Freude und Hingebung die innere Kraft dieses Ortes, die Ruhe und Zeitlosigkeit, die er ausstrahlt. Diese Qualität ist vor allem in der

Kirche im Bereich des Altars zu spüren und westlich der Kirche, wo auf einer kleinen Anhöhe die Kronen einer Buchengruppe einen tempelartigen Raum (Naturtempel) bilden.
Wie bereits in Kapitel V.3.3 (Die mentale Dimension der Landschaft) beschrieben, bezeichnet Vetters (1976) in seiner Studie *Die Ausgrabungen am Georgenberg und in Michldorf* den Berg als besonderen Platz in der Landschaft, der bereits von den Kelten als solcher erkannt und als Kultstätte genutzt wurde. Vetters berichtet, daß die ältesten Funde bis in die Bronzezeit zurückreichten. Die Ausgrabungen (im Altarbereich der jetzigen Kirche) zeigen, daß es sich um ein keltisches Heiligtum gehandelt hat, das später von einer römischen Anlage überbaut wurde. Heute verleihen die barockisierte gotische Kirche des heiligen Georg und der Naturtempel der Buchen dem Georgiberg seinen besonderen ästhetischen und seelisch-geistigen Charakter.
Der Georgiberg ist also von großer landschaftlicher, aber auch spiritueller Bedeutung für die Region um Micheldorf, was ihn neben seiner naturräumlichen Schönheit auch zu einem Naherholungsort macht. Gerade wegen seiner äußeren und inneren Qualität soll ein sorgsamer und einfühlsamer Umgang mit dieser Landschaft gewährleistet werden. Im Rahmen des Projektes „Landschaftsgarten“ versuchten wir, uns der Qualität des Georgiberges stets bewußt zu sein und ihn als Hüter der umgebenden Landschaft zu berücksichtigen und zu respektieren.

Ley-Linie

Bei den Besuchen des Georgibergs und der jeweiligen Untersuchungen konnte ich sowohl auf dem Georgiberg als auch im Garten selbst eine Ley-Linie wahrnehmen, die in nordsüdlicher Richtung verläuft. Wenn wir dem weiteren Verlauf der Linie nachgehen, findet sich an der Krems, angrenzend an das Projektgebiet, ein Bildstock, der den Verlauf dieser Ley-Linie bestätigt. Führen wir die Spur der Linie vom Georgiberg über den Landschaftsgarten und den Bildstock in nördlicher Richtung auf der Karte fort, finden sich weitere religiöse Zentren und Bauten wie zum Beispiel Stift Schlierbach und Stift Krems. Dies zeigt neben der mentalen Bedeutung von Kultstätten und spirituellen Zentren deren Zusammenhang mit dem vitalenergetischen System der Landschaft.

Innerhalb des Projektgebietes kristallisierten sich im Zuge der Wahrnehmung unterschiedliche Raumqualitäten heraus, die wir in der gemeinsamen Reflexion den vier emotionalen Bewußtseinsqualitäten der Landschaft (Elementarwesen) zuordneten. In weiterer Folge achteten wir darauf, sie in ihrer Grundqualität zu betonen. Es ging uns darum, an den Orten durch Natur- und Persönlichkeitserfahrung die vier Elemente (Elementarwesenqualitäten) in der Landschaft zu erkennen beziehungsweise diese vier Grundqualitäten durch die Gestaltung zu unterstützen. Es war uns wichtig, die mittelbare und unmittelbare natur- und kulturbedingte Grundstruktur (z. B. Streuobstwiese) der Landschaft zu bewahren und die Gestaltung danach auszurichten. In der Realisierungsphase versuchten wir, durch Kommunikation mit der emotionalen Ebene der Landschaft diese auf die einzelnen Realisierungsschritte vorzubereiten und ihr Befinden nach den jeweiligen Schritten zu erspüren.
Als besonderer Platz im Garten wurde sehr bald ein Punkt wahrgenommen, der von außen her unscheinbar war und sich im östlichen Teil der freien Wiesenfläche befindet. Die innere Qualität dieses Ortes zeichnet sich durch eine elementare Luftqualität (Raumfee) aus und vermittelt, ähnlich wie der Georgiberg, ein Gefühl von Freiheit, Offenheit und einer engen Beziehung zwischen Himmel und Erde. Hier ist auch eine sehr starke Verbindung zum Georgiberg zu spüren. Im Laufe der Weiterentwicklung der Planung und Ausführung wurde dieser Platz zu einem Zentrum für den Park.

Den südlichen Teil des Parks empfanden die Teammitglieder als erdbezogene, den westlichen, an die Krems angrenzenden Teil, als wasserbezogene Qualität. Im Uferbereich befindet sich ein Baum mit starker Ausstrahlung, der unsere Aufmerksamkeit immer wieder auf sich zog und dessen emotionale Ebene (Faun) sehr stark spürbar war/ist.
Im Zuge der Planung veränderte sich die Zuordnung des Feuers: Ursprünglich wurde dieser Aspekt der alten Schmiede (Hammer) als Ort der Transformation zugeordnet. Nachdem bei der Realisierung des Teiches ein Rundraum mit kuppelartiger Form (Dom) errichtet worden war (Abb. 120), kamen wir von der ursprünglichen Idee ab, ein der Firma im Süden vorgelagertes und leerstehendes Einfamilienhaus in einen Seminarraum umzuwandeln. Diese Funktion übernahm nunmehr der Dom, und der Besitzer beschloß, das Haus abzureißen. Aus dieser Veränderung entwickelte sich die Idee, diesen Bereich dem Element Feuer zuzuordnen, womit sich nun alle vier Elemente im Garten wiederfinden.

3.4 Gestaltungsentwurf und Realisierung

Der im September 1995 abgeschlossene Gestaltungsentwurf zeigt die Verschmelzung der aus der Bestandsaufnahme gewonnenen Grundlagen mit den erarbeiteten Zielsetzungen für das Seminarzentrum. Der Entwurf war eine Vorlage, die durch die Erfahrungen während der praktischen Umsetzung veränderbar sein sollte und entsprechend der prozeßhaften Veränderungen auch immer wieder Korrekturen erfuhr.
Der im folgenden abgebildete Gestaltungsentwurf gibt einen Überblick über den gesamten Park mit den in der Realisierung abgeschlossenen Phasen I/II/III. Die Phase IV wurde im Frühjahr 1997 durchgeführt. Die einzelnen Abschnitte wurden in Detailplanungen vorbereitet. Ergänzungen, die sich aus den jeweiligen Wahrnehmungs- und Reflexionsphasen während der Realisierung ergaben, sind im wesentlichen die zusätzlichen Verbindungswege (welche die drei Hauptwege ergänzen), der Dom und der neu definierte, dem Feuerelement zugehörige Platz südlich der Werkstätte.

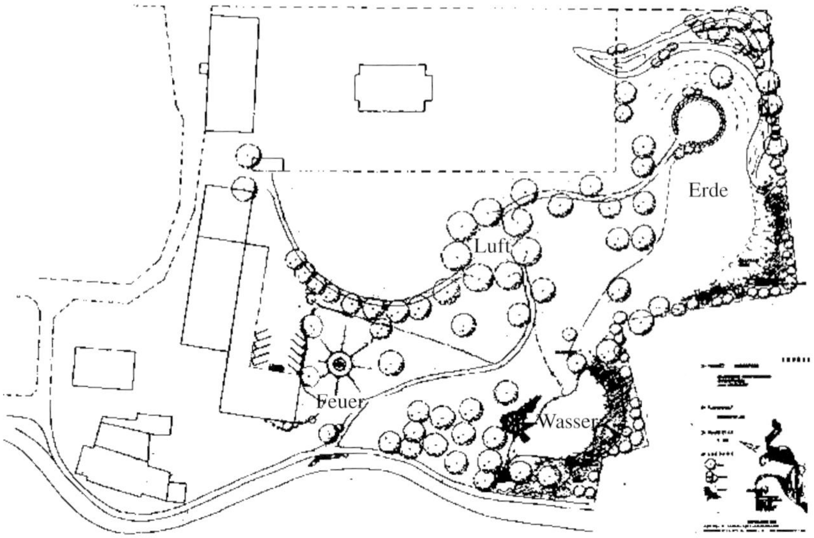

Abb. 116: Landschaftspark Micheldorf – Gestaltungskonzept

Das Gestaltungskonzept des Parks wurde im Herbst 1995 der Bevölkerung (BewohnerInnen, AnrainerInnen und GemeindevertreterInnen) vorgestellt und von ihr sehr positiv aufgenommen.
Das grundlegende Ziel war/ist es, einen *Garten der Wahrnehmung* zu schaffen, der als Teil des Seminarzentrums eine bewußte Natur- und Selbsterfahrung ermöglicht. Der Garten soll in seiner Gesamtheit und am Beispiel verschiedener Stationen die bewußte Begegnung mit der Landschaft über unterschiedliche Raumqualitäten ermöglichen. Dabei sollen die einzelnen Orte nicht isoliert wirken, sondern integrierte Bestandteile des gesamten Gartens sein, der in sich eine komplexe Einheit bildet. Die Umsetzung der unterschiedlichen Raumqualitäten erfolgt/e in Zuordnung zu den vier Elementen, die sich bereits im Zuge der Wahrnehmung des Bestandes als passend erwiesen hatte.
Bei dieser Vorgangsweise kam es zu keinem Widerspruch zwischen der äußeren Gestaltung des Raumes und seinen inneren Qualitäten. Es wurde also versucht, den Grundcharakter zu unterstützen, so daß sich die Orte der Wahrnehmung aus der Selbstverständlichkeit des gesamten Landschaftsgartens ergaben/ergeben. Dabei sollen die einzelnen Abschnitte miteinander verschmelzen und sanfte Übergänge zu den angrenzenden Räumen (vor allem zur Krems) entstehen.

Parkzentrum
Das Zentrum des Parks stellt der Hain (Luftplatz) dar, welcher in örtlicher Übereinstimmung mit der wahrgenommenen Raumfeenqualität angelegt wurde. Da dieser Ort den Mittelpunkt des Parks verkörpert, gehen von ihm drei Hauptwege (170 cm breit) aus, die vom Platz in linksdrehenden Bögen in den Park hinein führen. Zwei Wege binden den Park an den öffentlichen Raum an, während der dritte Weg direkt in die Arena (Erdzentrum) führt. Dieses Wegesystem steht formal-ästhetisch für die Verbindung des Zentrums mit dem Außenbereich. In weiterer Folge wurden diese drei Hauptwege durch weniger breit ausgeführte Nebenwege (80–100 cm) ergänzt, die auch die einzelnen Parkschwerpunkte (Erdarena, Teich, Feuerplatz und Luftplatz) miteinander verbinden. Beide Wegesysteme sind mit einer wassergebundenen Decke ausgeführt, und ihre Ränder gehen fließend in die Wiesenfläche über. Auch im Bereich der Einmündung der Hauptwege in den „Luftplatz" lösen sich die Wege auf, indem sie fließend in die Wiesenfläche übergehen (siehe Abb. 116).

Luftplatz
Der Luftplatz selbst wird in seiner emotionalen Grundqualität (Raumfee) und als Zentrum des Parks durch folgende Aspekte unterstützt: In der gestalterischen Ausformung des Platzes wurde die Idee des Heiligen Hains aufgegriffen und in Form eines ausgeführten Kreises, mit einem Durchmesser von 18 m (Zahlensumme 9) angelegt. Die Birke als Baum der Transparenz und Beweglichkeit vermittelt den Charakter der Luftigkeit, wobei sieben Bäume gepflanzt wurden. Die Zahl 7 wurde deshalb ausgewählt, da sie als Symbol für die natürliche Ordnung und Harmonie steht (siehe Kap. V.2.4.5 Symbolik der Zahlen) und uns für das Zentrum des Parks als passend erschien.
Der luftige Grundcharakter des Hains wurde durch eine leichte, gleichmäßig ansteigende Erhebung (20 cm erhöht gegenüber dem Randbereich) zusätzlich unterstützt.
Die Realisierung des Luftplatzes war der erste Schritt in der Umsetzung und erfolgte gemeinsam mit der Anlage der Wege im Herbst 1995, zu einem für die Pflanzung günstigen Termin, wobei wir den Platz bei einer Vorbesprechung auf die gestalterischen Veränderungen emotional und gedanklich einstimmten und vorbereiteten.

Abb. 117: Luftplatz – Landschaftsgarten Micheldorf, im Vordergrund ist ein einmündender Hauptweg sichtbar (Blickrichtung südost)

Heute, zwei Jahre später, stehe ich im Zentrum des Luftplatzes – ein Platz auf einer ebenen Wiese, dessen freie, kreisrunde Fläche von sieben Birken umgeben ist. Es ist Mitternacht, der Mond leuchtet den gesamten Garten voll aus, und die Sterne scheinen zum Greifen nahe. Der Wind streift ganz sanft um meinen Körper. Meine Füße nehmen ganz bewußt Kontakt mit der Erde auf. Wurzeln wachsen aus meinen Fußsohlen, immer weiter hinein in die Erde, bis zum Erdmittelpunkt, den sie nun umschließen. Ich fühle mich ganz mit Himmel und Erde verbunden. Leichtigkeit breitet sich in mir aus, Lebenskraft strömt über meinen Kopf in den Körper und belebt jede einzelne Zelle und fließt über meine Füße weiter in die Erde. Hier kommt alles zusammen. Ich erlebe Vielfalt und fühle mich zugleich in der Einheit aufgehoben.
Johannes Pfaffenhuemer (kontemplative Begegnung mit dem Luftplatz, 1997)

Zu Beginn der ersten Wahrnehmungsphase nahmen wir den südöstlichen Teil des Gartens als isolierte und abgegrenzte Raumeinheit wahr, so als ob dieser Teil nicht zum Garten gehörte. Diese Ausgrenzung wurde durch seine formale räumliche Ausformung zusätzlich unterstützt. Daraufhin beschlossen wir in der Gruppe, beide Teile des Gartens auf einer symbolisch-emotionalen Ebene miteinander zu verbinden, bevor wir auf der körperlichen Ebene gestalterisch etwas veränderten. Dazu bildeten wir in einer Gruppe von neun Personen eine „Gesangskette“: Wir stellten uns in einem Abstand von rund drei Metern in einer Linie so auf, daß wir den südöstlichen Teil des Gartens mit dem nordwestlichen Teil verbinden konnten. Nun begann die Person am einen Ende der „Kette“ einen Ton zu singen, der sich aus der Konzentration auf den Garten intuitiv ergab. Dieser Ton wurde von den nachfolgenden Personen aufgenommen und wiederum weiter gegeben bis er am anderen Ende der „Kette“ angekommen war. Anschließend erzeugte die Person an diesem Ende wiederum einen Ton, der von der/dem Nächststehenden aufgenommen und weitergegeben wurde. Diese Übung wiederholten wir einige Male, wodurch sich eine Schallwelle vom einen Teil des Gartens bis in den anderen Teil ausbreitete. Die so entstandene Verbindung beider Landschaftsteile spiegelte sich in den nachfolgenden Raumwahrnehmungen als Empfinden einer Raumeinheit für den gesamten Garten wider.

Erdplatz

Die Aushubarbeiten für den Steinkreis und den Schwimmteich sowie die damit verbundenen Geländemodellierungen erfolgten im Herbst 1995. Der südöstliche Teil des Gartens wurde entsprechend der Wahrnehmung dem Element Erde zugeordnet. Das Zentrum für die formelle Unterstützung der Erdqualität bildet die Steinarena, mit einem Durchmesser von 12 m (Außenkante). Die Zahl 12 entspricht dem Jahreszyklus der 12 Monate und steht für die 12 Tierkreiszeichen (siehe Abb. 118).

Die Erdarena wurde so in das Gelände integriert, daß die Oberkante des Rondeaus mit der Geländekante abschließt. Damit ergibt sich ein Höhenunterschied von 43–55 cm gegenüber dem Geländeniveau. Der Hauptweg, der vom Parkzentrum zur Arena führt, mündet an der flachsten Stelle ein, sodaß sich der Weg in einer Spiralbewegung in den Kreis hinein fortsetzt. Der Belag des Weges (wassergebundene Decke) setzt sich in der Arena fort.

Der Kreisring ist, mit vor Ort vorkommenden Kalkbruchsteinen, in einer Breite von 1 m ausgeführt. Der vordere Teil wurde mit einer Höhe von 43 cm und einer Breite von 45 cm als Sitzbereich gestaltet.

Das Zentrum der Erdarena wird von einer Buche gebildet, die wiederum von einem Kosmogramm umgeben ist. Die Buche als Baum der Erde (weibliches Prinzip der Erde) bildet den Elementarwesenfokus. Das Kosmogramm symbolisiert formal-ästhetisch das Element Erde und wurde mittels Porphyrsteinen niveaugleich in den Boden der Arena eingelegt.

Abb. 118: Zentrum des Erdplatzes mit dem Kosmogramm und der Buche in der Mitte – Landschaftsgarten Micheldorf

Das Prinzip der Erde wird durch das Quadrat dargestellt und ist im kosmischen Prinzip, symbolisiert durch den äußeren Kreis, verankert. Eine in sich geschlossene Ganzheit ergibt sich

durch den kleinen Kreis innerhalb des Quadrates. Das Quadrat besitzt eine Seitenlänge von 4 m (mittig gemessen), einer Zahl, welche sich als Dreiheit in der 12 (Durchmesser der Arena) wiederfindet. Dieser äußere, das Quadrat umgebende Kreis (6 m) steht im Verhältnis 1:2 zum äußeren Steinkreisring und zum Quadrat im Proportionsverhältnis des Goldenen Schnittes.
Der Erdbereich wurde mit einer sanften Hügelgestaltung im Osten und Norden (Aushub) gegenüber der Welserstraße geschlossen, um einerseits einen geschützteren, uteralen Erdcharakter zu erzeugen, andererseits auch eine Minimierung des Straßenlärms zu erzielen. Der Hügel verläuft in geschwungener Form und weist eine Höhe von maximal 1,5 m auf, um die Raumabgrenzung nicht zu streng auszuführen.
Der im Westen an die Arena anschließende Teil des Erdplatzes soll als Spielwiese offen bleiben, welche im nordwestlichen Teil in einen Sandspielplatz übergeht. Die Steinarena steht mit einem zweiten Weg, der vor der Einmündung des Hauptweges wegführt, mit dem Wasserbereich in Verbindung.

Nach einer Weile gehe ich weiter auf dem Verbindungsweg zum Erdplatz. Aus vielen Begegnungen mit diesem Gartenteil weiß ich um die ganz andere Qualität dieses Platzes. Er zieht an, hält fest und bewahrt. Im Zentrum der Steinarena wird dieses Gefühl in mir verstärkt, durch ein mit Steinwürfeln in den Boden verlegtes Kosmogramm. Die Arena setzt Grenzen und macht Begrenzungen deutlich. Das Kosmogramm zeichnet Konturen, ein Kreis faßt ein Quadrat ein, um im Zentrum wieder in einen Kreis überzugehen, Orientierung wird möglich und die Erde als Fundament erlebbar. Plötzlich sehe ich ein Bild. Menschen, Männer und Frauen sitzen auf den Stufen und lauschen einer alten weisen Frau, die von Tänzern erzählt, die tanzen, bis Tänzer und Tanz eins sind und nichts mehr ist als der Tanz. Auf der angrenzenden Wiese spielen Kinder mit einem Ball. Bewegung, Lachen, unbekümmerte Lebensfreude werden in den Farben des Regenbogens sichtbar.
Johannes Pfaffenhuemer (kontemplative Begegnung mit dem Erdplatz, 1997)

Wasserplatz
Das Element Wasser wirkt bereits über den Kremsfluß auf den Landschaftsgarten ein und bildet, mit dem sich dahinter erhebenden Gebirge der Kremsmauer, zugleich einen räumlichen Abschluß des Projektgebietes nach Westen hin.
Das fließende Gewässer wurde um ein stehendes, in Form eines Schwimmteiches, ergänzt. Bei der formalen Ausgestaltung des Schwimmteiches haben wir uns bemüht, eine räumliche Beziehung zur Krems herzustellen und die Ausrichtung des Teiches in Fließrichtung der Krems zu halten. Dabei war es uns wichtig, eine möglichst natürlich wirkende Teichform zu schaffen, die sich gut in das landschaftliche Gefüge einpaßt. Im Nachspüren der Teichform im Frühjahr 1996 war es notwendig, die im Herbst angelegte Form zu korrigieren und den Teich stärker in Längsrichtung zur Krems zu bringen, um damit die räumliche Einheit mit ihr zu verstärken. In dieser Phase bewährte sich unser Planungsansatz, den Garten nach einer Ruhephase nachzuspüren und, wenn notwendig, Änderungen zuzulassen.
Der Teich öffnet sich ohne Bepflanzung zum Garten hin und schließt sich im hinteren Bereich durch Ablagerungen des Aushubes (max. Höhe 1 m) und durch Baum- und Strauchgruppen. An der Rückseite des Teiches befindet sich ein Quellstein mit einer anschließenden Sumpfzone, welche für die Selbstreinigung des Wassers sorgt. Der Teich gliedert sich in einen Flachbereich (20–30 cm) und in einen Schwimmbereich (2,5 m). Nordwestlich schließt der „Dom“ an, ein energetisch wirksamer Kuppelbau, der über einen Steg in direkter Verbindung mit dem Wasser steht und eine Seminarraum-Einheit bildet (siehe Abb. 119 und 120).

Abb. 119: Wasserplatz – Landschaftsgarten Micheldorf
Schwimmteich mit Zugang und Sitzbereich am Wasser (Flachwasserzone für Kinder), in Blickrichtung Georgiberg

Abb. 120: Schwimmteich mit Dom und Steg, Streuobstwiese mit der dahinter fließenden Krems

Von der Steinarena aus gehe ich weiter in Richtung Wasserplatz. Der Weg führt mich unter einem mächtigen Kirschbaum vorbei zum Teich. Und ganz leise kann ich schon das Rauschen der nahe vorbeifließenden Krems hören. Obwohl sich die Gestaltung des Wasserplatzes anfangs als schwierig erwies, wird jetzt eine energetische Ausgewogenheit spürbar. Ich genieße die Qualität des Wassers, meines Elementes. Es zieht mich in die Vergangenheit, läßt mich ins Unbewußte abtauchen. Wie das Grundwasser immer da ist, wenn auch verborgen, unterhalb der Oberfläche des Sichtbaren, so erlebe ich auch mein Unterbewußtes. In den Botschaften meiner Träume lüften sich die Geheimnisse meiner Vergangenheit. Viele Teile in mir erwachen zum Leben, und Schritt für Schritt bringe ich sie auf meinem Lebensweg zusammen. Meine Innenwelt und meine Außenwelt kommen immer mehr ins Gleichgewicht.

Johannes Pfaffenhuemer (kontemplative Begegnung mit dem Wasserplatz, 1997)

Nach Abschluß der Erdarbeiten (Steinarena und Teich) und der dazwischenliegenden Winterruhe erfolgte im April 1996, in einem für das Anwachsen günstigen Zeitraum, das Auspflanzen der Bäume. Vierzehn Tage vorher erspürten und überlegten wir für jeden einzelnen Baum den passenden Platz. Diese Orte wurden mit Baumpfählen markiert, was uns half, eine räumliche Vorstellung von der Verteilung und einen Eindruck von der Wirkung der Bäume zu erhalten. Insgesamt wurden 43 Bäume, als Hochstamm mit einem durchschnittlichen Stammumfang von 20–25 cm, neu gepflanzt (1 Bergahorn, 4 Feldahorne, 2 Spitzahorne, 3 Ebereschen, 1 Traubenkirsche, 1 Rotbuche, 1 Stieleiche, 1 Sommer- und 1 Winterlinde, 1 Zitterpappel, 1 Trauerweide, 4 Schwarzerlen, 2 Ginkgobäume, 1 Kirschbaum und 19 weitere Obstbäume/Apfel- und Birnbäume).
Die Sträucher wurden vorwiegend in den Randbereichen (Erd- und Wasserbereich) gesetzt. Wir pflanzten 400 Einzelsträucher, die, neben ihrer ökologischen Bedeutung für die Flora und Fauna und ihrer ästhetischen Bedeutung, als Nahrungs- und Heilpflanzen (Früchte/Blätter) für den Menschen bedeutsam sind.
Weiters wurden 400 Wasserstauden (Sumpfstauden, Schwimm- und Unterwasserpflanzen) vorwiegend im Bereich der Sumpfzone des Teiches gepflanzt. Die Auspflanzung von eßbaren Stauden („eßbare Wildnis") erfolgte im Frühjahr 1997.

Feuerplatz
Die Zuordung des Feuerplatzes ist das Ergebnis einer Transformation, die als Prinzip für das Element Feuer steht. Wie schon erwähnt, hat sich eine Veränderung der ursprünglichen Idee, das Feuer der Schmiede (Hammer) zuzuweisen, ergeben. Mit dem Abbruch des leerstehenden und renovierungsbedürftigen Wohnhauses südlich der Werkshalle ist ein zusätzlicher Freiraum entstanden, der die Qualität des Feuers trägt. Damit wurde der Bereich des Feuers weiter in den Garten hineingerückt. Ein Ort, der durch Veränderung entstanden ist, wurde zum Ort des Feuers. Dieser neu entstandene Platz stellt die Verbindung und einen offenen Übergang zwischen dem Firmengebäude (Werksgebäude), dem Ort menschlicher Aktivität, und dem Garten her.
Gestalterisch wurde die Qualität des Feuers durch das Symbol der Sonne unterstützt, welches mit alten Ziegeln des ehemaligen Hauses ausgelegt wurde und in seinem Zentrum Raum für eine Feuerstelle bietet. Der umgebende Platz blieb offen und frei; er wurde mit einer schottergebundenen Decke versehen, die fließend in die Wiese übergeht (siehe Abb. 121).
Das Ausgleichen und Grobmodellieren dieses Platzes wurde, nach Abbruch des Hauses, noch im Herbst 1996 abgeschlossen. Die Ausgestaltung fand, zusammen mit dem Auspflanzen der Stauden, im Frühjahr 1997 statt.

Abb. 121: Feuerplatz – Landschaftsgarten Micheldorf

Ich gehe weiter und komme zum Feuerplatz. Von der Mitte dieses Platzes habe ich direkten Blickkontakt zum Georgiberg. Ich stelle mir das Feuer mit seiner reinigenden, verwandelnden und begeisternden Kraft vor, und mir fällt dazu ein Ausspruch des türkischen Mystikers Rumi ein: „Stammt Dein Wissen vom Feuer nur aus dem Hörensagen, dann sieh zu, vom Feuer gekocht zu werden. Es gibt keine innere Gewißheit, ehe Du nicht brennst." Dem Feuer in meinem Leben Platz zu geben und es zuzulassen, empfinde ich als eine meiner Aufgaben für die Zukunft.
Vom Feuerplatz gehe ich zurück zum Luftplatz mit seinen sieben Birken. Mein Kreis schließt sich, und ich stelle mich wiederum in die Mitte dieses Platzes. Einheit entsteht über das Zulassen der Vielfalt.
Von ganzem Herzen bedanke ich mich für die Führung durch das emotionale Bewußtsein der Landschaft, die geholfen hat, diesen Garten zu gestalten.
Johannes Pfaffenhuemer (kontemplative Begegnung mit dem Feuerplatz, 1997)

Der Planungs- und Realisierungsprozeß für den Landschaftsgarten Micheldorf begann im Jänner 1995 und wurde im Frühjahr 1997 abgeschlossen. Die Entwicklung des Gartens geht mit seinem Wachstum weiter und steht in Beziehung zu jenen Menschen, die ihn besuchen und betreuen.
An dieser Stelle möchte ich mich bei allen FreundInnen im Team und bei der Landschaft mit all ihren Lebewesen, die geholfen haben und helfen, dieses Projekt durch- und weiterzuführen, von ganzem Herzen für ihre Offenheit und Freude bedanken, die eine lebendige Basis für die gemeinsame Arbeit bildeten.

Da die Vitalität von Landschaften über Bilder und Erzählungen nur eingeschränkt vermittelt werden kann, lade ich Sie ein, diesen Garten einmal zu besuchen, um die vielfältigen Dimensionen dieser Landschaft vor Ort selbst nachempfinden zu können.

4 Platzgestaltung – Schloß Kornberg

4.1 Einleitung

Dieses Projekt habe ich gemeinsam mit Sascha Jakab im Zuge eines baukünstlerischen Entwurfsgutachtens im Auftrag der Steiermärkischen Landesregierung und der Gemeinde Kornberg erarbeitet. Die Planungsvorschläge beziehen sich auf die Neugestaltung des Zufahrtsbereiches zum Schloßareal mit dem Schloß Kornberg und dem Haus der Region. Da beide Gebäude als Ausstellungs- und Veranstaltungszentren zusammen mit einem gastronomischen Betrieb regionale und überregionale Bedeutung besitzen, sollen die gestalterischen Maßnahmen die Freiraumsituation der Schloßzufahrt verbessern und eine stärkere Beziehung zwischen dem Plateau und dem Fuß des Schloßhügels herstellen. Dementsprechend wurden von der Landesregierung und der Gemeinde Kornberg für die Erarbeitung der gestalterischen Vorschläge fünf Büros der Fachbereiche Landschaftsplanung und Architektur eingeladen.
Unser Entwurf wurde im Februar 1999 von einer JurorInnengruppe (Mag. Andreas Bardeau, Ernst Gölles, Bgm. Ferdinand Nestelberger, Bgm. Josef Ober, DI Götz Sack, DI Bettina Wanschura) für die Realisierung ausgewählt, wobei an die Planung folgende Anforderungen gestellt wurden:

- Erarbeitung eines funktionellen Gestaltungskonzeptes für den Eingangs- und Zufahrtsbereich zum Schloß Kornberg am Fuße des Hügels.
- Situierung eines Info- und Wartehäuschens im Zufahrtsbereich mit der Möglichkeit zur Mehrfachnutzung (Information, Ausstellung, Treffpunkt, Buswartehäuschen).
- Parkplatzgestaltung im Bereich der Schloßzufahrt.
- Fuß- und Reitweg zum Schloß.

4.2 Bestandsaufnahme

Abb.122: Übersicht – Schloß Kornberg / Haus der Region (Luftaufnahme)

Das umfassende Planungsgebiet umfaßt den 355 m hohen Schloßhügel, Schloß Kornberg mit dem Haus der Region (östlich vom Schloß) und die angrenzenden Talbereiche (Auersbachtal). Das engere Planungsgebiet bezieht sich auf die talseitige Zufahrtssituation am südlichen Fuße des Hügels (290 m) mit dem ehemaligen Meierhof, den Kreuzungsbereichen der Landes- und Gemeindestraßen und der südöstlich liegenden Schotterfläche. Das für den Platz und den Infostand in Frage kommende Areal befindet sich östlich vom Meierhof und westlich der in den Wald führenden Zufahrtsstraße.
Die folgende Bestandsaufnahme gibt schwerpunktmäßig die bewußtseinsbezogenen Aspekte des Planungsgebietes wider, welche dazu dienen, ein übergreifendes Verständnis für das Planungsgebiet zu gewinnen. Von diesem Verständnis ausgehend wurden örtliche Raumbeziehungen erspürt und in den Gestaltungsvorschlag eingearbeitet.

- Der Schloßhügel im Bereich des Schloßareals ist auf Grund seiner topographischen Lage und seiner formal ästhetischen Wirkung landschaftsästhetisch sehr markant und anziehend. Er stellt den Endpunkt der Hügelkette dar, welche rasch abfällt und in den anschließenden Talbereich übergeht. Dieser Übergangsbereich stellt einen formal-ästhetischen Abschluß, eine Art „Kopfbereich" des Geländerückens dar. Die ihm eigene landschaftsästhetische Ausstrahlung war und ist stets ein Anziehungspunkt für den Menschen (siehe Luftbild Abb. 122).

- Dieser Landschaftsteil besitzt, neben der genannten ästhetischen Wirkung, eine hohe Vitalität (Lebenskraft), die sich aus der komplementären Ergänzung des Hügels mit dem nach Westen, Osten und Süden hin anschließenden Tal (Auersbachtal) ergibt. (vgl. Kapitel V.3.1 Die vitalenergetische Dimension der Landschaft).

- Im Bereich des Schloßgartenpavillons habe ich auf der vitalenergetischen Ebene der Landschaft eine ausgeprägte Beziehung zwischen Himmel und Erde, in Form eines „Einatmungspunktes", wahrgenommen.

- Der Kreuzungsbereich wird von zwei Hauptstraßen, der Straße von Feldbach nach Riegersburg (von Westen nach Osten) und der Straße von Feldbach nach Auersbach (von Westen nach Norden) gebildet. Von der Auersbacherstraße führt eine Abzweigung (östlich) zur Schloßauffahrt.
  Die Landesstraße Feldbach–Riegersburg (im Luftbild als Schleife ersichtlich) „schneidet" das Projektgebiet ab und zeichnet sich durch einen hohen Verkehrsstrom aus, wobei die Streckenführung hohe Geschwindigkeit begünstigt. Dies führt auf der ästhetischen und der vitalenergetischen Ebene zu einer Teilung (südlich/nördlich) dieses Landschaftsabschnittes, wodurch die Aufmerksamkeit von der Schloßzufahrt abgezogen wird.

- Der zu gestaltende Platz befindet sich unmittelbar am südlichen Fuße des Schloßhügels und schließt südwestlich an den Zugangs- beziehungsweise Zufahrtsbereich zum Schloßareal an (siehe Luftbild Abb. 122).
  Dieser Platz steht in enger Beziehung zum Höhenrücken mit dem Schloßareal und den zugehörigen Gebäuden. Zugleich zeichnet sich dieser Ort durch eine „Brunnenfunktion" aus: Die von oben nach unten fließende Vitalkraft breitet sich über das Tal hin aus. Zu dieser generellen Qualität des Platzes ist an einem Punkt eine innere Beziehung zum Schloßgartenpavillon wahrzunehmen. Daher schlagen wir vor, an diesem Platz das Infohäuschen

zu errichten. Der alte Meierhof des Schlosses erinnert an eine historische Nutzungsbeziehung, die heute allerdings nicht mehr gegeben ist.

- Dem Planungsvorhaben entsprechend sollte zusätzlich zum bestehenden Reitweg auch ein Fußweg zum Schloß hinaufgeführt werden. Bei der Bestandsaufnahme im Wald entdeckten wir Nutzungsspuren, die auf einen ehemaligen Weg zum Schloß schließen ließen. Spätere Recherchen bestätigten unsere Vermutung. Der ehemalige Pfad eignet sich sowohl von der Topographie als auch von der Landschaftsästhetik sehr gut für die Neuanlage eines Fußweges.

4.3 Gestaltungsentwurf – Zufahrtsbereich zum Schloß und zum Haus der Region

Ziel unserer Entwurfstätigkeit war es, den Kornberg, das Schloß und das Haus der Region mit den Talbereichen zu verknüpfen. Hierfür wurden die topographischen und landschaftsästhetischen Gegebenheiten wie deren Beziehungen zum Schloßberg berücksichtigt, um die regionale Bedeutung dieses Ortes über die Gestaltung zum Ausdruck zu bringen.
Auf Grund seiner topographischen Lage ist der Fuß der Hügelkette sehr gut geeignet, eine Informationsfunktion zu übernehmen. Dies beruht, wie oben dargestellt, auf der inneren, vitalenergetischen und der formal-ästhetischen Beziehung zwischen der Kuppe und dem Fuß des auslaufenden Hügels. Die Geländeform der Kuppe wiederholt sich im Planungsareal und bildet dort einen wichtigen Übergangsbereich zwischen dem Hügel und der nach Süden hin anschließenden Tallandschaft (siehe Luftbild Abb. 122). Zudem verstärkt die vorhandene Eingangssituation (Straße und Weg) diese Beziehung.

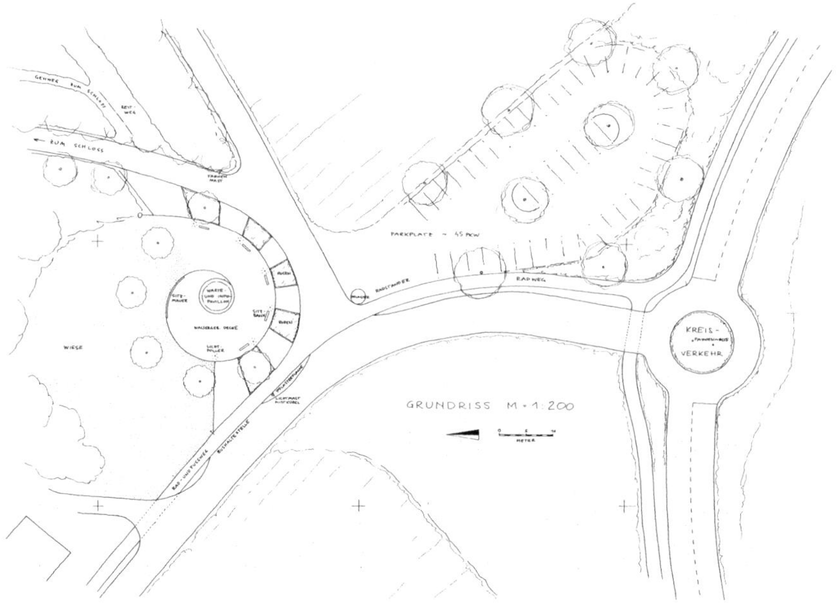

Abb.123: Projektdarstellung – Zufahrtsbereich – Schloß Kornberg/Haus der Region (Grundriß, Originalmaßstab 1:200)

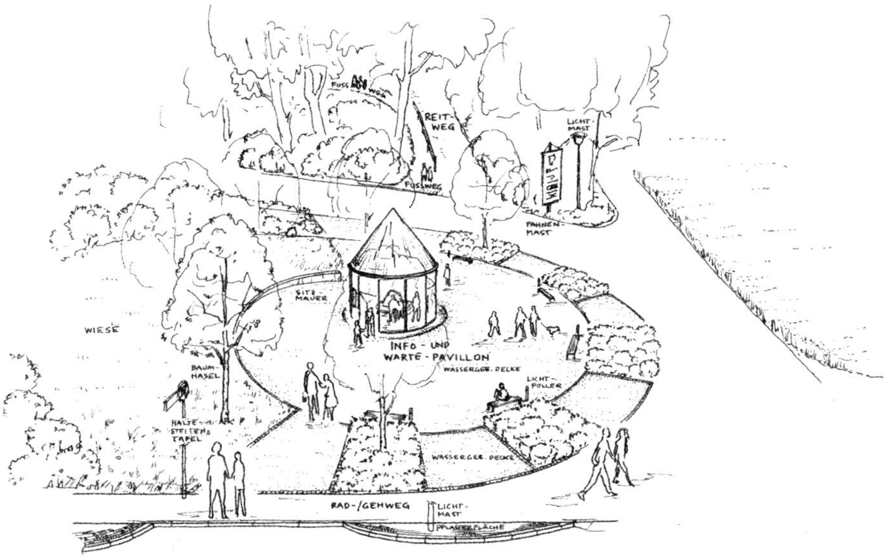

Abb. 124: Platzgestaltung – Zufahrtsbereich – Schloß Kornberg/Haus der Region

Im folgenden werden die gestalterischen Überlegungen für die einzelnen Bereiche mit den entsprechenden Vorschlägen für die Ausführung dargestellt.

Kreisverkehr

- Die Anlage eines Kreisverkehrs (Verkehrsinsel) schafft eine wichtige Voraussetzung, um den Ort zu beruhigen. Die Aufmerksamkeit der sich an diesem Ort befindlichen Personen kann so leichter auf das Planungsgebiet gelenkt werden. Der Kreisverkehr fokussiert den Raum und reduziert die Geschwindigkeit des Verkehrs, wodurch der Kreuzungsbereich (Kornberg–Riegersburg–Auersbach) gleichberechtigt wird.
- Die Verkehrsinsel erhält mittels eines Symbols (z. B. einer Fahne) einen zusätzlichen Signaleffekt.
- Der Radweg wird nordseitig vom Kreisverkehr geführt.

Platzgestaltung

- Der Platz wächst aus der Landschaft heraus und übernimmt den Geländeverlauf in Form einer Spirale, die sich zu einem kreisförmigen Platz entfaltet. Dabei wird der Platz, unter Berücksichtigung der vorgegebenen Geländestrukturen, in den bestehenden Raum integriert. Wegeverbindungen stellen, wie die symbolischen Strahlen der Sonne, die Verbindung zwischen innen und außen her.
- Der Platz wird im Übergangsbereich zur Tallandschaft offen gehalten (Thema „Luft und Kommunikation"), um Begegnung zuzulassen und Beziehung herzustellen.
- Im Zentrum (Verbindung zum Schloßpavillon) befindet sich der Info- und Haltestellenpavillon.
- Die Oberfläche des Platzes wird als wassergebundene Kiesdecke ausgeführt, der Verlauf der Spirale durch Granitpflastersteine markiert.
- Am nördlichen Rand des Platzes erhebt sich entsprechend dem Geländeverlauf eine Sitzmauer, die allmählich ansteigt und spiralförmig ausläuft.

- Vom Platz aus führen Wegeverbindungen zum Fußweg, zum Parkplatz sowie zur Bushaltestelle.
- Die entlang der Straße stehenden Fichten sollen durch eine Laubbaumreihe ersetzt werden. Der Abstand zwischen den Bäumen (Vorschlag: hochstämmige Birnbäume) wird großzügig gehalten, so daß Offenheit und Weite entstehen.
- Der Grünstreifen zwischen dem Platz und der Straße wird mit Bodendeckerrosen bepflanzt und so in symbolische Beziehung zum Schloß gesetzt.
- Die Straßenzufahrt zum Schloß soll mit zwei senkrechten Fahnenmasten versehen werden; der bestehende Querspanner soll entfernt werden.

Abb.125: Pavillon am Platz

Info- und Haltestellenpavillon

- Der Pavillon dient zugleich als Infostand und Haltestellenwartehäuschen. Die Bushaltestelle selbst liegt an der Straße und ist über einen Weg (westlichster Strahl der Sonne) mit dem Platz verbunden.
- Der Pavillon wird nach dem Vorbild des Schloßpavillons in Form eines architektonisches Zitats übernommen, welches die Beziehung zum Schloß und zum Haus der Region zum Ausdruck bringt.
- Der Pavillon soll in Form eines Neunecks als Holz-Glas-Bau ausgeführt werden, so daß die Qualitäten von Offenheit und Weite, welche dem Ort eigen sind, unterstützt werden.
- Die drei nach Norden gerichteten Glasfronten dienen als Ausstellungsflächen, an deren innenliegenden Holzbords Informationsmaterial aufgelegt werden kann. Nach Süden hin bleibt die Sicht frei.
- Der Boden soll mit Ziegel ausgelegt werden. Im Zentrum des Gebäudes (5 m Durchmesser) erhebt sich, vergleichbar einem Vulkan, ein Sitzbereich mit Holzauflage (1,5 m Durchmesser).
- In seinem Zentrum symbolisiert ein Naturstein (rundlicher Basalt) die Mitte des „Vulkans".
- Die Farbe der Ziegel und das Sitzzentrum mit dem Stein stehen für „Vulkanland", als dem Motto der Regionalentwicklung, einem inhaltlichen Schwerpunkt der Region und des Bezirkes.

Parkplatz

- Der Parkplatz wird in den Bereich südöstlich der Schloßzufahrt integriert. Er bietet Platz für 50 Pkws und zweirädrige Fahrzeuge.
- Durch die Pflanzung von Laubbäumen (Vorschlag: Spitzahorn) wird der Parkplatz in die Landschaft eingebunden. Die Bäume werden zweireihig gepflanzt, so daß die Gliederung des Parkplatzes und die Beschattung gewährleistet sind.
- Da der Weg zum Platz über die Straße führt, ist dort ein Zebrastreifen anzubringen.
- Die Oberfläche des Parkplatzes wird als wassergebundene Decke ausgeführt.

Restauration des Meierhofes

- Um die Raumqualität und die Vitalität des Ortes zu heben, wäre die Restauration und Aktivierung (Nutzung) des ehemaligen Meierhofes sehr förderlich.

Wege zum Schloß und zum Haus der Region

- Generelle Zielsetzung ist die Trennung von Fuß- und Reitweg.
- Der Reitweg bleibt in seinem Verlauf bestehen. Die Qualität des Weges kann mit einer Strukturverbesserung des Waldes gehoben werden (Entwicklung eines Mischwaldes im südöstlichen Bereich).
- Für den Fußweg, vom Platz zum Schloß, sollen die wiederentdeckten alten Wegstücke adaptiert und hergerichtet werden (Kiesweg).

ZUSAMMENFASSUNG

Sowohl die Landschaft mit ihren Pflanzen und Tieren als auch der Mensch sind körperlich-seelisch-geistige Lebewesen. Dieses Verständnis von der Trinität des Lebens läßt sich zurückverfolgen bis in die Anfänge unserer Kultur und findet sich in den verschiedenen Kulturkreisen des Westens und Ostens wieder. Demnach besitzen unsere Lebensräume eine körperlich-stoffliche Dimension, die ein ökologisch vernetztes System zwischen Landschaftskörper, Pflanze, Tier und Mensch bildet, eine ästhetische Dimension als Ausdruck der Landschaft mit all ihren Lebewesen und eine Bewußtseinsdimension, die den vitalenergetischen und den seelisch-geistigen Aspekt der Lebensräume repräsentiert. Alle drei Dimensionen bilden in ihrem synthetischen Ineinandergreifen Gestaltqualitäten in Landschaft und Freiraum, welche ich in ihrer Komplexität darstelle.

Die Auseinandersetzung mit der Qualität von Lebensräumen bedarf einer Sensibilisierung der eigenen Wahrnehmung und der Bereitschaft, sich sowohl auf rationaler als auch auf emotional-intuitiver Ebene auf eine bewußte Begegnung mit der Landschaft und dem Freiraum einzulassen. Dabei bildet der Intellekt eine dem Gehirn, die Intelligenz eine dem Herzen zugeordnete Qualität; jede bedarf der komplementären Ergänzung durch die andere. Das Erkennen der körperlich-seelisch-geistigen Wechselwirkung zwischen Lebensraum und Mensch ist die Basis für die Beschreibung der Mehrdimensionalität der Landschaft und ihrer Lebewesen.

Dem Prozeß der menschlichen Wahrnehmung liegt ein körperlich-ästhetischer und ein bewußtseinsbezogener Austausch mit dem Lebensraum zugrunde. Das Wahrnehmen körperlich-stofflicher und ästhetischer Qualitäten läuft dabei über alle unsere Sinne ab (Tast-, Schwerkraft-, Bewegungs-, Gleichgewichts-, Wärme-, Geruchs-, Geschmacks-, Seh- und Gehörsinn). Die Wahrnehmung von Bewußtseinsqualitäten erfolgt hingegen über die Bewußtseinsfelder und Zentren des Menschen. Der gesamte Wahrnehmungsprozeß verläuft dabei auf allen Ebenen der Wahrnehmung stets parallel und bildet die Grundlage für die komplexe Erkenntnisfähigkeit des Menschen. Beim bewußten Wahrnehmen geht es um die Verbindung der rationalen, emotionalen und geistigen Aspekte, die gleichberechtigt behandelt werden und nicht nur den theoretischen Hintergrund liefern, sondern auch die persönliche praktische Erfahrung ermöglichen.

Das vorliegende Buch wurde als Arbeitsbuch konzipiert, um über das Durchführen der angebotenen Übungen ein Verschmelzen der Theorie mit der persönlichen praktischen Erfahrung möglich zu machen. Diese empirische Herangehensweise unterstützt die induktive Methode des Lernens, die von der persönlichen Betroffenheit ausgeht und das Erlebte mit der Theorie verbindet.

Zum einen stehen wir beim Wahrnehmen körperlich-stofflicher und ästhetischer Qualitäten vorwiegend mit der körperlich-stofflichen Dimension der Landschaft in Wechselwirkung, die sich im Landschaftskörper (u. a. in seiner Morphologie, Topographie, Reliefbildung) und den stofflichen Prozessen innerhalb der Lebensgemeinschaften von Pflanze, Tier und Mensch ausdrückt. Zum anderen begegnen wir in der ästhetischen Raumerfahrung der archetypischen Wirkung der Landschaft, die uns in eine emotionale Beziehung zur Landschaft bringt, wie auch der formal-ästhetischen Wirkung des Lebensraumes, die über Form, Farbe, Klang und Rhythmus der körperlichen Gestalt eine seelisch-geistige Information zum Ausdruck bringt. In der Wahrnehmung von Bewußtseinsqualitäten treten wir vor allem mit der Bewußtseinsdimension der Landschaft in Kontakt, die sich, analog zu den Bewußtseinsfeldern des Menschen, in eine vitalenergetische Dimension (u. a. Vitalfeld, Ley-Linien, Atmungssysteme), eine emotionale Dimension (das Seelenbewußtsein der Landschaft) und eine mentale Dimension (seelisch-geistiges Bewußtsein, z. B. Landschaftskoordinationspunkte) gliedert. Diese Dimensionen stehen in Wechselwirkung miteinander und sind nicht voneinander trennbare Teile eines vernetzten Systems, das in seiner Ganzheit die Trinität von Landschaft und Freiraum bildet.

Durch die gestalterischen Aktivitäten des Menschen wird der Lebensraum in allen drei Dimensionen beeinflußt, wobei die anthropogenen Veränderungen nicht isoliert in der Landschaft bleiben, sondern wiederum physisch und psychisch auf den Menschen zurückwirken. Wir stehen in ständiger Wechselwirkung und Kommunikation mit unseren Lebensräumen. Mit diesem Grundverständnis beschreibe ich Gestaltungs- und Pflegeaspekte, die uns helfen können, einen sensibleren Umgang mit unseren Lebensräumen zu pflegen, und die konkrete Handlungsvorschläge bieten, um auf körperlicher, ästhetischer und bewußtseinsbezogener Ebene in gestalterische Übereinstimmung mit der seelisch-geistigen Qualität eines Ortes zu kommen.

Beispiele aus der Praxis, die auf einer vertieften Wahrnehmung und dem Verständnis für die Trinität der Landschaft basieren, zeigen die konkrete Anwendung meines theoretischen Ansatzes im didaktischen Aufbau von Übungseinheiten sowie in der praktischen Umsetzung in der Freiraumgestaltung.

Der Anspruch des vorliegenden Buches liegt in der Synthese – nicht in der Analyse – der unterschiedlichen Dimensionen der Landschaft, ihrer Lebewesen und des Menschen und dem Bewußtmachen der vielfältigen Wechselwirkungen zwischen ihnen. Diese komplexe Betrachtung der Landschaft fördert unser grundlegendes Verständnis für die vielfältige Verwobenheit von Mensch und Landschaft und führt zu einem achtsamen Umgang mit unseren Lebensräumen, welcher letztlich der Vitalität und Gesundheit von Mensch und Landschaft zugute kommt.

In diesem Sinne möchte ich die Leserin/den Leser einladen, den praktischen Weg der Selbsterfahrung über die bewußte Wahrnehmung von Landschaft und Freiraum zu gehen und damit eine vertiefte Beziehung zu den Lebensräumen, ihren Lebewesen und zu sich selbst zu fördern.

VERZEICHNIS DER ÜBUNGEN

BILDNACHWEIS

Für die Genehmigung der verwendeten Abbildungen, Grafiken und Photographien bedanke ich mich herzlichst bei den jeweiligen Autoren und Verlagen. Photographien und Grafiken ohne Quellenangabe stammen vom Autor.

Abb. 1: Synthese von Körper, Seele und Geist

Abb. 2: Das Schwingungsmuster eines Atoms (nach Bentov I. 1988, Auf der Spur des Wilden Pendels, Zeichnung: Sascha Jakab)

Abb. 3: Bewußtseinsfelder – eine körperlich-seelisch-geistige Information

Abb. 4: Aufnahme einer Pflanze mit der Technik der Restenergieverstärkung (nach Popp A. 1987, Foto: M. Lutz, Inst. für biophysikalische Zellforschung, Kaiserslautern)

Abb. 5: Aufnahme eines Distelblattes mit der Technik der Kirlian-Photographie (aus Zeitenschrift 1994, Neugass, Berneck)

Abb. 6: Zauberstab von Hermes und Merkur (Doczi G. 1994, The power of limits, p. 26, Shambala Publications, Inc., Boston, Massachussetts)

Abb. 7: Yin-Yang-Symbol (Zeichnung: Sascha Jakab)

Abb. 8: Das triadische Gehirn (nach Pearce J. C. 1994, Der nächste Schritt der Menschheit, Arbor, Freiamt)

Abb. 9: Komplementarität der Form

Abb. 10: Olympiaturm Barcelona – ein Versuch zur künstlerischen Vereinigung von Yin und Yang, 1996

Abb. 11: Yang-betonte Raumqualität (Großglockner-Massiv, Kärnten 1994)

Abb. 12: Yin-betonte Raumqualität (Ziegelteich, Graz 1993)

Abb. 13: Yin-Yang-ausgeglichene Raumqualität (Turnersee, Kärnten 1992)

Abb. 14: Das Grazer Becken mit seiner Stadtlandschaft in der komplementären Ergänzung zwischen Fluß (Mur) und Berg (Schloßberg, Graz 1991)

Abb. 15: Die vier Elemente, Holzschnitt von H. Weiditz (1582), Historia naturalis (C. Plinius), Lexikon der Esotherik, Forrier, Wiesbaden 1991

Abb. 16: Grundform eines Medizinrades (nach Burtscher I. 1998, Freiräume und indianische Kultur, Diplomarbeit am Institut für Freiraumgestaltung und Landschaftspflege, Universität für Bodenkultur Wien)

Abb. 17: Die vier Elemente im physischen Körper der Landschaft (Donau bei Dürnstein 1989)

Abb. 18: Feuerbetonte Raumqualität (Sonnenuntergang bei Graz 1991

Abb. 19: Erdbetonte Raumqualität (Hohlweg bei Gratwein, Steiermark 1996)

Abb. 20: Luftbetonte Raumqualität (Zirbitzkogel, Steiermark 1996)

Abb. 21: Wasserbetonte Raumqualität (Teichlandschaft, Graz 1987)

Abb. 22: Manifestation von Mensch und Lebensraum in Körper, Seele und Geist

Abb. 23: Übersicht zur Wechselwirkung zwischen Mensch und Lebensraum

Abb. 24: Einflußfaktoren auf die menschliche Wahrnehmung

Abb. 25: Ablauf der Sinneswahrnehmung am Beispiel des Sehens

Abb. 26: Die Komplexität der menschlichen Wahrnehmung

Abb. 27: In der taktilen Wahrnehmung bilden Bub und Stein eine Einheit (Graz, Foto: Renate Frohmann 1988)

Abb. 28: Die Nutzung prägt die Struktur der Steine, welche auch im Begehen dieses Weges spürbar ist (Steinboden auf Cres, Kroatien 1994)

Abb. 29: Klettern schult unseren Sinn für die Schwerkraft (Graz, Foto: Renate Frohmann 1988)

Abb. 30: Spannkraft und Schwerkraft als skulptureller Ausdruck (Barcelona 1996)

Abb. 31: Die Freude am Laufen (Graz 1980)

Abb. 32: Bewegung ist eine gestalterisch wirksame Kraft und drückt sich über das rhythmische Zusammenspiel der einzelnen Elemente aus (Lindenallee, Türnich bei Köln 1992)

Abb. 33: Kinder beim Spiel mit dem Gleichgewicht (Ottenstein, Niederösterreich 1992)
Abb. 34: Der Baum als Symbol für Gleichgewicht (Steineiche auf Rab, Kroatien 1996)
Abb. 35: Geborgenheit und Wärme – vermittelt durch einen Lärchenwald (Heiligenblut, Kärnten 1994)
Abb. 36: Kühlendes Wasserspiel (Barcelona 1996)
Abb. 37: Licht und Schatten – eine Voraussetzung für die visuelle Wahrnehmung (Wald bei Traunstein, Niederösterreich 1994)
Abb. 38: Beim Anblick des Astes assoziieren wir den gesamten Baum (Pöllau, Steiermark 1993)
Abb. 39: Formen und Farben wirken auf unsere Gefühlswelt (Mohn, Graz 1990)
Abb. 40: Die Aura am Beispiel des dreigliedrigen Federkleides der altägyptischen Göttin Isis (Merz B. 1988, Die Seele des Ortes – deren Wirkkraft auf unsere 4 Körper, Herold)
Abb. 41: Die Bewußtseinsfelder und die sieben Hauptchakren des Menschen (nach Brennan A. 1987, Lichtarbeit – Das große Handbuch der Heilung mit körpereigenen Energiefeldern, Goldmann, Zeichnung: Sascha Jakab)
Abb. 42: Die sieben Spektralfarben (Itten J. 1987, Die Kunst der Farbe, Otto Maier, Ravensburg)
Abb. 43: Informationsfelder in ihrer Wechselwirkung zwischen Mensch und Mitwelt (nach Brennan A. 1987, Lichtarbeit – Das große Handbuch der Heilung mit körpereigenen Energiefeldern, Goldmann)
Abb. 44: Ablauf der bewußtseinsbezogenen Kommunikation zwischen Mensch und Baum
Abb. 45: Studentin während der Durchführung der Übung mit dem Ton (Wien 1995)
Abb. 46: Übersicht über die Dimensionen der Landschaft in Entsprechung zu den Dimensionen des Menschen
Abb. 47: Schematische Darstellung der Einwirkungen natürlicher und gesellschaftlicher Prozesse auf die Komponenten der Landschaft (Barsch in Leser H. 1978, Landschaftsökologie, Ulmer)
Abb. 48: Das Idealbild der nordwestdeutschen Kulturlandschaft: Durchdringung von Kultur- und Naturgradienten (Vahle in Suchantke A. 1993, Partnerschaft mit der Natur, Urachhaus)
Abb. 49: Zunahme des Artenreichstums der (Wild-)Pflanzen auf dem Wege von der Natur- zur Kulturlandschaft und drastischer Rückgang in jüngster Zeit (Sukopp in Suchantke A. 1993, Partnerschaft mit der Natur, Urachhaus)
Abb. 50: Gestaltbildende Komponenten
Abb. 51: Übergang: Spielwiese – Stauden – Hecke – Bäume (Gartenlandschaft, Graz 1996)
Abb. 52: Landschaft und Frau (Zeichnung: Susanne Triebnig, Wien 1995)
Abb. 53: Verbalisierte Assoziationen zu Landschaftsformen (nach Dürckheim in Scholz D. 1993, Erkenntnis durch die Sinne – Zur ästhetischen Wirkung der Landschaft, Schriftenreihe des Fachbereichs Landschaftsarchitektur und Umweltentwicklung, Universität Hannover)
Abb. 54: Eiche, Fichte und Stahlmast in ihrer formal-ästhetischen Wirksamkeit (St. Kanzian, Kärnten 1992)
Abb. 55: Die Spiralform in Natur und Mensch (Doczi G. 1994, The power of limits Shambala Publications, Inc., Boston, Massachussetts, p. 27 / Grasse E. 1993, Chakren- und Auradiagnose, Knaur)
Abb. 56: Polarität in Mensch und Natur (Doczi G. 1994, The power of limits, Shambala Publications, Inc., Boston, Massachussetts)
Abb. 57: Wechselbild (Zeichnung: Sascha Jakab)
Abb. 58: Schema der gegenläufigen Tendenzen der Differenzierung (Fonatti F. 1992, Elementare Gestaltprinzipien in der Architektur, Akademie der bildenden Künste Wien, Edition Tusch)
Abb. 59: Hecke als physisch und ästhetisch wirksame Grenze in dreidimensionaler Ausprägung (St. Kanzian, Kärnten 1992)
Abb. 60: Niveaugleicher Belag, Grenzbildung durch Struktur- bzw. Materialänderung im Boden (Cres, Kroatien 1994)
Abb. 61: Formal-ästhetisch wirksame Raumgrenze durch vertikale Elemente (Landstraße in Oberösterreich 1990)
Abb. 62: Geschlossener und offener Raum (Wald, Graz 1989/Gratwein bei Graz 1988)
Abb. 63: Die drei Raumachsen des Menschen (Zeichnung: Sascha Jakab)
Abb. 64: Der formal-ästhetische Ausdruck von Rechtecken

Abb. 65: Der Mensch als Maßstab (Leonardo da Vinci, Le Corbusier, Hotzan 1994, dtv Atlas zur Stadt/Speerträger des Polykleitos, Doczi G. 1994, The power of limits, Shambala Public., Inc., Boston, Massachussetts)
Abb. 66: Konstruktion des Goldenen Schnittes
Abb. 67: Konstruktion des Goldenen Rechtecks
Abb. 68: Blütenzentrum eines Gänseblümchens (Doczi G. 1994, The power of limits, Shambala Publications, Inc., Boston, Massachussetts)
Abb. 69: Blütendiagramm des Gänseblümchens (Doczi G. 1994, The power of limits, Shambala Publications, Inc., Boston, Massachussetts)
Abb. 70: Der Goldene Schnitt am Beispiel des Gänseblümchens (Doczi G. 1994, The power of limits, Shambala Publications, Inc., Boston, Massachussetts)
Abb. 71: Die Seeohrmuschel und ihre graphische Rekonstruktion (Doczi G. 1994, The power of limits, Shambala Publications, Inc., Boston, Massachussetts)
Abb. 72: Zengarten aus dem Ryoanji-Zen-Tempel (Doczi G. 1994, The power of limits, Shambala, Publications, Inc., Boston, Massachussetts)
Abb. 73: Entwicklung der Form (nach Klee P. 1971, Das bildnerische Denken, Schwab & Co, Basel)
Abb. 74: Bewegung und Gegenbewegung in der Form
Abb. 75: Zentrierte und richtungsbetonte Formen am Beispiel einer Pyramidenpappel und einer Blutbuche (Graz 1995)
Abb. 76: Geschwungen verlaufende Straße (St. Kanzian, Kärnten 1992)
Abb. 77: Geradlinig verlaufende Straße (Aichfeld Murboden, Steiermark 1990)
Abb. 78: Entstehung des Quadrates/Pyramidengrundriß (nach Klee P. 1971/Fonatti F. 1992)
Abb. 79: Das gleichschenkelige Kreuz
Abb. 80: Das weibliche und männliche Dreieck/Synthese im Dreieck
Abb. 81: Konzentrische Kreise im Wasser/Tibetisches Mandala (nach Fonatti F. 1992/Riedel I. 1986)
Abb. 82: Wirbeltrichter im Wasser/prähistorische Spirale, Irland (nach Schwenk T. 1962, Das sensible Chaos, Freies Geistesleben, Stuttgart)
Abb. 83: Die sieben Spektralfarben (Rot, Orange, Gelb, Grün, Hellblau, Dunkelblau, Viollett), (Zeichnung: Sascha Jakab)
Abb. 84: Der zwölfteilige Farbkreis (Itten J. 1987, Kunst der Farbe, Otto Maier, Ravensburg)
Abb. 85: Eiskristalle (Doczi G. 1994, The power of limits, Shambala Publications, Inc., Boston, Massachussetts)
Abb. 86: Wassertropfbilder (nach Schwenk in Katzmann W./Kux S./Kasperowsky E. u. a. 1988, Wasser, Hrsg. Österr. Bundesinstitut für Gesundheitswesen)
Abb. 87: Synthese von Yin- und Yang-Qualitäten in der Landschaft (Walters D. 1994, Feng Shui-Kunst und Praxis der chinesischen Geomantie, Edition Astrodata)
Abb. 88: Das Zentrum der Stadtlandschaft von Graz – Schloßberg und Mur (Quelle: Luftbild Graz 1986, Vermessungsamt der Stadt Graz)
Abb. 89: Flüsse in der Landschaft (nach Suchantke A. 1993, Partnerschaft mit der Natur, Urachhaus, Zeichnung: K. C. Ewald)
Abb. 90: Talabwärts fließende und sich drehende Strömung in einem Bachbett (nach Schwenk T. 1962, Das sensible Chaos, Freies Geistesleben, Stuttgart)
Abb. 91: Korrespondenz von Blütenformen mit Planetenbahnen (nach Storl W. D., Der Garten als Mikrokosmos 1992, Knaur, München)
Abb. 92: Reaktionen des Drachenbaums am Galvanometer (Tompkins P./Bird C. 1994, Das geheime Leben der Pflanzen, Fischer/Scherz, München)
Abb. 93: Pan und Felsengesicht im Renaissancegarten, Villa Aldobrandini, Fraskati,Italien, Foto: Martin Claßen in Enge/Schröer 1990, Gartenkunst in Europa)

Abb. 94: Blattmaske als Konsole in der Elisabethkirche zu Marburg an der Lahn, 14. Jh./Landschaftsnymphe in einem Moorgebiet bei Ljubljana, Slowenien (Pogačnik M. 1995, Elementarwesen, Knaur, München)
Abb. 95: Steingesicht im Felsen (Gmünd, Niederösterreich 1993)
Abb. 96: Steingesicht in der Felswand (Traunstein, Niederösterreich 1995)
Abb. 97: Der Faun einer jungen Eiche (Pogačnik M. 1995, Elementarwesen, Knaur, München)
Abb. 98: Georgenberg mit der Kirche und dem Naturtempel, gebildet durch die Buchengruppe (Micheldorf, Oberösterreich 1996)
Abb. 99: Landschaftskoordinationspunkt (Zirbitzkogel, Steiermark 1996)
Abb. 100: Landschaftskoordinationspunkt (Hirt, Kärnten 1992)
Abb. 101: Heilige Ecke im Schloßpark von Eggenberg (Graz 1992)
Abb. 102: Erhebungsbogen Türkenschanzpark (Freiraumsituationen)
Abb. 103: Freiraumsituation 1 – Türkenschanzpark (Felsenteich, Wien 1994)
Abb. 104: Freiraumsituation 2 – Türkenschanzpark (Teich/Nähe Gregor-Mendel-Straße, Wien 1994)
Abb. 105: Freiraumsituation 3 – Türkenschanzpark (Offene Wiese, Wien 1994)
Abb. 106: Auswertung Polaritätsprofil Türkenschanzpark (Freiraumsituation 1)
Abb. 107: Auswertung Polaritätsprofil Türkenschanzpark (Freiraumsituation 2)
Abb. 108: Auswertung Polaritätsprofil Türkenschanzpark (Freiraumsituation 3)
Abb. 109: Auswertung Polaritätsprofil Türkenschanzpark (gesamt)
Abb. 110: Ergebnisse der Übung mit Ton (Wien 1994)
Abb. 111: Projektgebiet Bad Waltersdorf – Übersicht (Bad Waltersdorf 1995)
Abb. 112: Raumqualitätenplan – Zuordnung der vier Raumqualitäten innerhalb des Projektgebietes (Bad Waltersdorf Juni 1995)
Abb. 113: Gestaltungsvorschlag – Park Bad Waltersdorf (Zeichnung: Isabella Burtscher Juni 1995)
Abb. 114: Überblick über Micheldorf mit dem Projektgebiet (Wanderkarte, Österreichische Karte 1:25.000)
Abb. 115: Übersicht über das Projektgebiet mit dem Georgiberg im Hintergrund (mit nord-südlicher Blickrichtung, Micheldorf, Oberösterreich1995, Foto: Johannes Pfaffenhuemer)
Abb. 116: Landschaftspark Micheldorf – Gestaltungskonzept (Zeichnung: Helga Holzleitner, September 1995)
Abb. 117: Luftplatz – Landschaftsgarten Micheldorf, im Vordergrund ist ein einmündender Hauptweg sichtbar (Blickrichtung südost, September 1999)
Abb. 118: Zentrum des Erdplatzes mit dem Kosmogramm und der Buche in der Mitte – Landschaftsgarten Micheldorf (Blickrichtung Osten, Foto: Gunda Pfaffenhuemer, November 1997)
Abb. 119: Wasserplatz – Landschaftsgarten Micheldorf, Schwimmteich mit Zugang und Sitzbereich am Wasser (Flachwasserzone für Kinder), in Blickrichtung Georgiberg (südost), September 1999
Abb. 120: Schwimmteich mit Dom und Steg, Streuobstwiese mit der dahinter fließenden Krems (September 1999)
Abb. 121: Feuerplatz – Landschaftsgarten Micheldorf (Foto: Gunda Pfaffenhuemer, November 1997)
Abb. 122: Übersicht – Schloß Kornberg/Haus der Region (Luftaufnahme: Günther Hauer 1998)
Abb. 123: Projektdarstellung – Platzgestaltung – Zufahrtsbereich Schloß Kornberg/Haus der Region (Grundriß, Originalmaßstab 1:200, Entwurf: Erwin Frohmann/Sascha Jakab, Jänner 1999)
Abb. 124: Platzgestaltung – Zufahrtsbereich – Schloß Kornberg (Entwurf: Erwin Frohmann/Sascha Jakab, Jänner 1999)
Abb. 125: Pavillon am Platz (Entwurf: Erwin Frohmann/Sascha Jakab, Jänner 1999)

ANMERKUNGEN

1 KABIR zit. in PEARCE J. C. (1994), S. 279
2 GOETHE J. W. zit. in BRÖNNLE S. (1994), S. 222
3 CAPRA F. (1996), S. 32
4 ebd. S. 32
5 CAPRA F. (1985 b), S. 82
6 ebd. S. 86
7 PEARCE J. C. (1994), S. 21
8 GIMBUTAS M. zit. in POGAČNIK M. (1996), S. 20
9 POGAČNIK M. (1996), S. 20
10 CAPRA F. (1996), S. 33–35/LOVELOCK J. E./ ALLEBY M. (1985), S. 172
11 JANTSCH E. (1982), S. 45, 411
12 THIELE J. (1989), S. 43
13 CAPRA F. (1985 b), S. 76–77
14 STRAUSS B. zit. in CLASS T./PALM M. (1991), S. 15
15 VALERY P. zit. in JANTSCH E. (1982), S. 221
16 KVARDA W. (1996), S. 45
17 SCHNEIDER W. (1987), S. 122
18 PEARCE J. C. (1994), S. 15
19 LA CHAPELLE D. (1978), S. 182, 189
20 PEARCE J. C. (1994), S. 20, 69–79
21 JANTSCH E. (1982), S. 391
22 NEEF E. zit. in LESER H. (1978), S. 28
23 LESER H. (1978), S. 29, 33–34
24 SCHOLZ D. (1993), S. 88
25 HOTZAN J. (1994), S. 151
26 PURNER J. zit. in PAP R. (1996), S. 17
27 PENNICK N. (1985), S. 9
28 HOLZAMER K. (1961), S. 143
29 TEILHARD DE CHARDIN P. (1959)
30 JASPERS K. (1976), S. 77, 78
31 DEMOKRIT zit. in CHARON J. E. (1979) S. 21
32 KEYSERLING A. (1994)
33 TEILHARD DE CHARDIN P. zit. in THIELE J. (1989), S. 7, 221–235
34 VERGIL zit. in LA CHAPELLE D. (1978), S. 141
35 THIELE J. (1989), S. 169–178, S. 115–129
36 FRANZ VON ASSISI zit. in BRÖNNLE S. (1992), S. 24
37 THIELE J. (1989), S. 57–77
38 LAO TSE zit. in THIELE J. (1989), S. 57
39 LA CHAPELLE D. (1978), S. 31–65, S. 139–140
40 BISCHOF M. (1991), S. 42
41 MEADOWS K. (1995), S. 55–62 u. LA CHAPELLE D. (1978), S. 162
42 SEATTLE zit. in KAISER R. (1992), S. 83
43 SABETTI S. (1992), S. 137
44 ebd. S. 134
45 ebd. S. 65
46 CAPRA F. (1993), S. 73
47 BENTOV I. (1988), S. 50, 59
48 CAPRA F. (1993), S. 68
49 ebd. S. 59–91
50 PIERRAKOS J. (1987), S. 17
51 BENTOV I. (1988), S. 47
52 COUSTO H. / PAUSCHEL M. (1992), S. 75–80
53 SABETTI S. (1992), S. 135
54 BENTOV I. (1988), S. 39–42
55 KREMER K. (1984), S. 1–17
56 BARZ H. (1995), S. 26
57 JUNG C. G. (1993), S. 115–134
58 BARZ H. (1995), S. 28
59 SABETTI S. (1992), S. 115–123
60 JUNG C. G. zit. in LA CHAPELLE (1978), S. 163
61 CARUS C. G. zit. in SCHOLZ D. (1993), S. 78
62 JUNG C. G. zit. in LA CHAPELLE D. (1978), S. 288–289
63 MICHELL J./HELLBACH W. zit. in BRÖNNLE S. (1992), S. 40–41
64 BOHM D./PEAT D. zit. in PEARCE J. C. (1994), S. 50
65 CAPRA F. (1993), S. 27
66 BENTOV I. (1988), S. 115–150
67 HEIDEGGER M. zit. in LA CHAPELLE D. (1978), S. 184
68 BENTOV I. (1988), S. 150
69 PEARCE J. C. (1994), S. 62–69
70 WALLIMANN S. (1994), S. 114
71 BATESON G. (1995), S. 112
72 BATESON G. / BATESON M. C. (1993), S. 113–181
73 LOVELOCK J. E. / ALLEBY M. (1985), S. 171–173
74 KRISHNAMURTI J. zit. in LA CHAPELLE D. (1978), S. 164–167
75 COBB E. zit. in LA CHAPELLE D. (1978), S. 146
76 AIKEN C. zit. in LA CHAPELLE D. (1978), S. 247
77 GOETHE J. W. zit. in LA CHAPELLE D. (1978), S. 8
78 PURNER J. (1991), S. 55
79 SABETTI S. (1992), S. 15–45, SCHWARZ A. A./ SCHWEPPE R. P./ PFAU W. M. (1989), S. 26–31
80 SABETTI S. (1992), S. 26–28
81 ROSSBACH S. (1989), S. 49
82 BISCHOF M.(1991), S. 39

83 REICHENBACH C. L. zit. in SABETTI S. (1992), S. 48
84 SHELDRAKE R. (1993), S. 136–174
85 PEARCE J. C. (1994), S. 39–68
86 KIRLIAN zit. in SABETTI S. (1992), S. 54, POPP A. zit. in KERNER D./KERNER I. (1992), S. 135–148
87 POPP A. zit. in KERNER D./KERNER I. (1992), S. 146–147
88 SABETTI S. (1992), S. 54
89 GRASSE E. (1993), S. 33–44, BRENNAN A. B. (1989) S. 81–90, SHARAMON S./BAGINSKI J. (1989) S. 9–24
90 GEBSER J. (1973), S. 145
91 DOCZI G. (1984), S. 43
92 CAPRA F. (1993), S. 105–115
93 ebd. S. 110–111
94 ebd. (1985 a), S. 83
95 BENTOV I. (1988), S. 63
96 BOHR N. zit. in CAPRA F. (1993)
97 CAPRA F. (1993), S. 23
98 PEARCE J. C. (1994), S. 69–79
99 LA CHAPELLE D. (1978), S. 146–163, AICHER O. zit. in SCHOLZ D. (1993), S. 16–17
100 PEARCE J. C. (1994), S. 191
101 ebd. S. 172–173
102 LA CHAPELLE D. (1978), S. 139
103 PIAGET J. zit. in SUCHANTKE A. (1993), S. 63
104 SUCHANTKE A. (1993), S. 63
105 LA CHAPELLE D. (1978), S. 247
106 PEARCE J. C. (1994), S. 133–136
107 PILGRAM K. zit. in BRENNAN A. B. (1989), S. 58–62, LA CHAPELLE D. (1978), S. 151-157
108 PEARCE J. C. (1994), S. 138, 139
109 ebd. S. 143
110 ebd. S. 137, 144
111 ebd. S. 21
112 TREUTSCH-DIETER G. zit. in SATIN M. (1993), S. 81
113 KREBS B. zit. in SATIN M. (1993), S. 81, 82
114 MANGELS J. zit. in SCHOLZ D. (1993), S. 96
115 MÜLLER-RÖSSNER R. (1992), S. 31–77
116 ebd. S. 33, 34
117 ebd. S. 33, 34
118 ebd. S. 33, 34
119 ebd. S. 33, 34
120 ebd. S. 81–103
121 ARROYO S. (1983), S. 105–106
122 KEYSERLING A. (1994)/KNIEBE G. (1993), S. 148–154/TREUMANN R. (1994), S. 32–57/STORL W. D. (1992), S. 58–63
123 THIELE J. (1989), S. 146–178
124 STORL W. D. (1992), S. 60
125 PARACELSUS (1990), S. 362
126 LORBER J. zit. in MÜLLER-RÖSSNER R. (1992), S. 3, S. 23–28
127 POGAČNIK M. (1995), S. 53–96
128 CHIEF JOSEPH zit. in KAISER R. (1992), S. 95
129 BURTSCHER I. (1998) u. S. 13–17, MEADOWS K. (1995), S. 87–103
130 STORL W. D. (1992), S. 60
131 TREUMANN R. (1994), S. 214–236
132 ebd. S. 65–77
133 ebd. S. 151
134 ebd. S. 149–175
135 ebd. S. 102–145
136 GOETHE J. W. zit. in BRÖNNLE S. (1994), S. 24–25
137 BRÖNNLE S. (1994), S. 42
138 ebd. S. 39
139 MEADOWS K. (1995), S. 89
140 BRÖNNLE S. (1994), S. 39
141 STORL W. D. (1992), S. 61
142 BRÖNNLE S. (1994), S. 40
143 MEADOWS K. (1995), S. 89
144 STORL W. D. (1992), S. 60, 61
145 BRÖNNLE S. (1994), S. 41
146 SCHWENK T. (1962), S. 112–113
147 STORL W. D. (1992), S. 61
148 SCHWENK T. (1962), S. 13
149 ebd. S. 25
150 STORL W. D. (1992), S. 60
151 KRAMER J. zit. in LA CHAPELLE D. (1978), S. 168
152 SCHOLZ D. (1993), S. 38
153 GOETHE J. W. zit. in SCHOLZ D. (1993), S. 33
154 HEIDEGGER M. zit. in LA CHAPELLE D. (1978), S. 179–194
155 SCHRÖDINGER E. (1986), S. 55–72
156 SERPA A. (1994), S. 11
157 MATURANA H. R. / VARELA F. J. (1987), S. 13
158 ebd. S. 31
159 SCHLEICHER H. J. zit. in SCHOLZ D. (1993), S. 25
160 SCHWEIZER H. R. zit. in SCHOLZ D. (1993), S. 26
161 CAPRA F. (1993), S. 143
162 BOHM D. zit. in BISCHOF M. (1991), S. 37
163 WEIZSÄCKER R. zit. in SCHNEIDER W. (1987), S. 31
164 SCHEURLE H. J. zit. in SCHNEIDER W. (1987), S. 32
165 ECO zit. in SCHOLZ D. (1993), S. 41
166 HOLZKAMP K. zit. in SCHOLZ D. (1993), S. 29

167 ITTELSON W. H. zit. in KLUTH W. R. (1993), S .29

168 WÖBSE H. H. (1981), S. 155

169 DÜRCKHEIM K. v. zit. in SCHOLZ D. (1993), S. 89

170 NEISSER U. (1979), S. 89–101

171 GOETHE J. W. zit. in SCHNEIDER W. (1987), S. 45

172 KLUTH W. R. (1993), S. 20–23.

173 ebd. S. 20–23

174 SCHNEIDER W. (1987), S. 43

175 ebd. S. 43

176 PIERRAKOS J. (1987), S. 17

177 WÖBSE H. H. (1981), S. 158

178 ebd. S. 158–159 u. KLUTH W. R. (1993), S. 43–44

179 SCHNEIDER W. (1987), S. 83–84

180 ebd. S. 49

181 FALLER A. (1976), S. 392–398

182 SCHNEIDER W. (1987), S. 50

183 MICHELANGELO zit. in SCHNEIDER W. (1987), S. 53

184 SCHNEIDER W. (1987), S. 53

185 ebd. S. 59

186 ebd. S. 59

187 ebd. S. 69–70

188 BROOKS C. (1991), S. 43–45

189 SCHNEIDER W. (1987), S. 71

190 KÜCKELHAUS H. zit. in SCHNEIDER W. (1987), S. 78

191 FALLER A. (1976), S. 387–388

192 SCHNEIDER W. (1987), S. 79

193 FALLER A. (1976), S. 392–398

194 SCHNEIDER W. (1987), S. 114

195 ebd. S. 118

196 ebd. S. 88

197 ebd. S. 87

198 WÖBSE H. H. (1981), S. 157

199 KLUTH W. R. (1993), S. 40–41

200 WÖBSE H. H. (1981), S. 157

201 ebd. S. 157–158 u. KLUTH W. R. (1993), S. 41–42

202 KÜCKELHAUS H./LIPPE R. (1987), S. 44

203 FALLER A. (1976), S. 364

204 SCHOLZ D. (1993), S. 67

205 WÖBSE H. H. (1981), S. 156

206 FALLER A. (1976), S. 368

207 BORGEST zit. in KLUTH W. R. (1993), S. 37

208 STEINER R. zit. in SCHNEIDER W. (1987), S. 95

209 WÖBSE H. H. (1981), S. 156

210 OPEN L. (1994) zit. in der Radioreihe Nadha Brahma nach Joachim Ernst Berendt, Ö1

211 FALLER A. (1976), S. 379

212 GÖRSDORF zit. in KLUTH W. R. (1993), S. 39

213 COUSTO H./PAUSCHEL M. (1992), S. 75–81

214 WÖBSE H. H. (1981), S. 157

215 SCHNEIDER W. (1987), S. 125

216 FALLER A. (1976), S. 379

217 GSTÖTTNER S. (1996), S. 80–102

218 FALLER A. (1976), S. 386

219 KÜCKELHAUS H. zit. in KLUTH W. R. (1993), S. 40

220 SCHNEIDER W. (1987), S. 126

221 GOTTLOB D. (1986), S. 19–23

222 GOLEMAN D. (1996), S. 65

223 POGAČNIK M. (1996), S. 122

224 ebd. S. 120–124

225 BRENNAN A. B. (1989), S. 92

226 SHARAMON S./BAGINSKI J. (1989), S. 14–16, MERZ B. (1988), S. 161

227 SHARAMON S./BAGINSKI J. (1989), S. 16–20, MERZ B. (1988), S. 162

228 SHARAMON S./BAGINSKI J. (1989), S. 20–23, MERZ B. (1988), S. 162–163

229 BRENNAN A. B. (1989), S. 93–104

230 ebd. S. 91–114

231 BRENNAN A. B. (1989), S. 91–114 u. SHARAMON S./ BAGINSKI J. (1989), S. 25–34

232 SHARAMON S./BAGINSKI J. (1989)

233 LAMBERT W. (1991)

234 SHARAMON S./BAGINSKI J. (1989), S. 9–13, BRENNAN A. B. (1989), S. 98–102

235 BRENNAN A. B. (1989), GRASSE E. (1993), POGAČNIK M. (1996)

236 POGAČNIK M. (1996), S. 141–149

237 BRENNAN A. B. (1989), S. 346–348

238 GOLEMAN D. (1996), S. 127

239 POGAČNIK M. (1996), S. 131–132

240 GOLEMAN D. (1996), S. 368

241 POGAČNIK M. (1996), S. 181

242 BENTOV I. (1988), S. 179

243 BARZ H. (1995), S. 91

244 POGAČNIK M. (1996), S. 196

245 PEARCE J. C. (1994), S. 190

246 PEARCE J. C. zit. in LA CHAPELLE D. (1978), S. 133

247 PEARCE J. C. (1994), S. 191

248 LESER H. (1978), S. 29

249 ODUM E. / REICHHOLF J. (1980), S. 22–28

250 FINKE L. (1986), LESER H. (1978), ODUM E./REICH-HOLF J. (1980), TISCHLER W. (1990)

251 SUCHANTKE A. (1993), S. 68–74

252 VAHLE H. C. zit. in SUCHANTKE A. (1993), S. 74–78

253 ADAM K. (1988), S. 24
254 ADAM K. (1988), S. 24–27 u. SUCHANTKE A. (1993), S. 141–156
255 HOTZAN J. (1994), S. 187
256 LE ROY L. G. (1983), S. 158
257 FINKE L. (1986), S. 149
258 STORL W. D. (1992)
259 KESSLER J. (1987), S. 49–50
260 HENCKMANN W./LOTTER K. (1992)
261 KLUTH W. R. (1993), S. 10, WÖBSE H. (1981), S. 153
262 BAUMGARTEN A. zit. in WÖBSE H. H. (1981), S. 152
263 KLUTH W. R. (1993), S. 12
264 NOHL W. (1990), S. 366
265 WÖBSE H. H. (1981), S. 153–154
266 RILKE R. M. zit. in BARZ H. (1995), S. 101
267 RUNGE O. zit. in BARZ H. (1995), S. 100
268 SALBER W. zit. in SCHOLZ D. (1993), S. 20–21
269 JUNG C. G. (1927) zit. in Auflage (1993) S. 106–134 u. (1934) zit. in Auflage (1995), S. 8–10, 45–46
270 HEUBACH F. W. (1987) zit. in SCHOLZ D. (1993), S. 35–37
271 JUNG C. G. zit. in LA CHAPELLE D. (1978), S. 59–60
272 LA CHAPELLE D. (1978), S. 60
273 JUNG C. G. (1936) Auflage (1995), S. 45
274 ebd. S. 45–46
275 ebd. S. 45
276 ebd. S. 46
277 JUNG C. G. (1927) Aufl. (1993), S. 116
278 BARZ H. (1995), S. 97–109
279 ebd. S. 81–82
280 JUNG C. G. (1927) Auflage (1993), S. 115–134
281 JUNG C. G (1938) Auflage (1995), S. 80
282 GOETHE J. W. zit. in SCHNEIDER W. (1987), S. 137
283 GOLEMAN D. (1996), S. 370
284 ebd. S. 370
285 BARZ H. (1995), S. 82
286 JUNG C. G. (1995), S. 41
287 BARZ H. (1995), S. 87
288 BAUER W./DÜMOTZ I./GOLOWIN S. (1987)
289 BARZ H. (1995), S. 100–101
290 SELBMANN S. (1993), S. 5
291 ebd. S. 5–6
292 HESSE H. (1996), S. 10
293 JUNG C. G. zit. in LA CHAPELLE D. (1978), S. 59
294 TEILHARD DE CHARDIN P. (1959), S. 31
295 KLUTH W. R. (1993), S. 10–14
296 KANDINSKY W. (1965), S. 69, 74–75, S. 66–86
297 MANGELS J. zit. in SCHOLZ D. (1993), S. 97
298 WALTERS D. (1994), S. 8
299 MERZ B. (1988), S. 45–68, SATOR G. (1994), WALTERS D. (1994), S. 8–15, S. 24–32
300 BÖHME G. (1989), S. 53
301 DOCZI G. (1984), S. 92–95
302 BÖHME G. (1989), S. 92
303 HENCKMANN W./LOTTER K. (1992), S. 176
304 RILKE R. M. zit. in THIELE J. (1989), S. 30
305 DOCZI G. (1984), S. 13
306 WEIZSÄCKER R. zit. in BÖHME G. (1989), S. 39
307 WALTERS D. (1994), S. 72
308 KANDINSKY W. (1965), S. 69
309 LOIDL H. J. (1990), S. 342
310 FONATTI F. (1992), S. 12
311 RICCABONA S. (1982), S. 59
312 WALTERS D. (1994), S. 72
313 KLIEN T. (1994), S. 28–29
314 SUZUKI zit. in KLIEN T. (1994), S. 28
315 SUCHANTKE A. (1993), S. 163
316 SCHNEIDER W. (1987), S. 126–127
317 LOIDL H. J. (1990), S. 359–361
318 ebd. S. 359–361
319 HOTZAN J. (1994), S. 187
320 DOCZI G. (1984), S. 122–125
321 KELLER H./SCHNEIDER A. (1974), S. 13
322 DOCZI G. (1984), S. 13
323 ebd. S. 14
324 ebd. S. 138
325 FRANZ M. L. zit. in HOTZAN J. (1994), S. 193
326 ALLEN P. zit. in SABETTI S. (1992), S. 19
327 DOCZI G. (1984), S. 59
328 KLEE P. (1971), S. 24
329 WEIZSÄCKER R. zit. in SCHNEIDER W. (1987), S. 71
330 WALTERS D. (1994), S. 28
331 ebd. S. 28 u. ROSSBACH S. (1989) S. 108–109
332 FONATTI F. (1992), S. 66
333 RIEDEL I. (1986), S. 42
334 MUTHS C. (1993), S. 113
335 RIEDEL I. (1986), S. 105
336 ITTEN J. (1987), S. 8
337 ebd. S. 8
338 KÜPPERS H. (1987), S. 27
339 ITTEN J. (1987), S. 16
340 ebd. S. 15, 49
341 SCHNEIDER W. (1987), S. 100
342 ITTEN J. (1987), S. 16

343 ebd. S. 17–18
344 ITTEN J. (1987), S. 20
345 ebd. S. 20
346 ebd. S. 21
347 ebd. S. 37
348 ebd. S. 45, 49
349 ebd. S. 7
350 EINSTEIN A. zit. in THIELE J. (1989), S. 237
351 KEMPE N. (1994)
352 STEINER R. (1990), S. 13, 10–11
353 GOETHE J. W. zit. in SUCHANTKE A. (1993), S. 44, 162
354 STORL W. D. (1992), S. 63–66
355 SCHAUBERGER V. zit. in ALEXANDERSSON O. (1995), S. 72–73
356 WALTERS D. (1994), S. 22
357 BLUM-HEISENBERG B. (1988), S. 41
358 SCHWENK T. (1962), S. 14
359 WALTERS D. (1994), S. 16–23
360 SCHWENK T. (1962), S. 74
361 LA CHAPELLE D. (1978), S. 61, 41–68
362 BRÖNNLE S. (1992), S. 66
363 POGAČNIK M. (1996), S. 297–303
364 POGAČNIK M. (1995), S. 127–128
365 LOBER J. zit. in POGAČNIK M. (1995), S. 128–128
366 POGAČNIK M. (1996), S. 265
367 WATKINS A. zit. in PENNICK N. (1990), S. 120–121
368 MÖLLER J. M. (1991), S. 158 u. 169
369 MICHELL J. (1984), S. 22
370 POGAČNIK M. (1996), S. 269–288
371 ebd. S. 278–181
372 ebd. S. 283–284
373 PAP R. (1996), S. 21
374 POGAČNIK M. (1996), S. 303–310
375 UNDERWOOD G. zit. in POGAČNIK M. (1996), S. 256–257
376 POGAČNIK M. (1996), S. 256–258
377 ENDRÖS R. (1988), S. 154–168
378 POGAČNIK M. (1996), S. 167
379 PAP R. (1996), S. 28
380 DARWIN C. zit. in PAUNGGER J./POPPE T. (1994), S. 18
381 STORL W. D. (1992), S. 182–183
382 PAUNGGER J./POPPE T. (1994), S. 7–25
383 STORL W. D. (1992), S. 184
384 ebd. S. 186–187
385 PAUNGGER J./POPPE T. (1994), S. 17–38, STORL W. D. (1992), S. 183–213, GABRIEL I. (1986), S. 20–38
386 GLYNN T. A. zit. in ARROYO S. (1983), S. 51–52
387 STORL W. D. (1992), S. 195–196
388 SCHWENK T. (1962), S. 93
389 STORL W. D.(1992), S. 196–200
390 PAUNGGER J./POPPE T. (1994), S. 30, 31, GABRIEL I. (1986), S. 33, 34
391 PAUNGGER J./POPPE T. (1994), S. 134–136
392 ebd. S. 168, 169
393 DELAVRE V. zit. in KERNER D./KERNER I. (1992), S. 120
394 HUXLEY A. (1981), S. 11–40
395 STRASBURGER E./NOLL F./SCHENK H./ SCHIMPER A. F. W. (1978), S. 461–462
396 RHOADES D./ORIANS G. zit. in KERNER D./ KERNER I. (1992), S. 69, 63–69
397 WAGNER E. zit. KERNER D./KERNER I. (1992), S. 37–44
398 SHELDRAKE R. zit. in KERNER D./KERNER I. (1992), S. 110–114
399 KERNER D./KERNER I. (1992), S. 112–115
400 SINGH T. C. N. zit. in TOMPKINS P./BIRD C. (1994), S. 107–108
401 MEASURES M./WEINBERGER P. zit. in TOMPKINS P./BIRD C. (1994), S. 110
402 RETALLACK D. zit. in TOMPKINS P./BIRD C. (1994), S. 106–113
403 BACKSTER C. zit. in TOMPKINS P./BIRD C. (1994), S. 14–27
404 VOGEL M. zit. in TOMPKINS P./BIRD C. (1994), S. 28–43, 34
405 PUSCHKIN V. N. zit. in TOMPKINS P./BIRD C. (1994), S. 80–84
406 POGAČNIK M. (1995), S. 32–39
407 LECHNER-KNECHT S. (1993), S. 104–106
408 FINDHORN FONDATION zit. in LECHNER-KNECHT S. (1993), S. 139–145
409 PARACELSUS (1990), S. 362
410 STEINER R. zit. in HAGEMANN E. (1973), S. 54
411 STEINER R. zit. in HAGEMANN E. (1973), S. 53
412 POGAČNIK M. (1996), S. 364–366
413 ebd. S. 364–379
414 POGAČNIK M. (1995), S. 40–42
415 STEINER R. zit. in HAGEMANN E. (1973), POGAČNIK M. (1995)
416 POGAČNIK M. (1995), S. 42
417 ebd. S. 41–42

418 ebd. S. 50

419 POGAČNIK M. (1996), S. 372, 370–374

420 ebd. S. 337

421 TEILHARD DE CHARDIN P. (1959), S. 258

422 POGAČNIK M. (1996), S. 432–434

423 ebd. S. 388

424 BRÖNNLE S. (1992), S. 86–87

425 ebd. S. 85

426 BRÖNNLE S. (1994), S. 121, HETMANN F. (1988), S. 85

427 VETTERS H. (1976), S. 6

428 ebd. S. 26–31

429 BRÖNNLE S. (1994), S. 122

430 POGAČNIK M. (1995), S. 214–215

431 POGAČNIK M. (1996), S. 381–389

432 JANTSCH F. (1993), S. 180–182

433 POGAČNIK M. (1996), S. 167

434 RESCH-RAUTER I. (1994), S. 231

435 ebd. S. 242

436 ebd. S. 422–423

437 RICCABONA S. (1991), S. 374

438 BERTELSMANN zit. in FELLER N. (1979), S. 244

439 FELLER N. (1979), S. 244

440 ebd. S. 241

441 VETTERS H. (1976), S. 5

442 ebd. S. 26–31

BIBLIOGRAPHIE

ADAM Klaus (1988): Stadtökologie in Stichworten. Ferdinand Hirt, Würzburg

ALEXANDERSSON Olof (1995): Lebendes Wasser – Über Viktor Schauberger und eine neue Technik um unsere Umwelt zu retten. Ennsthaler, Steyr

ARROYO Stephen (1983): Astrologie, Psychologie und die vier Elemente. Heinrich Hugendubel, Erstauflage 1982, München

BAUER Wolfgang / DÜMOTZ Irmtraud / GOLOWIN Sergius (1987): Lexikon der Symbole – Mythen, Symbole und Zeichen in Kultur, Religion, Kunst und Alltag. Wilhelm Heyne, 2. Auflage, München

BARZ Helmut (1995): Vom Wesen der Seele. Econ, Erstauflage 1979, Düsseldorf

BATESON Gregory (1995): Geist und Natur – Eine notwendige Einheit. Suhrkamp, Erstauflage 1987, Frankfurt

BATESON Gregory / BATESON Mary Catherine (1993): Wo Engel zögern. Suhrkamp, Frankfurt a. M.

BENTOV Itzhak (1988): Auf der Spur des wilden Pendels – Abenteuer im Bewußtsein. Rowohlt, Erstauflage 1977, Reinbeck bei Hamburg

BISCHOF Marco (1991): Die unsichtbare Umwelt – Was macht einen Platz zu einem Ort der Kraft? In: Orte der Kraft – Kräfte des Lebens. Hrsg.: Wulfing von Rohr, Fischer, Münsingen-Bern

BLUM-HEISENBERG Barbara (1988): Die Symbolik des Wassers – Baustein der Natur – Vielfalt der Bedeutung. Kösel GmbH&Co., München

BÖHME Gernot (1989): Für eine ökologische Naturästhetik. edition suhrkamp, Frankfurt a. M.

BRENNAN Ann Barbara (1989): Lichtarbeit – Das große Handbuch der Heilung mit körpereigenen Energiefeldern. Goldmann, München

BRÖNNLE Stefan (1994): Landschaften der Seele – Von mystischen Orten, heiligen Stätten und uralten Kulturen. Kösel, München

BRÖNNLE Stefan (1992): Spiritualität und Landschaft – Die gegenseitige Formung von innerer und äußerer Welt. Diplomarbeit am Lehrst. für Landschaftsökologie, T. U. München, Weihenstephan

BROOKS Charles V. W. (1991): Erleben durch die Sinne. dtv, München

BRÜCKNER Gernot (1991): Das größte Abenteuer der heutigen Menschheit. rororo Sachbuch, Reinbeck bei Hamburg

BURTSCHER Isabella (1998): Freiräume und indianische Kultur. Diplomarbeit am Institut für Freiraumgestaltung und Landschaftspflege, Universität für Bodenkultur Wien

CAPRA Fritjof (1996): Lebensnetz – Ein neues Verständnis der lebendigen Welt. Scherz, München

CAPRA Fritjof (1993): Das Tao der Physik. Scherz, Erstauflage 1975, München

CAPRA Fritjof (1985 a): Das Gleichgewicht zwischen Yin und Yang. In: Viele Wege, Hrsg. Satish Kumar/ Roswitha Hentschel. Dianus Trikont, München

CAPRA Fritjof (1985 b): Ein Weltbild im Entstehen. In: Metapolitik, Dianus Trikont, München

CHARON Jean E. (1979): Der Geist der Materie. Paul Zsolnay, Wien

COUSTO Hans / PAUSCHEL Matthias (1992): Die Wirkung der Rhythmen unserer Erde auf Körper, Seele und Geist. Orpheus Handbuch, Simon+Leutner, Berlin

CLASS Thomas / PALM Michael (1991): Der Freiraum ist imaginär. Garten und Landschaft, Zeitschrift für Landschaftsarchitektur 1/91, München

DOCZI György (1994): The power of limits. Boston, Shambala Publications, Inc., Massachussetts

DOCZI György (1984): Die Kraft der Grenzen – Harmonische Proportionen in Natur, Kunst und Architektur. Deutsch von Uta und Stefan Szyszkowitz, Trikont, München

ENDRÖS Robert (1988): Die Strahlung der Erde und ihre Wirkung auf das Leben. Paffrath, Erstauflage 1978, Remscheid

ENGE Torsten Olaf / SCHRÖER Carl Friedrich (1990): Gartenkunst in Europa 1450–1800 – Vom Villengarten der Renaissance bis zum englischen Landschaftsgarten. Benedikt Taschenverlag, Köln

FALLER Adolf (1976): Der Körper des Menschen. Georg Thieme, Stuttgart

FELLER Nanni (1979): Beurteilung des Landschaftsbildes. In: Natur und Landschaft, 54. Jg. (1979) Heft 7/8, S. 240–244

FINKE Lothar (1986): Landschaftsökologie. Höller und Zwick, Braunschweig

FONATTI Franco (1992): Elementare Gestaltprinzipien in der Architektur. Akademie der bildenden Künste Wien, Edition Tusch, Erstauflage 1982, Wien

GABRIEL Ingrid (1986): Kosmische Einflüsse auf unsere Gartenpflanzen. Falken, Niederhausen

GEBSER Jean (1973): Ursprung und Gegenwart – Die Fundamente der aperspektivischen Welt. 1. Teil, dtv, Stuttgart

GOLEMAN Daniel (1996): Emotionale Intelligenz. Carl Hanser, München

GOTTLOB D. (1986): Wirkungen von Straßenlärm. Haustechnik-, Bauphysik-, Umwelttechnik-, Gesundheitsingeneur 107, Heft 1

GRANÖGGER Hans: Legende von Heiligenblut. Herausgeber und Verleger: Verein Heiligenblut

GRASSE Ellen (1993): Chakren und Aurendiagnose. Knaur, München

GSTÖTTNER Sabine (1996): Raum und Sprache. Diplomarbeit am Institut für Freiraumgestaltung und Landschaftspflege, Universität für Bodenkultur, Wien

HAGEMANN Ernst (1973): Weltenäther – Elementarwesen – Naturreiche. Texte aus der Geisteswissenschaft Rudolf Steiners, zusammengestellt und bearbeitet von Dr. Ernst Hagemann, Die Kommenden, Freiburg

HENCKMANN Wolfhart / LOTTER Konrad (1992): Lexikon der Ästhtetik. Beck´sche Reihe, München

HESSE Hermann (1996): Bäume. Insel, Frankfurt

HETMANN Frederick (1988): Baum und Zauber. Goldmann, München

HOLZAMER Karl (1961): Philosophie. Bertelsmann Lexikon, Reinhard Mohn OHG, Gütersloh

HOTZAN Jürgen (1994): dtv-Atlas zur Stadt – Von den ersten Gründungen bis zur modernen Stadtplanung. dtv, München

HUXLEY Anthony (1981): Das phantastische Leben der Pflanzen. dtv, München

ITTEN Johannes (1987): Kunst der Farbe. Otto Maier Ravensburg, Erstauflage 1970, Ravensburg

JANTSCH Erich (1982): Die Selbstorganisation des Universums. dtv, München

JANTSCH Franz (1993): Kultplätze im Land um Wien. Freya-Unterweitersdorf, Wien

JASPERS Karl (1976): Einführung in die Philosophie. R. Piper & Co., München

JUNG Carl Gustav (1995): Archetypen. dtv, München

JUNG Carl Gustav (1993): Seelenprobleme der Gegenwart. dtv, München

KAISER Rudolf (1992): Die Erde ist uns heilig. Herder, Freiburg

KANDINSKY Wassily (1965): Über das Geistige in der Kunst. Benteli, Erstauflage 1912, Bern

KATZMANN W. / KUX S. / KASPEROWSKY E. (1988): Wasser. Hrsg. Österreichisches Bundesinstitut für Gesundheitswesen, Fric-Manz, Wien

KELLER Herbert / SCHNEIDER Alexander (1974): Grundlagen der Garten- und Freiraumplanung. Paul Parey, Berlin und Hamburg

KESSLER Joachim (1987): Garten-, Landschafts- und Sportplatzbau. Eugen Ulmer, Stuttgart

KERNER Dagny / KERNER Imre (1992): Der Ruf der Rose – Was Pflanzen fühlen und wie sie mit uns kommunizieren. Kiepenheuer & Witsch, Köln

KEYSERLING Arnold (1994): Weltkulturen. Vorlesungsmitschrift, Hochschule für Angewandte Kunst, Wien

KLEE Paul (1971): Das bildnerische Denken. Schwabe & Co, Erstauflage 1956, Basel

KLIEN Thomas (1994): Zen Gärten. Seminararbeit am Institut für Freiraumgestaltung und Landschaftspflege, Wien

KLUTH Wolf-Rainer (1993): Die ästhetische Bewertung vegetationsbestimmter städtischer Freiräume. Schriftenreihe des Fachbereichs Landschaftsarchitektur und Umweltentwicklung, Beiträge zur räumlichen Planung, Heft 34, Hannover

KNIEBE Georg (1993): Die vier Elemente – Moderne Erfahrungen mit einer alten Wirklichkeit. Freies Geistesleben, Stuttgart

KREMER Klaus (1984): Seele – Ihre Wirklichkeit, ihr Verhältnis zum Leib und zur menschlichen Person. E. J. Brill, Leiden, Köln

KÜCKELHAUS Hugo / LIPPE Rudolf zur (1987): Entfaltung der Sinne. Fischer, Frankfurt

KÜCKELHAUS Hugo (1984): Organismus und Technik. Fischer, Frankfurt

KÜPPERS Harald (1987): Farbe – Ursprung, Systematik, Anwendung. Callway, Erstauflage 1972, München

KVARDA Werner (1996): Exkursion Salzburg. Schriftenreihe Freiraum, Hrsg.: Institut für Freiraumgestaltung und Landschaftspflege, Wien

KVARDA Werner (1995): Freiraumgestaltung. Vorlesungsmitschrift, Universität für Bodenkultur, Wien

LA CHAPELLE Dolores (1978): Weisheit der Erde – Eine spirituelle Ökologie. Neue Erde, Saarbrücken

LAMBERT William (1991): Die Aura – Dein Farbenkleid. Laredo, München

LE ROY Louis G. (1983): Natur ausschalten – Natur einschalten. Klett-Cotta, 2. Auflage, Stuttgart

LECHNER-KNECHT Sigrid (1993): Die Hüter der Elemente – Das geheimnisvolle Reich der Naturgeister. Clemens Zerling, Erstauflage 1989, Berlin

LESER Hartmut (1978): Landschaftsökologie. Eugen Ulmer, Stuttgart

LOIDL Hans J. (1990): Objektplanung – Materialien zu einer Morphologie des Freiraumentwurfs. Skriptum zur Lehrveranstaltung Objektplanung, Berlin

LOVELOCK J. E. / ALLEBY M. (1985): Gaia – Die Erde als Organismus. In: Viele Wege, Hrsg. Satish Kumar / Roswitha Hentschel, Dianus-Trikont, München

MATURANA Humberto R. / VARELA Francisco J. (1987): Der Baum der Erkenntnis. Wie wir die Welt durch unsere Wahrnehmung erschaffen – die biologischen Wurzeln des menschlichen Seins. Scherz, München

MARTI Ernst (1996): Die vier Äther. Zu Rudolf Steiners Ätherlehre, Elemente – Äther – Bildekräfte. Freies Geistesleben, Erstauflage 1974, Stuttgart

MEADOWS Kenneth (1995): Die Weisheit der Naturvölker – Das Wissen um die Einflüsse der Erde auf unser Leben und unseren Charakter. Scherz, München

MERZ Blanche (1988): Die Seele des Ortes – deren Wirkkraft auf unsere 4 Körper. Herold, München

MICHELL John (1984): Die Geomantie von Atlantis – Wissenschaft und Mythos der Erdenergien. Dianus Trikont, München

MILLONIG Elisabeth (1996): Wege zum Baum – Variationen zur rationalen und intuitiven Begegnung mit der Vielfalt pflanzlichen Lebens. Diplomarbeit am Institut für Freiraumgestaltung und Landschaftspflege, Universität für Bodenkultur Wien

MÖLLER Jens Martin (1991): Der Gralsweg in Europa. In: Orte der Kraft – Kräfte des Lebens, Hrsg.: Wulfing von Rohr, Fischer, Münsingen-Bern

MÜLLER-RÖSSNER Renata (1992): Die vier Elemente – Offenbarung im Sinnzeichen – das Fünfte Element. Turm, Bittingheim-Bissingen

MUTHS Christa (1993): Heilen mit Farben, Bildern & Symbolen. Simon und Leutner, Berlin

NEISSER Ulric (1979): Kognition und Wirklichkeit – Prinzipien und Implikationen der kognitiven Psychologie. Klett-Cotta, Stuttgart

NOHL Werner (1990): Zur Rolle des Nicht-Sinnlichen in der landschaftsästhetischen Erfahrung. In: Natur und Landschaft, 65 Jg. (1990) Heft 7/8, Berlin

ODUM Eugene / REICHHOLF Josef (1980): Ökologie. BLV, München

PAP Robert (1996): Geomantie und Landschaft – Eine erweiterte Betrachtungsweise unserer Mitwelt. Diplomarbeit am Institut für Freiraumgestaltung und Landschaftspflege, Universität für Bodenkultur Wien

PARACELSUS (1990): Die Geheimnisse – Ein Lesebuch aus seinen Schriften. Einleitung und Kommentar Peuckert Will-Erich, Knaur, München

PAUNGGER Johanna / POPPE Thomas (1994): Vom richtigen Zeitpunkt – Die Anwendung des Mondkalenders im täglichen Leben. Hugendubel (Irisiana), München

PEARCE Joseph Chilton (1994): Der nächste Schritt der Menschheit – Die Entfaltung des menschlichen Potentials aus neurobiologischer Sicht. Arbor, Freiamt

PENNICK Nigel (1990): Einst war uns die Erde heilig – Die Lehre von den Erdkräften und Erdstrahlen. Goldmann, München

PENNICK Nigel (1985): Handbuch der angewandten Geomantie. Neue Erde, Saarbrücken

PIERRAKOS John (1987): Core Energetik. Synthesis, Essen

POGAČNIK Marko (1996): Die Schule der Geomantie. Knaur, München

POGAČNIK Marko (1995): Elementarwesen – Die Gefühlsebene der Erde. Knaur, München

PURNER Jörg (1991): Kräfte messen. In: Orte der Kraft – Kräfte des Lebens. Hrsg.: Wulfing von Rohr, Fischer, Münsingen und Bern

RESCH-RAUTER Inge (1994): Unser keltisches Erbe Flurnamen, Sagen, Märchen und Brauchtum als Brücken in die Vergangenheit. Teletool Edition, Wien

RICCABONA Sigbert (1991): Ästhetische Eigenwerte und Bewertungsmethodik. In: Landschaftswasserbau 11, Herausgeber: Institut für Wassergüte und Landschaftswasserbau, TU Wien

RICCABONA Sigbert (1982): Die Bewertung der Eigenart und Schönheit des Landschaftsbildes. Im Rahmen von Naturschutzverfahren in der Praxis der Landschaftsbildberwertung. Technische Universität Wien, Institut für Wassergüte und Landschaftswasserbau, Wien

RIEDEL Ingrid (1986): Formen – Kreis, Kreuz, Dreieck, Quadrat, Spirale, Kreuz. Erstauflage 1985, Stuttgart

ROSSBACH Sarah (1989): Feng shui – Die chinesische Kunst des Wohnens. Knaur, München

SABETTI Stephano (1992): Lebensenergie – Erscheinungsformen und Wirkungsweise. Scherz, München

SATIN Mark (1993): Heile dich selbst und unsere Erde – Wege zum Aufbruch in eine neue Welt. Arbor, Freiamt

SATOR Günther (1994): Feng Shui-Seminar, Skriptum, Wien

SCHNEIDER Wolf (1987): Sinn und Un–Sinn Umwelt sinnlich erlebbar gestalten in Architektur und Design. Bauverlag, Wiesbaden und Berlin

SCHOLZ Dirk (1993): Erkenntnis durch die Sinne – Zur ästhetischen Wirkung der Landschaft. Schriftenreihe des Fachbereichs Landschaftsarchitektur und Umweltentwicklung, Beiträge zur räumlichen Planung, Heft 35, Hannover

SCHRÖDINGER Erwin (1986): Geist und Materie. Paul Zsolnay, Wien und Hamburg

SCHWARZ A. A. / SCHWEPPE R. P / PFAU W. M. (1989): Die Kraft der Druiden. Bauer, Freiburg

SCHWENK Theodor (1962): Das sensible Chaos – Strömendes Formenschaffen in Wasser und Luft. Freies Geistesleben, Stuttgart

SELBMANN Sibylle (1995): Mythos Wasser. Badenia, Karlsruhe

SELBMANN Sibylle (1993): Der Baum – Symbol und Schicksal des Menschen. Badenia, Karlsruhe

SERPA Angelo (1994): Annäherung an den Begriff Park: Eine Studie zur menschlichen Wahrnehmung der Natur am Beispiel stadtischer Freiräume. Dissertation am Institut für Landschaftsgestaltung, Universität für Bodenkultur Wien

SHARAMON S. / BAGINSKI J. (1989): Das Chakra Handbuch. Windpferd, Aitrang

SHELDRAKE Rupert (1993): Das Gedächtnis der Natur – Das Geheimnis der Entstehung der Formen in der Natur. Piper, München

STEINER Rudolf (1990): Die Erziehung des Kindes – Die Methodik des Lehrens. Rudolf Steiner Verlag, Dornbach, Schweiz

STORL Wolf-Dieter (1992): Der Garten als Mikrokosmos – Biologische Naturgeheimnisse als Weg zur besseren Ernte. Knaur, München

STRASBURGER E. / NOLL F. / SCHENK H. / SCHIMPER A. F. W. (1978): Lehrbuch der Botanik. Gustav Fischer, Frankfurt a. M.

SUCHANTKE Andreas (1993): Partnerschaft mit der Natur – Entscheidung für das kommende Jahrtausend. Urachhaus, Stuttgart

TEILHARD DE CHARDIN Pierre (1959): Der Mensch im Kosmos. Becksche Verlagsbuchhandlung, München

THIELE Johannes (1989): Die mystische Liebe zur Erde – Fühlen und Denken mit der Natur. Kreuz, Stuttgart

TISCHLER Wolfgang (1990): Ökologie der Lebensräume. Gustav Fischer, Frankfurt a. M.

TOMPKINS Peter / BIRD Christopher (1994): Das geheime Leben der Pflanzen – Pflanzen als Lebewesen mit Charakter und Seele und ihre Reaktionen in den physischen und emotionalen Beziehungen zum Menschen. Fischer, Erstauflage 1977, Frankfurt a. M.

TREUMANN Rudolf (1994): Die Elemente – Feuer, Erde, Luft und Wasser in Mythos und Wissenschaft. Carl Hanser, München und Wien

VETTERS Hermann (1976): Der römische Limes in Österreich. Heft XXVIII, Tutatio – Die Ausgrabungen auf dem Georgenberg und in Micheldorf. Österreichische Akademie der Wissenschaften, Wien

WALTERS Derek (1994): Feng Shui – Kunst und Praxis der chinesischen Geomantie. Edition Astrodata, Erstauflage 1992, Wettswil

WALLIMANN Silvia (1994): Brücke ins Licht. Baur, Erstauflage 1986, Freiburg im Breisgau

WÖBSE Hans Hermann (1981): Landschaftsästhetik – Gedanken zu einem zu einseitig verwendeten Begriff. In: Landschaft und Stadt 13, (4), Stuttgart

Im Österreichischen Kunst- und Kulturverlag erschien zu
ARCHITEKTUR UND STÄDTEBAU

PROJEKTIEREN, KONZIPIEREN, KONSTRUIEREN, ***BAUEN***, SANIEREN, DEMOLIEREN.
ARCHITEKTONISCHE *(UN-)* KULTUR IN ÖSTERREICH

Band 1

Walter ZSCHOKKE, Peter RIEPL (Red.); Architekturforum Oberösterreich (Hrsg.): **Stadt in Latenz.** Urbanisierung in zweiter Lesung. *136 S., 75 Farbabb., 121 S/W-Abb., 50 Skizzen und Pläne, geb., ISBN 3-85437-127-6, ATS 385,- / DEM, CHF 54,- / EUR 27,98.* - Das Projekt „Stadt in Latenz" ist ein Unternehmen des „Architekturforums Oberösterreich", das 1995/96 durchgeführt wurde und seinen Ausdruck in zwei Ausstellungen sowie in diesem Buch gefunden hat. Es thematisiert die in Teilbereichen des Ballungsraumes Linz, Wels, Steyr, Enns anstehende oder bereits spontan verlaufende „Urbanisierung in zweiter Lesung", womit der nach einer Erstbesiedlung im Abstand von einigen Jahren bis Jahrzehnten erfolgende zweite Urbanisierungsschub gemeint ist, der aus Gründen der Lagegunst erfolgt oder aus Vernunftgründen und mit Voraussicht vorgenommen werden sollte. Das Buch dokumentiert die drei Phasen des „Schauens", des „Reflektierens" und des „Projektierens".

Band 2

Andreas VOIGT: **Gestaltung der Bebauungsstrukturen Wiens durch Räumliche Modelle.** Analyse und Synthese. *236 S., 18 Farbabb., 267 S/W-Abb., geb., ISBN 3-85437-088-1, ATS 598,- / DEM, CHF 82,- / EUR 43,46.* - Die entscheidenden Rahmenbedingungen für die permanente Entwicklung und Gestaltung unserer Städte, Dörfer und Märkte legt die gegenseitige Beziehung Mensch, Natur und gebaute Umwelt fest. Dieser Prozeß, teils legistisch determiniert, wird mit Hilfe neu konzipierter Räumlicher Modelle baulich-räumlich anhand Wiener Bebauungsstrukturen vorgeführt. Damit bietet sich bereits im voraus für verschiedenste Interessengruppen - von planenden Architekten über Alternativgestaltungsteams bis zu politischen Entscheidungsträgern - die Möglichkeit allseits befriedigender Beeinflussung.

Band 4

Ulrike SCHUSTER: **Verlorenes Graz.** Eine Spurensuche im 19. und 20. Jahrhundert nach Bauwerken und Denkmalen der steirischen Landeshauptstadt. *165 S., 174 S/W-Abb., geb., ISBN 3-85437-119-5, ATS 498,- / DEM,CHF 68,- / EUR 36,19.* - Obwohl die Grazer Altstadt noch immer ein nahezu geschlossenes Erscheinungsbild aufweist, gab und gibt es Verluste von bedeutendem architektonischen und historischen Wert zu beklagen. Es wird neben einer umfassenden Dokumentation verlorener Gebäude und Denkmale den Motivationen, Vorstellungen und Urteilen nachgegangen, durch die jene Eingriffe erklärt werden können und die eine Entwicklung von Graz zu einer modernen Stadt erst möglich machten. Auch wird die Problematik zwischen Tradition und Erneuerung behandelt, indem anhand alter Kommentare und Beschreibungen eine lebendige Vorstellung davon gegeben wird, mit welchen Augen die Stadt in früheren Tagen gesehen wurde.

Band 5

Ute GEORGEACOPOL: **Vom Arbeitshaus zur Großindustrie.** Die Geschichte des Industriebaus von den Anfängen bis in die Zwischenkriegszeit in der Wiener Leopoldstadt und Brigittenau. *360 S., 200 Abb., 1 Stadtkarte vom 2. und 20. Wiener Gemeindebezirk, geb., ISBN 3-85437-120-9, ATS 698,- / DEM, CHF 96,- / EUR 50,73.* - Gegenüber traditionellen Bauaufgaben werden Industriebauten unterbewertet, auch wenn sie neben anonymen Gebäuden des Hinterhofgewerbes von bedeutenden Architekten geplante Anlagen der Großindustrie umfassen. Erst die Geschichte der Betriebe, der Werksgebäude und ihrer Konstruktion läßt ihre Bedeutung erkennen.

Band 6

Ernst W. HEISS (†): **Städtebau con amore.** *208 S., 42 Skizzen und 192 Grafiken; geb., ISBN 3-85437-133-0, ATS 398,- / DEM,CHF 56,- / EUR 28,92.* - Dieses Werk stellt ein Plädoyer für eine bürgernahe Stadt mit dem Bestreben nach Erhaltung der Vielfalt städtischer Lebensräume dar. Es beweist, daß Denkmalpflege und moderne Stadtgestaltung keine Gegensätze sein müssen, sondern sich ergänzen können. Zur Stadterneuerung entwickelte der Autor Grundlagen für die Ausweisung von Sanierungsgebieten, stellte erste Beispiele für Fußgängerzonen in Wien vor, machte grundlegende Gestaltungsvorschläge für die Donauinsel und schuf eine systematische städtebauliche Grünplanung.

Band 7

Thomas HABERSATTER: **Die gotische Kirchenbaukunst im Attergau/Oberösterreich** *288 S., 212 S/W-Abb., 80 Grundrißpläne, geb., ISBN 3-85437-182-9, ATS 598,- / DEM, CHF 84,- / EUR 45,-.* - Das gotische Baugeschehen beschränkt sich um den Attersee auf die erste Hälfte des 15. bis zum ersten Viertel des 16. Jahrhunderts. Trotz dieser kurzen, aber intensiven Bautätigkeit, die ihren Ursprung im benachbarten Salzburg und Bayern hat, sind regional ausgebildete Eigenheiten mit außergewöhnlicher Formenvielfalt zu finden. Diese wird erstmals in ihrer Variationsbreite für jede Kirche untersucht.

Band 8

Anita DREXEL: **Pflaster auf städtischen Fußböden.** Bauhandwerkliche und freiraumplanerische Qualitäten von Gehwegen in Wien und anderen Städten. *340 S., 246 Farb- und S/W-Abb. und 57 Grafiken, Lasche mit seperaten Plänen, geb., ISBN 3-85437-179-9, ATS 698,- / DEM, CHF 98,- / EUR 52,-.* Eine historische Reise in Wien, verglichen mit anderen Städten, führt von der Entstehung des Wegebaus als Schotterdecke zum kunstvollen Pflasterhandwerk und zu der im Zuge der Industrialisierung erfolgten Funktionalisierung der Straßenfreiräume. Anhand von Bodenbelägen wird die innige Wechselwirkung zwischen Freiraumnutzung, Bauausführung und Planungsqualität beleuchtet.

Band 9

Sepp KRATOCHWILL: **Wiener Stadtlandschaften.** Ein Plädoyer für Lebensqualität. *156 S., 33 Farb- und 22 S/W-Abb., geb., ATS 413,- / DEM, CHF 59,- / EUR 31,-.* Stadtlandschaft von der zerbombten Armut zur Wohlstandskultur sieht der Autor als Zeitzeuge umfassend und weckt Erinnerungen: vom realisierten Landschaftsplan am Stadtrand zum Leben erhaltenden, formenden Landschaftsrahmenplan, von der Vorstadtstraße bis hin zum Boulevard, vom Kleingarten bis zum Gartenbaumessepark, vom Badeteich bis zum Großerholungsraum am Wasser des Donaustromes.

Band 10

Helena LINZER: **Entwicklungs- und Erneuerungsprozesse im ländlichen Raum.** *Ca. 230 S., 41 S/W-Abb., 18 Tabellen, geb., ca. ATS 498,- / DEM, CHF 68,- / EUR 36,19.* - Um den negativen Entwicklungen im ländlichen Raum entgegenzuwirken, sind seit Beginn der siebziger Jahre zahlreiche Initiativen gestartet worden. Vor allem die „Dorferneuerung", ein Planungsprozeß mit reger Beteiligung der Dorfbewohner, kann dazu beitragen, durch Bewußtmachen, Aktivierung und Vernetzung lokaler und regionaler Potentiale und die Entwicklung von Eigenverantwortlichkeit die Resignation im ländlichen Raum zu überwinden und regionale Identität zu stärken.

Wolfgang AUER: **Sozialpsychologische Befunde zur Stadtplanung, zur Nachbarschaft und zum Wohnen**. Ein Überblick.

Helmut BEINSTEINER: **Waldbauliche Beurteilung der Waldabbrüche im Osttiroler Katastrophengebiet**.

Katharina BLAAS-PRATSCHER (Hrsg.): **Veröffentlichte Kunst, Kunst im öffentlichen Raum in Niederösterreich**. 4 Bde.: Bd. 1 1987-90; Bd. 2 1991-93; Bd. 3 1993-95; Bd. 4 1995-97.

Walter M. CHRAMOSTA, Kurt SMETANA, Rudolf SZEDENIK: **[position]^{en}**. Beiträge zur modernen Architektur im Burgenland.

Franz FASCHING: **The Viennese Integrated System for Technology CAD Applications**. Data Level Design and Implementation.

Wolf-Dieter FREI: **Die Gebäudeecke als raummarkierendes Element der Stadtgestaltung**.

Peter GRABNER (Red.): **Das Fertighaus und das Dorf**.

Stefan HALAMA: **The Viennese Integrated System for Technology CAD Applications**. Architecture and Critical Software Components.

Otto HOCHREITER: **Im Zeichen des Janus**. Portale, Türen und Tore in der Architekturfotografie 1848-1980.

Jenny HOLZER, Oleg KOMOV: **Friedensdenkmal Erlauf**. Eine Dokumentation.

János KÁRÁSZ et al. (Red.): **Der öffentliche Raum und das Dorf**.

Edelbert KÖB (Hsrg.): **Bau-Kultur-Region**. Regionale Identität im wachsenden Europa - Das Fremde.

Alfred LECHNER: **Sphärische Bauten, Räume und Gebäude**.

Rudolf LENZ: **Forstwirtschaft und Öffentlichkeit**. Analyse eines Verhältnisses.

Bob MARTENS: **Der Bahnhofsvorplatz in der Großstadt im 19. und 20. Jahrhundert**.

Peter MOHILLA (†), Franz MICHLMAYR: **Donauatlas Wien**. Geschichte der Donauregulierung auf Karten und Plänen aus 4 Jh. / Atlas of the Danube River, Vienna. A history of River Training on Maps and Plans of 4 Centuries.

Friedrich MOSER, Andreas VOIGT (Hrsg.): **Ephesos**. Rekonstruktion historischer Gebäude mit Hilfe von CAD-Visualisierung.

Barbara SCHEDL et al.: **Die ehemalige Kapelle St. Anna auf der Festung Starhemberg/NÖ**. Eine virtuelle Rekonstruktion.

Jean-Luc WEIDERT: **Behindertengerechter Straßenraum unter Berücksichtigung Geh- und Sehbehinderter**.

Norbert WEIGL: **Österreichs Forstwirtschaft in der Zwischenkriegszeit.**

Hans Karl WYTRZENS: **Grundverkehrsinformationssysteme in Österreich**. Ansätze zu deren Weiterentwicklung als Grundlage für umweltpolitische Maßnahmen.

IFOER-PUBLICATIONS

(SCHRIFTEN DES INSTITUTS FÜR ÖRTLICHE RAUMPLANUNG - *INSTITUT FOR LOCAL PLANNING*):

Band 1

Andreas VOIGT, Hans Peter WALCHHOFER (Hrsg.): **Kommunale Informationssysteme.**

Band 2

Andreas VOIGT, Hans Peter WALCHHOFER (Hrsg.): **Mitteleuropäische Städte am Weg ins 21. Jahrhundert.**

Band 3

Andreas VOIGT, Hans Peter WALCHHOFER (Hrsg.): **Kommunale Entwicklungsplanung im regionalen Kontext.**

IRIS-ISIS-PUBLICATIONS

(SCHRIFTEN DES INSTITUTS FÜR RÄUMLICHE INTERAKTION UND SIMULATION - *INSTITUTE FOR SPATIAL INTERACTION AND SIMULATION*):

Band 1:

Bob MARTENS (Hrsg.): **The Future of Endoscopy.** Proceedings of the 2nd European Architectural Endoscopy Association Conference in Vienna, Austria, 1995. [Die Zukunft der Endoskopie].

Band 2:

Bob MARTENS: **Full Scale Modeling in the Age of Virtual Reality.** Proceedings of the 6th European Fullscale Modeling Association Conference in Vienna, Austria, September 4th - 6th, 1996. [Realmaßstäbliche Simulationen des Raumes im Zeitalter der virtuellen Realität].

Band 3:

Bob MARTENS, Helena LINZER, Andreas VOIGT (Hrsg.): **15TH ECAADE Conference. Challenges of the Future. Proceedings.** [Herausforderungen der Zukunft. Sitzungsberichte] CD-ROM.

Band 4:

Kurt RICICA, Andreas VOIGT (Hrsg.): Michael KOSZ, Helena LINZER, Rainer MADERTHANER, Rainer MAYERHOFER, Kurt RICICA, Jürgen RIENESL, Sepp SNIZEK, Andreas VOIGT, Hans Peter WALCHHOFER: **Raumverträglichkeit als Beitrag zur nachhaltigen Raumnutzung**. Ein Leitfaden. Mit einem Beitrag von Stefan Salhofer.

Band 5:

Bob MARTENS (Hrsg.): **Full-Scale Modeling and the Simulation of Artificial Light**.

Band 6:

Wolf Michael Oliver TSCHUPPIK: **Die andere Realität**. Zur Gestalt der realmaßstäblichen Simulation in der Architektur.